LONDON
GREAT WINCHESTER STREET

Sitz der Corporate Investmentbank (CIB), deren erfolgreichste Abteilung *Global Markets* war. Die wurde seit 2001 von **Anshu Jain** geleitet, der sich von **Bill Broeksmit** in Sachen Risiko beraten ließ. Die wichtigsten Abteilungen von *Global Markets* waren Credit Markets (Core GCT) unter **Rajeev Misra**, Global Rates unter **Michele Faissola** und GFFX unter **Alan Cloete**. Der erfolgreichste Bereich von GFFX war der *Money Market Desk*, wo **Christian Bittar** mit Komplizen in Frankfurt die Zinssätze Euribor und Libor manipulierte. Die Investmentbank war für über 70 Prozent des Umsatzes des Instituts verantwortlich und wurde vom Risikomanagement unter der Führung von **Hugo Bänziger** kontrolliert, der in einem anderen Gebäude residierte.

FRANKFURT
TAUNUSANLAGE

Vorstand, *Group Exekutive Committee* (eine Art erweiterter Vorstand) und Aufsichtsrat tagen in den Zwillingstürmen. In Frankfurt hat die Bank auch einen großen Handelsraum, in dem jeden Tag Milliarden von Euro durch den Finanzmarkt geschleust werden. Von 2002 bis 2012 hat **Josef Ackermann** die Bank von Frankfurt aus geleitet, zwischen 2007 und 2010 war er zudem der nominelle Chef der internen Corporate Investmentbank (CIB), die vor allem in London und New York aktiv war

London

Frankfurt/Main

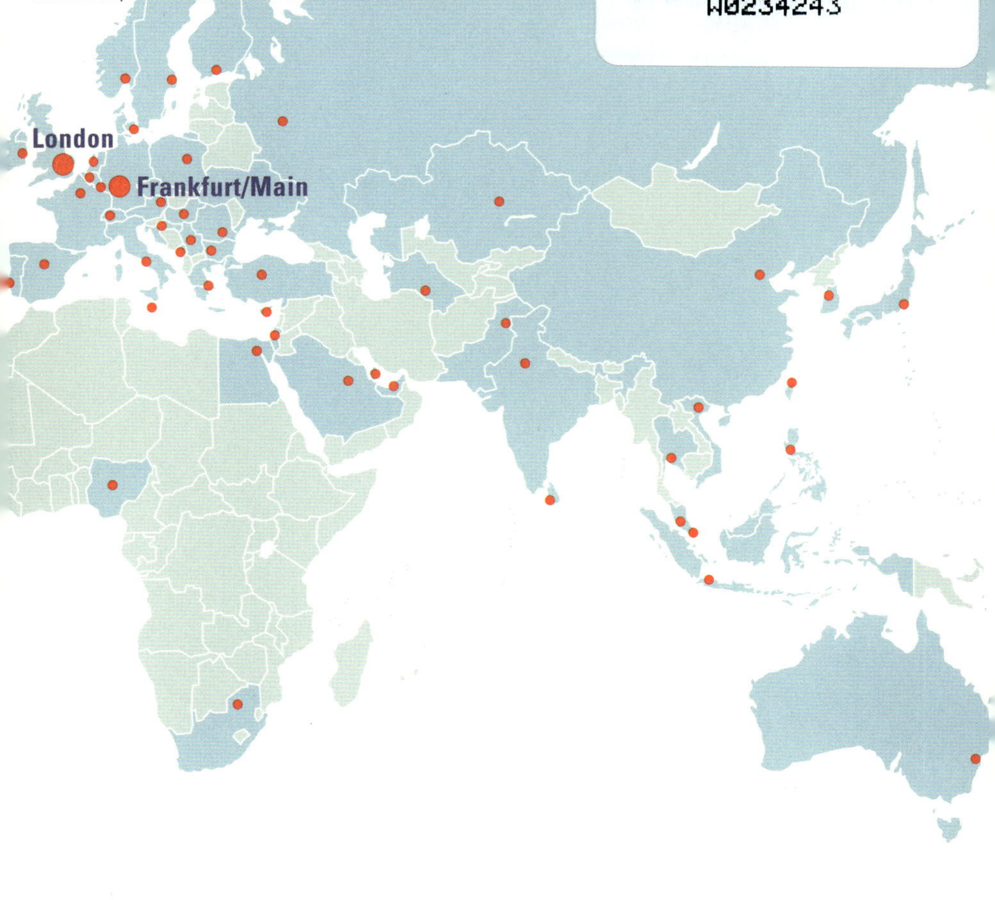

DIRK LAABS
BAD BANK

DIRK LAABS

BAD BANK

Aufstieg und Fall der Deutschen Bank

DVA

Bildnachweis
Getty Images: Vorsatz li. (Bloomberg)
Alle anderen Fotos sind dem Archiv des Autors entnommen. © Dirk Laabs.

MIX
Papier aus verantwor-
tungsvollen Quellen
FSC
www.fsc.org   FSC® C014496

Verlagsgruppe Random House FSC® N001967
2. Auflage

Copyright © 2018 Deutsche Verlags-Anstalt, München,
in der Verlagsgruppe Random House GmbH,
Neumarkter Straße 28, 81673 München
Alle Rechte vorbehalten

Lektorat und Karten: Peter Palm, Berlin
Gesetzt aus der Adobe Jensen Pro
Umschlaggestaltung: Büro Jorge Schmidt, München
Druck und Bindung: GGP Media GmbH, Pößneck

Printed in Germany
ISBN 978-3-421-04667-3
www.dva.de
Dieses Buch ist auch als E-Book erhältlich.

Inhalt

TEIL III
DEAD BANK WALKING

ANHANG

Prolog

London, 24. Januar 2014

»Emergency, emergency, your father, your father!« Valentin »Val« Broeksmit presst das Handy an sein Ohr, hört eine Frauenstimme. Er kann die Anruferin nicht zuordnen, mit den Worten nichts anfangen. Sein Vater? Ein Notfall? Schließlich erkennt er den starken Akzent, es ist die Haushälterin seiner Eltern. Val, ein Musiker, der schon länger auf den nächsten Achtungserfolg wartet, ist mit seiner Mutter und seinem Stiefvater zum Brunch in einem Café im Londoner Westen verabredet. Gemeinsam wollen sie Vals 37. Geburtstag nachfeiern. Seine Mutter Alla und William – genannt »Bill« – Broeksmit hatten ihn verpasst, weil die beiden Anfang des Jahres in den Oman gereist waren. Alla war zuvor allein in Indien. Ihr Mann, der US-Amerikaner Broeksmit, Manager bei der Deutschen Bank, hat viel Zeit, seit er vor drei Monaten in Rente gegangen ist – mit gerade 58 Jahren. Über ein Jahrzehnt hatte er bei der Bank gearbeitet und dabei Millionen verdient. Die Broeksmits wollten an diesem Sonntagmorgen auch über Bills neue Freiheit sprechen. Als das Telefon klingelte, schaute sich Val gerade einen Bildband an, Schwarzweißfotos der Beatles, John Lennon nachdenklich neben einem Telefon, eine Originalausgabe. Val überlegte noch, wie er seinen Vater überreden könnte, ihm das teure Buch zu schenken – »ihr habt meinen Geburtstag verpasst, so könnt ihr es wiedergutmachen« –, als ihn die Frauenstimme aus seinen Gedanken riss.

»Dein Vater. Ein Notfall.«

Val Broeksmit hält eines der schwarzen Taxis an, springt auf den Rücksitz, rast nach Chelsea, wo seine Eltern leben. Rote Backsteinhäuser, kleine Gärten, schwarze, gusseiserne Zäune. Die Häuser sehen bescheiden aus, aber nur wenige Londoner können es sich leisten, hier zu wohnen. Als das Taxi am Ziel ankommt, sieht Val Broeksmit eine Ambulanz vor dem Apartmenthaus seiner Eltern. Er rennt über die Straße zum Eingang, die Treppen hoch, in die Wohnung. Im Flur trifft er auf die Haushälterin und vier Sanitäter, die ihre Ausrüstung einpacken. Am Boden sieht er seinen Vater. Er liegt auf dem Rücken, daneben kniet seine Mutter, außer sich.

Val fragt die Haushälterin, die Sanitäter, seine Mutter: »Was ist passiert?«

»Er hat sich umgebracht, dein Vater hat sich umgebracht.«

Was seine Mutter sagt, dringt kaum zu Val durch. Sie war joggen, eine Stunde lang, als Bill sie anrief. Sie sollte noch Kaffee mitbringen und war so länger unterwegs als geplant. Als sie in die Wohnung zurückkam, fand sie Vals Vater im Flur. Er hatte sich mit der Leine seines Hundes an einer Tür erhängt.

Val nimmt die Männer vom Bestattungsunternehmen kaum wahr, als sie sagen, »die Polizei ist auf dem Weg«. Er schreckt hoch, wendet sich an seine Mutter: »Mum, die Polizei kommt, wen kann ich anrufen, einen Anwalt, gibt es irgendjemanden?« Die Mutter reicht ihm ein Telefon: »Ruf Michele an, Michele!« Er findet die Nummer, ruft an und bittet den Mann am anderen Ende, schnell zu kommen.[1]

Die Polizei trifft schon vorher ein. Ein junger Beamter sondiert die Lage: Ist jemand eingebrochen? Gibt es Abschiedsbriefe? Wer ist alles anwesend? Auf einmal steht ein schlanker, dunkelhaariger Mann im Flur. Val spricht ihn an: »Sind Sie Michele, der Anwalt?« Ja, sagt der Mann, sein Name sei Michele Faissola, aber ein Anwalt, nein, das sei er nicht.

Val hat Faissola noch nie in seinem Leben gesehen. Was er nicht weiß: Faissola ist ein ehemaliger Kollege des Vaters und zu diesem Zeitpunkt einer der mächtigsten Strippenzieher bei der Deutschen Bank, zuständig für die weltweite Verwaltung des Vermögens der wichtigsten privaten Kunden. Und er ist umstritten. Er testet immer wieder die Grenzen des Erlaubten aus, was einige Kollegen gegen ihn aufgebracht hat. Gemeinsam mit Bill Broeksmit hatte er in den 1990er Jahren die Investmentbank der »Deutschen« in London aus dem Nichts aufgebaut. Später, als Broeksmit nach einer erster Auszeit zurückgekommen war, hatten sie gemeinsam die Finanzkrise durchgestanden. Ein gemeinsames Jahrzehnt, das nun ein gewaltsames Ende gefunden hat.

Val Broeksmit ist mit den Geschichten aufgewachsen, sein Stiefvater, erst erfolgreich bei Merrill Lynch, dann einem Freund zur Deutschen Bank gefolgt, inzwischen mit einigen Managern in Schlüsselpositionen befreundet, darunter der Vorstandsvorsitzende Anshu Jain. Nach seinem offiziellen Abschied hatte Broeksmit der Bank weiterhin geholfen. Im Auftrag von Jain behielt er als freischaffender Berater eine Tochter der Deutschen Bank in den USA im Blick – die Deutsche Bank Trust Company Americas, kurz DBTCA, einst der ganze Stolz des Managements, weil die DBTCA aus der Wall-Street-Legende Bankers Trust hervorgegangen war, deren Übernahme die Deutsche Bank im Jahr 1999 zum größten Finanzkonzern der Welt gemachte hatte. Fünfzehn Jahre später ist alles anders. Wie große Teile der Deutschen Bank steckt auch die DBTCA in ernsten Schwierigkeiten. Stresstests stehen an, Ermittler haben die Bank im Visier, weil sie Geld gewaschen haben soll, selbst das FBI interessiert sich für die Geschäfte der DBTCA, die unter anderem Kredite an windige Unternehmer wie Donald J. Trump vergeben hat.

Bevor er die Hundeleine nahm, hatte der Risikomanager Broeksmit einen Teil der Wohnung in Chelsea sorgsam hergerichtet. Als seine Frau ihn fand, lagen Dokumente zu seinen Füßen – interne Unterlagen der DBTCA aus New York. In dem Hundekorb stellte der Polizist mehrere Abschiedsbriefe sicher, deren Handschrift Val identifizierte. Flüchtig geschriebene Zeilen seines Vaters an seine Ehefrau, seine beiden Töchter und an Val: »Du bist ein warmherziger, cleverer junger Mann (…). Du hast dem Namen, den ich Dir gegeben habe und nun entehre, selber Ehre gemacht.« Auch ein Abschiedsbrief an seinen Chef und Freund, Anshu Jain, lag in dem Korb. »Anshu«, hatte Broeksmit geschrieben, »es tut mir leid, dass ich Dich enttäuscht und meine dunkle Natur vor Dir geheim gehalten habe.«

Doch es war nicht zuletzt die Bank selber, die ihre dunkle Natur vor der Welt geheim halten musste. Sie hatte Kunden, Konkurrenz und Kritikern jahrelang vorgemacht, dass man das Geschäft entschlüsselt habe. Die Risiken seien zwar gigantisch, aber kalkulierbar, so das Versprechen – einfach weil man die Deutsche Bank war und damit besser, professioneller, cleverer, größer. Man könne fast beliebig Gewinne machen. Doch die vermeintlich todsicheren Geschäfte waren zumeist nichts weiter als eine Schimäre, ein Trick. Und kaum jemand wusste das besser als Bill Broeksmit.

TEIL I

EIN AMERIKANISCHER TRAUM

OK. If I am being honest with you
then yes, let's whisper it, but the truth
of the matter is that all of us are overpaid.
There is nothing magical about
what we do. Anybody can do it.

ALLEN WHEAT
Investmentbank-Legende

Willkommen auf der *Titanic*

Es ist der 3. Oktober 2001 in New York. Der Chef der Deutschen Bank, Rolf Breuer, besucht am Tag der Deutschen Einheit die Börse an der Wall Street. Gemeinsam mit dem New Yorker Bürgermeister Rudolph Giuliani eröffnet er den Handel. Es ist ein großer Tag für die Deutsche Bank: Erstmals werden die Aktien des Konzern auch in den USA gehandelt. Einer der Banker aus Deutschland trägt zur Feier des Tages unter seinem Sakko eine Weste in den Farben der US-Flagge. Als Giuliani und die Banker aus Deutschland auf der Galerie oberhalb des Börsenparketts stehen, sind vor ihnen Baseballmützen aufgereiht, darauf die Logos der New Yorker Polizei, der Feuerwehr und anderer Rettungsdienste.

In der Stadt und an der Wall Street interessiert man sich kaum für den Besuch aus Deutschland. New York steht unter Schock. Nur wenige Hundert Meter weiter westlich bergen Räumungsmannschaften noch immer Leichen aus den Trümmern des World Trade Center. Drei Wochen zuvor, am 11. September, hatten islamistische Terroristen vier Jets entführt – zwei der Flugzeuge steuerten sie in die Twin Towers. Die Selbstmordpiloten hatten zuvor lange in Hamburg gelebt und studiert. In Afghanistan schlossen sie sich al-Qaida an, reisten später in die USA, um sich dort zu Piloten ausbilden zulassen. In großen Teilen finanzierten sie sich dabei durch ein Stipendium, das einer der späteren Täter als Militärangehöriger der Armee der Vereinigten Arabischen Emirate erhielt. Um die gewaltige Zerstörung anzurichten und Tausende von Menschen zu ermorden, hatten die Terroristen nicht viel Geld gebraucht.

Breuer will mit seinem Auftritt in New York demonstrieren, dass seine Bank sich durch die Terroranschläge nicht aufhalten lässt, dass man weiter international expandieren wird. Die Führung der Deutschen Bank hatte gehofft, dass der US-Börsengang als Höhepunkt der Expansionsstrategie Aufmerksamkeit erregen werde, die den Konzern so viel Geld gekostet hatte. Man will endlich auch als Wall-Street-Bank wahrgenommen werden, auf Augenhöhe mit den US-Instituten agieren. Unter Investmentbankern ist es üblich, dass sie sich selbst sogenannte Grabplatten verleihen, Plaketten, die große Deals feiern, einen Börsengang etwa, eine Fusion oder einen gewaltigen neuen Kredit. Die führende Bank bei dem Deal wird traditionell auf der Plakette in erhabenen Lettern gedruckt, so dass die Schrift hervorsteht – *to bulge* im Englischen. Deshalb heißen die großen US-Investmentbanken, die bei fast jedem Deal oben stehen, *Bulge Bracket*. Dazu gehören J. P. Morgan, Goldman Sachs, Morgan Stanley und Merrill Lynch. Mit dem Börsengang wollte die Deutsche Bank vor allem symbolisieren, dass man in die Phalanx dieser US-Banken eingebrochen war, dass man endlich auch zum Bulge Bracket gehörte. Doch dann kam der 11. September.

Vier Jahre zuvor, 1997, war Rolf Breuer Vorstandssprecher der Deutschen Bank geworden und hatte die gescheiterte internationale Strategie seines Vorgängers Hilmar Kopper geerbt. Kopper hatte vergeblich versucht, mit der Deutschen Bank an die Weltspitze zu gelangen. Um dieses Ziel zu erreichen, hatte er Scharen von Investmentbankern angeworben. Die meisten der neuen Mitarbeiter stammten aus England und den USA. Nach dem Zweiten Weltkrieg hatte es führende Manager der Deutschen Bank lange zusammengeschweißt, dass sie fast alle an der Ost- oder Westfront gekämpft hatten. Kopper und Breuer hatten den Krieg ebenfalls noch miterlebt, wenn auch als Kinder. Kopper hatte vor der Roten Armee fliehen müssen, Breuer hatte in Bonn die Bombardierungen durch die Westalliierten erlebt. Die neuen Banker waren dagegen oft keine vierzig Jahre alt, manche erst Ende zwanzig, blutjung. Trotzdem verdienten einige auf Anhieb fast so viel wie die Vorstandssprecher.

Unter den jungen Talenten, die man Mitte der 1990er Jahre anwarb, war auch der 41-jährige Amerikaner Bill Broeksmit, ein Spezialist für die sogenannten Derivate, ein neues Finanzinstrument, das gerade das Bankengeschäft durcheinanderwirbelte. Broeksmit war ein Aufsteiger. Er stammte aus einer Familie ohne großes Vermögen und ohne Einfluss in der New Yorker Finanzszene. Er hatte niemanden, der seine Karriere mit Tipps oder Beziehungen befördern konnte. Im Zweiten Weltkrieg hatte Broeksmits Vater John auf einem Zerstörer der US-Marine gedient und deutsche U-Boote gejagt. Danach arbeitete er in einem Versandhaus, verabschiedete sich aber bald wieder aus der

Welt der Waren, studierte Theologie und wurde schließlich Pfarrer in einer kleinen Gemeinde in Illinois. Obwohl Bill fünf Geschwister hatte, die alle versorgt werden mussten, finanzierte John seinem Sohn Bill eine teure Ausbildung. Zunächst kam er auf eine Privatschule, anschließend auf ein College in Kalifornien. Es waren die wilden 1970er Jahre. Broeksmit ließ sich trotzdem nicht allzu sehr ablenken. Er machte seinen Abschluss, kehrte nach Illinois zurück und studierte Management auf der renommierten North-Western University. 1982 bekam er seinen ersten festen Job bei einer Bank und sollte dort – wie noch viele Male in seinem Leben – in die tiefen Abgründe der Finanzindustrie blicken. Er war gerade 27 Jahre alt.

Broeksmits ersten Arbeitgeber – die Continental Illinois National Bank and Trust Company (CINB) – gibt es nicht mehr. Die Bank ist heute fast vergessen, war aber damals eine der größten der Welt, obwohl sie nicht in New York, sondern in Chicago ihren Stammsitz hatte. Sie residierte im Chicagoer Bankenviertel »La Salle Canyon« in einem eindrucksvollen Gebäude, dessen mächtiges Portal über mehrere Geschosse aufragte. Auf die Continental Illinois, 1910 gegründet, geht ein Satz zurück, der ebenfalls die Karriere von Broeksmit prägen sollte: Die Bank war *too big to fail* – zu groß zum Scheitern. Tatsächlich, bemerkte ein Beobachter, traf der Satz den Kern des Problems nicht. Die Bank war nicht zu groß zum Scheitern, sondern in Wahrheit äußerst spektakulär kollabiert, weil sie sich auf riskante und komplizierte globale Geschäfte eingelassen hatte. Sie war deshalb *too big to liquidate* – zu groß, um liquidiert zu werden, zu groß also, um sie einfach vom Markt verschwinden zu lassen, ehe man Vorkehrungen getroffen und sich um die anderen Banken gekümmert hatte, die mit der Continental eng verwoben waren.[1]

Als Broeksmit im Sommer 1982 als junger Händler bei der Bank begann, steckte die Continental Illinois bereits in ernsten Schwierigkeiten. Bis dahin war sie von Analysten, der Presse und den Anlegern gefeiert worden, da sie sich über die Jahre durch eine besonders aggressive Strategie an die Spitze geboxt hatte. Der Aufstieg der Continental Illinois und ihr tiefer Fall sollten das Geschäftsgebaren vorwegnehmen, mit dem viele Banken mehr als zwanzig Jahre später die Finanzkrise auslösten. Und Broeksmit sollte das erste, aber nicht das letzte Mal lernen: Es ist alles schon einmal da gewesen. Der legendäre Börsenmakler Jesse Livermore, der sein riesiges Vermögen ausgerechnet in der Zeit der Großen Depression an der Wall Street gemacht hatte, prägte den Satz: »Es gibt nichts Neues an der Wall Street. Es kann auch gar nichts Neues geben, der Mensch spekuliert, seit es Hügel auf dieser Welt gibt. Was auch immer am Aktienmarkt passiert, ist schon einmal passiert und wird wieder passieren.«

Krisen gehören also zum Bankgeschäft wie Unfälle zum Autorennen. Man muss sie verdrängen und weiter Gas geben, als sei nichts geschehen. Und dennoch war der Kollaps der Continental Illinois etwas Besonderes. Grenzen wurden verschoben und Gesetze gebrochen.

Die Continental war in den 1970er Jahren an den Rand gedrängt worden, ihr Standort Chicago erwies sich als großer Nachteil, die Musik spielte anderswo, und dort hatte sich das Geschäft dramatisch verändert. Am 1. Mai 1975 war in der Wall Street die Revolution ausgerufen worden, ausgerechnet am *Mayday*, dem Tag der Arbeit. Die Börse hatte die *fixed incomes* abgeschafft, was in diesem Fall bedeutete, dass die Brokerfirmen ihre Marge fortan selber aushandeln durften – und mussten. Viele Händler hatten sich lange gegen die radikale Reform gewehrt. Dank der abgesprochenen Preise – im Schnitt 80 Cent für jede verkaufte Aktie – war ihr Job überaus lukrativ, wenn auch nicht sehr interessant. Doch es gab erste Gerichtsurteile, die andeuteten, dass man die Gepflogenheiten an der New Yorker Börse als kartellartige Absprachen einordnen könnte. Also handelte die Börse lieber selber und schaffte die Preisabsprachen ab.

Dass die Abschaffung der *fixed incomes* am Mayday sich derart drastisch auswirken würde, hatte niemand erwartet. Die Welt der Börsianer wurde auf den Kopf gestellt. Die Kommissionen und Preise verfielen, die Betroffenen mussten sich schnell neue Produkte ausdenken, sie brauchten dringend neue Felder, auf denen Geld zu verdienen war. Selbst große Firmen verschwanden, denn man brauchte enorm viel Kapital, um weiter Erfolg zu haben. Das alles passierte zu einer Zeit, als New York am Ende zu sein schien, die Stadt vor dem Bankrott stand. Kein Geld bedeutete: kein Glamour, keine Zukunft.

Auch Banken wie die Continental mussten kämpfen, um nicht unterzugehen oder geschluckt zu werden. Das Management entschied sich daher Ende der 1970er Jahre, voll auf Risiko zu setzen. Und so wurde in nur fünf Jahren aus einer verschlafenen, regionalen Bank mit Stammsitz in Chicago einer der größten Kreditgeber in den USA. Die Continental verdreifachte in dieser kurzen Zeit die Summe des verliehenen Geldes, ihre Bilanzsumme verdoppelte sich. Auf den ersten Blick schien sie dabei solide vorzugehen. 15 Prozent des eingesetzten Kapitals konnte sie als Gewinn verbuchen (der sogenannte *Return On Investment*). Das Institut war als Anlageobjekt beliebt, da es besser als die Konkurrenz abschnitt. Der Aktienkurs schoss in die Höhe. Doch eine Kennzahl – die *Loans to Assets Ratio* – wurde ebenfalls immer größer, und das war verräterisch: Das Unternehmen hatte rechnerisch 70 Prozent des eigenen Vermögens verliehen.[2] Keine große Bank in den USA ging ein derart hohes Risiko ein. Die Zahlen ließen darauf schließen, dass die Bank besonders riskante Kredite vergeben hatte, um möglichst schnell zu wachsen. Kunden erzählten sich, dass die Konditionen ausgesprochen günstig seien und man auf der Suche nach einem Kredit das Angebot der Continental kaum ablehnen könne. Ein Konkurrent sagte einer Zeitung: »Wir hören immer wieder, dass die Continental fast alles macht, um einen Deal abzuschließen.«

Einer dieser riskanten Deals platzte, als Bill Broeksmit in die Bank eintrat. Die Continental hatte nicht nur selber Kredite vergeben, sondern auch die Kredite anderer, meist kleinerer Banken aufgekauft. Darunter waren Kredite in Höhe von fast einer Milliarde Dollar an eine Firma, die mit hochspekulativen Öl- und Gasgeschäften Geld verdienen wollte. Als daraus nichts wurde, ging die Firma pleite. Die Papiere waren nichts mehr wert, standen aber noch als »faule« Kredite in den Büchern der Continental. Die Frage drängte sich auf: Mit wem hatte die Bank aus Chicago Geschäfte gemacht? Wie viele »faule« Kredite hatte sie noch in den Büchern? Die Bank geriet in einen Abwärtsstrudel. Weitere Großkunden gingen bankrott. Und dann stellte sich heraus, dass Mexiko, das sich von der Continental und anderen US-Banken viel Geld geliehen hatte, überschuldet war und die Kredite nicht mehr bedienen konnte.

Sobald der Markt – andere Banken, Investoren, Fonds – wittert, dass ein Teilnehmer in Schwierigkeiten steckt, versuchen alle mit der Krise des Konkurrenten Geld zu verdienen. Die Continental, die bis 1982 als Top-Adresse galt, musste plötzliche höhere Zinsen als andere Banken zahlen, wenn sie Geld leihen wollte. Um liquide zu bleiben, setzte das Management auf Kredite mit extrem kurzer Laufzeit. Jeden Tag musste sie acht Milliarden Dollar an sogenannten *overnight loans* auf dem Markt besorgen, Kredite, die nur wenige Stunden laufen und daher sehr billig sind. Wenn eine Bank sich derartig viele kurzfristige Kredite besorgen muss, dann hat sie meist etwas zu verbergen. Schließlich lieh sich die Continental Geld von ausländischen Banken – zu hohen Zinssätzen. Die Konkurrenz konnte die Angst förmlich riechen. Ein Mitarbeiter des angeschlagenen Unternehmens sagte einer Zeitung: »Der einzige Unterschied zwischen der Continental und der Titanic? Die Titanic hatte ein Orchester.«

Im Mai 1984 kam das Aus für die Chicagoer Bank. Zu diesem Zeitpunkt hatte Broeksmit seinen Job dort noch keine zwei Jahre. Am Ende reichte ein Gerücht: Eine japanische Nachrichtenagentur hatte eine Meldung aus den USA aufgegriffen und berichtet, die Continental stehe vor einer Übernahme und werde von den Regulatoren genau überprüft. Der Bericht basierte, wie sich herausstellte, auf einem Übersetzungsfehler, dennoch war die Wirkung fatal. Über Nacht zogen japanische Finanzkonzerne zwei Milliarden Dollar von der Continental ab. Das Institut musste sich Geld von der US-Bundesbank leihen, schließlich sprangen andere US-Banken ein, stützten den Konkurrenten. Doch die Maßnahmen verpufften. Die Continental war am Ende. Die Bankenaufsicht fürchtete, dass das gesamte System in den Abgrund gerissen werden könnte. 2300 andere Banken hatten Geld in die Continental investiert, 200 davon über die Hälfte ihres Kapitals, bei manchen waren es sogar 100 Prozent.

Die Federal Deposit Insurance Corporation (FDIC), der Einlagensicherungsfonds, trat auf den Plan. Diese US-Behörde hatte man nach der großen Weltwirtschaftskrise 1933 gegründet, um das Vertrauen in die Banken wieder zu stärken. Die Leitung der FDIC entschloss sich zu einem drastischen Schritt: Der Fonds übernahm

80 Prozent der Continental, verstaatlichte die Bank damit de facto und garantierte so, dass die Einlagen sicher waren und mit dem Institut verknüpfte Geldhäuser nicht ebenfalls Bankrott anmelden mussten, denn die Einlagen bei der Continental waren nur bis zu 100 000 Dollar versichert. Damit setzte sich die FDIC über geltendes Recht hinweg.

Der Staat bürgte für die Verluste und befreite die anderen Banken, die sich offensichtlich mit der Continental den völlig falschen Geschäftspartner ausgesucht hatten, auf diese Weise aus einer ernsten Klemme. Damit griff er massiv in den Markt ein. Aber der gerade amtierende US-Präsident Ronald Reagan galt als ein unerschütterlicher Anhänger der Marktwirtschaft. Er sprach gern von der »Magie des Marktes« und vertrat die Ansicht, dass der Markt alles regele, für faire Preise sorge und Unternehmen bestrafe, die zu teuer, zu billig oder zu unrentabel arbeiteten. Die Magie des Marktes hatte bei der Continental offenbar versagt. Die FDIC und die Bankenaufsicht suchten mit ihrem Eingreifen zu verhindern, dass Zweifel an anderen, sehr viel größeren Banken aufkamen – der Citibank zum Beispiel, die ähnlich riskante und schlecht versicherte Kreditpapiere hielt. Die Frage war allerdings, ob mit dem Eingriff nicht eine gefährliche Ausnahme von der Regel geschaffen worden war.

Ein Schlagwort machte die Runde: *bank bail-out*. Auf einer Pressekonferenz fragte ein Reporter: »Mr. President, nach dem ›Bail-out‹ der Continental Illinois Bank machen sich einige Experten Sorgen, dass Ihre Regierung noch weitere Banken retten muss, weil man sie – wie öffentliche Versorger – nicht kollabieren lassen darf.« Reagan antwortete: »Nein, also diese bestimmte Bank wurde ja von dem Bankensystem selber gerettet.«[3] Das stimmte nicht, die FDIC hatte ja gerade massiv in das System eingegriffen. Dann fügte Reagan noch etwas an, was wie eine Blaupause für die Finanzkrise zwanzig Jahre später wirkt: Nur die Kontoinhaber, so der Präsident, seien geschützt worden, die Aktionäre dagegen hätten ihr Engagement mit dem Kursverfall der Aktie bezahlt. Damit lenkte er vom eigentlichen Zweck der Bankenrettung ab: Es war der FDIC nicht um die kleinen Sparer gegangen, die wären sowieso entschädigt worden, sondern vor allem um die anderen

Banken und damit um das System an sich. Zur Bekräftigung erklärte der Präsident noch: »Ich kann nicht erkennen, dass das eine Bedrohung für das ganze Bankensystem ist. Es geht um eine Bank, und die braucht ein wenig Hilfe.«[4]

Ein Abgeordneter, der Republikaner Stewart McKinney, erklärte hinterher bei einer Debatte im Kongress ganz unverblümt, was da gerade geschehen war: »Lassen Sie uns nicht drum herumreden. Wir haben eine neue Art von Banken geschaffen. Sie heißt ›too big to fail‹ – TBTF –, und es ist eine ganz wunderbare Bank.« Tatsächlich wurde die Continental von der US-Regierung über Jahre in einer Art künstlichem Koma gehalten. Am Ende wurden die Reste der Bank verkauft, ihr Name verschwand. Für über zwanzig Jahre – bis zur weltweiten Finanzkrise – sollte der Kollaps der Continental der am schwersten wiegende Kollaps einer Bank in den USA bleiben.

Welch ein Start für Bill Broeksmit ins Berufsleben.

E rst später gaben Bankenaufseher zu, dass man sich schon Jahre vor der Eskalation große Sorgen um die Continental gemacht hatte – die Risiken, die die Bank einging, waren augenscheinlich außergewöhnlich hoch. Doch man wollte den Aufschwung nicht abwürgen, setzte auf die Bank als innovativen Wachstumsmotor und verließ sich auf die internen Kontrollen der Bank. Die waren allerdings äußerst fehlerhaft und schlicht zu lasch. Jahre später kam bei einem Prozess in Chicago heraus, dass der Vizepräsident der Bank bestechlich war. Er hatte von einem Kunden – einer Bank, die sich im Erdölgeschäft verspekuliert hatte – Kickbacks erhalten, insgesamt 585 000 US-Dollar. Im Gegenzug kaufte ihm die Continental die riskanten Kredite ab. Der Vizepräsident der Continental musste dreieinhalb Jahre ins Gefängnis, und Broeksmit wie seine Kollegen lernten bereits 1984: Eine einzige Bank, geführt von kriminellen Bankern, kann das ganze System in den Abgrund ziehen. Ein erschreckendes Bedrohungspotenzial und zugleich – wie es schien – eine ultimative Absicherung für die Bank. Es hatte sich ja gezeigt, dass der Staat dem Totalabsturz einer Bank nicht tatenlos zusehen konnte, wenn sie so groß und so vernetzt war, dass ihr Bankrott andere Banken gefährdete.

Dann rettete er lieber die Bank, ihre Einlagen und das System – auch wenn der Staat dabei seine eigenen Gesetze brechen musste. Als die Continental zahlungsunfähig wurde, weil sie mit extrem viel geborgtem Kapital operiert hatte, mussten sich kleine, solide, konservative Banken fragen, ob es nicht zu gefährlich sei, mit derartig risikofreudigen Partnern überhaupt Geschäfte zu machen. Diese Frage hatte die US-Regierung klar und eindeutig beantwortet: Da besteht kein Risiko. Wenn etwas schiefgeht, bekommt man den Einsatz zurück. Es wurden zudem keine Gesetze zur strengeren Kontrolle großer, vielfach vernetzter Banken erlassen. Man ließ der Entwicklung einfach ihren Lauf. Nach dem Sündenfall der Continental vertraute der Staat darauf, dass sich die großen Banken in Zukunft ihrer Verantwortung bewusst sein würden. Die US-Regierung hatte sich mit ihrem Eingreifen im Fall der Continental zur Geisel der großen Banken gemacht. Die Banken und viele ihrer Kunden hatten das Signal verstanden: Man konnte unbedenklich immer größere Risiken eingehen.

E xistenzielle Krisen kannte die Deutsche Bank lange nicht. Bis in die 1980er Jahre hinein galt sie als unangreifbar, als ein Solitär, mächtig, angsteinflößend. Die Deutsche Bank war die Spinne im Netz der Deutschland AG, hielt Beteiligungen an allen wichtigen Industrieunternehmen der Republik und übte dadurch einen gewaltigen wirtschaftlichen und politischen Einfluss aus. Das Magazin *Der Spiegel* erstarrte fast in Ehrfurcht vor der »Weltmacht Deutsche Bank«, wie 1985 eine Titelgeschichte überschrieben war. »Machtbewusst wie die Renaissancefürsten bauten die Manager der Deutschen Bank ihr Institut zum alles überragenden Geldhaus der Nation aus. Leise, konsequent, nur durch sich selber kontrolliert, knüpfte die 1870 gegründete Bank ein Netzwerk von Geld, Geist und Gesinnung, gegen das in Deutschland nichts mehr läuft (…). Ein Verfassungsorgan des Geldwesens, von keinem kontrolliert, doch alles kontrollierend«, sei herangewachsen, »ein aufgeklärter Feudalstaat inmitten einer sozialen Massendemokratie«. Das Magazin zitierte einen »notorischen Hauptversammlungsnörgler«, und selbst der konnte kein Haar in der Suppe finden: »Die Deutsche Bank ist wohl die beste Bank der Welt.« Der Konzern hatte damals gerade seine neue Zentrale in Frankfurt eingeweiht – die Zwillingstürme – und überragte nicht nur die Konkurrenz in der Stadt, sondern alle anderen Banken im Land.

Vor seinem Tod erzählte der ehemalige CDU-Generalsekretär Heiner Geißler die Geschichte von Lothar Späth. Der baden-württembergische Ministerpräsident wollte im September 1989 den politisch geschwächten Helmut Kohl auf einem Parteitag als CDU-Vorsitzenden stürzen. Geißler sagte in einem Interview: »Er ist zur Deutschen Bank, ich will nicht sagen: zitiert worden, aber jedenfalls war er dort. Die Banker haben ihm gesagt: Kohl soll bleiben.« Späth hat seine Kandidatur dann zurückgezogen. Nachfrage der Interviewer: »Die Deutsche Bank hat also dafür gesorgt, dass Kohl weiter an der Macht blieb?« Darauf Geißler: »Das kann man so sagen.«[5]

Die Deutsche Bank bestimmt, wer Kanzler bleibt und wer es nicht wird. Eine Bank – wie es scheint – auf dem Gipfel der Macht. International stand die Bank in der zweiten Hälfte der 1980er Jahre jedoch unter großem Druck. In dieser Zeit wurde sie von Alfred Herrhausen geführt. Der gebürtige Essener hatte eine NS-Ausleseschule in Bayern besucht und nach dem Krieg Karriere als Manager bei Energiekonzernen gemacht, bevor er zur Deutschen Bank geholt wurde. Das brachte ihm dort den Spitznamen »der Elektriker« ein. Herrhausen sagte 1985: »Natürlich haben wir Macht, aber nur im Sinne von Einflussmöglichkeit, nicht im Sinne von Beherrschung. Denn beherrschen können wir nichts.« Das wurde als Understatement abgetan, traf aber den Kern. Denn das Geschäft hatte sich inzwischen nicht nur in den USA, sondern auch in Europa fast über Nacht von Grund auf verändert. Vor allem die City of London, das Zentrum der britischen Finanzindustrie, war kurz vor Ende des Kalten Krieges immer mächtiger geworden. Die angelsächsischen Banken verdienten sehr viel mehr Geld als die Konkurrenz aus Deutschland. Sie fusionierten, verschmolzen, wurden immer größer – und das war die eigentliche Bedrohung.

Ein Urknall hatte diesen Prozess ausgelöst: der *Big Bang* vom 27. Oktober 1986. Er hatte eine noch stärkere Wirkung als der Mayday in New York. Bis zu diesem Tag durften ausländische Firmen nicht an der Londoner Börse handeln oder Anteile an britischen Firmen halten. Zudem durften die Berater nicht selber Aktien kaufen oder verkaufen, und die Brokerfirmen mussten sich bei der Honorierung ihrer Dienstleistungen an feste Gebühren halten. Diese Regeln schaffte die Regierung unter Margaret Thatcher ab. Berater durften nun selber mit Aktien handeln und an diesem Handel mitverdienen. Das Entscheidende aber war, dass nun ausländische Banken in London richtig mitmischen konnten. Bang! Bang! Bang!

Zusätzliche Kraft entfesselte der Urknall, weil die Londoner Börse an diesem Tag den Digitalhandel mit Aktien aufnahm. Zunächst bewältigten die Computer den Andrang nicht, doch nach kurzer Zeit hatte man die Technik im Griff. Nun konnten Geschäfte in bis dahin nicht gekannter Höhe abgewickelt werden. Der Umsatz der Börse explodierte, das Handelsvolumen stieg von 4,5 auf 7,4 Milliarden Britische Pfund – innerhalb einer Woche. Seit damals hat sich der Gesamtumsatz bis 2017 um den Faktor 45 vergrößert. 1986 begann also eine Revolution.

Mit diesem Ergebnis hatten Premierministerin Thatcher und ihre Minister nicht gerechnet. Sie hatten die Maßnahmen eigentlich nur eingeleitet, weil die – staatliche – Londoner Börse unter großem Druck stand. Schwere Korruptionsvorwürfe waren laut geworden, eine Kommission hatte bereits Reformen angemahnt. Dem war die Regierung zuvorgekommen, indem sie die Börse kurzerhand privatisierte und ganz nebenbei den Markt zu mehr Wettbewerb antrieb. Doch die Revolution fraß ihre Kinder. Die City of London verringerte zwar den Abstand zum führenden Finanzplatz New York, aber im Gegenzug kauften US-amerikanische Firmen – später auch europäische und japanische Unternehmen – die Konkurrenz in England einfach auf. Von 300 großen Handelsfirmen in London waren nach einem Jahr 75 in ausländischem Besitz. Am Ende verschwanden 19 der 20 größten Broker als eigenständige Unternehmen. Immer mehr Firmen mit großer Tradition, aber kleiner Bilanzsumme wurden von internationalen Banken geschluckt. Auch die Gepflogenheiten in der City änderten sich nun endgültig. Die Londoner Finanzbranche war in den 1970er Jahren für einen einmaligen Tagesablauf berühmt: 10 Uhr Arbeitsbeginn, ab 12 Uhr zwei Stunden Lunch inklusive einiger Drinks, Arbeitsende um 16 Uhr. Das war nun für immer vorbei.

Die Deutsche Bank schaute drei Jahre lang zu, wie sich die Revolution entfaltete. Noch verdiente sie in Deutschland, ohne sich groß anstrengen zu müssen, gutes Geld und galt im Heimatland als unantastbare Weltmacht. Die Bank war damals, so sagt es der Bankexperte Professor Reinhard H. Schmidt, »ziemlich behäbig, sehr selbstgefällig, sehr selbstzufrieden«. Aber Herrhausen ahnte, dass sich das Geschäft durch den Big Bang radikal ändern würde und die Bank daher modernisiert und internationalisiert werden musste. Einerseits forderte er einen Schuldenerlass für die Länder der Dritten Welt, andererseits hatte er gleichzeitig begonnen, Investmentbanker im eigenen Haus ausbilden zu lassen. Zwar konnte die Deutsche Bank eine große Bilanzsumme vorweisen, aber sie hatte so gut wie keine Kenntnisse von dem gerade entfesselten Investmentbankgeschäft, also ging es mit der internen Ausbildung der Talente nicht schnell genug voran. Alfred Herrhausen verlor die Geduld und suchte mit dem damaligen Vorstandsmitglied Hilmar Kopper im Ausland nach Banken, die man übernehmen könnte. Das sollte die Strategie für die nächsten Jahre werden. Was man nicht hatte, kaufte man teuer, oft zu teuer ein. Herrhausen und seine Berater fanden schließlich eine Investmentbank, die ihnen zusagte. Es handelte sich um die – zumindest auf den ersten Blick – altehrwürdige Institution Morgan Grenfell. Das Bankhaus war 1838 gegründet worden und residierte in einer kleinen Seitenstraße der Great Winchester Street in London, etwas abseits vom Herzen der City of London. Man beschloss, das Unternehmen zu kaufen.

Morgan Grenfell war allerdings nicht so solide, wie man aufgrund der langen Unternehmensgeschichte hätte annehmen können. Die Bank war in einen ernsten Skandal verwickelt: Sie hatte dabei geholfen, die Aktien der Brauerei Guinness durch verschleierte Aufkäufe zu verteuern. Guinness wollt einen Konkurrenten übernehmen und dies durch einen Aktientausch finanzieren. Mit dem künstlich hochgetriebenen Preis der eigenen Aktie wollte man attraktiver wirken und einen Mitbewerber ausstechen. Der Fall machte weltweit Schlagzeilen. Die britische Regierung und neue Institutionen wie das Serious

Fraud Office (SFO) griffen durch, auch um zu zeigen, dass man in London nach dem Big Bang rigoros gegen Wirtschaftskriminalität vorging. Morgan Grenfell brauchte eine neue Führung und blieb geschwächt zurück. Trotzdem zahlte die Deutsche Bank 2,7 Milliarden Mark für die Bank – damals ein gewaltiger Preis.

Am 27. November 1989 reiste Herrhausen nach London, besiegelte die Übernahme der Bank, lächelte in die Kameras. Er trug einen grauen Maßanzug und sah nicht weniger geschmeidig aus als die britischen Banker, deren Boss er nun war. Die Deutsche Bank spielte jetzt mit, gehörte dazu, so schien es. Doch beim großen Rest der Bank, zu Hause in Deutschland, in der Zentrale in Frankfurt und in den traditionell mächtigen regionalen Stützpunkten löste der Schritt einen Kulturschock aus. Einer der vielen Direktoren der Deutschen Bank, der Herrhausen nach London begleitete, fragte vor den neuen britischen Kollegen, welche Sprache denn von jetzt an in der Bank gesprochen werden würde. Herrhausen erwiderte, wer nicht Englisch spreche, habe in seiner Bank keine Zukunft. Markige Worte.

Doch die Beharrungskräfte in seiner Bank, der Deutschen Bank, waren enorm. Schon zwei Tage später musste Herrhausen auf einer Vorstandssitzung eine bittere Niederlage einstecken. Er wollte die damals noch sehr einflussreichen Regionalfürsten der Bank schwächen, sie zwingen, einen Teil ihrer Macht an die Zentrale abzugeben, und eine entsprechende Organisationsreform durchsetzen. Doch er scheiterte mit seinem Vorstoß. Große Teile der Bank wollten sich nicht ändern, das hatte die Vorstandssitzung deutlich gemacht. Am Abend war er deprimiert, zermürbt offenbarte er einem Weggefährten, dass er im Januar zurücktreten wolle. Dazu kam es nicht. Am nächsten Morgen zerriss eine ferngesteuerte Bombe Herrhausens Dienstmercedes. Der Vorstandssprecher der Deutschen Bank starb noch am Tatort. Die Rote Armee Fraktion bekannte sich zu dem Anschlag.

Nur drei Tage nach Alfred Herrhausens Tod unterschrieb Hilmar Kopper als kommissarischer Chef der Deutschen Bank den Kaufvertrag für Morgan Grenfell. In das neue Geschäft, in das man sich so teuer eingekauft hatte, wollte er sich allerdings nicht einmischen.

Die Bank Morgan Grenfell blieb größtenteils selbständig, als wollte die Frankfurter Zentrale bewusst Abstand zu der neuen Zeit wahren und sich nicht zu vielen neuen Einflüssen aussetzen.

Der Plan war, dass die britischen Investmentbanker, die vor Selbstbewusstsein nur so strotzten, den Deutschen behutsam beibrachten, wie die Angelsachsen seit dem Mayday und dem Big Bang ihren fetten Profit machten, kurz, was sie dachten, planten und wie sie an das Geld der Kunden herankamen. Man hoffte auf einen allmählichen, umfangreichen Know-how-Transfer. Aber die britischen Banker von Morgan Grenfell dachten gar nicht daran, den Deutschen zu helfen. Sie wurden zwar fürstlich bezahlt, verdienten mehr als die meisten Mitglieder der Führungsetagen der Bank in Deutschland, behielten ihr Eigenleben aber bei und ihr Wissen für sich. Die Besucher aus Frankfurt ließ man auflaufen. Mancher fühlte sich behandelt wie ein Praktikant und nicht wie ein ebenbürtiger Partner. Die neuen Kollegen wollten sich in London offenbar nicht beim Geldverdienen stören lassen.

In der City of London hatten sich die Gepflogenheiten innerhalb weniger Jahre radikal verändert. Den Kunden zu kennen, ihn gut zu beraten, damit er wiederkommt mit seinem Geld, das war dort über Jahrhunderte der Schlüssel zum Erfolg gewesen. Das Motto der Londoner Börse lautet *dictum meum pactum* – mein Wort ist meine Verpflichtung. Doch der Urknall hatte diese kulturelle Tradition ausradiert. London passte sich dem US-amerikanischen System an, ohne zu begreifen, wie die *Financial Times* später schrieb, was dieser Schritt am Ende bedeutete: »Es wurde Wertpapierhandelsunternehmen erlaubt, sowohl auf eigene Kosten als auch für den Kunden Wertpapiere zu handeln – ein schwerwiegender Interessenkonflikt.«

Der Big Bang zog gerade deshalb nicht nur die größten Talente und schlausten Köpfe an, sondern auch Kandidaten, die einfach nur schnell reich werden wollten. Mit dieser Hoffnung waren sie nicht allein. Die extreme Konkurrenzsituation setzte zerstörerische Kräfte frei, ein egoistischer Exzess war die Folge. Viele in der neuen Generation der Banker dachten, sie seien die neuen Götter in der City – schlauer als der Rest, hungriger und jünger.

Die alte Generation musste nur noch hinweggefegt werden.

Schwarze Witwen an der Wall Street

Nachdem die Continental Illinois verstaatlicht worden war, verließ Bill Broeksmit Chicago und zog nach New York, um dort an der Wall Street zu arbeiten. Noch war er nicht vermögend. Er wohnte mit seiner Frau Alla, die aus Weißrussland stammte, dem Stiefsohn Valentin und zwei kleinen Töchtern in einem bescheidenen Apartment. Sehr bald sollte es jedoch aufwärtsgehen. Broeksmit bekam einen Job bei Merrill Lynch. Die US-Bank galt als etwas dröger, unflexibler Gigant am Markt. Doch in den 1980er Jahren versuchte das Institut im Investmentbankgeschäft Boden gutzumachen und ein stolzes Mitglied des Bulge Bracket zu werden. Es war fast so, als durchlebte Broeksmit im Laufe seiner Karriere Zeitschleifen, denn Merrill war wie die Deutsche Bank zu spät dran.

Mitte der 1980er Jahre, fast ein Jahrzehnt nach dem Mayday in New York, hatte sich die Wall Street erholt. Nicht allen, aber vielen Bürgern der Stadt ging es besser. Glamour und Geld waren zurück. Die Investmentbanken hatten sich an die neuen Bedingungen angepasst und verdienten mehr Geld als jemals zuvor, sofern sie groß genug waren. Wer verstand, wie der neue Markt funktionierte, konnte mit einer Investmentbank oder Brokerfirma auf viele Arten zu Geld kommen. Akteure wie Salomon, Morgan, Goldman handelten inzwischen verstärkt auf eigene Rechnung mit Aktien. Sie nutzten ihr Knowhow – welcher Titel hat Potenzial, welches Unternehmen wird wachsen? –, um selber Kasse zu machen und nicht nur ihre Kunden – nach Möglichkeit – immer reicher zu machen. Seit die Investmentbanken auf eigene Faust handeln durften, konnten Händler durch die Bonuszahlungen sehr viel mehr Geld verdienen als ihre Ansprechpartner bei den etablierten Konzernen. Das Geschäft erlebte eine »kopernikanisch-kapitalistische Wende«, denn die Investmentbanker bestimmten nun das Schicksal des Marktes mit, weil sie selber davon profitierten. Die Wall Street konnte auch Einsteiger steinreich machen, wenn sie den Markt verstanden, große Risiken eingingen – und Glück hatten. Die Banker der Wall Street wurden zu einem kulturellen Phänomen. Tom Wolfe nannte sie in einer Reportageserie für das Magazin *Rolling*

Stone »Masters of the Universe«. Wenn man als Banker zur richtigen Zeit am richtigen Ort war, konnte man in dieser neuen Welt schnell Karriere machen. Broeksmits Timing stimmte.

Zwar war Merrill Lynch etwas hüftsteif, aber das Management bot hungrigen jungen Mitarbeitern eine Chance. Einer von ihnen war Edson – genannt »Ed« – Mitchell, ein 32-jähriger Mann, klein, drahtig, rothaarig, der im Nordosten der USA, im Bundesstaat Maine, geboren worden war. Wie Broeksmit hatte er die Provinz verlassen, strebsam studiert und seine Karriere in Chicago begonnen, wo er von Merrill entdeckt wurde. Ein Jahr vor Broeksmit kam Mitchell zu der Bank nach New York und hatte dort sofort Erfolg. Er war ein Getriebener, ein Mann, der endlich eine Mission gefunden hatte: Er wollte eine zweitklassige Bank an die Spitze führen. Obwohl er ein Zugezogener war, wurde Mitchell schon bald als ein typischer New Yorker beschrieben, den Ungeduld und überbordende Energie fast zerrissen.

Eine Investmentbank kann auf zwei verschiedene Arten Geld verdienen: Sie kann ins Risiko gehen oder als Agent, als Berater, tätig werden. Berät sie Konzerne bei einer Fusion oder einem Börsengang und stellt dafür Gebühren in Rechnung, geht sie kein Risiko ein. Handelt sie auf eigene Rechnung mit Devisen und Aktien, um einen möglichen Gewinn einzustreichen, oder legt Anleihen, Optionen und neue Finanzinstrumente auf, um sie an Käufer zu vermitteln, dann geht sie selbst ins Risiko – oder überzeugt Kunden, das zu tun. Diese Überzeugungsarbeit leisten in einer Investmentbank die *Risk Taker*, eine Rolle, die Mitchell auf den Leib geschneidert war.

Die Risk Taker waren bei Merrill Lynch in der Abteilung Capital Markets zusammengefasst. Edson Mitchell, der Mann mit dem Drive, wurde der Chef der Derivate-Abteilung. Broeksmit arbeitete ihm zu und machte an Mitchells Seite schnell Karriere. Innerhalb von nur vier Jahren stieg er in der Hierarchie weit auf. Mit gerade einmal 33 Jahren wurde er zu einem der Direktoren – von denen es allerdings einige gab.

Broeksmit arbeitete mit seinem Team in einem Großraumbüro, an dessen Wänden digitale Ticker die aktuellen Börsenkurse und Uhren die Zeit an den Börsenplätzen Tokio, Frankfurt und London anzeigten. Die Händler trugen Hosen aus teurem Zwirn, weiße Hemden, die Ärmel hochgekrempelt, Krawatten, kein Sakko. Sie arbeiteten an langen Tischreihen, die vollgestellt waren mit Bildschirmen, Telefonen, Tastaturen und Aktenordnern, in denen Kundeninformationen oder *Spreadsheets* gesammelt wurden. Die Computer waren besonders leistungsstark und spielten in dem Geschäft eine immer größere Rolle. Verschiedene Faktoren und Variablen mussten ständig bedacht, gegeneinander geschnitten werden. Beim Verkauf eines Finanzinstruments musste das Risiko für die Bank möglichst exakt berechnet werden. Genauso macht es ein Spieler, der im Kasino beim Black Jack die Karten zählt. Im Capital Market Team bei Merrill arbeiteten bald mehrere Hundert Mitarbeiter. Edson Mitchell trimmte sie in wenigen Jahren auf Erfolg, und Merrill schüttelte das alte, langweilige Image ab. Manch einer berauschte sich an diesem Geschäft.

Es kam nicht selten vor, dass einer der jungen Männer seinen Abschied vom Junggesellenleben in der Bank feierte und Stripperinnen ins Büro bestellte. Die entblätterten sich auf den Tischen mitten im Handelsraum, wie Janet Tavakoli, eine ehemalige Kollegin von Broeksmit, später berichtete: »Die Stripperin zog ihre Performance fünf Meter von mir entfernt durch, vor meinen Mitarbeiterinnen und einer Kundin, die ein Anlageportfolio für eine Bank managte. Der Auftritt wurde von einem hauseigenen Fernsehsender live übertragen. Die Stripperin war angestrengt, konzentriert und komplett nackt, sie balancierte auf der Stuhllehne des Händlers, streckte ihm ihre Hüfte entgegen. Die Kollegen feuerten sie an und machten anzügliche Bemerkungen. Mein Chef George stand dabei in der ersten Reihe.«[6] Als Janet Tavakoli sich über derartige Auftritte bei George beschwerte, wurde sie kurzerhand aus der feierfreudigen Gruppe rausgeschmissen. Bill Broeksmit bekam das mit und holte Tavakoli umgehend in sein Team. Die Teams bei Merrill, die in einzelne Handelstische, *Trading Desks*, aufgeteilt waren, standen in unerbittlicher Konkurrenz zueinander. Sie jagten sich Händler und Kunden ab, manchmal machten sie auch Geschäfte miteinander und verkauften sich gegenseitig eine Anleihe oder ein Derivat. Das war die Kultur, die Edson Mitchell eingeführt hatte: gnadenloser Wettbewerb – *survival of the fittest*.

Wenn gerade keine Stripperin auftrat, widmete man sich im Handelsraum von Merrill Lynch dem Verkauf der neuen Wunderwaffe im Finanzgeschäft: den Derivaten. Ein Derivat ist ein Vertrag zwischen einer Bank oder einem Wertpapierhändler und einem Kunden. Der Begriff – Derivat – kommt vom englischen *to derive*, ableiten. Das Derivat leitet seinen Wert vom Zeitwert eines Wertpapiers, Rohstoffs oder einer Währung ab. Ein Kunde kauft etwa ein Derivat, das ihm garantiert, Aluminium an einem bestimmten Tag zu einem festgelegten Kurs kaufen zu können. Die Bank bekommt für die Vermittlung des Derivats eine Prämie.

Derivate waren zunächst als eine Art Versicherung gedacht, vor allem für Firmen, die sich gegen Preisschwankungen bei Rohstoffen absichern wollten, die sie für die Produktion brauchten. Termingeschäft heißt das in Deutschland. Im Prinzip ist das Geschäft eine Wette und ein Derivat ein Wettschein. Die Derivate wurden gehandelt wie Wertpapiere, als seien sie Papiere mit einem tatsächlichen Wert.

Broeksmits Chef, Edson Mitchell, hatte in den 1980er Jahren erkannt, dass die Derivate zu einer Geldmaschine für die Banken werden könnten. Die Idee, diese Derivate zu strukturieren und mit ihnen zu handeln, stammte nicht von ihm, aber er verstand das Grundprinzip. Man musste die Instrumente schnell an den Kunden bringen, der Konkurrenz zuvorkommen. Andere Banken – etwa Bankers Trust – waren darin äußerst kreativ, aber Merrill war schneller, schneller beim Kunden und schneller beim Kopieren von Produktideen. Edson Mitchell galt als einer der Pioniere in dem neuen Geschäft. Er gehörte zur »Gruppe der Dreißig«, die sich regelmäßig traf, um das Finanzinstrument weiterzuentwickeln. Dieser Kreis bestand aus Experten, die für verschiedene Banken arbeiteten und Derivate selber mitentwickelt hatten. Aber Mitchell war gleichzeitig abhängig von den Ideen junger Männer wie Bill Broeksmit: »Broeksmit war der Boss des Bosses«, so schätzte Janet Tavakoli später die Dynamik zwischen den beiden Männern ein.

Broeksmit war der Chef eines Teams, das sich auf eine ganz spezielle Art von Derivaten konzentrierte – »Interest Rate Swaps«. Der erste große moderne *Swap Deal* war 1981 organisiert worden, nicht bei

Merrill, sondern ein Stück weiter die Straße hinunter bei Salomon Brothers. Wie bei den meisten Derivaten ging es darum, dass ein Kunde die Finanzkontrollen mehrerer Länder austricksen wollte. In diesem Fall war der Kunde die Weltbank. Die Weltbank wollte D-Mark und Schweizer Franken leihen, um eigene Aktivitäten zu finanzieren. Doch die Regierungen der beiden Länder – die Schweiz und Deutschland – hatten es der Weltbank untersagt, die Währungen in zu großen Mengen aufzukaufen. Also vermittelte das Investmenthaus Salomon der Weltbank einen Konzern – die Firma IBM –, der D-Mark und Franken in großem Umfang geliehen hatte und zurückzahlen musste.[7]

Händler bei Salomon hatten die Idee, dass man die Währungszahlung quasi tauschen könnte – to *swap* im Englischen. Die Weltbank kaufte IBM die Kredite ab, die das Unternehmen in Franken und D-Mark aufgenommen hatte, im Gegenzug nahm IBM einen Kredit auf, der in US-Dollar abgerechnet wurde. Die Weltbank wollte ihre Geschäfte nicht in Dollar abwickeln, weil der Zinssatz in den USA damals bei 17 Prozent lag, während Kredite in Franken oder D-Mark für die Weltbank sehr viel billiger waren. Salomon strukturierte den Deal, berechnete, wie sich die verschiedenen Zinssätze halbwegs gerecht gegeneinander aufwiegen ließen, und kassierte eine Vermittlungsgebühr von gut zwei Prozent, was bei diesem Swap 20 Millionen Dollar ausmachte. Die Idee schlug ein, da alle Seiten profitiert hatten. Bald wurden nicht nur Währungen, sondern auch immer mehr Zinssätze, Kredite, Anleihen oder Papiere, die an einen Zinssatz gekoppelt waren, getauscht. 1983 stieg Edson bei Merrill Lynch in genau dieses Geschäft ein.

Die Banken hatten ein völlig neues Spielfeld entdeckt. Die Regeln waren für neue Kunden zwar kompliziert und schwer zu durchschauen, aber jeder wollte mitspielen. Die Banken konnten gerade zu Beginn des Booms hohe Prämien fordern, da viele Kunden einfach nur Regulierungen umgehen wollten und nicht zu viele Fragen stellten, solange das Instrument dafür taugte, irgendwo auf der Welt Finanzaufsichtsbehörden auszutricksen.

D ie Wall Street machte mit den neuen Instrumenten viel Geld, aber im Mittelpunkt standen nach wie vor die herkömmlichen Geschäfte mit Aktien. Bill Broeksmit war gerade ein Jahr bei Merrill, als die Börsenkurse am Schwarzen Montag – dem 19. Oktober 1987 – weltweit spektakulär abstürzten. Allein der Dow-Jones-Aktienindex verlor innerhalb eines Tages fast ein Viertel seines Wertes. Kritiker machten neue Computerprogramme als Ursache für den Crash aus, denn diese waren so programmiert, dass sie bei einem bestimmten Kurs große Mengen an Aktien automatisch verkauften. Der Absturz im Herbst 1987 unterbrach den Siegeszug der Computer im Finanzsektor allerdings nur kurz.

Keine zwei Monate nach dem Crash an der Börse kam Oliver Stones Film *Wall Street* in die Kinos. Die Sprüche des Protagonisten Gordon Gekko, gespielt von Michael Douglas, wurden bei den Bankern Kult: »Wenn du einen Freund brauchst, kauf dir einen Hund.« Gecko verkörperte das, was viele junge Banker waren: Angehörige einer neuen Generation, jünger, schneller als die Alten. Zerstörung bedeutete für sie nicht Krieg, Unheil und Tod, sondern vor allem Bewegung. Zerstörung – auch von Börsen- und Unternehmenswerten – eröffnete die Chance auf mehr Umsatz, mehr Geld, mehr Bonus. Denn selbst wenn der Markt fällt, kann man viel verdienen, Hauptsache, es ist Bewegung im Markt. Die Figur Gekko brachte in einer Rede vor Aktionären einer Firma, die er übernehmen wollte, ziemlich genau zum Ausdruck, was die jungen Händler an der Wall Street antrieb: »Ich zerstöre kein Unternehmen, ich befreie sie vielmehr. Der entscheidende Punkt ist doch, dass die Gier, leider gibt es dafür kein besseres Wort, gut ist. Die Gier ist richtig, die Gier funktioniert. Die Gier klärt die Dinge, durchdringt sie und ist der Kern jedes fortschrittlichen Geistes. Gier in all ihren Formen, die Gier nach Leben, nach Geld, nach Liebe, nach Wissen, hat die Entwicklung der Menschheit geprägt.«

Die Gier nach Geld trieb auch Edson Mitchell an, und er trieb seinerseits »Mitchells Boys« mit hohen Bonuszahlungen an. Später wurde ihm ein Ausspruch zugeschrieben, der in der Branche ebenfalls Kultstatus erreichte: »Wer mit 40 noch keine 100 Millionen Dollar verdient hat, ist ein Versager.« Mit solchen Sprüchen versuchte er immer neue Talente anzulocken und überdeckte mit der Rhetorik zugleich die Mühen des Alltagsgeschäfts, das kompliziert, riskant, dabei oft eintönig war. Es gab kein Rezept, das einem Händler, egal bei welcher Bank er arbeitete, garantierte, zu den Gewinnern zu gehören.

Als man sich nach dem Börsencrash wieder berappelt hatte, machte Bill Broeksmit sich daran, eines der neuen Derivate – »Interest Rate Swaps« – weiterzuentwickeln. Diese Zinsswaps funktionieren so: Der Zinssatz von Krediten ist an den Libor gekoppelt, also den Zinssatz, zu dem sich die Banken untereinander Geld leihen. Der Zinssatz, den der Kreditnehmer zahlen muss, kann sich also verändern, im schlimmsten Fall kann er höher werden. Wenn einem Unternehmer das zu unsicher ist, kann er sich mit einem Swap gegen Zinsschwankungen absichern. Mit dem Swap können die Kunden den flexiblen, an den Libor gekoppelten Zinssatz gegen einen festen, unveränderten Zins tauschen. Den bieten etwa eine Bank, ein Investor oder ein anderes Unternehmen an, die darauf spekulieren, dass sich die Zinssätze zu ihren Gunsten entwickeln. Der Anbieter geht also eine Wette mit dem Kunden der Bank ein, tauscht die Zinssätze und hofft, am Ende den besten Schnitt zu machen.

Das Team von Broeksmit begab sich auf die Suche nach Unternehmen, Banken und anderen Investoren, die in einen Zinsswap einsteigen wollten. Das Instrument selber – wer tauscht was, wie lange, mit wem, zu welchen Bedingungen – wurde von Broeksmits Teams strukturiert. Es gab viele Variablen, viele Möglichkeiten, aber immer war mit ihnen die ultimative Unsicherheit verknüpft: Kein Mensch wusste, wie hoch die Zinsen in drei, vier oder fünf Monaten sein würden. Von diesem Risiko erfuhr der Kunde zunächst nichts. Mitchell und Broeksmit heuerten Verkäufer an, die diese neuen, riskanten Produkte in den Markt drückten. Das waren Kollegen, die andere Banken, Investoren, Hedgefonds oder die Verwalter großer Vermögen bedrängten: Wir haben da was, das spart Geld! Oder auch: Sie können noch mehr Geld machen!

Bei Broeksmits neuem Arbeitgeber kursierte damals ein Video, das einen der Starverkäufer der Bank zeigt, einen der erfolgreichsten

Klinkenputzer: Michael Stamenson aus San Francisco. Auf einer Schulung erklärte Stamenson dem Nachwuchs: »Im ganzen Land gibt es vielleicht eine Handvoll von Masters of the Universe. Einer davon bin ich. Nun, wer ist ein Master of the Universe? Ein Master of the Universe ist jemand, der eine Idee von einem Kollegen an einem der Tische im Handelsraum aufschnappt, sie auf 25 Wörter oder weniger verdichtet, einen Kunden anspricht, ihn nervt, ihn überzeugt, etwas zu tun, was er normalerweise von sich aus niemals tun würde. Ein Master of the Universe macht genau das alles möglich, und zwar im ganz großen Stil.« Am Ende trug Stamenson noch dicker auf: Um ein erfolgreicher Broker bei Merrill zu werden, brauche man »die Zähigkeit einer Klapperschlange, das Herz einer Schwarzen Witwe und den Panzer eines Alligators«.[8]

Wie Drückerkolonnen, nur in sehr teuren Autos und Anzügen, tauchten die Bankverkäufer beim Kunden auf oder redeten auf sie am Telefon ein. Für jeden Abschluss bekamen sie einen Bonus. Edson Mitchell baute sich eine Armee von Verkäufern auf, die Broeksmits Instrumente an den Kunden brachten, darunter nicht wenige, die zu dem wurden, als was sie sich intern verkauft hatten: Raubtiere mit dicken Panzern und ohne jedes Gefühl für die Kunden, die Opfer.

N achdem die Deutsche Bank Morgan Grenfell gekauft hatte, um das Investmentbankgeschäft zu erobern, kam ihr ein historisches Ereignis in die Quere: die deutsche Wiedervereinigung. Die Deutsche Bank galt bei ihren Kritikern als skrupellos, aber selbst die größten Gegner des Frankfurter Instituts hatten immer geglaubt, dass der Konzern professionell geführt wurde. Die Deutsche galt ja als die wahrscheinlich beste Bank der Welt. Doch mit dem Fall der Berliner Mauer wurde das Geschäft unübersichtlicher: Im Westen lockten die Investmentgeschäfte, im Osten die neuen Märkte. Überall wollte die Bank dabei sein – und so machte man Fehler.

Zunächst hatte es so ausgesehen, als ob der Konzern nach dem Ende der DDR noch einflussreicher werden würde. Schon in den ersten Wochen nach der Grenzöffnung hatte die Deutsche Bank Kontakt zu hochrangigen Funktionären aufgenommen, die der ostdeutschen

Staatsbank vorstanden. Vor allem zu dem zweiten Chef der Bank, Edgar Most, baute man eine enge Beziehung auf, indem man ihn beriet und betreute.[9] Noch zu DDR-Zeiten, Anfang 1990, organisierte die Deutsche Bank dem Mann aus dem Osten ein Bundeswehr-Feldfunkgerät, damit man ihn jederzeit erreichen konnte. Aber das war nicht alles. Die Bank flog Most diskret mit einem Privatjet durch die Gegend. Am Ende gründete der DDR-Banker – angeblich auf eigene Faust – eine neue Bank, übertrug ihr den Besitz der Staatsbank, die Konten, das Know-how, und privatisierte die Neugründung sofort, so dass die Deutsche Bank fast die Hälfte des neuen Instituts übernehmen konnte. So bekam sie Zugriff auf die Daten der ehemaligen Staatsbank und damit auf das Gedächtnis der ostdeutschen Volkswirtschaft. Auch in der Bundesrepublik war das einer der größten Vorteile der Deutschen Bank: Sie führte die Konten vieler zentraler deutscher Unternehmen, wickelte deren Zahlungsverkehr ab, war im Bilde, wie es den Firmen ging, was geschäftlich funktionierte und was nicht.

In der DDR holte die Deutsche Bank noch vor der Wiedervereinigung für sich heraus, was herauszuholen war. Als Nachfolgerin der Staatsbank musste sie deren Gebäude und Filialnetz zwar mit der Dresdner Bank teilen, nachdem deren Manager bei der Bundesregierung protestiert hatten, trotzdem bekam die »Weltmacht Deutsche Bank« den Osten des Heimatmarktes schnell unter Kontrolle. In den geheimen Berichten des Bundesrechnungshofs über dieses Geschäft wird vor allem beklagt, dass zu den Ad-hoc-Geschäften der Deutschen Bank in der ersten Nachwendezeit kaum Dokumente angelegt wurden. Als immer deutlicher wurde, wie viel Geld in die Führung und Sanierung der ostdeutschen Unternehmen gesteckt werden müsste, organisierte die Bank der Bundesregierung umgehend und dezent das notwendige Kapital auf dem Finanzmarkt. Sie führte als erste Bank die D-Mark im Osten ein, in ihrer Filiale am Alexanderplatz in Berlin. Das war vor allem ein PR-Coup. Die Bilder von schwitzenden, singenden Ostdeutschen, die Hundertmarkscheine schwenken, gingen um die Welt. Die Bank organisierte auch die Verwaltung der Altschulden von ostdeutschen Unternehmen, die mit der Währungsunion plötzlich in D-Mark abgegolten werden mussten. Dafür nahm sie Rekordzinsen und erhob einen Risikozuschlag – obwohl sie selber keinerlei Risiko trug, das hatte die Bundesregierung übernommen. In der Ex-DDR schien ansonsten kein großes Geschäft zu winken, alles im postsozialistischen Staat wirkte marode und kaputt, der Markt war viel zu klein, und vor allem hatte dort niemand Kapital. Was die Bank wollte, hatte sie schon bekommen. Mit dem Rest wollte sie nichts zu tun haben.

Die Deutsche Bank zahlte für ihren Widerwillen, sich stärker in den neuen Bundesländern zu engagieren, einen hohen Preis: Ihr erwuchs ein Konkurrent im eigenen Land. Ausgerechnet eine der gewieftesten Investmentbanken, Goldman Sachs aus dem Bulge Bracket, begann in Deutschland Geschäfte zu machen. Die Treuhandanstalt, noch eingesetzt von der DDR-Regierung und seit der Währungsunion endgültig verantwortlich für die Privatisierung der Betriebe in Ostdeutschland, war auf der Suche nach Banken, die sie bei ihrem schwierigen Geschäft unterstützten. Man brauchte vor allem Hilfe beim Verkauf von Ladenhütern wie den Chemiewerken in Leuna. Da die Deutsche Bank kein Interesse gezeigt hatte, fragte die Treuhandanstalt bei US-Investmentbanken an. Goldman Sachs erhielt den Zuschlag. Von da an waren junge Mitarbeiter von Goldman Stammgäste bei der Treuhand, darunter Paul Achleitner, der 2012 Aufsichtsratsvorsitzender der Deutschen Bank werden sollte.

Die Deutsche Bank konzentrierte sich derweil auf Geschäfte, die schnelle Erträge versprachen. Dazu bietet sich der Immobilienmarkt an. Bevor die vielen alten Gebäude in Leipzig, Dresden, Berlin verkauft oder vermietet werden konnten, musste sie aber jemand sanieren. Ein Bauunternehmer aus Frankfurt brachte sich hier in Stellung: Jürgen Schneider. Schneider kaufte in ganz Deutschland teure Immobilien, die er aufpäppeln und anschließend teuer vermieten wollte. Der Unternehmer trat geschmeidig auf, seine Halbglatze mit einem Toupet kaschierend. Nur das erste Projekt finanzierte er zum Teil mit eigenem Geld, den Rest baute er komplett auf Pump, vor allem in Ostdeutschland. Er erhielt fast sieben Milliarden D-Mark an Krediten, weil er sich nicht scheute, bei Mieteinkünften, Kosten und der Zukunft im Allgemeinen maßlos zu übertreiben. Da sich die Mietpreise nach der Wende nicht wie erwartet entwickelten, geriet er schnell in Liquiditätsengpässe. Als er keinen Ausweg mehr sah, überwies er sich selber schnell noch 245 Millionen D-Mark, beichtete der Deutschen Bank, dass es eventuell kleine Probleme mit dem Cashflow geben könne, und setzte sich nach Miami ab, wo er Jahre später verhaftet wurde. Sein Unternehmen wurde abgewickelt, die Banken verloren viel Geld, Handwerker blieben auf unbezahlten Rechnungen sitzen.

Der damalige Chef der Deutschen Bank, Hilmar Kopper, führte in den Tagen des Skandals etwas vor, was seine Nachfolger in Krisenzeiten nachahmten: Er überspielte eine existenzielle Krise mit einer verblüffenden, aber kühl kalkulierten Zurschaustellung großer Arroganz. Diese Arroganz war triefend, schwer zu ertragen und so maßlos, dass sie zwangsläufig ins Zentrum der Berichterstattung rückte. Kopper wurde auf einer Pressekonferenz im April 1994 gefragt, ob die Bank die Rechnungen der Handwerker übernehmen würde und wie hoch der Betrag wohl sei. Er antwortete: »Wir schätzen, dass bei allen drei Projekten ein Betrag zur Debatte steht, der ganz deutlich unter 50 Millionen Mark liegt. Wir reden hier eigentlich von Peanuts. Fast jeden Monat fällt ein Bauträger in dieser Republik um, ich kann nur sagen – so what?«

»Peanuts«. Er hatte tatsächlich »Peanuts« gesagt. 50 Millionen D-Mark sind »Peanuts«, sind nichts für die Deutsche Bank. So what. Was soll's. Mit diesem scheinbar dahingesagten Satz hatte Kopper gleich mehreres erreicht: Die Deutsche Bank wurde weiter als unendlich reich, als unantastbar angesehen, da 50 Millionen mehr oder weniger offenbar keine Rolle spielten. So entging fast allen, wie existenziell die Schneider-Krise für die Bank war. Drei Milliarden D-Mark standen mittelbar im Feuer, wie später ein hochrangiger Manager der Deutschen Bank zugab. Das waren damals 25 Prozent des Eigenkapitals der Bank. Doch in Deutschland konnte und wollte sich niemand vorstellen, dass die Deutsche Bank durch den Verlust von »Peanuts« und einen Mann mit Toupet in ernsthafte Bedrängnis geraten konnte. Doch genau das war geschehen. Und Kopper erreichte mit seinem arroganten Ausspruch, dass die Reputation intakt und das Bild von der mächtigen Bank beinahe unbeschädigt blieb. Der Glaube an die

Stärke einer Bank ist eben fast wichtiger als die Höhe ihres tatsächlich bilanzierten Vermögens. So ging es nach einem schlechten Quartal für die Bank rasch wieder aufwärts. Immerhin hatte Kopper Englisch gesprochen. So what.

Intern erkannte man durchaus, dass Kredite zu leichtfertig vergeben worden waren. Die Bank hatte Schneider nicht genau überprüft, hatte sich blenden lassen von seinen Prognosen, die sich nicht erfüllten und eben nicht zu den erhofften Gewinnen führten. Warnungen wurden nicht ernst genommen. Aber das Geschäft bewegte sich so schnell, dass für grundsätzliche Reformen keine Zeit blieb. In London hatte man ebenfalls ernste Probleme, da der eine oder andere Banker dort machte, was er wollte.

D ie britischen Investmentbanker der Deutschen Morgan Grenfell (DMG) hatten 1992 den jungen Mathematiker Peter Young eingestellt. Er hatte in Oxford studiert, verdiente bei der Bank 300 000 Pfund im Jahr, zu denen schnell ein Vielfaches an Prämien hinzukam, da Young extrem erfolgreich war. Schon nach wenigen Jahren konnte er sich am Rande von London eine Villa bauen lassen. Young leitete unter anderem den »European Growth Fund«, mit einem Volumen von 1,2 Milliarden Pfund einer der größten Anlagefonds in Großbritannien. Young wurde zu einem Star in der Branche, weil seine Fonds ungewöhnlich viel Geld einbrachten. Einer der Fonds machte in nur einem Jahr ein Plus von 75 Prozent. Eigentlich zu märchenhaft, um wahr sein zu können. Der blasse, dünne junge Mann mit der runden Brille galt als nicht besonders charismatisch, aber er war eben ungewöhnlich erfolgreich, und seine Vorträge waren so gefragt, dass er einmal sogar die Royal Albert Hall füllte. Young sagte dazu später: »Menschen glauben an Gurus. Solange Erfolg da ist, wollen sie die Realität nicht wahrhaben, um ihre Illusionen nicht zu zerstören.«

Niemand bei Morgan Grenfell oder dem Mutterkonzern in Frankfurt ahnte damals, dass das FBI den erfolgreichen Mathematiker verdächtigte, an einem ausgeklügelten Betrugsplot beteiligt zu sein, und gegen ihn ermittelte.[10] Young hatte mit dem Geld der Deutschen Bank nämlich eine Reihe von Tarnfirmen in Luxemburg gegründet, was keinem der internen Kontrolleure aufgefallen war. Durch diese Firmen schleuste er Geld, das er in eine US-Firma investierte. Die Manager dieses Unternehmens behaupteten, in näherer Zukunft die Aluminiumherstellung zu revolutionieren. Sie gaukelten Investoren und Interessenten vor, mit ihren Forschungen kurz vor dem Durchbruch zu stehen. Die Firma war jedoch nicht von Physikgenies gegründet worden, sondern von gewieften, polizeibekannten Börsenschwindlern. Als aus der Pennystock-Aktie – also einer Ramschaktie – plötzlich eine Art Börsenwunder wurde, nahmen die SEC und das FBI Ermittlungen auf.

Young hatte Kapital seines Fonds und damit der Anleger in die merkwürdige Firma gesteckt. Durch das große Volumen seiner Investitionen trieb er den Kurs der Aktie und so auch den Wert des Fonds künstlich in die Höhe, nur deshalb wurde er zum Börsenstar. Insgesamt hatte er weit mehr als die intern erlaubten zehn Prozent des Fondsvermögens in eine Firma investiert, und zwar direkt und indirekt über die Luxemburger Firmen. Und er hatte sie in ein Unternehmen investiert, das nicht mehr als ein Luftschloss war. Der Erfolg, der Druck, der Ritt auf der Rasierklinge bekamen ihm offenbar nicht. Peter Young benahm sich zunehmend seltsam. Er verbrachte viel Zeit in dunklen Räumen, murmelte vor sich hin, hörte schließlich Stimmen, die ihm befahlen, sein Geschlecht zu ändern. Mehrmals versuchte er sich mit einem stumpfen Messer, schließlich mit einer Schere den Penis abzuschneiden. Trotzdem flog er nicht auf. So machte er immer weiter, da niemand kontrollierte, was genau Young bei der Deutschen Morgan Grenfell eigentlich veranstaltete.

Eine drittklassige Bank

In New York entwickelte William Broeksmit mit seinem Team immer neue Finanzinstrumente. Große Anleger suchten ständig nach Möglichkeiten, um jenseits des Anleihen- und Aktienmarktes profitable Geschäfte zu machen – also war Broeksmits Team angehalten, auch exotische Derivate in den Markt zu drücken. Seine Kollegin

Janet Tavakoli etwa spezialisierte sich auf den neuesten Schrei: »Mortgage Backed Securities« (MBS) – hypothekengesicherte Wertpapiere. Banken kaufen nicht nur anderen Banken Kredite ab, sondern auch Hypotheken, die sie wiederum an Investoren weiterverkaufen. Merrill Lynch kaufte reihenweise Hypotheken auf, bündelte sie und bot sie als Wertpapier an. Entscheidend war die Bewertung durch eine Ratingagentur. War die hoch – AAA –, konnte Tavakoli das Papier gut am Markt verkaufen. Doch Tavakoli fielen bei den Derivaten, mit denen sie ständig zu tun hatte, schnell Unregelmäßigkeiten auf. Sie gab bald nicht mehr viel auf das Rating der Agenturen, da diese die Hypotheken, die in den Bündeln steckten, nicht genau prüften, also untersuchten, ob die Hypotheken regelmäßig bedient wurden und ob es Probleme mit dem Projekt gab, das hinter der Hypothek steckte. Um Geld von einer Bank zu bekommen, hatte etwa ein Immobilienentwickler einfach behauptet, dass schon vor Baubeginn alle Apartments verkauft worden seien. Als Tavakoli das prüfte, musste sie feststellen, dass der Unternehmer maßlos übertrieben hatte. Die Mieteinnahmen waren tatsächlich recht dürftig, trotzdem war die Hypothek als sicher bewertet worden. Die Bündel mussten zudem gegen einen Zahlungsausfall versichert sein, aber auch da gab es, wie Tavakoli feststellte, oft einen Haken. So fiel ihr in einem Fall auf, dass der Versicherer erst am Ende des langwierigen Insolvenzverfahrens einspringen würde.[11]

Tavakoli warnte Broeksmit. Er stimmte ihr zu, dass man die Anleger auf das Risiko hinweisen müsse. Aber das Papier sollte trotzdem verkauft werden. Der Verkauf, der *Sale*, ging immer vor, das war das eherne Gesetz, das Edson Mitchell bei Merrill etabliert hatte. Im Zweifel sollte man auch ein großes Risiko eingehen, das war die Geschäftspolitik. Doch wo verlief die Grenze? Wann war ein Risiko zu groß – für einen Kunden, für die Bank?

Broeksmit bekam genau an diesem Punkt immer größere Probleme mit den Klapperschlangen, den Schwarzen Witwen bei Merrill Lynch. Die selbst ernannten Masters of the Universe wollten um jeden Preis Umsatz machen. Unter ihren Kunden gab es vor allem einen, dem sie immer wieder äußerst riskante Produkte andrehen konnten:

der Kämmerer der reichen Gemeinde Orange County in Kalifornien. Er galt als »Pigeon«, als Versuchskaninchen, und er scheute nicht davor zurück, selbst exotische Geschäfte abzuschließen.

Die Gemeinde Orange County im Süden von Los Angeles galt als konservativ, wohlhabend und auf dem Papier – gemessen am Vermögen der Bewohner – als reichste Kommune der USA. Allerdings hatten neue Steuergesetze dazu geführt, dass Grundbesitz nur noch sehr reduziert besteuert werden durfte, und so bekam die Verwaltung von Orange County Geldsorgen. Um das Geld der Kommune für ein paar Basispunkte mehr irgendwo anzulegen, stand Robert L. Citron, der Kämmerer, im ständigen Kontakt mit Merrill Lynch. Citron war ein wunderlicher Mann. Er trug am liebsten schreiend bunte Krawatten zu türkisfarbenen Anzügen und fuhr einen Cadillac, ebenfalls türkisfarben. Er hatte nie studiert oder systematisch gelernt, wie man Finanzen verwaltet. Doch er galt in der Branche als angesehener Fachmann und war daher von den Einwohnern der Kommune zum Kämmerer gewählt worden, wie es in den USA üblich ist.

Ende der 1980er war der Starverkäufer von Merrill Lynch, Michael Stamenson, Citrons Hauptansprechpartner. Die beiden hatten sich schon vor langer Zeit bei einer Schlägerei kennengelernt, die am Rande eines Treffens der US-Kämmerer ausgebrochen war. Stamenson hatte sich mit einem Lobbyisten der Citibank geprügelt, der gefordert hatte, dass auch an Kämmerer – wie Citron – mittelfristige und damit riskantere Anleihen vergeben werden dürften. Stamenson war dagegen, Citron auch. Als sich der Merrill-Verkäufer das Blut abgewischt hatte, nahm er Citron in seinem Wagen mit zum Flughafen. Über die Jahre lernten sie sich besser kennen – und änderten ihre Meinung fundamental. Irgendwann glaubten sie, dass eine Kommune auch riskantere Geschäfte abschließen dürfen müsse. Sie stiegen in immer heißere Deals ein, Citron half Merrill ein ums andere Mal aus der Patsche, kaufte der Bank fragwürdige Papiere ab. Über die Jahre wurde sein Risiko so immer größer.

Stamenson empfahl dem Kämmerer schließlich, vermehrt auf sehr riskante Derivate zu setzen, um seine Fonds, in die auch externe Investoren und Anleger ihr Geld stecken konnten, zu einem Hit zu machen und um unter dem Strich mehr Geld für Orange County zu verdienen. Mit diesen neuen Finanzprodukten, so Stamensons Versprechen, könne man aus zu wenig sehr viel machen. Das gefiel Citron. So strukturierten die Händler von Merrill Lynch Produkte für die Kommune, hauptsächlich »Inverse Floaters« – Papiere, die an eine Zinswette gekoppelt waren. Das war eine Spezialität des Teams von Bill Broeksmit. Die Papiere sind äußerst riskant und sollten nur in Maßen eingesetzt werden, etwa indem man bei einem kleinen Teil einer größeren Anlage auf Risiko setzt. Doch Stamenson von Merrill Lynch sah das ganz anders. Er wollte als Verkäufer der Bank an das Geld von Citron heran, es anlegen, vermehren, der Bank Prämien und sich selbst Boni verdienen.

Anfangs hatte der Kämmerer etwas mehr als drei Milliarden Dollar zur Verfügung. Um den wunderlichen Mr. Citron in das Geschäft zu locken, garantierte man ihm, dass er mehr Zinsen als am Markt üblich für sein Geld bekommen würde. Das rechnet sich für die Bank allerdings nur unter bestimmten Voraussetzungen: Für einen Zinssatz, der über dem marktüblichen lag, musste der Kunde ein Risiko eingehen, das ebenfalls über dem üblichen lag. Denn stieg der Zinssatz, warf das Anlagepapier – der »Inverse Floater« – kaum noch etwas ab. Entscheidend war – wie bei den meisten Derivategeschäften – der Libor, der Zinssatz, zu dem sich die Banken untereinander Geld leihen. Und es gab noch ein weiteres Problem: Sollte der Libor deutlich steigen, würde das Papier rapide an Wert verlieren und damit das investierte Kapital schrumpfen. Und das hieß: Wenn der Zinssatz von der US-Bundesbank oder einer anderen Zentralbank angehoben werden würde und der Libor nachzog, war Orange County mit einer multiplen finanziellen Katastrophe konfrontiert. Solange der Zinssatz der Zentralbanken niedrig blieb, war alles in Ordnung, dann machte der seltsame Mr. Citron für seine Kommune ein Plus. Zunächst funktionierte der Deal auch. Citrons Fonds machte anderthalb Prozent mehr Gewinn als vergleichbare Anlagen. Stolz gab der Kämmerer Pressemeldungen heraus. Er wurde gierig, und Stamenson ermutigte ihn zu weiteren Geschäften. Citron ging größere Risiken ein, schoss immer mehr Geld in den Fonds, am Ende 7,6 Milliarden Dollar. Er setzte dabei die Steuern ein, die Orange County einnahm, außerdem legten mehr als 180 andere kleinere Städte ihr Geld in seinem Fonds an.

Das war Citron immer noch nicht genug. Stamenson von Merrill Lynch machte ihn mit einem weiteren Zaubertrick vertraut, der Hebelwirkung – *Leverage*. Citron könne den eingesetzten Betrag »hebeln«, künstlich vergrößern. Wenn er sich also noch mehr Geld borgte und das dann einsetze, könne er das Volumen seines Fonds immer weiter aufblasen und noch erfolgreicher sein. Citron machte mit. Er lieh sich für seine Kommune Orange County Geld – über die Jahre 12 Milliarden Dollar –, da er glaubte, eine Siegessträhne erwischt zu haben. Doch damit nicht genug: Als Sicherheit für das Geld hinterlegte er wiederum die Derivate, die er bei Merrill und bei anderen Banken gekauft hatte. Alles war miteinander verkettet. Aus einem ohnehin schon riskanten Geschäft – alles hing daran, dass die Zinsen nicht stiegen – machten die Berater von Citron eine finanzielle Massenvernichtungswaffe. Der Banker Felix Rohatyn hatte schon 1992 über das neue, boomende Geschäft mit den Derivaten gesagt: »26-jährige Uniabsolventen spielen mit Computern herum und erschaffen finanzielle Wasserstoffbomben.«

In der Tat lud Citron der Gemeinde Orange County mit Hilfe des jungen Teams von Merrill ein wahnwitziges Risiko auf. Und die Bank? Die Bank verdiente kräftig und todsicher, denn sie konnte bei den so strukturierten Deals gar nicht verlieren. Sie verdiente am Auflegen der Derivate, für die Betreuung, sie besorgte dem zockenden Kämmerer immer mehr Geld, was sie wiederum in Rechnung stellte, und sie bekam das viele Geld von Orange County noch zu einem günstigeren Zinssatz, sparte so wiederum Kosten. Der Gewinn: 70 Millionen Dollar vor Steuern. Dafür hatte man den Kämmerer überzeugt, 17 Milliarden Dollar zu bewegen und 12 Milliarden an Schulden aufzunehmen. Dieser Hebel und diese Unverhältnismäßigkeit sollten auch zum Kern der Geschäftspolitik der Deutschen Bank und anderer Investmentbanken werden. Bei diesem Geschäften wurden gigantische Geldsummen bewegt, das Risiko war extrem groß, der Gewinn aber nur vergleichsweise gering.

Und was machte Bill Broeksmit, unter dessen Leitung der Deal abgeschlossen wurde? Broeksmit sah 1993 durchaus, dass die Lage außer Kontrolle geriet. Als Citron geradezu in einen Kaufrausch verfiel und die Zukunft von Orange County verpfändete, schrieb er ein Memo. Er fragte sich darin, woher das ganze Kapital stammte. War das Steueraufkommen in Orange County wirklich die einzige Quelle? Wie konnte es sein, dass immer mehr Geld in den Fonds floss – am Anfang, 1990, waren es 2,5 Milliarden, 1992 schon 3,6 und 1993 sogar 5,5 Milliarden Dollar. Broeksmit bezweifelte, dass Orange County so viel mehr an Steuern eingenommen hatte: »Ich bin zwar kein Experte für öffentliche Finanzen, aber ich glaube, der Fonds ist so groß geworden, weil man außergewöhnliche Kapitalerträge angeboten hat.«

Damit kritisierte Broeksmit indirekt die eigenen Händler. Ihn beunruhigte vor allem, dass man nicht wusste, wie viel Kapital in dem Fonds bleiben würde, wenn der Libor anstieg. Er schrieb, dass der Fonds zu viel geborgtes Geld verwende und den internen Sicherheitsstandards nicht gerecht werde. Mit den hohen Zinsen, die der Fonds abwerfe, sei zu viel »heißes Geld« angezogen worden. Dieses heiße Geld würden die Investoren umgehend abziehen, sobald der Fonds weniger Rendite abwarf, und Orange County müsste sehr schnell die Sicherheiten hinter dem geborgten Geld verkaufen. Schließlich baute er den Kollegen und dem Anleger eine goldene Brücke: Die Strategie, in riskante Derivate zu investieren, sei fantastisch gelaufen, aber nun sei es an der Zeit, das Risiko zu reduzieren. Am Ende schrieb er sogar: »Wir sollten ausdrücklich klarmachen, dass wir empfehlen, das ganze Portfolio zu verkaufen.«

Die Warnungen verpufften. Das Geschäft war auch für Merrill einfach zu gut. Über Broeksmit kamen noch einige Hierarchie-Ebenen, und dort wollte man weiter Geld verdienen. Broeksmit wurde von Treffen zwischen Citron und der Bank ausgeschlossen.

D ie US-Notenbank Federal Reserve – kurz »Fed« – entschloss sich 1994 gleich mehrmals, die Leitzinsen heraufzusetzen, um einer Inflationsgefahr vorzubeugen. In den fünf Jahren zuvor waren die Zinsen permanent gefallen. Kaum jemand am Markt hatte jedoch so früh mit diesem Schritt gerechnet. Die Fed und ihr Chef Alan Greenspan hatten ein Erdbeben ausgelöst. Die »Trigger« in den Verträgen, den Derivaten, wurden aktiviert – Orange County hatte die Wette verloren. Die Investoren zogen ihr Geld ab, andere verlangten neue Sicherheiten, weil die hinterlegten Derivate kaum noch etwas wert waren – eine Kettenreaktion. Orange County hatte am Ende mit den Deals 1,64 Milliarden Dollar verloren. Die reichste Kommune in den USA war pleite.

Ende 1994 waren die Zahlen insgesamt zwar noch überschaubar, aber das Prinzip wurde klar: Die Wall-Street-Banken machten mit Derivaten fünf Milliarden Dollar Umsatz, während die Kunden im selben Jahr – auch durch die Zinsänderungen– 13 Milliarden verloren hatten.

Die Konfliktlinien und Kernfragen der nächsten Jahrzehnte wurden schon in den Jahren des Skandals von Orange County deutlich: Darf eine Bank den Kunden für dumm verkaufen? Darf man ihm jedes noch so riskante Derivat andrehen, ohne dass er versteht, was er da gekauft hat, solange er noch zahlen kann oder etwas zu verpfänden hat? Wann beginnt die Lüge, wann wird eine mangelhafte Beratung kriminell? Ist das schon der Fall, wenn man Informationen, Analysen verschweigt oder beschönigt? Hätte die Bank den Kämmerer von Orange County nicht aufhalten müssen? Genau das hatte Broeksmit vorgeschlagen: Man hätte Citron auf weniger riskante Investments aufmerksam machen müssen.

Im Investmentgeschäft – und das hat sich bis heute kaum geändert – treffen oft finanzielle Amateure auf ausgefuchste Profis. Eine Kommune, ein kleines Unternehmen, selbst größere Konzerne können oder wollen es sich nicht leisten, teure Profis, die das Geschäft durchschauen, zu beschäftigen. So haben die Banken einen Wissensvorsprung – und den nutzen sie aus. Auch der Kämmerer Robert L. Citron, so stellte sich später in den Untersuchungen einer *Grand Jury* heraus, hatte nicht immer genau verstanden, worum es ging. Er hatte sogar einen Wahrsager beschäftigt und Horoskope per Post bestellt, um auszuloten, ob der »Zinssatz weiter in seine Richtung laufen würde.

Nach der finanziellen Katastrophe meldete mit Orange County erstmals eine Kommune in den USA Bankrott an. Vielen städtischen

Angestellten wurde gekündigt. Über Jahre musste die Stadt Schulden abstottern, die der Kämmerer und Merrill Lynch ihr aufgehalst hatten. Erst im Sommer 2017 waren diese Schulden komplett abgezahlt, 23 Jahre nachdem sich Mr. Citron so desaströs verzockt hatte. Auch gegen Merrill Lynch wurde ermittelt. Die Börsenaufsicht und die Staatsanwaltschaft hatten viele Fragen. Die Banker konnten Tonbänder vorlegen: Sie hatten den Kämmerer am Telefon in Kenntnis gesetzt, dass er enorme Risiken eingegangen war, allerdings taten sie das erst, nachdem er alles an gefährlichen Produkten gekauft hatte, was der Markt zu bieten hatte.

Wie bei jedem großen Skandal hatte es deutliche Warnungen gegeben, auch von Außenstehenden. Ein Fachblatt hatte die Strategie von Merrill in Orange County in einem Dossier auseinandergenommen. Wie »eine Interkontinentalrakete« war die Kritik in der Bank eingeschlagen, beklagte sich der Verkäufer Stamenson später gegenüber Citron. Man flog Stamenson sogar mit der Concorde aus dem Urlaub in London zu einer Krisensitzung ein, um das Geschäft zu diskutieren. Alle waren da, erzählte der Verkäufer seinem treuen Kunden, vom Hausmeister bis zum Aufsichtsratsvorsitzenden. Doch dann blieb alles beim Alten.

Am Ende musste die Bank 400 Millionen Dollar an Orange County zahlen, damit war der Fall erledigt. Gegen einige Banker wäre unter Umständen eine Gefängnisstrafe verhängt worden, doch die Ermittlungen der Staatsanwaltschaft wurden gegen eine Zahlung von 30 Millionen Dollar eingestellt – ein Ablasshandel. Die US-Regierung versäumte es wieder einmal, ein deutliches Zeichen zu setzen.

Intern hatte der Fall weit mehr Konsequenzen. Edson Mitchell, der Pionier mit der Mission und Chef von William Broeksmit, wurde vor Gericht als Zeuge gehört. Es ging um das Memo, das Broeksmit geschrieben hatte. Die entscheidende Frage war: Hatte Mitchells direkter Vorgesetzter bei Merrill Lynch, David Komansky, den Brandbrief bekommen? Komansky bestritt das, aber Mitchell blieb bei der Aussage, die er vertraulich gegenüber den Bankermittlern gemacht hatte: Selbstverständlich habe Komansky das Dokument von Broeksmit bekommen – und zur Kenntnis genommen. Wir hängen hier gemeinsam drin, als Team, wollte er damit sagen. Edson Mitchells Zeit bei Merrill Lynch war damit vorbei. Offenbar war durchgesickert, dass er seinen Vorgesetzten verpfiffen hatte. Nachdem er die Bank vor allem mit den Erfolgen seiner Abteilung nach oben gebracht hatte, ging es mit seiner Karriere auf einmal nicht mehr voran. Er wurde nicht der Chef der Abteilung Capital Markets und damit der oberste Risk Taker, sondern sollte plötzlich einen anderen Bereich leiten. Man sagte ihm schlechte Mitarbeiterführung nach – was eben so gesagt wird, wenn man jemanden loswerden will. Dabei hatte Mitchell seinen Laden im Griff; er kannte die Namen seiner Mitarbeiter, und das waren immerhin mehr als tausend. Manch einer nannte ihn »silent mafioso«, weil er manchmal wie ein Mafioso durch die Handelsräume schlich und die Händler bei der Arbeit beobachtete, ohne ein Wort zu sagen. Am Ende hatte er die Mechanismen des Machtspiels bei Merrill falsch eingeschätzt. Das Management erwartete mehr Loyalität von ihm.

Als müsse er sich beweisen, dass er noch immer alles im Griff hatte, verließ Mitchell die Bank von einem Tag auf den anderen. David Komansky wurde wenig später zum Chef von Merrill und blieb es viele Jahre. Er gilt inzwischen als eine Legende in der Branche. Als es um Orange County gegangen war, hatte er vor Gericht einfach den unwissenden, abgehobenen Top-Manager gespielt, der von den Niederungen des Geschäfts gar nichts mitbekommen hatte. Dieser Masche sollten sich später viele hochrangige Bankmanager bedienen.

Bill Broeksmit wurde innerhalb der Bank versetzt und degradiert, er verlor an Macht. Als sein Name wegen des Skandals immer häufiger in der Zeitung auftauchte, verließ auch er Merrill Lynch. Er wolle mehr Zeit mit seiner Familie verbringen, hieß es. Da war er gerade 36 Jahre alt und doch schon ein Veteran. Zum ersten Mal stieg er aus dem Geschäft aus. Weitere Versuche sollten folgen. Broeksmit und Mitchell waren als Risk Taker reich geworden. Beide wohnten in New Jersey, Broeksmit im malerischen Short Hills, Mitchell auf einer großen Farm, auf der er auch Pferde züchtete. Broeksmit träumte davon, so erzählte er später seinem Stiefsohn Val, als Sportreporter zu arbeiten. Am liebsten hätte er über Baseball geschrieben. Dazu sollte es jedoch nicht kommen.

Bei Merrill Lynch hatte sich Broeksmit einmal mit seiner Kollegin Janet Tavakoli über das Leben als Autor unterhalten. Tavakoli hatte erzählt, dass sie einen Roman schreiben wolle, der den Fall des Bankiers Roberto Calvi aufgreift. Calvi wurde 1982 erhängt unter einer Brücke in London gefunden, nachdem seine Bank zahlungsunfähig geworden war. Man nannte ihn auch den Bankier Gottes, da er eng mit der Vatikanbank zusammengearbeitet hatte. Vor seinem Tod war er mit einem Koffer voller belastender Dokumente aus Rom geflohen. Erst zwanzig Jahre später konnte man mit Hilfe neuer forensischer Methoden nachweisen, dass er zuerst erwürgt und dann aufgehängt worden war. Bill Broeksmit und Tavakoli hatten nie daran geglaubt, dass sich Calvi umgebracht hatte. Er selber, sagte Broeksmit, würde sich niemals erhängen, das sei zu grausam. Sollte er sich jemals zu einem solchen Schritt entschließen, würde er Pillen nehmen und alle auf einmal mit einem teuren alten Rotwein herunterspülen. Als ein Konkurrent pleiteging – zu viele Ramschanleihen –, meinte Broeksmit, die Angestellten sollten sich am besten den »Calvi-Kragen« anlegen. Dann, so schreibt Tavakoli, gackerte er so laut, dass alle zu ihm hinübersahen.[12] Broeksmit und sein Team hatten die Anleihen des bankrotten Unternehmens weit unter Wert aufgekauft.

D ie Zinserhöhung der US-Notenbank hatte mit dazu beigetragen, dass der Skandal in Orange County ausgelöst wurde, und das hatte zu einer Krise des Finanzsystems in den USA geführt, bei der vor allem der Wert von Anleihen – Bonds – abstürzte. 1981 hatte der US-Anleihenmarkt, wo Kredite von Unternehmen, Staaten, Kommunen und anderen Marktteilnehmern im Prinzip wie Wertpapiere gehandelt werden, noch ein Volumen von 96 Milliarden Dollar. Zwölf Jahre später waren es knapp 1,3 Billionen Dollar.

Die US-Notenbank machte in der Krise von 1994 eine neue Erfahrung: Wenn sich die Zinsen für Anleihen minimal erhöhten, hatte das Auswirkungen, die sie nicht mehr einschätzen konnte. Zu global, zu schnell, in zu großen Mengen und vor allem zu vernetzt wurden die Anleihen gehandelt, so dass man nicht mehr jede Eventualität berücksichtigen konnte. Durch die Zinserhöhung im Frühjahr hatten

US-Anleihen insgesamt 600 Milliarden Dollar an Wert verloren. Händler tauften diese Zeit das »Bond-Massaker«. Dabei gerieten verschiedene Akteure in verschiedenen Bereichen unter Druck. Ein Hedgefonds hatte zu viele Eurobonds gekauft, ein anderer zu viele gebündelte Hypothekenpapiere – die MBS –, viele Versicherungen wiederum hatten ingesamt zu viele Anleihen gekauft und verloren 20 Milliarden Dollar. Der gewaltige Hurrikan Andrew hatte weniger Schaden angerichtet und die Versicherungen weniger gekostet, stellte das Magazin *Fortune* später fest.

In Frankfurt bei der Deutschen Bank nahmen Hilmar Kopper und andere Vorstände zur Kenntnis, dass selbst die US-Banken nach dem Einbruch auf dem Anleihenmarkt geschwächt waren. In London und New York sprachen Headhunter der Deutschen Bank daher gezielt verunsicherte Investmentbanker an. Sie boten den Kandidaten fantastische Gehälter und die Aussicht auf exorbitante Bonuszahlungen. Die Masche zog. Man kaufte quer durch die Branche echte und angebliche Stars ein. Darunter waren Investmentbanker, die sich auf Fusionen verstanden, andere, die sich auf Börsengänge spezialisiert oder am Kapitalmarkt viel Geld verdient hatten. Unter den Bankern, die man anwerben konnte, waren mehrere Mitarbeiter der britischen Investmentbank S. G. Warburg, unter anderen Maurice Thompson und Michael Cohrs, die besonders gute Kontakte in der Branche hatten. Aber auch die US-Banken wurden, wie die Fachpresse schrieb, »geplündert«.

Als besonderer Coup wurde gewertet, dass es der Deutschen Bank gelungen war, Mitarbeiter der Banken des Bulge Bracket abzuwerben, darunter Carter McClelland – ein Vorstandsmitglied von Morgan Stanley. Von Morgan Stanley warb man auch den teuersten Star ab, der auf dem Markt zu bekommen war: Frank Quattrone. Dieser hatte sich mit seinem Team darauf spezialisiert, Internetfirmen an die Börsen zu bringen, in den frühen 1990er Jahren eine sehr weitsichtige Strategie. Quattrone hatte unter anderem dabei geholfen, die Aktien von Amazon an der Börse zu platzieren. Ihm bot man nicht nur Geld, sondern auch Unabhängigkeit. Die Deutsche Bank garantierte Quattrone ein Gehalt von 25 Millionen Dollar über drei Jahre, und er durfte anstellen, wen er wollte. Der Vorstand erlaubte ihm sogar, eine unabhängige Tochterfirma im Silicon Valley zu gründen, die im Auftrag der Deutschen Bank Geschäfte machte – weit weg von Frankfurt am Main. Mehr Unabhängigkeit ging nicht.

Die neuen Stars bei der Deutschen Bank jagten ihren ehemaligen Arbeitgebern in der folgenden Zeit ganze Teams ab, bis zu hundert Händler wechselten auf einen Schlag zur Deutschen Bank. Der Vorstand legte kein Veto ein. Man hatte viel Geld investiert, jetzt erwartete man Erfolge – und das hieß, man wollte einen satten Profit sehen, schließlich war die Vermehrung von Geld das Kerngeschäft der Deutschen Bank.

Die neu eingekauften Banker sprachen auch Edson Mitchell an, den ehemaligen Chef von Bill Broeksmit. Bis Mr. Citron aufgetaucht war, schien Mitchells Karriere unaufhaltsam, jetzt war er auf der Suche nach einem Neueinstieg ins Geschäft. Die Deutsche Bank war auf den ersten Blick keine gute Adresse, man machte sich in der Branche sogar über sie lustig. Mitchell hatte in seinem Bereich – Swapgeschäfte – nie mit der Deutschen Bank zu tun gehabt. Doch er erkannte etwas in der Bank, das ihn an Merrill erinnerte: ein großer, träger Riese mit tiefen Taschen, mit dessen Geld er – wenn es gut lief – autonom eine schlagkräftige Investmentbank aufbauen konnte. Denn etwas aufzubauen machte ihm mehr Spaß, als ein etabliertes Geschäft zu führen. Also sagte er zu.

Der 1. Mai 1995, der Mayday, war Edson Mitchells erster Arbeitstag bei der Deutschen Morgan Grenfell in London. Der kleine schwarze Glasquader an der Leadenhall Street, wo die Abteilung Capital Markets ihren Sitz anfangs hatte, sah allerdings nicht so aus, als könne man von hier aus die Welt erobern. Zunächst flog Mitchell die großen Städte auf dem Globus ab, sah sich die Dependancen der Deutschen Bank an und machte eine Bestandsaufnahme. Nach seiner Meinung hatte die Deutsche Bank sich bisher zu stark darauf konzentriert, auf eigene Rechnung zu handeln, und nicht mit dem nötigen Nachdruck versucht, an das Geld großer Kunden heranzukommen. Zentrale Stellen – »Global Head of Sales« etwa – waren nicht besetzt. Er brauchte Verkäufer, die sich damit auskannten, Derivate oder andere

Finanzinstrumente an den Kunden zu bringen. Bei der Deutschen Bank war man in diesem Bereich kaum versiert. Sich bei Kunden anbiedern zu müssen hatte der Gigant aus Deutschland lange nicht nötig gehabt. Mitchell sprach daher ehemalige Kollegen von Merrill an, hauptsächlich Verkäufer, um sie abzuwerben. Einer der ersten beiden Kandidaten, an die er sich wandte, war der Inder Anshu Jain, damals 32 Jahre alt, seit 1988 einer von Mitchells besten Verkäufern bei Merrill Lynch. Jain war ein junge Inder, der seit zehn Jahren im Ausland lebte, ein Beamtensohn, der mit seinem glatten Gesicht und seiner schmächtigen Statur nicht weiter auffiel.

Anshu Jain war schockiert. Edson Mitchell, sein Vorbild, der Star der Wall Street, bei der Deutschen Bank! In den USA war die Bank in zentralen Marktsegmenten nicht einmal unter den Top 40. Jain sagte später einer Zeitung: »Ich habe seinen Wechsel zur Deutschen Bank damals nicht begriffen, die galt für uns als drittklassig, unter unserer Würde. Aber ich wäre mit ihm ans Ende der Welt gegangen.« Jain sollte zwanzig Jahre bei der Deutschen Bank bleiben und 2012 einer von zwei Vorstandssprechern werden.

Mitchell stellte in den nächsten Monaten 700 neue Mitarbeiter ein und entließ 500. Er suchte vor allem Kandidaten, die im Derivategeschäft Erfahrungen hatten und jetzt den nächsten, großen Schritt machen wollten, bevorzugt solche, die sich eigentlich nicht vorstellen konnten, bei der Deutschen Bank zu arbeiten. »Capital market butterflies« – sprunghafte Banker –, die von einem Arbeitgeber zum nächsten flatterten, wollte er nicht. Trotzdem sollte man seine neu angeworbenen Mitarbeiter als Söldnerheer diskreditieren, das in die Londoner Büros der Deutschen Bank eingefallen war.

Doch die Deutsche Bank brauchte auf dem neuen Markt mehr denn je Hilfe. Viele Vorstandsmitglieder verstanden gar nicht, wie man das Risiko der neuen Finanzprodukte berechnete. Der Fall der Metallgesellschaft hatte einige Monate zuvor sogar offenbart, dass einige Vorstandsmitglieder dringend Nachhilfe im Fach Risikomanagement benötigten. Die Metallgesellschaft war einer der größten deutschen Mischkonzerne, an dem die Deutsche Bank einen Anteil hielt. Der Konzern beteiligte sich unter anderem über eine Tochtergesellschaft in den USA am Erdölgeschäft. Der amerikanische Chef der Gesellschaft, der als »Cowboy ohne Rinder« beschrieben wurde, hatte sogenannte Future-Optionen an der New Yorker Rohstoffbörse gekauft und seine Firmen damit verpflichtet, zu einem bestimmten Zeitpunkt 160 Millionen Barrel Rohöl zu einem festgelegten Preis zu verkaufen. Er hatte allerdings nicht bedacht, dass der Erdölpreis unter einen bestimmten Wert fallen könnte. Die Position war zwar abgesichert, die Derivate konnten im entscheidenden Moment aber nicht schnell genug zu Geld gemacht werden – und so geriet die Gesellschaft in eine akute Liquiditätskrise. Sie machte 1,5 Milliarden Dollar Verlust und musste durch die Deutsche Bank gerettet werden.

Edson Mitchell und seine »Gruppe der Dreißig« hatten genau vor solchen Risiken gewarnt, aber bei der Deutschen Bank kannte man sich offenbar so wenig mit den neuen Instrumenten aus, dass man das Risiko gar nicht wahrnahm. Das zeigte Mitchell zweierlei: Was sein Team machte, verstanden seine neuen Geldgeber überhaupt nicht, er hatte also Narrenfreiheit. Trotzdem musste er sich absichern und auf jeden Fall selber in der Lage sein, die Risiken zu überblicken. Denn die Deals wurden immer komplizierter.

Nach einigen Monaten in England erinnerte sich Edson Mitchell an Bill Broeksmit und nahm Kontakt zu ihm auf. Es gebe viel zu tun und noch mehr Geld zu verdienen. Vielleicht könnte man auch den US-Banken Konkurrenz machen. Broeksmit schob seinen Traum, über Baseball zu schreiben, auf und zog nach London, um mit Mitchell eine Investmentbank aufzubauen.

Dort gab es allerdings neue Probleme: Die Deutsche Bank war gerade weltweit zum Gespött geworden.

Der Starhändler Peter Young, der Stimmen hörte, sich in dunklen Räumen einschloss, eine Villa am Stadtrand von London bewohnte, die Royal Albert Hall füllte, hatte sich in eine Zwickmühle manövriert. Um den Kurs seiner Fonds zu stabilisieren, musste er weiter in das zwielichtige Unternehmen Geld investieren, das von den Medien lange bejubelt worden war, weil es angeblich die Aluminiumproduktion revolutioniert hatte. Doch inzwischen hatte die Wirtschaftspresse aufgedeckt, dass hier Betrüger am Werk waren und das FBI Ermittlungen aufgenommen hatte. Trotz der schockierenden Nachrichten steckte Young weiterhin das Geld der Aktionäre in die Firma. Aber nun wachte man bei der Deutschen Bank endlich auf, schaute sich Youngs Geschäfte genauer an und zog ihn aus dem Verkehr. Der Kurs des wundersamen Hightech-Unternehmens aus den USA brach ein, die Überfliegerfonds der Deutschen Morgan Grenfell verloren massiv an Wert.

Young wurde verhaftet. Der Angeklagte erschien in Frauenkleidern vor Gericht. Eine Jury entschied nach einiger Zeit, dass er zu krank für einen Prozess sei. Ein peinlicher, vor allem aber teurer Skandal für die Deutsche Bank. Sie musste die höchste Strafe zahlen, die jemals gegen die City of London verhängt worden war: zwei Millionen Pfund. Viel schlimmer war jedoch, dass die Fonds von Young mit 600 Millionen Dollar gestützt und viele der Anleger entschädigt werden mussten. Das kostete die Bank weitere 300 Millionen Dollar. Die Übernahme der Investmentbank, eigentlich als erster Schritt auf dem Weg zur Weltspitze geplant, hatte weit über eine Milliarde D-Mark verschlungen, weil man von dem Geschäft einfach nichts verstand. Später gab man bei der Deutschen Bank zu, dass der Fall »beschämend sei« und das Risikomanagement wohl versagt habe. Das sollte man in den nächsten zwanzig Jahren noch sehr oft von Vertretern der Deutschen Bank hören. Mitchell, Jain und später auch Broeksmit mag damals klar geworden sein, dass sie es mit Amateuren zu tun hatten. Und sie wussten, dass das Rennen gegen die Zeit begonnen hatte. Sie hatten bei Merrill erlebt, wie leicht sich die Reputation einer Investmentbank zerstören ließ. Die neuen Strukturen mussten schnell etabliert werden, sie mussten ihre eigene Macht umgehend konsolidieren, ihre eigenen Regeln setzen, damit sie bei der nächsten Krise, die ganz sicher kommen würde, nicht so einfach an den Rand gedrängt werden konnten.

»Only money matters«

Ende 1991 fiel der vermeintliche Startschuss für das größte Geschäft aller Zeiten: Die Sowjetunion war untergegangen. Zwei Jahre hatte die UdSSR nach dem Fall der Berliner Mauer noch weiterexistiert, erst im Dezember 1991 war sie am Ende. Boris Jelzin, damals russischer Regierungschef, traf sich in jenem Dezember mit Abgesandten der Ukraine und Weißrusslands in einem abgelegenen Jagdschloss in einem Wald bei Minsk, unweit der polnischen Grenze. Der noch amtierende sowjetische Staatschef Michail Gorbatschow stand unter großem Druck, seit er im August nur mit Mühe einen Putschversuch überstanden hatte. Die Führer der Sowjetrepubliken witterten seine Schwäche und die Schwäche der UdSSR. Sie drängten auf die Unabhängigkeit ihrer Länder. Der ukrainische Präsident und der weißrussische Parlamentspräsident waren sich in Abwesenheit von Gorbatschow mit Jelzin einig, dass sich etwas ändern musste. Am 8. Dezember, am zweiten Tag des inoffiziellen Gipfels, unterschrieb Jelzin einen Vertrag, der die Auflösung der Sowjetunion vorsah. Wenig später verkündete die kleine Gruppe vor einer Handvoll Journalisten das Ende des sowjetischen Weltreichs. Gorbatschow trat an Weihnachten zurück. Die Sowjetunion war nach über siebzig Jahren Geschichte.

Für die großen Banken des Westens waren das gute Neuigkeiten. Über Nacht schienen sich ihnen riesige Märkte zu eröffnen. Russland, die ehemaligen Sowjetrepubliken und die aufstrebenden asiatischen Staaten mussten sich fortan in einem kapitalistischen System zurechtfinden. Wer konnte den Siegeszug der freien Marktwirtschaft jetzt noch aufhalten? Wie sich herausstellen sollte, gab es jemanden: die Banken.

In den folgenden Jahren wurde vor allem eines offenbar: Das Finanzsystem war instabiler, als mancher wahrhaben wollte. Nach dem Ende des Kalten Krieges konnte zwar das Kapital immer freier und schneller global fließen, doch die Mittel wurden selten sinnvoll eingesetzt. Es ging zu vielen Akteuren einzig um die Vermehrung ihres Profits, nicht etwa darum, einen tragfähigen Aufschwung in den Schwellenländern anzustoßen und neue Kundenstämme aufzubauen.

Fast alle großen Banken machten ohne Rücksicht auf Nachhaltigkeit Geschäfte in Ländern, die auf eine Kapitalflut noch gar nicht vorbereitet waren. Nach dem Ende der Sowjetunion dauerte es gerade einmal fünf Jahre, bis das Kartenhaus zusammenbrach.

Die Banken hatten in den Schwellenländern Asiens und der ehemaligen Sowjetunion zu viele Kredite vergeben, zu exzessiv Staatsanleihen aufgelegt und die neuen Finanzinstrumente – vor allem Derivate – in so großen Mengen eingesetzt, dass sie dabei selber den Überblick verloren. Der neue Vorstandssprecher der Deutschen Bank, Rolf Breuer, war gerade zwei Monate im Amt, als sich im Juli 1997 in Asien eine kritische Situation zu einer globalen Wirtschaftskrise auswuchs. Tigerstaaten hatte man die Länder Südostasiens zuvor getauft, weil ihre Wirtschaft so rasant gewachsen war. Auf den ersten Blick sahen die Daten lange solide aus – Wirtschaftswachstum und eine geringe Verschuldungsquote stimmten zuversichtlich. Doch auf den zweiten Blick hatten die Staaten ein ernstes Problem mit dem Geld aus dem Westen, an das sie plötzlich so leicht herankamen.

Die Banken in Hongkong, auf den Philippinen, in Thailand, Indonesien und Malaysia waren in den frühen 1990er Jahren dereguliert worden und hatten die neue Freiheit vor allem genutzt, um sich Geld – zu viel Geld – bei ausländischen Banken zu leihen. Die waren dem Wunsch nur zu gern nachgekommen. Die Deutsche Bank, aber auch ihre nationalen Konkurrenten hatten große Mengen Kapital in die Region gepumpt. »Wir standen alle in derselben Schlange, um diesen Ländern Geld zu leihen. Wir trafen uns ständig wieder, wir kannten uns alle«, erklärte der Volkswirt der Dresdner Bank später der *New York Times*. Die Weltbank formulierte es weniger harmlos: Die Situation in Asien »wurde durch undisziplinierte ausländische Banken verschärft, die zu viel Geld verliehen haben und schlechten Anlagemöglichkeiten hinterherjagten«.

1996 gab es erste Anzeichen, dass etwas nicht stimmte: Neubauten standen leer, Gläubiger in Thailand konnten ihre Kredite bei den lokalen Banken nicht mehr bedienen, die lokale Währung, der Baht, der künstlich an den Dollar gekoppelt war, geriet unter Druck. Die meisten US-Institute reduzierten daraufhin ihr Engagement, die

Institute aus Deutschland wollten dagegen von dem neuen Geschäft nicht lassen. Inzwischen waren neben den Banken auch Hedgefonds und private Investoren in Asien aktiv.

Allmählich stellte sich heraus, dass die lokalen Banken Kredite zu lax vergeben hatten. Zudem war ihre Kapitaldecke viel zu dünn, so dass nicht alle Kredite abgesichert werden konnten. Dass sie bei ausländischen Banken kurzfristig laufende Anleihen aufgenommen und diese als lang laufende Kredite an ihre Kunden weitergegeben hatten, machte die Lage noch brisanter. Nicht viel anders hatte es einst die Continental Illinois gemacht. Das Ergebnis war ähnlich katastrophal. In den Tigerstaaten kam aber noch erschwerend hinzu, dass sich die Banken etwa in Thailand das Geld in Dollar geborgt und in Baht an ihre Kunden weitergegeben hatten, die Geschäfte aber nicht gegen Währungsschwankungen abgesichert hatten.

Die Nachrichten aus Thailand wurden immer schlechter. Eine Bank ging pleite, daraufhin verkauften Spekulanten – Hedgefonds, aber auch Banken – Baht in großen Mengen. Die thailändische Regierung löste ihre Dollarreserven auf, um die eigene Währung zu stützen. Doch der Druck wurde zu groß, die Regierung musste den Kurs des Baht freigeben. Die Banken nahmen nun viel zu wenig ein, denn die Schuldner zahlten nicht in Dollar, sondern im immer schwächer werdenden Baht. Die thailändischen Banken konnten die Kredite bei den ausländischen Großbanken nicht mehr bedienen. Die drehten im Sommer 1997 den Geldhahn zu und suchten so viel Geld wie möglich aus der Region abzuziehen. Der Boom in vielen asiatischen Ländern kam abrupt zum Stillstand. Wolkenkratzer in Manila, Bangkok und Jakarta blieben auf Jahre halb fertige Betongerippe, Millionen von Menschen in der Region verloren ihre Arbeit.

Die Deutsche Bank hatte fünf Milliarden Dollar an Banken in den Tigerstaaten verliehen, über ein Viertel ihres Eigenkapitals. 770 Millionen Dollar musste sie für den Ausgleich oder Totalverlust von vergebenen Krediten in der Bilanz zurückstellen. Öffentlich gab man sich trotzdem wie immer selbstbewusst. Ein Sprecher der Bank machte eine einfache Rechnung auf: Knapp eine Milliarde Dollar seien für eine kleine Bank ein großes Problem, das gelte aber nicht für die Deutsche

Bank: »Wir sind eine sehr große Bank.« Das klang wie: Eine Milliarde im Feuer, das sind Peanuts, so what. Tatsächlich erschütterte die Asienkrise die Bank in ihren Grundfesten. Man war von dem Absturz überrascht worden, wieder einmal hatte man vor allem vor Ort nicht erkannt, wie sich die Lage beständig verschlechterte. Die Ratingagentur Moody's hatte schon 1996 unmissverständlich vor der Situation in Thailand gewarnt. »Aber nachdem wir die Warnung veröffentlich hatten«, so ein leitender Direktor von Moody's, »erklärten uns viele Banken, dass wir völlig falschliegen und die Zahlen nicht richtig verstehen würden.« Die Banken hatten unrecht und mussten sich in den 1990er Jahren an Krisen gewöhnen, die sie selber mit ausgelöst hatten. Kein Spieler am Markt – egal wie groß – durfte sich allzu sicher sein.

Das Team um Edson Mitchell und Bill Broeksmit erkannte die große Chance, die in dieser Volatilität der Märkte lag, denn mehr denn je galt der Grundsatz, dass sich auch mit fallenden Kursen Geld verdienen lässt. Den Managern der Deutschen Bank in Frankfurt machte die neue brüchige Finanzordnung dagegen Angst. Rolf Breuer verabschiedete sich auch deshalb in den Monaten nach der Asienkrise Stück für Stück von der Strategie seines Vorgängers Hilmar Kopper. Als die Wall-Street-Konkurrenz nach dem Bond-Massaker von 1994 angeschlagen schien, wollte Kopper das ausnutzen und den US-Markt gezielt angreifen. Aber Breuer trat nun auf die Bremse. Kein Wachstum mehr um jeden Preis, weniger Alleingänge und Autonomie für die Händler. Der Aufsichtsratsvorsitzende Kopper wurde noch deutlicher: Es komme überhaupt nicht in Frage, viel Geld für die Übernahme einer US-Bank auszugeben, »das wäre das Dümmste, was wir momentan machen könnten«.

Den Investmentbankern aus den USA, die man mit viel Geld angeworben hatte, gefiel das gar nicht, und so sollte die Deutsche Bank bald eine böse Überraschung erleben. Galt eine Anstellung bei dem Unternehmen in der Bundesrepublik als Nonplusultra, war man auf dem internationalem Markt lediglich eine Durchgangsstation. Die eingekauften Talente spürten die Unsicherheit des Managements in Frankfurt. In der Branche wurde man hektischer, sprunghafter, hitziger. Die Investmentbanker hatten durch die hohen Bonuszahlungen inzwischen ein enormes Selbstbewusstsein entwickelt und lieferten sich längst einen Machtkampf mit den Vorständen, den eigentlichen Chefs der großen Häuser. Die *Rain Maker* – die Geldmacher –, die den Instituten hohe Umsätze bescherten, wollten mitreden, wenn es um die Strategie ging, zumal die Krise in Asien eher von den klassischen Kreditabteilungen und nicht von den Investmentbankern verursacht worden war. Den Machtkampf heizte das noch weiter an.

Die Deutsche Bank versuchte zunächst zu demonstrieren, dass man sich von den Investmentbankern nicht auf der Nase herumtanzen ließ, egal wie erfolgreich sie waren. Man bestellte Nicola Horlick von Morgan Grenfell ein, die gefeierte Spezialistin für Pensionsfonds. Sie hatte hinter dem Rücken des Vorstands mit der Konkurrenz in den Niederlanden verhandelt und sogar versucht, Mitarbeiter der Deutschen Bank zu einem Wechsel zu überreden. Anders war die Deutsche Bank in den Jahren zuvor auch nicht an ihre Talente gekommen, aber man wollte das nun nicht dulden und zeigen, wer am längeren Hebel saß. Horlick war gerade zum fünften Mal Mutter geworden und wurde in den Medien als »Superwoman« gefeiert, weil sie, wie es schien, Unvereinbares zu vereinbaren wusste: beruflichen Erfolg und eine große Familie. Für sie war es kein Problem, die Medien zu mobilisieren. Die Reporter kampierten vor ihrem Haus und begleiteten sie sogar im Flugzeug von London nach Frankfurt. Horlick wurde suspendiert, mitten im Mutterschaftsurlaub. Am Ende bekam sie acht Millionen Dollar Abfindung von der Deutschen Bank und musste gehen. Das war nur der Anfang. Breuer setzte weitere Signale. Ein Brite – kein US-amerikanischer Investmentbanker – wurde Chef der Deutschen Morgan Grenfell. Eine Kriegserklärung an die US-Banker, die bei DMG weiterhin das Geschäft dominierten.

Ein Exodus begann. Mehrere hochrangige Investmentbanker kündigten oder ließen sich wieder abwerben. Edson Mitchell begann sich nach Alternativen umzusehen, der Vorstand der Deutschen Bank geriet unter großen Druck. Nachdem der Angriff auf die Weltspitze fürs Erste gescheitert war, musste Rolf Breuer die Deutsche Bank umstrukturieren. Im Sommer 1998 machte er einen Ausländer zum Chef der Investmentabteilung, die mitten im Aufbau feststeckte.

Allerdings fiel seine Wahl auf keinen der üblichen Verdächtigen aus den USA oder England. Ein Schweizer sollte sich nun um die deutsche Investmentbank kümmern: Josef Ackermann. Wie kaum ein anderer Banker in Europa hatte er in der Schweiz aus nächster Nähe miterlebt, wie viel Geld man mit Investmentbankern aus den USA und England verdienen konnte – wenn man nicht zu viele Fragen stellte und sie machen ließ.

J osef Ackermann hatte 18 Jahre lange für die Schweizerische Kreditanstalt (SKA) gearbeitet, die unter dem Namen Credit Suisse zu einer der größten Banken der Welt geworden war. Der Sohn eines Landarztes hatte Volkswirtschaft an der Universität Sankt Gallen studiert. Er galt als besonders begabter Student und wurde zum Assistenten von Professor Hans Christoph Binswanger, einem Ökonomen, der für ein reduziertes Wachstum plädierte. Jahre später, als Ackermann längst nicht mehr für Binswanger arbeitete, wies der Professor darauf hin, dass permanentes und unkontrolliertes Geldwachstum zwangsläufig zu Spekulationsblasen führen müsse.

1977 schrieb Ackermann seine Doktorarbeit bei Binswanger: »Der Einfluss des Geldes auf das reale Wirtschaftsgeschehen«. Darin versuchte er zwischen zwei Meinungen zu vermitteln, die damals die Debatte bestimmten: »Money does not matter« und »Only money matters«. Beeinflusst die reale Wirtschaft die Geldschöpfung, oder ist es umgekehrt? Schafft viel Geld viel Wachstum, oder bildet die Geldmenge quasi automatisch nur das reale Wachstum ab? Auf diese Frage sollte der Doktorand später eine klare Antwort geben.

Ackermann wechselte von der Universität zu einer der größten Schweizer Banken, der Credit Suisse. Dort war er zunächst der persönliche Assistent des Bankchefs. Dabei lernte er viele Abteilungen kennen – eine Stippvisite da, eine Stippvisite dort – und wurde systematisch zum nächsten Superbanker aufgebaut, der gerade genug von den Teilbereichen verstand, um überall mitreden zu können. Ackermann arbeitete in New York und London, wo er sich ein Haus kaufte. Er war nicht groß, für einen ehemals erfolgreichen Amateurleichtathleten erstaunlich untersetzt und kompakt. Sein Haupthaar trug er lang, um es in einem beeindruckenden Scheitel quer über die Stirn zur Seite kämmen zu können.

Ackermann machte schnell Karriere und wurde 1990 Mitglied im Generaldirektorium der Credit Suisse, als diese gerade spektakulär wuchs. Lange vor der Deutschen Bank hatte die Credit Suisse versucht, in den USA Fuß zu fassen. Genug Kapital hatte man. Als sich die etablierte Investmentbank First Boston bei einer Kreditvergabe verhob und vor der Zahlungsunfähigkeit stand, rettete die Credit Suisse die US-Bank und erhielt im Gegenzug 45 Prozent der Anteile. Mehr waren nach dem Glass-Steagall Act von 1932 nicht erlaubt, da die Credit Suisse eine Universalbank war und nicht als Investmentbank in den USA tätig sein durfte.

Kurz vor dem Einstieg der Schweizer hatte die First Boston der Konkurrenz von Bankers Trust ein ganzes Team von Derivatehändlern abgejagt. Angeführt wurde es von einem Banker namens Allen D. Wheat, der über sich sagte, er sei zwar kein Raketenwissenschaftler, aber immerhin habe sein Vater als Nuklearphysiker bei der US-Luftwaffe gearbeitet. Wheat hatte in den 1980er Jahren mit anderen Bankern das Derivategeschäft bei Bankers Trust revolutioniert. Von Bankers Trust hatte sich auch Edson Mitchell einiges abgeschaut. Wheat war berüchtigt für seinen brennenden Ehrgeiz und sein loses Mundwerk. Ein Mitarbeiter erinnerte sich später, wie Wheat sein Engagement bei den Schweizern beschrieb: »Er sagte uns, er habe den Job nur angenommen, weil er darin eine fantastische Möglichkeit erkannte, seinen persönlichen Reichtum extrem zu vergrößern – und dass er uns alle auch unglaublich reich machen würde. Nicht ein einziges Mal erwähnte er die Kunden.«

Josef Ackermann wurde Wheats Vorgesetzter, da sich bei der Credit Suisse angeblich sonst niemand fand, der sich für den Job und das neue Geschäftsfeld interessierte. Wheat akzeptierte den unerfahrenen Ackermann zunächst, da die Schweizer Bank etwas hatte, von dem er bei der First Boston und Bankers Trust nur hatte träumen können: ein Triple-A-Rating – AAA –, solider konnte man als Bank von den Ratingagenturen nicht eingeschätzt werden. Die Investmentbanken in den USA hatten damals meist nur ein einstelliges Rating,

−A, A oder A+. Den Versicherungen, Rentenfonds und anderen institutionellen Anlegern war es aber untersagt, in Produkte zu investieren, die nur ein solch schlechtes Rating hatten. In der Konsequenz dufte die Credit Suisse somit Geschäfte tätigen, die der US-Konkurrenz verboten waren.

Durch das Rating der Credit Suisse hatte Wheat also einen enormen Wettbewerbsvorteil, den er nutzte und weiter ausbaute. Er überzeugte seine neuen Schweizer Bosse, eine Tochterfirma in London zu gründen − die Credit Suisse Financial Products (CSFP), für die man ebenfalls ein Triple-A-Rating beantragte. Wheats Verkäufer, meist übernommen von der First Boston, blieben in New York und bearbeiteten den Kundenstamm, den man sich dort aufgebaut hatte. Die Händler, Analysten und Derivate-Experten operierten von London aus, wo die strengeren US-Finanzmarkt-Regeln nicht galten. Eine ideale Situation für Wheat. Er schätzte zudem die »tiefen Bücher« − »the deep books« − der Bank, also das viele Kapital im Hintergrund.

Kaum war die First Boston von der Schweizer Bank geschluckt worden, perfektionierte Wheats Team in London bahnbrechende Derivatetypen, die 15 Jahre später im Zentrum der Finanzkrise stehen sollten. Dazu gehörten die »Structured Notes«, die »strukturierten Schuldverschreibungen«. Das Team von Wheat hatte das Finanzpapier so strukturiert, dass sein Wert an der Entwicklung mehrerer Währungen hing. Die Analysten hatten unter anderem entschlüsselt, wie die Zentralbank Thailands es in den frühen 1990er Jahren geschafft hatte, die eigene Währung durch gezielte Käufe und Verkäufe anderer Währungen stabil zu halten. Wenn man als Investor Dollar, Yen und Schweizer Franken in den richtigen Anteilen kaufte, konnte man den Kurs des Baht abbilden und auf den Verlauf erfolgreich wetten.

Warum wollte man das? Weil Thailand wie die anderen Tigerstaaten vor der Krise ja als das nächste große Ding gegolten hatte, und die Währungen bildeten diesen Boom in den guten Zeiten ab. Es war Versicherungen, Pensionsfonds und anderen Marktteilnehmern durch US-Gesetze aber verboten, in riskante Märkte wie Thailand zu investieren. Mit den *Structured Notes*, deren Wert etwa an dem Währungskurs des Baht hing, konnte man dieses Verbot umgehen und auf die

Währung des Tigerstaats setzen – indirekt, aber legal. Einige dieser Structured Notes der Credit Suisse waren bis zu 1,5 Milliarden Dollar wert. Ein Prozent Zinsen mehr als bei einer anderen Anlagemethode bedeutete also ein großes Mehr an Profit. Solange niemand den Trick bemerkte, konnten die Anleger viel Geld verdienen.[13]

Wheat gab in einem Interview einen Einblick, wie kompliziert diese Geschäfte waren, weil immer mehrere Parteien eingebunden werden mussten: »Wir arbeiteten an einem Deal, bei dem ein japanischer Wertpapierhändler, eine mexikanische Firma, ein US-Konzern und mehrere Investoren beteiligt waren. Das war ein Anleihendeal, der an zwei Währungen und einen Swap gekoppelt war. Wir machten so viel Profit, dass wir mit dem einen Geschäft unser Jahresziel erreichten.« Einen wirtschaftlichen Sinn hatte das Ganze nicht. Das Geschäft hatte lediglich den Zweck, das Geld des Kunden schneller als mit einem anderen Produkt zu vermehren, und zwar so, dass die Zentralbank, die eigenen Anleger und die Aktionäre keine Fragen stellten. Die neuen Papiere wurden nämlich nicht offiziell und transparent an der Börse gehandelt, sondern »über den Tisch« – »Over the Counter« (OTC). Nach ihrer Perfektionierung sollten Structured Notes die Kommune Orange County in den Ruin treiben.

Die Idee von Wheats Team wurde schnell von der Konkurrenz kopiert, die Structured Notes wurden zu einem riesigen Markt. Als er noch bei Merrill Lynch Verantwortung trug, war auch Edson Mitchell mit seinen Händlern auf diesen Zug aufgesprungen. Bankaufseher durchschauten das Prinzip bald und prangerten die Produkte an. So schrieb James M. Mahoney als Vertreter des New Yorker Ablegers der Bundesbank: »Einige Individuen und Institutionen benutzen Derivate, um Restriktionen zu umgehen. Zum Beispiel muss die Führung eines Pensionsfonds oder einer Versicherung alle Investments in der lokalen Währung abwickeln. Diese Regel verhindert zwar, dass die Manager dieser Fonds Geld in fremden Währungen oder in einem ausländischen Markt investieren, aber durch Produkte wie ›Diff Swaps‹ und ›Quant Swaps‹ können sie dieses Problem umgehen.«[14]

Josef Ackermann, der Mann, der sich in New York und London auskannte, den man zum Superbanker aufbauen wollte, entging als

Vorgesetzter von Wheat nicht, wie kontrovers Derivate diskutiert wurden. Er schritt aber nicht ein und ließ Wheat machen. Seiner Karriere schadete diese Zurückhaltung nicht. 1993, mit gerade 45 Jahren, wurde er zum Präsidenten des Generaldirektoriums der Credit Suisse und somit der nominelle Chef der Bank. Allerdings hatte er zwei Probleme: Im Hintergrund versuchte der noch immer mächtige Verwaltungsratschef Rainer E. Gut das Geschäft mitzubestimmen, und in London verdiente Allen Wheat für die Bank so viel Geld, dass er zwangsläufig die Macht Ackermanns untergrub. 1994 machte die CSFP mehr Profit als das Mutterhaus und konnte eine Eigenkapitalrendite von 40 Prozent vorweisen. Wheat selber bekam einen Bonus von neun Millionen Dollar im Jahr. Wie sollte bei der Credit Suisse irgendetwas gegen diesen Wunderbanker laufen, zumal bekannt war, wie schnell sich diese Söldner von einer anderen Bank abwerben ließen?

Nach außen – und das sollte sein Geheimrezept werden – verkaufte Ackermann die guten Zahlen des Teams von Wheat auch als seinen Erfolg. Einer britischen Zeitung sagte er später: »Derivate waren in unserer ganzen Gruppe neu, also wollte niemand den Job haben. Die anderen sagten alle, wir würden schnell die Übersicht verlieren – doch dazu kam es nicht.« Ackermanns Name fiel in den Fachmagazinen nicht, er gehörte nicht wie Edson Mitchell zur »Gruppe der Dreißig«. Er versuchte vor allem, von den Ideen anderer Mitarbeiter zu profitieren. Über die Probleme, die mit den neuen Finanzprodukten verbunden waren, sprach er in der Öffentlichkeit nicht. Dass auch die CSFP der Kommune Orange County zweifelhafte Derivate verkauft hatte, war bei Ackermann öffentlich nie ein Thema. Er hielt Wheat nicht auf und ließ ihn sogar noch gewähren, als dessen Team immer fragwürdigere und riskantere Derivate entwickelte – in letzter Konsequenz verantwortet von ihm, Josef Ackermann, dem Präsidenten der Bank. Ackermann überwarf sich schließlich mit den Investmentbankern und seinem Aufsichtsratschef, als es darum ging, die Macht innerhalb der Credit Suisse zu organisieren und die Bank neu zu strukturieren. Er konnte sich gegen Allen Wheat und den Übervater Rainer E. Gut nicht durchsetzen. Also verließ er die Bank. Wenig später holte ihn Hilmar Kopper, Vorsitzender des Aufsichtsrats der Deutschen

Bank, nach Frankfurt. Wheat wurde zum Chef der Investmentbank der Credit Suisse, blieb noch fünf Jahre, ehe er darüber stolperte, dass er Händlern garantierte Bonuszahlungen zugeschanzt hatte. In einem Zeitungsinterview hatte er zuvor seine Profession entzaubert. Man müsse kein Genie sein, um Erfolg zu haben: »Ok. Ich bin jetzt mal ehrlich mit Ihnen, ja, lasst es uns flüstern: Tatsächlich sind wir alle überbezahlt. Was wir machen, hat mit Magie nichts zu tun. Jeder könnte das.«

Donald J. Trump – ein Kunde nach ihrem Geschmack

Als Josef Ackermann 1996 bei der Deutschen Bank anfing, war er 48 Jahre alt. Er wurde in der Presse fortwährend als »Investmentbanker« beschrieben. Tatsächlich, kritisierten ehemalige Kollegen in der schweizerischen *Handelszeitung*, hatte er nie selbst als Händler gearbeitet, nie tagein, tagaus an Bloomberg Terminals gesessen, nie einen Deal selber von Anfang bis Ende ausgehandelt. »Er hat die Schecks für die Investmentbanker ausgestellt«, bemerkte ein ehemaliger Kollege trocken. Nach seinem Einstand beeindruckte Ackermann dennoch viele Journalisten in einem Hintergrundgespräch am Rande der Tagung des Internationalen Währungsfonds, auf der auch die Folgen der Asienkrise diskutiert werden sollten. Er saß am Tisch eines noblen Restaurants in Washington, D.C., und »dozierte, beantwortete Fragen, wich aber geschickt dem wichtigsten Thema aus«, schrieb ein Journalist. »Joe Ackermann genoss sichtlich entspannt nicht nur die Zigarre, sondern auch die Aufmerksamkeit der Anwesenden. Lässig lehnte er sich zurück und entwarf Strategien, die Journalisten hatte er voll im Griff. Sein Auftritt im Washingtoner 5-Sterne-Hotel (…) war klassisch inszeniert. Freundlich und aufgeschlossen, aber nie aufdringlich, stets dezent und immer auf der Hut, selbstbewusst, locker, kontrolliert. Ein Mann von Welt, den nichts erschüttern kann.« Die Legende vom konzilianten, charmanten, ewig lächelnden Schweizer wurde in diesen Tagen geboren. Intern, in der Bank, galt er als ein Mann, der sich die Namen von Kollegen nicht merkte, wenn sie nur eine Ebene zu viel unter ihm arbeiteten. Selbst Spitzenbanker ließ er spüren, dass sie für ihn nur bessere Gehilfen waren, und sprach mit ihnen nicht ein Wort. Die alte Schule.

Ackermann brachte zudem die notwendige geistige Flexibilität mit. Er musste nach seinem Eintritt in die Deutsche Bank zunächst einen Kurswechsel verkünden, an sich nichts Ungewöhnliches für das Unternehmen, das seit 1989 einem Zick-Zack-Kurs folgte. In einem viel beachteten Interview sagte er im Sommer 1998, die Devise der Bank sei nun: »Europe first«. Der Angriff auf die Weltspitze schien abgeblasen. Im Interview mit einem Fachblatt verkündete er zudem schlechte Nachrichten für die Investmentbanker, die seiner Ansicht nach zu viel Macht hatten. Eigenständige Firmen wie die von Frank Quattrone werde es bei der Deutschen Bank nie wieder geben. Wenige Wochen später ließ sich Quattrone mit seinem gesamten Team von Ackermanns ehemaliger Bank Credit Suisse First Boston (CSFB) abwerben. Die Deutsche Bank verlor damit ihr komplettes Know-how in Sachen Hightech-Firmen und Internet Start-ups an die Konkurrenz – unmittelbar bevor die IT-Branche zum Höhenflug ansetzen sollte. Doch Ackermann hatte eines bewiesen: Er hatte einen ausgeprägten Machtinstinkt. Und er achtete von Anfang an darauf, nur einen sehr kleinen Kreis von Mitarbeitern um sich herum in seine Gedanken einzuweihen. Das war Ackermanns persönliches Risikomanagement, der die eigentlichen Risiko-Briefings oft nicht las, wie ein Kollege spottete.

Von den vielen teuer eingekauftes Bankern war nur noch das Team von Edson Mitchell und Bill Broeksmit geblieben. Sie waren entsetzt, wie Ackermann und die anderen Vorstände die nächste Kehrtwende moderierten. Tatsächlich hatte man sich wenige Monate zuvor auf einem Krisengipfel auf etwas anderes verständigt. Eigentlich wollte Edson Mitchell die Bank verlassen. Man hatte ihm zwar gleich mehrere Handelsräume über mehrere Stockwerke in einem neuen Gebäude zur Verfügung gestellt, doch das Geschäft lief nicht. In Interviews hatte Mitchell vollmundig angekündigt, er werde in den USA Erfolg haben und auf jedem relevanten Markt ganz oben mitspielen. Er hatte seine Mannschaft motiviert, man war gemeinsam für drei Tage nach Spanien gereist, hatte eine Cricketmannschaft gegründet.

Doch es nutzte alles nichts, der Erfolg stellte sich nicht ein, einen echten Zusammenhalt gab es nicht.

Im Dezember 1997 lag Mitchell ein Angebot der Schweizer Bank USB vor. Er hatte bereits in Zürich mit dem Vorstand verhandelt. Gutes Timing. Mitchells Gefolgsmann Anshu Jain soll Ackermann in Frankfurt von Mitchells Wechselgelüsten informiert haben. Der wurde so – wieder einmal – von den wahren Investmentbankern ausmanövriert. Intern soll Ackermann sofort Rücksprache mit dem Vorstand gehalten und der Gruppe um Mitchell ein neues Angebot unterbreitet haben: mehr Gehalt, zum Teil sofort bar ausgezahlt, höhere Bonuszahlungen. Die wichtigste Änderung war jedoch organisatorischer Natur: Die ganze Bank wurde neu strukturiert. Fortan gab es ein Zentrum und vier Hauptabteilungen, von denen eine Mitchells Abteilung Capital Markets war. Mitchell und sein Team durften zudem endlich an die Großkunden heran, die bis dahin eifersüchtig von der Kreditabteilung verwaltet und abgeschottet worden waren.

Große Kunden, große traditionelle Kredite, niemand durfte bis dahin zu diesen vordringen, schon gar nicht US-Banker, die kein Wort Deutsch sprachen. Mitchell beharrte aber darauf, dass es für den Erfolg seiner Abteilung entscheidend sei, diesen Kunden seine Produkte zu verkaufen: Derivate und Swaps, gekoppelt an Anleihen anstelle eines klassischen Kredits. Dafür mussten die Strukturen aufgebrochen, ein Machtkampf geführt und gewonnen werden. Mit Anshu Jain und Bill Broeksmit soll Mitchell das konkrete Angebot der Bank später bei einem Dinner in London besprochen haben. Angeblich fiel dabei der Satz: »Wir geben Joe eine Chance.« Joe war der Spitzname Ackermanns seit seiner Zeit in der schweizerischen Armee. Er hatte es zum Oberst der Reserve gebracht. In Wahrheit gaben sie nicht Joe eine Chance, sondern waren ihrem Ziel einen Schritt näher gekommen, die Investmentbank innerhalb der Deutschen Bank komplett zu kontrollieren. Das ehemalige Merrill-Lynch-Team blieb, mächtiger und besser bezahlt als je zuvor. Doch der Vorstand der Deutschen Bank vertrat wenig später den Strukturwandel so unglücklich und halbherzig, dass die Schmetterlinge des Kapitalmarkts fürchteten, die Party bei der Deutschen Bank sei schon wieder vorbei.

Dass man in Frankfurt schon wieder schrumpfen wollte, hatte in der New Yorker Dependance niemand mitbekommen. Die Deutsche Bank versuchte fast schon verzweifelt, mehr und größere Deals an Land zu ziehen. Aber sie agierte ohne Konzept, und das sollte Konsequenzen haben. Zweifellos war sie eine der größten Banken der Welt, der Riese aus Europa, der mit der im Mai 1998 beschlossenen Euro-Einführung noch wichtiger werden würde. Das wusste man in New York. Dennoch wurde das Institut als Wall-Street-Bank, als wirklicher Player, nicht wahrgenommen. Wie auch? Die Bank wurde nicht an der Börse gehandelt und hatte dort nicht annähernd so viele Mitarbeiter wie Merrill Lynch, die Bank of America oder J. P. Morgan.

So ging man wieder einmal auf Einkaufstour. Das Management jagte fast allen Investmentbanken Talente ab und baute in New York eine Abteilung auf, die die Deutschen in die Lage versetzen sollte, auf einem der wichtigsten Immobilienmärkte der Welt mitzumischen. Die Banker kamen von der Citibank, von Goldman Sachs und Ratingagenturen. Es war eine wilde, bunte Mischung von Händlern, die versuchten, die Deutsche Bank als Faktor zu etablieren. Unter anderem warb man Eric Schwartz von der Ratingagentur Moody's ab, der Chef der Abteilung wurde, Mike Offit von Goldman Sachs arbeitete ihm zu.[15] Auch stellte man Banker an, die gut in New Yorks Upper Class vernetzt waren, darunter Justin Kennedy, Sohn eines US-Verfassungsrichters, der ebenfalls von Goldman Sachs kam.

Um als Neuling in den Markt zu kommen, konzentrierten sich die angeworbenen Händler auf die *Outcasts* in dem Geschäft – Immobilienhändler, die einmal groß im Geschäft gewesen waren, aber das eine oder andere Projekte in den Sand gesetzt hatten. Viele Banken hatten Anfang der 1990er Jahre viel Geld in New York verloren, als der Immobilienmarkt kurzfristig neun Prozent an Wert verlor. Sie setzten nun auf sicherere Projekte. Anders die Deutsche Bank. Man arbeitete mit Unternehmern wie Harry B. Macklowe und Ian Bruce Eichner zusammen, Legenden in der Stadt, deren große Erfolge einige Jahre zurücklagen. Den Ruf – man macht dort Dinge, die andere New Yorker Banken nicht machen – erwarb sich die Bank in der Zeit, als die neuen

Hoffnungsträger begannen, mit den Unternehmern zusammenzuarbeiten. New York war weit weg von Frankfurt, die Händler dort konnten machen, was sie wollten. 1998 – das Team gab es gerade ein Jahr –wurde Mike Offit von dem Vertreter einer Immobilienfirma angesprochen. Der schlug Offit aber nicht ein eigenes neues Projekt vor, sondern fragte, ob er sich vorstellen könne, mit einem Bekannten Geschäfte zu machen. Es ging um einen Immobilienentwickler, der zu dieser Zeit von allen verkrachten Unternehmern der größte Outcast in New York City war: Donald J. Trump. Offit erklärte rückblickend: »Warum sollte ich nicht mit ihm Geschäfte machen?« Diese Haltung war typisch für die Deutsche Bank der 1990er Jahre. *Bloomberg* sagte Offit: »Ich konnte nur auf eine Weise Erfolg haben – dieses Ding groß und profitabel machen. Wenn ich superkonservativ gewesen wäre und nicht willens, einige unkonventionelle Dinge zu tun, wie hätte ich dann gegen die Konkurrenz bestehen können?«[16]

Tatsächlich wollte damals keine der großen US-Banken etwas mit Donald Trump zu tun haben. Er war im ganzen Land bekannt als Mann mit einem großen Mundwerk, den das Glück in den 1990er Jahren gründlich verlassen hatte. Mehrmals waren einige seiner vielen Unternehmen pleitegegangen, eine Privatinsolvenz hatte er knapp abwenden können. Er selber war also noch liquide, aber weit davon entfernt, ein Milliardär zu sein, obwohl er sich selber unverdrossen weiterhin als unermesslich reicher Baulöwe verkaufte.

Trump hatte in den 1970er Jahren von seinem Vater Fred eine Immobilienfirma übernommen, die vor allem Mietwohnungen in Queens besaß. Donald hatte andere Ambitionen, wollte auch in Manhattan groß herauszukommen. Er nutzte die späten 1970er Jahre, als New York am Boden lag, fast bankrott war und der Ruf der Stadt ziemlich ramponiert. Zunächst kaufte er ein Grundstück an der Fifth Avenue. Da die Stadt den Kauf durch Steuernachlässe unterstützte, erhielt er es recht günstig. Dann ließ er das denkmalgeschützte alte Kaufhaus, das auf dem Grundstück stand, von polnischen Billigarbeitern abreißen, um an dessen Stelle den Trump Tower zu errichten. Damit die Mafiafamilien, die das New Yorker Baugewerbe unter Kontrolle hatten, stillhielten, arbeitete er mit einem von der Mafia kontrollierten Bauunternehmen zusammen und kaufte für den Tower den überteuerten Zement der Cosa Nostra.[17]

Der Trump Tower wurde ein Erfolg. Trump entwickelte in den 1980er Jahren weitere Gebäude, die mit ihrer überladenen, protzigen Architektur gut ankamen. Der Immobilienspekulant wurde zur allgegenwärtigen Figur in New York, nicht zuletzt weil er die Boulevardpresse an seinem Privatleben teilhaben ließ und mit seinem angeblichen Reichtum protzte. Michael Douglas – Gordon Gekko – erzählte einmal in einem Interview, dass Trump zur Premierenparty von Oliver Stones Film *Wall Street* eingeladen worden sei und dort genauso ertappt gewirkt habe wie die anderen Spekulanten und Investoren, die Stone als Vorbild für seine Kunstfigur Gordon Gekko gedient hatten.

Trump versuchte seinen Namen zu Geld zu machen, eröffnete mehrere Kasinos in Atlantic City, finanziert mit Milliardenkrediten, die er von fast allen großen US-Banken erhielt. Die Kasinos gingen 1990 spektakulär pleite. Die Banken mussten, um ihr Geld nicht vollkommen zu verlieren, Trump einen Großteil der Schulden erlassen – von drei Milliarden Dollar Schulden schrieben sie zwei Milliarden ab. Trump durfte seinen Turm, weitere Immobilien und einen Teil seines Geldes behalten. Doch bei den New Yorker Banken hatte er alle Sympathien verspielt. Er hatte sich als miserabler Geschäftsmann erwiesen, dabei aber gelernt, dass es von Vorteil ist, mit der eigenen Firma möglichst viele Schulden zu machen – am besten so viele, dass das eigene Scheitern den Banken Probleme bereitet.

Trotz dieser Taktik wurde Trump nach der Pleite seiner Kasinos fast bedeutungslos, ein Relikt der 1980er Jahre. Doch dann traf er – vermittelt von Rob Horowitz – auf Mike Offit. Der Mann der Deutschen Bank wollte in New York ein Bein in die Tür bekommen, also hörte er Trump an. Der erschien – ungewöhnlich für einen New Yorker Immobilienunternehmer – ganz allein zu der Verabredung und war über die finanziellen Aspekte des Projekts, für das er das Geld der Deutschen Bank brauchte, ungewöhnlich gut informiert, wie Offit später erzählte. Trump wollte einen Wolkenkratzer an der Wall Street renovieren. Das Gebäude mit der Hausnummer 40, um das es bei dem Gespräch mit Offit ging, hatte vor allem einen symbolischen Wert, weil es nun einmal an der Wall Street stand. Gerade windige Unternehmer wollten eine Adresse an der seriösen Wall Street im Briefkopf führen, die jedoch nur wenige Hundert Meter lang ist. Trump hatte das Potenzial eines Bürogebäudes dort erkannt. So machte er aus der Wall Street 40 einen Wolkenkratzer voller kleiner Büroeinheiten, finanziert mit Krediten der Deutschen Bank. Er setzte dabei auf Masse. Es war seiner Firma gar nicht möglich, alle Mietinteressenten auf Seriosität zu überprüfen. Hauptsache, sie zahlten die Miete. So zog das Gebäude zweifelhafte Gestalten magnetisch an.

Unter den windigen Firmen war auch die Brokerfirma White Rock. Ein Partner der Firma war Felix Sater, der später zum Spitzeninformanten des FBI im direkten Umfeld von Trump avancierte. Sater, gebürtiger Russe, war in den 1970er Jahren mit seinem Vater in die USA gekommen. Dieser wurde als Michael Sheferofsky in der Sowjetunion geboren und in Brooklyn als Berufsverbrecher bekannt. Felix Sater arbeitete als Börsenmakler, ehe er 1991 in einer Bar einem Mann mit den Splittern eines Martiniglases das Gesicht zerschnitt. 110 Stiche im Gesicht des Opfers, zwei Jahre Gefängnis für Sater. Nachdem er aus dem Gefängnis entlassen worden war, gründete Sater mit Komplizen die Firma White Rock mit Sitz an der Wall Street. Die Männer wollten an der Börse mitverdienen – ohne sich an die lästigen Regeln zu halten. Die Firma war eine Art Joint Venture. Jede der fünf Cosa-Nostra-Familien – die New Yorker Mafia – schickte Abgesandte, um bei dem Coup mitzuhelfen. Neu dabei waren die russischstämmigen Kriminellen.

Sater und seine Partner gingen wie der Wolf der Wall Street vor, dem Martin Scorsese ein filmisches Denkmal gesetzt hat: Billige Aktien – Pennystocks – wurden aufgekauft oder überhaupt erst auf den Markt gebracht und die Kurse künstlich hochgetrieben. Dann wurden Anleger überzeugt, die Aktie zu kaufen, anschließend verkaufte man die Papiere schnell mit sattem Gewinn und ließ den Kurs kollabieren. Diese sogenannte Pump-and-Dump-Masche wurde in den 1990er Jahren zur Seuche an der Wall Street. Auch Trumps damalige Ehefrau Ivana legte Pennystocks auf, um an dem Boom mitzuverdienen. Das Mafia-Joint-Venture hatte jedoch besonders schnell und besonders viel Erfolg, weil man brutal und kompromisslos vorging: Börsenmakler wurden mit Gewalt dazu gebracht, bestimmte Pennystocks bei den Kunden anzupreisen. Den russischen Kriminellen fiel die Aufgabe zu, so stellte später ein Experte der US-Börsenaufsicht fest, das gewonnene Geld im Ausland zu waschen. Nach drei Jahren flog der Schwindel auf. Felix Sater hatte die Miete für ein geheimes Lager in Soho nicht bezahlt. Der Vermieter öffnete den Abstellraum, fand darin Waffen und Unterlagen, die nicht nur auf Pennystock-Betrügereien schließen ließen, sondern auch auf Offshore-Konten, die Saters Gruppe angelegt hatte. Er alarmierte die Polizei. Doch Sater hatte sich bereits nach Russland abgesetzt. In Moskau wurde er vom FBI als Informant angeworben. Jahre später sollte er im Zentrum eines Skandals um Donald Trump stehen.

Die Wall Street Nummer 40 hatte also nicht den besten Ruf, da dort ständig das FBI aufkreuzte. Mike Offit, den Immobilienspezialisten der Deutschen Bank, kümmerte das nicht. Er wollte das Geschäft mit Trump machen. Offits Vorgesetzte waren zunächst dagegen, als Trump sich jedoch auf die Bedingungen der Bank einließ, zusätzliche Sicherheiten beibrachte und einen höheren Zinssatz bezahlte als am Markt üblich, stimmten sie zu. Die Deutsche Bank verhalf Donald Trump so zu seinem Comeback. Er konnte die Immobilie an der Wall Street renovieren und bot so manchem Gangster ein Einfallstor in den wichtigsten Finanzmarkt der Welt. Und Trump hatte wieder eine Bank in New York, die ihm Geld lieh. Die Bank aus Deutschland und ihre US-amerikanischen Händler kamen danach noch öfter ins Geschäft. Trump wurde Offits bester Kunde.

Die Deutsche Bank ließ sich von Trump benutzen, der schon so oft so gründlich gescheitert war. Damit reihte sie sich ein in eine große Gruppe von Firmen, die im Herzen der Finanzhauptstadt New York agierten, jedes Risiko eingingen, wenn ein Profit winkte, sich haarscharf am Rande der Legalität bewegten und hin und wieder auch die Grenze überschritten. Auf genau solche Unternehmen war Donald J. Trump angewiesen.

Eine Brokerfirma, die einen zweifelhaften Ruf hatte, brachte in dieser Zeit Teile der Trump Organization an die Börse – darunter einige seiner inzwischen entschuldeten Hotels und Kasinos. Die von Trump gegründete Aktiengesellschaft schloss wiederum mit ihm selbst einen besonderen Deal ab: Sollte die Aktie über mehrere Tage einen bestimmten Kurs halten, so wurde Trump in dem Vertrag garantiert, dann würde die Aktiengesellschaft einen Teil seiner Schulden übernehmen. Obwohl die Kasinos nie Gewinn ausgewiesen hatten, schoss der Aktienkurs in die Höhe. Als das Kursziel erreicht war, das Trump den Schuldenerlass garantierte, stürzte die Aktie wieder ab. Anleger, die 10 000 Dollar investiert hatten, mussten am Ende einen Wertverlust von 90 Prozent hinnehmen. Trump war das egal. Er konnte sich mit dem Börsengang 1998 feiern lassen und hatte wieder Luft zum Atmen. Kurz vor Weihnachten erklärte er in der CNN-Talkshow von Larry King, dass er ein Komitee gründen und als Präsidentschaftskandidat ins Rennen gehen werde. Als Vizepräsidentin könne er sich Oprah Winfrey vorstellen. Es war sein erster, noch zaghafter Versuch, Präsident der USA zu werden.

Mit der Deutschen Bank sollte Trump in den nächsten zwanzig Jahren noch viele weitere Geschäfte machen. 1998 schien sich für die beiden Geschäftspartner das Glück jedoch zunächst zu wenden. Ihr Schicksal sollte sich plötzlich eng mit der Entwicklung in Russland verknüpfen. Das Land rutschte damals in eine tiefe ökonomische Krise. Oligarchen brachten panisch ihr Geld außer Landes. Auf der Suche nach anonymen Anlagemöglichkeiten stießen sie auf Immobilienprojekte in New York, in die sie investieren konnten. Zur selben Zeit geriet die US-Großbank Bankers Trust in eine existenzielle Krise. Das sollte die Fantasie von Edson Mitchell und Bill Broeksmit mit ihrem neuen Team bei der Deutschen Bank anregen.

Eine Welle aus giftigem Wasser

In den 1990er Jahren mussten sich die Banker daran gewöhnen, dass Institutionen mit großem Namen von der Bildfläche verschwanden oder von der Konkurrenz geschluckt wurden. Der Mayday, der Big Bang und das Ende des Kalten Krieges hatten das Spiel verändert und das Spielfeld vergrößert. Um mitspielen zu können, brauchte man viel Kapital – und große Reserven, falls man sich verzockt hatte. Das Spiel war unberechenbarer geworden, und die Rückschläge waren teurer.

Nicht nur die First Boston war schon 1990 zur Hälfte an die Credit Suisse, die ehemalige Bank von Josef Ackermann, gefallen, in schneller Folge ereilte auch andere Banken ein ähnliches Schicksal. 1998 sollte Bankers Trust in die Krise geraten. Ein Haus, dessen Mitarbeiter noch wenige Jahre zuvor als die innovativsten Köpfe im Geschäft gefeiert worden waren und das Männer wie Allen Wheat hervorgebracht hatte.

Bankers Trust gehörte zwar nicht zum Bulge Bracket, hatte aber den Ruf, besonders aggressiv zu sein. Wie andere US-Banken hatte auch Bankers Trust nach dem Big Bang in London eine Dependance eröffnet, um auf dem dortigen Markt mitmischen zu können. Die Bank war bekannt dafür, auf eigenes Risiko zu handeln. In dem Londoner Büro kauften und verkauften die Händler vor allem Währungen mit Gewinn, und zwar sooft es ging. Besonders großen Erfolg hatten sie mit spekulativen Wetten auf die Preisentwicklung der Währungen – fällt der Dollar, steigt das Pfund, wie entwickelt sich die D-Mark? Der junge Banker Kevin Rodgers, der später einer der führenden Manager der Deutschen Bank wurde, arbeitete hier. Auch für ihn war Merrill Lynch die erste Station seiner Karriere. Rodgers war hoch aufgeschossen, hager und stach inmitten der blassen britischen Banker hervor, denn sein schmales Gesicht hatte einen dunklen Teint, seine Augen waren tiefschwarz. Seine Kollegen konnten nicht sofort einordnen, woher er stammte. Rodgers' Mutter war Inderin, er wuchs mit ihrer Kultur auf, er liebte ihr Essen, die Gewürze, die Gerüche. Als er selber Vater wurde, kochte er gern scharf für seine Kinder. Bei Bankers Trust staunte Rodgers, der aus bescheidenen Verhältnissen stammte, wie viel Geld die Devisenhändler in seinem Umkreis verdienten, die sich Lamborghinis, Aston Martins oder Ferraris kauften und fünfzig Pfund für ein Mittagessen ausgaben, damals ein Vermögen.[18]

Bankers Trust hatte neunzig Jahre zuvor ganz bescheiden angefangen. 1903 hatten einige New Yorker Investmentbanken sich zu dem Unternehmen zusammengeschlossen, um das Vermögen von Institutionen oder den Nachlass von Privatkunden zu verwalten, was ihnen selber untersagt war. Zudem sollte Bankers Trust anderen Banken in Krisenzeiten Liquidität zur Verfügung stellen. Das Institut galt als die »Bank der Banken«, denn es verwaltete eine Art stille Reserve von Banken wie J. P. Morgan.

Bankers Trust hatte zunächst nur acht Mitarbeiter, die in zwei Büroräumen untergebracht waren. Das Unternehmen wuchs jedoch schnell, zog bald an die Wall Street und schließlich in ein eigenes Gebäude. Bankers Trust entwickelte sich über die Jahre von einer »Trust Company«, einer Art reiner Vermögensverwaltung, zu einer Universalbank. Man expandierte international, kaufte Filialen von Konkurrenten auf, stieg in das Kleinkundengeschäft ein. Als die Ölkrise in den 1970er Jahren der Bank schwer zusetzte, rang das Management um ein schlüssiges Konzept. Man vergab zu großzügig Kredite – darunter über 100 Millionen Dollar an den Bauunternehmer Donald J. Trump –, Geld das man nie wieder sah. »Als wir ihm diesen Kredit gegeben haben, waren wir einfach gehirntot«, kommentierte der spätere Chef der Bank, Charles Sanford, den Reinfall mit Trump.

Unter Sanfords Führung entschied sich die Bank in den 1980er Jahren, mehr als Investmentbank zu agieren, obwohl man das als *Commercial Bank* offiziell nicht durfte. Man bezahlte Lobbyisten, denen es gelang, die US-Regierung unter Ronald Reagan dazu zu bewegen, die scharfe Trennung zwischen Investment- und kommerziellen Banken aufzuweichen. Die war 1932 durch den Glass-Steagall Act festgelegt worden, weil zuvor Banken das Kapital ihrer Einleger verloren und eine Weltwirtschaftskrise ausgelöst hatten. Bankers Trust suchte nach Lücken in den Gesetzen und Auflagen, um auch mit Anleihen und Optionen handeln zu dürfen. Aggressiv warb man um die besten Absolventen der US-Universitäten, wobei zunehmend neben Betriebswirten und Bankern auch Mathematiker eingestellt wurden. »Das waren wirklich nette Jungs, die meisten waren Nerds, die keine Freundinnen hatten. Sie hingen die ganze Zeit im Büro rum und arbeiteten die Nacht durch«, erinnerte sich ein Direktor von Bankers Trust später. Die Nerds bekamen die neusten Computer und wurden in einen Handelsraum mit niedriger Decke im 33. Stockwerk des New Yorker

Hauptquartiers gesteckt. Dort sollten sie sich gegenseitig zu Höchst-
leistungen anstacheln. Charles Sanford motivierte seine Händler und Analysten mit besonders hohen Bonuszahlungen. Ganz bewusst orientierte er sich dabei an den Gepflogenheiten der Investmentbanken. Aber es ärgerte ihn,
wenn Kollegen erster Klasse flogen. Im breitesten Südstaatenslang
fragte er dann, ob es sich gelohnt habe, das Geld der Aktionäre zu
verschwenden, da man ja gar nicht schneller ans Ziel gekommen
sei. Kevin Rodgers fand diese Anekdote besonders bezeichnend für
den inneren Widerspruch in der Bank.

Nach außen gab sich Sanford zurückhaltend. Die Händler bei
Bankers Trust seien keine Cowboys, man würde niemals das ganze
Haus verwetten. Doch tatsächlich durften einige der Nerds über
700 Millionen Dollar einsetzen, um auf Währungsschwankungen zu
wetten. Ein spezieller Nerd – ein wahres Wunderkind – wettete erfolgreich auf die Entwicklung des Neuseeländischen Dollars und anderer exotischer Währungen. Er verdiente damit 1987 für die Bank
über 200 Millionen Dollar. Doch wann immer Bankers Trust eine neue
Nische entdeckt hatte, dauerte es nicht lange, bis die Konkurrenz den
Platz ebenfalls besetzen wollte. Ständig mussten die Analysten, Mathematiker und Finanztechniker neue Wege finden, um Geld zu verdienen. So konstruierten die Nerds im 33. Stock schon Ende der 1980er
Jahre neue Finanzinstrumente wie am Fließband, darunter ausgefeilte
Swapgeschäfte. Begeisterte Abnehmer waren vor allem japanische Versicherungen. Denen war es untersagt, in den eigenen Aktienmarkt zu
investieren. Der boomte jedoch in den späten 1980er Jahren, und die
Versicherungen wollten an dem Geschäft teilhaben. Auch Allen
Wheat lernte bei Bankers Trust, dass es bei den meisten neuen Derivaten vor allem darum ging, dem Kunden dabei zu helfen, Regeln zu
umgehen. Die Nerds konnten helfen. Die Versicherungen machten
Jahre später gigantische Verluste.

Die Derivate wurden schnell immer komplizierter – und für Bankers Trust immer erfolgreicher. Zwischen 1990 und 1993 war keine
US-Bank profitabler. Der Aktienkurs ließ dennoch zu wünschen
übrig, die Anleger vermuteten zu Recht, dass die Bank große Risiken

einging, um derart erfolgreich zu sein. Bankers Trust vergab verhältnismäßig wenig reguläre Kredite. Knapp 90 Milliarden Dollar hatte die Bank 1993 als ausstehende Zahlungen in den Büchern. Die Derivate, die nicht im offiziellen Geschäftsbericht auftauchen mussten, hatten dagegen einen nominellen Wert von 1,9 Billionen Dollar. Hilmar Kopper zeigte sich 1994 trotzdem begeistert. Der Mut des »jungen Bankers« Charles Sanford hatte ihn beeindruckt. Die Händler bei Bankers Trust verdienten so gut an dem Geschäft, dass sie keine besondere Vorsicht walten ließen. Die Kunden hatten sich an die Derivate, die neuen Instrumente, bald gewöhnt, aber verstanden hatten sie sie zumeist nicht. Vor allem die exotischen Derivate überforderten viele Anleger. Wie die Händler von Merrill Lynch nutzten das auch die Leute von Bankers Trust aus – vergaßen aber, dass Telefonate in einer US-Bank standardmäßig aufgezeichnet werden. Und das wurde peinlich, denn die Öffentlichkeit in den USA konnte bald verfolgen, wie es an der neuen Wall Street zuging und was man dort von den Kunden hielt.

K
evin Hudson war einer der jungen Verkäufer, die in den frühen 1990er Jahren bei Bankers Trust für Umsatz sorgten – ganz genau der Typ, den auch Edson Mitchell bei Merrill gebraucht hatte und bei der Deutschen Bank brauchen würde. Der bei seinen Kollegen beliebte Hudson bearbeitete über lange Zeit einen Kunden in Ohio: Procter & Gamble, benannt nach einem britischen und einem irischen Einwanderer. Der Konzern produzierte Hygieneartikel, hatte die Wegwerfwindeln Pampers und ein Schuppenshampoo zu Welterfolgen gemacht. Der Umsatz lag Anfang der 1990er Jahre bei knapp acht Milliarden Dollar. Wie fast jeder Konzern dieser Größe machte Procter & Gamble hin und wieder Schulden, um Liquiditätsengpässe zu überbrücken. Die Mittel musste sich der Konzern am Finanzmarkt besorgen. Dafür wollte P&G – wenig überraschend – möglichst wenig Zinsen zahlen.

Hudson, der jungen Verkäufer, suchte mit P&G ins Geschäft zu kommen. Regelmäßig meldete er sich bei dem zuständigen Finanzmanager Dane Parker. Der war ebenfalls jung, aber zudem gänzlich unerfahren. Auf die ersten Angebote von Bankers Trust ging er nicht ein. Doch im Oktober 1993 köderte ihn Hudson mit einem Produkt, das er »Superior Alternatives« getauft hatte. Es enthielt Alternativen zu den langweiligen Kreditdeals, die Parker gewöhnlich angeboten wurden. Bankers Trust schlug auf P&G zugeschnittene Derivate vor, die dem Konzern über fünf Jahre einen niedrigen Zinssatz garantierten, wenn man in den ersten sechs Monaten ein kleines bisschen mehr ins Risiko ging. Über Monate umwarb, umschmeichelte, bearbeitete Hudson den jungen Parker, bis er den ersehnten Abschluss in der Tasche hatte. Immer wieder sagte er, Parker müsse sich bei dem Deal »wohlfühlen«, nur dann würde das Geschäft ein Erfolg.

Was Hudson seiner Bankers-Trust-Kollegin – und Verlobten – Alison Bernhard schilderte, klang ganz anders: »Ich war so smooth. Ich sagte: ›Yeah, kein Problem, ich spreche mal mit meinem Händler. Wir errechnen ein Modell, und dann komme ich zurück mit dem optimalen Preis.‹ Am Ende haben wir sie einfach reingelegt (…) Sie werden nie erfahren, wie viel Geld die Bank dabei gemacht hat.«

Bernard antwortete: »Niemals, nein. Das ist das Tolle an Bankers Trust.«[19]

Am Ende hatte P&G 120 Millionen Dollar verloren. Der Jahresgewinn war weg. Die Aktionäre waren betrogen worden. Der Konzern verklagte Bankers Trust. Die Bank musste den Anwälten der Gegenseite alle Mittschnitte der Telefonate und weitere Unterlagen übergeben. In dem Konvolut fanden sich Dokumente, die zeigten, wie tief die Kultur der Gier bei Bankers Trust verwurzelt war. Intern benutzten einige Händler den Begriff *Rip-off Factor*, kurz ROF. Der »Abzockfaktor« umschrieb, wie man Kunden übervorteilte. Die Banker machten 1,6 Millionen Dollar bei einem Deal und notierten intern, dass darin ein Sieben-Basispunkte-ROF enthalten war. Vor allem die aufgezeichneten Telefonate enthüllten wie niemals zuvor die Moral an der Wall Street. Schon damals waren alle Grundelemente vorhanden, die bei den späteren Skandalen der Deutschen Bank ans Licht kamen: Gier, mangelndes Unrechtsbewusstsein, eine Art Verachtung für den Kunden und eine merkwürdige Mitteilsamkeit am Telefon, obwohl man hätte wissen müssen, dass die Gespräche aufgezeichnet wurden.

In den Mittelpunkt rückten die Gespräche des Händlers Kevin Hudson, der unaufhörlich auf Parker einredete und dem jungen Finanzmanager von Procter & Gamble immer mehr Derivate verkaufte. Der wiederum ahnte nicht, dass die Bank damit hohe Prämien verdiente. Deutlich wurde Hudson gegenüber einem Kollegen: »Wir haben es mit einem Acht-Millionen-Dollar-Deal zu tun.« Das sei »wie ein feuchter Traum«. Seiner Verlobten Bernard verriet Hudson, dass er das Geld von Procter & Gamble in Derivaten und Optionen angelegt, dem Kunden aber nur die Hälfte des Wertes der Papiere zurückgezahlt hatte – das Ganze sei »ein massiver Selbstbedienungsladen«. Hudson konnte wohl selbst nicht fassen, dass ein Unternehmen wie Procter & Gamble sich auf einen derartig riskanten Deal einließ. Niemand konnte glauben, dass P&G so naiv war. Hudsons Chef war begeistert und gleichzeitig konsterniert. Der emsige Verkäufer hatte den Hauptgewinn gezogen und freute sich am Telefon: »Das ist der Schlüssel. Ein Kunde, der diese gehebelten, strukturierten Derivatedeals noch nie erlebt hat.«

Hudson brachte sein Gegenüber bei P&G dazu, mit Hilfe von Bankers Trust insgesamt 200 Millionen Dollar über fünf Jahre zu leihen. Die ersten sechs Monate bekam der Kunde einen niedrigen Zinssatz. Danach war entscheidend, wie sich der Zinssatz im April 1994 tatsächlich entwickelte, wie hoch der Libor wirklich sein würde. Lag er deutlich höher als beim Abschluss des Vertrages, dann hatte P&G ein ernstes Problem, denn dann würden die Zinsen für das Geld über die kompletten fünf Jahre radikal ansteigen, sogar weit über den marktüblichen Zins. Dane Parker hatte also ähnlich wie Mr. Citron ein wahnwitziges Risiko auf sein Unternehmen geladen.

Hudson erklärte in einem Gespräch, dass er den Deal um den Faktor 17 gehebelt habe, dass er also die Kreditsumme künstlich extrem aufgeblasen hatte. Seine Verlobte Bernhard war entgeistert: »Oh, my everloving god (…) verstehen sie überhaupt, was sie da getan haben?«

»Sie verstehen im Prinzip, was sie getan haben. Aber wie genau der Hebel funktioniert, das verstehen sie nicht.«

Schließlich bekam Hudson intern Probleme. Kollegen aus der Risikoabteilung gefiel die Art nicht, wie er den Deal durchgezogen hatte, intransparent, ohne ausreichende Dokumentation. Doch sie hatten nicht die Autorität, Hudson aufzuhalten. Ähnlich war es bei Merrill Lynch auch gelaufen. Also machte Hudson weiter. Er drehte P&G immer riskantere Erweiterungen des Deals an. Seiner Verlobten gefiel das auch nicht recht. War es das wert? Was sprang dabei für den Kunden und ihn heraus? »Eine Million für die, zwei Millionen für mich.«

Auf den ersten Blick machte der Kunde immerhin noch seinen Schnitt, doch Bernhard sorgte sich, wie lange das gut gehen konnte: »Das gibt Ärger (…) das wird dir um die Ohren fliegen.«

»Ich habe eine masochistische Ader. Außerdem habe ich einen Lauf, verstehst du, ich muss hier Geld verdienen.«

»Aber du wirst bald keinen Job mehr haben, du wirst keine Kunden mehr haben, du machst ihr Geschäft kaputt (…) du wirst mit jedem Tag gieriger.«

Nur zwei Wochen später prophezeite Bernhard, dass der »gravy train« bald entgleisen und die Zeit der Selbstbereicherung vorbei sein würde. Aber Hudson machte weiter, drehte P&G den nächsten Swapdeal an, einen Handel mit einer D-Mark-Position. Der Verlobten missfiel das ganz und gar.

»Du musst ruhiger machen.«

»Ich mache nicht ruhiger, ich habe eine Strähne.«

»Lässt du deine Geschäftsentscheidungen von Gier steuern? Wahnsinn. Ich hoffe nur, du liegst richtig.«

Schließlich erkundigte sie sich nach den Verlusten der Kunden: »Schmieren sie ab?«

»Ja, aber sie wissen es noch nicht. Sie wussten eigentlich nie, wo sie standen.«

»Haben sie nicht gefragt?«

»Nie.«

»Ach du Scheiße, hoffentlich wollen sie das niemals wissen.«

»Lass mich nur noch diesen D-Mark-Deal durchziehen, dann können sie ruhig fragen.«

Dann kam das Zinserdbeben von 1994, die Zinsen schossen nach oben. Die Händler bei Bankers Trust fluchten lauthals, als die Nachricht über die Agenturen verbreitet wurde. Panik brach aus. Procter &

Gamble steckte nun mit den von Bankers Trust angeleierten Geschäften dick im Minus. Hudson erlebte den schlimmsten Moment seiner Karriere. Seiner Verlobten sagte er: »Ich habe viele meiner Kunden so tief eingebuddelt, das wird vier Jahre dauern, um sie da wieder rauszuholen. Aber P&G (…), die liegen so weit zurück, die müssen über die nächsten fünf Jahre jedes Jahr 20 Millionen zahlen, wie soll ich sie da mit neuen Trades wieder rausholen?«

Schließlich pfiffen es in der Wall Street die Spatzen von den Dächern, dass Bankers Trust seinen Kunden Procter & Gamble über den Tisch gezogen und dabei selber zig Millionen Dollar verdient hatte. Der enttäuschte Kunde Dane Parker hörte davon und rief bei Hudson an. Der wies alles von sich, Gerüchte seien das, nichts weiter. Dann telefonierte er mit seiner Verlobten: Ein »Motherfucker« in der Bank habe offenbar seine Klappe nicht halten können.

Parker hatte zur Verblüffung der Mitarbeiter von Bankers Trust nicht einmal begriffen, dass die Deals, die er abschloss, im schlimmsten Fall nicht nur ein, sondern fünf Geschäftsjahre beeinflussen würden. Als immer klarer wurde, dass der Deal auch Bankers Trust ordentlich Ärger bereiten würde, regten sich Kollegen von Hudson am Telefon darüber auf, dass der Kunde so leichtgläubig gewesen war. Man sollte »diesem Stück Scheiße die Scheiße aus dem Leib prügeln«, sagte einer.

Der Fall landete vor Gericht. Die Tonbänder waren peinlich für den Kunden, der so naiv und offenbar zu sorglos mit dem Geld der Aktionäre umgegangen war, peinlich aber vor allem für Bankers Trust. Zu deutlich waren die Mitarbeiter am Telefon geworden. Einer hatte gesagt: »Komisches Geschäft, weißt du? Du gaukelst den Leuten vor, sie seien in Sicherheit, und dann fickst du sie einfach total.«

Procter & Gamble war kein Einzelfall. Bankers Trust hatte noch andere Kunden über den Tisch gezogen – und entschädigte sie alle. Auf eine Gerichtsverhandlung wollte man es nicht ankommen lassen. Ein Händler dachte am Telefon laut über den Boom mit den Derivaten nach, der die Banken so reich gemacht hatte: »Diese Welle wurde schon immer aus vergiftetem Wasser gemacht.« Ein Kollege ergänzte: »Wenn wir endlich aufhören, Dynamit zu verkaufen, werden wir vielleicht irgendwann endlich auch einmal solide Geschäfte abschließen.«

High Risk Opportunities

Was ist schon ein mittelgroßer Konzern gegen ein ganzes Land? Was, wenn man einen ganzen Staat mit finanziellem Dynamit vollstopft? Das sollten Banken, Investoren und Anleger in Russland am lebenden Objekt ausprobieren. Der junge Devisenhändler von Bankers Trust, Kevin Rodgers, der noch nicht ahnte, dass er bald für die Deutsche Bank arbeiten würde, beobachtete Mitte der 1990er Jahre, wie der Markt für russische Staatsschulden heiß lief. Russische Staatsanleihen, die GKO – eine Abkürzung der russischen Bezeichnung für kurzfristige Regierungsanleihen –, waren ein gigantisches Geschäft, allerdings nur für Banken und Investoren aus dem Westen. Der Preis belief sich auf 1000 Rubel, zeitweise umgerechnet etwa 160 Dollar. Ein GKO versprach sehr viel mehr Zinsen als etwa die Anleihe eines etablierten westlichen Staates. Und – das war der Clou – der Rubel war an den Dollar gekoppelt, also musste man sich als Investor nicht gegen Währungsschwankungen absichern, was sehr teuer gewesen wäre.

Kevin Rodgers, seit 1997 bei Bankers Trust für die neuen Märkte in den Schwellenländern zuständig, beobachtete, wie das Geschäft förmlich explodierte. Immer mehr Banken aus den USA und Europa kauften GKO und wurden damit zu Gläubigern eines äußerst fragilen Staates. Nicht zuletzt Rodgers' eigene Abteilung handelte im großen Stil mit den Anleihen. In der Asienkrise hatte sich Bankers Trust mit Derivaten gegen den Kursverfall abgesichert, und so glaubte man, auch in Russland die Lage unter Kontrolle zu haben.

Russland hatte in den ersten Jahren nach dem Ende der Sowjetunion aus Sicht der Banken des Westens nicht gehalten, was man sich versprochen hatte. Die Banker hatten gehofft, dass Russland das wirklich große Geschäft der 1990er Jahre werden würde. Tatsächlich musste man ohnmächtig zusehen, wie von 1992 an riesige staatliche Firmen privatisiert wurden, ohne dass man daran mitverdiente. Das bedeutete jedoch nicht, dass der Westen lange ohne Einfluss blieb. Als sich die Regierung unter Boris Jelzin entschied, die Marktwirtschaft einzuführen, wurde sie von Experten aus den USA beraten. Darunter waren Ökonomen der Harvard-Universität, die für eine radikale Form der Marktwirtschaft plädierten. Das Land brauche eine Schocktherapie, so die Berater, die Preise sollten ohne staatliche Kontrolle freigegeben werden. In der Folge wurden selbst Lebensmittel für die meisten Russen unerschwinglich, sie mussten ihr Erspartes opfern, um überleben zu können. Schlimmer noch: Einige Russen hatten gerade erst Anteilscheine an staatlichen Unternehmen bekommen. Doch die Preise waren hoch, die neuen Chefs der Firmen zahlten keine Gehälter, und sie waren am Verhungern – also verschleuderten sie die Coupons regelrecht, um wenigstens an ein bisschen Geld zu kommen. Ex-Kader, Gangster und findige Geschäftsmänner kauften die Anteile meist weit unter Wert auf und wurden im Handumdrehen zu mächtigen Eigentümern großer Konzerne – landläufig Oligarchen genannt.

Die Oligarchen konnten ihre Macht in den folgenden Jahren konsolidieren. Boris Jelzin half ihnen dabei. Er startete das Programm »Kredite für Anteile«, das nach einem einfachen Prinzip funktionierte: Die russische Regierung bekam von den neu gegründeten russischen Banken Kredite und hinterlegte im Gegenzug die Anteile an den verbliebenen Staatsbetrieben als Sicherheit. Als die Regierung – wie zu erwarten – die Kredite nicht bedienen konnte, wurden die Anteile in undurchsichtigen Auktionen – unter Wert – versteigert. Die Oligarchen sicherten sich in vielen Fällen den Zugriff auf diese Aktien und wurden so noch einflussreicher und reicher. Die russische Regierung brauchte aber bald wieder neues Geld. Doch sie hatte das Tafelsilber verkauft, wie sollte sie da an frisches Kapital kommen? Jetzt schlug die Stunde der Banken. J. P. Morgan, SBC Warburg, Goldman Sachs, Bankers Trust machten die Regierung damit vertraut, dass ein großes Land auch große Schulden machen könne, vornehmer ausgedrückt: Die Regierung sollte Staatsanleihen – im Englischen Bonds – auflegen. Das frische Geld würden sie – die Investmentbanker – dann nutzen, um im Land die dringend notwendigen Investitionen anzustoßen, was fast zwangsläufig zu einem sich selbst tragenden Wirtschaftsboom führen werde. So weit die Theorie, die sich gut anhörte, als die Marktwirtschaft noch nicht völlig entzaubert war.

Im Angesicht dieses Megageschäft vergaßen Akteure wie Bankers Trust jede Vorsichtsmaßnahme. Anfangs kauften Kevin Rodgers und Kollegen die Anleihen ausschließlich gegen Vorkasse und ausschließlich für Kunden. Doch die russische Regierung brauchte sehr lange, ehe sie die GKO ausgestellt hatte, die Formalitäten waren kompliziert, der Käufer musste beispielsweise ein Bankkonto in Russland haben. Also wurde das Geschäft verstärkt über Derivate abgewickelt. Bankers Trust kümmerte sich um alles, die Kunden schlossen einen Vertrag mit Bankers Trust ab, der im Prinzip ein Derivat war. Darin wurde festlegt, dass dem Kunden die Anleihe gehörte, und geregelt, wer wann welchen Schnitt machte. Aber Bankers Trust hielt die Anleihe in den eigenen Büchern. In nur zwei Jahren wurde der Markt mit russischen Anleihen überschwemmt. Es ging wieder einmal nicht darum, dass der Schuldner – der russische Staat – die Schulden möglichst schnell abbezahlte, sondern dass er regelmäßig die Zinsen bediente.

Allerdings war nicht geklärt, woher auf Dauer das Geld in einem Staat kommen sollte, der viele seiner Besitztümer an private Investoren verschleudert hatte und dessen Schicksal nicht zuletzt davon abhing, dass er möglichst teuer möglichst viel Öl und Gas ins Ausland verkaufte. Dieses Problem trat zunehmend in den Hintergrund. Bankers Trust ging sogar dazu über, nur noch auf minimalen Anzahlungen zu bestehen. Vor allem Hedgefonds, die sehr viel lascheren Regeln unterworfen waren als Banken, bestanden darauf, den Anleihenkauf mit möglichst wenig Eigenkapital zu finanzieren, denn wenig Eigenkapital hieß paradoxerweise höherer Profit. Überdies konnte Bankers Trust mehr Gebühren abrechnen. Das war sehr lukrativ, aber auch »sehr riskant«, wie ein Kollege von Rodgers erklärte. Außer Bankers Trust hielt nur noch die Credit Suisse in ähnlichem Umfang GKO. Beide Banken hatten russische Staatsanleihen in ihren Büchern, die – nominell – mehrere Milliarden Dollar wert waren.

Der Schwachpunkt blieb die Abhängigkeit Russlands von den Rohölpreisen, und die fielen 1998 ins Bodenlose. Der Rubel, dessen Kurs künstlich an den Dollarkurs gekoppelt war, geriet unter Druck. Anleger verlangten höhere Zinsen für ihr Geld, sie trauten den »aufstrebenden Staaten« nicht mehr. Als die Verschuldung Russlands immer dramatischer wurde, bekamen Kevin Rodgers und sein Kollege in ihrem Londoner Büro unangemeldet Besuch vom russischen Botschafter. Er wollte die Männer treffen, denen der russische Staat so viel Geld schuldete. Rodgers war unrasiert und trug keinen Anzug, die Füße seines Kollegen steckten in Flip Flops, dazu passte sein »Never Mind The Bollocks«-T-Shirt. Rodgers schoss durch den Kopf, was der Botschafter denken musste: »Das sind also die Männer, die unsere Schulden verwalten. Wir sind gefickt.« In der Tat.

Rodgers hatte alle Russlandgeschäfte in einem Handelsbuch – im *Russia Book* – virtuell zusammengefasst. Tatsächlich war dieses Buch eine lange Exceltabelle auf seinem Computer. Rodgers begann sein kompliziertes und gigantisch angeschwollenes »Russland-Buch« abzusichern. Er kaufte Derivate, die ihm garantierten, den Rubel an einem bestimmten Tag zu einem bestimmten Kurs kaufen zu können. Er wettete ausschließlich auf den Kursverfall des Rubels. Doch viele andere Anleger, Banken und Hedgefonds dachten, die Party sei noch nicht vorbei, und kauften weiter GKO.

Wie kurz zuvor viele Tigerstaaten suchte nun auch die russische Regierung hastig ihre ausländischen Devisenreserven zu verkaufen, die sie eben erst durch den Verkauf von Rohöl aufgebaut hatte. Sie konnte sich nicht mehr genug Geld am Markt besorgen, um die Zinsen für die vielen Schulden zu bedienen. Der Erdölpreis erholte sich nicht. Die Devisenreserven schmolzen schnell um mehr als 60 Prozent ab. Die Frage war, wie lange der künstliche Rubelkurs halten würde. Rodgers hörte von russischen Mitarbeitern, dass viele Russen ihre Konten auflösten und alles an Rubeln verkauften, was sie hatten.

Die Lage in Russland wurde täglich instabiler. Die Investmentbank Goldman Sachs half dem Staat schließlich dabei, die Schulden umzuschichten, was allerdings bedeutete, dass sich das Volumen des geborgten Geldes vervielfachte und das Vertrauen vieler Investoren noch mehr strapaziert wurde. Kurzfristig fällig werdende Rubelanleihen wurden gegen einen gehörigen Aufschlag in langfristig laufende Dollar- und Euro-Anleihen umgewandelt.[20] Auch die Deutsche Bank half bei diesem Deal. Aus umgerechnet 4,3 Milliarden machte man so

15 Milliarden Dollar Schulden.[21] Goldman selber hatte sich abgesichert und auf einen kollabierenden russischen Markt gewettet, genau wie Rodgers bei Bankers Trust. Rodgers und seine Kollegen nahmen an, dass die russische Regierung im September über das Schicksal des Rubels entscheiden würde. Sie lagen falsch. Am Ende des Sommers, Frankreich war gerade Fußballweltmeister geworden, entschied sich die russische Regierung zu einem dramatischen Schritt: Sie gab den Kurs des Rubels frei und erklärte, die ausländischen Schulden nicht mehr bedienen zu können.

Ein Kollege rief Rodgers im Urlaub an: »Sie haben es getan!« Was getan? »Russland bedient die Kredite nicht mehr.«[22] Der Rubelkurs breche gerade ein, die Situation sei katastrophal, hörte er aus London. Die russischen Bürger lernten ein neues Wort: *Default.* »Russia defaulted on his debt« – Russland konnte seine Kreditraten nicht begleichen, es setzte die Zahlungen einfach aus. Und nicht nur das: Die Regierung schlug die Banken in ihrem eigenen Spiel. Viele der Investoren hatten sich mit verschiedenen Instrumenten abgesichert. Devisentermingeschäfte garantierten ihnen einen stabilen Rubelkurs. Aber die russische Regierung hob auch die Wirkung dieser *Forwards* – sofern sie in Russland gekauft worden waren – über mehrere Monate einfach auf. Im August 1998 brachte ein Kollege von Rodgers im Moskauer Büro die Lage auf den Punkt: Die Investoren würden lieber radioaktiven Abfall essen, als noch einmal in Russland zu investieren.

Der Rubel büßte in den nächsten Monaten insgesamt 83 Prozent seines Wertes ein. Rodgers hatte zwar das Russlandgeschäft von Bankers Trust abgesichert und einige GKO rechtzeitig verkauft, aber jetzt rächte sich, dass man sich auf die hochriskanten Deals mit den Hedgefonds eingelassen hatte, die nur minimale Anzahlungen geleistet hatten. Liquidität wurde knapp, der ganze Markt war in Aufruhr.

Russland wurde zunächst für die Krise verantwortlich gemacht, aber die Wirtschaft des Landes war kein großer Faktor, denn sie machte damals nicht einmal ein Prozent der gesamten Weltwirtschaftsleistung aus. Das Übel war, dass viele Investoren – Hedgefonds wie Banken – Wetten darauf abgeschlossen hatten, dass die Wirtschaftslage insgesamt stabil blieb und die weltweiten Zinsen sich kaum verändern würden. Viele Hedgefonds hatten ihre Geschäfte auch noch gehebelt und mit einem geringen Eigenkapitalanteil auf Pump finanziert. Und Bankers Trust hatte dabei mitgemacht.

Bankers Trust setzte einen verzweifelten Margin Call ab: Man rief den Hedgefonds »High Risk Opportunities« an und forderte zusätzliche Zahlungssicherheiten für die ausstehenden Kredite, mit denen Bankers Trust für den Fonds russische Staatsanleihen gekauft hatte. Doch die »High Risk«-Manager konnten kein Geld mehr auftreiben. Sie beklagten sich sogar, dass man ausstehende Zahlungen – auch bei der Deutschen Bank – erfolglos eingefordert habe. Dort hätte man sich einfach taub gestellt. Der Fonds ging pleite. Bankers Trust musste über 300 Millionen Dollar abschreiben.

Damit waren noch keineswegs alle Probleme ausgestanden. Bankers Trust hatte sich auf Geschäfte mit dem größten Hedgefonds »Long-Term Capital Management« (LTCM) eingelassen. Der sei »ein arroganter, hoch technisierter Gorilla« gewesen, der den Markt beherrschte, wie Kevin Rodgers später erklärte. LTCM, geführt von zwei Nobelpreisträgern und einem bis dahin extrem erfolgreichen Wall Street Trader, war von der Zinssatzentwicklung nach der Russlandkrise überrascht worden. Der Hedgefonds hatte weltweit auf stabile Zinsen gewettet. Doch es kam anders. Wie andere Hedgefonds auch hatte LTCM seine Einsätze extrem gehebelt – auf einen Dollar Eigenkapital kamen in Spitzenzeiten 40 Dollar geborgter Einsatz. Sobald der Wert des eigenem Kapitals – Anlage, Anleihen – abrutschte, war LTCM in ernsten Schwierigkeiten.

Bei LTCM hatte man sich wie bei Bankers Trust auf die neuen Technologien verlassen. Großcomputer berechneten das größte mögliche Risiko, das man mit den Geschäften einging. Am Ende kam ein Wert heraus – *Value at Risk* (VAR). Der Wert gab an, wie viel bei einer negativen Entwicklung des Marktes maximal auf dem Spiel stand. Die Berechnung ging auf eine Idee von Charles Sanford bei Bankers Trust zurück, der wissen wollte, wie viel Risiko man bei einem bestimmten Kapitaleinsatz einging und auch wann das Potenzial des Eigenkapitals ausgereizt war. Der Haken an der Sache war, so stellte Rodgers in der Russlandkrise fest, dass man davon ausging, dass sich die Zukunft wie die Vergangenheit verhielt. Aber wer konnte das schon so genau sagen? Ein Kollege von Rodgers fand dafür ein drastisches Bild: »Das ist so, als ob du vom Empire State Building springst. Die VAR-Modelle gehen davon aus, alles wird gut, weil die ersten paar Hundert Meter schmerzlos waren. Aber erst die letzten paar Zentimeter zerschmettern deinen Schädel.«

LTCM fehlten im schlimmsten Fall nicht 100 Millionen Dollar, wie in den Computermodellen errechnet worden war, sondern Milliarden. Der Fall, der nach den Berechnungen für ausgesprochen unwahrscheinlich galt, war eingetreten − ein Zehn-Sigma-Ereignis, so der statistische Terminus. LTCM hatte 20 000 Deals mit 75 Großanlegern abgeschlossen. Eine Pleite des Fonds drohte diverse Banken in den Abgrund zu reißen. Wie riskant das Geschäftsmodell einer Bank wirklich war, konnte niemand mehr einschätzen, zu intransparent waren die Geschäfte. Die Banken trauten sich gegenseitig nicht. Der Markt stockte. Um Schlimmeres zu verhindern, stützten die Federal Reserve und mehrere Privatbanken den Hedgefonds. Bei einer Konferenz aller großer Akteure war auch Edson Mitchell von der Deutschen Bank per Telefon zugeschaltet. Es ging wie bei der Continental Illinois darum, dass der Glaube an das riskante Geschäftsmodell nicht final erschüttert wurde. Auf keinen Fall durften sich zu viele Akteure aus dem Markt zurückziehen. Alle großen Banken stützten LTCM, auch Bankers Trust musste dem »Gorilla« mit über 300 Millionen Dollar helfen.

Dabei hatte Bankers Trust kaum noch die Kraft, sich selber zu helfen, geschweige denn anderen Akteuren. Die Bank, ausgeblutet und geschwächt, hatte nicht nur Ärger mit Kunden und Anlegern, sondern auch mit dem Gesetz. Offenbar hatte man es mit der Buchhaltung nicht so genau genommen. Manager von Bankers Trust hatten unter anderem Geld, das sich angesammelt hatte, weil Kunden Schecks über Spekulationsgewinne nicht eingelöst hatten, einfach dazu benutzt, die Bilanzen seit 1994 aufzubessern. Dabei ging es um mehr als 19 Millionen Dollar. Die Börsenaufsicht schaute sich daher 1998 das Geschäftsgebaren von Bankers Trust genau an. Das FBI ermittelte ebenfalls. Die Bank hatte ihren Ruf damit gründlich verspielt.

Kevin Rodgers ahnte, dass er sich bald einen neuen Job würde suchen müssen – oder neue Chefs bekommen würde. Er spürte, dass die Branche vor einer Zäsur stand. Risikomanager hatten fast blind den Computermodellen vertraut und waren in ihr Verderben gerannt. Die Derivate waren zu komplex, und die Kreditvergabe zu zügellos. Die Beinahepleite des nächsten großen, vernetzten Akteurs, des »Gorillas« LTCM, war ein lauter Weckruf. Doch auf dem Finanzmarkt sollte er niemals wirklich gehört werden, wie Rodgers später feststellte. Und er selbst hatte seine letzte Finanzkrise noch nicht erlebt, obwohl er das 1998 inständig hoffte.

U m bei Bankers Trust ein Szenario wie bei der Continental Illinois zu vermeiden, schaltete sich die Federal Reserve New Yorks ein – der New Yorker Ableger der Bundesbank, zuständig für die Aufsicht der Banken an der Wall Street. Die Aufseher wandten sich schriftlich an Banken, die Interesse an der Übernahme des Konkurrenten bekundet hatten. Auch die Deutsche Bank erhielt einen Brief. Dezent, wie der Bankenchronist Reinhard H. Schmidt sagt, soll die Bankenaufsicht darin angedeutet haben, dass die diversen Untersuchungen gegen Bankers Trust fallen gelassen würden, wenn sich ein Abnehmer für die Bank fand. Der Deutschen Bank schien etwas angeboten zu werden, was in ihr Beuteschema passte: angeschlagen, verrufen, aber mit dem Markt der Zukunft vertraut – Finanzwetten. Denn das war die Ironie der Asien- und Russlandkrise: Investoren zogen aus dem Ablauf die Lehre, dass es überlebensnotwendig sei, sich gegen Währungsschwankungen abzusichern. Das konnte man auch mit Derivaten. Dass die Instrumente die Krise mit herbeigeführt hatten, wurde in den ersten Analysen verdrängt und auch nicht von jedem Beobachter durchschaut.

Für das Team von Edson Mitchell war nun die Zeit gekommen, erneut Druck zu machen. Die Vorstände der Bank, darunter Josef Ackermann, kamen im September 1998 mit den führenden Investmentbankern zu einer dreitägigen Klausur in den kleinen Ort Fiuggi bei Rom zusammen. Wie sollte es mit der Bank weitergehen? Sollte man doch größer werden, Bankers Trust übernehmen? Oder wollte man die nächste Krise abwarten und diese Chance ungenutzt lassen?

Würde – aus der Sicht der US-Banker um Mitchell – der Vorstand der Deutschen Bank begreifen, dass man schon diese Krise nutzen musste, um auf dem einzigen Markt, der wirklich etwas zählte, endlich ernsthaft anzugreifen? Hieß es nun »finally, we take Manhattan«, oder wollte man die nächste Krise abwarten und diese Chance ungenutzt lassen?

Ackermann kannte die Schule von Bankers Trust nur zu gut. Sein Widersacher Allen Wheat bei der Credit Suisse, von dem er am Ende verdrängt worden war, hatte sein Geschäft bei Bankers Trust gelernt, zusammen mit den Nerds aus dem 33. Stock. Ackermann und der Vorstand mussten also entscheiden, ob sie zulassen wollten, dass das geistige Erbe von Bankers Trust die eigene Bank in Zukunft mitprägte. Ackermann und Breuer setzten zur nächsten Wende an. Die Deutsche Bank musste Bankers Trust kaufen, so das Fazit ihrer Überlegungen, sonst würden die letzten Stars das Schiff verlassen.

Mitchell wurde nach der Klausur von einem Fachblatt interviewt. Wenig überraschend lobte er seinen direkten Vorgesetzten Josef Ackermann: »Er redet nicht lange um den heißen Brei herum, er hört sich alle Meinungen an und entscheidet dann schnell.« Mitchell war natürlich gut auf Ackermann zu sprechen, weil der sich – innerhalb von wenigen Monaten – ein zweites Mal von Mitchells Team hatte überzeugen lassen, auf die Karte Investmentbank zu setzen. Nun griff man auch ernsthaft in den USA an. Dass der US-Markt bisher alle ambitionierten Pläne von europäischen Banken wie ein schwarzes Loch verschluckt hatte, schreckte Mitchell nicht. Er traute sich und seinem Team Erfolg in der alten Heimat zu: »Die falschen Leute, die falsche Strategie, die falsche Struktur«, lautete Mitchells Urteil zum Vorgehen der anderen Banken. Mit ihm sollte alles besser werden.

Intern stellte man Mitchell einen deutschen Aufpasser zur Seite: Thomas Fischer, geboren 1947 in Berlin. Er hatte zunächst lange bei der Deutschen Bank gearbeitet, dann einige Jahre bei der Landesbank Baden-Württemberg verbracht. Nun kehrte er zurück. Fischer war ein Boxer und Bodybuilder, wie die Presse genüsslich betonte, der gerne erzählte, wie er Probleme mit Gewalt gelöst hatte, aber einen Händedruck wie ein toter Fisch hatte. Er glaubte die Geschäfte der Gruppe um Mitchell einigermaßen zu durchschauen. Breuer hatte zugegeben, dass alle in der Branche sich schwertun würden, die Risiken der neuen Instrumente zu verstehen und richtig einzuschätzen. Fischer dagegen hatte sich in einem Kommentar als Befürworter größerer Risiken gezeigt. Eine Bank könne nur wachsen, wenn sie mehr Risiken einging. Deshalb müsse die Fähigkeit, das Risiko zu meistern, perfektioniert werden, und zwar »schneller als jemals zuvor in der Finanzwelt«. Denn, das gab Fischer zu, für Unternehmen wie Kunden konnten die neuen Instrumente leicht zu einem Alptraum werden, weil sie so undurchsichtig und leicht zu manipulieren seien. Undurchsichtig und leicht zu manipulieren – das sollte nach der Übernahme einer großen US-Bank die Schlüsselprobleme der Deutschen Bank charakterisieren.

Unter dem Operationsnamen »Circle and Cross« begannen der Vorstand der Deutschen Bank und das Management von Bankers Trust zu verhandeln. Wie üblich begleiteten Investmentbanken die Anbahnung und Abwicklung des Deals. Die führende Rolle übernahm dabei Goldman Sachs, wo man die Fusion »Osprey« – Fischadler – taufte.[23] Gerüchte hatte es schon lange gegeben: Die Deutsche Bank wolle Goldman selber übernehmen, hieß es, dann wieder wurden als Übernahmekandidaten J. P. Morgan und Lehman Brothers gehandelt, eine Bank, die ebenfalls in Russland unter Druck geraten war und über die eine Zeit lang jeden Freitag das Gerücht kursierte, die Zahlungsunfähigkeit stehe unmittelbar bevor. Öffentlich dementierte Breuer Übernahmegespräche lange, doch im November 1998 machte man den Schritt öffentlich und verkündete, dass die Deutsche Bank das angeschlagene Unternehmen Bankers Trust kaufen werde.

Vor allem die angelsächsische Presse hatte nur bissigen Hohn und Spott für den geplanten Kauf übrig: Bankers Trust war ganz sicher nicht die erste Wahl der Deutschen, schrieb etwa *The Economist*, wahrscheinlich nicht einmal die zweite. Stand die Deutsche Bank dennoch vor dem Sprung an die Weltspitze? *The Economist* blieb skeptisch. Mit dem Kauf würden die Deutschen aus der dritten Liga der Investmentbanken in die zweite aufsteigen, mehr nicht. Ein ehemaliger Manager der Bank wurde zitiert: Bankers Trust der Deutschen

Bank aufzupfropfen sei so unsinnig, wie einen neuen Computer in die marode russische Raumstation MIR einzubauen.

Doch bevor die Deutsche Bank Bankers Trust tatsächlich übernahm und zur größten Bank der Welt wurde, musste sie sich ihrer dunklen Vergangenheit stellen: der Finanzierung des Holocaust.

Liquidiert die Deutsche Bank!

Nach dem Zweiten Weltkrieg war die Deutsche Bank schnell zu einem der wichtigsten Konzerne in der Bundesrepublik geworden. Wie genau das Institut das angestellt hatte, wurde in den 1950er und 1960er Jahren wenig hinterfragt. Der Erfolg wurde meist so hingenommen. Und auch die neue Generation von Bankmanagern vergaß schnell, wer und was das Institut einmal groß gemacht hatte. Doch die Deutsche Bank mochte sich häuten, sooft sie wollte, sie konnte ihre Wurzeln verleugnen, vor sich selber wegrennen, am Ende wurde sie immer wieder von der Vergangenheit eingeholt.

Die Deutsche Bank wurde 1870 von einigen Privatbankiers in Berlin gegründet, darunter in führender Rolle Adelbert Delbrück. Der gut vernetzte Spross einer einflussreichen preußischen Familie wurde vom Währungsexperten Ludwig Bamberger, einem deutschen Juden, gefördert. Bamberger hatte zunehmend geärgert, wie abhängig man beim Überseehandel von britischen Banken war. Gemeinsam gründeten sie die Deutsche Bank. Delbrück setzte den gerade 31-jährigen Georg Siemens als Chef ein. Die neue Bank verdiente schnell am Boom des Außenhandels deutscher Unternehmen mit, Bambergers Plan war also aufgegangen. Die Deutsche Bank wuchs schnell, übernahm im Lauf der Jahre den einen oder anderen Konkurrenten, meist Banken, die sich verspekuliert hatten. Vor allem in den 1920er Jahren, als das Geschäft immer komplizierter wurde und schließlich nach dem Schwarzen Freitag an der New Yorker Börse ins Trudeln geriet, wurde das Unternehmen durch Zukäufe größer.

Nach dem Börsenzusammenbruch forderten US-Banken auf der ganzen Welt ihre Kredite zurück, überall wurde das Kapital knapp,

auch in Deutschland. Dort stand mit der Darmstädter und Nationalbank – Danat – 1931 die zweitgrößte Bank vor dem Aus. Da ein großer Kunde der Danat seine Kredite nicht mehr bedienen konnte, kam
es zu jenem fatalen Ablauf, der als Grundmuster für *Bank Runs* in
die Geschichte eingehen sollte: Die Danat hatte ein ernstes Liquidi-
tätsproblem und musste ihre Filialen an mehreren Tagen schließen,
weil kein Bargeld mehr vorhanden war. Das versetzte nicht nur ihre
eigenen, sondern auch die Kunden anderer Banken in Panik. Sie
wollten an ihr Geld, das System stand am Abgrund. In dieser Krise
weigerte sich die Deutsche Bank, mit der Konkurrenz aus Darm-
stadt zu fusionieren. Der Staat musste einspringen und schließlich
auch die Deutsche Bank stützen, was später allerdings in Vergessenheit geriet.

Als die große Bankenkrise ausbrach, war Oscar Wassermann be-
reits seit acht Jahren der Vorstandssprecher der Deutschen Bank. Der
Sohn eines Privatbankiers aus Regensburg hatte zuvor die Filiale der
Familienbank in Berlin geleitet, wodurch die Deutsche Bank auf ihn
aufmerksam geworden war. Obwohl er sich für verschiedene jüdische
Verbände einsetzte und als deutscher Jude offen zionistische Ziele un-
terstützte, stieg Wassermann innerhalb des Hauses schnell auf. Seine
Religion war zunächst kein Problem, denn er machte – wie später
Edson Mitchell – die Kollegen im Vorstand reich.

Wassermann war nicht der einzige Jude, der die Deutsche Bank
prägte. Neben ihm gab es in dem Institut noch weitere jüdische Bankiers – etwa Theodor Frank und Georg Solmssen –, die das Geldhaus
zu dem machten, was es am Ende der Weimarer Republik war: eine der
wichtigsten Banken des Landes, ein Machtfaktor. Aber im Innern war
das Unternehmen zerrissen und damit ein Spiegelbild der Gesellschaft.
Der Aufsichtsratschef Emil Georg von Stauß förderte die NSDAP, lud
Adolf Hitler in sein Haus ein, wo dieser mit dem US-Botschafter zusammentraf, pflegte außerdem Umgang mit Hermann Göring und
schrieb mit am Wirtschaftsprogramm der NSDAP. Der Jude Oscar
Wassermann auf der anderen Seite war rechtskonservativ und hatte
1930 nicht zuletzt aus geschäftlichen Gründen dafür plädiert, die
NSDAP und nicht die SPD an der Regierungsmacht teilhaben zu

lassen. Gleichzeitig war er ein typischer »nicht-zionistischer Zionist«, der den Aufbau eines jüdischen Staates in Palästina unterstützte, aber keinesfalls dorthin auswandern wollte. Nachdem die NSDAP am 30. Januar 1933 die Macht in Deutschland übernommen hatte, waren Wassermanns Tage bei der Bank gezählt. Der gesundheitlich schwer angeschlagene Vorstandssprecher wurde im Frühjahr 1933 aus dem Amt gedrängt. Man machte ihn unter anderem für die Bankenkrise von 1931 verantwortlich, da er sich damals geweigert hatte, der Danat mit seiner Bank zu helfen. Als Jude war er nun ohnehin ein leichtes Opfer.

Wassermanns Nachfolger Georg Solmssen hielt sich nur ein Jahr, denn auch er war Jude. Schon im April 1933 hatte Solmssen einem Mitglied des Aufsichtsrats der Bank geschrieben:

Ich fürchte, wir stehen noch am Anfang einer Entwicklung, welche zielbewusst, nach wohlaufgelegtem Plane auf wirtschaftliche und moralische Vernichtung aller in Deutschland lebenden Angehörigen der jüdischen Rasse, und zwar völlig unterschiedslos, gerichtet ist. Die völlige Passivität der nicht zur nationalsozialistischen Partei gehörigen Klassen, der Mangel jedes Solidaritätsgefühls, der auf der Seite derer zu Tage tritt, die bisher in den fraglichen Betrieben mit jüdischen Kollegen Schulter an Schulter gearbeitet haben, der immer deutlicher werdende Drang, aus dem Freiwerden von Posten Nutzen zu ziehen und das Totschweigen der Schmach und des Schadens, die unteilbar all denen zugefügt werden, die, obgleich schuldlos, von heute auf morgen die Grundlage ihrer Ehre und Existenz vernichtet sehen − alles dieses zeigt eine so hoffnungslose Lage, dass es verfehlt wäre, den Dingen nicht ohne jeden Beschönigungsversuch ins Gesicht zu sehen.[24]

Das mittlere Management, die Mitläufer, die Männer, die dank Wassermann und Solmssen vermögend geworden waren, halfen ihren bedrängten jüdischen Kollegen nicht. Sie wandten sich ab und arrangierten sich mit dem Naziregime, das den Sozialismus zwar im Parteinamen trug, die Legitimität des Privatvermögens der »arischen«

deutschen Unternehmer aber niemals in Frage stellte. Wassermann starb 1934, die alten Kollegen blieben seinem Begräbnis fern. Seine Witwe wurde nach dem Krieg nicht entschädigt.

Die US-amerikanische Militärbehörde ließ das Unternehmen nach dem Krieg gründlich von Finanzexperten untersuchen und entschied 1947: Die Deutsche Bank muss liquidiert werden.[25] Der dieser Entscheidung zugrunde liegende Untersuchungsbericht war verheerend ausgefallen: Die Bank hatte das Regime planvoll und systematisch mit Anleihen und Geld unterstützt. Am Ende war fast ihr gesamtes Kapital in den NS-Staat investiert. Sie hatte jüdische Privatbanken übernommen und – im Gleichschritt mit der Wehrmacht – ihren Machtbereich auf ganz Europa ausgedehnt. Das Unternehmen hatte von dem Terrorregime profitiert und es nach Kräften gefördert, zumal es in den großen Rüstungsunternehmen engagiert war, darunter I.G. Farben, AEG, Mannesmann und BMW, die Flugzeugmotoren bauten. Doch bevor der Bericht veröffentlicht und die Empfehlungen darin umgesetzt werden konnten, begann der Kalte Krieg. Die dunkle Vergangenheit der Bank spielte bei den Alliierten keine Rolle mehr. Das besetzte Land musste wirtschaftlich auf die Beine kommen und als neuer Frontstaat im Konflikt mit der Sowjetunion stabilisiert werden. Die Deutsche Bank wurde verschont und durfte in Frankfurt neu beginnen. Dabei half ihr, dass nicht geklärt war, ob sie eine Rolle im Holocaust gespielt hatte.

Vierzig Jahre lang ging die Bank mehr oder weniger unbehelligt ihren Geschäften nach. Der Bericht der US-Behörden war zwar Mitte der 1980er Jahre in Westdeutschland nachträglich veröffentlicht worden, aber jegliche Kritik an der Deutschen Bank wurde damals mit Skepsis aufgenommen. Denn es war ebenfalls publik geworden, dass sich die DDR-Staatssicherheit mit gezielten Desinformationen in die Aufklärungsarbeit eingemischt hatte, um die Deutsche Bank – das Herz des Kapitalismus – möglichst schlecht aussehen zu lassen. Wollte man also die Rolle der Deutschen Bank im »Dritten Reich« vertiefend diskutieren, geriet man schnell in den Verdacht, einem Geheimdienst bei seiner Schmutzkampagne zu helfen. So hatte die Deutsche Bank Ruhe – bis sie sich 1998 entschloss, Bankers Trust zu übernehmen. Diese Entscheidung riss alte Wunden auf. Damals verhandelten unter Vermittlung der neuen rot-grünen Bundesregierung gerade diverse deutsche Banken und Finanzkonzerne mit dem World Jewish Congress über die Entschädigung von jüdischen Zwangsarbeitern. Die Deutsche Bank schien in den Verhandlungen eher eine Nebenrolle zu spielen. Doch dann berief der für das historische Institut der Bank arbeitende Historiker eine Pressekonferenz ein. Manfred Pohl hatte den Auftrag, die Geschichte des Hauses aufzuarbeiten. Die Rolle jüdischer Bankiers wie Wassermann war bereits erforscht, ihre Verdienste wurden inzwischen anerkannt. Aber eine bedrückende Frage war noch nicht beantwortet: Welche Rolle hatten die vielen Dependancen der Deutschen Bank in den besetzten osteuropäischen Staaten gespielt? Darauf gab der Historiker Pohl der Weltpresse im Februar 1999 eine Antwort: Die Deutsche Bank hatte 1942 »mindestens zehn Firmen« mit Krediten unterstützt, die nur mit Hilfe des Geldes der Deutschen Bank das Konzentrationslager Auschwitz hatten bauen können. Zuständig für die Finanzierung des Vernichtungslagers war die Filiale in Kattowitz, die auch, wie Pohl erklärte, den benachbarten Bau der I.G. Farben mit Krediten finanzierte. Zudem führte die Deutsche Bank Konten der Geheimen Staatspolizei, auf denen die Gestapo jene Gelder deponierte, die sie bei der Zwangsversteigerung von jüdischem Vermögen einnahm. All das ging aus Unterlagen hervor, die Mitarbeiter von Pohl kurz zuvor in einer Lagerhalle bei Frankfurt eingesehen hatten, wo die historischen Dokumente der Bank gesammelt und aufgearbeitet wurden. Zwanzig Akten, in denen sich ein klarer Bezug zum Bau des KZ Auschwitz fand, hatten zuvor mehr als vierzig Jahre unentdeckt im Keller einer Filiale der Deutschen Bank in Hannover gelegen. Aus den Kreditunterlagen ging hervor, dass vor allem die Firma W. Riedel & Sohn für die SS in Auschwitz Gebäude erweitert und die »Einäschrungsanlage IV« fertiggestellt hatte. Ein Maurer hatte im März 1943 in seinen Arbeitsnachweisbogen eingetragen: »Fußboden betonieren im Gasskammer [sic].«

Als Pohl sich entschied, die Pressekonferenz einzuberufen, liefen die Gespräche mit dem World Jewish Congress noch, maximale Aufmerksamkeit war also garantiert. Dass der langjährige Nachkriegschef der Deutschen Bank, Hermann Josef Abs, im Krieg für das Ostgeschäft zuständig gewesen war, machte die Entdeckung zusätzlich brisant. Doch wie sich später herausstellte, konnte Pohl an jenem 4. Februar 1999 nur einen lückenhaften Stand der Forschung präsentieren. Alles war noch viel schlimmer, als man zunächst angenommen hatte. Hermann Josef Abs war im Aufsichtsrat der I.G. Farben, als bereits konkret über das Werk in Auschwitz gesprochen wurde. Und ein Mitarbeiter der Bank besuchte 1943 sogar die dortige Baustelle der I.G. Farben und notierte:

Gelegentlich meines gestrigen Besuches in Auschwitz (…) konnte ich mich anhand der mir bereitwilligst zur Verfügung gestellten Unterlagen überzeugen, daß etwa 80 Prozent des gegenwärtigen finanziellen Geschäftes über uns abgewickelt werden. Die I.G. Farbenindustrie arbeitet neben der Kreissparkasse in Auschwitz ausschließlich mit uns (…). Man hat insbesondere dankbar anerkannt, daß wir uns bereit erklärt haben, im Überweisungsverkehr die Vordrucke der Gesellschaft entgegenzunehmen, was für diese eine erhebliche Arbeitsersparnis mit sich bringt.[26]

Die Deutsche Bank hatte also doch eine tragende Rolle im Holocaust gespielt. Bei dem Namen war das auch gar nicht anders zu erwarten: Die! Deutsche! Bank!

Bereits die begrenzte Enthüllung machte die Verhandlungen in Sachen Bankers Trust nicht leichter. Das Institut hatte lange in dem Ruf gestanden, vor allem die Söhne reicher protestantischer New Yorker Familien anzustellen und eine Art Filiale der Yale-Universität zu sein. Doch in den 1980er Jahren hatte sich das Geschäftsumfeld verändert, die verkrusteten Strukturen hatten sich allmählich aufgelöst. Manager mit italienischen Wurzeln und Mitglieder der jüdischen Gemeinde bestimmten die Geschicke von Bankers Trust inzwischen wesentlich mit. »Außer Goldman gab es keine Bank in Amerika, die so jüdisch geprägt war wie Bankers Trust«, so der Chronist Reinhard H. Schmidt. Ein großer Teil der Mitarbeiter erklärte daher, nicht mehr mitmachen zu wollen, wenn Bankers Trust an die Deutsche Bank verkauft würde, so Schmidt. Auch die jüdische Gemeinde New Yorks schaltete sich ein und wies darauf hin, dass die Deutsche Bank ihre Geschichte im »Dritten Reich« noch nicht aufgearbeitet habe und noch keine finanzielle Entschädigung geleistet habe, obwohl sie im Zweiten Weltkrieg gute Geschäfte gemachte hatte.

Vier Tage nach der aufsehenerregenden Pressekonferenz des Historikers Manfred Pohl trat die Deutsche Bank in ernsthafte Verhandlungen mit dem World Jewish Congress ein. Die Gespräche zogen sich über Monate hin. Die im Auftrag der Deutschen Bank und anderer Konzerne daran Beteiligten verschleppten das Tempo, indem sie etwa darauf bestanden, nur für jene Holocaustopfer eine Entschädigung zu zahlen, für die der World Jewish Congress eine offizielle Sterbeurkunde vorlegen konnte.

Drei Monate später, Anfang Mai 1999, genehmigte die New Yorker Bankenaufsicht die Übernahme von Bankers Trust durch die Deutsche Bank. Am selben Tag sickerte durch, dass sich der World Jewish Congress mit den deutschen Unternehmen auf eine Entschädigungssumme von mehr als zehn Milliarden Dollar für die Holocaustopfer geeinigt hatte. Die Deutsche Bank beteiligte sich an dieser Zahlung. Es war reiner Zufall, dass der öffentlich genannte Kaufpreis für Bankers Trusts ebenfalls zehn Milliarden Dollar betrug. Die Deutsche Bank zahlte damit für den angeschlagenen New Yorker Konkurrenten mehr als das Doppelte des Buchwerts. Intern wurde der Preis dennoch als Schnäppchen eingestuft. Die Übernahme einer der großen, intakten Banken hätte weit über 100 Milliarden Dollar gekostet, schätzte Breuer später.

Bankers Trust hatte noch 320 Milliarden Dollar an Anlageposten in den Büchern, darunter diverse Derivate und andere spekulative Papiere. Rechnete man die Bilanzsummen beider Banken zusammen, dann wurde die Deutsche Bank mit der Übernahme von Bankers Trust zur größten Bank der Welt. Man war endlich am Ziel, so schien es.

T rotz der Häme in der ausländischen Presse ließ der Vorstand der Bank es sich nicht nehmen, die Übernahme von Bankers Trust Anfang Juni 1999 groß zu feiern. Show gehört nun einmal zum Geschäft. Eine Rede von Rolf Breuer wurde per Satellit in alle Niederlassungen des Unternehmens weltweit übertragen. Vor den Zwillingstürmen in Frankfurt war eine große Leinwand aufgebaut – Public Viewing für die Mitarbeiter. Breuer erklärte, dass man nicht zögern werde, schmerzhafte Entscheidungen zu treffen. Bei jeder Fusion gebe es Gewinner und Verlierer. Noch sagte er Fusion, später nahm der Chef der Deutschen Bank allerdings kein Blatt mehr vor den Mund und erklärte öffentlich, dass man es nicht mit einer Fusion, sondern mit einer Übernahme zu tun habe – was auch sonst.

Die Stimmung auf der Pressekonferenz zur Besiegelung der Übernahme war seltsam gedämpft. Nichts deutete darauf hin, dass hier gerade die größte Bank der Welt aus der Taufe gehoben wurde. Ein Triumph sieht anders aus. Die miese Presse im Vorfeld hatte den Managern die Laune gründlich verdorben. Wieder einmal hatten sie einen großen Schritt des Unternehmens lausig vorbereitet. Vor allem hatten sie sich zu wenig mit dem Chef von Bankers Trust, Frank Newman, beschäftigt. Der Vorstand hatte angenommen, die Schlüsselmanager von Bankers Trust mit Hilfe von Newman und mit gigantischen Bonuszahlungen binden zu können und nicht Heerscharen von neuen Mitarbeitern und jede Menge Know-how sofort zu verlieren. Newman, ein dürrer Mann mit schütterem Schnurrbart, hatte vor der Presse noch gewitzelt, dass er kein Deutsch könne, aber jetzt Stunden nehmen werde. Doch er sollte sich nicht lange halten. Schon vor der großen Pressekonferenz hatten viele Angestellte von Bankers Trust gegenüber Reportern erklärt:»Niemand will für die Deutsche Bank arbeiten«, sagte einer, Bankers Trust»schmilzt einfach weg«, war im *Independent* zu lesen, mehrere erfolgreiche Teams hätten sich schon verabschiedet. Man hätte einen Chef mit Überzeugungskraft gebraucht, doch Newman war bei den Mitarbeitern von Bankers Trust regelrecht verhasst, und die Deutsche Bank hatte das lange nicht erkannt.

Newman hatte die Legende Charles Sanford als *Chief Executive Officer* (CEO) abgelöst. Dieser war in den Ruhestand gegangen, nachdem die Derivatedeals mit Procter & Gamble publik geworden und über Monate Schlagzeilen gemacht hatten. Newman war so etwas wie der Gegenentwurf zu dem risikofreudigen Südstaatler, so schien es zunächst. Jahrzehntelang hatte er in führender Position bei verschiedenen US-Banken gearbeitet und dann in der ersten Regierung Clinton vier Jahre im Finanzministerium gedient. Danach sollte er Bankers Trust aufräumen, was ihm zum Teil auch gelang. Er fuhr zunächst das Derivategeschäfte zurück. Von zwei Billionen Dollar verwaltetem Vermögen blieb nur ein kleiner Teil in der Bilanz übrig. Vor allem aber, so stellte sich später heraus, bedachte er sich und andere im Vorstand mit üppigen Bonuszahlungen.

Newmans Strategie war zudem wenig originell: Er wollte – ähnlich wie die Deutsche Bank – Bankers Trust großkaufen, das Unternehmen durch diverse Übernahmen zu einer ausgewachsenen Investmentbank machen, die auch bei Übernahmen und Fusionen beratend tätig werden konnte und nicht nur als Händlerhaus wahrgenommen wurde. Auf einigen Etagen der Bankers-Trust-Zentrale gegenüber vom World Trade Center wurde allerdings weiterhin mit Devisen und Anlagen gehandelt. Und Newman verlor aus dem Blick, wie groß die Risiken waren, die seine Mitarbeiter vor allem mit Hedgefonds eingingen. Das war ein gefährliches Spiel, wie sich in der Russlandkrise zeigen sollte.

In der Bank kursierten außerdem wenig erfreuliche Geschichten über Newman. Aber das war längst nicht alles. Im Krisensommer 1998 kaufte sich Newman mit seiner Ehefrau ein Apartment für knapp neun Millionen Dollar direkt an der Fifth Avenue, und er ließ sich in der Bank ein imposantes Büro einrichten, das seine persönlichen Bodyguards bewachten. Viele Schlüsselmanager konnten ihm zudem nicht verzeihen, dass nach der Russlandkrise Anfang September 1998, als Bankers Trust außergewöhnlich hohe Verluste zu verzeichnen hatte, die Top-Manager alles gegeben und das Wochenende durchgearbeitet hatten – nur Newman nicht. Der unternahm stattdessen mit seiner Frau im Firmenjet einen Trip nach Paris. Wie sich herausstellte, benutzte Newmans Frau Lizabeth den Firmenjet regelmäßig. Am meisten hassten die Mitarbeiter ihn aber, weil unter seiner Führung der

Börsenkurs und damit der daran gekoppelte Bonus eingebrochen war.[27] Viele Angestellte der Investmentbank Alex. Brown, die Bankers Trust unter Newman übernommen hatte, lehnten den Chef rundheraus ab: »Ich kann nicht erkennen, dass er irgendetwas gut gemacht hat«, erklärte ein anonymer Händler in der Presse.

Der Vorstand der Deutschen Bank hatte von alldem offensichtlich keine Ahnung. Er zahlte Newman und seinem Vorstand 400 Millionen Dollar als persönlichen Bonus. Man wollte den US-Bankern sozusagen goldene Handschellen anlegen und sie an die fusionierte Bank binden. Nahmen sie das Geld, mussten sie bleiben. Den Großteil des Geldes teilten sechs Vorstandsmitglieder und Newman unter sich auf, nachdem sie zum Teil schon vor dem Russland-Crash im großen Stil Bankers-Trust-Aktien verkauft und dabei Millionen verdient hatten.

Bei der Pressekonferenz Anfang Juni brauchte man Newman noch für das Blitzlichtgewitter. Irgendjemandem musste Breuer ja die Hand schütteln zum Zeichen der Fusion oder Übernahme, wie auch immer man es nennen wollte. Doch ein paar Tage später war klar, dass Newman – anders, als man es versprochen und öffentlich verkündet hatte – keinen Vorstandsposten bei der Deutschen Bank erhalten würde. Mitte Juni traf er sich mit Breuer in Paris, wo die beiden sich auf die Beendigung der Zusammenarbeit einigten. Da Newman nicht von sich aus ging, musste die Deutsche Bank ihn auszahlen. Breuer versuchte der Öffentlichkeit den Meinungsumschwung der Bank als vernünftige Übereinkunft zu verkaufen: Die Integration sei so reibungslos angelaufen, dass man Newman als Vermittler gar nicht mehr brauche. Tatsächlich zeigten sich insbesondere Aufsichtsratsmitglieder derart entsetzt über Newman, dass dieser die laufenden FBI-Untersuchungen bei Bankers Trust zur Bilanzfälschung und zu fehlgeleiteten Kundengeldern durch ein Schuldeingeständnis zu Ende bringen musste. Eine von ihm angeordnete interne Untersuchung war zuvor ziemlich lax ausgefallen. In Frankfurt war man geradezu wütend, dass das Verhältnis der Deutschen Bank zur amerikanischen Bankenaufsicht und anderen US-Behörden von Anfang an gespannt sein würde.

Newman wurde durch den Deal mit der Deutschen Bank selbst für Wall-Street-Verhältnisse ungewöhnlich reich. Bei Bankers Trust erschienen danach einige Mitarbeiter in T-Shirts, auf denen zu lesen war:»Frank got 55 million $ and all I got is this T-shirt.« Es kursierten Gerüchte, er habe eine halbe Milliarde Dollar bekommen. So viel war es nicht. Doch ihm musste die vertraglich vereinbarte Summe von 100 Millionen Dollar in vollem Umfang ausgezahlt werden – fürs Nichtstun, auch wenn Breuer beharrlich behauptete, ohne Newman wäre die Übernahme gescheitert. Innerhalb von vier Wochen war der alte Chef also weg, und viele Manager folgten, weil man sie zwar üppig bezahlt, aber degradiert hatte.

Die Übernahme von Bankers Trust behielt einen bitteren Beigeschmack. Anzeigen der Deutschen Bank in großen US-Zeitungen – »eine Kombination aus Stärke und Innovation« – konnten die Stimmung nicht aufhellen. Besonders peinlich war, dass Hugo Bänziger den Risikomanager und Spezialisten Otto Steinmetz gehindert hatte, sich bei Bankers Trust in New York gründlich umzusehen. Bänziger hatte ihn ausgesperrt, weil er sich übergangen fühlte, und Ackermann hatte auch bei diesem Spielchen mitgemacht. Wie sie es angekündigt hatten, verließen viele jüdische Mitarbeiter die Bank. Eine große Geschichte über diesen jüdischen Exodus verbannte das *Handelsblatt*, so erzählt es Rainer H. Schmidt, von der Titelseite. Die Deutsche Bank hatte darum gebeten.

E dson Mitchell und die anderen aus der Abteilung Global Markets berichteten also weiter direkt Ackermann und nicht, wie zunächst vorgesehen, an Newman. Mitchell hatte mit Michael Phillips, seinem ehemaligen Kollegen von Merrill, vor der Übernahme der US-Konkurrenz im Sommer 1999 für einige Monate in einer kleinen Kommission gearbeitet, die den Vollzug vorbereiten sollte. Daran waren auch drei Manager von Bankers Trust beteiligt. Obwohl Mitchell und Phillips nur zu zweit waren, fielen sie auf keinen Bluff der Gegenseite herein. Sie hatten die besseren Karten, das war ihnen klar.

Wie immer ging es bei den Verhandlungen um die Konsolidierung der eigenen Macht. Mitchell hatte jetzt die Plattform, die er brauchte, um auf dem US-Markt anzugreifen: einen Brückenkopf an der Wall Street und 10 000 Mitarbeiter in den USA. Die Deutsche Bank hatte immerhin ein deutliches Signal ausgesandt. Mit der Übernahme einer Bank, die vorwiegend auf dem Derivatemarkt agierte, verschob sich das Gewicht innerhalb der Deutschen Bank von ganz allein in Richtung jener Geschäfte, die Mitchell und seine Gruppe bevorzugten.

Michele Faissola, ein junger Italiener im Team von Edson Mitchell, erklärte gegenüber einem Fachblatt, warum der Kauf von Bankers Trust für die Investmentbanker hilfreich gewesen sei: »Die Bank hatte eine eindrucksvolle Firmenkultur, absolut auf Derivate fokussiert – und diese Kultur haben wir nun durch die Übernahme geerbt. Derivate waren ja immer das Herz unserer Strategie bei Global Markets. Und Derivate rücken jetzt immer mehr ins Zentrum der Strategie der Gesamtabteilung.«[28] Die Investmentbanker um Mitchell hofften also, dass die DNA von Bankers Trust die Deutsche Bank im Kern verändern würde – das Pendel sollte endgültig Richtung Derivatehandel ausschwingen. Die Skandale bei Bankers Trust in diesem Segment kümmerten sie offenbar nicht, denn in ihren Augen hatten sie nicht gezeigt, dass man solche Geschäfte nicht machen sollte, sondern dass man sich nicht erwischen lassen durfte und die Kunden pro forma – aber schriftlich belegt – über Risiken aufklären musste. Man bewegte sich dabei immer am Rande der Legalität. Loyalität und Verschwiegenheit waren daher zentral. Edson Mitchell erklärte in dieser Zeit mit verblüffender Offenheit bei einer Diskussionsrunde mit den bekanntesten Derivatehändlern, dass man selber das Risiko der exotischen Derivate noch gar nicht voll berechnen könne. Da habe man noch einen langen Weg vor sich. Oft sei nicht einmal klar, wie viel Risiko man bei komplizierten Derivatedeals einging. »Das versuchen wir gerade zu begreifen, daran arbeiten wir«, erklärte Mitchell der Runde. Auch probiere man gerade aus, was passiere, wenn das eigene Portfolio mit all den Derivaten darin schweren Schocks ausgesetzt sei, mit anderen Worten: Was passiert, wenn der Markt zusammenbricht? Noch habe man das alles nicht begriffen.»Das ist sehr spannend und interessant für einen alten Knacker wie mich«, sagte Mitchell noch, der zu diesem Zeitpunkt 45 Jahre alt war.

Gerade weil viele Aspekte noch gar nicht erprobt waren, wollten Mitchell und die anderen Mitglieder der »Merrill-Mafia« viele Mitarbeiter von Bankers Trust loswerden, um die eigene verschworene Truppe nicht aufbrechen zu müssen. Und so entbrannte, wie es Beobachter beschrieben, ein Stammeskrieg – »a tribal war«. Mitchells Stamm – vor allem ehemalige Merrill-Banker – gegen die neuen Kollegen von Bankers Trust.[29] Kevin Rodgers, der Devisenspezialist von Bankers Trust, erlebte diesen Konflikt im Londoner Büro der US-Bank aus nächster Nähe. Im Frühjahr 1999 forderte ein Kollege ihn auf, alle neuen Aufträge sofort an die Deutsche Bank zu leiten und den neuen Kollegen ehrlich und offen Auskunft über die eigenen Handelspositionen zu erteilen. Und er solle sich schon mal nach einem neuen Job umsehen. »Die werden bald einige Interviews führen«, hatte der Kollege gesagt, und das bedeutete: Die Mitarbeiter der Deutschen Bank würden die Kollegen von Bankers Trust zu Personalgesprächen einladen und dann beraten, ob man sie behalten wollte oder nicht.[30] Zum entscheidenden Interview mussten Rodgers und seine Londoner Kollegen ein paar Straßen weiter bei der Deutschen Bank erscheinen. Die meisten Gespräche verliefen katastrophal. Einmal hörte Rodgers, wie zwei Mitarbeiter der Deutschen Bank sich unterhielten und der eine zum anderen sagte: »Wir hätten diese ganzen Bastarde von Bankers feuern sollen.« Rodgers – zuständig für die neuen Märkte in Asien und Russland – hatte bis dahin bei Deals einige Male mit der Deutschen Bank zu tun gehabt. Oft hatte man die Konkurrenz aus Deutschland locker vorgeführt und sie bei fast allen Geschäften ausgestochen. Es hatte böses Blut gegeben. Rodgers wurde am Ende als einer von wenigen Bankers-Trust-Mitarbeitern übernommen. Dass er früher einmal bei Merrill gearbeitet hatte, war eher Zufall und spielte bei der Entscheidung keine Rolle.

In der Abteilung FX – für Fremdwährungshandel – hatte ein Australier, der die Stammeskriege für überzogen hielt, das Sagen. Er wollte einfach nur die besten Mitarbeiter aus beiden Banken in seinem Bereich zusammenziehen. Doch die Vorbehalte blieben, und das machte das alltägliche Geschäft unnötig anstrengend. Da kam dem Chef aller Devisenhändler in knapp zwanzig Ländern und Dutzenden

Büros die Idee, mit allen nach Cannes zu fliegen, wo man gemeinsam die Zukunftsplanung in Angriff nehmen würde. An der Côte d'Azur wurde den Devisenhändlern ein aufwendiger, schnell geschnittener Film vorgeführt. Rodgers fragte sich, ob sein australischer Chef gleich mit einem Jet-Pack davonfliegen würde, so kostspielig war die Präsentation, und so enthusiastisch klang die Rede des Australiers. Als der verkündete, die Deutsche Bank habe große Pläne mit dem Devisenhandel, in dem man bislang nicht gerade geglänzt habe, musste Rodgers lachen. Nicht geglänzt beschrieb die Inkompetenz der Deutschen Bank nur sehr unzureichend, denn was sie im Bereich Derivate vorzuweisen hatte, war ein Witz. Sie galt als chaotisch, war leicht auszutricksen und nicht einmal in der Lage, einen einheitlichen Preis für eine Währung anzubieten. Allzu oft hatte man ohne Not Informationen preisgegeben und es so der Konkurrenz leicht gemacht. Der australische Chef meinte, dass es wesentlich sei, beim Ranking eines Fachblatts nicht auf den hinteren Plätzen zu landen. Eine Charmeoffensive sollte gestartet werden. Doch zunächst feierte man ausgelassen in Cannes, leicht bekleidete Doubles von Marilyn Monroe und anderen Filmstars begleiteten die Party, einige der Herren tranken zu viel und wurden übergriffig, wie eine Bankerin später beklagte. Die Gräben zwischen den Kollegen wurden in Cannes nicht überwunden. Rodgers galt noch lange als der Bastard von Bankers Trust.

In anderen Abteilungen der nun größten Bank der Welt gab es überhaupt keine Kooperation – nur einen erbitterten Konkurrenzkampf. Dort setzte sich am Ende auf ganzer Linie die Merrill-Mafia durch. Die meisten führenden Bankers-Trust-Manager mussten gehen. Edson Mitchell und sein Team holten ihre eigenen, loyalen Leute. Rolf Breuers öffentliche Erklärung, dass Berater die verschiedenen Mentalitäten zusammenbringen sollten, war reine Augenwischerei. Auf beiden Seiten herrschte nämlich die exakt gleiche Mentalität, und genau das war das Problem. Angelsächsisch geprägte Händler, Verkäufer und Analysten standen auf Seiten der Deutschen Bank wie auf Seiten von Bankers Trust. Viele hatten Jahre des Kampfes hinter sich, Marktkrisen erlebt, Pleiten durchgemacht und trotzdem Geld verdient. Im Prinzip dachten und handelten sie gleich. Es ging immer nur darum, welcher Stamm sich am Ende durchsetzte. Am deutlichsten machte das Edson Mitchell. Er holte schon im Februar 1999 mit Thomas Gahan einen Mann von Merrill Lynch, der das Geschäft für Anleihen, vor allem US-Bonds, leiten sollte. Dabei hatte Bankers Trust ein recht erfolgreiches Team auf diesem Gebiet, doch die führenden Manager wurden von Mitchell alle ausgetauscht.

Gahan hatte bei Merrill in Russland viel Geld verloren, aber das spielte eine geringere Rolle als seine Verbindung zu Mitchell. Früher wäre er nie zur Deutschen Bank gegangen, doch jetzt, nach der Übernahme einer großen US-Bank, hatte der Konzern nach seiner Ansicht die richtige »Plattform« und Präsenz in den USA. Thomas Gahan-wurde hinter seinem Rücken als »Killer« und »Nazi« beschimpft, nur weil er blaue Augen und blonde Haare hatte. Da hatte die Merrill-Mafia sich gegen Bankers Trust aber längst durchgesetzt und in der Deutschen Bank das Sagen.[31]

Mit Bankers Trust übernahm man auch die sozialen Gepflogenheiten der US-Banken. Hatte schon Bill Broeksmits Kollegin Janet Tavakoli Stripperinnen auf dem Handelsparkett beobachten müssen, war es in der Deutschen Bank bald ähnlich – nicht nur bei Reisen nach Cannes. Wie später in der Klage einer Mitarbeiterin ans Licht kam, hatte ein Kollege 1998 zu einer Weihnachtsfeier Prostituierte als Escorts für die Mitarbeiter eingeladen. Damit sie nicht mit den Ehefrauen verwechselt wurden, waren sie nackt.

Die »Merrill-Mafia«

Zum Zeitpunkt der Übernahme von Bankers Trust hatte die Deutsche Bank zehn bewegte Jahre voller Rückschläge hinter sich, was nicht zuletzt auf Managerfehler zurückzuführen war. Die Vorstandsmitglieder lernten dabei – der eine mehr, der andere weniger –, ungünstige Entwicklungen oder gar Fehler in der Öffentlichkeit als Erfolg zu verkaufen. Josef Ackermann war ein Meister darin, die Lage – meist in Hintergrundgesprächen – umzudeuten. Die Übernahme von Bankers Trust war ein Beispiel dafür.

Der Kauf der unter Druck geratenen US-Bank erwies sich bald als teures Desaster, das nur Mitchell und seine Truppe glücklich machte. Dennoch gelang es dem dafür zuständigen Josef Ackermann, die Dinge vor allem in der deutschen Presse in ein günstiges Licht zu rücken. Monate nach der Entlassung von Newman hieß es plötzlich, die Übernahme sei zu aller Zufriedenheit verlaufen, die neuen Mitarbeiter seien erfolgreich eingegliedert worden, und Ackermann habe geradezu ein »Meisterstück« abgeliefert.[32]

Rolf Breuer sah das nüchterner und äußerte gegenüber britischen und US-amerikanischen Journalisten: »Die Übernahme zwingt uns, die Bank neu zu erfinden. Nach Bankers Trust kann und wird die Deutsche Bank nicht mehr dieselbe Bank wie früher sein.« Zur Neuerfindung gezwungen – das war vielsagend. Mit einigem zeitlichen Abstand ordnete Breuer den Kauf der Bank ehrlich ein: »Es ist eher ein mentaler Unterschied, weniger ein Unterschied im täglichen Geschäft.«[33] Die Übernahme einer der größten Banken der USA mit dem Ziel, die größte Bank der Welt zu werden, war am Ende also nichts als eine Geste in Richtung des Marktes und der eigenen Investmentbanker. Denen war es egal, ob die Deutsche Bank nun die größte Bank der Welt war oder nicht.

Zunächst musste die Führung der Deutschen Bank allerdings von einem gewaltigen Taschenspielertrick ablenken. Man hatte sich bei der Übernahme von Bankers Trust eines Buchungskniffs bedient, indem man kurzerhand die Grundsätze internationaler Rechnungslegung anwandte und einen beachtlichen Teil des Kaufpreises – fast drei Milliarden Euro – einfach als zukünftigen Gewinn in der Bilanz auswies. Die Summe entsprach in etwa dem Betrag, den man über den Buchwert hinaus für Bankers Trust bezahlt hatte. Der Kunstgriff war absolut legal. Das Zauberwort heißt Goodwill.[34] Damit war ein zunächst virtueller Gewinn gemeint, den etwa ein Finanzkonzern aus der Kundenliste und dem Know-how einer aufgekauften Bank ziehen zu können glaubt. Aber wer kann schon sagen, was dieses Know-how und die Kunden wirklich an Umsatz oder gar an Gewinn bringen? Also dürfen die Käufer diese Summe selber schätzen. »Stille Ermessungsreserve« nennt man diesen Trick in der deutschen Buchführungslehre wundersam sperrig, Goodwill klingt da schon geschmeidiger und trifft den Kern: Der Staat legt viel guten Willen an den Tag und vertraut auf die Ehrlichkeit der Unternehmen, die diesen Trick anwenden dürfen. Er hilft tatsächlich ohne Zweifel Banken und anderen großen Unternehmen, ihre Bilanzen in schwierigen Zeiten schönzurechnen. Der Käufer kann den antizipierten Gewinn einfach als Aktivposten in der Bilanz verbuchen. Mit der Goodwill-Regel hatte die Deutsche Bank die höhere Ausgabe für Bankers Trust in ihr Gegenteil verkehrt und in eine Einnahme verwandelt. So kann man auch Werte schaffen.

Goodwill-Posten müssen aber eigentlich jedes Jahr überprüft werden, wobei festgestellt wird, ob der erwartete Gewinn sich auch wirklich materialisiert hat. Das genau tat die Deutsche Bank nicht. Denn wenn sich dabei herausgestellt hätte, dass die teure Akquisition komplett anzurechnen war und gar nicht so viel Geld eingebracht hatte, wie man behauptet hatte, dann ließen sich die sportlichen Zielvorgaben Rolf Breuers nicht erreichen. Der Vorstandssprecher hatte ja 1998 angekündigt, bald eine Eigenkapitalrendite von 25 Prozent ausweisen zu können. Bislang war man nicht einmal in die Nähe dieses ehrgeizigen Wertes gelangt. Erst 16 Jahre später, als ein neuer Vorstand den Versuch unternahm, die Bank aufzuräumen, schrieb man den getricksten Bilanzposten im Oktober 2015 als Totalverlust ab, weil es unwahrscheinlich schien, dass man dieses Geld jemals wieder reinholen würde. Bis dahin haben die Chefs – vor allem Ackermann und Anshu Jain – den Posten Jahr für Jahr einfach durchgeschleppt.

Als der Trick 1998 in der Wirtschaftspresse publik gemacht wurde, waren Investoren und Konkurrenten »bestürzt«. Aber in den folgenden Jahren sollte die Öffentlichkeit sich an dieses Vorgehen der Deutschen Bank gewöhnen. Es ging der Bank allein darum, die Regeln auszureizen und für die Manager das Optimum herauszuholen. Wenn man Probleme und Kosten relativ einfach vor sich herschieben oder ganz vertuschen konnte, dann tat man das eben. Einige Analysten vergaßen den Goodwill-Trick allerdings nicht und speicherten ab, dass den Büchern der Deutschen Bank nicht zu trauen sei, wenn es hart auf hart kam. Man war darauf gefasst, böse Überraschungen zu erleben, denn der größten Bank der Welt ging es kaum um Transparenz und Berechenbarkeit.

Nach der Übernahme von Bankers Trust trafen bei der Deutschen Bank verschiedene Strömungen zusammen, die ein gefährliches Gemisch ergaben. Weder Merrill Lynch noch Bankers Trust oder die Deutsche Bank waren als Investmentbanken gegründet worden, alle waren erst später in das Geschäft eingestiegen – von der Seite oder durch Zukäufe. Und nun musste man gemeinsam als Deutsche Bank alle anderen übertrumpfen und mit neuen Finanzinstrumenten viel Geld verdienen. Um den Rückstand zu den etablierten Banken aufzuholen, riskierten die Banker von Merrill – die Merrill-Mafia innerhalb der Deutschen Bank – genau wie vorher die Händler von Bankers Trust immer mehr als die etablierten Akteure. Sie gingen größere Risiken ein, setzten ganz bewusst auf eine ausgeprägte Aufsteiger- und Underdog-Mentalität und rechtfertigten den einen oder anderen Regelbruch mit dem Hinweis, die Konkurrenz habe ihren Vorsprung vermutlich auch mit fragwürdigen Mitteln erkämpft. Man schloss also von sich auf andere: Wenn wir dreckig spielen, was machen dann erst die anderen?

Edson Mitchells Mantra lautete, man müsse die Interessen des Kunden kennen, aber nicht, um dem Kunden einen Gefallen zu tun, sondern um ein Geschäft abzuschließen. Die Händler und Manager um Mitchell feierten sich selbst als Risk Taker, priesen die Risikokultur, in der sie erst zu großer Form auflaufen würden. Daraus wurde ein regelrechter Risikokult, dem viele bei der Deutschen Bank verfielen, obwohl sie persönlich das finanzielle Risiko gar nicht trugen, sondern die Bank und der Kunde. Es ging schließlich nur noch darum, Umsatz zu machen, kein Geschäft auszulassen.

Während bei Goldman Sachs die Regel galt, sich die Schlachten genau auszusuchen, die man schlagen wollte, ging die neue Deutsche Bank keinem Konflikt aus dem Weg, schloss jeden Deal ab, war er auch noch so riskant. Das offenbarte sich besonders deutlich in den USA. Dort kaufte die Deutsche Bank permanent dazu, so dass am Ende niemand einen Überblick hatte. Ein ausgeprägtes »Silo-Denken« war die Folge – jede Abteilung kämpfte für sich, gegen die

Konkurrenz oder gegen andere Abteilungen um Ressourcen im eigenen Haus.

Während der Vorstand der Deutschen Bank noch damit beschäftigt war, die Übernahme von Bankers Trust als Erfolg zu verkaufen, und Edson Mitchell seine Macht in London festigte, zogen die Mitarbeiter in den USA die Bank bereits in das nächste fragwürdige Geschäft mit einem der größten US-Konzerne hinein. Der schnelle Absturz dieses Konzerns sollte zu einem der größten Wirtschaftsskandale des neuen Jahrtausends werden.

I n den 1990er Jahren folgten die großen Skandale an der Wall Street in immer kürzeren Abständen aufeinander. Inzwischen dämmerte es der Öffentlichkeit, dass ein Teil der Presse oft nicht genau genug hingeschaut hatte und gute Nachrichten von Unternehmen, die Wunder zu vollbringen schienen, zu schnell und zu naiv in die Welt getragen hatte. Enron war ein solcher Sündenfall.

Enron, auf den ersten Blick ein Großhändler für Gas und Strom und spezialisiert auf den Bau von Pipelines, sollte im Herbst 2001 Schlagzeilen machen. Die Firma aus Houston in Texas ging spektakulär und überraschend pleite. Das Unternehmen war zuvor kometenhaft aufgestiegen, der Aktienkurs über Jahre stetig angestiegen. Enron war am Ende das siebtgrößte Unternehmen in den USA. Doch die schiere Größe konnte den Börsenliebling nicht retten. Der Fall Enron hätte die ultimative Warnung an die Branche sein können, aber die großen Banken wollten oder konnten nichts lernen, zu tief waren sie selber in das komplizierte Geschäft verstrickt, zu viel Geld hatten sie mit den neuen Kunden verdient, die mittlerweile die neuen Finanzinstrumente für sich entdeckt hatten.

Mit der Übernahme von Bankers Trust erbte die Deutsche Bank Geschäfte, die in New York mit Enron abgeschlossen worden waren. Hinzu kamen eigene direkte Kontakte. Für Enrons Finanzmanager war die Deutsche Bank 1999 einer der wichtigsten Dienstleister an der Wall Street. Ohne die Investmentbanken hätte Enron nicht so schnell so groß werden können. Anwälte, die sowohl Enron als auch die Deutsche Bank verklagten, formulierten es so: Die Finanzkonzerne hatten dem Energiehändler aus Texas geholfen, ein Kartenhaus zu errichten, in dem die Räume mit Spiegeln vollgehängt waren, so dass die wahre Größe des Unternehmens gar nicht zu ermessen war. Enron war lange hauptsächlich ein großer texanischer Betreiber von Gas-Pipelines. Aber in den 1990er Jahren hatten Finanzmanager die Firma radikal umstrukturiert und sie im Kern zu einem Derivatehaus gemacht, dessen Händler hochspekulative Wetten auf die Entwicklung des Energiemarktes abschlossen und inzwischen sogar auf das Wetter. Enron ging große Risiken ein und hatte, wie der Ökonom Frank Partnoy schreibt, bis zum Ende mit dem spekulativen Energiehandel enormen Erfolg.[35] Das konnte gelingen, weil man sich mit dem Segen der SEC – der US-Börsenaufsicht – der sogenannten Mark-to-market-Bewertung in der Buchhaltung bedienen durfte, was unter anderem bedeutete: Selbst wenn der Profit erst nach Beendigung eines Geschäfts gemacht wurde, durfte er sofort als Umsatz verbucht werden, auch wenn noch kein einziger Dollar aus dem Geschäft auf die Konten der Firma geflossen war.

Enron wandte diese Methode ausdauernd an. In einem Fall verbuchte das Unternehmen drei Milliarden Dollar als Umsatz für das gesamte Volumen eines Gasvertrages über zwanzig Jahre Laufzeit. Der Fachbegriff für diese Buchungsmethode lautet *Fair Value*, ein Marketingbegriff, den sich die Banken ausgedacht hatten: Fair Value – der angemessene Wert sozusagen. Das klingt zunächst einmal gut, erinnert aber an den Goodwill-Trick. Ursprünglich wollte man damit das Problem in den Griff kriegen, dass der Wert von Derivaten nur schwer für einen bestimmten Moment festzulegen ist, da er sich ständig ändert. Mit dem Fair-Value-Prinzip gab man den Unternehmen die Möglichkeit, den Wert eines Derivats zu schätzen. Das Management setzte voll auf diese Mark-to-Market-Bewertung, die die Börsenaufsicht eigens genehmigen musste. Nicht jeder ging dabei behutsam vor.

Einer der Architekten dieser riskanten Enron-Strategie war der Finanzchef Andrew Fastow. Er hatte früher bei der Continental Illinois, in Bill Broeksmits alter Bank, gearbeitet und dort gelernt, wie man strukturierte Finanzinstrumente für den Energiesektor entwickelte. Als Derivate nach den Skandalen von 1994 für kurze Zeit in

Misskredit gerieten, verschleierten Fastow und andere Enron-Manager die Abhängigkeit des Unternehmens von den neuen Instrumenten, denn reine Tradinghäuser waren als Anlagemöglichkeit gerade nicht en vogue. Als börsennotiertes Unternehmen hatte das Management von Enron nur zwei Ziele: die Anleger keinesfalls zu verunsichern und einen möglichst hohen Kurs an der Börse zu erzielen. Daran hatten die Spitzenmanager nicht zuletzt ein ganz persönliches Interesse, da ein großer Teil ihres Bonus in Aktien ausgezahlt wurde.

Damit Anleger und Analysten nicht auf den ersten Blick erkennen konnten, ob Enron gerade Gewinn oder Verlust machte, und vor allem, womit das Unternehmen Geld verdiente, nutzten die Enron-Manager eine Lücke im Gesetz: Der Manager Fastow gründete mit Hilfe von Banken, Wirtschaftsprüfern und Anwaltskanzleien Tochterfirmen, an denen Enron offiziell nicht mehr als die Hälfte der Anteile hielt. Das bedeutete, dass Enron die Gewinne und Verluste dieser Firmen nicht in den eigenen Bilanzen aufführen musste. Die erste Tochterfirma hieß – einprägsam abgekürzt – JEDI.[36] In den 1990er Jahren nutzte Enron diese Firmen, um dem Mutterhaus Raffinerien oder Kraftwerke abzukaufen, was kurzfristig Umsatz generierte. Man machte also mit sich selbst Geschäfte, hübschte auf diese Weise die Zahlen auf oder tat so, als erziele man hohe Einkünfte, verdiente sein Geld in Wahrheit aber mit dem hochriskanten Derivatehandel, der im Hintergrund ablief. In der Finanzbranche wusste man durchaus, dass Enron ein aggressives Derivatehaus war, aber das schien niemanden zu beunruhigen. Enron sei eindeutig der beste Energie-Derivate-Dealer, schrieb damals ein Blatt.

Wie groß das Rad war, das Enron drehte, stellte sich erst viel später heraus. Die Firma aus Houston konnte an einem einzigen Tag bis zu 500 Millionen Dollar auf dem Handelsparkett gewinnen, aber am nächsten Tag auch fast eine halbe Milliarde Dollar verlieren. Um das für die Investmentbanker profitable Derivategeschäft am Laufen zu halten, brauchte man die Banken – um Liquidität zu sichern, Deals abzuwickeln oder Partner am Markt für die Wetten zu finden. Einer dieser Partner war die Deutsche Bank. Deren ehemals bei Bankers Trust angestellte Mitarbeiter waren daran interessiert, weiter Geschäfte mit Enron zu machen, und regten intern an, die Kreditobergrenze für Enron von 450 auf bis zu 800 Millionen Dollar anzuheben, um mit dem Wunderkonzern aus Texas im Geschäft zu bleiben. Das zuständige Komitee in Frankfurt lehnte das ab, es wollte an einer Kreditlinie von 350 Millionen Dollar festhalten. Aber die Zeiten hatten sich geändert. Am Ende setzte sich London über die Risikomanager hinweg.

Die Deutsche Bank lieh Enron immer mehr Geld. Damit stand sie nicht allein. Andere Wall-Street-Banken räumten Enron einen noch sehr viel großzügigeren Kreditrahmen ein. Allein die Chase Manhattan Bank organisierte Enron mit einem Konkurrenten durch ein Swapgeschäft acht Milliarden Dollar an kurzfristigen Krediten. Dieses Geld, das war der Clou, musste Enron nicht offiziell in der Bilanz aufführen. Und einige der Derivatedeals mit den Banken sicherte Enron mit Paketen der eigenen Aktie ab. Damit hatte Enron automatisch große Probleme, die Banken zu bezahlen, sollte der Aktienkurs in den Keller gehen. Die ließen sich jedoch darauf ein. Viele Institute an der Wall Street wussten also, dass Enron einen riskanten Kurs fuhr. Die Frage war nur: Wie riskant?

Der Fall Enron zeigt, wie kompliziert das Geschäft für die Deutsche Bank geworden war, nachdem neue Finanzinstrumente den Markt für immer verändert hatten, Instrumente, die Edson Mitchell, die Nerds von Bankers Trust oder die Truppe von Allen Wheat in die Welt gesetzt hatten. Analysten der Deutschen Bank arbeiteten sich an Enron ab, versuchten nachzuvollziehen, wie viel Geld durch welche Tochterfirma gerade floss. Vor allem versuchten sie herauszufinden, wie viele Schulden Enron eigentlich hatte. Dieser Frage wichen die Enron-Manager im persönlichen Gespräch immer wieder aus. Obwohl die Risikomanager der Deutschen Bank nicht wussten, wie sehr Enron bereits verschuldet war, machte die Bank weiter Geschäfte mit den Texanern. Die Strukturierer halfen Enron auch im neuen Jahrtausend, Gewinne und Verluste aus den offiziellen Büchern herauszuhalten, indem sie undurchsichtige Geschäfte mit den Enron-Tochterfirmen organisierten. Dabei gab man sich nach außen immer seriös. Enron erwähnte die vielen Nebengeschäfte im Geschäftsbericht – allerdings nur in den Fußnoten. In denen tauchten am Ende 3000 Firmen auf, die Enron mit Hilfe der Banken gegründet hatte, einzig und allein um den internen Geldfluss zu verschleiern.

D er eigentliche Chef von Enron war der ehemalige Washingtoner Spitzenbeamte Kenneth Lay. Er hatte Enron groß gemacht und leitete am Ende den Aufsichtsrat. Lay hatte immer Wert darauf gelegt, dass sein Unternehmen großen politischen Einfluss in Washington genoss. Dabei half ihm, dass er eng mit der Familie Bush befreundet war. Die Söhne des Präsidenten George Bush arbeiteten zeitweise als Lobbyisten für Enron, und als einer der Söhne, George W., selber Präsident werden wollte, wurde Lay selbstverständlich zu einem seiner größten finanziellen Förderer. Lay wusste, dass man sich notfalls Einfluss erkaufen musste, um Rückschläge, die es immer wieder einmal gab, ausgleichen zu können. So hatte es Enron lange nicht geschadet, dass der spätere FBI-Chef James Comey schon 1987 – damals noch als Staatsanwalt – wegen Betrugs gegen einige Enron-Händler ermittelt hatte. Lay gelang es immer wieder, das Image von Enron zu korrigieren, auch als der Konzern massiv davon profitierte, dass in Kalifornien regelmäßig das Stromnetz zusammenbrach.

Enron verdiente – für jedermann sichtbar – viel Geld mit dem Stromhandel in den USA, nicht zuletzt in Kalifornien. Nachdem die Lobbyisten der Firma im Verbund mit anderen Elektrizitätsfirmen die Freigabe der Strompreise in Kalifornien durchgesetzt hatten, sorgten die Enron-Händler dafür, dass der Strom knapp wurde und die Preise stiegen. Da einige Kraftwerke und Stromleitungen Enron gehörten, konnten die Händler Produktion und Weiterleitung direkt beeinflussen, indem sie etwa den Chef eines Kraftwerks baten, die Produktion auszusetzen. Die Händler – meine »smart guys«, wie Enron-Aufsichtsratschef Lay sie nannte – fanden immer einen Weg, um Geld zu verdienen. In ihren Büros in Houston feierten sie sich dafür und gaben mit ihren Tricks am Telefon an. Als in Kalifornien ein Buschfeuer unter einer Stromleitung ausbrach und der Strom in der Region extrem teuer wurde, konnten sie ihr Glück kaum fassen.

HÄNDLER 1 »Das Zauberwort des Tages ist: Burn, baby, burn! –«
HÄNDLER 2 »Was ist passiert?«
HÄNDLER 1 »Unter einer Stromleitung ist Feuer ausgebrochen.«
HÄNDLER 2 »Wirklich?«
HÄNDLER 1 »Yup. – – – «
BEIDE ZUSAMMEN »Burn, baby, burn!«

Die Händler gaben den Strategien, mit denen sie noch mehr Geld aus dem Markt herauszupressen hofften, exotische Namen – Fat Boy, Death Star, Get Shorty. Ein Enron-Anwalt rechnete in einem internen Memo durch, dass man Strom für 250 Dollar die Megawattstunde einkaufen und für 1200 Dollar verkaufen könnte. Rechtliche Probleme gebe es keine, man müsse allerdings ein PR-Desaster einkalkulieren, da man schließlich eine Stromkrise und viele Stromausfälle auslösen und die Bürger Kaliforniens zur Verzweiflung bringen würden.[37]

Obwohl Enrons Rolle in Kalifornien der Öffentlichkeit nicht verborgen blieb, war der Energiehändler der Börsenliebling schlechthin. Kenneth Lay verkaufte Enron auch nicht als langweiligen Stromhändler, sondern als innovatives Unternehmen, das mit einer neuen Strombörse im Internet und einem Online-Filmdienst bald viel Geld verdienen werde – was Enron jedoch tatsächlich nie gelang. Aber die Story war gut. Auch Jeff Skilling, ein ehemaliger Berater der Firma McKinsey, wurde als Chef des Vorstands zu einem gefeierten Manager, weil er mit viel Bravour versprach, Enron zur größten Firma der Welt zu machen. Tolle Schlagzeile. Lay und Skilling lenkten mit ihren Sprüchen konsequent davon ab, dass sie viele Geschäfte nur angeleiert hatten, weil das Internet gerade angesagt war. Die wichtigste Einnahmequelle blieb das riskante Geschäft mit dem Energiehandel.

Die Banken verdienten mit der Enron-Aktie viel Geld, also schauten die Analysten bei der Firma aus Texas nicht so genau hin und untersuchten die komplizierte Finanzstruktur nicht mit der nötigen Sorgfalt. Als der Merrill-Lynch-Analyst John Olson skeptisch wurde und Anlegern im Namen seiner Bank davon abriet, noch mehr Enron-Aktien zu kaufen, machte Kenneth Lay persönlich bei den Chefs von Olson Druck. Der Analyst wurde gefeuert und sagte später bei einer

Anhörung des Kongresses aus: »Enron bezahlte den Investmentbanken viele Prämien, also liebten die Banker Enron. Enron liebte Analysten, die mit Nachdruck empfahlen, Enron-Aktien zu kaufen. Und raten Sie mal, was passierte? Enron bekam genau diese positiven Analystenempfehlungen, sehr viele sogar.«[38]

Solange sie die Kritiker kaltstellen konnten, mussten Kenneth Lay und Jeff Skilling keine Fragen beantworten. Wie genau verdient ihre Firma eigentlich so viel Geld? Und wie viel Risiko gehen sie dabei ein? Das waren Fragen, die in den kommenden Jahren überall auf der Welt viel zu selten an verdächtig erfolgreiche Unternehmer herangetragen wurden. Der reine Schein genügte. Und die Komplexität der Berichte und Bücher von Enron – genau wie später die der Deutschen Bank – machte es schwer, das Geschäft zu durchschauen. Längst waren auch viele Wirtschaftsprüfer, das sollte der Fall Enron zeigen, zu Komplizen geworden.

Für die Banken konnten Firmen wie Enron, die sich viel Geld liehen, jederzeit zu einem Risiko werden. Man trug zwar selbst fleißig dazu bei, Schulden, Verluste und andere Risiken durch Finanzinstrumente vor den Investoren und Aufsichtsbehörden zu verstecken, doch dieses Vorgehen barg ein simples Problem in sich: Wenn der Kunde gleichzeitig die Hilfe anderer Banken in Anspruch nahm, konnten die Analysten kaum noch einschätzen, ob nicht mit unbekannten, versteckten Gefahren gerechnet werden musste. Welche Schuldenswaps hatte ein Konzern in den Büchern? Zu welchen Bedingungen, mit welchen Partnern? Das herauszufinden wurde immer komplizierter und die Geschäfte damit riskanter.

Die Investmentbanker um Edson Mitchell schreckte das nicht. Mitchell erklärte die Entwicklung und den Vertrieb von noch komplizierteren Derivaten geradezu zum Kern des Geschäfts. Damit heizte er die Risikobereitschaft noch an, die sich an der Wall Street und in der City of London rasend schnell ausbreitete und der Deutschen Bank viel Ärger einhandeln sollte. Weder der Absturz des Hedgefonds Long-Term Capital Management noch der Fall Enron führten bei Mitchell zum Umdenken, obwohl beide Unternehmen gezeigt hatten, dass sich das Risiko bei bestimmten Deals nicht genau bestimmen ließ.

Alles war besser als langweilige Geschäfte. Die Derivate, die Broeksmit Anfang der 1990er Jahre in New York für Mitchell entwickelt hatte – Swaps von Kreditausfallversicherungen etwa –, galten in der Brache inzwischen als »plain vanilla« – gewöhnliches Vanilleeis –, bargen aber eben auch kaum unangenehme Überraschungen. Doch die Banken störte, dass daran kaum zu verdienen war, da sie dem Kunden für diese Derivate nicht so viel in Rechnung stellen konnten, dass der Aufwand, diese Derivate aufzulegen, sich wirklich lohnte. Also setzte Mitchell auf neue Produkte, exotische Derivate, die mit einem höheren Risiko verbunden waren. Seine klare Ansage lautete: »Wir müssen aggressiv die Bereiche Kredithandel, Verbriefung und Hochzinsanleihen angreifen und uns weniger auf die ›Plain-Vanilla-Instrumente‹ konzentrieren.«[39]

Sein Team für diesen Angriff hatte Mitchell inzwischen zusammen. Die Schlüsselpositionen besetzte er mit Experten für die Entwicklung von Derivaten und mit Händlern, die diese Derivate verkaufen konnten. Broeksmit war der Chef für den europäischen Markt, Martin Loat, der von Merrill kam, leitete die globalen Geschäfte, Pablo Calderini kümmerte sich um die neuen Märkte in Asien und andernorts, Anshu Jain war der weltweite Chefverkäufer. In die zweite Reihe, als Londoner Chefhändler für die sogenannten OTC-Derivate, berief Mitchell Michele Faissola, jenen Banker, der nach Broeksmits Tod 2014 in dessen Wohnung gerufen wurde. Der Italiener war für die undurchsichtigen Derivatedeals zuständig, die nicht standardisierten, intransparenten OTC, die direkt zwischen Kunde und Bank gehandelt werden, ohne dass andere Partei Einblick in das Geschäft hat.

Michele Faissola wusste, dass die Kunden genau das suchten: »Wir haben einige Aufträge in den USA bekommen, weil wir in der Lage sind, das Risiko anzunehmen, es zu verarbeiten und es an andere Kunden weiterzuverkaufen, ohne dass wir auf den Interbankenmarkt zugreifen mussten«, erklärte er einem Fachblatt.[40] Mit anderen Worten: Für den Kunden wurde Geld organisiert und das Risiko dabei verschleiert. Es wurde von einem anderen Kunden zur Verfügung gestellt, ohne dass ein weiterer Akteur auf dem Markt davon etwas mitbekam. Das war also ungefähr das, was Enron machte. Faissola stellte auch klar: »Das heißt nicht, dass wir das Risiko selbst bei uns verbuchen – wir managen es nur. Der Schlüssel ist, dass man das Risiko verteilen kann, eventuell durch einen Kanal, der nicht so naheliegend ist, etwa durch einen Kunden, der das Risiko übernimmt.« Man könne das Risiko sogar einfach weiterverkaufen. Es ging also darum – eben wie bei Enron –, andere Investoren, Anleger und Akteure am Markt hinters Licht zu führen, zu verschleiern, wie viel Risiko ein Unternehmen tatsächlich auf sich geladen hatte. Diese Dienstleistung bot die Deutsche Bank nun verstärkt an, obwohl noch gar nicht geklärt war, ob das eigentlich legal war.

Für Mitchell war es daher wichtig, ein loyales, verschwiegenes Team um sich zu scharen. Faissola, Jain, Loat, Broeksmit bildeten den Kern seiner Truppe. Mitchell selber, der alle Umstrukturierungen, Machtkämpfe und Konkurrenten in der neuen Deutschen Bank überlebt hatte, erwies sich dabei als verlässlicher Anführer, als einer, der selbst in Zeiten, als der Geschäftsbereich Global Markets Verluste machte, unbeeindruckt hohe Boni für seine Leute herausholte und unbeirrt auf Risiko setzte. Einen Verrückten nannten ihn die Kollegen später. Er liebte Privatjets, schnelle Boote, noch schnellere Autos. Das Risiko konnte für ihn nicht groß genug sein. Nur wenn er das Risiko körperlich spürte, so schien es, fühlte er sich lebendig.

Death of a Salesman

Im Jahr 2000 wendete sich das Blatt für die Investmentbanker der Deutschen Bank, die Zahlen wurden besser, und viele Journalisten schauten nicht so genau hin, warum sie besser geworden waren. Die Fachpresse nahm die Wandlung der Deutschen Bank in London unter Edson Mitchell allmählich ernst. Der gab sich zunehmend aggressiver und selbstbewusster. In einem Interview sagte er damals: »Wenn man sich 1999 anschaut, dann erkennt man, dass viele unserer Konkurrenten schwer angeschlagen sind. Merrill Lynch zieht sich aus dem Derivategeschäft zurück, Goldman ist in Aufruhr, Lehman taumelt, und Salomon ist nur noch ein Schatten seiner selbst.« Mitchell spürte offenbar, dass der Zeitpunkt gekommen war, öffentlich Selbstbewusstsein zu demonstrieren. 2,23 Milliarden Euro Gewinn hatte sein Bereich 1999 gemacht, nachdem die Abteilung das ganze Jahrzehnt über vergeblich gegen die roten Zahlen gekämpft hatte. Dass die Deutsche Bank den Kaufpreis für Bankers Trust nicht gegen die Gewinne aufrechnen musste, ging in der allgemeinen Erleichterung unter.

In dieser Zeit profitierte die Abteilung von Mitchell in London auch vom Boom der Börsen weltweit. Seit 1987 gingen die Kurse beständig nach oben. Weder Krisen in Asien und Russland noch der Einbruch am Rentenmarkt hatten den Aufwärtstrend vor allem an den US-Börsen lange gebremst. Im neuen Jahrtausend ging den Anlegern das Geld schier aus angesichts der vielen Möglichkeiten, es anzulegen. Fast jede Aktie schien Erfolg zu versprechen. Mitchell erzählte damals einem Reporter voller Stolz, dass die Kollegen in der Abteilung Global Corporations and Institutions (GCI) in nur neunzig Minuten Vodafone-Aktien im Wert von 2,5 Milliarden Dollar verkauft hatten. Vor allem profitierte man in dieser Phase von Internetfirmen, die wie Pilze aus dem Boden schossen. Der Glaube an die neue Branche hatte sich spätestens 1999 zu einem hysterischen Hype ausgewachsen. Oft genügte es, wenn eine Firma indirekt etwas mit Medien oder dem Internet zu tun hatte oder andeutete, bald etwas damit zu tun zu haben, und der Kurs schoss in die Höhe. Ein Phänomen wurde die Firma EM.TV, die an der Börse bald mehr wert war als ein mittelgroßer Konzern, nur weil sie mit großem Getöse die Rechte an der *Muppet Show* gekauft hatte.

Meistens war gar nicht klar, wie diese Firmen so viel Geld verdienen wollten, dass es sich lohnte, sie an die Börse zu bringen. Auch in Deutschland legte eine Internetfirma nach der anderen Aktien auf und erzeugte damit die Dotcom-Blase. Manager aus traditionellen Wirtschaftszweigen konnten es nicht fassen. Der Chef eines großen französischen Versicherungsunternehmens lästerte vor Journalisten, dass alles, was sich »blah-blah.com« schimpfe, umgehend ein Hit an der Börse werde, ohne dass sich irgendjemand frage, wie die Firma eigentlich Geld verdient. Der Hype war so gewaltig, dass Kritik und Zweifel kaum durchdrangen – Hauptsache, Internet, Hauptsache, Börsengang.

Die Banken durchschauten durchaus, dass zuweilen regelrechte Windbeutel ihre Aktien an die Börse bringen wollten, aber sie machten mit, weil fast jeder Börsengang 1999 und Anfang 2000 ein Erfolg war. Die Aktien wurden blind gekauft, und die Banken verdienten an dem Börsengang und dem Weiterverkauf der Aktien, den ihnen die *Greenshoe*-Option – ein Anteil der Aktien zum Ausgabepreis – garantierte. Als im Frühjahr 2000 ein Magazin titelte: »Wann platzt die Blase?«, machten sich einige Wirtschaftsredakteure über die These und die Wortwahl lustig, aber in der Sache war die Frage berechtigt.[41] Die Situation erinnerte an die Asien- und Russlandkrise.

Im März 2000 erreichte der Dax ein Allzeithoch, das Börsenvolumen hatte sich weltweit in nur zwei Jahren verzehnfacht. Und der Vorstand der Deutschen Bank um Rolf Breuer bastelte in den ersten Wochen des neuen Jahrtausends bereits im Geheimen an der nächsten großen Übernahme. Man stand in intensiven Verhandlungen mit der Dresdner Bank. Durch eine Indiskretion gelangte der Plan jedoch an die Presse, so dass Breuer sich überhastet erklären musste. Am 8. März trat er mit dem Vorstandssprecher der Dresdner Bank, Bernhard Walter, vor die versammelten Journalisten. Die beiden erklärten, dass der durch den Zusammenschluss ihrer Häuser entstehende Konzern unter dem Logo der Deutschen Bank als »Deutsche Bank« auftreten werde. Die Grundfarbe werde aber das Grün der Dresdner Bank sein, das markante Blau der Deutschen werde verschwinden. Aber dann reihte sich in den folgenden Wochen eine kommunikative Katastrophe an die andere. Ein Vorstand der Dresdner Bank, Joachim von Harbou, erklärte öffentlich, dass Kunden mit einem Sparkapital von weniger als 200 000 Mark an die Bank 24 abgegeben würden, ebenso Unternehmen mit weniger als fünf Millionen Mark Umsatz. Die Deutsche Bank schien – im Zusammenspiel mit der Dresdner – ihr wahres Gesicht zu zeigen: Die Kunden wurden ungefragt in zwei Klassen eingeteilt, in kleine und große Fische. Mit den kleinen Fischen wollten die Banker offenbar nichts mehr zu tun haben und schoben sie ab.

Dazu sollte es nicht kommen, denn die Übernahme wurde weiter durch gezielte Indiskretionen torpediert. Die Wirtschaftsagentur Bloomberg konnte exklusiv berichten, dass die Sparte Investmentbank der Dresdner – Kleinwort Benson in London – nach dem Zusammenschluss als Ganzes verkauft werden würde. In den Verhandlungen hatten die Manager der Deutschen Bank exakt das Gegenteil versprochen – und das hatte Edson Mitchell von der Abteilung Global Markets nicht gefallen. Durch die Investmentbank Kleinwort Benson, die erst 1995 von der Dresdner Bank gekauft worden war, drohte seiner Merrill-Mafia Gefahr. Bei Kleinwort Benson leitete Gerd Häusler die Geschäfte. Häusler war ein Fachmann, kannte sich mit Derivaten aus und wusste genau, was Edson Mitchell antrieb. Beide waren Mitglieder in der »Gruppe der Dreißig«, die sich für die Verbreitung und Standardisierung von Finanzinstrumenten einsetzte. Mitchell dürfte also gewusst haben, dass Häusler seine Deals verstand. Und diesen Häusler verband nichts mit Mitchells Stamm. Er war kein ehemaliger Merrill-Banker, sondern ein Jurist, der eine Banklehre bei der Deutschen Bank absolviert und lange bei der Bundesbank gearbeitet hatte. In Mitchells Team musste man sich zudem im Klaren gewesen sein, dass die guten Zahlen aus dem Jahr 1999 nur eine Momentaufnahme darstellten.

Am 13. März 2000 wurde die Sorge bestätigt. Der vermeintliche ewige Aufschwung war zu Ende. Die Börsenkurse brachen ein, der Hype schlug in Panik um, gerade Kleinanleger verkauften die Aktien an Internetunternehmen mit großem Verlust. Die Deutsche Bank hatte da schon ihren Schnitt gemacht. Aber die Kursstürze verhießen nichts Gutes für das Geschäft der Investmentbanker im neuen Jahr, das man gerade in den Griff zu bekommen schien. Konkurrenz im eigenen Haus von einer anderen Bank in London konnte man da nicht gebrauchen. So kam es, dass Reporter über vertrauliche Interna der Verhandlungen mit der Dresdner Bank zeitnah informiert wurden.

Im Vorstand der Dresdner Bank war der Ärger über die vielen Indiskretionen groß, Krisensitzungen wurden einberufen. Schließlich entschied man sich, den Zusammenschluss abzusagen. Und auch diese Entscheidung gelangte umgehend an die Öffentlichkeit. Vor allem die Investmentbanker hätten die Fusion verhindert, schrieb die Wochenzeitung *Die Zeit* und zitierte einen selbstbewussten Edson Mitchell: »Wenn Sie schon die Nummer eins in der Welt sind, brauchen Sie niemanden, um etwa die Nummer eins plus zu werden. Man kann sich auch zu Tode siegen.«[42] Die Deutsche Bank war zwar noch weit davon entfernt, die Nummer eins zu sein, aber es klang eben gut. Dabei konnte jeder sehen, dass die Marktkapitalisierung – der Wert aller Aktien der Deutschen Bank – im Vergleich zur Konkurrenz weiterhin gering war.

Mitchell machte in diesen Tagen immer wieder Schlagzeilen. Sein Name wurde – zumindest in den Wirtschaftsredaktionen – im Frühjahr 2000 ein Begriff. Dieser Mitchell hatte sich offenbar zu einer Art Nebenchef der Deutschen Bank entwickelt. Von Josef Ackermann, dem eigentlichen Chef der Investmentbank, war dagegen wenig die Rede. Zeitungen und Zeitschriften wie *The Wall Street Journal, Die Welt, Der Spiegel* berichteten nur über den Amerikaner, dem es half, dass er eine auffällige Erscheinung war. Wie ein US-Senator, sagte ein Kollege später, schritt Mitchell über die Flure der Bank in seinen teuren, maßgeschneiderten Anzügen, tadellos frisiert, selbstbewusst – er machte Eindruck, obwohl er kein stattlicher Mann war. In den Tagen der geplatzten Fusion mit der Dresdner Bank entstand die Legende von Edson Mitchell, und sie ging einher mit ehrfürchtiger Verklärung auf der einen und einseitiger Dämonisierung der Investmentbanker auf der anderen Seite. Aber etwas gab es nicht: eine Erklärung, was ein Investmentbanker wie Mitchell eigentlich genau machte. Auch die Wochenzeitung *Die Zeit* unternahm keinen Erklärungsversuch, sondern geriet geradezu ins Schwärmen, als sie die Rolle der Investmentbanker, »der Drahtzieher«, beschrieb:

Auch Investmentbanker sind Banker, aber mit dem Kundenberater bei der Volksbank haben sie etwa so viel gemein wie ein Ferrari Testarossa mit einem Ford Fiesta (…). Ihr Geschäft sind die wirklich großen Transaktionen (…). Bei allen großen Firmenhochzeiten der vergangenen Jahre waren die Strategen der großen Investmentbanken mit dabei. Im geheimen Auftrag der Konzernlenker bereiten sie die harten strategischen Schnitte vor – alles zum Wohl der Aktionäre.[43]

Banker, Strategen, schnell wie Ferraris, die alles nur zum Wohl der Aktionäre tun – nichts hätte von der Wahrheit weiter entfernt sein können. Mitchell wurde offenbar mit einen Spezialisten für Fusionen verwechselt, der im Nadelstreifenanzug auf Augenhöhe mit Konzernbossen verhandelt. Tatsächlich bekam die Deutsche Bank gerade auf dem Gebiet »Mergers & Acquisitions« – Fusionen und Übernahmen – kein Bein auf die Erde. Ein Banker, der auf Fusionen spezialisiert ist, sagte damals, er würde niemals zur Deutschen Bank gehen, selbst wenn man ihm 15 Millionen Dollar für jedes einzelne der nächsten drei Jahre garantieren würde.

Mitchells eigentliches Geschäft, der riskante Handel mit Derivaten, fand in den deutschen Massenmedien kaum Beachtung. Stattdessen konzentrierte man sich auf den Menschen Mitchell und schwelgte in Äußerlichkeiten. Mitchell wurde als kleiner, rothaariger Mann mit »hartem Blick« aus »kalten, grünen Augen« beschrieben, ein Kettenraucher, der, wenn es sein müsse, mit samtweicher Stimme im Zweiminutentakt Mitarbeiter »terminierte«. Mitchell bediente dieses Klischee allerdings auch zuverlässig. Auf die Frage eines unbescholtenen Börsianers im Londoner Handelsraum, wer er denn sei, antwortete er vor einem Reporter der *Wirtschaftswoche*: »Ich bin Gott.« In der Branche würde man Mitchell den »Hai« nennen, notierte ein Journalist, »Terrier« schrieb der nächste. Terrier – Hai – Gott. Dass er manchmal stotterte und Probleme hatte, die richtigen Worte zu finden, schien gar nicht aufzufallen. Und schlicht in Vergessenheit geriet, dass Mitchells Bereich einfach nur Glück gehabt hatte: Man hatte den Erwerb der Aktien von Bankers Trust mit einer Wette abgesichert und damit noch einmal über 500 Millionen Euro verdient.

Anekdoten, Gerüchte und manche Wahrheit wurden über Mitchell verbreitet, die an die Klischees der 1980er Jahre von dem großkotzigen Investmentbanker anknüpften. Einem Kandidaten, der während eines Vorstellungsgesprächs ständig auf den schicken Porsche auf dem Parkplatz schaute, habe er am Ende einfach die Schlüssel für den Wagen zugeworfen. Der Legende nach fuhr er dann aber noch eine Runde durch die Stadt, denn das Benzin wollte er dem Rekruten nicht auch noch schenken.

In London hatte Mitchell begonnen, Golf zu spielen, ehrgeizig sei er dabei gewesen, manchmal hätten seine Partien bis tief in die Nacht gedauert. Bei einer einzige Runde habe er gegen einen Juniorbanker gleich drei Ferraris verloren, berichtete *The Wall Street Journal*. Regelmäßig fliege er mit der Concorde nach New York, seiner eigentlichen Heimat. Einmal habe er den Atlantik überquert, nur um in New York zum Zahnarzt zu gehen. So stellte man sich einen Investmentbanker vor. Die Berichte dieser Art nahmen schließlich derart überhand, dass Mitchell zurückruderte und versuchte, das Bild zu korrigieren. Er lud deutsche Reporter nach London ein. Gegenüber Jörg Eigendorf von der Tageszeitung *Die Welt*, der Mitchell »verloren« in der Tür seines Büros antraf, spielte er seinen Einfluss beim Platzen des Deals mit der Dresdner herunter: »Ich glaube, Sie überschätzen mich. Wir hatten keinen Plan, diese Fusion platzen zu lassen.«[44] Er gab sich bescheiden, er sei nie mit der Concorde zum Zahnarzt geflogen und habe auch kein Haus auf Long Island. Nur wenige Tage nach dem Besuch in London durfte Eigendorf in der Zeitung *Die Welt* vermelden: Mitchell wird als erster US-Amerikaner in den Vorstand der Deutschen Bank berufen.[45] (Eigendorf wurde 2015 Konzernsprecher der Deutschen Bank.)

Nachdem seine Beförderung in trockenen Tüchern war, traf Mitchell sich mit einem Reporter des Magazins *Der Spiegel* in London. Der beschrieb, wie der Banker sich zunächst bodenständig gab, an einer Diät-Cola nippte und sich eine Marlboro Light ansteckte, obwohl man in der Bank nicht rauchen durfte. »Mein einziges Privileg am Arbeitsplatz«, erklärte er dabei entschuldigend. Sein eigentliches Privileg war allerdings, dass er jetzt die Wahrheit sagen konnte. Zur gescheiterten Übernahme der Dresdner Bank erklärte er rundheraus: »Das hätte Jobs gekostet und den Aktienkurs gedrückt, das sagte ich von Anfang an. Unsere Geschäfte überschneiden sich doch sehr stark. Die einzige Lösung wäre ein Verkauf von Dresdner Kleinwort Benson gewesen.«[46] Er hatte also tatsächlich die Übernahme verhindert. Später wurden noch ganz andere Zitate bekannt. Intern hatte Mitchell gesagt, dass er die Konkurrenz von Kleinwort Benson »abfackeln« werde.

Er bevorzuge es, sagte Mitchell einmal, intellektuell ehrlich zu sein. Tatsächlich hat er mit Branchenexperten stets offen über seine Pläne geredet. Aber er war seinen Gegnern strategisch stets überlegen, und es half ihm, dass einige Kollegen und viele Reporter vergaßen, dass er vor allem ein begnadeter Verkäufer war – seiner selbst, seines Teams, seiner Bank. Als Verkäufer hatte er eine goldene Regel verinnerlicht: »Timing is everything.« Seine Zeit, so schien es, war nun gekommen.

K evin Rodgers, der Devisenspezialist, konnte verfolgen, wie sich die Zeiten in London änderten und die Bank auf Erfolg getrimmt wurde. Das galt auch für die Banker selber – und ihr Aussehen. Die Herren von der Deutschen Bank waren immer perfekt gekleidet, so empfand es Rodgers. Edson Mitchell lebte das genau so vor. Die Anzüge mussten maßgeschneidert sein, am besten von einem Schneider aus der Savile Row in Mayfair, die mehrere Tausend Pfund für ihre liebevolle Handarbeit verlangten. Auch nach außen sollte deutlich werden, dass die Deutsche Bank zu den großen Konkurrenten aufgeschlossen hatte – zumindest auf dem Papier. Als die Deutsche Bank von dem Fachblatt *Euromoney* zum besten Händler von Fremdwährungen – kurz FX – ausgerufen wurde, ließ das Management Poster drucken mit dem Slogan »Deutsche Bank – Number One in FX« und sie überall in der Londoner Zentrale aufhängen. »Verdammte Hölle«, sagte ein Kollege zu Rodgers, »es kommt einem so vor, als seien wir in Großbritannien eingeschlafen und in Nordkorea aufgewacht.«[47]

Rodgers konnte durchaus verstehen, dass man mit dem Erfolg angeben wollte. Zum ersten Mal seit zwanzig Jahren war nicht der Konkurrent Citibank aus den USA zur Nummer eins gewählt worden. Auch Mitchell hatte einem Reporter stolz das *Euromoney*-Titelbild gezeigt. Breuer hatte den Händlern persönlich gratuliert, Besäufnisse wurden organisiert, jeder führende Manager erhielt einen gläsernen Briefbeschwerer, in den »Deutsche Bank – Number One in FX« eingraviert war. Endlich Nummer eins! Allerdings hatte die Sache einen Haken: Nummer eins wurde nicht, wer am meisten umsetzte, sondern wer seine Kunden überzeugen konnte, die Umsätze brav der Zeitschrift zu melden. Wie sich Rodgers erinnerte, unternahm die Deutsche Bank enorme Anstrengungen, damit die Kunden ihre Geschäfte mit der Deutschen Bank auch wirklich meldeten. Das Volumen von

Bankers Trust hatte tatsächlich ein bisschen mehr Umsatz gebracht, vor allem aber waren die Verkäufer auf »vote-begging machines« – Stimmen-Bettel-Maschinen – getrimmt worden. In den nächsten Jahren fiel die Deutsche Bank in der Rangliste denn auch wieder zurück, aber für einen Moment, da war man ganz oben.

Als Mitchell wenig später zu den Klängen von Wagners *Tannhäuser*-Ouvertüre feierlich ein Preis überreicht wurde, da jubelten seine Mitarbeiter lauter als die aller anderen Bankmanager, die an diesem Tag ebenfalls eine Auszeichnung erhielten. »Diese Loyalität«, sagte ein Beobachter, »kann man nur mit viel Geld kaufen.«

A m 12. Dezember 2000 musste zum ersten Mal in der Geschichte der USA ein Gericht entscheiden, wer der nächste US-Präsident sein würde. Die Kandidaten Al Gore und George W. Bush hatten sich ein enges Kopf-an-Kopf-Rennen geliefert, alles kam auf den Bundesstaat Florida an, in dem eine Neuauszählung der Stimmen angeordnet worden war, weil das Ergebnis als »too close to call«, als noch nicht entschieden gewertet werden musste. Bush hatte nach der offiziellen Auszählung gerade einmal 1784 Stimmen mehr als Gore bekommen.

Bei einem so geringen Abstand ist eine Neuauszählung nach dem Wahlgesetz von Florida verpflichtend vorgesehen. Es kam zu Klagen und Gerichtsverhandlungen. Einige gültige Stimmen waren aufgrund technischer Probleme nicht gezählt worden, das machte die Entscheidung zusätzlich problematisch. Kurz vor Weihnachten sprachen sich vier Richter für eine Fortsetzung der Neuauszählung aus, fünf US-Verfassungsrichter plädierten dafür, sie zu stoppen. Das Verfassungsgericht machte somit durch diese knappe Entscheidung George W. Bush zum neuen US-Präsidenten, der Bill Clinton im Januar ablöste.[48]

Zwei Tage nach dieser historischen Entscheidung, spätabends um 23 Uhr, brachte kaum ein Reporter in Washington noch die Muße und Energie auf, das Parlament im Blick zu behalten. Das nutzten die republikanischen Senatoren und peitschten ein Gesetz durch die letzte Sitzung des Kongresses, das die Finanzmärkte von weiteren Fesseln befreite – den Commodity Futures Modernization Act (CFMA). Der Gesetzestext umfasste knapp 300 Seiten, doch in letzter Minute verbanden mehrere Senatoren ein Konvolut von 11 000 Seiten voller Ergänzungen mit dem Gesetz. Über diese Zusätze stimmte man ab, ohne dass den Abgeordneten Zeit gegeben wurde, das Kleingedruckte vorher zu lesen oder gar zu verstehen. In dem Anhang hatte der federführende Senator Phil Gramm aus Texas verschiedene weitreichende Regelungen versteckt. Unter anderem war es nach Verabschiedung des CFMA legal, dass große Banken unkontrolliert und ohne Obergrenze mit den undurchsichtigen – Over-the-Counter-Derivaten – handelten. Gramms Frau, das passte, arbeitete bei Enron.

Die OTC waren bereits 1992 zum Teil legalisiert worden, allerdings hatte die zuständige Regulierungsbehörde lediglich eine Ausnahmeregelung erlassen, exakte Gesetze gab es noch nicht. Die Aufsichtsbehörden, die Börsenaufsicht SEC und die Wertpapieraufsichtsbehörde CFTC – zuständig für komplizierte Finanzpapiere, Optionen und Derivate – stritten lange darum, ob man diese Derivate überhaupt regulieren sollte und, wenn ja, wer.

Die SEC verstand sich im Fall der OTC nicht nur als reine Aufsichtsbehörde, sondern hatte durchaus ein offenes Ohr für die Branche. Man wolle das Derivategeschäft auf keinen Fall regulieren, argumentierten einige Mitglieder der SEC, damit die USA nicht noch mehr Handelsvolumen an Finanzplätze wie London verloren.

Bei der CFTC, die im Gegensatz zur SEC für die OTC-Derivate zuständig war, hatte seit 1996 die Anwältin Brooksley Born das Sagen, die unter der Regierung von Bill Clinton sogar als Justizministerin gehandelt worden war. Als die SEC dafür plädierte, die Derivate nur sehr milde zu regulieren, pochte Born auf die Zuständigkeit ihrer Behörde und erwog, die neuen Finanzinstrumente strenger überwachen zu lassen. Der Fall Orange County hatte gerade erst Schlagzeilen gemacht. Born setzte sich gründlich mit dem OTC-Markt auseinander, der in den 1990er Jahren bereits auf ein Volumen von 25 Billionen Dollar angeschwollen war, ohne dass irgendeine US-Behörde einen Überblick hatte, da diese Papiere ja gerade nicht an der Börse gehandelt wurden. »Die dunkle Natur dieser Märkte machte mir große Sorgen«, erklärte Brooksley Born später, »nachts wachte ich manchmal schweißgebadet auf.«[49] Als sie weitreichende Regulierungen ins Gespräch brachte, geriet sie sofort unter Beschuss. *The Wall Street Journal* zitierte die Chefs der anderen Aufsichtsbehörden, die sich wünschten, »Born würde die Klappe halten«. Sie sei wie ein Lachs, der versucht, gegen zu starke Gezeiten den Fluss hinaufzuschwimmen, schrieb ein Börsenblatt.

Es war zu spüren, dass hier eine wichtige Schlacht geschlagen wurde, bei der es um die Zukunft der Finanzbranche ging. Das war damals aber nur wenigen Eingeweihten klar. Als der Konflikt im April 1998 schließlich hohe Wellen schlug, erhielt Born einen Anruf aus dem Büro des stellvertretenden Finanzministers Larry Summers. Dreizehn Banker seien in seinem Büro zu Besuch, und alle seien außer sich. Sie warnten davor, so fasste Summers die Stimmung seiner Besucher zusammen, den neuen Markt zu regulieren. Würde Born die Regulierungen durchsetzen, könnte sie damit die schlimmste Finanzkrise seit dem Zweiten Weltkrieg heraufbeschwören. In den Führungsetagen der Banken verfasste man lange Briefe an die CFTC, die weitere unverhohlene Drohungen und Vorwürfe enthielten: Würden die Regulierungen durchgesetzt, dann sei man gezwungen, die Geschäfte im Ausland abzuschließen. US-Unternehmen hätten dann keinerlei Zugriff mehr auf diese Instrumente, mit denen sie sich gegen Marktrisiken absicherten.

Niemand hörte also auf Born, auch nicht, als der Hedgefonds Long-Term Capital Management pleiteging. Die Industrie hatte auch dafür eine Erklärung: Kredite, nicht Derivate seien an dem Absturz schuld gewesen. Alles in allem habe die Industrie die Situation vollkommen unter Kontrolle. Brooksley Borns Vorschlag wurde beerdigt, sie schied 1999 zermürbt aus dem Amt.

Borns Nachfolger bei der CFTC klüngelte neue Regelungen für den Derivatemarkt aus, über die in einer von Präsident Bill Clinton berufenen Kommission monatelang gerungen wurde. In ihrem Empfehlungspapier orientierte sich die Kommission erstaunlich deutlich an der Linie der Lobbyisten. Der Bericht an den Präsidenten enthielt den Hinweis, dass die Industrie Derivate auch einsetze, um Regularien zu umgehen. Um dieses Problem hätten sich aber andere zu kümmern, etwa die Steuerbehörden oder die Aufseher der Pensionsfonds, die sich bereits mit Derivaten eingedeckt hatten.[50] Die Kommission betonte, dass vor allem Rechtssicherheit gewahrt werden müsse. Auf keinen Fall dürfe es geschehen, dass irgendwo auf der Welt der Geschäftspartner einer US-Bank seinen Verpflichtungen nicht mehr nachkomme, die er mit dem Abschluss eines Derivatedeals eingegangen war in der Annahme, er würde dafür nicht vor ein US-Gericht gestellt.

Der Kongress verabschiedete in jener Nacht-und-Nebel-Aktion zwei Tage nach der Entscheidung des Verfassungsgerichts, die George W. Bush zum US-Präsidenten gemacht hatte, also einen Regelkatalog, der vorsah, dass OTC-Derivate in Zukunft ausdrücklich nicht reguliert werden würden. Als Begründung wurde unter anderem angeführt, dass die USA mit allen Mitteln ihre Führerschaft auf dem Weltfinanzmarkt verteidigen müssten.[51] Dass die Banken gerade erst mit der Dotcom-Blase gezeigt hatten, dass sie zu oft die falschen Geschäfte förderten, Auswüchse des Marktes nicht verhinderten, sondern überhaupt erst möglich machten, kümmerte die Beteiligten nicht. Die Banken, ihre Lobbyisten und einflussreiche Senatoren wie der Republikaner Phil Gramm aus Texas, der das Gesetz am Ende auch durch den Kongress brachte, setzten die Regeln durch, nach denen sie spielen wollten.

Die USA war in Sachen Deregulierung keineswegs ein Vorreiter. In England galten bereits ziemlich lasche Regeln. Der junge Premierminister der Labour-Partei, Tony Blair, setzte auf die City of London als Geldmaschine und schwor die Aufsichtsbehörden in England darauf ein, bei den Banken auf eine »Light touch«-Regulierung zu setzen – »light touch«, also alles nur ganz sanft berühren. Im Heimatmarkt der Deutschen Bank führten ebenfalls Sozialdemokraten die Regierung an, Sozialdemokraten allerdings, die in wirtschaftlich schwachen Zeiten beweisen wollten, dass sie entgegen der landläufigen Meinung etwas von Wirtschaft verstanden.

Im Dezember 1999 hatte mitten in der Nacht das Telefon bei Jörg Asmussen geklingelt, einem der wichtigsten Referenten des SPD-Finanzministers Hans Eichel, der seit einem Jahr im Amt war. Ein Analyst von Goldman Sachs wollte wissen, ob er sich verlesen oder ob die Bundesregierung wirklich beschlossen habe, Kapitalgesellschaften nicht mehr zu besteuern, wenn sie Aktienpakete oder eine Beteiligung daran verkauften. Es war kein Lesefehler, sondern stand tatsächlich so auf Seite 12 des Gesetzentwurfs zur Steuerreform.[52] Auf einer Pressekonferenz wenige Tage vor dem nächtlichen Anruf aus New York war das Geschenk an die Konzerne allerdings nicht thematisiert worden, und die Journalisten hatten nicht nachgefragt. Goldman Sachs trug die gute Nachricht in die Welt, der Dax gewann Anfang des Jahres 2000 an einem Tag 4,5 Prozent. Das Gesetz sollte nach einigen Nachverhandlungen im Januar 2002 in Kraft treten. Doch die Richtung war bereits klar: In Deutschland setzte die Regierung, angeführt von den Sozialdemokraten, auf eine konsequente Deregulierung und auf noch mehr Freiheit auf dem Finanzmarkt. Die Deutsche Bank konnte nun ihre vielen Beteiligungen steuerfrei verkaufen. Und das neue Gesetz war nur der Anfang.

E nde 2000 Dezember feierte das Team von Edson Mitchell auf der großen Weihnachtsfeier in London die guten Zahlen aus dem Vorjahr, die Auszeichnung von *Euromoney* und die neuen Gesetze. Die Party fand im *Grosvenor House* statt, einem in die Jahre gekommenen Luxushotel am Hyde Park. Die Stimmung der Mitglieder des Bereichs Global Markets war ausgelassen. Edson Mitchell erschien mit seiner neuen Freundin, später zitierte der Londoner *Telegraph* einen Kollegen: »Er hatte brillante Laune und erzählte uns unermüdlich, dass wir für die beste Bank in der City arbeiten würden.«[53] Die eigene Bank war letztlich auch nur ein Produkt, ein Produkt, das man fortwährend der eigenen Mannschaft verkaufen musste.

Intern überwogen schon wieder die Zweifel. Das erfuhren viele Juniorbanker auf der eigens für sie ausgerichteten Weihnachtsfeier vierzig Meter oberhalb der Themse auf der Übergangsbrücke zwischen den Türmen der Tower Bridge. Diese war für der Öffentlichkeit gewöhnlich nicht zugänglich und von der Deutschen Bank extra für die Feier angemietet worden. Champagner, Kaviar, Musik, alles wurde aufgeboten. »Genießt es«, sagte einer der älteren Manager, »das ist das letzte Mal.« Niemand, der schon mehr als ein paar Tage am Markt unterwegs war, traute der Lage noch. Der Markt wirkte instabil. Nachdem die Lobbyisten mehr Freiheiten für die Banken herausgeschlagen hatten, war man an einer entscheidenden Weggabelung angekommen. Nicht jede Bank würde die nächsten Jahre überstehen.

Am Freitag, dem 22. Dezember, dem Morgen nach der Feier der Abteilung Global Markets, flog Mitchell nach Hause in die USA. Von Boston reiste er weiter nach Portland. Dort bestieg er seinen kleinen Privatjet, der ihn zu seiner Familie bringen sollte, mit der er Weihnachten feiern wollte. Beim Anflug auf den Zielflughafen Rangeley nahe der Grenze zu Kanada steuerte der Pilot Stephen A. Bean den Jet vom Typ Beach 200 noch problemlos zwischen zwei Bergen hindurch, doch dann kam das Flugzeug vom Kurs ab. Der Tower funkte den Piloten an. Der antwortete nicht mehr.

Val Broeksmit hatte seinen Vater Bill Broeksmit, den Manager der Deutschen Bank, nur selten so emotional erlebt. Bill war im April nach nur einem Jahr in London in die USA zurückgekehrt. Er lebte jetzt wieder bei seiner Frau, den Töchtern und Val. Kurz vor Weihnachten 2000 hörte Val, wie sein Vater im Wohnzimmer den Song »The Last Day of Our Acquaintance« von Sinead O'Connor laut aufdrehte: »This is the last day of our acquaintance/ I will meet you later in somebody's office/ I'll talk but you won't listen to me/ I know your answer already.« Als Val ins Wohnzimmer trat, sah er seinen Vater auf dem Sofa sitzen. Er weinte und schluchzte hemmungslos.

Am Morgen hatte man den zerschellten Privatjet unterhalb des Gipfels des Beaver Mountain gefunden. Edson Mitchell, der Broeksmit zur Deutschen Bank geholt hatte, und der Pilot waren bei dem Absturz ums Leben gekommen. Mitchells Leiche war in dem Wrack des Jets verbrannt. Möglicherweise hatte sich der Autopilot von selbst aktiviert und dann den tödlichen Kurs gesetzt.[54] Mitchell wurde nur 47 Jahre alt. Val Broeksmit erinnerte sich später, dass Edson Mitchell bei Merrill Lynch den Weihnachtsmann gespielt hatte und dabei selbst das billigste Geschenk, das Merrill den Kindern der Angestellten machte, überzeugend als das tollste Spielzeug der Welt anpries. *Death of a Salesman.*

Ein Monster wird erschaffen

Am Morgen des 23. Dezember, als die Suchmannschaften Mitchells Leiche in den Bergen von Rangeley gerade erst gefunden hatten, klingelte in der Wohnung von Josef Ackermann oberhalb des Zürichsees das Telefon. Am Apparat war der Chef des Sicherheitsdienstes der Deutschen Bank. Ackermann hatte Mitchell noch bei der Feier in London gesehen und mit ihm die aktuellen Boni nach dem ausnahmsweise einmal erfolgreichen Jahr ausgehandelt.

Die Investmentbank brauchte nun einen neuen Chef. Kurz vor Mitchells Tod hatte man eine weitreichende Umstrukturierung beschlossen: Die Bank sollte nur noch aus zwei großen Einheiten bestehen – der Investmentbank, die auch für die Großkunden zuständig war, und dem Kleinkundengeschäft, das man intern an die eigene Bank 24 abgeben wollte. Mitchell sollte 2002 Chef der Investmentbank werden, Ackermann Breuer als Vorstandssprecher ablösen. Dazu kam es nicht mehr.

Die Nachricht von Mitchells Tod schlug hohe Wellen. *New York Times* und BBC berichteten ausführlich, und man fragte sich, was nun aus der Reform der Deutschen Bank werden sollte. Wer würde Mitchell folgen? In den gut informierten Fachmagazinen fielen viele Namen, vor allem wurde der US-Amerikaner Michael Phillips als Kandidat gehandelt, der wie Edson Mitchell von Merrill gekommen war und ebenfalls im Vorstand der Deutschen Bank saß, zuständig für den Wertpapierhandel. Als weitere Favoriten für die Nachfolge Mitchells galten Grant Kvalheim und Tom Gahan. Ein Name wurde zunächst nicht genannt: der des Chefverkäufers Anshu Jain.

Ackermann reiste nach London, um zu klären, wie das Geschäft nun organisiert werden sollte. Einen klaren Nachfolger bestimmte er nicht, die verschiedenen Investmentbanker sollten nebeneinander arbeiten. Jain übernahm den Kernbereich von Mitchell, schließlich hatte Mitchell ihn als Ersten von Merrill Lynch zur Deutschen Bank geholt. In seinem Büro stellte er ein Foto von Mitchell auf, das Faissola ihm nach dem Flugzeugabsturz in Maine schenkte. Jain war genauso wenig wie Ackermann und letztlich auch Mitchell ein Banker, der die komplizierten Finanzprodukte selber strukturierte. Er verkaufte sie nur – komme, was wolle.

Jain wirkte auf den ersten Blick bescheiden – er trug stets einen Rucksack mit sich herum und nahm manchmal die U-Bahn –, war aber nicht weniger von Ehrgeiz besessen als Mitchell. Mitchell war Jains Vorbild, der Mann, dem er, wie er selber sagte, überallhin gefolgt wäre. Mitchell verfügte über viele Talente: Er war ein gnadenloser Verkäufer, ein begabter Manager, der die vielen Egos unter Kontrolle hielt und sich auch die Namen der Juniorbanker merkte. Zudem war er ein guter Stratege und ein Politiker, der intern noch jeden Machtkampf gewonnen hatte und wusste, wie man die Frankfurter bei Laune hielt. Jain war zehn Jahre jünger. Nur wenige Tage nach Mitchells Tod feierte er seinen 37. Geburtstag. Er hatte 13 Jahre in der zweiten Reihe für Mitchell gearbeitet. Nun musste sich zeigen, ob er Format hatte und zum Anführer taugte.

Jain war als Anshuman Jain in Indien aufgewachsen. Sein Vater hatte als Beamter im Indian Audit and Accounts Service – eine Art Rechnungshof – Karriere gemacht. Vor dem Einmarsch der sowjetischen Truppen hatte die Familie einige Jahre in Kabul in Afghanistan gelebt, in einem jener städtischen Anwesen, in denen man einen luxuriösen Lebensstil pflegte. Später besuchte Anshuman eine Privatschule in Delhi und folgte schließlich seiner Frau in die USA, wo sie und später auch er ein College besuchten.[55] Dort wurde er mit dem Konzept der Derivate vertraut gemacht. Er arbeitete – wie Josef Ackermann – als Assistent eines Professors. Thomas Schneeweis war auf alternative Investments spezialisiert – Derivate, Swaps, verbriefte Kredite. Vor allem war er ein großer Fan von Hedgefonds, die schnell und weniger reguliert als Banken Geld anlegen konnten.

Professor Schneeweis vermittelte Jain nach der Assistentenzeit – da war dieser gerade 22 Jahre alt – an den Broker Kidder Peabody. Der junge Mann aus Indien sollte als Rechercheur arbeiten, neue Finanzinstrumente analysieren und erforschen. Seine Karriere kam ins Rollen, als er zu Merrill Lynch wechselte und bei Edson Mitchell anfing. Dort war er zunächst sieben Jahre in derselben Einheit. Er führte eine Gruppe, die darauf spezialisiert war, Derivate an Hedgefonds zu verkaufen. Mit Hedgefonds kannte er sich einigermaßen aus, schließlich galt sein ehemaliger Professor als Experte auf diesem Gebiet. Als diese in den 1990er Jahren immer erfolgreicher wurden, beriet der Professor auch selber einen der Fonds.

Bei Merrill sollten Jain und sein Team möglichst viele Derivate an große Hedgefonds verkaufen. Die Hedgefonds durften größere Risiken eingehen als Banken, für sie galten laxere Regeln. Oft schlugen sie unkonventionelle Wege ein auf der Suche noch exotischen Produkten. Letztlich sind Hedgefonds nichts anderes als Investmentfonds für besonders betuchte Kunden, die ihr vieles Geld weiter vermehren wollen, egal wie die Marktbedingungen gerade sind. Hedgefonds dürfen zweimal kassieren: eine Prämie von üblicherweise zwei Prozent der angelegten Summe bei Abschluss des Investments und zwanzig Prozent der möglichen Wertsteigerung des investierten Geldes. Ein lukratives, aber auch umkämpftes Geschäft. Professor Schneeweis hatte dabei schon früh auf ein Problem hingewiesen: »Es gibt heute nichts, das nicht schon vor zwanzig oder sogar dreißig Jahren an den Handelstischen der Bank gekauft und verkauft wurde. Es gibt nicht wirklich viel Neues da draußen. Ich weiß, dass wir so tun, als sei das anders. Es mag die eine oder andere Struktur geben, die dabei hilft, dass man ein Instrument jetzt deutlich an der Oberfläche erkennt. Aber tatsächlich ist es doch so: Wir haben Derivate immer eingesetzt, um Risiko und Umsatz in den Griff zu kriegen.«[56]

Damit beschrieb der Professor ziemlich genau das Problem der Deutschen Bank in London: Man bot alten Wein in neuen Schläuchen an. Das Geschäft musste sich aber neu, innovativ und gewagt anfühlen, damit der Kunde sich nicht wunderte, warum er so viel von seinem Gewinn abgeben musste. Die Komplexität und die Kombination der Derivate verschleierten nur, dass viele Ideen im Grunde uralt waren. Das jedoch musste man in den Verkaufsgesprächen mit den Kunden vergessen machen. Jain schlug sich dabei so gut, dass Edson Mitchell den Inder schließlich zum Chefverkäufer im Londoner Büro der Deutschen Bank ernannte. Der junge Mann wusste genau, was die Kunden – Hedgefonds, große Unternehmen – erwarteten: Deals, die nicht jeder Konkurrent von außen verstehen und durchschauen konnte.

Eine Anekdote, die Anshu Jain *The Wall Street Journal* erzählte, sagt viel über ihn aus.[57] Jain brüstete sich in dem Interview mit einem riskanten Geschäftsabschluss, gegen den die Risikomanager in Frankfurt Bedenken erhoben hatten. Er wollte mit dem Hedgefonds Tiger Management ins Geschäft kommen – Tiger Management war damals die Nummer zwei auf dem Markt. Der ehemalige US-Navy-Offizier Julian Roberts hatte den Fonds gegründet und nach wenigen Jahren über 22 Milliarden Dollar Anlagevolumen zur Verfügung, das sich in nur drei Jahren verdreifacht hatte. Jain brauchte eine schnelle Entscheidung, doch die Risikomanager sagten, der Vorstand müsse über das Anliegen beraten, er solle sich einen Monat gedulden. Jain suchte daraufhin Rückendeckung bei Mitchell, und der wies ihn an, den Vorstand zu vergessen und den Deal durchzuziehen. Am Tag darauf wurde Jain nach Frankfurt beordert. Er rechnete damit, gefeuert zu werden. Ein Vorstandsmitglied erklärte ihm dort, man habe gehört, er würde für jede Menge Ärger sorgen, doch »genau deswegen haben wir Sie angestellt«. Jain hatte gar nicht für Ärger gesorgt, sondern Mitchell, aber der junge Banker nahm das Kompliment gerne entgegen und nutzte es später, um sein Image aufzupolieren. Anshu Jain, ein Risk Taker? Erfahrene Investmentbanker, die mit Derivaten und anderen heiklen Instrumenten handeln, erkennen sofort, ob ein Kollege ein Trader ist, der persönlich große Risiken eingeht und schnell Entscheidungen treffen kann. Jain gehörte nicht dazu, ihm war es zu wichtig, sich abzusichern. Dass andere für ihn Risiken eingingen, war dagegen kein Problem.

Den Fall Tiger Management nahmen die Investmentbanker in London schließlich zum Anlass, die Risikomanager der alten Schule weiter zu entmachten. Viele Entscheidungen wurden fortan schneller, meist ohne den Umweg über Frankfurt getroffen. Tiger Management scheiterte 1998 spektakulär. Der Fonds hatte zu viele Yen gekauft. Die altmodischen Banker in Frankfurt, die länger über riskante Geschäfte mit neuen Kunden nachdenken wollten, hatten also durchaus den richtigen Instinkt bewiesen. Doch die Zeiten hatten sich geändert. Dass die Bank Geld verlor, weil ein Kunde zu nah in Richtung Sonne flog, musste man einkalkulieren, sonst konnte man nicht die Deals abschließen, die viel Gewinn »produzierten«, wie man das intern nannte. In den USA gibt es dafür eine Wendung: »Play it fast and loose« – sinngemäß etwa: Spiele es schnell und locker.

Der bescheiden auftretende Jain – er protzte nicht mit schnellen Autos und Booten wie Mitchell – gewöhnte sich daran, große Geschäfte schnell und locker abzuschließen, aber er scheute sich, mehr Verantwortung zu übernehmen, sondern zog zwischen sich und den Trades, dem Handel und den Entscheidungen einen Schutzwall hoch, um am Ende nicht verantwortlich gemacht zu werden. Er hinterließ so wenig Fingerabdrücke wie möglich.

Josef Ackermann hatte damit kein Problem, sondern förderte diese Kultur, die er ja ebenfalls vorlebte. Jain war nicht der perfekte Banker, zu dem er später, als die Deutsche Bank – scheinbar – Rekordgewinne erzielte, in vielen Porträts gemacht wurde und die Autoren um Formulierungen zu ringen schienen, wenn sie ihn beschrieben – »ein Ausnahmetalent«, »einer der besten europäischen Händler«.[58] Auf dem Handelsparkett in London schüttelten die wahren Händler belustigt den Kopf, wenn Jain als Supertrader beschrieben wurde.

Martin Loat, der zur Kernmannschaft Mitchells gehörte, schrieb einmal an Bill Broeksmit: »Du warst immer der Schlauste von uns allen (…). Edsons große Gabe war es dagegen, dass er sich mit Leuten umgab, die unendlich fähiger als er selber waren (…). Aber er war auch sehr gut darin, uns anzutreiben, uns dazu zu bringen, das Beste aus uns herauszuholen.« Und: »Ich hoffe, Anshu ist ok, da ich ihn wirklich mag – aber sein Stolz ist wirklich sehr wichtig für ihn.«

Jain war nicht nur stolz. In guten Zeiten trug er auch ein provozierendes Selbstbewusstsein zur Schau, das nicht selten in Arroganz umschlug. Andererseits ließ er sich offenbar schnell verunsichern. Ein Beispiel: Als ich während der Dreharbeiten zur ersten Dokumentation über die Deutsche Bank im Mai 2015 die jährliche Pressekonferenz der Deutschen Bank filmen wollte, wurde ich von der Presseabteilung ausgeladen. Jain hatte Bedenken geäußert, dass das Karma des Filmautors ihn ablenken könne. Die Bank stand damals unter Beschuss. Es kam an jenem Tag dann aber doch noch zu einem persönlichen Gespräch hinter verschlossenen Türen, in dem Jain verschiedene Geschäfte, die der Deutschen Bank viel Ärger eingebracht hatten, zu erklären versuchte. Er habe, sagte er, mit den konkreten Deals der »unteren Decks« nichts zu tun gehabt. Wenig später verlor er seinen Job als Co-CEO der Deutschen Bank. Er soll geweint haben, als ihm eröffnet wurde, dass seine Zeit bei der Bank vorbei war.

Viele Beobachter ahnten schon 2001, dass es Jain schwerfallen würde, den Laden zusammenzuhalten. Mitchell hatte die meisten Egos auf Linie gebracht, genug Boni organisiert und jene, die Ärger machten, weggebissen. Doch Jain führte den Bereich Global Markets gemeinsam mit anderen, er hatte seine Machtposition noch längst nicht abgesichert, ihm standen die schier endlosen Machtkämpfe noch bevor, die bei der Deutschen Bank dazugehörten. So war Jain bald in Grabenkämpfe mit Mitgliedern der Merrill-Mafia verstrickt, die Mitchell bei der Deutschen Bank etabliert hatte. Der erste große Gegner war Grant Kvalheim, ein unter Mitchell erfolgreicher Manager. Kvalheim war für den weltweiten Anleihemarkt zuständig und wie Jain schon bald von Merrill zur Deutschen Bank gekommen. Sechs gemeinsame Jahre hatten an der Konkurrenz der beiden nichts geändert. Sie überwarfen sich. Kvalheim warnte Ackermann daraufhin, dass gute Leute bald die Bank verlassen würden. »Gute Leute verlassen die Deutsche Bank die ganze Zeit«, habe Ackermann geantwortet, erzählte Kvalheim später, nachdem er die Bank verlassen hatte.[59]

Anshu Jain konnte also wie Edson Mitchell Machtkämpfe gewinnen, aber er verschreckte dabei einige Talente. Das war ihm egal, er kam auf den Geschmack und verließ sich als Manager zunehmend auf das Prinzip Angst: Man sollte ihn fürchten und respektieren. Der Moment, als Edson Mitchell zu den Klängen von Wagners *Tannhäuser*-Ouvertüre und unter dem Jubel seiner Mitarbeiter einen Preis entgegengenommen hatte, schien im Frühsommer 2001 unendlich weit weg zu sein.

A m 7. September 2001 brach der Börsenkurs von Enron, dem Überflieger aus Texas, dramatisch ein. Die Aktie hatte seit Anfang des Jahres 62 Prozent an Wert verloren, ein Kapital von 38 Milliarden Dollar war vernichtet worden. Fragen wurden laut, Untersuchungen folgten, die zwar nur langsam zum Kern des Problems vorstießen, aber offenbarten, dass die Wall-Street-Banken Enron geholfen hatten, einen Großteil seiner Schulden vor den Anlegern zu verbergen. Tatsächlich hatten auch die Banken den Überblick verloren. Manager der Deutschen Bank und Vertreter anderer Gläubigerbanken wurden am 19. November 2001 vom Enron-Management ins *Waldorf Astoria* am Central Park geladen. Dort wurde ihnen eröffnet, dass das Unternehmen mehr als 25 Milliarden Dollar Schulden habe, nicht nur acht Milliarden, wie man ursprünglich vermutet hatte.[60]

Der Chef des Enron-Aufsichtsrats, Kenneth Lay, hatte immer behauptet, dass er das beste Risikomanagement am Markt in seinem Unternehmen etabliert habe. Im Herbst 2001 stellte sich heraus, dass das weit entfernt war von der Wahrheit. Enron hatte sich in eine Lage gebracht, in der das Risiko gar nicht mehr zu kontrollieren war, denn das Unternehmen musste für seinen Erfolg zwei Grundbedingungen erfüllen, die sich gegenseitig ausschlossen: Einerseits brauchte Enron die guten Kreditratings der Agenturen, um sich für das Handelsgeschäft ausreichend Geld günstig leihen zu können, andererseits erwarteten die Anleger gerade, dass sich ein Technologiekonzern viel Geld lieh, um Innovationen anzustoßen, sich weiterzuentwickeln, zu wachsen. Doch wenn Enron sich offen am Markt Geld geborgt hätte, wäre das Kreditrating beeinflusst worden, der Handel mit den Derivaten wäre teurer und nahezu unmöglich geworden.

Die Deutsche Bank steckte mittendrin im Enron-Schlamassel. Sie hatte mehr als 40 Millionen Dollar mit Enron-Deals verdient. Nun kam ans Licht, dass auch die Ratingagenturen und die Wirtschaftsprüfer Enrons Spiel mitgemacht und versagt hatten. Eine der größten Prüfungsgesellschaften der Welt, Arthur Andersen, stellte Enron bis zu eine Million Dollar pro Woche in Rechnung und hatte an den vielen undurchsichtigen Geschäften trotzdem nichts auszusetzen.

Der Bankrott von Enron rief das FBI auf den Plan. Das ermittelte bereits in anderer Sache gegen mehrere Unternehmen wegen Wirtschaftsverbrechen an der Wall Street, auch gegen die Deutsche Bank. Den zehn größten Wall-Street-Banken, die in der Zeit der Dotcom-Blase die Aktien von Internetfirmen wider besseres Wissen zum Kauf empfohlen hatten, wurde nun vorgeworfen, dies auch mit Enron-Aktien getan zu haben.

Bei Edson Mitchells und Anshu Jains ehemaliger Bank Merrill Lynch benutzte man Abkürzungen, wenn es um windige Internetfirmen ging. Eine Abkürzung lautete POS – *Piece of Shit.* »I can't believe what a POS that thing is« – Ich kann nicht glauben, was das für ein Stück Scheiße ist, schrieb ein Analyst über ein Unternehmen und legte die Aktien der Firma Anlegern trotzdem als sinnvolle Geldanlage ans Herz.[61] Tief verstrickt in solche Machenschaften war auch einer der Starbanker, der die Deutsche Bank 1997 verlassen hatte: Frank Quattrone, der mittlerweile für die Credit Suisse First Boston Technologiefirmen an die Börse brachte. Ihm wurde von der US-Staatsanwaltschaft vorgeworfen, Druck auf Analysten ausgeübt zu haben, damit sie Firmen, deren Börsengang kurz bevorstand, besonders gut bewerteten. Am Ende konnte seine Bank die Sache ohne Prozess mit einer Geldzahlung aus der Welt schaffen. Jahre später sollte der Händler einer Investmentbank das Grundprinzip auf den Punkt bringen: »If you ain't cheating, you ain't trying« – Wenn du nicht betrügst, versuchst du es nicht richtig. Das wurde trotz der vielen Strafen, die schon Anfang des Jahrtausends verhängt wurden, der Leitsatz der Branche. Und die Deutsche Bank mischte eifrig mit. *The Economist* zitierte Ende 1998 Mitglieder des Aufsichtsrats der Deutschen Bank, dass man sich Sorgen mache, mit der Investmentbank ein Monster geschaffen zu haben.[62] Das war überraschend hellsichtig. Bereits im Jahr 2000 wies ein Insider in der Presse auf die gefährliche Abhängigkeit der Bank von den Investmentbankern hin: »Die sitzen auf einem Pulverfass. Die Deutsche Bank ist erpressbar.«

Fünf Tage nachdem es mit Enron am New York Stock Exchange so steil bergab gegangen war, rasten zwei Jets in die Zwillingstürme des World Trade Center. Die Welt hatte anderes zu tun, als sich um die wild gewordenen Banken zu kümmern. Nur noch eine Frage trieb die Menschen um: Würde es weitere Anschläge geben? Mit jedem Tag, der verging, wurde zudem klar: Ein Krieg in Afghanistan stand bevor.

Zur rechten Zeit für die Banken war ein Sturm aufgezogen. Die Öffentlichkeit war abgelenkt. Es fand sich niemand im Apparat, der sich in dieser Situation daranwagte, eine stringente Aufsicht des Finanzmarktes aufzubauen. Der Markt war dereguliert. Eine neue Generation von Bankern, die sich rühmten, jedes Risiko zu beherrschen, hatte das Sagen. Ein effektives internes Risikomanagement existierte nicht. Konkurrenten wurden um jeden Preis ausgeschaltet, und für die wirklich potenten Kunden machte man alles. Die Banker verkauften höchst komplizierte Produkte, die sie selber oft gar nicht bis ins Letzte verstanden oder verstehen wollten. Das genau war der Zweck: Die Produkte sollten – wenn überhaupt – nur für die Bank und den Kunden zu durchschauen und zu verstehen sein, für niemanden sonst.

Die Anschläge vom 11. September 2001 halfen den Banken noch auf andere Weise: Die US-Notenbank sollte bald Schritt für Schritt und für lange Zeit die Zinsen senken. Der Markt wurde daraufhin mit billigem Geld überschwemmt. Das galt es anzulegen und zu vermehren. Die Deutsche Bank, wie immer auf dem Sprung, endlich wieder die größte Bank der Welt zu werden, stand bereit. Sie hatte einige Produkte im Angebot, mit denen man garantiert und ohne Risiko trotz der weltweit niedrigen Zinsen viel Geld verdienen konnte. Was sollte schon passieren?

TEIL II

AGE OF RISK, AGE OF CRIME

Deutsche Bank's illegal conduct involved nearly a decade of lying, cheating, and stealing. This criminal conduct was pervasive and widespread. Deutsche Bank's traders engaged in a brazen scheme to defraud Deutsche Bank's counterparties and the worldwide financial marketplace. The conduct is appalling. It was a complete criminal fraud upon the worldwide marketplace.

KARA STEIN
US-Börsenaufsicht SEC (2015)

DECKNAME »PRINCE«

2002 hatte die Finanzbranche zwei bewegte Jahrzehnte voller Krisen hinter sich. Immer wieder waren dieselben Probleme aufgetaucht, die man einfach nicht in den Griff bekommen konnte oder wollte. Es war, als steckten die Akteure in der Pubertät fest, unfähig, sich weiterzuentwickeln und dazuzulernen. Als es der Deutschen Bank nach 2015 immer schlechter ging, verglich ihr Aufsichtsratschef, Paul Achleitner, dieses Phänomen mit der Frühphase des Kapitalismus und der Großindustrie. Achleitner, der sein Handwerk bei Goldman Sachs gelernt hatte und 2015 seit drei Jahren Chef des Aufsichtsrats war, erläuterte Reportern in Hintergrundgesprächen, dass es auch damals unangenehme Begleiterscheinungen gegeben habe – Umweltverschmutzung oder Kinderarbeit etwa. Aber die Industrie habe diese Probleme im Laufe der Zeit in den Griff bekommen. Diese Zeit müsse man nun auch der Finanzindustrie zugestehen. Jeder habe das Recht, das wollte Achleitner wohl sagen, eine Zeit lang giftige Abfälle zu produzieren.

Über Jahre hatte die Finanzindustrie viel Energie darauf verwendet, die Öffentlichkeit davon abzulenken, dass man sich einen saftigen Einbruch nach dem anderen leistete und das eigene Geschäft nie wirklich überdachte. Das hatte seit Jahrzehnten System. So dauerte es nach der Deregulierung, die so massiv am Mayday 1975 angestoßen worden war, nur wenige Jahre, bis die neue Freiheit an der Wall Street von Bankern ausgenutzt wurde, die zu gierig und am Ende sogar kriminell wurden. Die Justiz reagierte darauf erst mit einiger Verzögerung in den 1980er Jahren. Die Grenzen mussten wie im Wilden Westen abgesteckt und verteidigt werden.

In genau dieser Phase begann Anshu Jains Karriere bei einer Wall-Street-Bank. Er sollte gleich bei seinem ersten Arbeitgeber erleben, wie der Staat zurückschlug. Denn eines Tages wurde einer der wichtigsten Händler seines Arbeitgebers vor den Augen der Kollegen im Büro verhaftet und von US-Marshalls in Handschellen abgeführt. Die Marshalls handelten im Auftrag des Büros der US-Staatsanwaltschaft des Southern District of New York, das für die Wall Street zuständig war. Der Southern District, wie man die Einheit oft knapp nennt, ist die bekannteste Anklagebehörde in den USA. Sie klärte mehrere Terroranschläge in New York mit Hilfe des FBI auf und brachte die Täter vor Gericht.

Die US-Staatsanwaltschaft des Southern District gibt es schon länger als das Justizministerium in Washington. Erst einige Zeit nach seiner Gründung wurde das Büro mit den über neunzig anderen regionalen Büros der US-Staatsanwaltschaft einer zentralen Führung in Washington untergeordnet. Dennoch behielt das New Yorker Büro immer ein Eigenleben, es war mächtig und unberechenbar. Seit 1983 wurde es von Rudolph Giuliani geführt, der zuvor unter Präsident Reagan im Justizministerium Karriere gemacht und dabei jede Gelegenheit genutzt hatte, für Publicity in eigener Sachen zu sorgen. Das tat er auch als New Yorks oberster Ankläger. Nach einem erfolglosen Undercover-Einsatz gegen Drogendealer in Brooklyn, an dem er persönlich teilgenommen hatte, posierte er in schwarzer Lederweste für die Fotografen. Die Weste hatte er zufällig in der Asservatenkammer entdeckt, aber übersehen, dass sie einem Hells-Angels-Rocker gehört hatte und mit entsprechenden Aufnähern versehen war. Einer dieser Aufnäher bezeugte, dass der Träger der Weste einen Menschen umgebracht hatte. Nicht immer bewies Rudy als umtriebiger Staatsanwalt also ein glückliches Händchen.

Giuliani hatte schon während seiner Zeit im Washingtoner Justizministerium viel mit dem New Yorker Büro zu tun, das breit angelegte Ermittlungen gegen die Mafia vorantrieb. Bei dem heiklen Fall musste sich das New Yorker Büro mit dem Justizministerium in Washington abstimmen. Die Staatsanwälte des Southern District wollten die Macht der Cosa Nostra brechen, jener fünf berüchtigten italienischen Mafiafamilien, die mit ihren Firmen vor allem das New Yorker Baugewerbe dominierten. Die Cosa Nostra zwang Bauherren, übersteuerten Beton zu kaufen, und sie beherrschte zentrale Gewerkschaften, die sie mit Gewalt unter ihre Kontrolle gebracht hatte. Mitglieder der Mafiafamilie hatten dafür Funktionäre bedroht, bestochen oder ermordet. Viele Gewerkschaftsführer kümmerten sich gar nicht mehr um die Belange der Gewerkschaftsmitglieder, sondern verfolgten ausschließlich die Interessen der Mafia. Sobald sich ein New Yorker Bauunternehmer weigerte, den überteuerten Beton der Cosa Nostra zu kaufen, traten Bauarbeiter, Zimmerleute oder Trucker auf Befehl der Gewerkschaft in den Streik. »Millionenschwere Projekte kamen quietschend zum Stillstand«, so Kenneth McCallion, ein ehemaliger New Yorker Staatsanwalt, denn »die Mafia hatte das Geschäft im Würgegriff«.[1]

Kaum ein Bauunternehmer wehrte sich dagegen, auch Donald J. Trump nicht, der damals auf einem Grundstück an der Fifth Avenue seinen Trump Tower errichten ließ. Das Hochhaus wurde wie so viele Gebäude damals in New York mit dem teuren Beton der Cosa Nostra gebaut. Der junge Staatsanwalt McCallion ermittelte daher auch gegen den Bauunternehmer Trump. Er hatte zahlreiche Beweise gesammelt und wollte ihn als Komplizen der Mafia anklagen. Doch seine Vorgesetzten im Washingtoner Justizministerium, darunter Rudy Giuliani, hielten ihn davon ab. »Wir Staatsanwälte vor Ort sind überstimmt worden«, sagte McCallion, »aber es gab eine Vorgabe – Freifahrtschein nur gegen Kooperation.« Trump hatte sich ganz bewusst entschieden, die Mafia zu finanzieren und nicht zur Polizei zu gehen, nun sollte er mit Verspätung auspacken. Doch er schlug den Deal des Justizministeriums aus und schwieg gegenüber dem FBI über seine Mafiakontakte.

Obwohl er sich über die Grundvereinbarung Freiheit gegen Kooperation hinweggesetzt hatte, fasste das Justizministerium Trump weiter mit Samthandschuhen an. Rudy Giuliani und seine Vorgesetzten in Washington gaben damit deutlich zu erkennen, dass man zum einen den zarten Aufschwung in der New Yorker Baubranche nicht abwürgen wollte und zum anderen nicht vorhatte, gegen alle Verdächtigen mit derselben Vehemenz vorzugehen. Dass Trump dem damaligen US-Präsidenten Ronald Reagan im Wahlkampf mit viel Geld kräftig geholfen hatte und nach dem Sieg des ehemaligen Schauspielers oft Gast im Weißen Haus war, mag ebenfalls eine Rolle gespielt haben.

Nachdem Trump aus der Schusslinie genommen worden war, wechselte Giuliani nach New York. Dort schoss sich die Presse gerade langsam auf die Wall Street ein. Mehrere Magazine prangerten in Titelgeschichten an, dass es bei diversen großen Fusionen und Übernahmen offenbar zu massiven Insidergeschäften gekommen war. Doch das FBI, die SEC und die US-Staatsanwälte unternahmen zunächst nichts, sondern konzentrierten sich weiterhin auf die Mafia. In seinem Buch *Den of Thieves* schrieb James B. Stewart dazu, dass die Wall Street wegen der toleranten Aufsicht von innen heraus über Jahre systematisch korrumpiert wurde: »Das Verbrechen fasste an der Wall Street Fuß und konnte sich immer mehr ausbreiten, selbst innerhalb der reichsten und am meisten respektierten Institutionen – nicht zuletzt weil ein Schweigekartell viele der Schuldigen an der Wall Street schützte.«[2] Das hatte zur Folge, so Stewart, dass die Händler jahrelang dachten, sie könnten machen, was sie wollen. »Fast jeder Angeklagte in diesem Skandal klagte später über dieselbe Ungerechtigkeit: Es sei unfair, dass einzelne Schuldige herausgepickt und angeklagt würden, wenn gleichzeitig so viele andere an der Wall Street genau das Gleiche gemacht hatten, aber trotzdem unbehelligt blieben.«[3]

So war es nur konsequent, dass erst ein Zufall eine Ermittlung ins Rollen brachte, die den Southern District zwang, sich endlich auch gründlich mit der Wall Street auseinanderzusetzen. Ausgangspunkt war ausgerechnet die Bank von Bill Broeksmit und Edson Mitchell: Merrill Lynch. 1985, als dort gerade die Karrieren von Mitchell und Broeksmit begannen, erhielt die Abteilung Innenaufsicht von Merrill Lynch einen anonymen Brief. Dieser lenkte die internen Ermittler der Bank auf die Spur von Händlern, die für Merrill in Venezuela arbeiteten. Die Ermittler fanden heraus, dass die Händler an diesem exotischen Platz nebenbei an einem schwungvollen Insiderhandel beteiligt waren, der auch Auswirkungen auf New York hatte. Merrill schaltete die Börsenaufsicht SEC ein. Deren Beamte stießen bei weiteren Nachforschungen auf eine Schweizer Bank, die über eine Filiale auf den Bahamas offenbar für einen New Yorker Kunden große Aktiengeschäfte abwickelte. Der Kunde war, wie sich herausstellte, ein einflussreicher Broker an der Wall Street, der Insiderinformationen über bevorstehende Übernahmen nutzte. Über verschlungene Wege kaufte er entsprechende Aktien und machte so am Ende einen sehr großen – illegalen – Profit.

Giuliani wollte die Wirtschaftskriminalität zunächst der Börsenaufsicht SEC überlassen. Doch ein Mitarbeiter überzeugte ihn schließlich, strafrechtlich gegen einige der Broker und Banker vorzugehen. Ein guter Rat. Wie sich herausstellte, war die Börsenaufsicht auf einen großen Komplott gestoßen. Die Aufklärung machte Schlagzeilen, in denen Giuliani sich sonnen konnte: An der Wall Street wurden Hunderte von Millionen Dollar illegal verdient. Die Ermittlungsgruppe aus SEC, FBI und Staatsanwaltschaft verfolgte immer mehr Spuren und stieß auf einige Betrugsplots. Vor allem jüdische Broker und Banker gerieten in den Fokus. Die Männer hatten sich an der lange protestantisch geprägten Wall Street erfolgreich nach oben geboxt – allerdings mit illegalen Mitteln, wie sich herausstellte. So wurde der Broker Ivan Boesky des Insiderhandels überführt. Der belastete wiederum den »König der Junkbonds«, Mike Milken. Milken hatte hochriskante, hoch verzinste Anleihen – Junkbonds –, die vor allem von kleinen, kapitalschwachen Unternehmen gebraucht wurden, in den USA hoffähig und zu einem gigantischen Geschäft gemacht. Als Giuliani, das FBI und die SEC mit dem »König der Junkbonds« fertig waren, musste dieser 1,1 Milliarden Dollar an Strafen und Entschädigungen zahlen. Zudem durfte er nie wieder mit Wertpapieren handeln. Giulianis Ermittler griffen also durch, zumindest während einer kurzen Phase.

Edson Mitchell und Bill Broeksmit beobachteten diese Entwicklung wie alle Trader an der Wall Street ganz genau. Man musste offenbar vorsichtig sein, das Gesetz schlug zurück. Auch Anshu Jain konnte damals aus nächster Nähe beobachten, was genau das bedeutete. Sein erster Arbeitgeber, Kidder Peabody, geriet ebenfalls in die Ermittlungen der SEC, des FBI und des Southern District unter Giuliani, bei denen es vor allem um Insiderhandel ging.

Kidder Peabody, 1865 gegründet, war eine Institution. Kaum eine Firma machte schon so lange Geschäfte am Markt. Als erstes Unternehmen an der Wall Street hatte Kidder eine eigene Finanzforschungsabteilung gegründet. Dort fand Anshu Jain seine erste Stelle. Im Jahr zuvor war die Brokerfirma von dem US-Konzern General Electric (GE) übernommen worden, da GE besonders am Anleihemarkt aktiv war. Schon lange finanzierte sich der Konzern, eines der größten Unternehmen der Welt, nicht mehr über klassische Kredite, sondern vertraute größtenteils auf den Geldmarkt, nahm Anleihen auf und war offen für neue Finanzinstrumente. Kidder Peabody war dabei das Experimentierlabor für GE.

An einem Vormittag im Februar 1987 wurde der Alltag bei Kidder jäh unterbrochen. US-Marshalls erschienen in den Büros am Hanover Square, einen Steinwurf von der Wall Street und dem East River entfernt. Sie wollten zu Richard »Wiggie« Wigton, einem der führenden Händler der Firma. Die Marshalls geleiteten Wigton in einen Konferenzraum, legten ihm Handschellen an und nahmen ihn mit. Seine verdutzten Kollegen beobachteten die Szene fassungslos. Wiggie wurde vorgeworfen, einem Kollegen geholfen zu haben, der interne Informationen genutzt und durch gezielte Aktienkäufe kurz vor großen Firmenübernahmen illegal Millionen verdient hatte.[4] Auf Wiggie war man durch die Ermittlungen gestoßen, die sich aus dem anonymen Brief an Merrill ergeben hatten.

Wiggies Verhaftung war ein besonderer Schock, da es einen der angesehensten Händler traf, der sich auf einen neuartigen Markt spezialisiert hatte: OTC-Aktien, also Aktien, die außerhalb der Börse gehandelt wurden.[5] Sie sorgten nach Wigtons Verhaftung für Ärger, für den Wiggie allerdings nichts konnte. Am Schwarzen Montag, dem Börsencrash von 1987, mussten Investoren die Erfahrung machen, dass Broker, die ihnen diese Wertpapiere an der Börse vorbei verkauft hatten, mitten im Crash nicht mehr ans Telefon gingen. Niemand erklärte den Anlegern, was eigentlich vor sich ging, und vor allem, was jetzt mit den OTC-Aktien passieren würde. So wurde die Panik immer größer. Diese Panik würde 23 Jahre später in der Finanzkrise wieder ausbrechen – nichts ist jemals wirklich neu an der Wall Street, alles war schon einmal da. Anshu Jain hatte bei all diesen Entwicklungen einen Logenplatz. Wie Bill Broeksmit blickte auch er schon früh in den Abgrund der Finanzindustrie. Selbst ehemals seriöse Traditionsunternehmen konnten ein Problem mit Kriminellen bekommen.

Die strafrechtliche Anklage hielt im Fall von Wiggie Wigton allerdings nicht stand. Er gehörte nicht zu den zentralen Verschwörern. Für Kidder Peabody begann trotzdem der Abstieg, denn es wurden wegen des Insiderhandels weitere Spitzenmanager der Firma verhaftet und schließlich auch verurteilt. Das schreckte die verbleibenden Kollegen bei Kidder allerdings nicht ab. Wenig später fälschte einer der Händler für Anleihebonds seine Bücher. Er vertuschte 85 Millionen Dollar an Verlusten, indem er Phantomgewinne über 350 Millionen Dollar verbuchte, um am Ende seinen Bonus von 11 Millionen Dollar zu bekommen. Anshu Jain war zu diesem Zeitpunkt schon zu Merrill Lynch gewechselt. Aber er wusste aus eigener Anschauung, wie es bei Kidder zugegangen war. In einem internen Report wurde später festgehalten: »Kidder war so auf den Profit fixiert, dass die Angestellten keine harten Fragen stellten, wenn das Unternehmen gerade viel Geld verdiente.«

Genau das wurde zum Problem der Deutschen Bank. Auch dort waren viele Angestellte nicht willens, harte Fragen zu stellen, wenn man gerade außergewöhnlich viel Geld verdiente. Niemand wollte wissen: Wie genau machen unsere Händler das eigentlich? Kann das mit rechten Dingen zugehen? Steht der Profit noch in einem vernünftigen Verhältnis zum Risiko?

In den nächsten Jahren hatte das FBI immer wieder an der Wall Street zu tun, aber in den spektakulären Fällen – Orange County, Procter & Gamble, Bankers Trust – stellte man die Ermittlungen am Ende gegen hohe Vergleichszahlungen ein. In den späten 1990er Jahren wurde das ein eingespielter Ablauf. Harsche Worte von Kritikern wie dem Journalisten James B. Stewart verhallten: »Auch Verstöße gegen die Wertpapiergesetze lassen Opfer zurück. Wenn Händler große Gewinne machen, weil sie Insiderinformationen nutzen konnten, die sie bekommen haben, weil sie eine Quelle bestochen haben; wenn Aktienpreise manipuliert und Aktien heimlich gekauft werden, dann wird unser aller Vertrauen in die grundlegende Fairness des Marktes zerstört. Wir sind alle Opfer.«[6] Nach der kurzen Offensive in den späten 1980er Jahren griffen die Börsenaufsicht und die Staatsanwaltschaften dennoch fast zehn Jahre lang nicht mehr durch. Erst als 2002 ein neuer Chef das Büro des Southern District übernahm, schien sich etwas grundlegend zu ändern. Erst James Comey, jener FBI-Chef, der vom 45. US-Präsidenten Donald J. Trump gefeuert werden sollte, hatte wieder den Ehrgeiz, sich mit der Wall Street anzulegen.

J ames Comey, im Bundesstaat New York geboren, arbeitete bereits in den 1980er Jahren im Southern District als Staatsanwalt unter Rudy Giuliani. Nach seiner Zeit dort ließ er sich als Anwalt in Virginia nieder, wurde schließlich US-Bundesstaatsanwalt und kehrte 2002 an seine alte Wirkungsstätte New York City zurück. Beim FBI drehte sich damals fast alles um PENTTBOM, ein Codename der Bundespolizei für die Anschläge vom 11. September 2001. Die waren noch lange nicht aufgeklärt, vielmehr fingen die US-Behörden mit der größten Ermittlung ihrer Geschichte gerade erst an. So kamen die Agenten in den ersten Monaten des Jahres 2002 dem Drahtzieher der Anschläge, Chalid Scheich Mohammed, näher. Doch Staatsanwaltschaft und FBI verloren die Wall Street darüber nicht aus den Augen. Der neue FBI-Chef Robert S. Mueller bildete eine Sondereinheit, um die Hintergründe des Enron-Bankrotts aufzuklären. Zugleich startete eine aufwendige Undercover-Operation an der Wall Street. Durch anonyme Hinweise hatte man erfahren, dass FX-Händler – Händler für Devisen – an verschiedenen Banken gemeinsame Sache machten, kleine Beträge bei Transaktionen abschöpften und so nach und nach Millionen auf die Seite schafften. Das FBI setzte einen Undercover-Agenten auf die Händler an, der als »Prinz« bekannt wurde. Der Agent gab sich als Hedgefondsmanager aus, filmte die Treffen mit den Tradern und nahm die Gespräche auf Tonband auf. Die Händler prahlten ungeniert, dass sie seit zwanzig Jahren betrügen würden, glaubten aber, nicht geschnappt werden zu können, weil sie viel zu clever seien. Dem »Prinz« würden sie natürlich auch helfen und ihn reich machen, erklärten sie gönnerhaft. Unter dem Decknamen »Operation Wooden Nickel« sammelte das FBI fleißig Beweise, während die Betrüger sich ebenso fleißig um Kopf und Kragen redeten.[7]

Es gab aber ein Problem: Die Ermittlungen waren langwierig, teuer und für die Staatsanwaltschaft riskant. Man hatte es mit gewieften Gegnern zu tun, die sehr viel Geld hatten und – wenn nötig – Bataillone von Anwälten engagieren konnten, die jeden Trick im Buch kannten. Auch die Materie an sich war komplex. Die Händler redeten verklausuliert, nicht immer war klar, was wirklich illegal war und was nicht. Und wenn es gegen die großen Banken ging, fiel es dem FBI, der

SEC und den Staatsanwälten schwer, zu beweisen, dass das Top-Management, die Vorstände, von Betrügereien wussten. So war es kein Zufall, dass die Ermittler vor allem dann Erfolge feiern konnten, wenn es gegen Aufsteiger oder Außenseiter der Branche ging. Ein großer Erfolg für das FBI war die Verurteilung des ultimativen Außenseiters Jordan Belfort. Er, der »Wolf der Wall Street«, wurde 1998 zu vier Jahren Gefängnis verurteilt. Jahrelang hatte er billige Aktien in den Markt gedrückt, künstlich den Preis hochgetrieben und sie dann teuer und schnell abgestoßen. Aber Belfort war laut, quatschte zu viel und hatte ein Drogenproblem. Am Ende sagte er gegen viele Komplizen aus und zahlte eine hohe Strafe. Dafür musste er nur 22 Monate seiner Strafe absitzen. Kaum ein Wirtschaftskrimineller hat die volle Haftstrafe im Gefängnis verbüßt, nicht einmal ein Außenseiter wie Belfort.

Die Wall-Street-Banken des Bulge Bracket wollten es erst gar nicht dazu kommen lassen, dass irgendeiner ihrer Manager ins Gefängnis wanderte. Gegen diese Macht konnte ein Staatsanwalt leicht unterliegen. Für US-Bundesstaatsanwälte bedeutet eine Niederlage unter Umständen aber einen Rückschlag in der Karriere, von dem sie sich nie wieder erholen. Der Chefankläger des Southern District, James Comey, wusste, was die Angst vor einer Niederlage bei seinen Staatsanwälten anrichten konnte. Jesse Eisinger beschreibt, wie Comey seine Mitarbeiter 2002 mit ihrer Angst konfrontierte. Comey fragte die Staatsanwälte bei einem größeren Treffen, wer noch nie einen Fall verloren habe. Fast alle hoben die Hand. »Meine Freunde und ich haben einen Spitznamen für euch. Ihr seid alle Mitglieder im Chickenshit Club, im Hühnerscheiße-Verein, so nennen wir das«, sagte er den verblüfften Kollegen.[8] Wer immer gewinnt, hat sich nur mit Hühnerscheiße, mit den kleinen Fällen abgegeben. Comey wollte das ändern: »Wenn es ein guter Fall ist, gedeckt mit handfesten Beweisen, dann müsst ihr den Fall auch vor Gericht bringen.« So gingen seine Leute gegen Enron, Frank Quattrone von der CSFB und die Devisenhändler vor. Doch die großen Banken schauten nicht tatenlos zu. Vor allem die Deutsche Bank zeigte, dass man gewillt war, das Spiel an der Wall Street notfalls dreckig zu spielen. Selbst das FBI und die Staatsanwaltschaft des Southern District waren keine übermächtigen Gegner.

R olf Breuer, 2002 noch für wenige Monate Vorstandssprecher und damit Chef der Deutschen Bank, sprach gern und oft mit Reportern. Mindestens zwei dieser Gespräche sollten seinem Arbeitgeber viel Ärger bereiten. Im Februar hatte er in einem Interview mit Bloomberg-TV auf die Frage, ob seine Bank dem schwer angeschlagenen Unternehmen des Medien-Tycoons Leo Kirch noch helfen würde, geantwortet: »Das halte ich für relativ fraglich. Was alles man darüber lesen und hören kann, ist ja, dass der Finanzsektor nicht bereit ist, auf unveränderter Basis noch weitere Fremd- oder gar Eigenmittel zur Verfügung zu stellen. Es können also nur Dritte sein, die sich gegebenenfalls für eine, wie Sie gesagt haben, Stützung interessieren.« Kurze Zeit später war das Unternehmen pleite, Kirch verklagte die Bank auf Schadensersatz.

Der immer leicht gebräunte Breuer galt zu seiner Zeit dennoch als das charismatische Aushängeschild der Bank, wenn auch die vielen Misserfolge im neuen Jahrtausend seinem Ansehen sehr zugesetzt hatten und er zum Ende interne Putschversuche hatte abwehren müssen. So hatte Michael Phillips, ein hartgesottener Mann von Merrill Lynch, bei einer Managerkonferenz der Bank mit der unmissverständlichen Forderung auf sich aufmerksam gemacht, die Bank stringenter zu organisieren. Der Vorstand sei zu groß, die Entscheidungsfindung zu kompliziert, es bedürfe einer neuen Führung. Breuer überstand den Angriff und durfte seinen Vertrag noch erfüllen. Doch bevor er sein Amt wie geplant an Josef Ackermann übergab und in den Aufsichtsrat wechselte, musste er eine weitere ernste Krise überstehen, die er sich durch ein anderes Interview eingehandelt hatte. In dem Fall ermittelte die US-Börsenaufsicht SEC gegen Breuer und die Bank.

Breuer hatte in einem Interview des Magazins *Der Spiegel* auf die Frage, ob man mit Bankers Trust über eine Übernahme verhandle, im Herbst 1998 eindeutig geantwortet: »In dieser Branche spricht jeder mit jedem. Aber es gab keine Übernahmegespräche.« Nachfrage der Reporter: »Aber Bankers Trust läßt Sie in die Bücher gucken?« Breuer antwortet: »Nein. Das wäre ja schon Liebesgeflüster.«[9] Der Aktienpreis von Bankers Trust fiel, wenig später kam es zu der Übernahme. Der Preis wurde auf Grundlage des gefallenen Aktienkurses festgelegt, die Übernahme wurde durch das Interview also billiger. Die Börsenaufsicht nahm Vorermittlungen auf: Breuer habe den Aktienmarkt manipuliert, um weniger für Bankers Trust zahlen zu müssen. Er habe gelogen, um den Preis zu drücken, denn er hatte sich vor dem Interview mit dem Magazin zweimal zu geheimen Gesprächen mit dem Bankers-Trust-Chef Frank Newman getroffen – einmal in einem Hotelzimmer in Washington und dann in seinem Frankfurter Privathaus, wo man die Verhandlungen weit vorangetrieben hatte. Die Börsenaufsicht SEC schaltete sogar bald einen Gang höher: Zeugen wurden gehört, die SEC-Ermittler sichteten Akten. Sie machten Ernst. Im März 2001 schlug die SEC vor, mit der Deutschen Bank über konkrete Entschädigungszahlungen zu verhandeln. Doch im Juli 2001 schien sich alles in Luft aufzulösen. Die Bank erhielt einen Brief der SEC: Man habe die Ermittlungen eingestellt. Nicht nur das. Der Chefermittler der SEC, Richard »Dick« Walker, hatte zuvor intern überraschend erklärt, dass er sich von den Ermittlungen zurückziehen und bald die Börsenaufsicht verlassen werde.

Dick Walker war einer der erfahrensten führenden Mitarbeiter bei der SEC, Chef für die ganze Nordostküste, seit zehn Jahren bei der Börsenaufsicht. Was war passiert? Wo wollte er hin? Dick Walker hatte einen besseren Job gefunden. Einen Tag vor dem Börsengang der Bank in New York, am 2. Oktober, wechselte er offiziell zur Deutschen Bank und wurde der oberste Anwalt des Unternehmens. Dass die SEC die Ermittlungen gegen die Deutsche Bank aus unbekannten Gründen eingestellt hatte, bekam einen sehr bitteren Beigeschmack. Erst 2011 wurde durch einen Whistleblower bekannt, dass man damals in der SEC und in der Folgezeit bei Vorermittlungsfällen die Akten vernichtet hatte, obwohl das nach US-Archivrecht verboten war. Man verwischte also die Spuren und sorgte dafür, dass auch nachträglich niemand in der Behörde die Akten – etwa über die Deutsche Bank – erneut einsehen konnte.[10] Richard Walker blieb bis 2015 der oberste Anwalt der Bank.

In den 1980er Jahren und noch einmal nach dem 11. September 2001 hatte es für kurze Zeit eine schlagkräftige Truppe aus Börsenaufsicht, SEC, Bundespolizei, FBI und US-Bundesstaatsanwaltschaft gegeben. Damit war es nun vorbei. Die SEC war ernsthaft von der Wall Street korrumpiert worden, indem man die besten Leute einfach aus der Aufsicht herausgekauft hatte. Die Branche ließ sich nun nicht mehr durch hohe Strafen wie die für den »Wolf der Wall Street« oder den »König der Junkbonds« abschrecken. In den großen Banken arbeitete man daran, das ganze System unter Kontrolle zu bringen, um ungestört und unreguliert den eigenen Geschäften nachgehen zu können. Man wollte selber entscheiden, wie und mit wem man Geld verdiente.

»Please do not mention our bank's name«

Als die Situation der Deutschen Bank im Jahr 2015 immer schlechter wurde, vertrat man nach außen eine klare Linie: Ja, es hat Mitarbeiter gegeben, die an illegalen Machenschaften beteiligt waren, aber mit der Finanzkrise 2008 sei das vorbei gewesen. Ohnehin hätten nur ein paar schwarze Schafe wenige Jahre vor Ausbruch der Krise über die Stränge schlagen können. Diese Sichtweise wurde von Teilen der deutschen Presse oftmals ungeprüft übernommen. Die schöne Geschichte von den wenigen schlechten Jahren war in Wahrheit ein Märchen. Mitarbeiter der Deutschen Bank waren sehr viel früher und sehr viel länger an illegalen Geschäften beteiligt, als es die verschiedenen Vorstände in Frankfurt zugeben wollten und konnten. Sie konnten nicht, weil das Risikomanagement und die sogenannte Compliance-Abteilung – zuständig dafür, dass die Bank die Regeln einhält – wegschauten und in einigen Fällen bei Rechtsbrüchen sogar halfen.

In der allgemeinen Unübersichtlichkeit und angesichts der Haltung des Vorstands, die verschiedenen Geschäftsteile der Bank einfach machen zu lassen, Hauptsache, sie generierten Umsatz und Profit, schlichen sich früh illegale Handlungsabläufe ein. Besonders bei der Organisation des globalen Geldflusses hat eine große Bank eine große Verantwortung: Sie ist eine Schleusenwärterin, sie muss verhindern, dass schmutziges Geld in den Kreislauf gelangt und mit Hilfe der Bank gewaschen werden kann. Die Deutsche Bank hatte sich im Lauf der Jahre zu einer der weltweit wichtigsten Schleusen für Giralgeld entwickelt, das unablässig in Überweisungen rund um den Globus fließt. Im neuen Jahrtausend wurden dabei vier Geldquellen immer wichtiger: das Geld der Oligarchen in Russland, das Vermögen der erdölfördernden Länder im Nahen Osten – der drohende Irakkrieg ließ die Preise geradezu explodieren –, die Mittel des organisierten Verbrechens in Südamerika und andernorts und schließlich das Geld der sogenannten *Rogue States*, also der Staaten, die von der Regierung George W. Bush als Finanzierer des Terrors eingestuft wurden. All diese Akteure wollten ihr Geld – wie jeder x-beliebige Konzern auch – über das Netz der Banken von einem Ort zum anderen transferieren. Die Banken mussten daher einige Anstrengungen unternehmen, um sicherzustellen, dass sie nicht mit anrüchigem Geld in Verbindung kamen und sich unter den Geldströmen nicht Geld befand, das auf illegalem Weg erwirtschaftet worden war.

Die Deutsche Bank analysierte die Geldströme genau, aber nicht um schmutziges Geld aufzustöbern und aus dem Verkehr ziehen zu lassen, ganz im Gegenteil: Die Bank profitierte ungeniert davon, dass sie schmutziges Geld mit voller Absicht über ihre offiziellen Kanäle laufen ließ. Mitarbeiter der Deutschen Bank brachen dafür seit 1999 regelmäßig die US-Gesetze. So half die Bank verschiedenen Staaten, US-Sanktionen zu umgehen, darunter Libyen, Syrien, Myanmar, der Iran und der Sudan – alles Länder, die im Verdacht standen, Terroristen direkt finanziert und unterstützt zu haben. Den Sudan hatte die USA auf die Embargoliste gesetzt, weil Osama bin Laden, der Kopf von al-Qaida, dort eine Zeit lang mit seinen engsten Getreuen ungestört auf einer Farm gelebt hatte. Vom Sudan aus hatten er und seine Helfer Angriffe auf US-Ziele geplant, bevor sie nach Afghanistan zogen, um dort die Anschläge vom 11. September 2001 vorzubereiten. Die US-Regierung verhängte bereits 1999 Sanktionen gegen sudanesische Banken, da man vermutete, dass al-Qaida sich auch über Konten im Sudan finanzierte. Den zuständigen Mitarbeitern der Deutschen Bank war das egal – sie wollten auf das »sehr lukrative Geschäft«, so hieß es intern, mit den Banken in diesen Staaten nicht verzichten. Also entwickelte man ein Verfahren, das sich später auch in der Zusammenarbeit mit anderen Regierungen und Kunden bewähren sollte.[11]

Die Kunden – Banken im Sudan, im Iran, in Syrien – wurden per Telefon, E-Mail oder persönlich instruiert, wie die Überweisungen abgefasst sein mussten, damit die US-Behörden keinen Verdacht schöpften. Die hatten das Recht und auch die technischen Möglichkeiten, jede Summe, die aus einem der Embargostaaten stammte, unverzüglich einzufrieren. Doch bevor eine Überweisung in das internationale System eingespeist wurde, prüften Mitarbeiter der Deutschen Bank genau, was der Auftraggeber angegeben hatte. Es reichte, wenn die Banken im Sudan auf dem Überweisungsträger vermerkten: »Please do not mention our bank's name or SWIFT code in any msg [message] sent via USA.« Entscheidend war, dass die Überweisungen anonymisiert waren und in zwei Vorgänge aufgesplittert wurden, so dass am Ende nur die Deutsche Bank den Überblick hatte, wer welches Geld wohin überweisen wollte, und die zweite, saubere Überweisung durchlassen konnte. Enthielt eine Überweisung zu viele Informationen, reagierten die eingeweihten Sachbearbeiter bei der Deutschen Bank umgehend, indem sie diese zunächst aus dem Verkehr zogen: »Wir werden es so einrichten, dass die Überweisung erstmal aus dem System fliegt und in einer speziellen Bearbeitungsschlange repariert wird (…) alle Hinweise auf den eigentlich Überweisenden werden dort eliminiert.« Den verantwortlichen Mitarbeitern war durchaus klar, was sie da taten. So schrieb einer der Embargobrecher in einer vertraulichen E-Mail: »Die Bank setzt auf spezifische Vorsichtsmaßnahmen, die eine große Expertise voraussetzen (…). Wenn wir einen Fehler machen, könnten die Überweisungen in den USA eingefroren und/oder die Geschäftsinteressen der DB [Deutschen Bank] beschädigt werden.«

Als Josef Ackermann im Mai 2002 Vorstandssprecher der Bank wurde, gehörten illegale Vorgänge bereits zum täglichen Geschäft in der New Yorker Zentrale. Die verschiedenen Abteilungen der Bank waren inzwischen in einem Gebäude an der Wall Street untergebracht. Das ehemalige Hauptquartier von Bankers Trust in unmittelbarer Nachbarschaft des World Trade Center war am 11. September 2001 schwer beschädigt worden. Dorthin konnten die New Yorker Mitarbeiter nicht mehr zurück. Um Punkte für sich zu sammeln, hatte Ackermann in Begleitung seiner Frau die Belegschaft dort unmittelbar nach den Anschlägen besucht. Das Gebäude war nicht mehr zu retten. Die Deutsche Bank kaufte daher für viel Geld einen Wolkenkratzer direkt an der Wall Street – die Nummer 60, am östlichen Ende der Straße. 600 Millionen Dollar zahlte man für das ehemalige Hauptquartier von J. P. Morgan. In unmittelbarer Nachbarschaft, Wall Street Nummer 40, ragt das Trump Building in den Himmel. Die Deutsche Bank befand sich also mit ihrem New Yorker Stammsitz in der passenden Nachbarschaft.

Im Haus Wall Street Nummer 60 machten Mitarbeiter der Deutsche Bank Trust Company Americas (DBTCA) – die Rechtsnachfolgerin von Bankers Trust – mit dem Iran, mit Libyen, Sudan und Syrien lukrative Geschäfte, und im Trump Building schmiedeten viele Wirtschaftskriminelle ihre Pläne. Das Treiben der DBTCA zu unterbinden, das wäre die Aufgabe der Compliance-Abteilung der Deutschen Bank gewesen. Doch das geschah nicht. Ein führender Manager der Abteilung unterwies einen Angestellten der DBTCA sogar, wie er sich verhalten sollte, damit das Geschäft unentdeckt weiterlaufen konnte. Später schickte er in einer E-Mail die Anweisung nach: »Bitte beachten Sie, dass jedwede Info über die OFAC-sicheren Geschäfte [OFAC hieß die Behörde, die Sanktionen gegen bestimmte Länder überwachte] streng vertraulich ist. Compliance will nicht, dass wir diese Informationen mit Dritten teilen, und verbietet es uns ausdrücklich, Informationen elektronisch oder schriftlich zu verbreiten.«[12]

Ein Mitarbeiter, der in der Compliance-Abteilung nachfragte, ob man mit syrischen Banken Geschäfte machen könne, erhielt die Antwort, dass dem von Seiten der Compliance nichts entgegenstehe, er dürfe es nur nicht übertreiben und an die große Glocke hängen: »Wie immer, lasst uns nicht mit dem Kunden schriftlich kommunizieren, um zu verhindern, dass die E-Mails in die falschen Hände geraten. Jemand sollte den [Klienten] anrufen und ihm mündlich alles erklären und sicherstellen, dass das Gespräch nicht aufgezeichnet wird. Lasst uns diese E-Mail hier nur an Leute verschicken, die sie unbedingt sehen müssen, es muss nicht sein, dass wir die Infos über diese Geschäfte überall verbreiten.« Gemeint waren damit vor allem die involvierten Büros der Deutschen Bank in Asien.

Die Deutsche Bank wollte den ganzen Kuchen und mit allen Parteien Geschäfte machen, was ziemlich waghalsig war, da diese gegeneinander Krieg führten oder kurz davor waren. So reisten die Vertreter der Bank zu potenziellen Kunden in den mit Handelssanktionen belegten Ländern, darunter Banken in Syrien, und informierten dort die Manager, dass man anders als die Konkurrenz – Banken in Asien etwa – dabei helfen könne, US-Sanktionen im Bankgeschäft zu umgehen. In den USA müsse das ja niemand wissen. In einer internen E-Mail hieß es: »Bitte beachten Sie, dass die Deutsche Bank einerseits bereit ist, mit Syrien Geschäfte zu machen, anderseits natürlich ebenfalls große Geschäftsinteressen in den USA hat, die die DB [Deutsche Bank] schützen will. Also muss jede Syrien-Überweisung streng vertraulich behandelt werden und sollte nur Kollegen einschließen, die unbedingt von dem Vorgang wissen müssen (…). Wir wollen keine Publicity oder anderen Krach am Markt oder in den Medien.«[13] Ruhe bewahren, Schnauze halten und jedes Geschäft machen, das war die Devise. Und das gelang erstaunlich gut. In den verschiedenen Abteilungen, auf den verschiedenen Ebenen, an den verschiedenen Standorten in vielen Orten der Welt wussten viele Mitarbeiter Bescheid, und dennoch blieb der Sanktionsbruch fast zehn Jahre geheim.

Die US-Bankenaufsicht unterstrich später, dass es innerhalb der Deutschen Bank nicht US-amerikanische Staatsbürger waren, die Embargos brachen, sondern Banker aus anderen Ländern, wobei man sorgsam darauf achtete, dass die Amerikaner im New Yorker Büro der Deutschen Bank nicht begriffen, was genau vor sich ging. Diese hatten die Überweisungen, nachdem sie »repariert« waren, nur noch abzuwickeln. Die elektronische Verarbeitung lief dann über das EDV-Zentrum der Deutschen Bank in Eichborn bei Frankfurt. Bis 2006 ging das gut. Die eingeweihte Clique in der Bank half den Staaten auf der schwarzen Liste, mehr als zehn Milliarden Dollar an den US-Behörden vorbeizuschmuggeln. In das illegale Geschäft war sogar ein Mitglied des Vorstands eingeweiht, wie aus einem Untersuchungsbericht der New Yorker Bankenaufsicht hervorgeht – ein enger Kollege von Josef Ackermann also. Dessen Identität wird in dem Bericht jedoch nicht gelüftet. Das Geheimnis wurde bis heute gewahrt.

Die Deutsche Bank stand mit ihren kriminellen Machenschaften nicht allein da. Auch andere Institute aus Europa und Deutschland – BNP Paribas oder die Commerzbank etwa – haben dem Iran, Libyen und anderen Staaten geholfen, die US-Sanktionen zu umgehen.

D er neue Chef der Deutschen Bank, Josef Ackermann, hatte wieder einmal persönlichen Ärger am Hals, kaum dass er Chef geworden war. Seit März 2001 ermittelte die Staatsanwaltschaft Düsseldorf gegen ihn, weil er an der größten Übernahme der jüngeren Wirtschaftsgeschichte als Aufsichtsratsmitglied der Firma Mannesmann zumindest indirekt beteiligt war. Der britisch dominierte Konzern Vodafone hatte die Mobilfunksparte von Mannesmann für die gigantische Summe von 190 Milliarden Euro übernommen. Während der öffentlichkeitswirksam initiierten Übernahmeschlacht – Mannesmann wollte eigenständig bleiben – hatte der Aufsichtsrat in einer Reihe von Sitzungen kurz vor der Übernahme hohe Zahlungen für Mannesmann-Vorstandsmitglieder beschlossen; eine Art Abfindungsprämie. Insgesamt genehmigte der Aufsichtsrat über 60 Millionen Euro außer der Reihe, unter anderem wurde ein großer Teil dieser Summe an den Mannesmann-Chef Klaus Esser ausgezahlt.

Anwälte aus Stuttgart zeigten daraufhin die Mitglieder des Aufsichtsrats an und warfen ihnen vor, das Geld der Aktionäre veruntreut zu haben, da sie die Vorstandsmitglieder ohne jede geschäftliche Grundlage reich beschenkt hätten. Die Staatsanwaltschaft in Düsseldorf war anfangs skeptisch und nahm erst im Frühjahr 2001, nachdem sie von der eigenen Generalstaatsanwaltschaft dazu aufgefordert worden war, die Ermittlungen auf. Im Lauf des Jahres 2002 sah es dann immer mehr danach aus, dass die Ankläger es doch auf einen Prozess anlegen wollten. Für den neuen Chef Ackermann kam dieses Verfahren zur Unzeit. Die Bank steckte wieder einmal in einer Krise und stürzte im Herbst 2002 an der Börse regelrecht ab. Die Branche fürchtete, dass sich 2002 für die deutschen Banken zum schlechtesten Jahr seit dem Zweiten Weltkrieg entwickeln könnte. Da ahnte noch niemand, was wenige Jahre später geschehen sollte.

Die Deutsche Bank war an der Börse nur noch 23 Milliarden Euro wert. Fünf Monate zuvor hätten die Aktien noch 48 Milliarden Euro eingebracht. Die rot-grüne Regierung bekam die Wirtschaft nicht flott, die Anschläge vom 11. September 2001 verschärften die Situation noch, mehrere große Konzerne gingen pleite oder standen kurz davor – Babcock Borsig, Kirch, Holzmann –, die Kredite bei den Banken platzten, allgemeine Verunsicherung machte sich breit. Einige kleinere und mittelgroße Banken gingen bankrott, darunter die Bankgesellschaft Berlin, die SchmidtBank und die Gontard & Metallbank.

Eine inzwischen fast vergessene Bankenkrise schloss sich an, deren Bewältigung viel über die wahre Krise aussagt, die noch kommen sollte: Man fand keine Lösung und schob die Probleme einfach beiseite. Die Situation schien so schlecht, dass für Reformen keine Zeit war. Das Magazin *Der Spiegel* brachte im Herbst 2002 die Titelgeschichte »Versenktes Geld – Die Weltwirtschaft im Strudel der Banken-Krise« und vermeldete darin einen operativen dreistelligen Millionenverlust der Deutschen Bank im dritten Quartal: »Das ist kein Kratzer mehr in der Bilanz, das ist ein Blutbad. Allein am vergangenen Dienstag verlor die früher so stabile Aktie sieben Prozent ihres Werts.« Vor diesem Hintergrund wurde die Expansionsphase unter Edson Mitchell heftig kritisiert. Dass die Investmentbanker nach Thailand geflogen waren, dass man sie am Lago Maggiore mit einer Reggae-Band aus Florida bei Laune gehalten hatte, dass man in Orlando wie in Hongkong gefeiert und bei einem Seminar im südspanischen La Manga den gesamten Schnapsvorrat ausgesoffen hatte, kam nun ebenfalls wieder auf den Tisch.

Rolf Breuer, inzwischen zum Chef des Aufsichtsrats gewählt, gab dem Nachrichtenmagazin ein Interview, das 15 Jahre später noch genauso hätte gegeben werden können, so wenig sollte sich ändern.[14] Als er zu der »nie gekannten Gier«, den »rücksichtslosen Geschäften um der Geschäfte willen und folglich auch exorbitanten Gehältern und Boni« der Investmentbanker Stellung nehmen sollte, antwortete er: »Das war die Kehrseite der Medaille. Die konnte unseren Firmenkunden nicht gefallen. Die Folge war eine gewisse Aversion gegenüber der neuen Mentalität des schnellen Gelds.« Diese Aversion könne er inzwischen nachvollziehen. Breuer gab sich erstaunlich offen. Indirekt rechnete er auf diesem Weg öffentlich mit den Investmentbankern – Jain, Ackermann, Phillips – ab, die ihn, das berichtete *The Wall Street Journal* später, wegen des schlechten Börsenkurses hatten stürzen wollen. Die Reporter fragten: »An allen Bilanzskandalen in den USA waren auch Finanzmanager beteiligt. Können Sie ausschließen, dass Deutschbanker noch Leichen im Keller haben?« Breuer antwortete: »Wir kennen jedenfalls keine. Aber im Ernst: Vor unbekannten Leichen ist man nie geschützt. Vielleicht sind die US-Skandale auch heilsam für all jene, die das angloamerikanische Modell gern kritiklos auf Europa übertragen hätten. Ich kann das nur hoffen.«

Dass es ohne die Investmentbanker und die Zentrale in London aber schon lange nicht mehr ging, wusste der Aufsichtsratschef natürlich. 80 Prozent des Umsatzes machte die Bank bereits im Ausland, größtenteils mit Hilfe der Abteilung von Anshu Jain. Die Kritik an den Investmentbankern war nichts weiter als Theaterdonner, denn Breuer hatte auch keine Ahnung, wer sonst das Geld verdienen sollte. Doch er gab zu: »Wir alle haben Fehler gemacht. Zum Beispiel, wenn es darum ging, rechtzeitig die Kosten in den Griff zu bekommen. Mittlerweile können wir allerdings gar nicht mehr so schnell einsparen wie uns die Erträge wegbrechen.« Angesichtes der Pleiten verschiedener kleiner Banken warnte er, dass es bald auch die großen treffen könne: »Wie [Bundesbank-]Präsident Welteke sehe auch ich zumindest keine Liquiditätsengpässe (…). Es gibt kein aktuelles Problem. Aber man darf auch solche Horrorszenarien heute nicht mehr ignorieren. Die Schockwellen wären jedenfalls enorm.« Auf die Frage, ob die Politik dann eingreifen dürfe, antwortete Breuer: »Nur in extremen Ausnahmesituationen. Eine Intervention verzögert meist nur, was der Markt dann doch durchsetzt. Bei staatlichen Maßnahmen sind die Folgen oft schrecklicher, weil langwieriger. Ein Institut nur um seiner selbst willen am Leben zu erhalten, scheint mir mehr als fragwürdig.«

Die Lage war so bedrohlich, dass sich die Spitzen der Bundesregierung – Kanzler Schröder, Wirtschaftsminister Wolfgang Clement, Finanzminister Hans Eichel – am 16. Februar 2003, einem Sonntag, mit den Bossen der größten deutschen Banken im Berliner Wirtschaftsministerium trafen – vertraulich ohne Presse vor der Tür. Vor allem faule Hypotheken in der Bilanz der HypoVereinsbank, aber auch die Kreditbestände der Commerzbank und der Dresdner Bank machten ihnen Sorge. Ackermann lehnte es ab, mit der Deutschen Bank Verantwortung zu übernehmen, und brachte auch sonst die Runde mit der Idee gegen sich auf, sogenannte *Bad Banks* zu gründen.[15] Diese vom Staat finanzierten Auffanggesellschaften sollten marode Banken übernehmen und kontrolliert abwickeln, bevor ihr Bankrott das System gefährdete. Ackermann wollte also letztlich die Schwäche deutscher Banken dazu nutzen, den Markt mit Hilfe des Staates zu bereinigen. Das stieß auf wenig Begeisterung. Dass sich Ackermann einem Rettungsprogramm widersetzt hatte, blieb nach dem Treffen nicht lange geheim. Die Deutsche Bank selbst sei sich »zu fein« für die Beteiligung an einer Hilfsaktion, berichteten mehrere Zeitungen. »Wir wollen uns nicht mit diesem Virus infizieren«, habe Ackermann bei dem Treffen im Kanzleramt gesagt, schrieb die *Frankfurter Allgemeine Zeitung* damals.[16]

Auch das Bad-Bank-Konzept sickerte durch, Ackermanns Testballon. In Bankenkreisen gelte die Idee als »Lachnummer«, berichtete der Deutschlandfunk. Man mache sich dort gallig über Ackermanns Vorschlag lustig. Die privaten Banken hätten »immer die Entbürokratisierung verlangt«, doch nun »rufen sie plötzlich nach staatlichen Subventionen«.[17] Die Konkurrenz vermutete, dass Ackermann diesen Vorschlag auch unterbreitete, um der Konkurrenz zu schaden. Der Plan, so der Deutschlandfunk, sei offenbar gewesen, »durch den Verweis auf das schlechte Kreditportfolio der anderen das Vertrauen in die Konkurrenten zu untergraben und selbst besser dazustehen«.

Ackermanns Vorschlag hatte auch mit dem Konkurrenzkampf, der in Deutschland auf dem Bankenmarkt tobte, zu tun. Der Gesamtumsatz war schlicht nicht groß genug für die Landesbanken, Sparkassen und großen kommerziellen Banken, die sich alle auf dem einzigartig komplizierten deutschen Markt tummelten. Die Dresdner Bank war inzwischen vom Allianz-Konzern übernommen worden, der Commerzbank ging es außergewöhnlich schlecht, Banken in Bayern, darunter eben die zweitgrößte Bank Deutschlands, die HypoVereinsbank, machten ebenfalls Verlust. Das »Overbanking« – das Überangebot an Banken – machte es auch für die großen Institute schwer, in Deutschland genug Geld zu verdienen. Ackermann wollte die Schwäche der Konkurrenten mit Hilfe der Regierung ausnutzen, denn das wurde vor allem sein Feld: der politische Raum, wo das Wort oft mehr zählt als die Tat.

D ie Forderung nach einer Bad Bank war nur ein Element in Ackermanns Strategie. Parallel zu seinem Vorstoß hatte der Finanzkonzern Lobbyisten auf die neu gewählte Bundesregierung angesetzt. Im September 2002 war die rot-grüne Koalition trotz der schlechten wirtschaftlichen Lage mit einem hauchdünnen Vorsprung wiedergewählt worden. Der in den Umfragen abgeschlagene SPD-Kanzler Gerhard Schröder hatte gerade noch rechtzeitig den drohenden Irakkrieg als Thema entdeckt. In einer Fernsehdiskussion schloss er aus, dass deutsche Soldaten mit den USA in diesen Krieg – anders also als in Afghanistan – ziehen würden. Seinen Gegner, den konservativen Spitzenkandidaten Edmund Stoiber, erwischte diese Haltung auf dem falschen Fuß. Die Kriege scheuenden Deutschen wählten noch einmal eine rot-grüne Regierung. Bundesfinanzminister blieb Hans Eichel von der SPD. Er und seine Staatssekretäre wurden fortan von Lobbyisten beraten, und auch bei Gerhard Schröder im Kanzleramt arbeitete ein Mitarbeiter der Bankenlobby. Jahre später rügte der Bundesrechnungshof in einem geheimen Gutachten, dass eine Juristin des Bundesverbands der Investmentgesellschaften (BVI) und ein Mitarbeiter der Dresdner Bank Gesetzentwürfe mitverfasst hatten. Beide wurden vom BVI und vom Bundesverband deutscher Banken bezahlt, deren Vorsitzender Rolf Breuer war.[18] Die Lobbyisten konnten auf diese Weise während der Krise in den folgenden Jahren an vorderster Stelle die Interessen der großen Banken durchsetzen.

Im März 2003 spitzte sich die Lage am Markt zu. Seit dem vergangenen Herbst hatte es Berichte gegeben, zum Teil lanciert von britischen Banken, dass eine Systemkrise des Finanzmarktes bevorstehe. Schuld seien insbesondere die deutschen Banken. Douglas Flint, ein Analyst der Hongkong & Shanghai Banking Corporation Holdings

(HSBC), damals die größte britische Bank, warnte vor der bedrohlichen Gesamtsituation: »Das systematische Risiko ist besorgniserregend, Bankzusammenbrüche könnten zudem einen Dominoeffekt auslösen.« Die Lage der deutschen Banken sei auch deswegen so schlecht, weil die Unternehmen in Deutschland kaum Profit machten, die Wirtschaft dort schwach sei und die Situation insgesamt an das krisengeschüttelte Japan erinnere.[19] Das Kapital der Banken wachse kaum noch, und auch die Initiative der Bundesregierung, Verkäufe von Unternehmensanteilen nicht zu besteuern, habe nichts gebracht, da der Wert dieser Beteiligungen in den Keller gerauscht sei.

In diesem Frühjahr bildeten die Verantwortlichen der deutschen Banken – Vertreter der Bundesbank und Breuer als Vorsitzender des Bankenverbandes – nach außen eine gemeinsame Front. Man verbreitete betont Zuversicht: Den Banken gehe es gut, Reformen seien angestoßen worden, das europäische Bankensystem sei stark genug, um alle weiteren Schocks zu überstehen, sagte etwa der Bundesbankvorstand Edgar Meister. Breuer stellte in Interviews erneut klar, dass man nicht mit einer Krise infolge »fehlender Liquidität oder gar mangelhafter Solvenz« konfrontiert sei. Er und andere Vertreter der Branche suchten mit derartigen Äußerungen die Lage zu beruhigen. Gleichzeitig nutzte die Deutsche Bank die Sorge der Bundesregierung um die Branche zum eigenen Vorteil aus. Unbemerkt von der Öffentlichkeit nahm die Bankenlobby Einfluss auf deren Entscheidungen, indem sie unablässig ihr Mantra vortrug: Gerade in der Krise müsse der »Finanzplatz Deutschland« dringend gestärkt werden. Stärken hieß in dem Fall deregulieren.

Im März ereigneten sich auf verschiedenen Gebieten Dinge von großer Tragweite, die nicht alle die angemessene Aufmerksamkeit in den Medien fanden. Am 14. März stellte Kanzler Gerhard Schröder die Agenda 2010 vor, die starke Einschnitte in das bundesdeutsche Sozialsystem vorsah. Arbeitslose erhielten nun schneller als bisher Sozialhilfe und kein Arbeitslosengeld mehr. Knapp eine Woche nach Schröders Rede im Bundestag, in der er die Agenda ankündigte, griffen von den USA geführte internationale Verbände den Irak an. Den dramatischen Ereignissen ging am 6. März eine Rede von Hans Eichel voraus. In jenen ereignisreichen Tagen fand sie aber wenig Beachtung und wurde schnell vergessen.

Eichel kündigte am Rande der Sitzung der Europäischen Zentralbank in Frankfurt weitreichende Änderungen der bestehenden Gesetzgebung an. Mit diesen »Reformen« solle dafür gesorgt werden, dass der Finanzplatz Deutschland zur Konkurrenz aufschließen könne. Er sprach ausführlich über die Hedgefonds, die wichtigsten Kunden der Deutschen Bank, und erklärte: »Hedgefonds sollen gegenüber herkömmlichen Investmentfonds nicht mehr diskriminiert werden.« Auch private Anleger könnten von den höheren Renditen der Hedgefonds profitieren. Termingeschäfte, grenzenlose Kreditaufnahme und Leerverkäufe – das alles sollte Hedgefonds erlaubt werden. Leerverkäufe hieß nichts anderes, als dass ein Hedgefonds auf den Kursverfall eines Unternehmens wetten durfte. Was das bedeutete, konnte die Deutschen Bank im Herbst 2016 und Frühjahr 2018 intensiv erleben, als unter anderem der größte Hedgefonds der Welt, Bridgewater, auf einen Kursverfall der Bank wettete.

Das Echo auf Eichels Rede hätte für die Bundesregierung nicht besser ausfallen können: »Eichel will Finanzplatz stärken«, »Investmentbranche soll entbürokratisiert und liberalisiert werden«, die Regierung ermögliche »neue, innovative Produkte«, Gesetze sollen »entschlackt« und Genehmigungsverfahren »gestrafft« werden, schrieben die Korrespondenten. Die großen Tageszeitungen und die Deutsche Presse-Agentur dpa übernahmen damit im Wesentlichen die Wortwahl der Bundesregierung. So schrieb etwa dpa: »Ein Finanzmarktförderplan 2006 soll schrittweise moderne Anlageinstrumente einführen und Geldhäusern den Umgang mit Kreditrisiken erleichtern.« Man wolle Vorteile anderer europäischer Standorte wie Irland, Luxemburg oder Großbritannien ausgleichen, hieß es weiter.[20]

Modern – erleichtern – ausgleichen, das hörte sich gut an. Die *Süddeutsche Zeitung* berichtete auch über die Kehrseite der Deregulierung, erwähnte, dass man in den USA bereits darüber nachdenke, die Hedgefonds strenger zu überwachen. Doch unter dem Strich hatte die Öffentlichkeit gerade andere Sorgen, und die meisten Journalisten konzentrierten sich auf andere, scheinbar größere Probleme. Die Arbeitsmarktdaten aus Nürnberg – noch immer 4,6 Millionen Arbeitslose – fanden an diesem Tag deutschlandweit ein wesentlich größeres Echo als Eichels Rede. Tatsächlich war die Frankfurter Rede der Auftakt zu einer bereits durchgeplanten Deregulierung des Finanzplatzes Deutschland. Eichel stellte insgesamt dreißig Gesetzesvorhaben vor. Schon zwei Jahre zuvor hatte das Finanzministerium unter seiner Führung mit dem Vierten Finanzmarktförderungsgesetz begonnen, die Finanzwirtschaft zu deregulieren. Doch die neue Initiative hatte eine ganz andere Qualität. Die rot-grüne Bundesregierung ging überraschend radikal vor. Sie orientierte sich an den Konkurrenten des Finanzplatzes Frankfurt – an London und New York – und begab sich in einen regelrechten Deregulierungswettlauf. Damit legte sie die Grundlage für die nächste Krise, die unweigerlich kommen würde.

Der Leidensdruck der Bundesregierung war offenbar zu groß, sie brauchte so dringend Erfolge, dass man den Banken sozusagen eine Carte blanche ausstellte. Kränkelnde Finanzkonzerne konnte man nicht gebrauchen, dann lieber Banken, die volles Risiko gingen. Für die Deutsche Bank in Frankfurt schloss Eichels Gesetzesinitiative gewissermaßen die letzte Lücke. In keinem einflussreichen Staat, weder in Großbritannien, in den USA oder in Deutschland, drohten nun noch ernstzunehmende Regeln die neuen Geschäfte zu verhindern. Auch von Seiten der Europäischen Union mussten die Banken keinen Ärger erwarten. Auf europäischer Ebene war nach jahrelanger Vorarbeit gerade erst ein Finanzmarkt geschaffen worden, der es möglich machte, dass Kapital ungehindert von einem EU-Staat zum nächsten floss. Von London aus durfte man jetzt überall auf dem Kontinent Geldgeschäfte machen. Eine europäische Behörde, die mit den großen europäischen Banken mithalten konnte und sie nicht aus den Augen ließ, gab es allerdings noch nicht. Das Geschäft veränderte sich währenddessen immer schneller, und immer öfter erfolgte die notwendige Regulierung erst Jahre später. Der EU-Finanzmarkt war also eine ständige Baustelle – und ebenso das hochgelobte Vorbild USA.

Die Führung der Deutschen Bank hoffte auch deshalb, den Finanzmarkt aggressiv aufrollen und den Kampf um die Weltspitze mitten in der Krise wieder aufnehmen zu können.

DIE SCHULDENMASCHINE

Das Jahr 2003 war ein entscheidender Wendepunkt für die Banken weltweit. Das Geschäft lief schlecht bis katastrophal, die verschiedenen Vorstände der Institute mussten entscheiden, wie es weitergehen sollte. Zwischen 1988 und 1997 hatten die Banken 17,9 Prozent Gewinn am Aktienmarkt gemacht, zwischen 1998 und 2003 nur noch 3,7 Prozent. Man war also ein immenses Risiko eingegangen, um am Ende einen mageren Profit zu erwirtschaften. 2003 waren die Zinsen am Boden, auch Staatsanleihen – zehn Jahre laufende Bonds der US-Regierung etwa – brachten nicht mehr viel ein.[21] Wie wollte man in Zukunft Geld verdienen? Jain entschied sich, den Rat Edson Mitchells weiter zu befolgen und Derivate zu verkaufen – und zwar so komplexe und so viele wie möglich. Die »Credit Group« dachte sich verrückte Deals aus. Man bot sogar – wie Enron – Derivate an, mit denen man auf das Wetter wetten konnte. Die Truppen befolgten Jains Befehle. Als ein Trader ein riskantes Geschäft auf dem Gasmarkt, das der Bank Millionen einbrachte, mit Erfolg abschloss, suchte einer der Chefhändler Jain auf. Er solle dem Kollegen doch gratulieren, das sei gut für die Moral. Der Chefhändler dachte an einen spontanen Besuch, doch Jain ließ die Gratulation wochenlang vorbereiten, bis ins kleinste Detail, wie einen Staatsbesuch. Er wollte genau über das Geschäft Bescheid wissen: Wie hatte der Mann Geld verdient? Was war sein Trick? Da Details ihn gewöhnlich nicht interessierten, kam der Verdacht auf, dass es nur darum ging, bei den Tradern nicht unsicher zu wirken. Sie sollten auf keinen Fall denken, ihr Chef habe keine Ahnung. Doch der steife Besuch auf den unteren Decks förderte nicht die Moral, sondern warf bei den Händlern Fragen auf.

Anshu Jain wurde immer unnahbarer. Während Mitchell durch die Reihen der Trader gegangen war, sie beim Namen genannt und einzelnen Händlern nach einem erfolgreichen Deal gratuliert hatte, zog Jain sich in den dritten Stock des Londoner Hauptquartiers zurück und besuchte die Truppen fast nie. Jain verlangte gleichzeitig immer mehr von den Tradern – mehr Umsatz, mehr Gewinn, mehr Marge. Das wurde ihnen in Meetings, bei Vorträgen, auf Wochenendseminaren eingehämmert. Aber mehr Marge, mehr Umsatz, das hieß auch immer mehr Risiko mit riskanteren Produkten auf riskanteren Märkten – etwa in Russland, das wenige Jahre zuvor noch als verbrannter Markt gegolten hatte.

1989, nach dem Fall der Mauer, hatte man in Europa und in den USA noch geglaubt, dass der Markt alles regelt. Die 1990er Jahre hatten dann allen gezeigt, dass genau das nicht stimmte. LTCM, Russland, Asien, die Internetblase, all diese Krisen hatten das bewiesen. Doch am Zeitgeist hatte das nichts geändert. Noch immer trugen die Banken die längst gründlich widerlegte Behauptung, dass der Markt alles regelt, als unerschütterliche Gewissheit in den politischen Raum: Nur ein völlig freier Markt ist ein guter Markt. Tatsächlich hatten sie keine Idee, wie sie in einem effektiv regulierten Markt Geld verdienen sollten.

In Deutschland warben Bundeskanzler Gerhard Schröder, »der Genosse der Bosse«, und sein Finanzminister Hans Eichel in der Koalition mit Verve für den Finanzplatz Deutschland. Ihre Bemühungen wurden von den Bundestagsfraktionen der Koalition, der SPD und den Grünen, kräftig unterstützt. Im Mai brachten die beiden Fraktionen einen Antrag im Bundestag ein. Er stand unter der Überschrift »Finanzplatz Deutschland weiter fördern« und war unterschrieben von Franz Müntefering, Katrin Göring-Eckardt und Krista Sager von den Grünen im Namen ihrer Fraktionen.[22] Ein Kernsatz lautete: »Die Belange des Finanzplatzes Deutschland müssen stets im Fokus des wirtschaftspolitischen Geschehens stehen.« Unnötige Belastungen für die Unternehmen der Finanzdienstleistungsindustrie müssten vermieden werden: »Die Regulierung von Wertpapierdienstleistungsunternehmen ist kein Selbstzweck (...). Dabei ist auch die Wettbewerbsfähigkeit der deutschen Finanzdienstleistungsbranche (...) zu berücksichtigen.« Außerdem müssten in Deutschland »international wettbewerbsfähige steuerliche Rahmenbedingungen geschaffen werden«. Kurz: Die Steuern mussten weiter runter, egal wie. Auf Seite 7 des Papiers ging es unter Punkt VIII ans Eingemachte. Die Autoren wiesen darauf hin, dass die Bundesregierung die Verbriefung von Kreditforderungen und Kreditrisiken erleichtert habe. Kurze Zeit später sollte sie quasi durch die Hintertür mit dem Gewerbesteuerrecht die

Grundlage des Geschäfts verändern. Von Juli 2003 an war es Unternehmen erlaubt, verbriefte Kreditpapiere von der Steuer abzusetzen, was sie als Anlageform sehr viel attraktiver machte.

Bei den Grünen gab diese Linie auch der Übervater und Außenminister Joschka Fischer vor, der sich wirtschaftsfreundlich gab und das politische Potenzial der Mitte für seine Partei zu erschließen suchte. Die rot-grüne Regierung samt ihren Fraktionen schuf damit Bedingungen, auf die man in der Finanzbranche seit über zehn Jahren hingearbeitet hatte. Verbriefte Kredite und Kreditrisiken bedeutete nichts anderes, als dass Banken und andere Akteure mehrfach mit Krediten Geld verdienen konnten. Den ureigenen Rohstoff der Banken – die Kredite – verwertete man nicht nur einmal, sondern zwei-, drei- oder gar viermal. So wollte man der schwächelnden Branche auf die Beine helfen, um – so das Versprechen – dann auch wieder die Aktiengeschäfte, die Fusionen, die normale Kreditvergabe ankurbeln zu können, die in der aktuellen Wirtschaftskrise nur schleppend liefen.

Eichel kam den Banken noch weiter entgegen: Er kündigte an, dass Zweckgesellschaften, in denen Banken Kreditforderungen und Kreditrisiken verbrieften, um sie am Kapitalmarkt weiterzuverkaufen, bei der Gewerbesteuer mit den Banken gleichgestellt würden. Dass man damit die Zweckgesellschaften aufwertete, war die Hefe im Geschäft, das in kurzer Zeit zu einer gigantischen Blase aufquellen sollte. Zweckgesellschaften hatten auch die Bilanztrickser von Enron benutzt, um Anleger und Analysten hinters Licht zu führen. Obwohl die Berichterstattung über Enron 2002 die Wirtschaftspresse bestimmt hatte, schien man diese Bedrohung in Deutschland auf der entscheidenden Ebene nicht wahrzunehmen – oder wahrnehmen zu wollen. Stattdessen gab man den Banken – trotz der Warnung vor systematischen Risiken etwa durch die HSBC – die Möglichkeit, die Risiken gigantisch aufzublähen und im ganzen Finanzsystem zu verteilen – und zwar gebündelt in Gesellschaften, die von der Finanzaufsicht wie von den Marktteilnehmern nur schwer zu durchschauen waren.

Die Bundesregierung war auf den ältesten Trick der Bankenbranche hereingefallen, deren Vertreter beharrlich behaupteten, dass sich durch die Verbreitung von Krediten – also den Weiterverkauf von Kreditrisiken – das Risiko verringern lasse, da es ja auf mehrere Schultern verteilt werde. So stand es in dem Papier, das Franz Müntefering, Katrin Göring-Eckardt und Krista Sager unterzeichnet hatten: »Ziel der Initiative der Bundesregierung ist es, durch die Verminderung der Risikopositionen der Kreditinstitute aus Kreditforderungen und -risiken eine Eigenkapitalentlastung herbeizuführen und auf diese Weise Freiraum für neue Kredite zu schaffen.«[23] Die rot-grünen Abgeordneten plapperten ungeprüft nach, was die Bankenlobby ihnen vorgegeben hatte: Wir wollen doch nur weniger Risiko und das Kapital nicht ungenutzt rumliegen lassen. In Wahrheit konnten die Banken durch den Weiterverkauf und die Auslagerung von Krediten noch mehr Geschäfte abschließen und noch größere Risiken eingehen, ohne mehr Eigenkapital aufbringen zu müssen. Die Banken wollten nur aus einem einzigen Grund mehr Risiko eingehen dürfen: um selber mehr Geld zu verdienen. Dass sie am Ende das Risiko gar nicht allein trugen, war dabei ausgemachte Sache.

Im Sommer 2003 besuchte der siebzigjährige Sanford I. »Sandy« Weill Deutschland. Der legendäre US-Banker, der lange als Außenseiter im Geschäft galt, hatte aus der Citigroup beharrlich die größte Bank der Welt gemacht. Weill kam in Brooklyn zur Welt, als Sohn jüdischer Einwanderer, die einst aus Polen in die USA eingewandert waren. In den 1950er Jahren hatte er sich an der Wall Street nach oben gearbeitet. Seine Karriere begann, als der Dow-Jones-Aktienindex noch bei 600 Punkten stand und der ehemalige General Dwight Eisenhower als US-Präsident die Geschicke des Landes bestimmte. Weill hatte so ziemlich alles erlebt, was das Bankgeschäft zu bieten hatte, und er hatte noch jede Krise der Konkurrenz ausgenutzt. Er galt als der ungekrönte König der Fusionen sowie der freundlichen und feindlichen Übernahmen. Seit Langem hielten sich Gerüchte, dass Weills Citigroup die Deutsche Bank übernehmen wolle.

Sandy Weill war schon als junger Mann Partner bei einer Brokerfirma geworden, die unter seiner Führung damit begann, andere Firmen aufzukaufen. Das Unternehmen entwickelte sich rasch, wurde einflussreicher und schließlich in den 1980er Jahren von der Kredit-kartenfirma American Express aufgekauft. Manager in einem eta-blierten Konzern wollte Weill aber nicht werden. So kaufte er eine defizitäre Firma, die sich auf Konsumentenkredite spezialisiert hatte. Auch dieses Unternehmen baute der Banker aus Brooklyn zu einem ernsthaften Akteur am Markt auf. Weill gelang es sogar, die Travelers Group zu übernehmen, ein Schwergewicht am Finanzmarkt. Kurz darauf versuchte er mit dem Konzern J.P. Morgan zu fusionieren, doch der Deal platzte in letzter Minute. Es gelang ihm allerdings wenig spä-ter, die legendäre, aber angeschlagene Brokerfirma Salomon Brothers zu übernehmen.

Das reichte ihm noch immer nicht. Im Februar 1998 traf er sich in einem Hotel in Washington, D.C., mit dem CEO der Citicorp, einer der größten US-Banken zu jener Zeit.[24] Die beiden Chefs verhandelten ernsthaft über eine Fusion. Die war nach geltendem Recht eigentlich gar nicht möglich. Der im Kern noch immer wirksame Glass-Steagall Act aus dem Jahr 1933 verhinderte ja, dass ein Konglomerat aus einer Versicherung, einer Kreditkartenfirma, einer Investment- und einer Großbank entstand. Der Glass-Steagall Act war jedoch bereits sturm-reif geschossen. Bankers Trust hatte in den 1980er Jahren die ersten Änderungen durchgesetzt, und danach hatten Banklobbyisten mit Beharrlichkeit erreicht, dass der Kongress ein Schlupfloch nach dem anderen öffnete. Lobbyisten witzelten, dass dieser jahrelange Kampf nicht zuletzt die College-Ausbildung ihrer Kinder finanziert hatte.[25] 1998 schienen sie endlich vor dem Durchbruch zu stehen. Doch dann machten die Abgeordneten im letzten Moment einen Rückzieher und ließen die Abstimmung über den Glass-Steagall Acts scheitern, denn es standen Wahlen bevor, und einige Kandidaten benötigten dringend Wahlkampfspenden. Die Bankindustrie ließ sich nicht lumpen. Sie überwies den Kongressabgeordneten im Lauf der Jahre ingesamt 300 Millionen, um den Glass-Steagall Act loszuwerden.

Am Ende war Sandy Weill das Zünglein an der Waage. Die Fu-sion zwischen seiner Travelers Group und der Citibank wurde unter Auflagen genehmigt, die an den Glass-Steagall Act geknüpft waren. Das bedeutete, dass der neue Konzern bestimmte Geschäftsteile verkaufen musste, und deshalb wollte Weill ihn loswerden. Doch kurz bevor dem Kongress ein entsprechendes Gesetz zur Abstimmung vorgelegt wurde, steckten die Verhandlungen wieder einmal fest. Da schaltete Weill sich ein. Er rief mitten in der Nacht den US-Präsidenten Bill Clinton an, sprach mit Regierungsvertretern und dem Kongress. Schließlich setzte er sich mit den Bankern durch. Der Glass-Steagall Act wurde am 21. Oktober 1999 abgeschafft. Fünfzig Jahre und zwölf orchestrierte Versuche hatten die Lobbyisten der Banken gebraucht, um dieses Ziel zu erreichen. Am Ende hatten sie mit Unterstützung eines Demokraten im Weißen Haus Erfolg. Das Geschäft der Investmentbanken musste fortan nicht mehr streng von dem der kommerziellen Großbanken getrennt werden, die vor allem auf Kleinkunden setzten. Ganz offiziell konnten nun wieder riesige Banken durch Fusionen oder Übernahmen entstehen, die in jedem Geschäftsbereich mitmischen durften.

Nachdem er die Verschmelzung mit der Citicorp erfolgreich ausgehandelt hatte und noch bevor der Glass-Steagall Act abgeschafft war, rief Weill den Finanzminister Robert Rubin an. Rubin war zuvor einer der Partner von Goldman Sachs gewesen und kannte Sandy Weill schon viele Jahre. Deshalb fragte Rubin, als Weill am Telefon eine dringende Nachricht ankündigte: »Was ist denn los, kaufen Sie die Regierung?« Ein Witz, der allerdings nicht allzu weit von der Wahrheit entfernt war. Rubin war am Ende entscheidend daran beteiligt, dass die Finanzbranche dereguliert wurde. Später, als es keinen Glass-Steagall Act mehr gab und mit der Citigroup der größte Finanzkonzern der Welt entstanden war, wechselte Rubin in den Vorstand der neuen Megabank.

In den Jahren danach kaufte Weill weiter ein, eine Übernahme folgte auf die andere. Die Deutsche Bank wurde bald locker in den Schatten gestellt. 2003 hatte die Citigroup über 250 000 Mitarbeiter. Die Geschäfte liefen allerdings ebenso mittelmäßig wie bei der Konkurrenz. Da Weills Bank – wie so viele Konkurrenten – fast jeden Mist mitgemacht hatte, wurde sie von den Aufsichtsbehörden und Regulatoren nun regelrecht belagert. Auch die Investmentbanker der Citigroup hatten Enron dabei geholfen, das Schattenfinanzsystem aufzubauen. Die interne Risikokontrolle der Citigroup wurde dafür von der SEC scharf kritisiert.

Im Juni reiste Weill mit seiner Frau nach Europa, eigentlich um dort Urlaub zu machen, doch die Deutschland-Chefin der Citigroup, Christina Licci, vereinbarte ein Treffen mit Bundeskanzler Gerhard Schröder. Die beiden Männer hatten sich schon bei anderer Gelegenheit getroffen und verstanden sich gut. Kanzler und Bankchef stammten beide aus bescheidenen Verhältnissen, waren als Außenseiter in ihren Gesellschaften aufgewachsen und hatten beide zäh ihre Chancen genutzt, ganz nach oben zu kommen. Deshalb, so vermutete Weill, mochten sie sich. Von dem Treffen mit Schröder erfuhr Josef Ackermann, der darum bat, ebenfalls mit Weill sprechen zu können. Man verabredete sich im Hotel *Adlon* am Pariser Platz. In seiner Autobiografie schreibt Weill dazu: »Während des Abendessens verblüffte Ackermann mich mit einem Vorschlag: Seine Bank und die Citigroup sollten fusionieren. Er sagte, das wäre gut für Deutschland, aber auch gut für unsere Firmen. Als ich die Überraschung verarbeitet hatte, wurde ich mit der Idee schnell warm. Ich dachte, dass unsere gemeinsame, fusionierte Investmentbank der Konkurrenz so weit enteilen würde, dass niemand uns mehr gefährlich werden könnte« – »no one would be able to touch us«.[26]

Um dieses Treffen ranken sich viele Geschichten. Weill behauptete, dass er so perplex über Ackermanns Angebot gewesen sei, weil die Citigroup an der Börse ein Vielfaches mehr wert war als die Konkurrenz aus Frankfurt und daher automatisch die Kontrolle über den Fusionsprozess und das neue Unternehmen übernommen hätte. Dass Ackermann das Thema überhaupt ansprach, dürfte Weill allerdings nicht überrascht haben. Bereits im Jahr zuvor hatte er Deutschland besucht, eine Filiale in Berlin eröffnet und von den großen Plänen der Citigroup gesprochen. Schon damals wurde er auf Fusionsgerüchte mit der Deutschen Bank angesprochen. »Wir machen viele Dinge gemeinsam mit der Deutschen Bank. Über eine Fusion miteinander haben wir noch nicht gesprochen«, hatte er geantwortet. Jetzt aber schien es ernst zu werden.[27] Weill willigte in Vorverhandlungen ein. »Zweifelsohne würde die Kombination massive Kostenersparnisse ermöglichen und den Gewinn pro Aktie steigern«, schrieb er später. Er bot Ackermann an, dass man die europäische Zentrale der Citibank von London nach Frankfurt verlegen könne, sollte es tatsächlich zur Fusion kommen.

Spät an diesem Abend traf Weill wie vereinbart mit Gerhard Schröder zusammen. Die beiden blieben bis in die Nacht zusammen und leerten dabei eine Magnumflasche französischen Bordeaux. Am Ende hatte Weill den Eindruck, dass Schröder einer Fusion zustimmen würde. Anschließend reiste er nach Südfrankreich. Zwar hatte er seiner Frau angekündigt, dass er sich bald ganz aus dem Geschäft zurückziehen wolle, aber nun, da er einen Vorgeschmack auf diesen riesigen Deal bekommen hatte – eine Fusion mit der Deutschen Bank –, da wollte er nicht loslassen, da arbeitete der alte »urge to merge« – der Drang zum Fusionieren – wieder in ihm. Und so gab er seinen Nachfolgern eine klare Anweisung mit auf den Weg: Sie sollten unbedingt die Fusionsverhandlungen mit der Deutschen Bank vorantreiben.

D ie Citigroup von Sandy Weill und die Deutsche Bank von Ackermann waren sich nicht unähnlich – große, zusammengekaufte Universalbanken, die in fast jedem Geschäftsfeld unterwegs waren, was es nahezu unmöglich machte, die Konzerne im Detail zu kontrollieren, selbst oder gerade vom eigenen Management. Beide Unternehmen wuchsen wild und ungezügelt, fast wucherten sie, und die Mitarbeiter waren ständig auf der Suche nach neuen, großen Geschäften. Im Juli 2003 stieg eine kleine Einheit bei der Citigroup mit gerade einmal acht Mitarbeitern in ein Feld ein, das bald Milliarden an Umsatz machte und nicht nur die Bank, sondern das ganze Finanzsystem wieder einmal an den Abgrund führte: der Handel mit CDO – Collateralized Debt Obligations.

CDO waren nicht neu, aber nun schien die Zeit für den Durchbruch dieses Produkts reif zu sein. Es war in seiner Frühform von dem Team um Allen Wheat, Ackermanns altem Kollegen bei der Credit Suisse First Boston, mitentwickelt worden, als der Schweizer der nominelle Chef der Investmentbank war. Damals hoben die Mitarbeiter Wheats ein exotisches Produkt nach dem anderen aus der Taufe oder strukturierten Produkte, wie man das in der Branche nannte. Bei

Wheat hieß das Produkt noch CBO – Collateralized Bond Obligation. Nicht nur Wheat hatte genau registriert, dass Michael Milken – der »König der Junkbonds« – minderwertige und riskante Anleihen, eben Junkbonds, zu einem neuen Papier gebündelt und erfolgreich verkauft hatte. In der Theorie hatte Milken dadurch das Risiko verringert, da es unwahrscheinlich war, dass alle gebündelten Anleihen gleichzeitig ihren Wert verloren. Wenn der Preis eines Elements in dem Junkbond verfiel, würden die anderen Anleihen in dem Bündel den Preisverfall – zumindest theoretisch – auffangen.

Wheat entwickelte die CBO, als Josef Ackermann formal sein Chef war, weiter. Als CDO wurden sie schließlich ein fester Bestandteil am Markt. Wheat bündelte die Anleihen und Kredite aber nicht nur, sondern splittete sie auch auf. In einem Teil, dem vermeintlichen Sahnestück, wurden die Kredite zusammengefasst, die am besten abgesichert waren und daher auch die beste Bewertung erhielten. In einer mittleren Tranche – Mezzanine – waren die weniger guten Kredite zu finden, in einer letzten Tranche der Müll, der »Junk« also. Die drei Teile wurden einzeln verkauft. Kaufte jemand die Junktranche, wurde ihm quasi als Belohnung der höchste Zinssatz angeboten. Den geringsten Zinssatz erhielten Anleger, die die beste Tranche kauften, da sie – theoretisch – das geringste Risiko eingingen. Addierte man den Wert der drei Teile zu einer Summe, überstieg diese den Wert des ursprünglichen Anleihenbündels. Wie war das möglich? Für dieses Wunder waren die Ratingagenturen der Schlüssel. Sie machten bei dem Geschäft mit und bewerteten auch die Junktranche als ein solides Investment. Ratingagenturen wie Moody's und Standard & Poor's, die jede einzelne Bewertung einer CDO in Rechnung stellen konnten, wurden schnell Teil dieses Systems, das sich bald zu einem riesigen, profitablen Geschäft ausweitete und anfangs nur Gewinner hervorzubringen schien.

Die Manager in den Banken, die über Jahre die CDO an den Markt brachten, waren sich von Anfang an darüber im Klaren, dass es ein Risiko war, in riesigen Mengen Kredite aufzukaufen, zu bündeln und scheibchenweise weiterzuverkaufen. Denn am Ende konnte man gar nicht wissen, mit welchen Werten jeder einzelne Kredit und jede einzelne Anleihe abgesichert war. Wenn man einer anderen Bank die Kreditkartenschulden von Tausenden von Kunden abkaufte, ließ sich gar nicht verlässlich überprüfen, wie solvent der einzelne Kreditkunde war. So vertrauten die CDO-Manager auf die Berechnungen von Computerprogrammen, mit deren Hilfe ermittelt wurde, wie wahrscheinlich es war, dass eine dieser CDO kippte, weil die Kredite darin nicht mehr ausreichend bedient wurden. Man konnte jedoch die Vorgaben der Software so justieren, dass nach deren Berechnungen der Ausfall der CDO unwahrscheinlich war, was Banken wie Ratingagenturen beruhigte.[28]

Die CDO waren auch interessant, weil sie sich perfekt dazu eigneten, mehr aus der Bilanz herauszuholen. Schon in den 1980er Jahren war deutlich geworden, dass die Banken zu viele Kredite bei zu wenig Eigenkapital vergeben hatten. Nach jahrelangen Verhandlungen hatten sie sich 1988 schließlich auf den Vertrag Basel I verständigt. In diesem wurde festgelegt, dass alle Kredite und Anleihen mit einem bestimmten Prozentsatz an Eigenkapital – acht Prozent der Kreditsumme – abgesichert sein mussten, wobei Bargeld und Kredite an Regierungen in diesem Abkommen keine Rolle spielten und als nullprozentiges Risiko gewichtet werden durften. Je mehr Kredite, Anlagen oder Anleihenbündel, CDO, CBO oder Ähnliches eine Bank in ihren Büchern hatte, desto mehr Eigenkapital musste sie nun vorweisen. Dieses Kapital durfte sie aber nicht einsetzen, um damit andere Geschäfte zu machen. Aus Sicht der Banken war das totes Kapital.

Nun waren Pioniere wie Allen Wheat gefordert, den nächsten Trick aus dem Hut zu zaubern. Und sie hatten einen parat: Die CDO wurden in Zweckgesellschaften ausgelagert – Special Purpose Vehicles (SPV) –, die in der Bilanz der Bank gar nicht auftauchten. Ein Wunder der Bilanzbuchhaltung! Man verkaufte die CDO gegen eine Prämie, machte mehr Umsatz und ging dabei ein Risiko ein, das sich in den Büchern gar nicht widerspiegelte. Die Banken gründeten immer mehr Zweckgesellschaften, die technisch die Besitzer der CDO waren. *Off balance* – außerhalb der Bilanz – wuchsen die großen Banken also weiter. In ihrem Schatten entwickelte sich ein komplexes zweites System, zusammengesetzt aus Tausenden von Zweckgesellschaften. Die vereinbarten Regulierungen hatten auf diese Schattenwelt kaum Zugriff.

Zweckgesellschaften hatte auch Enron im großen Umfang eingesetzt und ein Beispiel gegeben, wohin das führen konnte. Dennoch forderte Hans Eichel in seiner Rede im März 2003 explizit, ebensolche Zweckgesellschaften, die keinerlei Eigenkapital vorweisen mussten, den Banken rechtlich gleichzustellen. Steuern sollten die Banken für diese Gesellschaften auch nicht zahlen. Man hatte in Berlin offenbar überhaupt keine Lehren aus dem Fall Enron gezogen oder – schlimmer noch – die Ursachen dieses Fiaskos nicht einmal ansatzweise begriffen. Eichel setzte sich mit seiner Deregulierungskampagne darüber hinaus dafür ein, dass die rechtliche Situation für Asset Backed Securities (ABS) – eine weitere Unterart der CDO – in Deutschland verbessert werde. Die Bankenlobby, von der er bearbeitet worden war, hatte offenbar gute Arbeit geleistet.

Erst im Jahr zuvor hatte sich ein Trend in der jungen CDO-Industrie herauskristallisiert, bei dem es vor allem darum ging, noch mehr Geld aus Hypotheken herauszupressen. Auf diesen Trend hatte die Lobby gesetzt. In den Jahren zuvor waren Anleihen und Kredite aus verschiedenen Branchen gebündelt und weiterverkauft worden. Doch das hatte zu Rückschlägen geführt, da die Manager der CDO sich in zu vielen Einzelbereichen auskennen mussten. Einige Banken hatten etwa Anleihen aus dem Bereich Flugzeugleasing mit Wohnwagenkrediten zu einem Bündel geschnürt. Zudem hatte sich 2002 im Zuge einiger Firmenpleiten gezeigt, dass deren Schulden sich wie ein Virus über die CDO ausbreiteten, weil die Kredite dahinter aufgeteilt und weiterverkauft und so mit anderen Krediten gebündelt und vermischt worden waren. Also suchten die Manager mit ihren Strukturierern nach einer stabileren Konstruktion hinter den CDO. Dabei stießen sie auf Hypotheken, die monatlich bedient werden. Deren Wert war 2003 in den USA mit neun Billionen Dollar enorm groß. Asset Backed Securities waren im Grunde CDO, die mit Immobilien oder Immobilienhypotheken gesichert wurden. Und deshalb hatte die deutsche Bankenlobby in dieser Richtung auch auf Eichel eingewirkt.

Im Sommer 2003, als sich die Citigroup mit der SEC wegen der Enron-Schattengesellschaften auf eine Strafe einigte und die Deutsche Bank wieder einmal auf der Suche nach einer Strategie für die Zukunft war, stiegen nach und nach fast alle Investmentbanken in großem Stil in das CDO-Geschäft ein. Auch die Investmentbank in London unter der Führung von Anshu Jain. Es drehte sich alles nur noch um die *Credit Markets*, in denen die CDO strukturiert wurden. Diese komplexen Produkte waren ganz nach dem Geschmack des Chefs Jain, den Standardgeschäfte zunehmend langweilten. Die Deutsche Bank baute fortan an einer »debt machine«, wie ein Beobachter es nannte, an einer Schuldenmaschine, mit der sie viel Geld verdiente und endlich in die Erfolgsspur zu kommen schien. Die Bank wuchs bald mit enormer Geschwindigkeit, zum Teil sichtbar, vor allem aber im Schatten.

Dass der Vorstand der Deutschen Bank einen riskanten Kurs eingeschlagen hatte, war den Insidern klar. Manager wie Martin Loat, der für das globale Derivategeschäft zuständig war, lehnte die neue Erfindung ab. Jeder Illusion beraubt, war er schon früh aus dem Geschäft ausgestiegen. Er schrieb an Bill Broeksmit, nur wenige Wochen vor dessen Tod: »Ich habe Kreditderivate [CBO, CDO etc.,] aus tiefster Seele abgelehnt. Das erkennst du ja daran, dass sie in Asien [in meinem Bereich] bis 2003 praktisch verboten waren. Sie erfüllten für den Kunden überhaupt keinen sinnvollen Zweck.« Viele Derivate, das war Loats Auffassung, waren einfach nur Betrug am Kunden. Man verkaufte sie dennoch, und damit griff die kriminelle Kultur in der Bank immer mehr um sich. Nichts schien sicher zu sein, selbst die heiligen Zinssätze nicht. Am Ende schrieb Loat in seiner E-Mail an seinen alten Kollegen Broeksmit über sich in der dritten Person: »Libor und die ganzen anderen Raubzüge – das hätte sich selbst der ultrazynische Martin nicht vorstellen können.«

Lie-bor oder Der Preis des Geldes

Die goldene Regel, die jeder Mitarbeiter in der Londoner Zentrale der Deutschen Bank an der Great Winchester Street befolgte, stand nirgends geschrieben, sie wurde nie laut geäußert, aber in den Handelsräumen hatte sie jeder verinnerlicht: Frage nicht zu intensiv, wie der Kollege für sich und die Bank Geld verdient! Diese eine harte und entscheidende Frage stellte hier niemand. Diese Zurückhaltung hatte schon Anshu Jains ersten Arbeitgeber Kidder Peabody in eine bedrohliche Lage gebracht.

Jain, einer von zwei Chefs der »Corporate and Investment Bank Group Division« (CIB), hatte seine Macht inzwischen konsolidiert, war lästige Kollegen losgeworden und hatte einen engen Kreis loyaler Mitarbeiter um sich geschart, der manche schlechte Nachricht von ihm fernhielt, ganz so wie Staatssekretäre ihre Minister gegen unliebsame Informationen abschirmen. Jain, so beobachteten Kollegen, benahm sich zunehmend wie ein Politiker. Unter den Bankern gibt es Politiker, und es gibt Investmentbanker, die konkret handeln und Deals abschließen. Jain gehörte wie sein Vorgesetzter Josef Ackermann zu den Politikern, die verstanden hatten, dass es vor allem darauf ankam, die veröffentlichte Meinung zu beeinflussen. Für Finanzreporter hatte Jain stets ein offenes Ohr, in Hintergrundgesprächen erläuterte er ihnen den einen oder anderen Sachverhalt, sorgsam darauf bedacht, dass er selber in einem guten Licht erschien.

Eine Ja-Sager-Kultur machte sich bei der Deutschen Bank in London breit. Ein Geschäft zu stoppen, das zu riskant schien, war kaum noch möglich. Als ein Team schärfere interne Kontrollen verlangte, machte man sich über die vorsichtigen Manager lustig. Man sei bei der Deutschen Bank, um Risiken einzugehen und Geschäfte abzuschließen, nicht bei den »verfickten Pfadfindern«.[29] Fast immer setzten sich diejenigen durch, die die Deals mit den höchsten Umsatzerwartungen kreierten. »Es ist verdammt schwer, in einer Investmentbank einen Deal zu verhindern«, erklärte ein Manager der Deutschen Bank später. Das galt vor allem 2003, als die Bank weiter unter enormem Druck stand. Die Gerüchteküche brodelte, selbst eine feindliche Übernahme wurde nicht ausgeschlossen. Man brauchte Erfolg – um jeden Preis. Immerhin kam die Schuldenmaschine allmählich in Gang und lieferte erfreuliche Resultate.

Andere wie etwa die Devisenabteilung von Kevin Rodgers, dem Bastard von Bankers Trust, konnten dagegen lange keine Erfolge vorweisen. Man kämpfte mit der Logistik, den Computern, der Konkurrenz. Doch dann schien es, als sei Simon, so der Vorname eines ruhigen

Mannes aus Rodgers' Team, der Durchbruch gelungen. Er hatte sich lange mit dem Währungsmarkt beschäftigt. Der Handel mit Fremdwährungen war mit Abstand der umsatzstärkste der Welt.[30] Dieser Handel wurde noch immer von Menschen und nicht von Computerprogrammen dominiert. Überall auf der Welt saßen Devisenhändler der Deutschen Bank, kauften und verkauften Euros, Dollars, Britische Pfund, Yen. Erfahrene Händler – vor allem sogenannte *Spot Trader* – erkannten, wenn eine Bank eine Währung minimal zu billig oder zu teuer verkaufte, und verdienten viel Geld, indem sie diesen Unterschied ausnutzten. Die Spot Trader handelten jeder für sich, ihre Informationen, das Risiko, das sie eingingen, die Gewinne, die sie machten, die Informationen, die zu dem Geschäft geführt hatten, wurden nicht gebündelt, niemand hatte hier die Übersicht, keine Bank den Überblick, das Volumen schien zu groß, es gab zu viele verschiedene Quellen.

Der ruhige Simon versuchte lange erfolglos, ein Computerprogramm zu entwickeln, das genau das hinbekam: alle Währungsgeschäfte und das damit verbundene Risiko zu überblicken, denn dann konnte man aktuell den optimalen Preis für jede wichtige Währung errechnen und das Risiko für die Bank minimieren. Doch er kam nicht so recht voran, das Ganze verschlang viel Geld, und der Vorstand wurde allmählich ungeduldig. Aber 2003 funktionierte das Programm endlich. Simon nannte es »Automated Risk Manager«, kurz ARM. Selbst in hektischen Zeiten verarbeitete ARM alle Informationen sauber und spuckte verlässliche Preise aus. Ein Händler, der ARM in der Frühphase arbeiten sah, soll laut Rodgers ehrfürchtig geflüstert haben: »God, it's so fucking good.« Als man Anshu Jain das Programm vorführte, fragte dieser verwirrt, ob das Problem nicht noch immer sei, mit einer Gabel Suppe zu löffeln, da so viele kleine Details aus so vielen Deals verarbeitet werden müssten. »Ja«, antwortete jemand aus dem Team, »aber das hier ist eine sehr, sehr, sehr schnelle Gabel.«

Auf eine solide Idee zu warten, fair zu spielen, das war nicht jedermanns Sache im Londoner Büro. Spätestens im Jahr 2003 stieg man bei der Deutschen Bank in eines der größten Betrugskartelle ein, das der Finanzmarkt jemals gesehen hat. Die Verlockung war groß, und im Londoner Büro der Deutschen Bank erlag man ihr. Der Druck in dem System war so schnell so stark geworden, dass keine Zeit blieb, neue Ideen, Lösungswege und Entscheidungen gründlich zu überdenken. Dafür fehlte im Grunde auch die Basis, da sich die Geschäfte der Bank, die Bilanzen – die offiziellen und die im Schatten – inzwischen so verwirrend entwickelt hatten, dass Analysen im laufenden Geschäft so gut wie unmöglich waren. Von der Führung, die sich immer weiter von den Problemen entfernte, von konkreten Deals nichts wissen wollte und abgehoben Politik betrieb, war nicht zu erwarten, dass sie diesem Treiben Einhalt gebot.

E in paar Kilometer vom Stammsitz der Deutschen Bank in der Great Winchester Street entfernt wurde 1969 in einem kleinen britischen Investmenthaus die wichtigste Zahl der Welt ermittelt: die London Interbank Offered Rate, ein auf der ganzen Welt gültiger Zinssatz, der unter seiner Abkürzung berühmt wurde: Libor. Die großen Banken handeln den Libor unter sich aus. Er legt fest, zu welchem Zinssatz sie sich untereinander Geld in einer bestimmten Währung leihen. An ihm orientieren sich aber auch fast alle anderen Geschäfte. Der Libor ist die Benchmark, ein Marktindex und der entscheidende Bezugspunkt für Millionen von Geschäftsabschlüssen auf dem Finanzmarkt. Derivategeschäfte, Kreditabschlüsse und Anleihen hängen an ihm. Der Libor bildet die zehn wichtigsten Währungen ab, und wie sich ihr Zinssatz in 15 verschiedenen Zeitfenstern entwickelt – der Libor hat also 150 Facetten. In allen seinen Ausprägungen stellt der Libor quasi eine eigene Währung dar.

Als Donald J. Trump 1998 unbedingt einen Kredit von der Deutschen Bank brauchte, hatte er angeboten, satte 175 Basispunkte über dem Libor an Zinsen zu zahlen, also zwei Basispunkte mehr, als der US-Dollar-Libor zu einem bestimmten Zeitpunkt vorgeben würde. Bei einem Derivat, etwa einem Zinsswap, bestimmt der Libor die Prämie für die Bank und das Risiko, das der Kunde eingeht. Mr. Citron aus Orange County hatte Merrill Lynch zig Derivate abgekauft, die bei einem bestimmten Libor-Satz ihren Wert radikal verloren hatten. Und die Interest Rate Swaps, die Bill Broeksmit bei Merrill Lynch mitentwickelt hatte, waren ebenfalls an den Libor gekoppelt.

Die Zinssätze, die einzelne Zentralbanken vorgeben, bewegen den Markt natürlich auch, aber der Libor ist von ganz anderer Bedeutung, denn hier verschmelzen die Zinssätze der ganzen Welt in einer einzigen Zahl. Der Libor ist noch dazu flexibel und nicht über Monate festgelegt, wie die Zinssätze einer Zentralbank, er kann Risiken und Marktveränderungen genauer und flexibler abbilden, und das jeden Tag neu. Ein Goldhändler brachte es in einem Interview so auf den Punkt: »Manch einer hat diesen Zinssatz fast als heilig angesehen, denn der Libor bestimmt den Preis des Geldes. Für viele Menschen ist es schwer zu verstehen, aber im Prinzip basieren alle finanziellen Transaktionen auf dem Libor.«[31] John Butler, ehemals Manager der Deutschen Bank, erklärte es so: »Egal womit du handelst, am Ende ist alles mit diesem risikofreien Benchmark-Zinssatz verbunden. Er bildet den ultimativen Zeitwert des Geldes und auch noch den zukünftigen Wert eines x-beliebigen Cashflows ab. Der Libor ist das Zentrum des finanziellen Universums.«[32]

Die Idee, den Libor, diese heilige Zahl, in die Welt zu setzen, hatten nicht Aufsichtsbehörden oder Regierungen, sondern die Banken selber. Der Libor ist wie so vieles auf dem noch jungen Finanzmarkt eher improvisiert und zufällig entstanden.

In den 1960er Jahren deponierten Anleger, darunter China, die Sowjetunion und viele arabische Staaten, aber auch Unternehmen große Mengen Dollar außerhalb der USA. Sie taten das nicht nur, weil die US-Notenbank vorschrieb, wie viel Zinsen eine Bank maximal nehmen durfte, sondern vor allem, weil die US-Regierung jederzeit etwa sowjetisches Geld auf Konten in den USA einfrieren konnte. Diese Probleme konnte man außerhalb der USA – *offshore* – umgehen. Die Dollarreserven waren dort nicht als Bargeld in Tresoren gebunkert, sondern wurden als sogenanntes Giralgeld verrechnet, sogenannte Eurodollar. Der Markt für den Eurodollar wurde immer größer und weckte Begehrlichkeiten bei den Banken in London. Auch sie wollten mit diesem Geld arbeiten können. Dazu brauchte der Eurodollar einen verbindlichen Zinssatz, den nicht die USA festlegten.

Den letzten Anstoß, einen solchen Zinssatz auch wirklich ins Leben zu rufen, lieferte der Iran. Schah Mohammad Reza Pahlavi brauchte 80 Millionen Dollar, und der griechische Banker Minos Zombanakis, der für eine britische Bank arbeitete, wollte ihm das Geld gemeinsam mit verschiedenen anderen Banken beschaffen und in Eurodollar an den Iran verleihen. Damit die Banken nicht Gefahr liefen, bei dem Geschäft Geld zu verlieren, wenn etwa während der Laufzeit die Zinsen andernorts massiv sanken, beschlossen sie, alle drei Monate ihre Zinskosten und weitere Ausgaben in einen verbindlichen Zinssatz umzurechen. Am Ende wurde dann ein Schnitt aus allen eingereichten Werten ermittelt. Das war der Zinssatz, den der Iran für die nächsten drei Monate zahlen musste. Der griechische Banker Zombanakis nannte die Zahl Libor – London Interbank Offered Rate. Am Libor orientierten sich bald viele Geschäfte mit dem Eurodollar.

Die Zahl, also der Zinssatz, den die Banken errechneten, wurde zur festen Größe. Um den Prozess zu standardisieren, nahm die einflussreiche British Bankers Association (BBA) das Verfahren 1986 an sich. Die BBA, der auch ausländische Banken angehören durften, errechnete ähnlich wie zuvor Zombanakis einen durchschnittlichen Zinssatz aufgrund der Angaben verschiedener Institute. Die größten Banken gaben jeden Tag gegen Mittag Londoner Zeit an, zu welchem Zinssatz sie Geld verleihen würden. Die Zahlen wurden zusammengerechnet, die Ausreißer nach oben und unten aus der Rechnung gestrichen und am Ende der Durchschnitt gebildet, fertig war der Libor. Das Konzept war ein voller Erfolg. Weil der Libor nicht starr war, sondern den Marktbewegungen folgte, schlossen viele Anleger öfter Deals ab. Sie gingen nun nicht mehr das Risiko ein, sich zu lange an einen fixierten Zinssatz zu ketten, der sich ungünstig entwickeln konnte. Genau wie der Weltmarkt für Devisen kam der Libor lange nicht im digitalen Zeitalter an. Man rechnete den Zinssatz sogar analog aus. Ein Händler der Bank rief bei der beauftragten Finanzagentur an, wo ein Mitarbeiter seine Angaben entgegennahm, aus der Summe aller eingehenden Zahlen den Schnitt bildete und den Libor dann – in seinen über hundert Facetten – in die Welt schickte.

Auf jedem beliebigen Markt der Welt müssen die einflussreichsten Akteure nicht notgedrungen in unkontrollierte Konkurrenz zueinander treten, sondern können sich – illegal – absprechen und sich so gegen kleinere und neue Marktteilnehmer absichern, kurz: Sie können Kartelle bilden. Die Gefahr bestand auch beim Libor. Die großen Banken konnten den Leitzinssatz manipulieren, wenn sie zusammenarbeiteten. Gerade deswegen gibt es ja überall auf der Welt Behörden, die Banken und Börsen beaufsichtigen. Der Libor, die wichtigste Zahl der Welt, entstand aber unreguliert und unüberwacht. In den Jahren nach dem Mayday in New York hatte sich gezeigt, wie gut das in der Finanzbranche funktioniert – nämlich gar nicht.

Schon kurz nachdem der Libor offiziell und flächendeckend eingeführt worden war, begannen die Banken, den Wert zu manipulieren und sich gegenseitig anzulügen. Die Händler in den verschiedenen Investmentbanken wussten das. Douglas Keenan, ein noch unerfahrener Berufsanfänger im Londoner Büro von Morgan Stanley, schloss 1991 *Futures Options* auf den Libor ab, wettete also, wo der Libor etwa in drei Monaten stehen würde. Dabei fielen ihm Unregelmäßigkeiten auf. Der Libor bildete nicht die Werte ab, die er mit dem Computer errechnet hatte, sondern wich minimal ab. Selbst kleine Abweichungen beim Libor konnten große Auswirkungen haben, da er die Entwicklung des Handels mit Krediten und Derivaten im Wert von mehreren Billionen Dollar beeinflusste. Keenan fragte bei der Börse nach, an der die Libor-Futures gehandelt wurden. Dort sagte man ihm, dass vor allem große Banken den Libor festlegen würden und es durchaus zu Abweichungen kommen könne. Ein merkwürdiges Konzept, fand Keenan, dessen Bank den Libor nicht mitbestimmen konnte. Intern wurde Keenan als naiver Neuling belächelt. Die erfahrenen Kollegen wussten wie fast jeder am Markt, dass die großen Banken den Libor beeinflussten, um ihre eigene Handelsposition zu stärken, im Zweifel logen sie einfach und gaben den Wert an, der ihnen am besten passte.[33]

Der Libor wurde noch erfolgreicher, als die Chicago Mercantile Exchange – die größte Derivatebörse der Welt – den Zinssatz Anfang 1997 als Referenz für alle Futures Options auf dem Eurodollar-Markt einführte. Vor der Einführung hatten Fachleute die US-Wertpapieraufsicht CFTC dringend vor dem Libor gewarnt. Er sei extrem leicht zu manipulieren, die Versuchung für die Banken daher enorm groß, erklärte eine Anwältin, die für Salomon Brothers arbeitete. Der Händler einer japanischen Bank in New York schrieb der CFTC: »Wenn sich nur zwei Banken absprechen würden, könnten sie den Libor um durchschnittlich drei Basispunkte anheben.«[34] An der Chicagoer Börse sah man das anders: Es gebe keine Anzeichen, dass man den Zinssatz manipulieren kann, schrieb eine Analystengruppe, die sich mit dem Zinssatz beschäftigt hatte. Der Libor wurde also an der Chicagoer Börse eingeführt und damit noch wichtiger. Eine zusätzliche Absicherung erfolgte nicht.

Wie so oft hielt die Branche dicht. Niemand trug den ernsten Verdacht, dass etwas mit dem Libor nicht stimmte, nach außen. Dass die großen Banken ihre Macht ausnutzten, um für sich mehr herauszuholen, gehörte zum Spiel. Ende 1998, als es bereits um sehr viel Geld ging und die Derivate in einem gewaltigen Volumen gehandelt wurden, sprachen anonyme Hedgefondsmanager dann doch mit einem Journalisten über das Libor-Problem. Der veröffentlichte im Herbst 1998 in dem Fachblatt *Derivates Strategy* eine kurze Kolumne, die prägnant betitelt war: »Libor or Lie-Bor?« Ein Wortspiel. *Lie* – Lüge – und Libor verschmolzen zu einem Begriff. Es ging um den Yen-Libor, also den Zinssatz, den Banken angeben, wenn sie sich gegenseitig Yen leihen. Der Autor schrieb: »Der Libor repräsentiert den wichtigsten Maßstab in der Welt der Derivate. Also ist es überraschend, dass einer der zentralen Libor-Sätze – der Yen-Libor, auf dem Milliarden von Derivateverträgen basieren – von vielen als extrem ungenau angesehen wird.«[35] Der Autor zitierte seine Quelle, den Hedgefondsmanager: »Momentan besteht ein Unterschied von 20 Basispunkten zwischen dem aktuellen Libor und dem Wert, den er eigentlich haben sollte.« Es würde sogar die Möglichkeit diskutiert, dass »der Markt manipuliert wird«. Ein Händler erklärte gegenüber dem Autor des Beitrags: »Die japanischen Banken geben beim Libor rein hypothetische Werte an, um ihre Kreditratings nicht zu gefährden. Viele ihrer Handelspositionen hängen ebenfalls am Libor, deshalb kann es sein, dass sie darauf mit künstlich erhöhten Libor-Angaben reagieren.« Dass sich bald etwas verändern würde, erwartete der Verfasser der Kolumne nicht: »Im [Lobbyverband] BBA ist man momentan sehr träge. Dass alles so bleibt, wie es ist, scheint das gewünschte Ergebnis zu sein.« Gerüchte um den Libor sollte es danach immer wieder geben, aber niemand schritt ein. Die Verantwortlichen bei den Aufsichtsbehörden verschlossen die Augen vor dem schlechten Image des Libor.

In den Handelsräumen der Banken spielte der Libor eine extrem wichtige Rolle, und zwar für jeden einzelnen Händler und bei jedem einzelnen Deal, der abgeschlossen wurde. Zu wissen, wie der Libor am nächsten Tag oder sogar in drei Monaten stehen würde, machte den Job – das Geldverdienen – leichter. So geschah das Unvermeidliche: Auch die Händler der Deutschen Bank begannen, den Libor zu beeinflussen. In der Regel wurde in den Banken, die den Libor bestimmten, ein Mitarbeiter abgestellt, den Zins der Bank an den Bankenverband weiterzugeben. Bei der Deutschen Bank erledigte Michael Ross Curtler diesen Job, der mit 18 Jahren direkt von der Schule zur Deutschen Bank gekommen war. Seit 1993 war er in dem Londoner Büro angestellt und dort seit 2000 für die Angabe zum US-Dollar-Libor verantwortlich. Curtler war selbst Händler, hatte also auch ein persönliches Interesse an der Entwicklung des Libor.

Seit 2003, so gab Curtler später vor einem US-Richter zu, half er, den Libor zu manipulieren: »Als ich den U.S. Dollar Libor für die Deutsche Bank zeitweise angegeben hatte, habe ich von Händlern direkt oder in Kopie [einer E-Mail] Wünsche erhalten – welchen Libor-Satz ich angeben sollte, damit die Handelspositionen der Bank und einiger Händler profitieren konnten. Ich habe die Libor-Angaben an die Wünsche angepasst. Ich nahm außerdem direkt Wünsche von Händlern entgegen, die einen bestimmten Libor wollten, und habe dann die Libor-Angaben der Bank entsprechend angeglichen. Ich habe darüber hinaus mitbekommen, dass der Kollege, der hauptsächlich die Libor-Rate angegeben hat, ebenfalls Wünsche entgegengenommen hat und seine Angabe den Wünschen ebenfalls angeglichen hat, damit ein Händler oder die Handelspositionen der Bank davon profitieren können.«[36] Das ging über Jahre so. Alle, wirklich alle Beteiligten verschlossen einfach die Augen vor dem Betrug, auch dann noch, als der Sturm aufzog.

B anken wie der Konzern aus Deutschland wurden größer, komplexer, verzweifelter und dreister. Die Regulatoren, Staatsanwaltschaften, Aufsichtsbehörden, Politiker in den Regierungen und Parlamenten kamen da bald nicht mehr mit oder wollten es nicht.

Auch in den USA, am Finanzplatz New York, ebbte der Ermittlungseifer, den der oberste Staatsanwalt des Southern District, James Comey, entfacht hatte, wieder ab. Im Dezember 2003 wurde Comey nach nur gut einem Jahr nach Washington ins Justizministerium versetzt. Zuvor konnte er noch einen Erfolg vermelden: Der Undercover-Agent, der als Hedgefondsmanager aufgetreten und unter Devisenhändlern als »Prinz« bekannt war, lieferte 47 Beschuldigte ans Messer, die Kunden bei Währungsverkäufen über den Tisch gezogen hatten. Die Männer wurden verhaftet, als sie sich auf ein paar Drinks in der Nähe der Wall Street trafen, um danach gemeinsam übers Wochenende nach Atlantic City zum Kasinobesuch zu fliegen: »Sie hatten sich schon verzockt, bevor sie angekommen waren«, kommentierte ein FBI-Agent das Timing der Verhaftung cool.[37]

Auf der Pressekonferenz sprach der für die »Operation Wooden Nickel« verantwortliche FBI-Agent damals eine Warnung an die Banken in der Wall Street aus: »Die Botschaft des FBI an alle, die den Markt manipulieren oder Investoren betrügen wollen, ist sehr einfach: Seid auf der Hut. Ein Komplize, der dir hilft, kooperiert vielleicht bereits mit dem FBI – oder, auch das ist sehr gut möglich, er ist ein Undercover-Agent.«

Doch es kam anders. Nach diesem Erfolg ließ das FBI in seinen Anstrengungen nach. Für die Anlagetipps, die Analysten der Banken in der Dotcom-Blase abgegeben hatten, zahlten die großen Institute 2003 noch insgesamt 1,4 Milliarden Dollar Strafe. Die Deutsche Bank musste 50 Millionen Dollar überweisen. Aber das waren die Folgen der Ermittlungen in den Jahren zuvor, unter anderem der vom Justizministerium und dem FBI angeführten Enron-Ermittlungsgruppe. Nach über zwei Jahren war aber noch keiner der hauptverantwortlichen Manager angeklagt, was allen Beteiligten deutlich machte, dass die Ermittlungen in komplexen Betrugsfällen immer diffiziler und langwieriger wurden. Immerhin war der Wirtschaftsprüfer Arthur Andersen als

Gesamtfirma 2002 von einer Jury in Houston schuldig gesprochen worden, die Justiz behindert zu haben. Hochrangige Arthur-Andersen-Manager hatten Mitarbeiter angewiesen, Akten zu vernichten, als Enron in die Pleite trieb. Die Assistentin der wichtigsten Andersen-Anwältin schrieb damals in einer E-Mail: »AARRGGH. Schickt mehr Müllsäcke für das geschredderte Papier. Kleiner Scherz. Die haben wir schon längst bestellt.«[38]

Die Verurteilung war ein erster großer Triumph für die Ankläger des Staates. Arthur Andersen, einer der größten Wirtschaftsprüfer am Markt, musste seine Lizenz zurückgeben und war am Ende ebenso bankrott wie Enron. Obwohl es Arthur Andersen gar nicht mehr gab, gingen Anwälte im Namen der ehemaligen Manager in Berufung. Es ging ums Prinzip, um die Verzögerung der Abläufe. Jahre später gewannen die Enron-Erben den Fall sogar vor dem US-Verfassungsgericht. Andere Beschuldigte wie die Deutsche Bank und die Citigroup konnten sich im Fall Enron mit den Behörden vergleichen und akzeptierten hohe Strafzahlungen, ohne damit allerdings eine konkrete Tat einzugestehen. Niemand haftete persönlich, auch das sollte zum Problem werden. Die US-Aufsichtsbehörden taten sich von 2003 an immer schwerer. Die Börsenaufsicht – die SEC vor allem – war durch den Weggang ihres besten Mannes zur Deutschen Bank geschwächt. Die CFTC hatte nicht mehr den Biss, den sie vor Jahren unter Brooksley Born noch gezeigt hatte.

In Deutschland war die Behörde, die den immer komplexer werdenden Bankensektor kontrollieren sollte, erst im Mai 2002 gegründet worden: die Bundesanstalt für Finanzdienstleistungsaufsicht, kurz BaFin. Schon der Start war wenig verheißungsvoll, denn in der neuen Behörde wurde ein Mann Regierungsdirektor, der seinen Lebenslauf komplett gefälscht hatte. Er gab vor, einen Doktorgrad erworben zu haben, dabei besaß er nicht einmal die mittlere Reife. Die gefälschten Dokumente hatte ihm ein Fußballkumpel besorgt. Nun baute er die hochsensible IT-Technik der BaFin mit auf und beglich dabei Scheinrechnungen, die sein Komplize ausstellte. Über die Jahre zweigten die beiden weit mehr als sechs Millionen Euro ab. Damit finanzierte sich der angebliche Doktor ein Luxusleben in Berlin, wo er sich zuweilen auch als Anti-Terror-Experte des Auswärtigen Amtes ausgab. Bis 2006 fiel der Betrug niemandem auf.[39]

Aus dem Plan der rot-grünen Bundestagsfraktionen, eine Schwerpunktstaatsanwaltschaft einzurichten, wo das Know-how zusammengeführt wurde, so dass die deutschen Ankläger im Kampf gegen korrupte Manager und Wirtschaftsverbrecher besser gewappnet waren, wurde nichts. Der Vorschlag geriet in Vergessenheit. Stattdessen ließ das Finanzministerium unter Hans Eichel zu, dass die Bankenlobby in der neuen Legislaturperiode gleich mit drei Dutzend Beratern vertreten war, die den Referenten des Ministeriums beim Abfassen neuer Gesetze halfen. Ein Abgeordneter sprach später spöttisch von einem regelrechten Austauschprogramm.[40]

So stand es also um die Gegner der Banken, als es mit den Absprachen, den Manipulationen, dem Anheizen der Schuldenmaschine richtig losging.

V für Victory

Noch drei Jahre nach Edson Mitchells Tod hielten sich dessen engste Mitarbeiter an den Kern seiner Geschäftsidee: Möglichst komplexe Derivate zu strukturieren und zu verkaufen. Mit jedem Monat, mit jedem Geschäft wurde das *Trade Book* – das Handelsbuch der Deutschen Bank – komplizierter. Allein das Volumen der Kreditderivate – CDO, CBO – verdreifachte sich in nur drei Jahren. Waren es 2002 noch 268 Milliarden, verbuchte man 2004 bereits 880 Milliarden Euro.

Das Volumen schwoll genau so schnell an wie das Risiko, das damit verbunden war. Viele der Deals würden noch über Jahre den Markt beeinflussen, da die Anleihen als Teil des Geschäfts erst in zehn, fünfzehn oder zwanzig Jahren fällig wurden. Es verhieß nichts Gutes, dass der Chef des OTC-Derivatehandels, Michele Faissola, erklärt hatte, man müsse die neuen Risiken nicht in das eigenes Buch aufnehmen, denn das hatte sich als falsch herausgestellt. Offenbar ließen sich aber nicht alle Risiken in Zweckgesellschaften auslagern.

Wie schnell die Bilanz der Bank anwuchs, interessierte Faissola und seine Kollegen nicht. Mitchell, Jain und seine Ziehväter hatten bei der Deutschen Bank angefangen, weil die Bank ein exzellentes Kreditrating und eine große Bilanzsumme vorweisen konnte. Damit ging die Wahrscheinlichkeit, dass die Regulatoren oder die Regierung eine solche Bank bankrottgehen lassen würden, gegen null. Das Konzept *too big to fail* wurde eingepreist und in die taktischen Überlegungen mit einbezogen, wie ein Risikomanager erklärte, der damals bei der Deutschen Bank arbeitete. Wie bei den Ratingagenturen gab es dafür sogar eine festgelegte Formulierung, die man in den sogenannten *Credit Reports* verwandte, in denen etwa die Kreditwürdigkeit anderer Banken beurteilt wurde: Es wurde ein *Support Rating* vergeben. Support stand für Unterstützung des Staates. Je größer die Bank, desto wahrscheinlicher »der Support«, die Unterstützung durch den Staat.

Faissola und all die anderen wussten, dass sie mit einer großen Bank wie der Deutschen ein höheres Risiko eingehen konnten als jeder andere Akteur am Markt. Und das war im Kern die Geschäftsidee: Risiken eingehen, die die Konkurrenz nicht eingehen wollte oder konnte. Das Paradoxe war: Je mehr Risiko die Deutsche Bank einging, desto instabiler wurde sie, aber desto unwahrscheinlicher war es auch, dass der Staat die Bank fallen lassen würde, da die Folgen eines Scheiterns der Bank für alle anderen am Finanzsystem Beteiligten zu gewaltig werden würden.

Michele Faissola gewöhnte sich allmählich daran, dass seine Position den Mut erforderte, große Risiken mit zu verantworten. Der smarte Italiener stammte aus Brescia. Er besuchte eine teure Privatuniversität in Mailand, bevor er bei der kleinen lokalen Bank Banca Nazionale dell'Agricoltura anfing. Sein Onkel war ein einflussreicher Bankier, der später dem italienischen Bankenverband vorstand. Faissola hatte zu Mitchells protegierten Talenten gehört und war nach dessen Tod zu einem engen Vertrauten von Anshu Jain geworden. Er verfügte über das, was Jain mochte: Er war höflich, stammte aus gutem Hause und fiel durch geschliffene Umgangsformen auf. Er trug die teuren Anzüge, wie man teure Anzüge tragen muss – faltenfrei, komme, was da wolle. Jedes Haar auf seinem Kopf schien immer richtig zu liegen. Andere Händler in London fanden ihn jedoch aalglatt und misstrauten ihm.

Jain machte sich nichts vor, was den Charakter seiner beiden wichtigsten Mitarbeiter anging – der Inder Rajeev Misra, der mit Jain zur Schule gegangen war, seine Karriere als Ingenieur begonnen hatte und nun Chef der expandierenden »Credit Group« wurde, und eben Michele Faissola, der das Derivategeschäft zu verantworten hatte. Ein enger Kollege erzählte später, wie Jain seine Schlüsselmanager eingeschätzt hatte. Wenn es darauf ankäme, so sagte er einmal, würden beide ihn umbringen: »Rajeev würde mich frontal mit der Axt niederstrecken, Michele würde mich dagegen langsam vergiften.« Er glaubte aber, die Raubtiere in seiner Bank im Griff zu haben. Michele Faissola wirkte stets wie ein Getriebener, als würde er ahnen, dass man die Geschäfte, den Gewinn und den eigenen Bonus möglichst schnell in Sicherheit bringen musste. War denn jemals auf den Markt, die Konkurrenz oder die eigenen Kollegen Verlass gewesen? Vor allem der Markt war ein wildes Tier, das man immerzu zähmen musste.

Faissola weitete das OTC-Geschäft aggressiv aus, machte es dadurch noch undurchschaubarer und befestigte damit zugleich seine eigene Machtposition, denn nur wenige Manager wussten, wie bestimmte Derivatebündel konstruiert waren. Öffentlich trat er zunehmend selten auf, nachdem er anfangs noch keck die Strategie der Deutschen Bank in Fachblättern kommentiert hatte. Nach dem Beginn des CDO-Booms stellte er sich bei Anfragen zu neuen Produkten taub. Anfang 2004 machte er für einen Branchendienst allerdings eine Ausnahme: »Die Deutsche Bank hat eine Vielzahl von neuen Risiko-Management-Lösungen geschaffen, die es unseren Kunden ermöglichen, sich gegen steigende Zinsen abzusichern.«[41]

An diesem Punkt war Faissola überraschend ehrlich. Denn das war tatsächlich die Aufgabenstellung Ende 2003. Die Zinsen der US-Zentralbank waren in den USA auf einem Tiefpunkt, die Talsohle schien erreicht zu sein. Um die Folgen des 11. September zu überwinden, hatte man die Zinsen drei Jahre nacheinander gesenkt. Inzwischen lag der Zinssatz bei einem Prozent. So konnte es nicht weitergehen. Zinserhöhungen schienen unvermeidlich, wollte man eine handfeste Inflation vermeiden. Wie 1994 musste man sich genau dagegen als Bank und Investor absichern. Bei den komplizierten Geschäften, bei denen man Swaps, CDO und andere Instrumente zu einem Deal verknüpfte, kam es zudem darauf an, möglichst viele Kunden mit ins Boot zu holen. So war jeder besser gegen das Risiko – eben eine Zinssatzveränderung, einen Zahlungsausfall, den Bankrott eines Unternehmens oder andere widrige Umstände – abgesichert. In der Branche nennt man das »hedgen«.

Das Verb hedgen stammt von dem englischen Substantiv *to hedge* – Hecke – ab. Man begrenzt und befriedet mit einem Hedge-Instrument einen gefährlichen Deal, so dass ein möglicher Verlust nicht auf andere Geschäfte überspringen kann und noch mehr Vermögen vernichtet. Hedgen war und ist das Zauberwort im Geschäft. Hatte die Bank sich gut genug gehedgt, glaubte der Kunde, gut genug gehedgt zu sein? Konnte man sogar den *Perfect Hedge* finden, die perfekte Absicherung, die jedes Risiko ausschloss? Die Strukturierer suchten ständig nach dieser Absicherung, nicht zuletzt weil man den Bonus nur dann sofort ausgezahlt bekam, wenn man belegen konnte, dass eine Position abgesichert war – und sei es nur auf dem Papier. Doch bis die perfekte Absicherung gefunden war, musste immer eine Partei das Risiko oder einen Teil des Risikos tragen. Jede Bank versuchte dieses Risiko auf andere Banken oder auf die Kunden abzuwälzen.

Die Merrill-Gang hatte bei dem Geschäft mit Mr. Citron in Orange County vorgemacht, dass man das Risiko loswerden und dafür auch noch kassieren konnte. Man hatte Mr. Citron dazu gebracht, die Bank gegen einen möglichen Zinsanstieg zu versichern und ihr dafür auch noch eine Prämie zu zahlen. Stieg der Zins, verlor Mr. Citron große Summen, die Bank strich das Geld ein und konnte damit Verluste kompensieren, die sie mit anderen Geschäften gemacht hatte, bei denen sie von einem niedrigeren Zinssatz ausgegangen war. Obwohl die Bank von dem Risiko profitierte, das Mr. Citron eingegangen war, stellte man Mr. Citron in Rechnung, dass er dieses Risiko auf seinen Fonds geladen hatte. Das war bei Lichte betrachtet ein höchst trickreicher Betrug. Zum Betrug gehören aber immer zwei: einer, der betrügt, und einer, der sich betrügen lässt.

Fast zehn Jahre nach der Pleite von Orange County hatte sich im Bankengeschäft nichts verändert. Wie früher Merrill suchte nun die Deutsche Bank Kunden, die bestimmte Deals absicherten. Man brauchte jemanden, der die andere Seite des Geschäfts abdeckte, das Risiko übernahm. Und das hieß noch immer: Man brauchte jemanden, der große Kunden und die Bank selber gegen Zinserhöhungen absicherte. Der Markt würde nicht ewig so ruhig bleiben, das hatten die wilden Jahre seit dem Mayday in New York gezeigt. Versicherungen gegen einen Zinsanstieg waren also nach wie vor heiß begehrt und ein hervorragendes Lockmittel, wenn man mit den großen Kunden noch viel größere Deals abschließen wollte. Das Problem war nur: Wer würde dieses Risiko eingehen? Wer würde eine solche Zinswette mit der Bank abschließen?

Die OTC-Abteilung von Michele Faissola wusste – und seine Konkurrenten wussten es auch –, dass zunächst die Natur des Derivats verschleiert werden musste. Es durfte nicht auf den ersten Blick zu erkennen sein, dass der Käufer im Prinzip eine Wette einging. Also wählte man ein Produkt als Basis, an das sich viele Akteure auf dem Kapitalmarkt, ob groß oder klein, gewöhnt hatten: den Zinsswap, wie er im Prinzip schon von Bill Broeksmit und anderen in den 1980er Jahren entworfen worden war, also ein Deal, bei dem zwei Partner einen Zinssatz miteinander tauschten.

Die Banken sind bei dem Geschäft aber mit einem grundsätzlichen Problem konfrontiert: Die Relation zwischen den verschiedenen Zinssätzen – kurz und langfristig – muss stimmen. Stimmt die Relation nicht, muss die Bank sich absichern. Wenn sich die Banken zu einem Satz von 1,5 Prozent kurzfristig Geld leihen, etwa über drei Monate oder auch zwei Jahre, verdienen sie nur an dem Geschäft, wenn sie das Geld teurer weiterverleihen können – beispielsweise für 3,5 Prozent über zehn Jahre. Wenn man die beiden Kurse in einer Kurve abbildet, dann steigt die Linie zwischen den beiden Punkten – 1,5 und 3,5 Prozent – steil an, wenn man einen bestimmten Zeitraum zugrunde legt. Diese steile Kurve ist im Prinzip zunächst einmal gut für eine Bank. Wenn sich beide Punkte annähern, sinkt der Profit der Bank, und die Kurve wird flacher. Wenn die Zinsen steigen, dann verflachen zunächst oft auch diese Kurven. Das genau konnte man 1994 beobachten, als die kurzfristigen Zinsen überraschend und schnell anstiegen.

Gegen die Verflachung der Kurven, was weniger Profit verhieß, wollten die Banken sich also versichern. Dafür entwickelten sie verschiedene Instrumente, unter anderem die sogenannten *Steepeners* nach *steep* – steil –, also abgeleitet von der steilen Zinskurve. Mit diesem Derivat konnte die Bank darauf wetten, wie sich diese Kurve entwickelt. Die Steepeners, auch CMS – Constant Maturity Swap – genannt, wurden von den Strukturierern aufgemotzt wie ein guter alter Golf GTI in einer illegalen Autowerkstatt. Die Steepeners wurden mit anderen Derivatetypen verbunden, etwa mit einem weiteren Swap. Dabei tauschen zwei Partner wieder zwei Zinsströme miteinander, doch in diesem Fall ist der Swap – das macht die Sache so tückisch – an den Abstand zwischen den beiden Zinskurven gebunden, das heißt, der Zinssatz, den der Kunde bezahlt, ist flexibel und verändert sich unter Umständen extrem. Eine Obergrenze gibt es nicht. Im Prinzip ist das Instrument ähnlich aufgebaut wie die »Inverser Floaters«, die Merrill Lynch, Jains alte Bank, Orange County angedreht hatte. Das fertige Produkt, das nicht nur von der Deutschen Bank, sondern auch von Landesbanken und anderen Konkurrenten in Deutschland verkauft wurde, hieß – doppelt hält besser – CMS Spread Ladder Swap (wobei das S in CMS bereits für Swap stand).

Wie Merrill Lynch es einst bei Mr. Citron und Dane Parker von Procter & Gamble gemacht hatte, fixten die Banken ihre Kunden zunächst an, damit die gar nicht erst darüber nachdachten, auf was sie sich da eigentlich einließen. Der Anleger zahlte in den ersten Monaten geringere Zinsen als die marktüblichen für das geborgte Geld. So lockte man ihn in das Geschäft. Die Bank zahlte mehr Zinsen als der Kunde, das war der Kern des Swaps, des Tauschs, so dass es zunächst nach einem guten Geschäft für den Kunden aussah. Das änderte sich jedoch, wenn sich die Zinsen am Markt veränderten. Da war er wieder, der Geist der Nerds und Cowboys aus dem 33. Stock, wo man sich bei Bankers Trust die exotischen Produkte ausgedacht und gnadenlos an die Kunden verkauft hatte. Den besseren Zinssatz erhielten die

Kunden, indem sie in wenigen Monaten ein potenziell unbegrenztes Risiko eingingen: Wenn der Unterschied – der *Spread* – zwischen dem zweijährigen und dem zehnjährigen Zinssatz sich verringerte, musste der Kunde plötzlich sehr viel mehr an Zinsen zahlen, genau wie ein Versicherer im Prinzip zahlen muss, wenn ein versichertes Haus niederbrennt. Nur hatten die meisten Kunden beim Vertragsabschluss keine Ahnung, dass sie die Bank gegen Zinsschwankung absicherten.

Und wem verkaufte die Deutsche Bank dieses Produkt? Hier folgte man Merrill Lynch, der Ex-Bank von Anshu Jain, ließ sich aber auch von Bankers Trust inspirieren. Man setzte die Verkäufer auf Kämmerer und Prokuristen an, und zwar hauptsächlich in Deutschland. Den Klapperschlangen und Schwarzen Witwen, wie die Verkäufer und Händler sich einst bei Merrill selbst genannt hatten, stand ihre Klientel klar vor Augen: mittelgroße Unternehmen, nicht zu groß, damit die Finanzabteilung die Tücken des Angebots nicht sofort durchschaute, und – bis auf wenige Ausnahmen – mittelgroße deutsche Kommunen, auch die nicht zu groß, keine Millionenstädte, aber nicht zu klein, damit die Geschäfte sich für die Klapperschlangen lohnten. Intern machte man sich um das sogenannte *Reputational Risk* – das Risiko für die Reputation und das Ansehen der Bank – keine Gedanken. Wer sich auf den gefährlichen Finanzmarkt wagte und dort Geld verlor, war selber schuld. Wenn die Mitarbeiter in den Londoner Büros sahen, dass ein deutscher Mittelständler, der 30 Millionen Euro Umsatz machte, mit 20 Millionen ins Risiko ging, ohne es zu ahnen, dann fragten sie sich dort schon das eine oder andere Mal, ob man denn so mit dem armen Schlucker umspringen dürfe. Aber stoppen konnten sie diese Geschäfte nicht. Der Umsatz war immer wichtiger.

Systematisch klapperten die Vertreter die Kämmerer ab – in Pforzheim, Hagen, Dortmund. Es waren Städte mit 120 000 Einwohnern, 200 000 Einwohnern, 580 000 Einwohnern. Sie sprachen bei den Geschäftsführern kommunaler Versorger vor, die regionale Wasserwerke oder Verkehrsbetriebe leiteten und sich regelmäßig Geld am Markt besorgen mussten. Nach der Wirtschaftskrise hatten die Kämmerer und Haushälter oft mit leeren Kassen zu kämpfen. Je mehr Zinsen man also für das eingesetzte Geld erhielt, desto besser. Jeder

Basispunkt mehr bedeutete für die Kommunen und deren Betriebe ein wenig mehr Luft zum Atmen. Einige der Kämmerer, etwa in Dortmund, machten mit den Zinsderivaten durchaus angenehme Erfahrungen. 2003, als die Zinsen extrem niedrig waren und die Zinsderivate – wie schon 1993 – sehr erfolgreich, ersparten sie der Stadt einige Millionen. Auch Salzgitter und München vermieden durch solche Geschäfte Millionen an Zinszahlungen.

Für die Vertreter der Deutschen Bank war das eine gute Ausgangslage, wenn sie die CMS Spread Ladder Swaps anboten. Eine Vertreterin der »Capital Markets Sales Group« der Deutschen Bank, die den kaufmännischen Geschäftsführer eines Abwasserzweckverbandes in Baden-Württemberg bearbeitete, pries die Papiere gar als Mittel zur »Zinsoptimierung« mit »Zinsverbilligungsstrategie« an. Dabei waren die neuen Swaps hochriskant, noch dazu im Jahr 2004, als schon absehbar war, dass Bewegung in die Zinssätze am Weltmarkt kommen würde. Die Kommunen schlugen trotzdem zu. Pforzheim schloss 17 Swapverträge über 70 Millionen Euro mit gleich mehreren Banken ab, die Stadt Hagen kaufte der Deutschen Bank allein Ladder Swaps im Nennwert von 170 Millionen Euro ab.[42] Die Bank nahm dafür fünf Prozent Provision, und die Kunden gingen das Risiko ein, ein Vielfaches an Verlusten einzufahren.[43] Sie spekulierten auf diese Weise mit dem Geld der Steuerzahler, was den Kämmerern strikt verboten war. Aber dass sie spekulierten, wussten sie oft gar nicht, und die Vertreter der Bank wiesen sie nicht ausdrücklich darauf hin.

Die Deutsche Bank verschwieg noch mehr: Das Produkt, der Ladder Swap, war sehr viel weniger wert als die Summe, die man von den Kunden kassierte. Pro Papier machten manche Kunden von Beginn an 88 000 Euro Verlust. Das Stuttgarter Oberlandesgericht sollte Jahre später urteilen: »Diese Vorgehensweise hat den Charakter einer heimlichen Selbstbedienung der Bank am Vermögen des Kunden.« Während der Kunde viel riskierte, sicherte die Bank sich doppelt ab: Sie konnte pro Papier im schlimmsten Fall 250 000 Euro bei dem Geschäft verlieren, der Kunde jedoch das Vierfache. Und im Gegensatz zum Kunden konnte die Deutsche Bank das Geschäft jederzeit beenden – wenn die Bank etwa doch zu viel Geld verlieren sollte.

Auch mittelständische Unternehmen, die sich seit Jahren auf die Deutsche Bank verließen, wenn es um komplizierte Geschäfte ging, schlossen solche Verträge ab. Etwa die Firma Ille aus Hessen, die unter anderem Toilettenpapier produzierte. Der Firmeninhaber Wilhelm Blatz erzählte später dem ZDF, wie sich seine Beziehung zur Deutschen Bank entwickelt hatte: »Zu meiner jungen Unternehmerzeit war das so, dass die Banken uns geführt haben im positiven Sinne. Da konnte man sich drauf verlassen. Wenn einer von der Bank gekommen ist, da konnten sie blind unterschreiben, das war immer für ihn ein Geschäft, aber für uns auch zum Vorteil.« Der Vertreter der Bank, den Blatz seit 16 Jahre kannte, ging in dem Unternehmen »ein und aus«, er durfte ohne großes Prozedere eine Monatsbilanz direkt aus der Buchhaltung holen: »Der kam dann einmal an und hat dann gesagt, Mensch, das ist eine tolle Sache, Zinsoptimierung. Aber wir haben gemerkt, dass er unter Druck ist. Ich meine, ich bin selbst Vertriebler, ich weiß, es gibt Zeiten, da braucht man auch mal einen Auftrag. Und so war das. Ich habe gesagt, wir brauchen weder Geld noch sonst was. Ich kann Ihnen gar nichts geben, aber ich mache das jetzt mal Ihnen zuliebe.«[44] Ein Fehler. Die Bank sollte Monate später eine Million Euro von dem Mann fordern. Er hatte nicht erkannt, dass viele Manager der Deutschen Bank die anderen Teilnehmer am Markt – auch Kunden, die ein Derivat kauften – inzwischen vor allem als Gegner begriffen.

Warum nur setzte die Deutsche Bank ihren Ruf mit diesen Geschäften so flächendeckend aufs Spiel? Es war ja gar nicht die Entscheidung der Filiale in Ulm, einem Abwasserentsorger in Ravensburg Swaps zu verkaufen, oder des Vertreters aus Hessen, Wilhelm Blatz mit Derivaten zu betrügen. Diese Entscheidungen fielen in London, wo man sich im großen Stil um den deutschen Mittelstand kümmerte. Die Produkte wurden in London strukturiert und dort in die Vetriebspipelines der Bank gepresst. In London interessierte man sich gar nicht für das Wohl des deutschen Mittelstands, dort hatte man etwas ganz anderes im Sinn: die eigenen sehr viel größeren Deals mit Pensionsfonds, anderen Banken und Hedgefonds abzusichern und den eigenen Bonus weiter in die Höhe zu treiben. Das ging nur über Volumen. Das Umsatzvolumen der Bank und das Umsatzvolumen jeder einzelnen Abteilung waren entscheidend. Der Clou war, dass man die Handelspositionen der Bank gegen die drohenden Zinsschwankungen absichern konnte.

Das Bonussystem, das die Händler antrieb, zog seine Kraft aus einem simplen Mechanismus, der sich als äußerst destruktiv erweisen sollte. Der Bonus richtete sich nach dem Umsatz, den ein Händler machte, und er bekam ihn sofort, denn der Bonus wurde unmittelbar nach Abschluss eines Geschäfts angerechnet, ähnlich wie bei dem Fair-Value-Buchhaltungssystem. Wenn ein Vertrag – wie ein Swap – über drei Jahre lief oder ein exotisches Derivat gar über zehn, zwanzig oder eben dreißig Jahre, dann wurde nicht die Endabrechnung abgewartet, sondern der Bonus wurde sofort fällig. Es spielte keine Rolle, ob das Geschäft für den Kunden ebenfalls gut lief, es spielte nicht einmal eine Rolle, ob das Geschäft am Ende für die Bank profitabel war. Es zählte nur der schiere Abschluss.

John Butler brachte das Problem 2015 im Interview mit dem Autor vor der Londoner Zentrale in der Great Winchester Street auf den Punkt: »Wenn du innerhalb eines Jahres mehrere Hundert Millionen erwirtschaftet hast, und das auch noch fünf Jahre hintereinander, aber währenddessen die Risiken unterschlägst, dann hast du dich längst in Südfrankreich zur Ruhe gesetzt, bevor die Regulierungsbehörde deine Geschäfte überhaupt nachvollziehen kann.« Auch Martin Loat, der die Bank 2003 verließ, kritisierte in einer E-Mail an seinen Ex-Kollegen Bill Broeksmit die Bonusstruktur und nannte sie als einen der Gründe dafür, dass die Bank so gefährlich schnell wuchs: »Du kennst mich: Ich war den Riesenbanken gegenüber immer negativ eingestellt. Ich mochte überhaupt nicht, was 2001/2/3 mit der Bank passiert ist, und habe das Joe auch deutlich gesagt.« Doch Joe – gemeint war Josef Ackermann – hatte wieder einmal eigene Probleme, die er sich ganz persönlich und ohne Not eingehandelt hatte.

A m 21. Januar 2004 begann der Mannesmann-Prozess, die Staatsanwaltschaft hatte Ernst gemacht. Eine Kammer des Landgerichts Düsseldorf sollte klären, ob der Aufsichtsrat von Mannesmann kriminell gehandelt hatte, als er seinen hohen Managern kurz vor der

Übernahme durch Vodafone Spezialboni zugestand. Auf der Anklagebank saßen Ackermann, der Mannesmann-Chef Klaus Esser, der einen Teil des Geldes bekommen hatte, sowie weitere Aufsichtsräte, darunter der ehemalige IG-Metall-Chef Klaus Zwickel. Der größte Fisch jedoch war Ackermann. Wie vor aufsehenerregenden Verfahren üblich, durften Fotografen und Kamerateams Aufnahmen von den Angeklagten machten. Ackermann – der Farbe seines Unternehmens angemessen im dunkelblauen Anzug mit blauer Krawatte und hellblauem Hemd – stand an der Anklagebank und plauderte mit Klaus Esser, dem Empfänger des vielen Geldes. Ackermann kniff die Augen zusammen, grinste über das ganze Gesicht – Zuversicht! – und spreizte dann Zeige- und Mittelfinger der rechten Hand zum Victory-Zeichen. Klick. Klick. Klick. Blitzlichtgewitter.

Der Mann hatte offenbar keinerlei Instinkt, was das Timing von Gesten oder Machtdemonstrationen anging. Am ersten Tag eines Strafprozesses wäre Demut angebracht gewesen. Ackermann entschied sich aber für eine andere Strategie. Er erklärte den Journalisten noch auf dem Flur, was das Problem mit Deutschland sei: »Das ist das einzige Land, wo diejenigen, die erfolgreich sind und Werte schaffen, deswegen vor Gericht stehen.«[45] Dieser Satz in Verbindung mit dem Victory-Zeichen hatte eine noch verheerendere Wirkung als der arrogante »Peanuts«-Ausspruch von Hilmar Kopper. Während Kopper mit seinem Satz von der bedrohlichen Situation für die Bank abgelenkt hatte, ging es Ackermann um den Schutz seiner eigenen Interessen: Er wollte selbstbewusst und unantastbar wirken, denn er und nicht die Bank stand vor Gericht. Weil er bislang gut damit gefahren war, trat er wieder einmal die Flucht nach vorn an. Damit ließ er nicht zuletzt seinen Arbeitgeber, die Deutsche Bank, schlecht aussehen, denn man fragte sich: Was für ein Typ Mensch führt diese Bank eigentlich?

Ackermann erlebte einen Shitstorm, bevor es den Begriff als solchen gab. Der mächtigste Bankenchef Deutschlands schanzte einem Manager, den er eigentlich kontrollieren sollte, einen gewaltigen Sonderbonus zu und verstand nicht, was es daran auszusetzen gab. Stattdessen provozierte er durch seinen instinktlosen Auftritt das Gericht auch noch. Ein Imagedesaster. »Was gibt es da zu grinsen?«, lautete die Frage, die alles überlagerte. Ackermann sei »selbstgefällig und arrogant«, hieß es in verschiedenen Magazinen und Zeitungen. Ein Reporter schrieb: »Sein Lächeln drückte Verachtung aus – auch gegenüber denen, die für kleines Geld schuften und Werte schaffen. Das Victory-Zeichen, das er machte, war obszön und ein Abgrund an Arroganz. Es ist die Arroganz der Macht.«

Wieder einmal musste die Deutsche Bank dringend für Ablenkung sorgen, und wieder einmal gelang das. Nur wenige Tage später erschien ein überraschend detaillierter Artikel in der *Financial Times*. Deren Reporter waren über die Gespräche zwischen der Citigroup von Sandy Weill und der Deutschen Bank von Josef Ackermann, die im Jahr zuvor stattgefunden hatten, informiert worden, mehr noch: Sie waren offenbar von den Managern der Bank aus Frankfurt über die Fusionsverhandlungen ins Bild gesetzt worden. Mitte Januar habe sich Ackermann mit dem neuen CEO der Citigroup in New York getroffen, eine Gruppe habe bereits in einem kleinen Ort klandestin über Details verhandelt. Die Fusion sei nun aber, schrieb die *Financial Times*, vom Tisch. Ackermann habe große Sorgen wegen der politischen Entwicklungen in Deutschland gehabt. Schröder habe Weill eine der deutschen Banken zum Verkauf angeboten, eigentlich die Commerzbank, Weill hätte aber die größte, die Deutsche Bank, gewollt. Schröder habe das in Ordnung gefunden, Ackermann habe dann am Ende die Fusion verhindert.

Im Herbst, nach einem Besuch Schröders in New York, bei dem der Bundeskanzler Weill einen Preis übergeben und eine Laudatio auf den Bankier gehalten hatte – »aus kleinsten Verhältnissen stammend, ist Sandy Weill wirklich ein ›global leader‹ geworden« –, war verschiedentlich kolportiert worden, dass Weill Interesse an der Deutschen Bank habe, die so viel weniger Umsatz als die Citigroup machte. Diese Gerüchte wurden nun, wenige Tage vor der Jahrespressekonferenz der Bank, erneut und detailliert in der *Financial Times* ausgebreitet mit der Pointe, dass Ackermann die Fusion am Ende verhindert habe. Der Vorstandssprecher Ackermann konnte so auf der Jahrespressekonferenz das Victory-Zeichen nebenbei kommentieren, aber im Wesentlichen Fragen zu der durch ihn verhinderten Megafusion beantworten.

Ackermann gab sich souverän und nannte drei Fragen, die vor einer Fusion bejaht werden müssten: »Ist es gut für die Aktionäre, ist es gut für die Mitarbeiter, ist es gut für Deutschland? Wir werden nie etwas tun, was einem dieser drei Kriterien widerspricht.« Und dann fügte er noch hinzu, dass er weder eine freundliche noch eine feindliche Übernahme erwarte, und erklärte, dass ihm das Victory-Zeichen leidtue. Er habe nur Michael Jackson nachahmen wollen, der kurz zuvor wegen Kindesmissbrauchs in Santa Barbara vor Gericht stand und ebenfalls das Victory-Zeichen angedeutet hatte. In Kalifornien habe das Gericht auf den Popstar warten müssen, in Deutschland die Angeklagten auf den Richter. »Alles wie bei Jackson, nur umgekehrt«, das habe er dem Angeklagten Esser mit dem Peace-Zeichen verdeutlichen wollen, so Ackermanns recht merkwürdige Erklärung. Worauf es aber ankam: Josef Ackermann gelang es wieder einmal, die Deutsche Bank als weit über allen anderen stehend, als unantastbar und – was mögliche Übernahmen anging– als unverkäuflich zu präsentieren.

Ackermann versprach auf der Jahrespressekonferenz noch etwas anderes: Im Geschäftsjahr 2004 würde die Bank den Gewinn nach Steuern verdoppeln, die Eigenkapitalrendite würde quasi explodieren, da sei sich der Vorstand sicher. Ackermann, der von seinen vielen Problemen ablenken musste, setzte alles auf eine Karte. In London verstand man die Botschaft, denn die war simpel, wie ein Manager erklärte: »Wenn man mehr Profit will, muss man mehr ins Risiko gehen. Also muss man riskantere Produkte strukturieren und in riskante Märkte vordringen, Russland und so weiter. Anders geht es nicht.«

Im März 2004 sollte herauskommen, dass Ackermann sich noch, kurz bevor der Mannesmann-Prozess Tagesthema wurde, eine Gehaltserhöhung genehmigt hatte. Statt 6,9 verdiente er nun 11 Millionen Euro im Jahr, die Bonuszahlung nicht eingerechnet. Nur wenig später steckte jemand an die Medien durch: Nicht Schröder, sondern Ackermann habe die Deutsche Bank an Sandy Weills Citigroup verkaufen wollen. Viel schlechter konnte das Image von Joe Ackermann nun nicht mehr werden. Dabei war der Öffentlichkeit zu diesem Zeitpunkt nicht einmal ein Bruchteil von dem bekannt, was sich tatsächlich in der Bank abspielte.

»Warum also Gutes tun, wenn Böses tun so einträglich ist?«

Im neuen Jahrtausend hatte sich die Deutsche Bank in der City of London einen guten Ruf erarbeitet – die Gehälter waren exzellent, die Bank galt als wagemutig, die Manager schienen echten Unternehmergeist zu besitzen. Auf Partys gehörten die Juniorbanker der Deutschen Bank zu den begehrtesten Gesprächspartnern, weil sie bei einem coolen Institut arbeiteten, das mit Goldman Sachs und Lehman Brothers in einer Liga spielte. Die »Deutsche« hatte sich, was das Image anging, nach oben gearbeitet, war hipper als etwa die Royal Bank of Scotland oder HSBC. So hatte das Management auch keine Probleme, neue Talente von den britischen Elite-Universitäten anzuwerben.

Die neuen Banker wurden zunächst in ein sogenanntes Bootcamp gesteckt, wo sie eine Grundausbildung durchliefen. Die Deutsche Bank mietete für die Anfänger – zum Teil über Wochen – große Säle, einmal das Sadler's Wells Theater. Hier wurden die jungen Banker tagsüber gedrillt, brachte man ihnen die Grundzüge des Geschäfts bei, und abends traten auf der Bühne weltbekannte Ballettgruppen auf. Die grundlegende Botschaft der Bootcamps war schlicht: Wir haben das Risiko als Problem besiegt und damit das Geschäft in den Griff bekommen. Die jungen Banker wurden nicht ermuntert, das Geschäft zu hinterfragen, ihnen wurde lediglich das Handwerk beigebracht und erklärt, wie man Produkte verkauft, Geld mit ihnen verdient und das Risiko unter Kontrolle behält. Das Risiko, das war die wichtigste Lektion, folge bestimmten Gesetzmäßigkeiten, die man herausgefunden habe. Das Zauberwort lautete Diversifizierung, und das bedeutete: Das Gesamtportfolio war hochkomplex, die Bank auf vielen verschiedenen Geschäftsfeldern unterwegs, und damit konnte nahezu ausgeschlossen werden, dass alle Elemente gleichzeitig ausfielen. Irgendeines der Produkte würde immer genug Geld verdienen, so die Grundidee, und das Risiko war überschaubar, weil gut verteilt. Am Ende würde der Markt effizient funktionieren. In diesem Glauben wurden die jungen Banker in die Welt hinausgeschickt.

Die Manager der Bank wussten, dass man zumindest einige Nachwuchsleute brauchte, die ahnten, dass die Wahrheit viel komplizierter war. So kam es, dass man einen jungen Banker einstellte, der im Bewerbungsgespräch vergleichsweise aufmüpfig auftrat und eigenständig dachte. Auf die Frage, was er von den Risikomodellen der Bank halte, antworte er, dass die zugrunde liegenden Daten ihn nicht überzeugen würden, da sie nur einen sehr spezifischen Teil der Vergangenheit abbildeten. Zwangsläufig seien die darauf aufbauenden Statistiken und Risikomodelle mit Vorsicht zu genießen. Damit hatte der Kandidat auf Anhieb das Kernproblem erfasst, das Kevin Rodgers schon 1998 ausgemacht hatte: Man versuchte mit Werten aus der Vergangenheit die Zukunft zu berechnen. Der junge Banker bekam den Job und wurde Risikomanager.

Doch für Mitarbeiter mit einer eigenen Meinung war es äußerst schwierig, sich über Jahre in der Bank zu halten. Auch im Risikomanagement zeigte sich das. Hier waren die jungen Talente einem enormen Anpassungsdruck ausgesetzt. Zum einen sollten sie das immer komplexere Geschäft der Bank durchschauen, zum anderen – und das war noch viel komplizierter – mussten sie sich jeden Tag aufs Neue davon überzeugen, dass die eigene Abteilung all die komplizierten Deals der Bank wirklich im Griff hatte. Immer wieder bläute man den Neulingen ein: »It's harder to say yes than no« – es ist schwerer, zu einem Deal ja als nein zu sagen –, schließlich übernahm man mit einem Ja Verantwortung. Doch in der Realität half ihnen das kaum weiter, denn gerade die komplizierten Deals brachten das Geld ein. Und so verinnerlichten die jungen Risikomanager eines: Auch die eigene Abteilung musste vor allem dazu beitragen, Umsatz zu generieren.

Diese Maxime lebte nicht zuletzt der Chef des Risikomanagements vor, der Schweizer Hugo Bänziger, der noch vor Ackermann von der CSFB zur Deutschen Bank gekommen war. Beide kannten sich noch aus Armeezeiten. Bänziger war sieben Jahre jünger als Ackermann und Generalstabsoffizier. Der studierte Historiker war in London mindestens genauso gefürchtet wie Anshu Jain, obwohl man ihn hinter vorgehaltener Hand den Kofferträger von Ackermann nannte. Seine Wutausbrüche schüchterten selbst hartgesottene Kollegen ein. Als einer der obersten Risikomanager – über ihm kam nur noch der Vorstand Dr. Clemens Börsig – hatte er Deals nicht zu verhindern, sondern möglich zu machen und dafür zu sorgen, dass die Bank dabei nicht so große Risiken einging und am Ende Geld verlor. Man erörterte zwar, wann ein Geschäft grundsätzlich abzulehnen war, weil es der Reputation der Bank schaden konnte, aber da ging es eher um klare Fälle: Mit Waffenhändlern und Geldwäschern wollte man nichts zu tun haben. Wie sich herausstellen sollte, war selbst das gar nicht so leicht durchzuhalten.

Bänziger forderte immer komplexere Instrumente, weil die Margen der Produkte sich ständig verringerten. Kein Produkt brachte auf Dauer genügend Geld ein, weil die Konkurrenz immer schnell nachzog. Bänziger lag damit ganz auf der Linie der meisten anderen Investmentbanker, und er verfolgte sie hartnäckig und übellaunig. Aber er konnte auch mit seiner intellektuellen Klasse und seinem Wissen beeindrucken. Auf einem der sogenannten Offsites – einem Motivationstrip nach Amsterdam – lud der Schweizer seine Kollegen zum Stammsitz der 1602 gegründeten Niederländischen Ostindien-Kompanie ein und erläuterte dort aus dem Stegreif die Bedeutung des Ortes, an dem das weltweit erste multinationale Unternehmen residiert hatte, das noch dazu die ersten Aktien der Geschichte ausgegeben hatte.

Bänziger musste hart um seine Stellung in London kämpfen. Der Schweizer hatte, wie ein ehemaliger Risikomanager es ausdrückte, Stück für Stück den Einfluss von Frankfurt »gekillt«, indem er die Kontrolle des Risikomanagements an sich gerissen und nach London verlagert hatte. »Das war Bänzigers Krieg«, hieß es in seinem Team. Die Kollegen in Frankfurt nahm man in London gar nicht mehr richtig ernst, man betrieb eine Art *Degermanification*, versuchte also den deutschen Einfluss oder das, was als umständliches, spießiges, deutsches Denken galt, zurückzudrängen. In Frankfurt hatte man vielleicht gerade deswegen einen Heidenrespekt vor den Investmentbankern aus London, selbst wenn es Deutsche waren. Bei jedem Besuch der Londoner in Frankfurt zeigte sich diese Ehrfurcht, so jedenfalls empfanden es die Risikomanager aus der City.

Bänziger und sein Team saßen in einem Büroblock in der Nähe des Leadenhall Market, einer überdachten historischen Einkaufspassage, in der sich auch jede Menge Pubs befanden. Die Risikomanager waren also getrennt von den Händlern untergebracht, die einige Hundert Meter entfernt im Londoner Stammsitz der Bank an der Great Winchester Street arbeiteten. In Bänzigers Abteilung gab es auch einige ehemalige Risikomanager von Bankers Trust, die ihre Erfahrungen aus den 1990er Jahren einbrachten und versuchten, aus diesen die richtigen Schlüsse zu ziehen: Wie konnte man stabiler und sicherer Geschäfte machen? Wie konnte man verhindern, dass ein Hedgefonds die ganze Bank beinahe mit in den Abgrund riss, wie es Bankers Trust passiert war? Was war mit Liquiditätskrisen, wenn innerhalb von ein oder zwei Tagen die Geldströme eintrockneten oder frisches Geld zu teuer wurde? Diese Fragen stellten sie sich fast täglich.

Der Historiker Bänziger legte großen Wert darauf, dass man aus der Geschichte und vergangenen Fehlern lernte. In seiner Abteilung beschäftigte man sich geradezu exzessiv mit den Versäumnissen der Vergangenheit, so empfand es jedenfalls einer der Risikomanager. Aber die neuen Instrumente, die man Kunden in großen Mengen verkaufte, waren komplexer als alles, was es zuvor je gegeben hatte. Man besaß keinerlei Erfahrungswerte, und so konnte jedes Risikomodell nicht mehr als eine vage Annäherung sein. Welche Risiken ein komplizierter Swap oder eine neu strukturierte Anleihe wirklich bargen, das konnte Bänzigers Truppe nicht vorausberechnen. Und eines wollte sie gar nicht kalkulieren: das Risiko des Kunden. Wenn das am Ende zu groß wurde, war das kein Problem der Bank.

A n einem Freitag im Januar 2004 stürzte sich der junge Alessandro Bassi, der in der Buchhaltung des italienischen Konzerns Parmalat angestellt war, von einer Autobahnbrücke in Parma in den Tod. Die Zentrale seines Arbeitgebers, der weltweit Milch, Joghurt und andere Molkereiprodukte herstellte, lag nicht weit entfernt von dem Ort, an dem Bassi starb. Von der kleinen Stadt in der Emilia-Romagna aus hatte das Familienunternehmen Parmalat seinen Siegeszug in die ganze Welt angetreten. Der war Weihnachten 2003 zu einem abrupten Ende gekommen, als das Unternehmen Gläubigerschutz beantragte und aufflog, dass die Firma die Anleger systematisch betrogen hatte. In der Buchhaltung gingen Polizei und Staatsanwaltschaft seit Weihnachten ein und aus. Bassis direkter Vorgesetzter wurde verdächtigt, von den Betrügereien bei Parmalat gewusst und sie mitorganisiert zu haben. Der italienische Konzern hatte mit Hilfe von Investmentbanken und Anwaltskanzleien aus New York seit den späten 1980er Jahren ein Schattensystem aufgebaut.[46] Parmalat, dass von einem Familienclan geführt wurde, hatte Konten auf den Cayman Islands eröffnet, um Geldströme zu verschleiern und mehr Schulden machen zu können. Die eigene Expansionsstrategie und die Hobbys der Familie – der Clan besaß drei Fußballvereine, darunter den phasenweise sehr erfolgreichen FC Parma – finanzierte der Konzern nicht zuletzt durch die Aufnahme von immer neuen Schulden.

Die US-Bank Citigroup hatte Parmalat geholfen, im US-Bundesstaat Delaware – ein beliebter Ort für Briefkastenfirmen – eine Zweckgesellschaft zu gründen, die wiederum verschuldet wurde. Die Gesellschaft nannte man »Bucerono«, was – überaus passend – »schwarzes Loch« bedeutet. Vor allem brachte der Konzern jedoch mit Hilfe vieler großer Banken im Laufe der Zeit immer wieder neue Anleihen auf den Markt. Als die Lage bedrohlich wurde, fälschten Mitarbeiter Kontoauszüge, um Liquidität vorzutäuschen. Im Herbst 2003 tauchten ernste Zweifel an der Zahlungsfähigkeit Parmalats auf. Die Firma behauptete zwar, reichlich Bargeld zu besitzen, doch das Management machte ständig neue Schulden. Obwohl die Gerüchte, dass da etwas nicht stimmen könne, am Finanzplatz Mailand nicht mehr zu ignorieren waren, stieg die Deutsche Bank in das Geschäft ein und platzierte eine weitere Anleihe über 350 Millionen Euro am Markt. Wenig später war Parmalat bankrott. Das Unternehmen hatte knapp zehn Milliarden Euro Schulden und wurde als europäisches Enron bekannt.

Einen Tag vor Bassis Tod ließ die Staatsanwaltschaft die Büros der Deutschen Bank in Mailand durchsuchen. Man hatte also nichts aus dem Enron-Skandal gelernt, dessen Aufklärung noch immer Schlagzeilen machte. Im Fall Parmalat hatte das Risikomanagement unter Hugo Bänziger zwar nicht per se versagt – der italienische Konzern hatte keinen direkten Kredit von der Deutschen Bank bekommen und platzen lassen –, doch die Bank hatte ohne Skrupel einem fragwürdigen Kunden viel Geld am Markt besorgt. Aus Sicht der

Risikomanager war das Einzige, was zählte, dass nur die Anleger mit der Anleihe Geld verloren hatten und nicht die Bank selber. Für die gutgläubigen Käufer hieß es wieder einmal: Willkommen auf den internationalen Kapitalmärkten, auf denen nicht jeder gewinnen kann. Dass man mit solchen Geschäften der Reputation der Bank schadete, wurde innerhalb der Deutschen Bank verdrängt.

Diese Haltung – Risikomanagement heißt das Risiko managen und nicht es für alle Beteiligten mindern – blieb nicht folgenlos. Der Standort London geriet ganz allmählich außer Kontrolle. Einige der Händler machten bald, was sie wollten. Und das entging den Aufsichtsbehörden nicht. Die britische Financial Conduct Authority (FCA) ermittelte 2004 gleich in zwei Verdachtsfällen gegen das Londoner Büro: Der Chefhändler des »European Cash Trading« hatte ein Mitglied seines Teams aufgefordert, große Aktienmengen des skandinavischen Lkw-Bauers Scania en bloc zu kaufen, um den Preis zu stabilisieren. Man wollte die Aktien wenig später zu einem guten Preis an Investoren weiterverkaufen, konnte einen Preisverfall daher nicht gebrauchen. Ein anderer Händler hatte die Aktien eines Schweizer Biotech-Start-ups aufgekauft, nachdem der Preis nach dem Börsengang gefallen war. Auch hier ging es darum, den Aktienpreis zu stützen und Risiken einzudämmen. Doch die wirklichen Risiken sollten erst noch kommen.

S eit Anfang des Jahres lief der Mannesmann-Prozess vor dem Düsseldorfer Landgericht. 32 Verhandlungstage hatte Ackermann dort bereits abgesessen, fast jede Woche zwei Tage. Er hatte ausgesagt und beteuert, er sei sich keiner Schuld bewusst, denn er hielt es für rechtens, dass er als Aufsichtsratsmitglied der Bonuszahlung an den Mannesmann-Chef Klaus Esser zugestimmt hatte. Einige Zeugen hatten ausgesagt, dass Ackermann keine Schuld treffe, andere belasteten ihn dagegen schwer. In Frankfurt machten Gerüchte die Runde, Ackermanns Vorgänger Rolf Breuer habe sich in Stellung gebracht, um das Amt wieder zu übernehmen. Ein Aufsichtsratsmitglied suche bereits nach einem alternativen Nachfolgekandidaten, lautete ein anderes Gerücht.

Am 30. Juni 2004 plädierten schließlich die Staatsanwälte. Sie forderten zweieinhalb Jahre Haft für den ehemaligen Mannesmann-Chef Esser und zwei Jahre auf Bewährung für Ackermann. Sollte das Gericht dem Antrag folgen, bedeutete das mit ziemlicher Sicherheit das Ende der Karriere von Joe Ackermann. In drei Wochen würde das Urteil verkündet werden. Der Imageschaden für die Bank und für Ackermann war schon jetzt enorm.

In der Branche wurde man zunehmend nervös. Das zeigte sich anlässlich einer Rede, die der Bankier Ludwig Poullain am 9. Juli, kurz nach dem Plädoyer der Staatsanwaltschaft im Mannesmann-Prozess, halten wollte. Poullain war in den 1960er und 1970er Jahren Chef der WestLB und Vorsitzender des Sparkassen- und Giroverbandes gewesen. Der 84-Jährige stolperte am Ende seiner Karriere über einen Beratervertrag, genoss aber als Fachmann weiterhin großes Ansehen. Nun sollte Poullain den Vorstandschef der Norddeutschen Landesbank, Manfred Bodin, zum Abschied in einer kurzen Rede würdigen. Doch Poullain wollte die Gelegenheit nutzen, um vor allem mit dem Investmentbanking und der Führung der Deutschen Bank abzurechnen – am härtesten mit Josef Ackermann.

Schon Ackermanns Verhalten im Prozess machte Poullain zu schaffen: »Wie sie mit ihren vor der Brust verschränkten Armen den Einzug des Gerichts erwarten, dieses Bild tut weh«, so Poullain. »Höre ich Ackermann, fallen mir Globalisierungswut und schwyzerischer Erwerbssinn ein, letzterer jedoch nur in verfremdeter Form. Ackermann ist dabei, die Identität der Bank, die einen stolzen Namen trägt und, dies bekenne ich gerne, für mich in meiner aktiven Zeit immer ein Vorbild für Abgewogenheit im Denken und Tun war, für immer und ewig wegzugeben.« Im »einst hochangesehenen Bankgewerbe« hätten sich »die Wertmaßstäbe verschoben«: »Selbstverständlich nicht so derb und vordergründig wie im gemeinen Volke, sondern vornehm und auf hohem Niveau (…) Selbstkritische Gedanken scheinen einem Bankherrn heute nicht mehr angemessen; das eigene Tun in Frage zu stellen – ich meine: vor sich selbst, nicht gegenüber dem Aufsichtsrat –, erscheint ihm als zinsloser Aufwand.« Sein Eindruck sei, »daß die Aktionäre sich mehr als die Mitglieder ihres Vorstandes mit ihrer Bank identifizieren«. Und auch: »Wir alle bewegen uns in der Strömung unserer Gesellschaft, dabei können wir uns von ihr treiben lassen, oder aber wir können uns ihr entgegenstemmen. Die Banken dümpeln träge mitten im Strom. Mich als Methusalem aus dem vergangenen Jahrhundert erschreckt, wie radikal und in welch hohem Tempo sich die Normen unserer Gesellschaft ändern – ich empfinde dies als moralischen Zerfallsprozeß.«

Es scheint, als habe Poullain Anshu Jain und andere Londoner Banker im Blick gehabt, als er anmerkte, dass es keine zurückhaltenden Bankiers mehr gebe, sondern nur noch überhebliche Banker: »Ein Banker (...) ist ein globaler Universeller. Er weiß nicht nur alles, er weiß auch alles besser; etwa von Abläufen in Produktion und Versand, von Forschung und Entwicklung, also von Dingen, von denen er von Haus aus nur wenig wissen kann. Hat er sich einmal eine Meinung gebildet, steht sie unverrückbar fest. Sie ist nicht mehr diskutierbar.«

Poullain kritisierte die geschliffene Oberflächlichkeit dieser Banker: »Am liebsten verkehrt er nur unter Gleichgekleideten. Gepflegte Tischsitten und strikte Beachtung der Regeln der Etikette gelten ihm als Ausdruck hochentwickelter Kultur.« Doch hoch entwickelt sei nichts an ihrem Geschäftsansatz, es sei »dumm, die Gewinnmaximierung zur Maxime zu machen, weil sie kein belastbares Fundament einer Unternehmenspolitik sein kann. Doch warum sollte eine Bank der eigenen Profitgier Grenzen ziehen, wenn das Motto ›Bereichert euch‹ ohne moralische Hemmungen öffentlich gepredigt werden kann? Warum moralisch sein, solange die Unmoral nicht mit dem Handelsgesetzbuch und dem Strafgesetzbuch kollidiert? Warum also Gutes tun, wenn Böses tun so einträglich ist? Es ist aus meiner Sicht nur konsequent, wenn sich die Banken den moralischen Rahmen ihres Handelns selber gebastelt haben: dass sie sich alles erlauben können, was nicht ausdrücklich verboten ist.«

Die Deutsche Bank müsse ihre Angestellten umerziehen, »ihre Köpfe mit einem anderen Geist« füllen: »Sie müssten ihre Instinkte und ihr Denken wandeln. Und dann auch noch den Untergebenen, deren Motivation sich im schnellen Geldmachen erschöpft, andere Wegmarken einpflanzen – auch ihren Investmentbankern.« Geschehe das nicht, dann sei die soziale Marktwirtschaft – das Korsett der Gesellschaft – in Gefahr: »Darum, ihr Bankleute, wartet nicht, bis die Tide kippt und sie euch zu neuen Ufern trägt. Schwimmt schon jetzt los, gegen den Strom dieser Zeit. Erforscht euch einmal selbst, (...) achtet weniger auf euer Image als vielmehr auf das Standing – das eurer Bank ebenso wie das persönliche.«[47]

Eine beispiellose Abrechnung. Doch Applaus oder Buhrufe blieben aus. Ludwig Poullain durfte die Rede auf der Veranstaltung der Nord LB nicht halten. Als er vom Veranstalter aufgefordert wurde, den Inhalt abzuschwächen, sagte er seinen Auftritt lieber ab und hielt seine Rede gar nicht. Eine Woche später berichtete die *Frankfurter Allgemeine Zeitung* über den Vorfall und druckte Poullains Abrechnung. Die *Berliner Zeitung* zog nach, doch eine breite Diskussion über das Bankgewerbe blieb aus.[48] Alles lief weiter wie zuvor, obwohl ein angesehener Bankier, der nichts mehr zu verlieren hatte, so offen die zentralen Probleme des Geschäfts angesprochen hatte. Doch die Zeichen standen nun an der Wand, grell und unübersehbar. Die müde Diskussion über die ungehaltene Rede war kaum verklungen, da wurden Ackermann und die anderen Angeklagten in Düsseldorf freigesprochen. Die Richterin Brigitte Koppenhöfer hatte schon zuvor Zweifel geäußert: Die Angeklagten hätten zwar möglicherweise das Aktienrecht gebrochen, aber die Staatsanwaltschaft hatte nach Überzeugung der Richterin den Tatvorwurf der schweren Untreue nicht bewiesen. Ackermann kam ohne Bewährungsstrafe davon. Victory.

D as Schicksal der Deutschen Bank sollte sich im Jahr 2005 entscheiden. Die Führung verpasste die Chance zum Kurswechsel und steuerte ungebremst Richtung Abgrund. Die Rede von Ludwig Poullain war nur eine von vielen Warnungen. Ende 2004 versuchten auch Insider, Einfluss auf den Kurs der Bank zu nehmen.

Der schärfste Kritiker war Ulrich Cartellieri, ein Bankier der alten Schule und seit 1970 Mitglied im Aufsichtsrat der Bank. Zunächst hatte er den Internationalisierungskurs noch mitgetragen, doch mit den Jahren waren ihm Zweifel gekommen, die er auch öffentlich und in Finanzkreisen äußerte. Zu riskant, zu kapitalintensiv sei das

Geschäft der Investmentbanker. Die einst mächtigste Bank Deutschlands stecke in einer strategischen Falle, sie sei ohne Vision und Identität zu einem Übernahmekandidaten heruntergewirtschaftet worden, und – so warnte Cartellieri – es bestehe Gefahr, dass sie von den einflussreichen Investmentbankern endgültig übernommen werde.[49]

Nachdem sich Ackermann durch den Freispruch noch einmal gerettet hatte und sich das Problem Ackermann nicht von alleine gelöst hatte, legten die Kritiker der Bank es offenbar auf einen Showdown an. Damit geriet die Bank erneut ins Rampenlicht, denn sie trugen den Konflikt über die Medien aus. Im August 2004 erschien ein Artikel in *The Economist*, der mehrere zentrale Kritikpunkte Cartellieris aufnahm. Die Autoren waren ganz offensichtlich mit Einschätzungen und Informationen versorgt worden, die nur ein Insider haben konnte. Sie präsentierten eine vernichtende und prophetische Abrechnung.

Warum nur hat sich die Bank so radikal vom Massenkundengeschäft abgewandt? Warum hat man die Chance verstreichen lassen, die Postbank zu übernehmen?, fragte man sich beim *Economist* und gab selbst die Antwort: »Weil keine Bank so sehr von Investmentbankern gehijackt wurde.«[50] Der Slogan der Bank sei eine Phrase: Hinter der »Passion to Perform« verberge sich nichts weiter als die Leidenschaft der Bank, für die Investmentbanker Geld zu verdienen. Und: »Die Bank ist viel weniger, als sie sein könnte. Die Banker wollten ihren Horizont erweitern, doch tatsächlich haben sie ihn schrumpfen lassen. Die Bank ist globaler geworden, existiert aber lokal nicht mehr.« Die Investmentbanker machten sich etwas vor, was die Risiken angehe. Wenn der Markt irgendwann nicht mehr volatil sei, dann würde die Bank schnell enorme und riskante Posten in den eigenen Büchern haben. Zudem sei das interne »Value at Risk«-Modell (VAR) nicht strikt genug, und auch die wöchentlichen Stresstests seien es nicht: »VAR funktioniert ausgerechnet dann nicht, wenn man es am dringendsten braucht: wenn die Märkte zusammenbrechen.«

Diese öffentliche Generalkritik hatte Folgen. Der Aufsichtsrat Ulrich Cartellieri, den man für den Artikel im *Economist* mit verantwortlich machte, legte sein Aufsichtsratsmandat nieder: Es gebe unterschiedliche strategische Auffassungen darüber, wie man die Bank führen müsse, hieß es dazu in einer offiziellen Stellungnahme. Cartellieri hatte den Machtkampf gegen Ackermann verloren. Dass er mit für das gescheiterte Russland-Geschäft verantwortlich war, hatte ihm nicht geholfen. Die internen Kritiker wurden kaltgestellt, als man sie am dringendsten gebraucht hätte.

OPM – Other People's Money

Ähnlich wie an Josef Ackermann perlten auch an Donald J. Trump existenzielle Krisen einfach ab. Im August 2004 gingen die Kasinos des Baulöwen in Atlantic City wieder einmal pleite. Die Verbindlichkeiten waren auf 1,8 Milliarden Dollar angewachsen. Doch was waren schon Schulden, das war »other people's money« – das Geld anderer Leute, kurz OPM. Wer sich auf den Finanzmarkt wagte, war eben Freiwild. Wer Geld verlor, etwa weil er zu leichtgläubig Geschäfte mit einem Investor oder einer Bank abgeschlossen hatte, war selber schuld.

Jahre später, als Präsidentschaftskandidat, äußerte sich Donald J. Trump auf einer Wahlkampfveranstaltung in North Carolina noch immer wie ein Spieler und nicht wie ein Politiker. Zu möglichen Schutzzonen für syrische Flüchtlinge sagte er dort: »Wir werden die Golfstaaten dafür bezahlen lassen. Das mache ich ständig, wenn ich Geschäfte abschließe. Das nennt man OPM, other people's money.« Und bei anderer Gelegenheit setzte er noch eins drauf: »Es gibt nichts, was sich damit vergleichen lässt, das Geld anderer Leute einzusetzen. Es gibt nichts Vergleichbares, weil man so das Risiko [minimiert]. Man nimmt einen Batzen Geld und absorbiert das Risiko.«

So sahen es auch die Banken: Indem man das Geld anderer Leute einsetzte, ließ sich das eigene Risiko am besten minimieren. Trump brachte Anleger im Jahr 2004 sogar indirekt dazu, ihm seine Schulden zu erlassen, indem er sich über Anleihen, die dann abgewertet wurden, Geld am Markt besorgte. Am Ende musste er zwar pro forma seinen Posten als Chef des Kasinos räumen, erreichte aber, dass die Firma weniger Schulden abstottern musste, und zwar in einer Größenordnung von 500 Millionen Dollar. Alles reine Verhandlungssache.

Wie so oft in Trumps Leben hatte der Bankrott des Kasinos nicht den zu erwartenden Effekt, ganz im Gegenteil: Sein Talent als Unternehmer wurde gar nicht angezweifelt, vielmehr stand er in Teilen der Öffentlichkeit jetzt tatsächlich als großer Dealmaker und erfolgreicher Milliardär da. Schon seit Januar 2004 spielte er einen solchen Woche für Woche in der NBC Reality Show *The Apprentice*. Die Sendung, in der Trump junge Kandidaten darauf testete, ob aus ihnen gute Unternehmer werden könnten, war ein Hit – im Schnitt sahen sie 16 Millionen US-Amerikaner. Trumps Name zog wieder bei den Massen, die im Grunde gar nicht wussten, wie bestimmte Geschäfte eigentlich funktionieren. Sein Spruch: »You are fired!« wurde zum Markenzeichen. An der Wall Street nahm man ihn dagegen weiterhin überhaupt nicht ernst. Dass er erneut mit einer Firma bankrottgegangen war und eine halbe Milliarde Dollar verbrannt hatte, bestätigte einflussreiche Investoren in ihrer Meinung über den TV-Star. Trump sei nicht zu trauen, hieß es, schließlich tangierte sein respektloser Umgang mit dem Geld anderer Leute auch das Kapital der Banken.

Der Deutschen Bank schien das egal zu sein. Sechs Jahre zuvor hatte man die Renovierung des Trump Building in direkter Nachbarschaft der Bankzentrale an der Wall Street mit einem Kredit in Höhe von 125 Millionen Dollar finanziert. Das Immobilienteam, das immer noch von Eric Schwartz angeführt wurde, hatte den Deal möglich gemacht, dabei wurde Justin Kennedy, der Sohn des Verfassungsrichters, zu einem der wichtigsten Ansprechpartner von Trump. Schwartz und Kennedy verhalfen Donald J. Trump zum Comeback, der nun mit einer eigenen Fernsehsendung auf dem Höhepunkt der Popularität angekommen zu sein schien.

Eric Schwartz hatte mit dem Geld der Deutschen Bank in der Hinterhand über Jahre gestrauchelten New Yorker Immobilienentwicklern auf die Beine geholfen, die wenig Eigenkapital, aber einen schillernden Ruf besaßen – etwa Harry B. Macklowe, Ian Bruce Eichner und eben Donald J. Trump. Der wirkliche Reichtum dieser Männer war schwer zu schätzen, da sie darin geübt waren, mit viel Verve aller Welt vorzugaukeln, dass es ihnen nie besser gegangen sei als genau in diesem Moment. Macklowe, Eichner und Trump suchten sich ständig gegenseitig die besten Gebäude der Stadt abzujagen. Die Deutsche Bank mischte dabei kräftig mit, denn sie arbeitete mit allen Seiten zusammen. Diese Herren machten auf ähnliche Art Geschäfte, und die Manager der Deutschen Bank schienen diese Art genau zu verstehen. Die Banker spielten mit den Kunden Golf – wenn es sein musste auch in Irland –, man besuchte gemeinsam die teuersten Restaurants in New York und vergaß keinen Augenblick, dass es immer nur darum ging, den anderen über den Tisch zu ziehen.

Donald J. Trump war ein überaus wichtiger Klient der Deutschen Bank in New York. Mit Hilfe eines Investors und der Bank Lehman Brothers hatte er 1998 eines der teuersten Gebäude der Stadt – das General-Motors-Gebäude an der Fifth Avenue, direkt neben dem Trump Tower am Central Park – auf Pump erworben. Er selbst musste dabei gerade einmal elf Millionen Dollar an Eigenkapital aufbringen, den Rest »hebelte« er mit Hilfe der Bank und konnte auf diese Weise schließlich gemeinsam mit einem Partner die geforderten 800 Millionen Dollar zahlen. 2003 musste er das Gebäude jedoch verkaufen, da er wieder einmal knapp bei Kasse war. Einer der alten Haudegen, Harry Macklowe, war interessiert. Da der ursprünglich vorgesehene Finanzier ausstieg, brauchte Macklowe plötzlich 1,4 Milliarden Dollar. Also rief er Eric Schwartz von der Deutschen Bank an. Der war gerade beim Golfspielen in Europa, machte sich aber umgehend auf den Weg nach New York und schloss den Deal innerhalb von zehn Tagen ab. Indirekt stützte die Deutsche Bank mit der Hilfe für Macklowe also auch Trump, weil ein großer Teil des Kaufpreises an ihn ging.

Zu dieser Zeit hatte der spätere Präsident der Vereinigten Staaten wieder einmal mit schweren Liquiditätsproblemen zu kämpfen. Doch mit der Deutschen Bank an seiner Seite ging ihm nie das Spielgeld aus. Als von 2004 an die Immobilienpreise förmlich durch die Decke gingen und goldene Zeiten für Immobilienentwickler anzubrechen schienen, wollte er noch größere Summen für noch größere Projekte einsetzen. Seit Jahren träumte er von einem wahnwitzigen Projekt in Chicago; dort sollte das höchste Gebäude der Welt entstehen – mit seinem Namen darauf. Nun schien die Zeit gekommen. Doch dann machten seine Kasinos in Atlantic City Bankrott und bescherten ihm erneut unangenehme Schlagzeilen. Das New Yorker Immobilienteam der Deutschen Bank scherte das wenig. Schwartz und sein Team organisierten ohne mit der Wimper zu zucken die Finanzierung für Trumps Projekt in Chicago. Die Deutsche Bank lieh Trump, der wie gewöhnlich kaum eigenes Kapital einsetzte, 650 Millionen Dollar, damit er den Trump Tower Chicago bauen konnte. Mehrere Hedgefonds beteiligten sich ebenfalls.

Noch ein weiterer New Yorker Baulöwe fand bei Schwartz und seinem Team ein offenes Ohr: Ian Bruce Eichner. Der waschechte New Yorker, ein dünner Mann, der so gar nicht nach einem aggressiven Immobilienentwickler aussah, wollte eines der teuersten Hotels der Welt mit angeschlossenem Kasino in Las Vegas bauen. Auch Eichner hatte schon Rückschläge erlebt. In den mageren 1990er Jahren musste er das Hauptquartier seiner Firma an die deutsche Bertelsmann AG verkaufen. Doch nun stieg er wieder groß ein. In den nächsten Jahren würde Eichner mehrere Milliarden Dollar für das Las-Vegas-Projekt brauchen, und die musste er sich zusammenpumpen, da er so gut wie kein eigenes Kapital besaß. Die Deutsche Bank war damit in zwei der größten US-Immobilienprojekte involviert. Sie vergab aggressiv Kredite an Männer, die ihr eigenes Geld nicht im Feuer hatten. Aber der Immobilienmarkt in den USA eilte von Rekord zu Rekord – was konnte man schon falsch machen in diesem scheinbar nie endenden Boom?

D er Chef der Bank, Josef Ackermann, arbeitete derweil daran, sein Image aufzupolieren, das so gelitten hatte. Dabei tat er sich zunehmend schwer, zumal seit Anfang des Jahres klar war, dass die Staatsanwaltschaft im Fall Mannesmann in Revision gehen würde. Der Bundesgerichtshof musste also entscheiden, ob das Urteil Bestand hatte, andernfalls war der Freispruch aufgehoben, und der Fall musste neu verhandelt werden.

Ackermann stand auch unter Druck, weil er trotz eines Gewinns von 2,5 Milliarden Euro angekündigt hatte, 6500 Mitarbeiter zu entlassen. Immer wieder bekräftigte er, dass er an seinem Ziel festhalte, als große internationale Bank Erfolg zu haben: »Wenn ich vor Menschen auftrete und ihnen persönlich unsere Vorhaben erläutere, ernte ich viel Verständnis. Viele sagen: Weiter so! Es ist doch eine Leistung, dass eine Bank aus Deutschland international vorn mit dabei ist.«[51] Er pfiff auf jede Form von Diplomatie und verteidigte sein Gewinnziel beharrlich: 25 Prozent Eigenkapitalrendite entsprächen 16 Prozent nach Steuern, »das ist heute das absolute Minimum«. Als er von Reportern, die ihn in seinem Londoner Büro besuchten, daran erinnert wurde, dass sich die Deutsche Bank im Jahr zuvor geweigert hatte, die Postbank zu übernehmen, obwohl Kanzler Gerhard Schröder darum gebeten hatte, nahm er die Investmentbanker in Schutz, die für die Blockade verantwortlich gemacht wurden. Unsinn, sagte Ackermann, »sie haben noch nie etwas blockiert. Die Deutsche Bank wurde und wird aus Frankfurt geführt.«

Doch das glaubte kaum noch jemand, der die Bank genauer kannte. Das Urteil lautete vielmehr: Die Bank wird gar nicht geführt.

Neben London rückte New York, wo nicht nur das Team um Eric Schwartz mit gigantischen Summen hantierte, als Standort zunehmend in den Mittelpunkt. 2004 entwickelte sich die Dependance in dem klobige Gebäude am südlichen Ende der Wall Street zu einer Geldmaschine. Dort bearbeitete man ein Geschäftsfeld, das in nur drei Jahren allein bei der Deutschen Bank ein Volumen von 130 Milliarden Dollar erreichen sollte.

Der Wolkenkratzer der Bank steht an einer besonders engen Stelle der Wall Street. Der untere Teil des Gebäudes liegt fast den ganzen Tag im Schatten, in den oberen Stockwerken hat man dagegen einen atemberaubenden Blick über den Süden Manhattans. Über den East River sieht man bis zur Freiheitsstatue oder in die andere Richtung über die Piers Richtung Brooklyn. Auf mehreren Etagen des Hauses beschäftigten sich im Jahr 2004 Analysten, Anwälte und Händler mit einem sagenhaften 130-Milliarden-Dollar-Deal. Das Megageschäft hing an Hypotheken, die kleine und große Finanzierer an US-Bürger vergeben hatten. Wall-Street-Banken kauften diese Hypotheken in Massen auf und machten daraus ein neues Produkt, sogenannte RMBS – Residential Mortgage Backed Securities. Die Grundidee: Man vermengte die im ganzen Land aufgekauften Hypotheken zu einem Produkt. Das galt als besonders sicher, weil es unmöglich schien, dass die Immobilienpreise im ganzen Land auf einen Schlag fallen würden. Der Häusermarkt in den USA war seit siebzig Jahren stabil und hatte noch nie eine Krise erlebt, die das gesamte Land erfasste.

Anders war das bei den Hypothekenfinanzierern. In den 1980er Jahren hatte es die sogenannte Savings & Loan-Krise gegeben. Savings & Loan, so nannte man die kleinen, auf Hypotheken spezialisierten Banken, denen der Film *Ist das Leben nicht schön?* mit James Stewart ein Denkmal setzt. Sie waren durch staatliche Fonds abgesichert, mussten sich aber aus riskanten Geschäften heraushalten. In den 1980er Jahren litten diese kleinen Banken unter der Wirtschaftskrise und extrem hohen Zinsen. Sie durften selbst nur fixe Zinsen nehmen, die oft nicht reichten, um die Kosten zu decken. Als die S&L-Banken immer mehr Geld verloren, lockerten die US-Regierungen unter Präsident Jimmy Carter und später unter Ronald Reagan einige der Regeln, die ihre Geschäfte einengten. Die kleinen Banken durften nun riskantere Hypotheken vergeben, vor allem mehr Hypotheken im Verhältnis zu ihrem Eigenkapital. Das Kreditvolumen schwoll zwangsläufig sofort an, doch das Geschäft lief nicht besser. Technisch waren viele der S&L-Banken bald bankrott, doch der Staat ließ es zu, dass sie sich halbtot durch die zweite Hälfte der 1980er Jahre schleppten, bis schließlich die US-Regierung unter George W. Bush einige der Banken schloss. Am Ende waren über 2000 S&L-Institute pleite, die der Staat zuvor mit 132 Milliarden US-Dollar an Steuergeldern gestützt hatte.

In dieser Krise der 1980er Jahre entwickelte ein Wall-Street-Broker ein spezielles Instrument, das das Risiko bei Hypothekenraten besser verteilen sollte: die sogenannte Collateralized Debt Obligation – CDO. Die funktionierte nach einem einfachen Prinzip: Eine CDO kauft als Gesellschaft Hypotheken auf, gewichtet sie nach ihrem Risiko und teilt sie in Tranchen auf. Für jede Tranche gibt die CDO quasi als Gesellschaft Wertpapiere heraus, die Investoren kaufen können. Damit trägt das Risiko nicht mehr eine kleine Bank alleine, sondern es wird auf diverse Investoren verteilt, die dafür einen Anteil an den Hypothekenraten erhalten. Dieses Konzept griffen einige der größeren Wall-Street-Banken 2003 wieder auf. Sie stiegen von reinen Mortgage Backed Securities auf das CDO-Konzept um, indem sie mehrere RMBS-Bündel, also Bündel von Residential Mortgage Backed Securities, in einer CDO zusammenfassten. 2004 stieg auch die Deutsche Bank in dieses neue Riesengeschäft ein, das von New York aus koordiniert wurde. Die CDO gehörten dabei offiziell meist nicht den Banken, sondern wurden in eine Zweckgesellschaft ausgelagert.

Es gab in der Wall Street Nummer 60 einen eigenen »CDO Desk« – eine CDO-Handelsgruppe –, die die Hypotheken aufkaufte und bündelte. Daneben gab es Händler, die mit Derivaten handelten, die ebenfalls an den CDO hingen. Und es gab Manager, die darauf achteten, dass die Hypotheken, aus denen die Instrumente ihren Wert zogen, eine bestimmte Qualität nicht unterschritten. Schließlich gab es Analysten, die das Gesamtgeschäft und seinen Kontext durchleuchteten. Alle diese Gruppen, die auf verschiedenen Etagen in verschiedenen Büros arbeiteten, fürchteten bereits 2005, dass es bei dem Megadeal nicht mit rechten Dingen zuging und das Geschäft am Ende viel zu riskant war.

Die Spitzenanalystin Karen Weaver war die Erste, die sich das ganze Segment genauer anschaute. Weaver war im Jahr 2000 von der Schweizer Credit Suisse First Boston zur Deutschen Bank gekommen. Sie hatte zunächst Anlageportfolios und verbriefte Hypotheken als Produkt gemanagt, dann aber in der Analyse ihre wahre Leidenschaft entdeckt. Sie könne stundenlang über Analysen sprechen, sagte sie einmal, das würde sie regelrecht anturnen. Weaver analysierte mit ihrem Team seit 2004 die Vor- und Nachteile von verbrieften Krediten und Derivaten. Sie galt als »Global Head« des Teams – als weltweite Chefin, doch über ihr rangierte noch der deutsche Volkswirt David Folkerts-Landau, der in London saß und die Abteilung »Global Market Research« leitete.

Alle Wall-Street-Banken leisteten sich große Recherchestäbe, die neue Trends, neue Märkte, neue Risiken und neue Ansätze, Geld zu verdienen, analysierten. Die meisten Analysten saßen an ihren Schreibtischen und versuchten aus der riesigen Datenmenge, die sie selbst erhoben oder aus anderen Quellen übernahmen, einen Wettbewerbsvorteil für die Bank zu generieren. Sie vertrat dagegen die Auffassung, dass man Erkenntnisse nicht nur am Schreibtisch gewinnt, sondern der Wahrheit vor Ort oft viel näher kam. Weaver traute dem Wundermarkt CDO nicht, und sie hatte eine Ahnung, wo sie mehr herausfinden könnte. Sie organisierte im April 2005 eine Reise in den Süden Kaliforniens, zu der sie einige Investoren einlud.

Seit dem Vorjahr war das CDO-Geschäft explosionsartig angewachsen, weil die Banken inzwischen auch minderwertige Hypotheken – Subprime Mortgages – bündelten und an CDO weiterverkauften. Das hatte einen einfachen Grund: Besser bewertete Hypotheken, die Kunden mit einwandfreier Kreditbewertung abgeschlossen hatten, gab es am Markt kaum noch. Sie waren längst aufgekauft, verbrieft und von CDO-Managern weiterverkauft worden. Man brauchte Nachschub, schließlich lief das CDO-Geschäft – zumindest auf den ersten Blick – hervorragend, und es schien für alle Beteiligten von Vorteil zu sein. Kunden konnten Häuser kaufen, Banken verdienten Geld. Also begannen Investmentbanken, Hedgefonds und andere Marktteilnehmer Subprime Mortgages aufzukaufen und zu bündeln.

Weaver fragte sich, wie sicher man sein konnte, dass der Käufer einer Immobilie an irgendeinem Ort der USA die Hypothek, die hinter der CDO steckte, auch Monat für Monat, Jahr für Jahr bedienen würde. Die Grunddaten hatten sich ja nicht verändert, die durchschnittlichen Einkommen waren nicht gestiegen, die Menschen hatten also nicht plötzlich mehr Geld auf dem Konto. In der Vergangenheit hatten Banken stets strenge Prüfmaßstäbe angelegt, wenn es darum ging, einen Kredit zu vergeben. Solche Maßstäbe schien kaum noch jemand zu beachten. Weaver, die bereits in den 1990er Jahren mit Mortgage Backed Securities zu tun gehabt hatte, war nicht strikt gegen das Instrument, aber sie kannte die Gefahren. In Kalifornien war schon in den 1990er Jahren eine Immobilienblase entstanden, die Preise waren explodiert und dann plötzlich gefallen. 2005 gab es erste Anzeichen, dass in Kalifornien wieder etwas nicht stimmte, denn der Anteil der Subprimes – der minderwertigen Hypotheken – stieg dort drastisch an.

Weaver wollte mit ihrer Reisegruppe vor Ort nach den Ursachen suchen. Man reiste nach Orange County im Süden Kaliforniens, in Mr. Citrons alte Heimat. Weaver erkundigte sich dort bei Hypothekennehmern – also den Immobilienkäufern –, wie und warum sie ein Haus gekauft hatten und wie sie den Kredit zurückzahlen wollten. Die Standardantwort erschütterte sie: gar nicht. Die Käufer hatten nicht vor, den Kredit zurückzuzahlen, sondern wollten die Hypothek vielmehr nach zwei Jahren umschulden und einen neuen Kreditvertrag abschließen. Der Grund dafür lag auf der Hand: Viele Banken lockten die Kunden mit einer extrem niedrigen Anfangszinsrate. In den ersten beiden Jahren musste man für das geborgte Geld in der Regel einen Zinssatz bezahlen, der wenige Basispunkte über dem Libor lag. Nach zwei Jahren konnte der Satz dagegen schon mehr als 600 Basispunkte über dem Libor liegen – ein Wucherzins. Bevor der anfiel, wollten die Hausbesitzer einfach eine neue, billige Hypothek aufnehmen. Seit 2003 waren die Zinsen schließlich extrem niedrig, auch das befeuerte ihre optimistischen Überlegungen.

Weaver befragte nun die Hypothekenfinanzierer selbst. In den USA sind das oft kleine Unternehmen, die sich auf dieses Geschäftsfeld spezialisiert haben. Weaver mochte deren übersichtliche Büros, weil man dort leicht an den Vorgesetzten vorbeikam und direkt mit den Angestellten sprechen konnte, die die Hypotheken genehmigten. Die Gespräche beruhigten sie nicht: »Vor Ort wurde mir klar, dass viele der Hypotheken sehr, sehr riskant waren.«[52] Schon der erste Blick hinter den Vorgang, wie sie es nannte, bestätigte ihren Verdacht voll und ganz. Sie war fassungslos, wie lax die Hypotheken vergeben wurden. Es schien überhaupt keine Rolle zu spielen, ob ein Kunde die Raten auf Dauer würde bedienen können. Die kleinen Firmen verkauften die Hypotheken ja weiter, nicht zuletzt an Wall-Street-Banken. Das Problem wurde damit weitergereicht, unter anderem an die Deutsche Bank.[53]

Zurück in New York, spielte Weaver mit ihrem Team verschiedene Szenarien durch. Eines schien ihr ziemlich wahrscheinlich: Wenn in wenigen Monaten die Zinsen anzogen, konnten die Subprime-Kunden ihre Hypotheken nicht mehr umschulden, und das würde eine

Kettenreaktion auslösen: Die Hypotheken würden nicht mehr bedient und Häuser zwangsversteigert werden. Der Immobilienpreis würde fallen, der Wiederverkaufswert sinken. Es würde zu mehr Defaults – Kreditausfällen – kommen, die Hypothekenbündel und bald auch die CDO würden an Wert verlieren. Nur: Wie viel an Wert? Und wann würde die Krise ausbrechen?

Im Londoner Hauptquartier der Deutschen Bank zwischen der Great Winchester Street und der London Wall führte sich Anshu Jain, der Chef der Abteilung Global Markets, inzwischen auf wie ein römischer Kaiser: Die Händler und Strukturierer sollten möglichst komplizierte Produkte vorstellen und verkaufen, alles andere schien ihn mehr denn je zu langweilen.

Eine deutsche Zeitung hatte Anshu Jain im Vorjahr auf den Podest gehoben, auf dem Jain es sich nun bequem machte. Der Autor Christian von Hiller hatte damals geschrieben: »Anshu Jain wird zuweilen nachgesagt, er sei arrogant. Der Vorwurf kommt vor allem von seinen Neidern. Jain hat gelernt, mit Anfeindungen zu leben. Kein Wunder, der Inder, der in diesem Jahr gerade einmal 41 Jahre alt wird, ist eine Legende.« Eine Legende. »Jain herrscht (...) über eine der effizientesten und größten Transaktionsmaschinen im weltweiten Kapitalmarktgeschäft. Diesen Erfolg hat sich Jain hart erarbeitet. Die Leute mögen es, die Deutsche Bank zu hassen, entgegnet er dann schon mal. Wenn schon nicht Zuneigung, so hat sich Jain in den neun Jahren, die er bei der Deutschen Bank arbeitet, Bewunderung und Respekt verschafft.« Jain sei einfach schlauer als der Rest, habe einen »außergewöhnlichen Intellekt«, das zeige sich immer wieder: »Intellektuell brillant und zur Not unnachgiebig hart, hat er seine Abteilung im Griff (...). Die Deutsche Bank sei die Nummer eins in Deutschland, verweist Jain auf die diversen Ranglisten, die in der Branche kursieren. Aber Nummer eins zu sein, sei ihm nicht genug.« Was besser als die Nummer eins ist, blieb allerdings offen. »Angeblich hat er im vergangenen Jahr mehr als 100 Millionen Euro verdient.« Einen Beweis lieferte der Reporter dafür nicht, und die Deutsche Bank ließ die Behauptung nicht korrigieren. Jain, der 100-Millionen-Euro-Mann, die Legende. Damals gab es noch keine hitzigen Diskussionen um die Gehälter der Banker.

Die Diskrepanz zwischen dem, was Außenstehende wahrnahmen, und dem, was sich vor allem in den Londoner und New Yorker Büros der Bank abspielte, wurde immer größer. Tatsächlich war Jain nicht nur für die riskante Strategie des Unternehmens wesentlich mitverantwortlich. Es zeigte sich allmählich auch, dass sein Managementstil unerwünschte Auswirkungen hatte. Jain verbreitete Angst und forderte Respekt ein, doch das bedeutete noch lange nicht, dass er das Geschäft unter Kontrolle hatte.

Anshu Jain hatte ganz bestimmte Vorlieben. Er mochte es, wenn seine Mitarbeiter eine Elite-Universität in den USA oder England besucht hatten, noch besser war es nur, wenn sie aus Indien stammten und eines der dortigen Colleges durchlaufen hatten. Jain hatte registriert, dass die Konkurrenz Bewerber aus Indien, die oft ungewöhnlich intelligent waren, gern ignorierte. Er ordnete daher an, den Bewerberpool systematisch nach indischen Talenten abzusuchen. Dabei ging man äußerst gründlich vor. Immer mehr indische Physiker, Mathematiker, Informatiker und Banker stießen zur Deutschen Bank in London. Schließlich hieß es, Jain habe sich eine Armee aufgebaut – Anshus Army. Tatsächlich handelte es sich um Klone. Jain bevorzugte offenbar Talente, in denen er sich selbst wiedererkannte, die Ruhe und den richtigen Anschein bewahren konnten. Bald hieß es hinter vorgehaltener Hand bei Beförderungen, die man sich auf den ersten Blick nicht erklären konnte: FOA – Friends of Anshu.

Jains Offiziere handelten vor allem mit Schulden, organisiert in komplexen Derivaten. »Indian Bond Junkies« nannten Kritiker sie deshalb hämisch. Offene Worte oder Kritik äußerten sie so gut wie nie, denn das brachte sie in ihrer Karriere nicht weiter. Jains Offiziere dachten gefährlich ähnlich und grundsätzlich zu technisch, und es gab zu wenige, die den Mut hatten, Zweifel zu äußern.

Jain und seine Klone – darunter Colin Fan, Sethu Palaniappan und Rajeev Misra – beherrschten bald fast alle Ebenen im Investmentbanking, aber eben nur fast. In New York gab es einen Händler, der völlig anders war als Jains Offiziere und bald großes Aufsehen erregen sollte: Greg Lippmann. Nichts an dem Mann war subtil. Seine Stimme war laut, und er fiel durch seine Frisur – zurückgekämmtes, gegeltes Haar, lange Koteletten, wie sie Elvis einst getragen hatte – bald noch mehr auf als durch seine gestreiften Anzüge und seine schreiend bunten Krawatten. Aber der äußere Eindruck täuschte. In Lippmann versteckte sich ein Nerd, der gern und gründlich arbeitete. 2001, als er noch ein Händler unter vielen war, verbrachte er seine Freizeit damit, die Sushi-Restaurants in Manhattan abzuklappern. Anschließend legte er eine Exceltabelle an, bewertete jeden Besuch penibel und stellte das Dokument online.

Lippmann war in Scarsdale nördlich von New York aufgewachsen, eine halbe Autostunde von der Bronx entfernt. Ende der 1980er Jahre ging er nach Pennsylvania und machte dort seinen College-Abschluss mit Auszeichnung. 1990 verließ er die Universität und suchte sich mit gerade 21 Jahren einen Job an der Wall Street. Er kam bei Joe Ackermanns alter Bank, der Credit Suisse First Boston, unter, als dort gerade neue Derivate wie die CDO in Serie entwickelt wurden. Lippmann blieb neun Jahre bei der CSFB, handelte dort mit Anleihen, unter anderem mit Mortgage Backed Securities und am Ende auch mit CDO. Als er im März 2000 zur Deutschen Bank wechselte, hatte er zunächst nichts mit CDO zu tun, sondern nur mit Hypothekenbündeln, den Mortgage Backed Securities. Lippmann war ein Händler unter vielen, der aber durchaus Talent als *Bond Trader* zeigte – als Anleihenhändler. Gebäude, ihr Wert und ihr Potenzial hatten Lippmann schon immer interessiert, da sein Vater eine Immobilien-Investmentfirma besessen hatte. Als Greg Ende 2002 seine Kollegin Ingrid von der Deutschen Bank heiratete, waren auf der Hochzeit vorwiegend Gäste, die ihr Geld mit dem Verkauf von Häusern verdienten. Denn auch Lippmanns Schwiegervater arbeitete bei einer Firma, die Immobilien entwickelte.

Lippmann war im Laufe des Jahres 2002 zum Managing Director befördert wurden, was großartiger klang, als es war. Die Position wurde relativ häufig vergeben. Für seine Karriere sollte viel wichtiger sein, dass er nun für den Weiterverkauf von CDO zuständig war, wenn Kunden eine CDO-Tranche loswerden wollten. Noch entwickelte er keine eigenen CDO, aber er bekam tieferen Einblick in den Sektor. Ende 2004 war auch ihm klar, welche gigantischen Summen an der Wall Street mit den CDO verdient wurden. Und ihm fiel auf, dass den CDO etwas fehlte, worauf Händler sonst immer bestanden.

Jeder Händler will seine Positionen absichern – mit einem anderen Deal, einem Derivat, einer Wette. Für die spezielle Art der neuen CDO gab es jedoch kein standardisiertes Derivat, mit dem man auf die Kursentwicklung spekulieren konnte. Lippmann hörte sich bei der Konkurrenz um. Anderen Händlern ging es wie ihm, sie vermissten die Absicherung, mit der man wiederum Geld verdienen konnte. Also ergriff er die Initiative. Ende Februar 2005 lud er einige Konkurrenten nach Handelsschluss in das New Yorker Hauptquartier der Deutschen Bank ein. Der Bloomberg-Reporter Mark Pittman schrieb darüber schon Ende 2007.

Mehrere Dutzend Händler folgten Lippmanns Einladung, viele brachten die Anwälte der Banken mit. Man aß chinesisches Fast Food und diskutierte, wie man die CDO – einheitlich – versichern könne. Einige Teilnehmer schlugen ein Credit Default Swap vor, einen Kreditausfallswap. Damit schloss sich ein Kreis, denn diese Over-the-Counter-Derivate wurden in der Wall Street Nummer 60 erfunden, als J. P. Morgan noch in dem Gebäude residierte. Dort hatten sich die Nerds die CDS schon Anfang der 1990er ausgedacht, aber auch andernorts, bei Bankers Trust etwa, hatten sie das vermeintlich bahnbrechende Instrument mitentwickelt.

Die Idee hinter den Credit Default Swaps war folgende: Ein Käufer kann sich bei einem Anbieter gegen den kompletten Wertverlust etwa einer Anleihe versichern. Die CDS wurden zunächst nur begrenzt gehandelt, weil noch nicht geklärt war, wann wer was zahlen musste. Der Käufer eines CDS musste in der Regel vierteljährlich eine Prämie an den Verkäufer, den Versicherer, zahlen. Meist lief ein CDS über mehrere Jahre. Hatte man sich mit dem CDS gegen die Pleite eines Unternehmens versichert, musste der Verkäufer des CDS für den Verlust des Käufers aufkommen, wenn das Unternehmen tatsächlich pleiteging. Doch damit begannen die Probleme. Wann genau eine Pleite vorlag, darüber wurde in der Branche heftig diskutiert, da Insolvenzverfahren sich in der Regel sehr lange hinzogen. 1999 standardisierte das private Unternehmen ISDA die Credit Default Swaps schließlich und legte fest, wann ein Unternehmen als pleite galt und wann ein Kreditausfall tatsächlich versichert war. Ein Jahr später wurde diskutiert, ob die CDS am Ende nicht eine Versicherung darstellten und ähnlich reguliert werden müssten, aber ein entsprechender Vorstoß wurde – wie die Versuche von Brooksley Born auch – von der Industrie abgewehrt. So konnte der Siegeszug dieses Instruments – ungestört und unreguliert – beginnen.

Lippmann und seine Kollegen planten, dass man auf die CDO zugeschnittene Kreditausfallswaps kaufen und verkaufen konnte. Der Käufer sollte sich mit einem CDS dagegen absichern können, dass seine gebündelten Hypothekenpapiere plötzlich an Wert verloren. Der Verkäufer des CDS musste in diesem Fall einspringen und den Wertverlust ausgleichen. Es war – wie immer bei den Derivaten – im Kern nichts weiter als eine Wette, die verschiedene Spieler an der Wall Street miteinander abschlossen. Wie die Wette im Einzelnen ausgestaltet wurde, wer was wie wann zahlen musste oder auch nicht, das mussten Lippmann und seine Gäste erst noch aushandeln, denn das deckten die Standards bis dahin nicht ab. Man traf sich im Frühjahr 2005 bald regelmäßig, bestellte auch anderes Essen, da einige Teilnehmer das chinesische Take-out Menu als nicht koscher bemängelten. Die Diskussion zog sich über Monate hin. Alle Händler wussten, dass Wetten auf dem riesigen CDO-Markt vor allem auch eins bedeuteten: ein im Grunde neues, potenziell riesiges Geschäft. Dafür mussten die Claims gerade an der Wall Street sorgsam abgesteckt werden.

In der alten Heimat der Deutschen Bank war in diesen Wochen des Frühjahrs 2005 ein absurdes Schauspiel zu beobachten. Fast schien es, als würde ein Kampf ausgetragen, ein Kampf um die Beherrschung der weltweiten Finanzmärkte. In Wahrheit war alles bloß Schattenboxen, ein Scheinkampf ohne echten Gegner, ohne echten Angreifer.

Erst gut ein Jahr zuvor hatte Finanzminister Hans Eichel dabei geholfen, den Finanzmarkt zu entfesseln, und Franz Müntefering hatte ihm im Bundestag Schützenhilfe geleistet und erklärt, »die

Belange des Finanzplatzes Deutschland müssen stets im Fokus des wirtschaftspolitischen Geschehens stehen«. Das schien jetzt vergessen. Die SPD, seit sieben Jahren an der Macht, stand mit dem Rücken zur Wand. Die Umfragewerte kurz vor den nordrhein-westfälischen Landtagswahlen im Mai waren mies. Die Agenda 2010 hatte die Stammklientel gegen die einstige Arbeiterpartei aufgebracht, und die Reformen hatten noch nicht den erhofften Boom am Arbeitsmarkt ausgelöst. SPD-Parteichef Müntefering war auf der Suche nach einem Thema, an dem er sich abarbeiten und bei dem seine Partei punkten konnte. Vor Kurzem hatten US-Firmen Schlagzeilen gemacht, die deutsche Mittelständler aufgekauft und in einem Fall – es ging um den Armaturenhersteller Grohe – anschließend Teile der Belegschaft entlassen hatten. Dazu erklärte Müntefering wenig später in einer Boulevardzeitung: »Manche Finanzinvestoren verschwenden keinen Gedanken an die Menschen, deren Arbeitsplätze sie vernichten. Sie bleiben anonym, haben kein Gesicht, fallen wie Heuschreckenschwärme über Unternehmen her, grasen sie ab und ziehen weiter. Gegen diese Form von Kapitalismus kämpfen wir.«

Müntefering hatte ein Thema gesetzt, und niemand erinnerte ihn daran, dass vor allem die SPD und die Grünen 2003 die Finanzwirtschaft dereguliert hatten und er an einer ernsten Debatte eigentlich gar nicht interessiert sein konnte. Es war eben Wahlkampf. Eine aufgeregte, schrille Diskussion setzte ein, fetzige Magazintitel – »Das große Fressen«, »Die unsichtbare Macht«, »Die Gier des großen Geldes« – lockten an den Kiosken. In der öffentlichen Debatte wurden Finanzinvestoren vor allem mit Hedgefonds gleichgesetzt, die Müntefering allerdings nicht explizit erwähnt hatte. Die Debatte war insgesamt schwammig. Es wurde ja auch nur zum Schein debattiert. Der kurzen, großen Aufregung folgte – nichts. Eine vertane Chance.

Am Ende verlor die SPD die Wahl in Nordrhein-Westfalen mit einem historisch schlechtem Ergebnis. 39 Jahre lange hatten die Sozialdemokraten in NRW regiert. Peer Steinbrück, der Ministerpräsident und Spitzenkandidat, war abgewählt. Kanzler Gerhard Schröder stellte die Vertrauensfrage im Bundestag, um auf Bundesebene neu wählen lassen zu können. Seine Gegnerin, Angela Merkel, setzte auf eine Koalition mit der FDP und forderte im Wahlkampf – reflexartig – noch mehr Deregulierung, vor allem auch der Finanzmärkte: »Wir entschlacken die Vorschriften zum Kreditwesengesetz und führen die bestehende Überregulierung bei der Bankenaufsicht auf das notwendige Maß zurück«, schrieb die CDU in ihr Wahlprogramm.[54] Dass sich gerade eine globale Superblase bildete, interessierte nicht – oder es merkte einfach nur niemand im bundesdeutschen Politikbetrieb.

»But u don't sign my bonus right?«

Ende der 1990er Jahre wurde Joe Ackermann gefragt, was er vom Eigenhandel halte, also davon, dass die Bank am Markt Geschäfte auf eigene Rechnung macht. Nichts, antwortete Ackermann: »Ich mag diese Wetten nicht, sie sind zu simpel strukturiert.«[55] Wie so viele Aussagen des Chefs der Deutschen Bank hatte diese Einschätzung nur eine geringe Halbwertszeit. Schon Ende 2004 merkten Ackermanns Kritiker an, dass der Eigenhandel für die Bank immer wichtiger geworden war. Über 30 Prozent der am Markt abgeschlossenen Geschäfte machte die Deutsche Bank damals bereits auf eigene Rechnung. Im Jahr darauf konnte sie überhaupt nur einen Gewinn verzeichnen, weil sie auch auf eigene Rechnung handelte.

Einer der erfolgreichsten Derivatehändler im Londoner Pool war der Franzose Christian Bittar, der 1999 zur Deutschen Bank gekommen war. Er leitete den »London Money Market Derivative Desk«, also das Team, das auf Rechnung der Bank mit Derivaten handelte. Der 33-Jährige erschien manchmal mit Dreitagebart, was ihn müde und zugleich verwegen aussehen ließ. Bittar hatte schwarze Haare, braune Augen und eine lange Nase, die ihm ein kantiges Profil verlieh. Die Art, wie er mit Kollegen und der Konkurrenz umging, passte allerdings überhaupt nicht zu seiner Erscheinung. Er kämpfte charmant und unermüdlich für seine Anliegen, bekniete seine Gesprächspartner und verlegte sich manchmal sogar aufs Betteln, wenn es um seine Sache, seine Handelsposition ging. Dass sein Vorgehen wenig subtil war, wie später Dutzende von E-Mails und Chatprotokollen zeigen sollten, schien ihm egal zu sein. Er jammerte hemmungslos und versah seine Nachrichten mit vielen Ausrufezeichen, was ihnen einen melodramatischen Touch gab. Manchmal streute er ein französisches *bon* – gut – in einen Chat ein, oder schrieb »mein Herr«, wenn er einen Händler aus Deutschland auf Englisch ansprach. Viele seiner Nachrichten begannen mit einem saloppen »Hihi«, so dass man meinen konnte, ein Teeniegirl kommuniziere mit einer Freundin.

Bittar arbeitete für die Abteilung GFFX – »Global Finance & Foreign Exchange«, ein komplizierter Name, der nicht sofort zu erkennen gab, dass die Einheit vor allem aus Händlern bestand, die auf Rechnung der Bank Geschäfte machten. Die Trader besetzten einige Tischreihen in den großen Handelsräumen. Jeder Arbeitsplatz war mit Monitoren des Bloomberg-Terminals versehen, auf denen die Kurse der Börsen, der Währungen und der verschiedenen Derivate in Echtzeit angezeigt wurden. Bloomberg wie Reuters boten zudem eine Chatfunktion über das Terminal an, so dass die Händler untereinander und in alle Welt kommunizieren konnten, ohne zum Telefon oder Blackberry greifen zu müssen.

Bittars Team handelte mit großen Investmentbanken, Hedgefonds und den anderen üblichen Verdächtigen. Man schloss mit der Konkurrenz Zinswetten ab, vereinbarte Zinsswaps oder verdiente Geld mit neuartigen Euro-Swaps, die nur in Europa angeboten wurden und zunehmend erfolgreich waren. Für Außenstehende hatten sie verwirrend kryptische Namen, etwa FRA/EONIA. Bittar selbst handelte mit Derivaten, doch zu seinem Team gehörten auch die »Money Market Desks« – die Geldmarkt-Handelstische. In Frankfurt, New York, London, Sydney, Tokio und anderswo saßen an diesen Handelstischen Händler, die der Bank jeden Tag aufs Neue am Markt Geld besorgten, damit sie etwa Derivateverträge auszahlen oder andere fällig werdende Geschäfte begleichen konnte. Die Money-Market-Händler organisierten der Bank also Liquidität am Markt – kein Bargeld, sondern kurzfristig laufende Kredite, Eurodollar oder andere Instrumente.

Die Money-Market-Händler bildeten mit den Derivatehändlern, die ebenfalls auf die kurzfristige Bewegung des Geldes wetteten, einen Pool – wie es im Slang der Bank hieß. Bei ihren Geschäften mit Währungen, Zinssätzen oder jedem beliebigen anderen Kurs kam es auf die dritte Stelle hinter dem Komma an. Man sammelte sozusagen die Brotkrumen auf, die auf dem riesigen Markt jeden Tag abfielen. Die Chancen, dabei einen Schnitt zu machen, standen nicht schlecht. Allein die europäischen Banken benötigen jeden Tag knapp 400 Milliarden Euro an flüssigem Kapital. Beim Verschieben gigantischer Summen von einem Institut zum anderen fällt immer etwas ab – wenn man es richtig anstellt.

Wie überall in der Finanzwelt hing der Erfolg oder Misserfolg der Derivatedeals an der Entwicklung der Zinssätze, abgebildet durch den Libor. Für Bittar und sein Team war aber noch ein anderer Zinssatz wichtig: der Euribor, die Euro Interbank Offered Rate. Der Euribor war Anfang 1999 mit dem Euro ins Leben gerufen worden und sollte dem Libor Konkurrenz machen. Wie beim Libor gaben die größten Banken einen geschätzten Kurswert an, zu dem sie sich in einem, drei oder sechs Monaten Geld in einer bestimmten Währung leihen würden. Von der Entwicklung des Euribor und des Libor hing der Erfolg von Bittars Team ab. Lagen sie mit ihrer Schätzung richtig, bekamen sie alle einen satten Bonus. Mit den leicht steigenden Zinsen in den USA und Europa kam 2005 Bewegung in den Markt, und mehr Bewegung bedeutete größere Chancen, Geld zu verdienen.

Die Versuchung, die Zinssätze zu manipulieren, die nicht elektronisch ermittelt wurden, sondern eben auf den Schätzungen diverser Banken beruhten, war groß. Der Händler Michael Cutler hat gestanden, dass er und seine Kollegen bei der Deutschen Bank in London den Libor seit 2003 manipuliert haben, indem sie falsche Angaben einreichten. Von 2005 an gibt es E-Mails, Chats und Transkripte von Telefonaten, die belegen, dass dreißig Mitarbeiter seiner Abteilung an der Manipulation von Libor und Euribor beteiligt waren. Als der Markt 2005 in Bewegung kam, stimmten die Händler, ihre Vorgesetzten und deren Manager innerhalb der Abteilung ganz selbstverständlich darüber ab, welcher Zinssatz an die zuständigen Libor- oder Euribor-Agenturen geschickt werden sollte. Immer ging es dabei um die optimale eigene Handelsposition, und oft war Christian Bittar die treibende Kraft.

Bittar und Kollegen scheinen keinen Gedanken daran verschwendet zu haben, dass ihre Chats an den Bloomberg-Terminals auf einem externen Server gespeichert wurden, damit sie – theoretisch – von der Bankenaufsicht und der eigenen Compliance-Abteilung überprüft werden konnten. Sie tauschten über das System ungeniert sogar äußerst heikle Informationen aus. So wurden dem Submitter, der die Zinssätze zur Ermittlung von Libor und Euribor an die Agentur weiterleitete, von den Händlern ganz unverblümt Wünsche übermittelt. Im Februar 2005 kam es etwa zu folgendem Dialog:

TRADER »Können wir bitte einen hohen Sechs-Monats-Libor haben, du alter Knacker?«
SUBMITTER »Klar, Mann, wo willst du ihn denn gerade haben, Kumpel?«
TRADER »Ich denke, er sollte so bei 095 sein.«
SUBMITTER »Cool, ich hätte 9 angegeben, dann eben 9.5.«
TRADER »Super – dieses Level an Flexibilität bekomme ich nicht, wenn der andere Submitter auf deinem Stuhl sitzt!«

So lief das Geschäft: Kumpelhaft und ungeniert wurde der Markt manipuliert. 9,5 – damit war die dritte Stelle hinter dem Komma beim Libor gemeint. Man brauchte den Wert 2,095 und nicht 2,075 Prozent. Man suchte also Zinssätze zu erreichen, die nicht den wahren Wert des Geldes abbildeten, sondern der eigenen Handelsposition nützlich waren. Christian Bittar, der Chefhändler, tat das ganz offen. Zählte man die verschiedenen Ibors – so wurden sie genannt – zusammen, gab es mindestens zehn Werte, die jeden Tag wichtig waren. Natürlich wussten die Submitter, dass der Chef Bittar an den Zinssätzen herumschraubte. Am 6. Juli 2005 schrieb er beispielsweise:

BITTAR »Hihi gibt es 'ne Chance, dass du heute 12 angibst?«
SUBMITTER »Normalerweise hätte ich 11 eingereicht. (…) alle Broker sind bei 11 und wir melden 10 für den Drei-Monats [Euribor] an. Aber ich gebe 12 an, wenn es dir hilft.«
BITTAR »1000 Dank.«

Vier Tage später versandte der sonnige Franzose aus einem eigens eingerichteten Bloomberg Chatroom eine Nachricht an alle Händler und die zuständigen Submitter: »Hallo Freunde, gibt es irgendeine Chance, euren Beitrag für den Drei-Monats-Euribor-Fix nach oben zu drücken?«

Der Submitter für den Euribor antwortete mit einer Gegenfrage: »Auf unserer Seite wäre es normalerweise 11, brauchst du wirklich 12 als [offizielle] Angabe der Deutschen Bank?«

Ja, die brauchte Bittar, und er erklärte auch, warum: Die Zinssätze, die man für die extrem kurzfristige Liquidität zahlte – der EONIA-Wert –, seien sehr niedrig, aber auf längere Sicht habe man auf einen höheren Drei-Monats-Libor gesetzt. An einem hohen Libor hingen »40 000 Lots«, schrieb Bittar im Slang der Händler, also vier Milliarden in der jeweiligen Währung. Das reichte dem Submitter: »OK, wir geben eine 12 für heute und für Montag an. Ein schönes Wochenende.«

Nicht nur in London hielt man zusammen. Man half auch den Kollegen in New York und Frankfurt. Denn das Management, die Chefs von Bittar und den anderen, die Ebene zwischen den Handelstischen und den Offizieren von Anshu Jain, hatte 2005 alle Händler angewiesen, zu kooperieren und sich abzusprechen. Diese Ansage befolgte man. Ein Londoner Submitter schrieb im März 2005 an sein Gegenüber an der Wall Street: »Wenn du irgendetwas Bestimmtes brauchst, den Libor zum Beispiel, tief oder hoch, gib einfach am Tag vorher Laut oder schreib mir gleich am Morgen eine E-Mail von deinem Blackberry. Es gibt eine sehr gute Chance, dass ich das Level beeinflussen kann.« Der Händler aus New York kam gern darauf zurück: »Könnten wir bitte einen tiefen Sechs-Monats-Libor-Fix haben, alte Bohne?«, fragte er einen Monat später.

Um eine noch bessere Chance zu haben, die Zinssätze tatsächlich zu bewegen, brauchte man Verbündete, und das hieß, man musste Allianzen mit der Konkurrenz schmieden. Die Zinssätze zu bewegen war harte Arbeit, ständig musste Überzeugungsarbeit geleistet werden. Das war die Spezialität des großen Kommunikators Christian Bittar. Bei ihm liefen die Fäden zusammen, er sprach sich mit führenden Händlern anderer Banken und Hedgefonds ab. Seine Chatnachrichten aus dem Jahr 2005 lassen vermuten, dass er schon lange vorher versuchte, gemeinsam mit der Konkurrenz die Zinssätze zu manipulieren. Anfang 2005 waren die Abläufe offensichtlich bereits eingespielt. Bittar schuldete seinen Komplizen schon den einen oder anderen Gefallen und umgekehrt. Darauf war das System aufgebaut – eine Hand wusch die andere. Auch extreme Wünsche der Konkurrenz schienen Bittar nicht zu schockieren. Im Februar schrieb etwa ein Händler des Hedgefonds Bluecrest: »Kannst du eure Submitter bitten, den Ein-Monats-Libor für die Schweizer Franken tief anzusetzen?? Ich habe eine Fix über 10 Yards [zehn Milliarden Schweizer Franken], 8 davon mit der UBS. Die gehen mir langsam auf die Nerven.« Der Hedgefondsmanager brauchte also einen bestimmten Zinssatz, um bei einem »Fix« – einem fällig werdenden Derivatevertrag – nicht allzu viel an die Schweizer UBS zahlen zu müssen. Bittar half gern.

Zu seinen wichtigsten Kontakten gehörte der gebürtige Marokkaner Philippe Moryoussef, ein Trader der britischen Barclays Bank. Außerdem hatte er einen Schlüsselkontakt bei der Citibank. Bei Bedarf half man sich. So fragte der Citibanker im Sommer 2005 an, welchen Wert die Deutsche Bank für den Euribor-Satz in drei Monaten angeben würde: »Will u guys finally deliver?« – Werdet ihr Jungs endlich liefern?, schrieb er. Bittar fragte nach, wo denn die Citibank den Wert sehe: »Where u puttin the fix?« Die Antwort lautete: »13? 12.« Gewünscht war also, dass der Euribor drei Monate später bei 2.12 stand. Das schien für Bittar kein Problem zu sein: »Wir geben heute 12 an, Amigo«, schrieb er.

Der Citibanker hatte sich in den Wochen zuvor schon hin und wieder über die eigenen Kollegen beschwert: »Amigo«, schrieb er, »die setzen den Wert auf 2.11, das scheint mir sehr tief zu sein. Hast du das mit deinen Jungs abgeklärt???« Bittar konnte helfen. Von morgen an werde er den zuständigen Kollegen sagen, dass sie einen höheren Wert angeben sollen – der Wert jetzt sei tatsächlich »viel zu tief«. Am folgenden Tag sprachen die beiden wieder miteinander, glichen ab, welchen Euribor sie gern hätten – 2.012. Die Citibank war also an Bord, und Bittar hatte seine Kollegen im Griff.

Doch es mussten weitere Banken mitmachen, wenn man den Wert wirklich beeinflussen wollte. Bittar fragte also seinen Freund bei der Citibank, ob er schon mit BNP gesprochen habe, denn auch bei BNP Paribas, einer der großen französischen Banken, hatte man Komplizen. Schließlich war klar: Je mehr Banken versuchten, den Zinssatz in eine bestimmte Richtung zu bewegen, desto besser.

Die Händler der Deutschen Bank manipulierten die Zinssätze mit ihren Komplizen in anderen Banken, weil man sie ließ, und sie verdrängten, dass sie damit allen Marktteilnehmern – Pensionsfonds, Anlegern – schadeten. Sie schubsten die wichtigste Zahl der Finanzwelt hin und her. Sie taten das im minimalen Bereich, aber für Akteure, die große Geldmengen bewegen, beeinflusste auch eine kleine Verschiebung noch große Summen. In diesen Kampf um die dritte Stelle hinter dem Komma zog Bittar Tag für Tag. Seine Loyalität hielt sich dabei in engen Grenzen. Wenn er beim Euribor mit einem Barclays-Händler gemeinsame Sache machte, musste das beim Libor nicht ebenso sein.

Im Spätsommer legte er sich mit einer Abteilung von Barclays an. Die Großbank versuchte einen der Libor-Werte nach oben zu treiben, Bittar brauchte aber einen niedrigeren Wert. Auf die E-Mail des Submitters, der in New York den Wert für den Dollar-Libor angab, reagierte er unzufrieden: »LOWER MATE LOWER!!« – Tiefer, Kumpel, tiefer!! Bittar benutzte nur zwei Ausrufezeichen, was für seine Verhältnisse ausgesprochen sparsam war. Der Submitter in New York antwortete: »Ich werde mal checken, was ich tun kann, aber es gibt viele Gebote auf dem Geldmarkt.«

Die Nachfrage am Geldmarkt war sehr groß, die Zinsen strebten also nach oben, und es war riskant und auffällig, wenn man den Libor trotzdem drückte. Bittar war das egal, er machte weiter Druck und erklärte wie üblich ganz offen, warum er einen anderen Libor brauchte und warum die Konkurrenz von Barclays das genaue Gegenteil zu erreichen versuchte: »Barclays macht das mit Absicht, weil sie die exakt gegenteilige Position haben – deswegen haben sie schon 25 Millionen verloren – LETS TAKE THEM ON!!« Der New Yorker Kollege antwortete: »OK, dann schauen wir mal, ob wir ihnen noch ein kleines bisschen mehr weh tun können.«

Bittar hatte nichts dagegen. Und es machte ihm gar nichts aus, seinen Freund bei der Barclays Bank schon wenige Tage später um einen Gefallen zu bitten. Diesmal ging es ja um den Euribor, und der sollte nach oben. Bittar erinnerte seinen Amigo bei der Citibank: »DON'T FORGET THIS HIGH 3M FIX FOR THE FRA/EONIA SPREADS.« Der antwortete: »We go for 18.« Bittar war zufrieden: »Ich hoffe bei uns geht es auch so hoch.«

Im Prinzip zog Bittar ein Pokerspiel in sehr großer Runde auf. Es war ein falsches Spiel, denn er sprach sich mit einigen Spielern heimlich ab, um bei bestimmten Blättern möglichst viel Gewinn herauszuholen. Zu wissen, dass man beim Milliardenpoker mit gezinkten Karten spielte, war besonders nützlich bei besonders riskanten Einsätzen. Seine Amigos außerhalb der Bank hatte Bittar einigermaßen im Griff. Doch sich innerhalb der Deutschen Bank durchzusetzen, das war oft gar nicht so leicht. Dass man versuchen konnte, den Libor oder Euribor in eine gewünschte Richtung zu lenken, war schließlich nicht nur in Bittars Gruppe bekannt.

Doch nicht immer brauchten alle in der Bank denselben Libor- oder Euribor-Satz. Die Wünsche konnten sich durchaus widersprechen. So biss eine Händlerin aus London, die im Herbst 2005 Wünsche an den Euribor-Submitter in Frankfurt übermittelte, auf Granit:

HÄNDLERIN »Dürften wir dich bitten, ein möglichst tiefes Ein-Monats-Fixing anzugeben?«

SUBMITTER »Schwierig. Ich denke, der Chef hier will ihn eher oben haben.«

HÄNDLERIN »O nein! Aber Ladies first, oder ;))?«

SUBMITTER »Wer zuerst kommt, mahlt zuerst.«

HÄNDLERIN »Eben (...) und wir betteln seit zwei Monaten, dass du den Fix tief ansetzt!!«

SUBMITTER »Aber du unterschreibst nicht meinen Bonus, korrekt?«

HÄNDLERIN »Hahah hmmm (...) unglücklicherweise nicht.«

Der Gesprächspartner in Frankfurt war also in die Manipulation eingebunden. Er ließ später durch Anwälte mitteilen, dass er sich keiner Schuld bewusst sei. Schließlich gab es keine Vorgabe der Bank, wie man mit den sensiblen Zinssätzen umzugehen habe. In Frankfurt wie in London war alles ganz klar darauf angelegt, dass jedes Poolmitglied die Strategie der Bank kannte und vor allem wusste, was der optimale Zinssatz für die Bank war. In den Handelsräumen in London und Frankfurt saßen die Händler absichtlich alle beieinander und mittendrin die Submitter. Anshu Jain hatte dieses Konzept für London mitentwickelt und von dem Südafrikaner Alan Cloete umsetzen lassen, einem umtriebigen und schwergewichtigen Händler, der an eine Bulldogge erinnerte und zuvor Karriere bei den Kreditstrukturierern gemacht hatte. So war es für die Händler nicht schwer, herauszufinden, welche Position des Libor oder Euribor gerade gewünscht und für die Bank günstig war. Wie eine Fußballmannschaft wurde das Handelsteam der Deutschen Bank in den einzelnen Standorten auf eine bestimmte Taktik eingestellt. Die musste man kennen und befolgen, wenn man keinen Ärger bekommen wollte.

Das Management um Anshu Jain hatte damit ein Biotop geschaffen, in dem nur noch eine Regel zu gelten schien: Geld verdienen um jeden Preis. Machten es die anderen – Barclays, Citibank, BNP – nicht genauso? Anshu Jain setzte damit auf die erfolgversprechende Taktik, denn es sollten Betrüger wie Christian Bittar und andere sein, die ihm wenige Monate später – fürs Erste – den Hals retteten.

A nshu Jain hatte drei zentrale Offiziere – Alan Cloete, der bald die Abteilung GFFX leiten sollte, Rajeev Misra, der den weltweiten Kredithandel unter sich hatte und die CDO-Maschine aufbaute, und schließlich Michele Faissola, Chef der Gruppe »Global Rates«, also weltweite Zinssätze. Darunter fielen auch Derivategeschäfte, die an den Libor oder den Euribor gekoppelt waren. Die drei standen untereinander ständig in Konkurrenz, und Jain sah zu, wie sich das Trio hin und wieder regelrecht zerfleischte. Faissola nutzte seine Position jedoch nicht nur, um die nächste Intrige gegen seine Kollegen zu planen, sondern auch um Geschäfte in seiner Heimat Italien anzubahnen, wo er höchst fragwürdige Kontakte unterhielt. Der Italiener, über den Jain scherzhaft gesagt hatte, er traue ihm zu, seine Gegner notfalls langsam zu vergiften, traf sich am 2. Juli 2005 in einem Yachthafen auf Sardinien mit Männern, für die sich auch die italienische Polizei lebhaft interessierte.

Faissola traf in Sardinien auf einen Mann, der einer kleineren Bank in der Provinz vorstand und im Begriff war, ein sehr viel größeres Institut zu übernehmen. Seit Monaten war Italien in Aufruhr, weil einheimische Banken und große Konzerne vor feindlichen Übernahmen standen und ausländische wie inländische Angreifer sich bei diesem Wettrennen zu überbieten schienen. Die Deutsche Bank hatte sich ebenfalls in die Geschäfte gestürzt. Obwohl das gar nicht zu seinem Aufgabengebiet gehörte, spielte Faissola bei der Geschäftsanbahnung in Italien eine führende Rolle. Er arbeitete dabei mit italienischen Unternehmern zusammen, die sich selber »furbetti del quartierino« – Schlaufüchse aus der Vorstadt – nannten und zum Teil aus den Vororten größerer Städte stammten.[56] Ausnahmslos alle Furbetti hatten einen höchst zweifelhaften Ruf, auch Giovanni Consorte, der sich mit der Zeit zum Chef der italienischen Versicherungsholding Unipol hochgearbeitet hatte. Mit Unterstützung der Deutschen Bank versuchte er 2005, einen Rivalen in Italien zu übernehmen. Wie er die Übernahme finanzieren wollte, sollte die italienische Aufsichtsbehörde offenbar nicht so genau mitbekommen. Also nutzte er Credit Default Swaps, ein bewährtes Mittel zur Verschleierung von Geldströmen. Die Derivate waren in London entwickelt und der Kauf über eine Luxemburger Gesellschaft der Deutschen Bank abgewickelt worden. Und nicht nur das: Das Londoner Büro kaufte auch ohne erkennbaren Grund Aktien der Bank, die Consorte übernehmen wollte.

Agierten die Händler der Deutschen Bank hier nur als Strohmänner? Die Transaktionen riefen jedenfalls die römische Staatsanwaltschaft auf den Plan, und die entdeckte, dass Consorte am Rande der Übernahmeschlacht 50 Millionen Euro für sich selbst auf die Seite geschafft hatte. Schon während Consorte die Übernahmen einfädelte, wurde sein Telefon abgehört. So kam ans Licht, dass er und andere Furbetti nicht nur eine Übernahme, sondern gleich drei planten und dabei vor allem selber Profit machen wollten, so jedenfalls der Verdacht der Staatsanwaltschaft. Einer der Furbetti war Stefano Ricucci, Sohn eines Busfahrers und gelernter Zuckerbäcker, der Millionen mit Immobilien in Rom verdient hatte. Wie genau er das angestellt hatte und woher sein Startkapital kam, war sein Geheimnis. Da seine Freundin eine blonde finnische Schauspielerin war, wurde oft über ihn in den Klatschspalten berichtet, und so war er bekannt wie ein bunter Hund. Auch gegen Ricuccis Geschäftspartner Danilo Coppola ermittelte die Anti-Mafia-Polizei, von dem man ebenfalls nicht wusste, von wem er das Geld für seine Immobilienkäufe eigentlich bekommen hatte, so dass er in Verdacht geriet, Geld für die Mafia zu waschen. Ausgerechnet dem Zuckerbäcker Ricucci stellte die Deutsche Bank 900 Millionen Euro an Krediten zur Verfügung. Dass Ricucci eine fleckige Vergangenheit, Gegenwart und möglicherweise Zukunft hatte, war egal. Das hatte schon in New York bei Donald Trump keine Rolle gespielt. Ob ein Kredit je zurückgezahlt werden konnte, war für die Manager der Deutschen Bank ganz unerheblich, denn sie bekamen ihren Bonus beim Abschluss des Geschäfts.

Das Treffen im Yachthafen blieb nicht ohne Folgen. Da die italienische Polizei Consortes Leitungen angezapft hatte, wusste sie, dass neben anderen der Zuckerbäcker Ricucci und Michele Faissola, der Manager der Deutschen Bank, kommen würden. So geriet der alerte Faissola aus London ins Visier der italienischen Ermittler, und es würde nicht das letzte Mal sein, dass ein Staatsanwalt aus seinem Heimatland Italien seine Geschäfte durchleuchtete. Nach dem Treffen wurde der Zuckerbäcker Ricucci verhaftet. Der sagte aus, dass er nicht nur Faissola, sondern auch »die Inder« getroffen habe, unter anderen Anshu Jain. Der Chef der italienischen Notenbank musste zurücktreten, als sich herausstellte, dass er den berüchtigten Furbetti beim Versuch der Bankübernahme mit Insiderinformationen geholfen hatte. Er verteidigte sich damit, dass die italienischen Institute in einheimischer Hand bleiben müssten, selbst wenn die Käufer sich merkwürdig benahmen. Der Goldman-Sachs-Banker Mario Draghi wurde in der Folge der neue Notenbankchef. Italienische Reporter fanden später heraus, dass das Mailänder Büro der Deutschen Bank die Kollegen in

London vor Geschäften mit dem bunten Hund Ricucci gewarnt hatte, bevor Faissola zu dem Treffen nach Sardinien aufgebrochen war. Faissola soll die Warnungen mit der Bemerkung abgetan haben, dass er die Lage schon unter Kontrolle habe. Er selber behauptet, er sei rein zufällig in der Gegend gewesen und habe vom Zuckerbäcker Ricucci ein wichtiges Dokument unterschreiben lassen. Um was es dabei ging, verriet er auch auf Nachfrage nicht.[57]

A m 7. Juli 2005, fünf Tage nach dem Treffen in Sardinien, erschütterte ein Attentat in London die Welt. Das schreckliche Geschehen führte den Europäern vor Augen, wie verwundbar sie waren. Ihre Welt schien immer mehr ins Wanken zu geraten. Auf die Anschläge vom 11. September 2001 war der Krieg in Afghanistan gefolgt, dann die Invasion im Irak. Weit weg von Europa starben Menschen in diesen Kriegen. Doch im März 2004 erreichte die Gewalt auch den europäischen Kontinent. In Madrid zündeten islamistische Attentäter zehn Bomben in Pendlerzügen. Bei der Detonation starben 192 Menschen, über 2000 wurden verletzt. Im Juli 2005 war London das Ziel. Drei der islamistischen Täter waren in England geboren und aufgewachsen. Vier Sprengsätze zerstörten einen Bus und mehrere U-Bahnen, 52 Menschen kamen ums Leben. Einer der Sprengsätze explodierte in einer U-Bahn kurz vor der Einfahrt in die Liverpool Street Station. Die Explosion ereignete sich damit keine 200 Meter entfernt vom Hauptquartier der Deutschen Bank.

Die Energie, die eine Gesellschaft zur Bewältigung großer Probleme aufbringen kann, ist begrenzt. Das sollte sich in den Jahren nach dem Anschlägen von New York, Madrid und London zeigen. Der Terror in Europa band alle Kraft der europäischen Regierungen, grundlegende Verteidigungskonzepte mussten überdacht und auf EU-Ebene abgestimmt werden. Seit 2001 waren die Schlüsselstaaten Europas permanent gezwungen, auf aktuelle Entwicklungen zu reagieren. Eine eigene Agenda zu setzen, das war unter diesen Umständen so gut wie unmöglich. Dass der Finanzmarkt wieder einmal aus der Kurve zu fliegen drohte, nahmen sie überhaupt nicht wahr, und Mahner konnten sich kaum Gehör verschaffen. Manche Regierungen – allen voran die Sozialdemokraten in England und Deutschland – schienen froh zu sein, dass die Branche – scheinbar – geräuschlos Geld verdiente.

Im Schatten der Terrorbekämpfungen – und das machte die Lage noch komplizierter – war die EU in eine tiefe politische Krise geraten. Bei einem Referendum in Frankreich im Mai 2005 sprach sich die Mehrheit der Franzosen gegen die Annahme einer europäischen Verfassung aus, die eigentlich viele Geburtsfehler der Union korrigieren sollte. Oberste Priorität hatte in der EU bis dahin der freie Markt gehabt. Waren und Kapital sollten ungestört von einem EU-Land ins andere fließen. Nicht zuletzt die City of London – das Herz der europäischen Finanzindustrie – profitierte von dieser Freiheit. Die Verfassung hätte dieser wirtschaftlichen Dimension der Union eine politische hinzugefügt und das Europäische Parlament gestärkt. Nachdem die Franzosen sich gegen die Verfassung entschieden hatten, war unklar, wohin es mit der Europäischen Union in Zukunft gehen sollte.

Im Sommer 2005 herrschte Ratlosigkeit. Europa war mit sich selbst beschäftigt – und das nutzten die Investmentbanken aus. Sie führten die Welt in die Krise – und zwar vor aller Augen. Aber kaum jemand sah das von außen, weil niemand genau genug hinsah. Im Innern der Banken mehrten sich jedoch die Stimmen, die vor einer gewaltigen Krise warnten.

Eine verrückte Wette

Karen Weaver, die New Yorker Top-Analystin der Deutschen Bank, trug seit April 2005 Daten über den Häusermarkt in den USA und die Subprime Mortgages zusammen. Im Herbst hatte sie genug gesehen. Da waren die Warnungen in der Branche schon nicht mehr zu überhören. Der Manager einer der größten Investmentbanken an der Wall Street – Bear Stearns – hatte schon im Mai 2005 zugegeben, dass man rund um die Hypotheken eine Maschine gebaut habe und es großer geistiger Anstrengungen bedürfe, diese am Laufen zu halten.[58] Anderen Unternehmen war das Geschäft längst unheimlich geworden. PIMCO, ein sehr großer US-amerikanischer Investmentfonds und

Tochter des Allianz-Konzerns, war ganz aus dem CDO-Geschäft ausgestiegen, nachdem man im Jahr zuvor, 2004, in diesem Bereich noch führend gewesen war.

Der PIMCO-Manager Scott Simon fand im Mai 2005 deutliche Worte und kritisierte die wesentlichen Schwachstellen des Systems: Die Kreditqualität werde immer schlechter, und mit den Krediten selber könne ein normaler Investor nicht mehr genug verdienen, da die Marge beim Weiterverkauf viel zu dürftig sei. Die Ratingagenturen würden die Hypotheken zu optimistisch bewerten, strengere Regeln müssten her. Längst würden selbst Kunden mit schlechten Kreditbewertungen Hypotheken bekommen; niemand wisse, ob diese jemals ihre Schulden zurückzahlen könnten. Man müsse sich entscheiden, ob man seriös bleiben wolle oder nicht – »you either take the high road or you don't«. PIMCO wolle seriös bleiben, die eigenen Investments und die Reputation nicht gefährden, indem man ein paar CDO zu viel auflegte und zusätzliche Prämien generierte. Aber Scott Simon glaubte nicht, dass das Beispiel PIMCO Schule machen würde: »Für die Manager« – der CDO – »ist das Ganze zu profitabel. Die Leute machen nun einmal alles, was sie können, um Geld zu verdienen.« Schließlich sagte Simon etwas, das nach 2008 zum Schlagwort werden sollte: Im CDO-Sektor gebe es verdammt viel »moral hazard«, was heißen sollte: Viele Manager verhielten sich verantwortungslos und leichtsinnig, weil sie Profit machen sollten und wollten.

Diese Gefahr sah Karen Weaver von der Deutschen Bank auch. Es würden sich genug CDO-Manager finden, die das Segment weiter aufblasen. In spätestens zwei Jahren würde das eine Kettenreaktion auslösen, wenn Hauskäufer ohne großes Einkommen versuchen würden, ihre teuren Kredite umzuschulden. Dann würden die Hypotheken und alle daran hängenden Derivate – die Mortgage Backed Securities, gehalten von CDO – radikal an Wert verlieren. Noch nicht absehbar war für Weaver zu diesem Zeitpunkt, wie schnell sich die Schockwellen auf andere Bereiche des Marktes ausbreiten würden. Ihre Analyse, die sie mit ihrem Kollegen Eugene Hu verfasste, war wohlüberlegt und mit Daten untermauert. Die beiden schrieben im September, dass Subprime Mortgages massive Verluste erleiden würden, und empfahlen Investoren sogar, darauf zu setzen, dass der CDO-Markt viel Geld verlieren würde.

Weaver musste innerhalb der Bank und von Seiten anderer Analysten viel Kritik und Häme einstecken: »Die Zeichen wurden ignoriert, weil die Immobilienpreise in den USA schon so lange angestiegen waren und selbst sehr riskante Kredite nie zu Verlusten für den Kreditgeber geführt hatten«, erklärte Weaver später. »Was zu viele Menschen einfach nicht erkannt haben: Die Preise für Häuser konnten ja nur so extrem steigen, weil Hypotheken so leicht zu bekommen waren. Nur daraus speiste sich der Boom.« Der Boom war also nichts weiter als eine Blase, die sich in kürzester Zeit durch das billige Geld gebildet hatte. Weaver prophezeite mit ihrem Papier im Grunde eine finanzielle Katastrophe, und das wollte am Markt niemand hören. Man wollte einfach weiter Geld verdienen, und zwar so lange und so viel wie möglich. 2004 waren CDO mit einem Volumen von 158 Milliarden Dollar aufgelegt worden – doppelt so viel wie im Jahr zuvor. Obwohl es ernste Zweifel an der Tragfähigkeit des Konstrukts gab, sollte sich das Volumen 2005 noch einmal verdoppeln. Ein Kollege von Karen Weaver, der ebenfalls von Montag bis Freitag seiner Arbeit in der Wall Street Nummer 60 nachging, sorgte sogar dafür, dass das Geschäft noch größter wurde – und erst recht niemand so bald aussteigen wollte.

Greg Lippmann, der Sushi-Fan und gewiefte Trader, hatte seit Februar unermüdlich mit der Konkurrenz gefeilscht. Mit Erfolg. Im Juni war man sich einig. Es sollten nun standardisierte Credit Default Swaps (CDS) aufgelegt werden, Instrumente zur Absicherung eines Zahlungsausfalls bei einem Kreditnehmer auf dem riesigen CDO-Markt, der auf Hypothekenbündeln aufgebaut war. Mit den CDS konnte man auf die Entwicklung der CDO wetten. Die größten Spieler am Markt – Goldman, Merrill Lynch, Lehman – waren bei den Deals an Bord. Die Handelsorganisation ISDA wollte das neue Instrument in Kürze absegnen. An einer Hypothek, die irgendein Bankkunde in Nevada oder Florida abgeschlossen hatte und die dann mit anderen Hypotheken gebündelt und weiterverkauft worden war, hing nun ein weiteres Instrument mit einem potenziell riesigen Volumen:

die CDS. Diese Kreditausfallwette war mit keinem konkreten Wert mehr unterlegt. Mit einem CDS konnten die Akteure am Markt auf die Entwicklung von Anleihen wetten, die sie nicht mehr besitzen mussten. CDO Squared nannte man diese Produkte auch – eine CDO im Quadrat. Tatsächlich wurde mit den CDS, anders als im Verkaufsgespräch behauptet, das Risiko nicht verringert, sondern potenziert, um ein Vielfaches vergrößert, da das Instrument kaum mit Kapital abgesichert war. Im Krisenfall würde die CDS daher selber weiteres Kapital aus dem Markt saugen und nicht wie eine Versicherung Verluste adäquat kompensieren, schließlich waren die CDS auf Pump finanziert.

Aus Lippmanns Sicht, der auf die Arbeit von Karen Weaver aufbauen konnte, war das Timing dennoch perfekt. Er hatte seit Längerem beobachtet, wie instabil der CDO-Markt war. Lippmann hatte Weaver den Analysten Eugene Hu abgeworben und ihn beauftragt, die Daten, die diesem lukrativen Markt zugrunde lagen, weiter zu analysieren. Hu kam zu einem schockierenderen Ergebnis: Die Häuserpreise mussten gar nicht einbrechen, um den CDO-Markt unter Druck zu setzen, es reichte, wenn die Preise nur um vier Prozent und nicht mehr wie in den Jahren zuvor um zwölf Prozent anstiegen.

Lippmann erkannte die gigantische Chance, die man nur einmal im Leben bekam. Als er das Geschäft durchrechnete, ging er wie ein Pokerspieler vor, nicht wie ein Finanzmathematiker: »Vielleicht ist das einer der Gründe, warum ich am Ende in der Lage war, das zu tun, was ich getan habe. Ich habe die Mathematik dahinter nicht so gut wie andere verstanden – stattdessen habe ich einfach meinen gesunden Menschenverstand benutzt, um das Problem zu begreifen.«[59] Sein Verstand und sein Instinkt sagten ihm, dass er auf einen Kursverfall der CDO, des heißesten Segments am Markt, wetten sollte – »to go short«, wie es an der Wall Street heißt. »Doch viele Leute«, so Lippmann, »dachten, dass so ein Schritt verrückt wäre.«

Man glaubte noch immer nicht, dass der Immobilienboom überall in den USA auf einen Schlag zu Ende sein könnte, sondern allenfalls in einer begrenzten Region, was der Gesamtmarkt leicht auffangen konnte. Lippmann rechnete anders: Selbst wenn die Chance, dass die

Häuserpreise weiterhin moderat stiegen, bei 30 Prozent lag, konnte man wahrscheinlich sehr viel mehr Geld mit einer Wette verdienen, die darauf setzte, dass der CDO-Markt einbrach. Genau diese Wette wollte er wagen. Doch davon musste er zunächst sein eigenes Team überzeugen. Er war im dritten Stock an der Wall Street Nummer 60 für eine kleine Gruppe von zwanzig Händlern verantwortlich, zehn weitere Londoner Kollegen arbeiteten ihm zu. In New York gehörten der Finanzmathematiker Eugene Hu und ein japanischer Trader namens Hiromi Kurita, den alle nur Rocky nannten, zu seinen wichtigsten Mitarbeitern. Mit Rocky stand Lippmann im ständigen Austausch. Sie waren sich einig, dass der CDO-Markt instabil war und sie in einem Dilemma steckten.

In einer E-Mail an Lippmann ging Rocky die Situation durch, wie er sie sah: Sie wollten mit ihren Produkten Geld verdienen, mussten Umsatz machen. Ob die Kunden dabei glücklich wurden oder nicht, war zweitrangig. Plötzlich komplett umschwenken und nur noch auf die CDS – die Wetten – setzen, ginge nicht, denn sie selber und andere Handelstische würden ja vor allem mit den CDO Geld verdienen. Allein im 19. Stock waren fünf Abteilungen mit der Strukturierung und dem Verkauf der CDO beschäftigt, eine Crew von über hundert Angestellten. Andererseits wussten Lippmann und seine Crew, dass die CDO Schrott waren. Rocky machte sich über das Geschäft sogar lustig und beschrieb es in einem Raptext zu der Melodie des Klassikers »Ice, Ice Baby« des Rappers Vanilla Ice. Unter der Überschrift »CDO oh Baby« hieß es da im feinsten Trader-Slang:

All right, stop, collaborate and listen. Spreads are wide with a technical invasion. Home Eq Subs were trading so tightly. Until Hedge Funds Bot Protection daily and nightly. Will they stop? Yo I don't know. Turn up the Arb and let's go. To the extreme Macro Funds do damage like a vandal. Now, BBs are trading with a new handle. Print, even if the housing bubble looms. There are never ends to real estate booms. If there is a problem, yo, we'll solve it. Check out the spreads while my structurer revolves it. CDO oh baby, CDO oh baby.

Im Kern wollte Rocky damit sagen: Eine Spekulationsblase droht, aber die Strukturierer werden es schon deichseln. Natürlich schickte er diesen lustigen Text auch an seinen Boss. Lippmann, Rocky und andere im Team waren sich einig, dass man auf einen Wertverfall der CDO setzen musste, doch erst im Herbst erhielt Lippmann einen Termin bei dem Manager, der darüber entscheiden musste. Er unterbreitete seine Pläne zwar Richard D'Albert, seinem direkten Vorgesetzten, doch London hatte das letzte Wort. Dort musste Lippmann Rajeev Misra überzeugen, dessen Kredithandelsabteilung dank des CDO-Geschäfts jeden Tag mehr Einfluss in der Bank gewann. Misra war allmählich zu Jains wichtigstem Mann geworden. Lippmann musste also dem obersten Kredithändler klarmachen, dass die Party bald vorbei sein könnte. Er verkaufte seine Strategie daher nicht als Warnung, sondern als Möglichkeit, Geschäfte zu machen: »Ich behauptete gar nicht, dass der Deal unbedingt funktionieren würde. Stattdessen sagte ich: ›Die Chance, dass ich recht habe, liegt bei 33 Prozent – 1 zu 3. Aber wenn ich tatsächlich richtigliegen sollte, bekomme ich für jeden eingesetzten Dollar sechs zurück.‹« Eine fantastische Investmentmöglichkeit, fand Lippmann. Der mögliche Gewinn war also doppelt so hoch wie das Risiko – eine verlockende Quote für jeden Pokerspieler.

Doch es gab ein Mentalitätsproblem. Die Wall Street, das hatte Lippmann in all den Jahren dort festgestellt, ging eher davon aus, dass Investitionen klappten. Daher waren die Bücher voll mit Investments, die auf einen funktionierenden Markt setzten. Nun kam er und schlug genau das Gegenteil vor: Geld in Instrumente zu investieren, die von einem Zusammenbruch des Marktes und vom Scheitern eines Produkts ausgingen. Misra blieb skeptisch, erteilte Lippmann aber schließlich die Erlaubnis, Wetten abzuschließen. Keine schwere Entscheidung: Deals abzusichern ist ein normaler Vorgang, und der Trader aus New York brauchte nur einige Millionen Dollar, um das Geschäft zum Laufen zu bringen. Ein Klacks verglichen mit dem CDO-Volumen, das die Bank auflegte. Lippmann musste, auch das war Misra klar, erst einmal Investoren finden, die überhaupt mit ihm wetten wollten.

Lippmann hatte Misra also keineswegs davon überzeugt, dass die CDO ein mieses Investment waren. Misra sah gar keinen Grund, seine fabelhafte Geldmaschine stillzulegen. Der oberste Kredithändler nahm die Warnungen nicht ernst, das erkannte auch Lippmann: »Die Deutsche Bank hat ja trotzdem Milliarden an Dollar wegen dieses Krams« – den CDO – »verloren. Es gab eben genug andere in der Bank, die eine ganz andere Meinung als ich hatten und viel mehr Geld einsetzen durften.« Obwohl Weaver und Lippmann gute Argumente vorbrachten, dass der CDO-Markt kollabieren würde, erfolgte kein Strategiewechsel, im Gegenteil: Die Deutsche Bank stieg jetzt erst recht in den Markt ein. Und sie tat es wie so oft zu spät, aber dafür mit voller Wucht.

A ndere Wall-Street-Banken, allen voran Lehman Brothers, Bear Stearns und Merrill Lynch, hatten sehr viel früher und massiver als die Deutsche Bank auf das Geschäft mit den gebündelten Hypotheken gesetzt. Die hinkte mal wieder hinterher und versuchte verzweifelt aufzuholen. Doch die Qualität der Hypotheken ließ rapide nach. Dieses Problem hatte Karen Weaver längst erkannt und die Frage aufgeworfen: Gibt es überhaupt noch irgendwo bessere Ware, Hypotheken, die nicht nur dünn abgesichert sind? Das testete die Deutsche Bank im Laufe des Jahres 2005 – und die Ergebnisse waren verheerend. Der zuständige Mitarbeiter – der »Due Diligence Supervisor« – schrieb eine Warnung nach der anderen und machte sich über die Qualität der Hypotheken regelrecht lustig: »Ich bin verblüfft, wie schnell die Kreditwürdigkeit einiger der Schuldner in sich zusammenbricht, sobald die Hypothek ausgestellt ist. Darunter waren Schuldner, die sofort bankrottgegangen sind, das Haus versteigern mussten oder unmittelbar nach der Ausstellung der Hypothek gestorben sind!«[60]

Im Mai 2005 wandte sich der Supervisor an den zuständigen Händler in der CDO-Abteilung und warnte konkret vor der Firma AMQ, die Hypotheken an die großen Banken verkaufte: »Wir sollten niemals von denen etwas kaufen. Die haben nur sehr begrenzt Kontrolle über den Bewertungsprozess der Hypotheken (…). Ich habe vor Kurzem mit einem AMQ-Mitarbeiter gesprochen. Er hatte ein paar beängstigende Geschichten auf Lager, was sie dort machen, um die Werte der Hypotheken zu verfälschen. An dieser mangelnden Kontrolle ist das führende Management dort schuld, die leben das vor, und daher glaube ich, dass die Missbrauchsfälle [in Sachen Hypotheken], über die wir in der Zeitung lesen, sehr viel weiter verbreitet sind, als die meisten glauben.« Wenig später gab ein Händler hinter vorgehaltener Hand zu, dass ein Finanzierer jedem, der auch nur »einen halben Puls« habe, eine Hypothek bewilligen würde. Mit einem Anbieter vereinbarte die Deutsche Bank sogar, nur noch bestimmte Hypotheken zu prüfen, weil sonst zu viele Kredite auffällig gewesen wären.

Im Juni 2005 kaufte die Deutsche Bank für 150 Millionen Dollar Hypotheken auf. Der Supervisor schaute sich den Deal genau an und stellte entgeistert fest, dass die Unterlagen, aufgrund deren die Hypotheken vergeben worden waren, nicht einmal den geringsten Standard erfüllten. Fast vierzig Prozent der Antragsteller hatten bei ihrem Gehalt geschwindelt. Bei Stichproben fand man heraus, dass in vielen Fällen die Unterschrift unter der Erklärung zum Einkommen mit der auf dem Hypothekenvertrag überhaupt nicht übereinstimmte. Die Deutsche Bank hatte sich offenbar Schrott andrehen lassen.

Die Warnungen des Supervisors wurden dennoch in den Wind geschlagen. Dem fiel auf, dass einige Finanzierer die Gehälter der Kreditnehmer schönrechneten. Man wisse doch, erklärte er, dass ein Postbote nicht 100 000 Dollar im Jahr verdiene: »Wir tolerieren diese falschen Darstellungen einfach. Aber das wird uns irgendwann einholen. Wenn die Kredite platzen und die Profite dadurch leiden, dann wird vielleicht auch die Wall Street Notiz von dem Problem nehmen. Aber fürs Erste kaufen wir das Zeug weiter auf.«

Genau so war es. Die Deutsche Bank stieg trotz aller Warnungen immer tiefer in das Geschäft mit den Schrottimmobilien ein, denn der Plan war nicht, die Hypotheken zu behalten, sondern sie schnell weiterzuverkaufen.

U nd der Chef der Bank? Joe Ackermann wartete in den Wochen vor Weihnachten 2005 wieder einmal auf die Entscheidung eines Gerichts. Der Bundesgerichtshof prüfte, ob das Mannesmann-Verfahren wiederholt werden müsse. Per Telefon wurde Ackermann informiert: Der Revision der Staatsanwaltschaft wurde stattgegeben. Der

Prozess musste neu aufgerollt werden. Der BGH kritisierte die untere Instanz, das Oberlandesgericht in Düsseldorf, hart: Die Aufsichtsratsmitglieder seien keine Gutsherren, sondern Gutsverwalter. Ackermann und die anderen Verantwortlichen hätten sich der Untreue schuldig gemacht, als sie unter anderen dem Mannesmann-Chef den Sonderbonus zugestanden, weil sie sich nicht ausschließlich am Unternehmensinteresse orientiert hatten. Der Sonderbonus habe dem Unternehmen ja nichts gebracht. Die Argumente des Landgerichts verwarf der 3. Strafsenat des BGH unter dem Vorsitz von Klaus Tolksdorf rundweg: »(…) die Rechtswidrigkeit einer willkürlichen Sonderzahlung in Millionenhöhe« hätte sich als offensichtlich aufdrängen müssen, da sie allein aufgrund des Wunsches des Begünstigten gezahlt worden war.

Alles auf Anfang.

Hatte Ackermann jetzt noch den Mut, die Zeit und die Muße, sich um die Büros in London und New York zu kümmern, wo die Deutsche Bank immer tiefer ins Chaos rutschte? Ein Reporter der Wochenzeitung *Die Zeit* schrieb damals: »Selbst enge Kollegen wissen heute nicht, wer ihn berät und auf wen er hört.«[61] Andererseits las man in dem Porträt, dass Ackermann sich tatsächlich nur in den Handelsräumen von London und New York wohlfühle, weil es da zugehe wie auf einem großen Segelboot. Wer zum Chef, Ackermann, wolle, gehe einfach zu ihm. In Wahrheit erlebten die meisten Händler in London den Chef so gut wie nie persönlich. Einmal, erinnerte sich der oberste Währungshändler Kevin Rodgers, kam Ackermann in Begleitung eines Bodyguards auf das Handelsparkett, wo die Bank bis zu siebzig Prozent ihres Geldes verdiente. Es habe gewirkt, als komme die »bloody Queen« zu Besuch. Ackermann gab sich höflich, distanziert, schien desinteressiert und dezent gelangweilt. Während der Chef lächelte, manipulierte Christian Bittar an einem Handelstisch eine Reihe weiter munter die wichtigsten Zinssätze der Welt, und um die Ecke bastelten die Kollegen von Greg Lippmann an Hypothekendeals, die Teil einer »Doomsday Machine« werden sollten, wie der Autor Michael Lewis es nannte. Der Tag des Jüngsten Gerichts war auf dem Finanzmarkt nicht mehr fern.

Fast jede große Investmentbank war seit den späten 1990er Jahren auf der Suche nach einem Geschäftsmodell, das länger als nur ein paar Quartale Erfolg versprach, ein Modell, das der Bank auf Dauer einen Vorsprung vor der Konkurrenz verschaffte. Ein solches Modell war jedoch nicht in Sicht. So probierten die Banken ständig vermeintlich innovative Ideen aus, legten alte Modelle neu auf, benannten sie um, stellten sie wieder ein und begannen von vorn. Fast jede große Investmentbank nahm daher in Kauf, dass ihre Händler Produkte verkauften, deren Halbwertszeit bereits abgelaufen war oder – schlimmer noch – von denen man wusste, dass der Kunde viel Geld mit ihnen verlieren konnte.

Greg Lippmann, der New Yorker Händler der Deutschen Bank, schien aus dieser Falle ausbrechen zu können, denn er durfte etwas verkaufen, an das er wirklich glaubte. Er hatte die Londoner Abteilung »Globale Kreditmärkte« schließlich zu der Zusage gebracht, dass man zumindest im kleinen Rahmen auf den Kursverfall von Teilen der Hypothekenbündel setzen und Credit Default Swaps auf den Markt bringen wollte. Jetzt musste er nur noch Käufer für diese Kreditversicherungen finden, und das hieß, er musste Kunden davon überzeugen, dass ein riesiger Markt kollabieren würde.

Lippmanns Ansprechpartner waren meist Hedgefonds, die immer auf der Suche nach einem originellen Ansatz waren. Er klapperte Dutzende von Kandidaten in den USA und Europa ab, besuchte die Hedgefondsmanager in ihren Büros und führte ihnen jene Powerpoint-Präsentationen vor, die man in der Branche erwartete. Über fünfzig Seiten, viele Grafiken, ein detaillierter, technischer Vortrag mit einer klaren Botschaft: Spätestens Ende 2006 wird der US-Häusermarkt unter enormen Druck geraten, die Instrumente, die ihren Wert aus den gebündelten Hypotheken ableiten, werden daraufhin schnell und massiv an Wert verlieren.

Lippmann arbeitete heraus, dass er eine »smoking gun«, einen rauchenden Colt gefunden habe. Sein Team hatte festgestellt, dass die Entwicklung des Marktes nicht von der Arbeitslosenzahl oder dem Einkommen der Menschen abhing, sondern von den besonders hohen Häuserpreisen getrieben wurde. Vor allem in Kalifornien war das deutlich zu erkennen. Hier war die Arbeitslosenzahl sehr hoch, und trotzdem waren die Häuserpreise explodiert. Gleichzeitig waren dort besonders zahlreiche Subprime-Hypotheken vergeben worden. Fiel der Häuserpreis, konnten diese Hypotheken nicht mehr bedient werden. Es ging vielen Käufern offenbar nur darum, Häuser auf Pump zu kaufen und sie umgehend mit Gewinn wieder zu veräußern, so Lippmanns Verdacht. Tatsächlich kursierte damals in Los Angeles ein Witz, der diesen Lebensstil auf die Schippe nahm. Die halbe Stadt lebe gut davon, dass man sich gegenseitig mit geborgtem Geld finanziere und überteuerte Immobilien verkaufe, um von dem Profit zu leben. Das funktionierte aber nur, solange die Häuserpreise steil anstiegen und die Käufer ohne Probleme Hypotheken bekamen.

783 Milliarden Dollar an ausstehenden Subprimes, also Schrotthypotheken, hatten sich bereits angesammelt, erklärte Lippmann seinen Zuhörern. In wenigen Monaten, spätestens aber Anfang 2007 würde es zu einem Zahlungsschock kommen, da die Hypothekenfinanzierer und Banken dann von vielen Kunden mehr Zinsen verlangen würden. Die konnten die höheren Zinsen aber unmöglich bedienen, wie Lippmann haarklein aufschlüsselte. Er folgte damit weiter voll der Linie von Karen Weaver, der Analystin aus dem eigenen Haus. Man müsse jetzt auf den Verfall bestimmter MBS- und CDO-Papiere wetten, warb Lippmann, und mit der Deutschen Bank einen CDS-Vertrag abschließen. Lippmann schätzte später, dass er über hundert Hedgefonds kontaktiert und seinen Vortrag Dutzende Male gehalten hatte. Er hatte nicht sofort Erfolg, aber immerhin sprach man in der Branche über den Ansatz des lauten und hastig vortragenden Mitarbeiters der Deutschen Bank, der empfahl, auf die finanzielle Apokalypse zu setzen. Einige der Hedgefondsmanager rechneten die Wette durch, andere wandten sich an ihre eigenen Analysten, die zum Teil unabhängig von Lippmann den Hypothekenmarkt ebenfalls längst nach Schwächen untersuchten.

Während Lippmann »the Street« – die Straße –, wie man die Finanzbranche in New York nannte, davon zu überzeugen versuchte, dass es sinnvoll sei, gegen den Häusermarkt zu wetten, baute die Deutsche Bank selbst immer stärker auf dieses Marktsegment. Für

Lippmann war äußerst ärgerlich, dass ausgerechnet er das Geschäft mit den Hypotheken weiter antreiben musste. An diesem Punkt wurde es schizophren. Dieser Widerspruch – den Markt als Blase zu enttarnen und gleichzeitig weiter Luft hineinzupumpen – hinterließ bei ihm Spuren. Er geriet unter Druck, und dieser Druck brach in E-Mails aus ihm heraus. In Mitteilungen an Kollegen und Manager der Hedgefonds schimpfte er auf die Hypothekenbündel und verhielt sich aufbrausend wie ein New Yorker, dem in der Rush Hour das Taxi vor der Nase weggeschnappt wird. Einem Händler der Deutschen Bank, der ihn um ein Urteil über zum Kauf anstehende Hypothekenbündel bat, schrieb er: »Yikes (…), das habe ich zuerst gar nicht gesehen. Die Hälfte der Dinger sind ja Schrott, der Rest ist ok.« Einem Kollegen von J.P. Morgan schrieb er auf eine ähnliche Nachfrage: »Für deine Verhältnisse ist das ein guter Pool, da sind zwar einige sehr schwache Namen drin, aber nicht so viele, dass die Investoren gleich zurückzucken. Ich würde aber nicht noch mehr von denen dazumischen, du hast sowieso schon zu wenig gute Anbieter.«[62]

Lippmanns Gewissen wurde extrem strapaziert, da die Wall-Street-Banken die Hypothekenfinanzierer schließlich aufkauften oder selbst welche gründeten. Die Deutsche Bank machte auch bei diesem Trend mit, gründete unter anderem die Firma ACE Securities Corp., allerdings geschah das nicht direkt, vielmehr wurden diverse Firmen zwischen ACE und die Bank geschaltet. Lippmann verbuchte das Unternehmen intern als »bad name«, da es vor allem minderwertige Hypotheken weiterverkaufte. Später schrieb er einem Hedgefondsmanager, dass ACE »Schweine-Deals« anbieten würde und vorwiegend grausame Hypotheken vertreibe. Immer wieder stand er vor diesem Problem: Die Deutsche Bank vertrieb – über ihre Tochterfirma – Schrotthypotheken.

Doch es kam noch schlimmer. Die Deutsche Bank verkaufte nicht nur Schrotthypotheken, sondern setzte auch alles daran, Investoren in die Irre zu führen. Am besten ging das mit den CDO – den Collateralized Debt Obligations. Diese Derivate gehörten technisch einer Zweckgesellschaft. Diese Zweckgesellschaft hatte einen Manager, das war zumeist ein von der Bank eingestellter externer Finanzmakler.

Der kaufte für die CDO in Abstimmung mit der Deutschen Bank Tranchen unverkaufter Hypothekenbündel auf, sammelte sie und überschrieb sie schließlich der Zweckgesellschaft. Die teilte die Bündel in neue Tranchen auf und verkaufte sie als Wertpapiere.

Mitten in diesem üblen Geschäft saß Greg Lippmann. Sein ganzes Dilemma wurde in einer E-Mail deutlich, in der er einen Vorgesetzten um Rat fragte: »Ich wollte einen Kauf ablehnen«, schrieb Lippmann, »weil das Ding ein Schwein zu sein schien.« Warum ein Schwein? Weil offenbar das Management dieser CDO nur Müll, also Tranchen aus anderen CDO, die man bisher nicht verkaufen konnte, in der neuen CDO abgeladen hatte. Danach sollten die CDO aufgeteilt und die neuen Teile so schnell wie möglich verkauft werden. Ein klarer Fall für Lippmann – Finger weg. Doch dann schaute er sich an, wer diese CDO verwaltete: Winchester Capital, ein Hedgefonds aus London, im Besitz der Deutschen Bank. Was sollte er jetzt tun? Das »Schwein« trotzdem kaufen? »Habt ihr eine Idee?«, fragte Lippmann seine Vorgesetzten. Kaufen und dann schnell weiterverkaufen, ganz wie geplant, das war fast immer die Antwort. Mitmachen bei dem Spiel, als wenn nichts wäre, so tun, als handle es sich um eine sichere Geldanlage, denn das genau war der Clou: Die Ratingagenturen – Moody's, S&P – gaben den Tranchen der CDO, die Schrott gebündelt hatten, ein AAA-Rating.

Lippmann versandte schließlich Artikel von einem Branchendienst an alle seine Kontakte, unter anderen über einen jungen Mitarbeiter einer Ratingagentur, der klagte, er müsse pro Tag zwanzig CDO bewerten. Er wisse kaum, was in den Bündeln stecke, und analysiere einfach die Exceltabellen, die man ihm gebe. Besonders kompliziert seien die CDO Squared, die CDO der CDO. Der Mitarbeiter der Ratingagentur wird schließlich mit dem Satz zitiert, dass nach seiner Einschätzung viele Menschen wohl gar nicht wissen, woraus die CDO gemacht sind, wie die einzelnen Teile sich beeinflussen und wie das ganze Instrument liquide bleibt.

Spätestens im Frühjahr 2006 wurde klar, dass der Hypotheken- und damit der CDO-Markt sich nicht mehr von alleine trug. Die Rallye am Häusermarkt war vorbei. Dass es nicht zu einem Knall kam, lag nur daran, dass weder die Banken noch die Ratingagenturen reagierten und die Instrumente – allen voran die Tranchen bestimmter CDO – abwerteten. Man tat so, als sei alles in Ordnung. Man betrog gemeinsam die anderen Akteure am Markt. Die Banken hielten den Hypothekenmarkt sogar künstlich am Leben. Sie kauften immer häufiger selber Teile der CDO auf, bündelten sie neu und verkauften sie als Teile neuer CDO weiter, möglichst über Schwesterfirmen, damit die Spur nicht sofort zu ihnen zurückführte. Es war immer dasselbe Lied: Der Bonus der Manager hing am Umsatz und am Verkauf der CDO, nicht am Gewinn der Bank und schon gar nicht am Gewinn der Kunden.

Zu viele Schweine-Deals

Nicht nur Greg Lippmann bemerkte, dass die Hypothekenmaschine mit legalen Mitteln nicht mehr am Laufen zu halten war. Das Team der Deutschen Bank, das die Hypotheken zu neuen Wertpapieren machte, griff nun immer plumper in den Ablauf ein. Man manipulierte Zahlen, Daten, missachtete deutliche Warnungen oder vertuschte ihren brisanten Kern. Die Hypothekenparty war im Frühjahr 2006 eigentlich vorbei, aber das wollte man nicht einsehen. Diese Ignoranz führte zu einer infamen Betrugskette.

Um den tatsächlichen Inhalt der eingekauften Hypothekenbündel – die einzelnen Kredite – beurteilen zu können, beauftragte die Deutsche Bank externe Gutachter. Die Analysten der Firma Clayton, die für die halbe Wall Street arbeiteten, nahmen Stichproben und untersuchten sie. Das Ergebnis war eindeutig: Fast die Hälfte der untersuchten Hypotheken hätte nach den Standards der Finanzierer niemals vergeben werden dürfen. Es war aber trotzdem passiert – und jetzt hatte die interne Kontrolle, der »Due Diligence Supervisor«, ein Problem. Wie konnte man diese Schrotthypotheken bündeln und weiterverkaufen?

Der Supervisor telefonierte mit den Händlern der verantwortlichen Immobilieneinheit. Erst stellte er klar: »Das ist wirklich ein sehr mieser Pool, ich meine, wir haben wirklich jede Menge Scheiße in dem Pool, glaubt mir.« Dann beruhigte er die aufgeregten Kollegen, er könne die offizielle Quote der Hypotheken, die man nie hätte vergeben dürfen, wenn es sein musste, radikal reduzieren: »Wenn du eine Quote von zehn [Prozent] willst, dann kann ich auch auf zehn kommen«, versprach er.

Damit waren offiziell nur noch zehn Prozent der Hypotheken als »zu schlecht« eingestuft und nicht die Hälfte. Der Supervisor musste dafür die Zahlen komplett verfälschen, und das tat er auch. Er drückte die Quote auf zwölf Prozent. Er habe maximal flexibel sein müssen, erklärte er einem der Händler später am Telefon. Das Telefonat wurde von der Bank aufgezeichnet.

Die Deutsche Bank an der Wall Street Nummer 60 in New York drehte bald ein großes Rad. Sie kaufte massenhaft Hypotheken auf und brachte sie zunächst als Mortgage Backed Securities, also als MBS, an den Kunden, bevor man Teile der Bündel als CDO weiterverkaufte. Allein 2006 warf man 24 große Hypothekenbündel als CDO organisiert auf den Markt. Die umtriebigen Vertreter der Deutschen Bank fanden Dutzende von Investoren, die mehr als 7,7 Milliarden Dollar in diese toxischen Papiere investierten, Papiere, bei denen schon zum Zeitpunkt ihres Verkaufs klar war, dass sie massiv an Wert einbüßen würden. So kam es auch. Mit den Instrumenten, die die Deutsche Bank unter anderem mit Tochterfirmen auflegte, verloren Investoren fast drei Milliarden Dollar.

Eine einzige CDO, die den kryptischen Namen AHMAT 2006-5 trug, verbrannte 553 Millionen Dollar, weil ein Großteil ihres Inhalts – die Hypotheken – nichts wert war. Jeder betrog so gut er konnte, wenn es sein musste auch Geschäftspartner. So stellten Mitglieder des Immobilienteams fest, dass die Häuser, die am Ende die Hypotheken absicherten, sehr viel weniger wert waren, als aus den Unterlagen hervorging. Offenbar waren einige der Gutachter vor Ort korrupt, so vermutete man, und halfen die Immobilienwerte nach oben zu lügen. Solche Informationen wurden den Investoren natürlich vorenthalten, und man achtete penibel darauf, dass Warnungen niemals in den offiziellen Anlageprospekten auftauchten. Die Verkäufer der Deutschen Bank dachten, wenn die Papiere ein AAA-Rating von den Agenturen erhielten, dann waren sie selber fein heraus. Selbst wenn sie wussten, dass ein Bündel sehr viel weniger wert war, als das offizielle Handelsvolumen angab, glaubten sie sich rechtlich auf der sicheren Seite. Die Schizophrenie griff auch hier um sich. Einen Manager aus dem Immobilienteam »bedrückte« es, so gestand er intern, dass man Kredite aufkaufe und dabei mehr bezahle, als sie offenbar wert waren. Trotzdem nahm er die beanstandeten überteuerten Hypotheken in die CDO ACE 2006-05 auf. Die Tranchen dieser CDO verloren allein 773 Millionen Dollar an Wert. Es war genau das Papier, das Greg Lippmann als »Schwein« bezeichnet hatte. Er hatte also den Nagel auf den Kopf getroffen.

D urch die Geschäfte in den USA stabilisierten sich die Zahlen der Deutschen Bank – die Weltspitze schien gar nicht so weit entfernt zu sein. Doch die deutsche Presse war nicht beeindruckt. Der Gewinn 2005 – über 3,5 Milliarden Euro nach Steuern – wurde durch eine mögliche Strafzahlung überschattet: Das Management musste 250 Millionen Euro zur Seite legen, weil die New Yorker Staatsanwaltschaft gegen die Bank ermittelte und eine hohe Strafe zu erwarten war. Schon vor der Übernahme durch die Deutsche Bank hatte ein Team von Bankers Trust vermögenden Kunden in den USA geholfen, Steuern zu vermeiden, indem man durch komplizierte Swapgeschäfte – zum Schein – Verluste generierte. Der Senat hatte in der Sache eine Untersuchung veranlasst, und nun war auch noch die Staatsanwaltschaft eingestiegen.

Obwohl sich in New York oder in London immer irgendeine Aufsichtsbehörde oder Staatsanwaltschaft für die Geschäfte der Deutschen Bank interessierte, kämpfte man dort weiterhin ungerührt mit fragwürdigen Mitteln um Umsatz, Profit und den eigenen Bonus, wohl wissend, dass der nächste Abschwung schon morgen beginnen konnte.

In London versuchte das Team des Franzosen Christian Bittar – »Hihi, my friends« – weiterhin, die Zinssätze Euribor und Libor nach allen Regeln der Kunst zu manipulieren. Die Händler bekamen Übung darin und schienen sicher, dass die Absprachen funktionierten und man die Zinssätze tatsächlich in die Richtung bewegen konnte, die einem selbst weiterhalf. Bittar fragte seinen Kumpel bei Barclays sogar einmal, ob ein Euribor o.k. wäre, der bis zum Himmel reiche? Ja, der Himmel ist gut, bekam er zur Antwort.

Bei der Manipulation ging es um ein Kartell und damit ultimativ um Macht. Ende Juni 2006 schrieb Bittar an Philippe Moryoussef, seinen Freund und Komplizen bei Barclays: »Heute brauche ich einen tiefen Ein-Monats-Euribor und einen hohen Drei-Monats-Kurs.« Keine Ausrufezeichen. »Ich auch«, schrieb Moryoussef zurück. »O.k.«, antwortete Bittar, »ich rufe bei meinem Geldmarktteam am Cashdesk an. Ich hoffe, die sehen das ähnlich, sonst gibt es einen Tritt in den Arsch.«

Moryoussef kam bei dieser Gelegenheit auf ein Problem zu sprechen: »Kennst du andere Banken, denen wir noch trauen können? Denen wir sagen können, wir brauchen einen tiefen Ein-Monats-Kurs? Ich kann zumindest einen Typen am Cashdesk bei der Bank Société Générale anrufen.« Darauf Bittar: »Ich hatte den Typen bei der Citibank, aber das ist vorbei.« Nicht alles lief also glatt bei dem freundlichen Monsieur Bittar.

Immerhin waren die Kollegen aus Deutschland nun auf seiner Seite und hatten das Grundprinzip verstanden. Im Juli 2006 schrieb ihm einer der führenden Händler der Deutschen Bank aus Frankfurt: »Hihi Christian [Bittar], ich wollte nur mal checken, ob wir unterschiedliche Interessen haben, was den 6. Juni und das Settlement an dem Tag anlangt. Es macht keinen Sinn, wenn wir in eine Richtung ziehen, und du willst eigentlich, dass wir es genau andersherum machen. Wir hätten gern einen tiefen Drei-Monats-Fix, um dann zum Juni hin den Kurs nach oben zu drücken. Ist das auch deine Präferenz?« Bittar antwortete höflich: »Vielen Dank für's Nachfragen. Ja, wir würden auch ein tiefes Fixing bevorzugen. Danke.« – »THX.« Darauf antwortete der Mann aus Frankfurt höchst zufrieden: »Das macht uns alle mächtiger, wenn es darum geht, den Fix am Ende in eine bestimmte Richtung zu bringen.«

Untereinander waren sie also manchmal ehrlich, die Händler der Deutschen Bank. Und sie manipulierten nicht nur die Zinsangaben für den Euro und den US-Dollar. Einen Tisch weiter, wo die Händler mit dem Yen Geld verdienen sollten, begann man ebenfalls, konkrete Zinssätze zu erfragen. »18.5 oder 17.5. müssten funktionieren, um den gewünschten Kurs zu bekommen«, schrieb ein Händler. »Kein Problem«, antwortete der Submitter, »ich wollte 19 angeben, UBS hat gestern nämlich 21 eingereicht.« Die Submitter konnten mit den ihnen vorliegenden Werten nämlich berechnen, wie sich die Eingaben am Ende so aufhoben oder ergänzten, dass der gewünschte Zinssatz herauskam – wenn genügend andere Banken mitmachten. Und so machten sie es bei vielen Zinssätzen, bei vielen Währungen an vielen Tagen im Jahr 2006.

Während die New Yorker, Frankfurter und Londoner Händler sich bereits zwei Jahre vor dem vermeintlichen Höhepunkt der Finanzkrise in einem Gestrüpp aus Betrug und Täuschung verfingen, kreiste man auf den obersten Etagen in Frankfurt, vom 32. Stockwerk an, wo die Vorstandsmitglieder saßen, noch immer um sich selbst. Warum auch nicht? Von der Bundesregierung drohte der Deutschen Bank keine Gefahr.

Peer Steinbrück von der SPD, der neue Finanzminister der Großen Koalition, der ja eigentlich in Nordrhein-Westfalen hatte bleiben wollen, suchte zwar ein wenig, sein Profil zu schärfen, und forderte in einer Rede, »die Fliehkräfte in unserer Gesellschaft zu bändigen (…). Das hohe Lied des Marktes« und »die Zauberformel von der ›Deregulierung‹« allein würden nicht helfen. Die Politik gebe zu oft Partikularinteressen nach, die als Allgemeinwohlinteressen dargestellt würden. Eigentlich sei zu fordern, so Steinbrück flapsig, »Lobbyisten in die Produktion«. Aber schon wenige Atemzüge später erklärte er, das deutsche Finanzsystem sei im Wandel »hin zu einer stärkeren Marktorientierung«. Es gehe dabei zwar um den Erhalt von Solidität, Stabilität und Verlässlichkeit, aber auch um »Produktinnovationen und neue Vertriebswege«. Dazu gehöre der Ausbau des Verbriefungsmarktes. Damit machte er klar, dass sein Ministerium den Ausbau des CDO-Marktes begrüße.[63]

Während Josef Ackermann darauf wartete, dass der Mannesmann-Prozess wieder aufgenommen wurde, pflegten andere Mitglieder des

Vorstands ihre Paranoia. Auf der Aktionärshauptversammlung im Juli hatte ein Rechtsanwalt und Aktionär aus Hamburg besonders intensiv Fragen gestellt. Der Mann, Michael Bohndorf, nervte den Vorstand seit drei Jahren. Diesmal wollte er mehr über die Prozesse wissen, die der Medienunternehmer Leo Kirch mit der Bank führte. Der ehemalige Risikochef Clemens Börsig war inzwischen Aufsichtsratschef geworden und hatte Rolf Breuer abgelöst. Wenige Tage nach der Versammlung suchte er das Gespräch mit Wolfram Schmitt, einem Manager, dessen Aufgabe es war, die Beziehungen zu den Investoren zu pflegen. Börsig wollte wissen, was von Bohndorf zu halten sei und ob der am Ende für Kirch arbeite. Schmitt fasste das als Aufforderung auf und schaltete den Sicherheitschef der Bank ein. Der kontaktierte eine Privatdetektei, mit der man seit Jahren zusammenarbeitete. Mit einem hochrangigen Anwalt der Bank briefte der Sicherheitschef die Detektei.[64] Das Umfeld von Bohndorf sollte gründlich durchleuchtet werden. Der Geschäftsführer der Detektei sagte später aus, er habe eine Liste mit insgesamt zwanzig Namen bekommen, die er überprüfen sollte. Auch ein weiterer kritischer Aktionär, der Bankprofessor Ekkehard Wenger, sollte ausspioniert werden. Wenger hatte die Bank – als Aktionär – 2006 gefragt, wie viel Einkommensmillionäre die Bank eigentlich beschäftige. Das genügte, um zwei Detektive zu Wenger zu schicken, die ihn aushorchten. Die Schnüffler gaben sich als Reporter der *Financial Times Deutschland* aus. Geheimdienstler und private Ermittler tarnen sich gern als Journalisten.

Die Idee, Detektive loszuschicken, war nichts Neues. Schon 2001 war ein Gewerkschafter beschattet worden, der unter Verdacht stand, Quartalszahlen an die Presse durchgesteckt zu haben. Auch das Vorstandsmitglied Hermann-Josef Lamberti und seine Familie wurden im Auftrag der Bank von Detektiven beschattet. Man wollte angeblich überprüfen, wie gründlich der eigene Sicherheitsdienst den Vorstand beobachtete – es ging also um Qualitätskontrolle. Zwei ehemalige Agenten der Stasi übernahmen diese Aufgabe.

Im Jahr 2006 kümmerte man sich nun also mit insgesamt sechs Detektiven vor allem um den kritischen Anwalt Bohndorf, einen auffällig gebräunten Mann mit langen Haaren. Zwei Detektive mieteten sich in die Finca Bohndorfs auf Ibiza ein, um den Anwalt auszuhorchen und nach Unterlagen zu suchen. Zudem bewarb sich eine junge Frau – »eine attraktive Juristin«, wie es in einem internen Bericht der Bank später hieß – im Auftrag der Detektei erfolgreich bei der Kanzlei, die Leo Kirch vertrat. Doch da wurde es den Auftraggebern in der Bank mulmig, und sie brachen zumindest diesen heiklen Teil der Operation ab. Hätte man sich doch ähnlich intensiv um die internen Vorgänge gekümmert.

Letztlich saßen die Vorstände in Deutschland längst in der Falle, da mochten sie noch so viele Machtspielchen initiieren. Die Bank war abhängig von dem Geld, was die Londoner und New Yorker Händler als Teil des Global Markets von Anshu Jain verdienten. Kein Vorstandsmitglied wollte offenbar genau wissen, wie Jains Truppe das anstellte, denn auch sie bekamen bei guten Zahlen einen Bonus – 2006 waren das 27 Millionen Euro für die fünf Vorstandsmitglieder, darunter Bänziger und Ackermann.

Wer das Geld verdiente, hatte in der Bank die Macht. Das spürten vor allem die Manager in London, die nichts mit dem Kredithandel – den Hypotheken, CDO und MBS – zu tun hatten. Kevin Rodgers, der Mann für die Währungen, registrierte, wie die Kredithändler unter der Führung von Rajeev Misra zu großen Stars in der Bank wurden. Wunderjungen, am Markt unerfahren, aber offenbar Mathematikgenies. Rodgers war neugierig und ließ sich von einem dieser Credit Boys, einem jungen Inder, das Prinzip CDO erklären.

Rodgers musste zugeben: Das klang sehr smart. Die Bank wurde Risiken los und konnte mehr Kredite vergeben. Sein Gesprächspartner war sehr stolz auf die komplizierte Konstruktion der CDO. Der Cashflow gelangte hier aus Hunderten von Quellen in jede einzelne CDO. Zum einen waren das die Zahlungen der Hauskäufer, zum anderen Prämienzahlungen aus den Hypothekenbündeln, die man in die CDO eingegliedert hatte. Damit das Konstrukt stabil genug war, mussten die verschiedenen Tranchen voneinander abgeschottet sein. Wenn die Gefahr bestand, dass alle Tranchen gleichzeitig an Wert verloren, war das Ganze äußerst riskant. Daher mussten die Credit Boys berechnen, wann welche Tranche in Zahlungsschwierigkeiten geraten würde.

Aber, so stellte Rodgers fest, die Wunderjungen kochten auch nur mit Wasser und hatten dieselben Probleme wie er acht Jahre zuvor bei Bankers Trust: Sie konnten auf keinerlei historische Daten zurückgreifen und mussten letztlich raten, was geschehen würde, denn das Geschäft mit den CDO sprengte alles bis dahin Dagewesene.

Dass die CDO zu einem großen Teil aus Schrott bestanden, ahnte Rodgers damals noch nicht. Aber ihn beschlich zunehmend ein mulmiges Gefühl, je öfter er die Präsentationen der Credit Boys miterlebte. Ob auf den größeren internen Veranstaltungen der Investmentbank oder den Veranstaltungen für Kunden an irgendeinem sonnigen Ort im Süden Europas, immer waren die Credit Boys die Headliner, die Stars des Abends, der Rest war nur Beiwerk, wie eine Vorband, die das Konzertpublikum anheizen soll. Oft fanden die Treffen in Barcelona statt. 2004 trat dort neben den Credit Boys die Sängerin Kylie Minogue auf.

Auch die Credit Boys hatten große Hits, die sie bei jeder Veranstaltung brachten. Immerzu sprachen sie von »Schachteln« und »Pfeilen«, wie Rodgers und seine Kollegen es nannten. Die Zweckgesellschaften, die Tranchen und der Cashflow wurden so – mit »arrows & boxes« – erklärt. Mit der Zeit wurden die Grafiken immer komplizierter. Rodgers und zumindest einen seiner Kollegen beschlich der Verdacht, dass hier etwas kompliziert gemacht wurde, damit das Geschäft undurchschaubar blieb – kompliziert also um der Kompliziertheit willen. Und sie ahnten auch, warum das geschah. Bei einer Präsentation drehte sich der Kollege einmal zu Rodgers um und sagte: »Irgendjemand wird eines Tages dafür in den Knast kommen.«

Tatsächlich bauten die Credit Boys ganz bewusst ein undurchsichtiges System von CDO und Zweckgesellschaften auf. So ließ sich kurzfristig Profit generieren und ultimativ verschleiern, dass das ganze System im Grunde auf Schrotthypotheken aufgebaut war. Nicht jedem in der Bank war das geheuer.

Und Anshu Jain, der Chef der Global Markets? Im Sommer 2006, als die Präsentationen immer komplizierter wurden, konnte er sich wieder einmal im Glanz einer Lobeshymne sonnen. Diesmal war die *Financial Times* der Laudator. Noch vor einem Jahr habe man die

Bank zu Recht kritisiert, hieß es da, die Geschäfte der Kapitalmarkt-abteilung seien zu riskant, und die Bank sei zu abhängig gewesen von den Launen des Marktes. Doch Jain habe in der zweiten Jahreshälfte 2005 eine ganze Reihe von Analysten in persönlichen Gesprächen beeindruckt und umgestimmt. Der Reporter präsentierte unveröffent-lichte Daten, die angeblich belegten, dass die Bank inzwischen besser gegen Risiken abgesichert war als die Konkurrenz. Jain sei ein erstklas-siger Banker, schrieb die *Financial Times*, er könne, was die Derivate angeht, »übers Wasser gehen«.[65]

In ungewöhnlicher Offenheit hatte die Bank der *Financial Times* auch den neuesten Schrei am Finanzmarkt erklärt: die CDO. Die Re-porter ließen sich überzeugen und schrieben: Mit smarten neuen Pro-dukten habe Jain seine Abteilung gegen einen möglichen Abschwung immun gemacht. Analysten würden ihn dafür feiern, dass er sich mit seiner Bank von einfachen Credit Default Swaps gelöst habe und diese stattdessen gebündelt und in komplexere CDO eingebettet habe. Da-mit habe er Investoren geholfen, die nun viel feiner abstimmen könn-ten, wie viel Risiko sie bei einem Geschäft eingehen wollen, und zu-gleich habe er damit für seine Bank stabilere Profite realisiert. Die Investoren seien sichtlich beeindruckt, schrieb die *Financial Times*, Jain sei offenbar der ideale Nachfolger für Josef Ackermann, der 2010 in Rente gehen würde. Aber dem stünden noch zwei Probleme entge-gen, bemerkte die Zeitung: Es sei fraglich, ob Jain auf ein Einkommen, das gerüchtweise bei 100 Millionen Euro pro Jahr liege, verzichten würde, denn als Chef würde er sehr viel weniger verdienen. Fraglich sei auch, ob die Deutsche Bank tatsächlich einen »indischen Bond-Junkie« zum Chef machen würde, egal wie brillant er als Banker auch sein mochte.

Jain hatte sich sechs Jahre nach dem Tod von Edson Mitchell also offenbar zu einem ebenso begnadeten Verkäufer entwickelt, wie sein Mentor einst einer gewesen war. Er konnte die neuen Instrumente genauso gut verkaufen wie Mitchell, mehr noch: Er konnte authen-tisch vermitteln, dass seine Bank nicht nur das eigene Risiko, sondern auch das der Investoren in den Griff bekommen hatte. War Jain da-mals nicht längst gewarnt? Wusste er nicht, wie gefährlich die CDO seiner Bank werden konnten? Log er also die ganze Zeit, oder verschloss er bewusst die Augen? Jain war vor allem ein ausgefuchster Politiker, und daher ist es wahrscheinlich, dass er die unbequeme Wahrheit einfach von sich fernhielt. Er kümmerte sich ganz bewusst nicht um die Details, denn die machen am Ende den meisten Ärger.

Mit dem Kleingedruckten schlugen sich Männer wie Greg Lippmann herum, der im Frühsommer 2006 mit einem außer Kontrolle geratenen Markt konfrontiert war. Viele Akteure verhielten sich irrational. Obwohl der Häusermarkt langsam einbrach, wurden CDO weiterhin wie verrückt aufgelegt und verkauft, obwohl längst absehbar war, dass sie bald schlagartig an Wert verlieren würden.

Im August schrieb Lippmann einem Hedgefondsmanager unverblümt, warum es noch immer so viele Käufer für die CDO gebe: »Die Nachfrage nach diesem Schrott hat rein technische Gründe, nur andere CDO kaufen weiter ein, und jeder an dem CDO-Tisch denkt, der andere ist am Ende der Idiot.« Auch die mittelwertigen Tranchen – mit dem Rating BBB – würden sich mit wenigen Ausnahmen nur noch CDO gegeneinander verkaufen. Ein paar Käufer gebe es in Europa und Asien, aber dahinter stecke schwerlich »smartes Geld«. Das Ganze erinnere an ein Pyramidenspiel – *ponzi scheme* auf Englisch –: Jeder kassiert ab, reicht das Risiko weiter, bis am Ende einer der Dumme ist, der mit nichts als dem Risiko und verlorenem Geld dasteht. »Widerstrebend« sei seine Bank in die Position geraten, bei diesem Spiel mitmachen zu müssen. »Wir versuchen ja auch, dieses Risiko loszuwerden, aber bislang hat man die Dinge hier so gesehen: Wir mögen die Prämien, die wir für Produkte kassieren, und wir wollen in den Ranglisten immer oben stehen.«

Tatsächlich hatte die Bank noch im Oktober 2006 als internes Ziel ausgegeben, auch auf dem Markt für die gebündelten Hypotheken die Nummer eins zu werden – egal ob das sinnvoll war oder nicht. Am Ende, so schrieb Lippmann einem anderen Geschäftspartner, gebe es einfach zu viele Hinweise, dass viele der Anleihenbündel »in die Luft fliegen würden«. Es sei völlig egal, wie viele neue CDO die Banken gerade auf den Markt schmeißen. Bereits jetzt stünden einige Produkte der Konkurrenz vor der Pleite. Ihn beeindrucke es nicht, wenn irgendein Analyst wie ein dressierter Seehund davon schwafle, dass der Markt sich immer weiter noch oben entwickeln werde. Er wisse, »die Chance ist groß, dass uns dieser Kram gewaltig um die Ohren fliegt«.

Was Lippmann seinen Gesprächspartnern offenbarte, war skandalös, aber seinen Arbeitgeber, die Deutsche Bank, musste das im Grunde nicht weiter kümmern. Denn die Risiken waren ausgelagert, an die Zweckgesellschaften, an die anderen Banken oder an neue Kunden, die ihr »dummes Geld« weiter in CDO investierten. Doch Lippmann schrieb in der E-Mail an den Manager des Hedgefonds etwas, was für die Bank eine ganz besondere Brisanz entwickeln sollte: Man habe bei der Deutschen Bank einige der Risiken in der Bilanz verbucht und dabei in Kauf genommen, dass man den »einen oder anderen Treffer hinnehmen« müsse – also Verluste machen würde. Da der Markt das nicht mitbekommen habe, sei es im Prinzip in Ordnung. Allerdings gebe es ein Problem mit den sogenannten Super Seniors. Diese Tranche der CDO war zwar mit den besten Hypotheken unterlegt. Die Inhaber der Seniors bekamen im Prinzip auch als Erstes Geld, deswegen galten diese Seniors – nominell – auch als das sicherste Element einer CDO. Aber Lippmann glaubte das nicht und stellte sich vielmehr die Frage: Würden die CDO wirklich so viel Geld abwerfen, dass man die Besitzer der Seniors auszahlen konnte? Oder würden sie möglicherweise gar kein Geld abwerfen?

2005 habe man noch alle Super Seniors an den größten Versicherer der Welt, AIG, verkaufen können, schrieb Lippmann weiter. AIG sei dann aus dem Geschäft ausgestiegen, unter anderem habe er selber einen AIG-Manager in London bei einem Besuch überzeugt, dass der Hypothekenmarkt äußerst fragil sei. Eigentlich hatte Lippmann das nur erwähnt, um sein CDS-System zu erklären und dafür zu werben. Seit diesem Jahr, 2006, müsse die Deutsche Bank nun die Seniors und damit das Risiko in die eigenen Bücher aufnehmen. Aber wenn die Anleihen insgesamt in die Luft flogen, dann konnten diese Super Seniors locker 60, vielleicht sogar 90 Prozent an Wert verlieren, schrieb Lippmann. Das Problem: Die Banken hatten die Seniors kaum abgesichert, noch dazu »gehebelt« gekauft, also nur wenig Eigenkapital eingesetzt. Auf dem Papier waren die Seniors der Deutschen Bank bis zu 100 Milliarden Dollar wert, aber mit konkretem Kapital waren sie nicht unterlegt. Die Deutsche Bank könnte also – theoretisch – in den nächsten Monaten 90 Milliarden Dollar verlieren, so die Sorge von Greg Lippmann. Aus dem Nichts konnte so ein gigantischer Verlust entstehen. »Die [Super Seniors] können am Ende den CDO-Markt zerstören«, schrieb Lippmann dem Hedgefondsmanager voller Sorge und Unbehagen.

Der umtriebige New Yorker Trader hatte wieder einmal recht. Die Kredithändler und Wunderjungen glaubten, das Risiko besiegt zu haben. In Wahrheit hatten sie es nicht nur vergrößert, sondern auch noch im ganzen System verteilt, ohne dass irgendjemand einen Überblick über die versteckten Gefahren hatte. Die Credit Boys hatten letztlich ein bereits sehr großes Problem noch viel größer gemacht. Damit hatten sie, wie sich bald zeigen sollte, nicht nur das Geld vieler Kunden, sondern auch die Existenz der eigenen Bank aufs Spiel gesetzt.

»Deutsche at it's best«

In einem Interview hat Anshu Jain die Deutsche Bank einmal mit einem Pharmakonzern verglichen, der für jeden Kunden eine spezielle Medizin entwickeln könne. Der Vergleich passte. Allerdings verzichtete die Deutsche Bank auf Versuchsreihen und warf neue Produkte einfach auf den Markt, ohne zuvor Forschungen über potenzielle Spätfolgen anzustellen. Sie beobachtete sozusagen am lebenden Objekt, was passieren konnte. Die Folgen dieses Leichtsinns zeigten sich am drastischsten bei den CDO. Zunächst wurden sie gefeiert als ein weiteres Instrument, das Kapital freisetzt und geeignet ist, das Risiko auf mehrere Schultern zu verteilen. Kleine Firmen mussten sich nun nicht mehr mit der Last vieler Hypotheken herumschlagen, das machten die Wall-Street-Banken, die einen Großteil der Hypotheken so lange bündelten, tranchierten, ummantelten, bis das Risiko – ein Hauskäufer bedient seine Hypothek nicht mehr – so klein war, dass es theoretisch keine Rolle mehr spielte.

Das war zu schön, um wahr zu sein, und es funktionierte von Anfang an nicht. Gleich mehrere Denkfehler machten den Banken schon 2005 ordentlich zu schaffen: Es gab gar nicht genug solide Hypotheken, um den explodierenden Markt auf Dauer, Jahr um Jahr, mit Nachschub zu versorgen. Das billige Geld zog zudem Spekulanten an, die Häuser nur kauften, um damit Geld zu verdienen. Das trieb die Preise hoch, und so entstand zwangsläufig eine Spekulationsblase. Obendrein hatte das Instrument CDO selbst Geburtsfehler, die den Effekt der aufziehenden Hypothekenkrise multiplizierten.

Auf den ersten Blick funktionierten die CDO nach einem simplen Prinzip: Die Hypotheken wurden in meist drei Tranchen aufgeteilt – die am schlechtesten bewertete Tranche, Junior oder Junk, die mittlere, Mezzanine, und die Tranche mit den vermeintlich solidesten Hypotheken, ebenjene Super Seniors, für die es am wenigsten Zinsen gab, weil sie als Erstes mit Geld aus dem CDO-Pool bedient wurden. Die meisten Investoren stürzten sich zunächst auf die mittlere, die Mezzanine-Tranche, weil man dort hohe Zinsen bekam und das Risiko noch vertretbar schien. Die Super Seniors wollte dagegen kaum jemand, die Banken bekamen sie nicht unter die Leute. Die Super Seniors schwammen zwar gleichsam oben wie das Fett auf der Brühe, doch es gab für sie kaum Zinsen, weil zu viele Hypothekenbündel (RMBS) den Markt überschwemmten und das Überangebot die Preise drückte. Mit jeder RMBS und jeder CDO, die die Banken auflegten, fielen neue Super Seniors an. Es wurden immer mehr, und der Verkauf wurde immer schwieriger, weil immer mehr Spieler am Markt begriffen, dass bei einer Krise auch die Super Seniors massiv an Wert verlieren würden. Dem Rating der Tranche – AAA – war einfach nicht zu trauen.

Einige Banken machten wegen der Schwierigkeiten mit den Super Seniors erst gar nicht bei dem Wahnsinn CDO mit. Die britische Journalistin Gillian Tett beschreibt in ihrem Buch *Fool's Gold*, wie das Management der US-Investmentbank J. P. Morgan sich im Jahr 2005 entschied, in das Geschäft einzusteigen.[66] Zunächst hatte man sich an dem CDO-Boom nicht beteiligt, weil der neue Chef bei J. P. Morgan, James »Jamie« Dimon, kein Fan der komplexen Instrumente war. Ihm war wichtig, die Bücher der Bank im Griff zu behalten. Keine Überraschungen, lautete die Devise des härtesten Bankers an der Wall Street, wie Dimon auch genannt wurde. Nun war die Konkurrenz weit enteilt, verdiente sehr viel mehr Geld als J. P. Morgan. Dimon und sein Management gerieten unter Druck.

Also analysierten hauseigene Analysten von J. P. Morgan mehrfach den Markt, bevor man möglicherweise doch groß in das Geschäft einstieg. Das Ergebnis war immer dasselbe: Das CDO-Geschäft rechnete sich nicht, da die Super Seniors immer übrig blieben, das Geschäft belasteten und die Bilanz versauten. Man fragte sich bei J. P. Morgan, wie die Konkurrenz das Problem löste. Die Antwort war ganz einfach: Sie hatten es nicht gelöst. Sie hatten das Risiko schlicht verdrängt und in der Bilanz und in Zweckgesellschaften versteckt. Die größten Spieler am Markt – Merrill Lynch, UBS, die Citigroup – nahmen die Super Seniors einfach in das sogenannte *Off-balance Sheet* im Schatten ihrer offiziellen Bücher auf. Dort schwoll der Bestand immer weiter an, lag förmlich wie Blei in den Regalen. Riesige Konzerne wie die Citigroup beschwerten sich mit immer mehr Bleiplatten und taten so, als sei das selbstverständlich und harmlos. Tatsächlich gefährdeten die Banken damit ihre Existenz. Das Boot würde untergehen. Genau das hatte Greg Lippmann in seiner E-Mail vom August 2006 prophezeit.

Die Wunderjungen der Deutschen Bank lösten das Problem auf ihre Weise: Sie machten aus der Not eine Tugend. Die Super Seniors wurden unsicherer, mussten aber versichert werden, sonst würde das ganze System nicht mehr funktionieren. Also legte man ein neues Produkt auf, das im Prinzip ein Credit Default Swap war, ein CDS, so wie sie sich Lippmann gewünscht hatte. Man gab dem neuen Produkt einen seriös klingenden Namen: Leveraged Super Seniors (LLS). Es war eine Wette auf die Entwicklung der Super-Senior-Tranche. Die Bank machte potenziellen Käufern ein verlockendes Angebot: Sie konnten die LLS extrem stark gehebelt – also auf Pump – kaufen.

Mit diesem Produkt wurden die Vertreter losgeschickt. Sie suchten aber nicht in den USA nach Käufern für das neue Papier, denn dann hätte die Konkurrenz an der Wall Street Verdacht geschöpft, sondern auf zwei naiveren Märkten: in Deutschland und vor allem in

Kanada. Bis das geschafft war, verbuchte man die Super Seniors einfach als Wert, als Aktivposten in der Bilanz, schließlich gab es ja eine Versicherung für diese »Wertpapiere«. Puff – und weg war das Risiko. In Wahrheit wurde es immer größer. Denn die Bank hatte ja schon den Kauf der Super Seniors beinahe ohne jedes Eigenkapital abgesichert. Sie hatte das gesamte Segment maximal gehebelt und nun mit unglaublicher Chuzpe aus dieser Belastung einen Aktivposten gemacht, indem man den Käufern erlaubte, diese Super Seniors auf Pump zu versichern. Um das Benzin zu strecken, hatten die Kreditstrukturierer gleichsam Flugzeugkerosin dazugemischt und damit die Explosionsgefahr noch erhöht.

Einer der größten Zaubertricks, der je im Vorlauf der Finanzkrise von einer Bank vorgeführt wurde, war die Auflage der Leveraged Super Seniors. Es war, als würde man Unfallwagen ausbeulen und umlackieren und dann als neu verkaufen. Doch wie wollte man solche Schrottautos, die nicht einmal die Spur halten konnten und deren Bremsen versagten, durch den TÜV bringen? Wer würde sie versichern? Auch dafür fand die Deutsche Bank eine Lösung: Den TÜV, also die Ratingagenturen, hatte man im Griff, die bekamen Geld und gaben den Leveraged Super Seniors bereitwillig Top-Ratings. Damit war der riesige Posten der Super Seniors auf dem Papier gehedged, versichert. Ein Trick. Und die Credit Boys – das war aus ihrer Sicht das Geniale – verdienten mit diesem Kniff auch noch Geld, denn natürlich bekamen sie für den Verkauf der Leveraged Super Seniors einen Bonus.

A nshu Jain verkaufte der Öffentlichkeit – und nicht nur der – auch noch 2006 die CDO als das neue, sichere und große Ding. Und er handelte so, als seien sie das tatsächlich. Noch im Juli 2006, als Lippmann und andere täglich die Explosion des Marktes erwarteten, kaufte die Deutsche Bank einen großen US-Hypothekenfinanzier – MortgageIT – für 429 Millionen Dollar. Der Kauf wurde in einer Pressemeldung gefeiert. Man wolle weiter auf dem Gebiet der RMBS wachsen, hieß es, durch den Zukauf habe die Bank auch in den nächsten Jahren einen Wettbewerbsvorteil. Jain zeigte sich öffentlich begeistert.

Die Stimmung am Markt hatte sich jedoch bereits gedreht. Greg Lippmann fand immer mehr Kunden, die CDS kauften und damit auf den Abschwung des CDO-Marktes wetteten. Viele Hedgefonds fuhren sogar zweigleisig: Sie kauften zwei Elemente der CDO, die sogenannte Equity-Tranche, die gar keine Zinsen abwarf und billig war, und die Credit Default Swaps, mit denen man auf den Wertverlust der CDO wetten konnte. Warum machten sie das? Der Markt lag im Sterben. Mit einer Leiche konnte man kein Geld verdienen. Also pumpte man Geld in die CDO – die Hedgefonds kauften 50 Prozent der Equity-Tranchen aller CDO für insgesamt 25 Milliarden Dollar. Gleichzeitig setzten sie 45 Milliarden auf den Untergang des Marktes.[67] Das konnten sie dank der Initiative von Greg Lippmann und anderen, die das Instrument – die CDS – standardisiert hatten. Nur die Zocker hielten den kranken Markt also noch am Leben, um – eben – weiter zocken zu können.

Und nun kam J. P. Morgan ins Spiel. Die großen Banken stiegen in das Wettgeschäft ein, auch J. P. Morgan, deren Analysten errechnet hatten, dass die Konkurrenz in absehbarer Zeit ein massives Problem mit den CDO bekommen musste, da sie viel zu viele Super-Senior-Tranchen in den Büchern hatte. J. P. Morgan wettete also wie viele Hedgefonds auf den Kursverfall eines Produkts, das die Bank gar nicht besaß.

Derek Kaufman, der junge Chef der Derivate-Abteilung bei J. P. Morgan, konnte es sich nicht verkneifen, Anshu Jain direkt für diese wunderbaren synthetischen CDO zu danken, und schrieb ihm am 25. Oktober 2006 in einer E-Mail: »Anshu, ich wollte dich nur wissen lassen, dass wir gestern Nacht mit euch eine Transaktion abgeschlossen haben – eine synthetische CDO – IXION 2006-6.« Er habe auf den Preisverfall der Mezzanine-Tranche gesetzt, die ein Volumen von 350 Millionen Dollar hat, schrieb Kaufman weiter.

J. P. Morgan zahlte der Deutschen Bank also alle drei Monate eine Prämie und wettete darauf, dass die Hypothekenbündel – die Tranche mit dem BBB-Rating – im Wert von 350 Millionen Dollar in wenigen Monaten an Wert verlieren würden. Das geschah ohne Risiko, denn die Bank musste die konkreten Hypotheken, von denen am Ende die CDO ihren Wert ableitete, gar nicht besitzen. Wer war aber dann der

Widerpart in dieser riskanten Wette? Wer hielt eigentlich dagegen? Das waren jene Investoren, die Anteile an der CDO gekauft hatten und wohl nicht einmal ahnten, dass sie mit dem Kauf eine Wette abgeschlossen hatten.

Es war wie in Orange County, bei Procter & Gamble und bei den CMS Ladder Spreads in Deutschland: Man setzte auf die Dummheit und Unachtsamkeit der Käufer. Und J.P. Morgan musste sich dabei nicht einmal die Hände schmutzig machen. Die Deutsche, schrieb Kaufman in seiner Mail an Jain, habe dabei geholfen, das Risiko mit dem Anteil gleichsam zu verkaufen. Vier Monate habe das Ganze gedauert, die Deutsche habe einen tollen Job gemacht, auch Greg Lippmanns Ruf habe geholfen, dieses komplexe Geschäft zu planen und abzuschließen. Er hoffe, schloss Kaufman, dass das nur der Anfang in einer Reihe weiterer Transaktionen dieser Art sei – und vielleicht sehe man sich ja Anfang des Jahres in London. Hier war ein Kunde offensichtlich zufrieden. Nach dem Geschmack einer Investmentbank eigentlich zu zufrieden.

Anshu Jain antwortete kurz darauf: »Derek, ich bin hocherfreut über Deine Nachricht. Smart Trade, ganz nebenbei gesagt. Da wir aber gerade einige RMBS-Kreditgeber erworben haben – sowohl Prime als auch Subprime: Wie große Sorgen sollte ich mir machen?«

Kaufman beruhigte ihn: »Anders als Greg gehöre ich nicht dem Lager an, das glaubt, uns stehe ein Immobilien-Armageddon unmittelbar bevor.« Aber, schob Kaufman nach und bestätigte Lippmanns Kernthese damit doch, wenn die Häuserpreise moderat sinken sollten, dann würden die Subprime-Gläubiger ernsthafte Probleme bekommen. Und dann tat Derek Kaufman etwas Ungewöhnliches. Er erläuterte einem Konkurrenten im Detail und anscheinend ganz offenherzig die Motivation hinter dem Deal: Das Risiko bei diesen speziellen CDO sei nicht richtig eingepreist, weil die Gläubiger hinter den Hypotheken sich zu ähnlich seien, was in einer Krise gefährliche Konsequenzen haben werde.

Kaufman legte damit den Finger in die Wunde: Zu viele Kunden hatten mit zu geringen Eigenmitteln Häuser gekauft, und nun waren zu viele Zocker, die auf den Verfall der Preise spekulierten, ganz ohne

Eigenkapital in das Geschäft eingestiegen. Also: Das Risiko, dass die Anleihenbündel implodierten, war sehr hoch – und J.P. Morgan musste trotzdem nur läppische »Libor plus 250 Basispunkte« zahlen, wie Kaufman an Jain schrieb. »Ein slam dunk«, so Kaufman, also eine ganze sichere Sache.

»Slam dunk«, nicht richtig eingepreist – die Deutsche Bank hat es J.P. Morgan offenbar recht leicht – also billig – gemacht, auf einen fallenden Markt zu wetten. Kaufman war das aber noch nicht genug des Spotts. Am Ende schrieb er: »Im Grundsatz ist diese Absicherung für mich eine sehr billige Option, um mein Gesamtgeschäft abzusichern. So kann ich andere profitable Geschäfte mit Zinssätzen und im Kredithandel abschließen, ohne mir zu sehr Sorgen über den Häusermarkt machen zu müssen.« Damit war klar, wer hier einen Topdeal abgeschlossen hatte: er. Und Kaufman zelebrierte das genüsslich und führte den Starhändler Anshu Jain, der angeblich über das Wasser laufen konnte, nach allen Regeln der Kunst vor. Als Kaufman mit ihm fertig war, glich Jain eher einem Börsenanfänger, der sich in ein Seminar für fortgeschrittene Zocker verirrt hatte.

Anshu Jain leitete die Antwort von Kaufman an seine wichtigsten Offiziere, Rajeev Misra und Michele Faissola, weiter. Auch Greg Lippmann sah sie unter dem Betreff: Die Deutsche in Höchstform – *Deutsche at it's best* –, was durchaus auch ein vergiftetes Kompliment gewesen sein könnte. Anshu Jain und sein Team ignorierten die wenig dezenten Hinweise von Kaufman und überdachten ihre Strategie nicht. Womöglich verbuchten sie Kaufmans E-Mail als das Nachkarten eines Konkurrenten, der auf dem profitablen CDO-Markt bislang kein Bein an Deck bekommen hatte. So blieb alles, wie es war.

Einer der Chefs von Greg Lippmann, Boaz Weinstein, machte sich allerdings Sorgen, dass es möglicherweise zu teuer werden würde, die Wetten gegen die CDO aufzulegen, da die Deutsche Bank einen Teil der Wette selber übernehmen und viele Teile der CDO selber halten musste. Und versichern – *hedgen* – musste man die Positionen auch noch. Schließlich wurde Lippmann nach London bestellt. Er sollte Anshu Jain die Fallstricke des Geschäfts und die Situation erklären.

D as Kartenhaus wackelte also bereits bedenklich. In New York, in London, überall ächzte der Markt in der zweiten Jahreshälfte 2006. Das spürte auch Christian Bittar an seinem Handelstisch in London. Er lief immer mehr zur Hochform auf, denn er hatte einige große Deals in der Hinterhand. Für diese Geschäfte brauchte er Unterstützung. Und so schrieb er am 6. September an seinen Freund Philippe Moryoussef bei Barclays: »Ich brauche dringend Deine Hilfe morgen – bei dem Ein-Monats-Fix.« Am nächsten Tag erinnerte er ihn: »Ich flehe dich an Bitttttttttttttttteeeeeeeeeeeee ich knie vor dir nieder – I'm begging u pleasssssssssssssssssseeeeeeeeeee I'm on my knees.«

Es ging um viel Geld, sehr viel Geld. Bittar hatte über 130 Milliarden Euro auf Euribor-Derivate gesetzt, und die wurden nun fällig. Das erzählte Bittar seinem Freund, um ihm den Ernst der Lage zu verdeutlichen.

BITTAR »Im Oktober und November habe ich ein paar sehr gute Fixings.«

MORYOUSSEF »O.k.«

BITTAR »Willste wissen was?«

MORYOUSSEF »Ja.«

BITTAR »65 und 72 Milliarden.«

MORYOUSSEF »Wann.«

BITTAR »Für beide Fixings [im Oktober].«

MORYOUSSEF »Also willst du für Oktober ein hohes Fixing?«

BITTAR »Ja.«

MORYOUSSEF »Ich hab zehn Milliarden, also passt mir das auch.«

BITTAR »Also bearbeiten wir [die Fixings] gemeinsam, auch im November?«

MORYOUSSEF »Ich mach's wie du, nur in die andere Richtung.«

BITTAR »Wundervoll.

MORYOUSSEF »Kein Problem. – *That's cool.*«

BITTAR »Mein eigner Cash-Desk wird gegen uns sein, also müssen wir an der Stelle Lobby-Arbeit leisten. Auch die RBS [Royal Bank of Scotland] arbeitet gegen uns, vielleicht auch die UBS. Ich spreche noch mit einem anderen Trader, der vielleicht in die gleiche Richtung wie wir will.«

MORYOUSSEF »Ok, wir müssen hart gegen den [RBS-Trader] kämpfen. Ich habe das Gefühl, die Schwuchtel ist ein Gegner, den man auf der Rechnung haben muss.«

BITTAR »Absolut.«

Und dann bat Bittar seinen Freund, auch die beiden anderen Banken, mit denen man kooperierte, zu kontaktieren. Die sollten auch mitmachen. »Ok, ich sag's ihnen«, antwortete Moryoussef. Als später am Tag der Euribor-Fix veröffentlicht wurde, flippte Bittar aus: »3.08 !!!!!!!!!! !!!!!!!!!!!!!!!!!!!!!!!!!!!!!!!!!! Daaaaaaaaaaaaaaaanke.« Moryoussef antwortete: »Siehste, siehste.«

Sie hatten eines der wichtigsten Segmente der Finanzmärkte erfolgreich manipuliert: den Euribor, an dessen Wert Derivate hingen, die Milliarden von Euro wert waren. Zwei Händler und zwei Komplizen hatten das geschafft. Danach machte die beiden natürlich weiter. Anfang November bettelte Bittar erneut. Er brauchte wieder einen tiefen Euribor-Fix für die Ein- und Dreimonatsraten. Er flehte Moryoussef an, er brauche beim Ein-Monats-Euribor einen Satz von 3.36. Die beiden anderen Banken, die immer halfen, sollten auch mitmachen. Wenig später bekräftigte er sein Anliegen noch einmal: »Kumpel, ich brauche am Montag einen sehr tiefen Fix für die Ein-Monats-Rate – wir haben die ganze Welt gegen uns.«

Dann kam der Montag.

BITTAR »Mann, wirst du die [andere] Bank anrufen?«

MORYOUSSEF »Ja, und die andere auch.«

BITTAR »Aber sag ihnen nicht, dass ich das will, die hassen mich.«

MORYOUSSEF »Natürlich nicht.«

BITTAR »Ich fleeeeeeeeeeeehe dich an« – *I am beeeeeeeeeegging you.*

MORYOUSSEF »Kein Problem, ich hab's nicht vergessen. Die anderen Broker geben 3.372 an und ich 36 [3.36].«

Daraufhin schrieb einer der wichtigsten Händler der Deutschen Bank seinem Freund, seinem Kumpel, seinem *dude*: »I love you.« Da sie sich in ihrer Muttersprache verständigten, stand im Originalchat: »Je t'aime.«

Während ein exzellent bezahlter Händler der Deutschen Bank erfolgreich einen der wichtigsten Zinssätze der Welt manipulierte, damit er – und die Bank – mehr Geld verdienten, wurde der Vorstandsvorsitzende jenes Instituts Ende November eine lästige Altlast los. Joe Ackermann musste nicht mehr wegen des Mannesmann-Falls jede Woche vor Gericht erscheinen. Der zweite Prozess hatte einen Monat zuvor offiziell begonnen, und zunächst war alles wie im ersten Verfahren verlaufen. Ackermann und der Mannesmann-Chef verteidigten sich wie gehabt: Sie hätten nichts falsch gemacht. Doch als ein Zeuge, der die Angeklagten bislang gestützt hatte, ins Wanken geriet, dachten Ackermann und die anderen um. Sie zogen die Reißleine. Sie unterbreiteten der Staatsanwaltschaft ein Angebot: Die Angeklagten würden insgesamt knapp sechs Millionen Euro zahlen, im Gegenzug sollte das Verfahren sofort eingestellt werden. Sie wollten sich also freikaufen. Ackermann verpflichtete sich, 3,2 Millionen Euro aus eigener Tasche zu zahlen. Am Anfang des Verfahrens hatte er erklärt, insgesamt 20 Millionen Euro im Jahr zu verdienen, auf dieser Grundlage wurde die Summe bemessen. Ackermanns Rechtsanwalt erklärte, man wolle ein »quälend langes Verfahren« vermeiden: »Wir wollten Herrn Ackermann den Rücken frei halten für seine Arbeit in der Bank.«

Das sah der Oberstaatsanwalt offenbar ein und erklärte, das öffentliche Interesse sei im Grunde durch die Entscheidung des Bundesgerichtshofs weitgehend befriedigt worden. Unternehmen würden seit dem ersten Mannesmann-Prozess ganz anders über ihre Boni denken, was ihnen also wirklich zusteht und was nicht. Der Richter stimmte zu. Die Vorgänge lägen mehr als sechs Jahre zurück, und das öffentliche Interesse an einer Fortführung des Prozesses sei durch die Geldauflagen beseitigt worden.[68] Der Prozess war zu Ende.

Viel Geld zahlen, sich vergleichen, ein Schuldeingeständnis – oder gar eine Haftstrafe – vermeiden, diesen Weg sollte die Bank in den nächsten Jahre noch viele, viele Male beschreiten. Und Gerichte und Staatsanwälte überall auf der Welt ließen das zu.

Im Prinzip konnte Ackermann sich jetzt wieder den ganzen Tag um seine Bank kümmern. Es hätte dort einiges zu tun gegeben.

W enige Tage nach Ackermanns Wiederauferstehung kam Greg Lippmann nach London. Anshu Jain ließ den Händler aus New York einfliegen. Es kam nicht oft vor, dass Jain einen Mitarbeiter, der so viele Decks unter ihm, dem Kapitän Jain, arbeitete, persönlich sprechen wollte. Von diesem Mitarbeiter wollte er nun aber wissen, warum die Bank so viel Geld für Wetten auf den fallenden Markt ausgeben sollte. Lippmann erklärte es. Er plädierte dafür, noch mehr und noch höhere Wetten abzuschließen, und schlug vor, den hohen Bestand an CDO abzubauen. Jain ging, wie Lippmann später erklärte, nicht darauf ein.

Ein Großteil der Branche konnte und wollte nicht glauben, dass die goldenen Zeiten vorbei waren. Das galt ganz besonders für die Deutsche Bank. Anshu Jain und die Credit Boys, aber auch die Investmentteams in anderen Banken hatten doch aller Welt bewiesen, dass sie die größten Verkäufer waren. Und sie hatten Regulatoren, Regierungen, Anleger, Journalisten und manchen Konkurrenten davon überzeugt, dass ihnen, den Genies, nun auch das mit Abstand größte Stück vom Kuchen zustand. Die fünf größten Investmentbanken hatten zwischen 2003 und 2006 ihren Vorsteuergewinn von 20 auf 43 Milliarden Dollar gesteigert. Die Boni für die Topbanker stiegen im selben Zeitraum von 34 auf 61 Milliarden Dollar. Die Banker verdienten also mehr als ihre Arbeitgeber, mussten aber nicht verantwortungsvoll wie Unternehmer handeln, denn sie trugen ja kein Risiko – auch wenn sie sich selber gern als Risk Taker bezeichneten. Bei der Deutschen Bank fragte man sich daher, warum man eine solche Party freiwillig verlassen sollte.

In den vielen Türmen an der Wall Street, in Manhattan und in der City of London wurden die Warnsignale überhört. Am 11. September 2006 erschien *Businessweek* mit der Titelschlagzeile »Alptraum Hypotheken«. In dem Artikel wurde beschrieben, wie US-Amerikaner vor allem 2004 und 2005 mit niedrigen Anfangszinsen verführt worden waren, Häuser zu kaufen, die sie sich auf Dauer gar nicht leisten konnten. Das Problem war damit kein Insiderthema mehr.

Anfang Januar standen die ersten CDO auf der sogenannten Credit-Watch – eine Ratingagentur sah sich das Instrument also ganz genau an, weil man Zahlungsausfälle befürchtete. Das System zeigte erste Risse. Das CDO-Team der Deutschen Bank wollte trotzdem bis Mitte März gemeinsam mit dem Hedgefonds HBK aus Dallas eine CDO auflegen. Gemstone 7 hatte man das Produkt getauft. Die CDO musste nun dringend mit Hypothekenbündeln aufgefüllt, dann tranchiert und verkauft werden. 1,1 Milliarden Dollar Volumen sollte das Instrument am Ende haben. Intern wurde das Geschäft als äußerst riskant eingeschätzt, da man damit rechnete, die Super-Senior-Tranche in die eigene Bilanz aufnehmen zu müssen, was allein mit 200 Millionen Dollar zu Buche schlug. Die Geschäfte der CDO sollten wie immer über Offshore-Konten auf den Cayman-Inseln abgewickelt werden. Auf diese Weise suchte man das Risiko gering zu halten, dass eine Aufsichtsbehörde das Konstrukt zu schnell durchschaute.

Aber es gab ein Problem beim Gemstone 7: Womit sollte man die CDO füllen? Welcher Hypothekenschrott war noch übrig? Bündel, die schon auf der Credit-Watch-Liste standen? Die müsste man doch rausnehmen, schrieb ein Händler an einen Assistenten von Lippmann, der im engen Kontakt mit dem Hedgefonds HBK stand. »Nein, die lassen wir drin«, antwortete der Assistent. Auch Lippmann musste kräftig lügen. Intern und in E-Mails schimpfte er über die »absoluten« und »wirklichen Schweine«, den Schrott und den Mist, der in den Bündeln stecke, aber gegenüber dem Hedgefonds behielt er seine Meinung lieber für sich. Der dort verantwortliche Manager hatte Lippmann klipp und klar erklärt, dass man die CDO irgendwie füllen und dann schnell verkaufen müsse. Er wolle gar nicht so genau wissen, was man da eigentlich anbiete. Wenn Lippmann doch leise Zweifel anmeldete, wurde er vom Hedgefondsmanager kurz abgefertigt: »Ich muss hier noch mehrere Hundert Millionen an Credit Default Swaps strukturieren«, was wohl heißen sollte: Nerv nicht, du hältst den Laden auf.

Im Januar gingen die New Yorker Chefverkäufer der Deutschen Bank auf eine *Roadshow* – so nennt das die Branche, wenn ein Unternehmen durch die Gegend tingelt und ein Produkt bei potenziellen Investoren anpreist. Gemstone 7 sei wie ein Elfmeter ohne Torwart, sagten die Verkäufer sinngemäß, ein Layup, wie es beim Basketball heißt. Die Sache sei sozusagen todsicher. Die CDO-Anlage sei bereits überzeichnet, so stark sei die Nachfrage, versicherte der Chefverkäufer Interessenten am Telefon. Das war glatt gelogen. Doch alles Lügen half nicht, genügend Abnehmer zu finden. Der Verkauf der Papiere wurde immer heikler, die Verkäufer wagten sich auf immer dünneres Eis in der Hoffnung, dass die unwissenden Investoren sie schon an Land ziehen würden, wenn sie einbrachen. Unter denen, die ihre Hand noch ausstreckten, waren die Einkäufer der großen Commerzbank, die noch jede Behauptung der Deutschen Bank einfach so hingenommen hatten. Aber auch kleinere Kunden wie die Deutsche Industriekreditbank – die IKB – in Düsseldorf blieben den CDO bis zum Ende treu.

Die IKB hatte sich eigentlich lange in einem völlig anderen Bereich getummelt. Sie war 1924 unter anderem Namen in Berlin gegründet worden. Nach dem Krieg musste sie im Westen neu anfangen, fusionierte mehrmals und konzentrierte sich darauf, mittelständischen Unternehmern Kredite zu geben – Kunden wie beispielsweise dem Werkzeughersteller Trumpf aus Ditzingen, die der Deutschen Bank oft zu klein waren. Die Bank gehörte zu 37 Prozent der Kreditanstalt für Wiederaufbau, der KfW, ein staatliches Institut, das 2001 die Anteile übernehmen musste, weil sich niemand anderes dazu bereitfand. Danach hatte sich die Bank über Tochterfirmen in den US-Markt für verbriefte Kredite gestürzt. Bei den Roadshows sprachen die Verkäufer der Deutschen Bank stets bei der IKB vor, die auch diesmal wieder etwas kaufte.

Der Hedgefondsmanager John Paulson, der darauf gesetzt hatte, dass der Markt kollabierte, und später 20 Milliarden Dollar mit seinen Wetten verdiente, hatte Banken wie die IKB im Blick, als er einem Investor im Januar erklärte, warum das Geschäft überhaupt noch lief: Die Ratingagenturen, die CDO-Manager und die Banken wollten eben, dass das Spiel weiterging, weil sie so viel Geld damit verdienten. Die

Akteure, die wirklich Geld – »the real money« – einsetzten, hätten nicht die analytischen Instrumente zur Verfügung, um den Markt zu verstehen, und seien daher gar nicht in der Lage, die Nachrichten, die den Absturz bereits ankündigten, wahrzunehmen, geschweige denn in Handlungen umzusetzen und so Verluste zu vermeiden.

Auch bei der Deutschen Bank wollte man die Zitrone bis zum letzten Tropfen auspressen, doch den führenden Managern dämmerte langsam, dass da etwas nicht stimmte. Anfang 2007 wurde Greg Lippmann ein weiteres Mal nach Europa beordert, diesmal nach Lissabon, wo er sich mit Anshu Jain am 22. Januar in einem Luxushotel traf. Auch der Chef der Kreditabteilung, Rajeev Misra, war dabei. Noch einmal musste Lippmann seine Wette erklären. Die Versicherungen, die die Bank für die CDO abgeschlossen hatte, schlugen bislang mit 20 Millionen Dollar pro Jahr zu Buche. War es das wert? Ja, verteidigte sich Lippmann gegenüber den beiden Indern, immerhin habe sein Handelstisch 200 Millionen Dollar an Prämien für die Shorts verdient, also die Wetten gegen die CDO, die er für Kunden – wie Derek Kaufman von J. P. Morgan – aufgelegt hatte. Das überzeugte Misra und Jain fürs Erste. Lippmann durfte weitermachen, aber das Geschäft nicht zügellos ausbauen. Eine Kehrtwende wurde nicht eingeleitet, denn das hätte bedeutet, ab sofort keine CDO mehr aufzulegen, den Bestand zurückzufahren und die restlichen Positionen so gut wie möglich abzusichern. Und es hätte vor allem bedeutet, nach versteckten Problemen zu suchen und sich um die bleiernen Super Seniors zu kümmern. Genau das tat man aber nicht. Und so musste Lippmann sein schizophrenes Leben weiterleben, was im neuen Jahr noch schwerer wurde.

Zum vierten Mal trafen sich Ende Januar all die Manager, Händler und Finanzierer, die ihr Geld mittelbar mit Hypotheken verdienten, zu ihrer jährlichen Konferenz in Las Vegas, dem American Securitization Forum. Alles schien noch immer prima zu laufen, 6000 Teilnehmer kamen, so viele wie noch nie zuvor. Die Veranstaltung fand jetzt sogar im *Venetian* statt, einem großen Kasino im Herzen von Las Vegas, das man dem wahren Venedig nachempfunden hatte. Das Klima in der Wüste Nevadas ist im Winter erträglich, doch auf den

Veranstaltungen im Kasino ging es heiß her. Am 29. Januar 2007 musste sich ein Manager des großen Hypothekenfinanzierers Fremont unangenehmen Fragen stellen. Anleger wollten wissen, warum die Firma schwächelte und so viele Hypotheken platzten. Man habe alles im Griff, versicherte der Manager, das Problem sei erkannt, daher habe man die Zusammenarbeit mit 8000 Brokern, die für Fremont Hypotheken verkauft hatten, beendet. Die Qualität der Kredite, die sie angeschleppt hatten, sei einfach zu schlecht gewesen.

Nun stellten sich die Anleger erst recht die Frage: Wie viel Schrotthypotheken hatten diese 8000 Broker wohl ins System gepumpt? Über diesen Vorfall sprach man bald nicht nur in Las Vegas. Die Nachrichtenagentur Reuters berichtete ausführlich über den Disput. Auch das Zitat eines einflussreichen Anlegers, der bislang Millionen mit den Hypotheken verdient hatte – »Ich hasse die Dinger, ich hoffe, der Markt explodiert« –, machte einige Insider nervös.

Eine Woche später erklärte New Century, ebenfalls ein Finanzierer von Subprime-Hypotheken, dass man weniger Gewinn machen werde und Probleme habe, den Nachschub für die MBS-Pipeline zu organisieren, da man fortan strengere Maßstäbe bei der Vergabe von Hypotheken anlege. New Century gab damit zu, jahrelang nach zu laschen Maßstäben bewertet zu haben. Der Schwindel, dass auch Subprime-Hypotheken dauerhaft von Schuldnern bedient werden würden und man sie daher zu Gold machen könne, flog endgültig auf.

Bei der Deutschen Bank in New York gingen panisch E-Mails hin und her. Fremont und New Century, die Firmen, die gerade Schlagzeilen machten, lieferten viele der Hypothekenbündel für Gemstone 7. Würde man den Rest der CDO jetzt noch verkaufen können? Es gebe bereits Probleme beim Vertrieb, schrieb einer und erhielt zur Antwort: Egal, wir müssen alles so schnell wie möglich verkaufen, solange es überhaupt noch geht. Und der Chefverkäufer beruhigte den Partner bei dem Hedgefonds: »Daumen drücken, vielleicht kriegen wir alles verkauft, bevor der Markt die Klippe runterstürzt.«

Die E-Mails wurden zunehmend sarkastisch, denn man wurde die letzten Teile von Gemstone 7 einfach nicht los. Das zerrte an den Nerven. Eine Kollegin hatte plötzlich eine überraschend gute Nachricht für Lippmann: Sie habe 75 Prozent der BBB-Tranche von Gemstone 7 an den Investor gebracht. Wow, antwortete Lippmann, was musstest du denen denn anbieten? Nichts. Die Kollegin hatte nur einen Witz gemacht. Sie war gerade einmal die Hälfte ihrer Tranche losgeworden, den Rest konnte sie einfach nicht verkaufen.

Der ABX-Index, der den Marktpreis für Subprime-Hypotheken abbildet, fiel von Februar an um 23 Prozent. Anshu Jain ließ sich ab sofort direkt von Lippmann per E-Mail über die Entwicklung des Marktes informieren. In New York wurde das Treiben der Händler nun intern genau beobachtet. Einer schrieb daraufhin dem Manager von HBK in Dallas, dass man das eigene Risiko herunterfahren müsse, weil das führende Management gerade die Geschäfte durchleuchte. Bis dahin war das offenbar nicht geschehen. Doch jetzt interessierte sich die Führung der Deutschen Bank plötzlich für Details.

Lippmann wurde zunehmend nervöser. Einem Geschäftspartner, der nicht so recht an die bevorstehende Katastrophe glauben wollte, versicherte er: »Ich bleibe bei meiner festen Überzeugung, dass diese Dinger [die CDO] in die Luft fliegen werden, ob es den Menschen nun gefällt oder nicht. Ich kann ihnen [ihre Verblendung] ja nicht mal vorwerfen. Denn wenn die Dinger wirklich in die Luft fliegen, dann verlieren viele Menschen ihren Job. Also verleugnen sie das Risiko lieber in der Hoffnung, dass das irgendwie vielleicht den Kollaps verhindert.«

Doch der Kollaps kam. Dass Lippmanns Prophezeiung wahr werden würde, wurde mit jedem Tag deutlicher. Im US-Wirtschaftsmagazin *Fortune* erschien ein Artikel, der enthüllte, dass viele Finanzierer zu leichtfertig Hypotheken vergeben hatten, die Default-Raten würden sehr bald stark ansteigen. Am 8. März gab New Century bei der Börsenaufsicht bekannt, dass man Teile der Gehälter nicht mehr bezahlen und einige Kredite nicht mehr bedienen könne. *Iceberg, right ahead.*

An der Great Winchester Street in London wurde eine Krisensitzung einberufen. Da kamen nicht irgendwelche Manager zusammen, sondern das »Group Executive Committee«, der erweiterte Vorstand, die oberste Führung der Deutschen Bank. Zu dem Komitee gehörten unter anderen Josef Ackermann, Anshu Jain, der Deutsche Jürgen

Fitschen, der Schweizer Risikomanager Hugo Bänziger und Hermann-Josef Lamberti, der Mann, der beschattet worden war. Auch Rajeev Misra nahm an dem Treffen teil. Da Greg Lippmann in der Stadt war – zufällig, wie er behaupten würde –, wurde er dazugerufen. War er der Einzige, der das Geschäft verstand? Dass ein nachgeordneter Händler an einer solchen Runde teilnahm, kam nicht sehr oft vor. Doch die Situation hatte sich zugespitzt. Das Komitee fragte sich: Stand ein Knall bevor?

Die ausgewählte Runde bekam zu hören, dass die Bank selber RMBS, also hypothekengesicherte Papiere, in einer Größenordnung von 111 Milliarden Dollar hielt.

Wie nur hatte diese Position so groß werden können?

Ganz einfach: weil zu viele Geschäfte wie Gemstone 7 liefen. Obwohl man so tapfer gelogen hatte, blieb man auf 36 Prozent der eingekauften Hypothekenbündel, die man mit den CDO-Tranchen verkaufen wollte, sitzen. Am 15. März wurde der CDO Gemstone 7 offiziell geschlossen, das hieß, es durften keine Anteile mehr verkauft werden. Nach langem Hin und Her einigte sich das CDO-Team der Deutschen Bank mit dem Hedgefonds HBK am 14. März darauf, dass beide Parteien je 200 Millionen der übrig gebliebenen Hypothekentranchen in die eigenen Bücher übernehmen würden. 200 Millionen Dollar mussten also verbucht werden. Sie wurden ausgelagert auf ein sogenanntes Warenhauskonto, stellten aufgrund ihrer enormen Masse aber dennoch eine mittelbare Bedrohung dar. Im Gegenzug hatte die CDO-Einheit der Bank 4,7 Millionen Dollar an Prämien für die Bank verdient. Es war immer das gleiche Spiel: Man bewegte gigantische Summen, ging enorme Risiken ein, um läppische ein bis zwei Prozent Gewinn zu machen – wenn es gut lief.

Nicht nur bei den Hypothekenbündeln war man so verfahren. Die Bilanz der Investmentbank war insgesamt explodiert. Hielt man 2004 rund 720 Milliarden Euro an Vermögensposten, waren es 2006 schon 1,012 Billionen Euro. Ein Plus von 40 Prozent in zwei Jahren! Das Bruttoinlandsprodukt der Bundesrepublik Deutschland für das Jahr 2006 belief sich auf knapp 2,4 Billionen Euro. Die Bank hatte sich also gigantisch aufgebläht.

Doch der Risikomanager Hugo Bänziger zeigte sich keineswegs beunruhigt. Die Bilanz sei zwar aufgebläht, aber das Risiko nicht größer geworden, erklärte er. Er vertraute den Managern mit ihren Risikomodellen und Computerberechnungen. Das musste er auch, denn seine Frau arbeitete für die Firma, die der Deutschen Bank in London einen Teil der IT-Ausrüstung verkauft hatte. Die Geschäfte der Deutschen Bank waren aber so kompliziert geworden, dass die Computer ein ganzes Wochenende brauchten, bis alle Möglichkeiten, die das Portfolio bot, durchgerechnet waren. Am Ende stand ein beruhigendes Ergebnis: Maximal 105 Millionen Euro standen wirklich im Feuer. Die Rechenmethode und das Endergebnis waren allerdings genauso unsinnig wie die Risikoberechnung bei Bankers Trust. Man hatte nämlich gar keine Erfahrungswerte, keine vergleichbaren Daten aus der Vergangenheit, die man in die Rechnung hätte einspeisen können. Und so legte man zentrale Werte einfach fest. Die Computer, die Software, die Algorithmen – alles Augenwischerei.

In der Abteilung von Bänziger hielt man das Risiko auch deshalb für gering, weil die Deutsche Bank mit so vielen anderen Banken, Hedgefonds und Spielern am Markt Geschäfte machte. Jeder war einmal Schuldner, dann wieder Gläubiger, so dass sich die Summen in dem Spiel am Ende gegenseitig aufhoben – »they netting themselves out«, wie man bankintern sagte. Mal war also der eine, mal der andere bei einem Deal in der Bringschuld. Ein einziges großes Nullsummenspiel, an dessen Ende die Bank allerdings einen Schnitt machte. Eine Grundbedingung musste jedoch erfüllt sein: Der Markt durfte niemals stillstehen, sondern musste volatil und flüssig bleiben. Wenn die Musik verstummte und der Markt einfror, dann konnte selbst eine sehr große Bank mit zu viel Risiko in der Bilanz dastehen. Aber dann, das wussten die Leute von Bänzigers Team wie alle anderen auch, konnte man auf die ultimative Absicherung vertrauen: Der Staat würde im schlimmsten Fall die großen Banken retten.

Das war der Hintergrund, vor dem der erweiterte Vorstand im Londoner Hauptquartier der Deutschen Bank an der Great Winchester Street über die Hypothekenkrise in den USA diskutierte. Auch Lippmanns Wetten wurden besprochen. Der Kreditmarktchef Misra

Die Finanzkrise kam aus dem Nichts – mit diesem Argument
verteidigten sich viele Banker und Politiker noch zehn Jahre
nach der Finanzkrise. Doch spätestens Ende 2006 standen die
Zeichen grell an der Wand. Gerade bei der Deutschen Bank
rechneten einige Händler und Analysten lange vor der Krise
mit einem Crash. Allen voran **Greg Lippmann** – der schon im
August 2006 schrieb, dass es ihn nicht beeindrucke, wenn
irgendein Analyst wie ein »dressierter Seehund« davon
schwafle, dass der Markt sich immer weiter nach oben entwickeln werde. Er wisse, »die Chance ist groß, dass uns dieser
Kram gewaltig um die Ohren fliegt«. Er profitierte wesentlich von
der Arbeit einer Analystin der Deutschen Bank, **Karen Weaver**,
die 2005 voraussagte, dass es in zwei Jahren zu einem Crash
kommen werde.

hatte dazu eine ganz eigene Vorstellung. Er wollte die Versicherung, die Short-Position, die Lippmann aufgebaut hatte, zu Geld machen, solange es noch ging. Vier bis fünf Milliarden Dollar hätte man zu diesem Zeitpunkt dafür bekommen. Der Kredithandelschef wollte also schnell Umsatz machen, was nichts Ungewöhnliches war, denn der beeinflusste schließlich seinen Bonus. Lippmann dagegen plädierte dafür, noch mehr Wetten abzuschließen und so einen größeren Teil der Positionen abzusichern. Doch die Teilnehmer waren sich nicht einig, ob man es mit einem kurzfristigen Problem oder einer langfristigen Krise zu tun hatte. Man musste sich für das eine oder andere entscheiden. Die Masters of the Universe entschieden schließlich, abzuwarten, was das Schicksal für sie und ihr gigantisches Handelsbuch bereithielt. Man machte einfach weiter wie bisher. Die Bilanz durfte weiter aufgebläht werden. Die Musik musste einfach weiterspielen, dann würde alles gut werden.

»Can't you see I'm on a losing streak?«

Die Musik spielte im Frühjahr und Sommer 2007 noch weiter, aber sie geriet zunehmend aus dem Takt. HSBC musste als erste große Bank zugeben, dass sie mit Hypotheken hohe Verluste gemacht hatte. New Century, der Immobilienfinanzierer, meldete Konkurs an. Der neue Chef der US-Notenbank, Ben Bernanke, versuchte daraufhin, den Markt zu beruhigen, und erklärte, dass ein paar geplatzte Hypotheken die Wirtschaft in den USA nicht ernsthaft bedrohen könnten.

Auch die Deutsche Bank tat nach außen so, als sei alles in bester Ordnung. Noch am 10. Juli, fünf Tage nachdem die Ratingagenturen die Investmentbanken vorgewarnt hatten, dass man bald viele CDO abwerten würde, verkaufte die Deutsche Bank die letzten beiden Tranchen der CDO Gemstone für 90 Millionen Dollar an eine Tochter der kleinen IKB in Düsseldorf. Die Vertreter schlossen damit den Deal, den sie auf der Roadshow angebahnt hatten. Man verdiente also noch Geld. Und warum sollte man das nicht weiter zeigen? Als Bank musste man sogar gerade jetzt protzen, auf keinen Fall durfte man auch nur den Anflug einer Schwäche offenbaren. Also sagte der Vorstand der Bank den festlichen Höhepunkt des Jahres nicht ab: Mitte Juli fand wieder die »Deutsche Bank Derivative Conference« statt, erneut ausgerichtet in Barcelona. Hier trafen sich alle wichtigen Kunden, Analysten und die Stars der Deutschen Bank. Anshu Jain, Rajeev Misra, der Währungsmann Kevin Rodgers. Auch Greg Lippmann und Karen Weaver waren da, die Analystin, die zwei Jahre zuvor genau vor der Situation gewarnt hatte, in die man nun geraten war – nicht zuletzt, weil man nicht auf sie gehört hatte.

Noch immer versuchte die Bank, CDO zu verkaufen. Im Juni schichtete man weitere liegen gebliebene Teile von CDO in neue CDO um und setzte alles daran, die Teile der neuen CDO irgendwie loszuwerden. Lippmann erhielt damals eine E-Mail von Richard Kim, einem leitenden Manager der Deutschen Bank, der die neuen CDO als Müllhalde bezeichnete, auf der man im Sommer notfalls den Schrott abladen könne, der andernfalls die Bilanz versauen würde. Denn das war eine willkommene Begleiterscheinung: Sollte man die CDO tatsächlich nicht verkaufen, ließen sich in ihnen immerhin Risiken verstecken, denn sie waren ja ausgelagert, in Zweckgesellschaften, geführt auf den Cayman-Inseln. Genauso hatte es einst auch Enron gemacht.

Am 23. Juni hatte Greg Lippmann schon gespürt, dass die Einschläge nun immer näher kamen. An diesem Tag erhielt er um vier Uhr morgens schlechte Nachrichten von einem Mitarbeiter der Deutschen Bank, mit dem er seit Längerem in regem Mailverkehr stand. Am Vortag hatte ein großer Spieler an der Wall Street zugegeben, dass es Probleme gab. Bear Stearns hatte die Geschäfte zweier interner Hedgefonds, die man benutzt hatte, um CDO aufzulegen, ausgesetzt. Im März hatten die Fonds zum ersten Mal Verluste angemeldet, die Anleger – vor allem Merrill Lynch, Lehman und die Deutsche Bank – setzten daraufhin Margin Calls ab, das heißt, sie wollten schnell von Bear Stearns mehr Sicherheiten für das Geld, das sie dem Fonds geliehen hatten. Die Sicherheiten, das waren wiederum CDO. Obwohl klar war, dass diese Bitte für Unruhe am Markt sorgen würde, wollten die drei Banken trotzdem so viele Werte so schnell wie möglich sichern. Sie wussten, warum.

Merrill bekam von Bear Stearns eine Milliarde Dollar an CDO, Lehman 400 Millionen, die Deutsche Bank ging zunächst leer aus. Merrill und Lehman versuchten umgehend, die Anleihen am Markt zu Geld zu machen. »Das ist der Beginn der Phase 2«, antwortete Greg Lippmann am frühen Morgen des 23. Juni um kurz vor 7 Uhr seinem Kollegen, »das erkennen die Bullen [die Optimisten] nur immer noch nicht (…). Was meinst du, was die europäischen Banken denken werden, wenn sie realisieren, was der tatsächliche Preis [der Papiere] ist?« Er meinte der CDO, die sie in Massen US-Banken abgekauft hatten. Lippmann schloss: »Das könnte das Ende des CDO-Geschäfts sein.« Der Kollege meinte daraufhin, die europäischen Banken seien so intransparent, die könnten die CDO erst einmal irgendwo in ihrem Gesamtportfolio verstecken. Aber das Problem sei tatsächlich, dass alle Spieler jetzt die Hedgefonds bei Bear Stearns plündern und sich dort billig mit CDO eindecken würden, und das hieß, die Preise würden weiter verfallen.

Als die Elite der Banker am 12. Juli in Barcelona einschwebte, hing der Fall von Bear Stearns wie der stechende Gestank verwesenden Fischs über der glamourösen Veranstaltung der Deutschen Bank. Kurz vor der großen Show in Barcelona, wo man sich so gern feiern wollte, war die Hypothekenparty vorbei. Jetzt hieß es Nerven bewahren und gute Miene zum bösen Spiel machen. Jain gab den souveränen Manager, der alles durchschaute. Kurz bevor er seine Rede hielt, sprach er noch mit der *Financial Times*. Es gebe erst Grund zur Sorge, erklärte er, wenn das Problem CDO auf andere Bereiche überspringe, die ebenfalls extrem gehebelt seien. Das sei zwar nicht sehr wahrscheinlich, solange die Weltwirtschaft weiter so wachse wie bisher, aber man könne ja nie wissen. Wenn das Wachstum sich verlangsame, hätte das allerdings Konsequenzen. Aber eine Panik, nein, die erwarte er nicht. Die Akteure würden sich vernünftig verhalten. Klar, auf dem CDO-Markt werde es Verluste geben, aber nicht alle dort hätten ihr Engagement gehebelt und ihr Geschäft auf Pump betrieben.

Das konnte nur als Witz gemeint sein. Genau das wusste Jain besser, denn es war das Kernproblem: Alle waren auf dem CDO-Markt auf Pump unterwegs, die Vertreter der Deutschen Bank hatten die Kunden dazu ja geradezu animiert. Deswegen wollten jetzt alle Spieler so schnell wie möglich jede Art von Sicherheit – CDO, Hypotheken, Kreditraten, irgendetwas – zusammenraffen, bevor es zu spät war. Denn reale Sicherheit, echtes Kapital, gab es ja kaum auf dem Markt, potenzielle Verluste dafür umso mehr.

Die Top-Analystin Karen Weaver sagte am Rande der Konferenz, dass die Krise sie zum einen an einen sehr langsamen Zug erinnere, der noch eine weite Strecke vor sich habe. Die Situation habe außerdem etwas von dem Film *The Good, the Bad and the Ugly*, sagte Weaver, in dem jeder versucht, den anderen für ein Handvoll Dollar umzubringen. Wenn jetzt zu viele Immobilienbesitzer ihre Häuser verkaufen müssten, dann würden die Konsumenten bald insgesamt weniger Geld ausgeben, und dann könne es eine Rezession geben. Aber dieses Risiko, sagte Weaver noch, sei gering. Dieser beruhigende Zusatz klang allerdings weit weniger überzeugend als der Rest ihrer Analyse.

Das Unwetter rückte heran, jeder spürte das, aber Anshu Jain hatte für perfekte Ablenkung gesorgt. Auf der Konferenz traten diesmal nicht nur die Credit Boys als die umjubelte Hauptattraktion auf, sondern wirkliche Stars: die Rolling Stones. Leibhaftig. Der Währungshändler Kevin Rodgers war begeistert. Er hatte sich das Leben eines Bankers immer glamourös vorgestellt. Doch in Wahrheit hatte er sich oft in schier endlosen Konferenzen in gläsernen Büros gelangweilt, hatte in Flughafen-Lounges den Jetlag bekämpft und in seinem Büro auf Bildschirme gestarrt. Die Stones live, das war schon etwas anderes. Und Rodgers erlebte Mick Jagger, Keith Richards und Co. nicht wie gewöhnliche Fans auf der »A Bigger Bang«-Tour mit 60 000 anderen in einem Fußballstadion, sondern live mit 500 anderen Starhändlern, Analysten und Kunden im Ovalen Saal des katalanischen Nationalmuseums, einem prächtigen palastartigen Bau auf einem Hügel über Barcelona. Eine Art Bilderrahmen war um die Bühne herum aufgebaut worden, die zunächst mit schwarzen Vorhängen abgeschirmt war. Dann hörte Rodgers, wie die Stones mit »Start Me Up« begannen, es folgten »It's All Over Now«, »Sympathy for the Devil« und »Jumping Jack Flash«. Das Lied beschrieb, was die Zuhörer nicht ahnten, schon sehr gut, was bald auf dem Finanzmarkt los sein würde:

I was drowned, I was washed up and left for dead
I fell down to my feet and I saw they bled, yeah yeah
I frowned at the crumbs of a crust of bread
Yeah, yeah, yeah

Am Ende spielten die Stones dann »Brown Sugar«, die Heroinhymne.
Waren viele der Anwesenden nicht auch süchtig gewesen – nach den
CDO? Schließlich folgte noch der Superhit: »I can't get no Satisfac-
tion«:

When I'm ridin' round the world
And I'm doin' this and I'm signin' that
And I'm tryin' to make some girl, who tells me
Baby, better come back maybe next week
Can't you see I'm on a losing streak
I can't get no, oh, no, no, no, hey, hey, hey
That's what I say, I can't get no, I can't get no
I can't get no satisfaction

Nein, kaum jemand erkannte im Juli 2007, dass die meisten Banken
auf der Verliererstraße waren. Jagger, einst Student an der London
School of Economics, machte noch einen Witz: Die Band würde aus
dem Bonustopf der Bank bezahlt, da müssten die Banker durch.

Tatsächlich hatte Anshu Jain den Deal mit dem Superstar Sir
Mick Jagger im noblen Lord's Cricket Ground in London eingefädelt.
Beide sind große Fans des Sports. Jain selber spielte in der Cricket-
Mannschaft der Bank und war dort natürlich der Kapitän. Seit Jahren
sponserte die Deutsche Bank den Club, in dem er den Auftritt in Barcelona ausgehandelt hatte. Jagger trat mit seiner Band keineswegs aus
reiner Sympathie vor den Bankern auf, sondern hatte 5,4 Millionen
Dollar als Gage ausgehandelt. Angeblich ein Freundschaftspreis. Kollegen fragten Anshu Jain später, wie er diese Show jemals übertreffen
wolle. Jain antwortete: »Vielleicht erwecke ich Jim Morrison, den Sän-
ger der Doors, von den Toten.« Gelächter. Warum nicht, Jain konnte
ja auch übers Wasser gehen.

Die deutschen Medien berichteten über den Auftritt. *Spiegel Online* ließ sich von einer Sprecherin der Bank erklären, dass solche Shows normal seien, und zitierte die Frau: »Außerdem müsse berücksichtigt werden, dass der CIB-Bereich im vergangenen Jahr bereinigte Erträge von knapp über 18 Milliarden Euro eingefahren habe und im ersten Quartal 2007 sogar schon 6,7 Milliarden Euro.« Erträge, nicht Profit. Dieser entscheidende Unterschied wurde in dem Artikel aber nicht klar.

Kevin Rodgers sollte den Abend nie vergessen, aber nicht wegen der Show, sondern wegen der After-Show-Party.[69] Wenige Stunden nach dem Konzert realisierte er in der Bar des Hotels *Arts Barcelona*, dass seine Welt, die Welt der Finanzen, am Abgrund stand. Er traf dort nämlich einen Kollegen, den er schon ab und zu bei Konferenzen und Veranstaltungen gesehen hatte: Greg Lippmann, ein sehr schnell sprechender New Yorker, den Rodgers als abgezockt und listig in Erinnerung hatte. An jenem Abend redete Lippmann noch schneller als gewöhnlich. Rodgers verstand nicht alles, aber er hatte das Gefühl, dass ihm ein Mann gegenüberstand, der sich auskannte und sich zu recht ernsthafte Sorgen machte. Lippmanns Prophezeiungen hatten sich bewahrheitet. Das System brach zusammen, die Anleihen, die CDO, verloren ihren Wert. Er sei deswegen short, short, short gegangen, erklärte Lippmann dem Kollegen Rodgers. Der US-Hypothekenmarkt war Rodgers bislang völlig egal gewesen, ein weit entferntes Land, von dem er keine Ahnung hatte. Aber auch die Russlandkrise, das wusste Rodgers, hatte die gesamte Weltwirtschaft aus dem Takt gebracht.

Rodgers und Lippmann waren nicht allein an der Bar. Ein Kollege aus Kanada, David Nicholls, ein Experte für den Geldmarkt, erklärte Rodgers, was gerade passiert war. Die Investmentbank Bear Stearns musste zwei ihrer Hedgefonds, die inzwischen 20 Milliarden Dollar am CDO-Markt verloren hatten, mit mehreren Milliarden Dollar stützen. Nicholls kicherte schadenfroh. Das sei erst der Anfang. Wenige Stunden bevor die Stones auf die Bühne gekommen waren, hatten mehrere Ratingagenturen bekannt gegeben, dass sie massenhaft CDO abgewertet hatten. Nicholls erklärte Rodgers, was nun folgen würde, nämlich das, was niemals passieren darf: Die Musik verstummt, und alles kommt zum Stillstand. Die Banken leihen sich untereinander kein Geld mehr. Die Liquidität wird knapp. Niemand traut dem anderen noch. Mehr und mehr Hedgefonds würden pleitegehen, das würde wiederum katastrophale Auswirkungen auf die Banken haben, die ein gigantisches Volumen an Hypothekenbündeln in ihren Büchern oder irgendwo im Schatten versteckten. Es könnte zum Ansturm auf die Banken kommen, zu Bank Runs. Rodgers konnte es nicht glauben.

Als sie sich nach dieser unvergesslichen Nacht in der Hotelbar verabschiedeten, riet Nicholls seinem Kollegen Rodgers: »Verkaufe alle deine Aktien und lege dir nichts Teures mehr zu.«

D er letzte Privatjet der Banker und ihrer Kunden hatte Barcelona kaum verlassen, als in New York die nächste Hiobsbotschaft verkündet wurde und endgültig Panik auslöste. Das Management der Investmentbank Bear Stearns hatte einige große Investoren direkt darüber informiert, dass zwei Hedgefonds, die sich auf den CDO-Markt konzentriert hatten, außergewöhnlich hohe Verluste zu verzeichnen hatten. Der eine – High-Grade Structured Credit Strategies Fund – hatte 90 Prozent seines ursprünglichen Wertes verloren, und bei dem anderen – Enhanced Leverage Fund – waren die Einlagen sogar ganz weg. Schon Wochen zuvor hatte Bear Stearns den Investoren Abhebungen von diesen Fonds untersagt, um die Einlagen doch noch irgendwie zu retten. Vergebens: Über 1,5 Milliarden Dollar waren verbrannt.[70]

Die Hedgefonds hatten vor allem institutionelle Anleger angezogen, die angenommen hatten, es bei Bear Stearns mit Profis zu tun zu haben. Das war offenbar ein Irrtum. Den Spielern an der Wall Street, in der City of London, in Frankfurt und andernorts war klar, was jetzt zu tun war: Sie mussten sich dringend einen Überblick verschaffen, mit wem sie die riskantesten Geschäfte gemacht hatten. Und sie mussten sich fragen: Welchem Banker, welchem Hedgefonds konnte man jetzt noch trauen? Im Gegensatz zu Politikern, Bankenaufsehern und Anlegern hatten die großen Investmentbanken schnell eine ziemlich genaue Vorstellung davon, wo die größte Gefahr drohte, schließlich hatten sie viele der Produkte, die jetzt wie Unterwasserminen in den

Bilanzen der Kunden herumschwammen, selber entwickelt und verkauft. Vor allem wussten die Händler von Goldman Sachs, Merrill Lynch, der Citigroup, Lehman und der Deutschen Bank, wer die meisten riskanten CDO-Tranchen übernommen hatte. Dass die Politiker von diesen Geschäften kaum eine Ahnung hatten, erwies sich bald als fatal. Denn einige belgische, niederländische und vor allem deutsche Banken mittlerer Größe, die langweilig und unscheinbar als Teil des aufgeblasenen Finanzsektors in Europa vor sich hin gedümpelt waren, hatten auf dem US-Markt ihr Glück versucht und sollten nun ernsthafte Probleme bekommen.

Die großen Spieler auf dem Markt wussten zudem Schlüsse aus dem Index für die Kreditausfallversicherungen – die Credit Default Swaps – zu ziehen. In Europa war das der Index iTraxx. Er bildet die Entwicklung des Risikozuschlags ab: Ist der Kurs niedrig, ist die Bereitschaft der Anleger groß, Risiken eingehen. Steigt der Wert, verlangen die Anbieter also mehr für einen CDS, dann sind sie skeptisch und fordern mehr Zinsen für das Risiko, das sie eingehen. Mitte Juli 2007 war jeder Wagemut wie weggeblasen. Die Anleger reagierten ängstlich bis panisch oder – so konnte man es eben auch sehen – vernünftig. Der iTraxx-Index schoss nach oben, und das bedeutete, dass ausgerechnet die Anleger nervös wurden, die sonst besonders riskante Geschäfte finanzierten. Nach der Party in Barcelona war die Zeit des zügellosen Risikos mit einem Schlag vorbei. Ein Blick auf den Bloomberg-Terminal genügte, um das zu erkennen: Hatte es noch vor Kurzem 400 000 Dollar gekostet, eine 10-Millionen-US-Dollar-Anleihe zu versichern, waren es plötzlich 500 000 Dollar, Tendenz steigend.[71] Diese hohen Kosten und die Entwicklung des Index stellte vor allem ein Institut aus Nordrhein-Westfalen vor riesige Probleme.

D ie Deutsche Industriekreditbank IKB aus Düsseldorf, die selbst in Deutschland kaum jemand kannte, erlebte an jenem 18. Juli 2007, als Bear Stearns die Anleger schockte, eine böse Überraschung. Für sie verdreifachte sich der Risikozuschlag von 0,2 auf 0,6 Prozent. Dieser Wert stach selbst in dem insgesamt deutlich steigenden iTraxx hervor. In der Bundesrepublik sollte man bald über das Geschäftsmodell staunten, auf das die Bank aus Düsseldorf seit dem Jahr 2001 spezialisiert war. Damals, während der vergessenen Bankenkrise, suchte das IKB-Vorstandsmitglied Stefan Ortseifen händeringend nach einer neuen Idee, um Geld zu verdienen. Die bundeseigene Kreditanstalt für Wiederaufbau (KfW) hatte gerade einen großen Teil der Bank übernommen, um sie zu stützen, und die Bank musste nun beweisen, dass sie eine Daseinsberechtigung hatte. Ortseifen, seit 1984 bei der IKB, sollte wenig später Chef des Instituts werden. Zuvor lud er Dirk Röthig zu sich ein, der als findiger Anwalt und Banker bekannt war. Röthig, ein rundlicher Mann, der offensichtlich gern und gut aß, hatte einige Zeit bei einer US-Bank an der Wall Street sein Geld verdient und dort den einen oder anderen Trick gelernt.[72] Der Anwalt erhielt von Ortseifen den Auftrag, im Ausland sogenannte Conduits zu gründen – zu Deutsch Zweckgesellschaften.

Röthig stürzte sich mit Feuereifer in die Aufgabe und schuf in kurzer Zeit im Ausland ein System von Ablegern – eine Art Schattenbank der IKB –, auf das Bankenaufseher kaum Zugriff hatten. Als Standorte wählte er die Insel Jersey und Delaware, das US-amerikanische Paradies für Briefkastenfirmen. Die Gesellschaften der IKB, darunter die Rhineland Funding Capital Group, waren als Treuhandgesellschaften angelegt, damit keine Steuern anfielen. Das Grundprinzip der Geschäftsidee war ganz einfach: Die IKB borgte sich billig Geld und verlieh es minimal teurer – im Schnitt etwa ein Prozent – langfristig weiter. Die niedrigen Zinsen machten das möglich. Die IKB nutzte also eine simple, scheinbare Gesetzmäßigkeit aus und suchte sich ein Reich auf diesem einen Prozent aufzubauen. Um mit dieser kleinen Marge tatsächlich Geld zu verdienen, musste sie allerdings tief in die Trickkiste greifen. Der erste Schritt: Röthig und sein Team kauften Tranchen von CDO auf, die einen bestimmten Cashflow garantierten, gespeist aus vielen kleinen Kleckerbeträgen, den Tausenden von Hypothekenraten, die andere zuvor gebündelt hatten. Diese CDO-Anteile bezahlte Röthig auf Pump. Die Zweckgesellschaften liehen sich dafür von Investoren Geld, die im Gegenzug eine Anleihe erhielten – einen Schuldschein – und außerdem ein paar Basispunkte mehr Zinsen als am Markt üblich als Belohnung für das eingegangene Risiko.

Röthig und sein Team bei der IKB-Tochter, das die Conduits managte, setzte dabei auf einen Markt in den USA, auf dem nur Kurzfristanleihen verkauft wurden. Deren Volumen war in den letzten Jahren explodiert, jeder schien bei dem Geschäft mit dabei sein zu wollen. Auf diesem Markt wurden Papiere gehandelt, deren Kürzel an die australische Rockband AC/DC erinnerte. Tatsächlich hießen sie ABCP – für Asset Backed Commercial Papers. Vor allem Kommunen, Universitäten, Gewerkschaften und andere große Institutionen kauften diese Papiere, Institute, die immer nach Möglichkeiten suchten, die eingenommenen Gebühren und Steuern so anzulegen, dass sie dabei möglichst viel *Yield* – hohe Zinsen – bekamen. Diesen Anlegern gefiel die vermeintliche Sicherheit der Papiere, denn die ABCP durften nur von Instituten aufgelegt werden, die ein einwandfreies Rating hatten, zudem waren sie etwas billiger als andere Instrumente, da sie innerhalb weniger Wochen wieder fällig wurden. Trotzdem musste die IKB, die sich Geld von den ABCP-Käufern lieh, Sicherheiten für diese kurzfristigen Kredite bieten. Und hier wandte die IKB einen verblüffenden Kniff an: Als Sicherheit für die ABCP hinterlegten Röthig und sein Team wiederum die CDO-Tranchen. Das ganze Konstrukt wirkte aber auch deswegen auf die Anleger stabil, weil die Papiere von seriösen Investmentbanken verkauft wurden, im Fall der IKB war das vor allem Goldman Sachs. Damit war der Kreis geschlossen. Die Strukturierer der großen Investmentbanken konstruierten die CDO, die Tranchen kauften Banken wie die IKB mit Geld, das sie sich von Kommunen in den USA oder sonst wo geliehen hatten. Und als Sicherheiten hatte etwa die IKB wiederum allen Ernstes die CDO-Tranchen selber hinterlegt. Die waren also gleich mehrfach beliehen worden. Wahnwitzig.

Im Grunde ging es der IKB nicht anders als der Deutschen Bank, Merrill Lynch und allen anderen, die bei dem Spiel mitmachten: Um eine vergleichsweise geringe Summe zu verdienen – bei der IKB waren es in der Spitze etwas mehr als 50 Millionen Euro im Jahr –, musste die Bank enorme Geldmengen bewegen. Im Fall der IKB waren es knapp 20 Milliarden Euro, so viel waren die Tranchen der CDO in den Zweckgesellschaften der IKB auf dem Papier wert. Die IKB stellte den eigenen Conduits eine Beratertätigkeit in Rechnung und ließ sich dafür gut 50 Millionen Euro als Honorar überweisen, was ungefähr einen Drittel ihres Gewinns ausmachte.[73]

Unter den großen Investmentbanken, die der IKB jene schon bald so übel riechenden Geschäfte strukturierten, tat sich neben Goldman Sachs die ehrenwerte Deutsche Bank hervor. Diese beiden – und noch einige andere Institute – bekamen im Jahr 2006 etwa bis zu 200 Millionen Euro an Prämien von der IKB, damit diese selber 50 Millionen verdienen konnte. Die Hackordnung blieb also gewahrt. Dirk Röthig, der Chef des IKB-Ablegers, der das System am Laufen hielt, wurde von den Vertretern der Banken hofiert und bei Laune gehalten. Eine Bank spendierte ihm etwa ein teures Essen in einem Nobelrestaurant an der Côte d'Azur inklusive dreier Nachtische und einer Havanna zum Abschluss.[74] Die Merrill-Lynch-Verkäufer luden ihn zu Besuchen in der Dschungelbar des angesagten Privatclubs Annabel's im Londoner Stadtteil Mayfair ein, sündhaft teurer Whiskey inklusive. Das alles habe er sich durchaus verdient, sagte Röthig 2004 einem Reporter.[75] Man würde bei der IKB einen Top-Job machen und jedes Investment mit aufwendiger Software durchrechnen. Auch auf den Konferenzen in Barcelona war der Anwalt ein gern gesehener Gast auf dem Podium, bis er die IKB Ende 2005 im Streit verließ.

Über die Jahre entwickelten Goldman Sachs und die Deutsche Bank spezielle CDO für Dirk Röthig von der IKB. Der wollte mehr Yield, und den bekam er, wenn er mehr Risiko einging. Das gefiel den Strukturierern an der Wall Street, denn je größer das Risiko einzuschätzen war, desto höhere Prämien konnten sie in Rechnung stellen. Röthig drängte zudem auf schnellere Deals, die vor allem mit synthetischen CDO möglich waren, da bei diesen keine Anleihen den Besitzer wechselten und man gleichsam – ohne allzu viel lästigen Papierkram – auf einen Index wetten konnte. Die Zweckgesellschaften der IKB gaben so zwischen 2005 und 2007 unter Hochdruck über 2,5 Milliarden Dollar aus, um insgesamt 26 CDO zu kaufen, die von der Deutschen Bank aufgelegt oder betreut wurden.

Die Herren Röthig und Ortseifen von der Düsseldorfer Bank nahmen offenbar an, schlauer zu sein als alle anderen. An der Wall Street sah man das anders. Michael Lewis schreibt in dem Buch *The*

Big Short, dass Greg Lippmann vor dem Crash von 2007 so manches Mal gefragt wurde, wer den Müll, die nächste Tranche von Schrott-CDO, denn überhaupt noch kaufen würde. Lippmann habe ungerührt erwidert: »Düsseldorf« oder »the stupid Germans«, denn »die glauben an Regeln und an Ratings«. Das war tatsächlich das Argument, mit dem sich etwa der spätere IKB-Chef Ortseifen verteidigte: Die Kreditratingagenturen hätten doch den CDO ein Top-Rating gegeben. Eigenständig denken wollte Ortseifen offenbar nicht.

Bei der Deutschen Bank, an den Handelstischen von Lippmann und seinen Kollegen, wusste man also, dass die IKB ein besonders wackeliger Kandidat war. Die Händler der Deutschen Bank konnten zudem vom 18. Juli an auf ihren Computerterminals verfolgen, dass es der IKB immer schwerer fiel, an die überlebensnotwendigen kurzfristigen Kredite heranzukommen. Banken wie Goldman wurden die Papiere nicht los. Denn selbst Kämmerer in Kalifornien oder Wisconsin, die den Banken die riskanten ABCP gewöhnlich abkauften, waren nicht mehr so vertrauensselig, seitdem die Ratingagenturen 600 CDO abgewertet oder auf die Credit-Watch-List gesetzt hatten.

Das Grundprinzip der eigenen Geschäftsidee richtete sich nun gegen die IKB. Bei der Finanzierung durch kurzfristige Anleihen musste man alle vier, sechs oder acht Wochen neue Kreditverträge abschließen, also regelmäßig Geld am Markt besorgen. Wenn aber die Abnehmer für die Schuldscheine ausfielen und man kaum Eigenkapital hatte, geriet man umgehend in Schwierigkeiten, denn – und das war der Haken am Prinzip der IKB – das Mutterhaus, die IKB, musste einspringen, wenn die Conduits die Raten für die gekauften CDO bei den Investmentbanken nicht mehr abstottern konnten. Damit war das Ende abzusehen für eine kleine Bank wie die IKB, die im schlimmsten Fall mehr als 19 Milliarden Dollar zuzuschießen hatte. Zudem war völlig unklar, was diese Tranchen, die vermeintlichen Sicherheiten, ohne AAA-Rating noch wert waren. Die IKB konnte diese Papiere also auch nicht schnell verkaufen und zu Geld machen.

Bei der IKB ging es nicht um einen Liquiditätsengpass, sondern um einen drohenden Bankrott. Mit den Eigenmitteln der Bank – 1,4 Milliarden Euro – ließen sich die leckgeschlagenen Töchter nicht lange über Wasser halten. Das wussten die Strukturierer und Händler der Deutschen Bank, die dieses System mit aufgebaut hatten. Und an der Wall Street ging bereits das Gerücht herum, dass die IKB in Schwierigkeiten steckte. Innerhalb der Bank kursierten besorgte E-Mails: Die ersten Hedgefonds würden auf hohe Kursverluste der Bank setzen.

In der Düsseldorfer Zentrale beabsichtigte man zunächst, eine halbwegs ehrliche Pressemitteilung zu verfassen, verwarf die Idee aber. Stattdessen verblüffte der IKB-Chef Stefan Ortseifen am 20. Juli mit erfreulichen Zahlen: Das Geschäft laufe sehr gut, man verdiene viel Geld, die Abwertung der CDO durch Moody's habe praktisch keine Auswirkungen auf die IKB. Wegen der Immobilienkrise in den USA und der Abwertung stehe nur ein einstelliger Millionenbetrag im Feuer. Mit dieser Lüge machte Ortseifen die Lage nur noch schlimmer.

Unter Geiern

Die Geschäfte mit der IKB hatten zwar die Händler der Deutschen Bank in London und New York abgeschlossen, zum Problem wurden sie aber für die Zentrale in Frankfurt. Eine große deutsche Bank stand offenbar vor der Pleite, eine Bank, die dem eigenen Haus viel Geld schuldete, da sie in rauen Mengen CDO gekauft hatte. Deshalb schaltete sich nun Jürgen Fitschen ein, der bei der Deutschen Bank unter anderem für den deutschen Markt zuständig war und zum erweiterten Vorstand gehörte. Die Zahlen, die Ortseifen vorgestellt hatte, glaubte er nicht eine Sekunde lang. Allein Lippmann und seine Truppe hatten der IKB CDO-Tranchen im Wert von mindestens 2,5 Milliarden Dollar verkauft und akzeptiert, dass die IKB den Kaufpreis abstottern konnte. Und die IKB selbst hatte im Bericht vom März bereits ein maximales Verlustrisiko von 17,7 Milliarden Euro ausgewiesen, was der Wahrheit sehr viel näher kam. Fitschen und seine Mitarbeiter entschlossen sich, der Sache auf den Grund zu gehen. Man rief bei der IKB an.[76] Dort versuchte das Management Fitschen hinzuhalten. Schließlich vereinbarte man eine Telefonkonferenz für den

24. Juli. In dem Gespräch drängte Fitschen nicht nur auf Informationen über das Conduit Rhineland Funding, sondern wollte nun über jeden Winkel der IKB Bescheid wissen. Ortseifen versprach Fitschen die Informationen zu liefern, allerdings nur wenn die Deutsche Bank zuvor eine Vertraulichkeitserklärung abgeben würde. Fitschen stimmte zu, die IKB setzte eine Erklärung auf, aber niemand in der Deutschen Bank sollte das Dokument jemals unterschreiben. Zuvor überschlugen sich die Ereignisse.

Für den folgenden Tag, Mittwoch, hatte sich die nächste Großbank bei der IKB angemeldet: Goldman Sachs, die für die IKB die ABCP verkauften, die Kurzfristanleihen. Goldman hatte den Vertrieb eingestellt und verlangte bei dem Treffen in Düsseldorf mehr Informationen über die Rhineland Funding, um entscheiden zu können, ob man die Anleihen, die mit den CDO der Zweckgesellschaft abgesichert waren, weiterhin am Markt anbieten würde. Bei dem Meeting präsentierten die IKB-Manager allerdings sechs Wochen alte Daten, was die Gäste sofort durchschauten. Sie hatten die Kuh zu Tode gemolken. Mit den Düsseldorfern wollten sie nun nichts mehr zu tun haben.

Stefan Ortseifen war verzweifelt und benahm sich auch so. Am Morgen hatte er die Deutsche Bank mit denselben überholten Informationen zu beruhigen versucht, die man Goldman Sachs präsentiert hatte. Der Wert des Rhineland-Portfolios stehe bei 94 Prozent, alles sei unter Kontrolle. Bei der Deutschen Bank in Frankfurt war man allerdings auf ganz andere Zahlen gekommen: Von 100 Tranchen erreichten lediglich noch vier ihren hundertprozentigen Wert, die meisten standen eher bei 60 Prozent. Ein totaler Wertausfall drohte. Am späten Nachmittag rief Ortseifen Fitschen an und beging damit einen weiteren großen Fehler. Er fragte, ob die Deutsche Bank nicht die Rhineland-Kurzfristanleihen auf den Markt bringen wolle. Wollte sie nicht. Aber Fitschen konnte sich nun denken, dass Goldman als Händler der Anleihen ausgestiegen war und die IKB vor dem Kollaps stand. Tatsächlich musste sie am nächsten Tag 70 Millionen Dollar am Geldmarkt auftreiben, bekam aber nur 53 Millionen zusammen.

Nach einer Woche voller Rückschläge auf der verzweifelten Suche nach frischem Geld hatte die Deutsche Bank genug gesehen. Am

Abend des 2. August entschied sie sich zu einem radikalen Schritt, über den man die Bank in Düsseldorf allerdings nicht informierte. Als die IKB am nächsten Morgen eine große Überweisung tätigen wollte, ging die nicht durch. Die Deutsche Bank hatte die Kreditlinie gesperrt. Sie hatte sich eigentlich verpflichtet, der IKB und der Rhineland Funding mindestens 500 Millionen Euro zuzuschießen, aber davon wollte die Deutsche Bank nun nichts mehr wissen. Man wollte nicht eine halbe Milliarde ins Feuer stellen, wenn der Markt schon zusammenbrach.

Damit hatte die Deutsche Bank als einer der größten Finanzkonzerne der Welt einer anderen Bank öffentlich das Vertrauen aufgekündigt. Allen Interessierten am Markt wurde damit schlagartig klar, dass es noch viel ernstere Probleme mit der CDO-Geldmaschine gab, als man ohnehin befürchtete, und zwar Probleme, die bis in die zweite Reihe der Banken Europas reichten. Der legendäre Investor Warren Buffett hatte für Situationen wie diese einst ein passendes Bild geprägt: Erst wenn sich die Flut zurückzieht und die Ebbe kommt, erkennt man, wer nackt schwimmen gegangen ist.[77] Die IKB war splitterfasernackt und zappelte auf dem Trockenen.

Der IKB die Kreditlinie – quasi öffentlich – zu kündigen, war eine weitreichende, geradezu dramatische Entscheidung. Sie wurde allerdings nicht mit Josef Ackermann abgestimmt. Jürgen Fitschen hatte ohne ihn entschieden, dass man der IKB ab sofort nicht mehr helfen würde, nachdem man gut zwei Wochen zuvor noch CDO-Tranchen nach Düsseldorf verkauft hatte. Am Freitag gegen 11 Uhr informierte die Deutsche Bank die Düsseldorfer Bank endlich über das Kappen der Kreditlinie. Danach warteten Ackermanns Kollegen noch einige Stunden ab, bis sie den Chef über die Entscheidung informierten.

Der Entschluss, der IKB kein Geld mehr zu leihen, sollte das Bankensystem in Deutschland beinahe zusammenbrechen lassen.

N achdem er sich einige Monate bedeckt gehalten hatte, wurde Christian Bittar Anfang des Jahres wieder aktiv und versuchte weiterhin die Zinssätze zu beeinflussen. Selbst als im März deutlich wurde, dass die US-Hypotheken den gesamten Finanzmarkt nach unten ziehen würden, konnten Bittar und seine Kollegen und Komplizen nicht von ihren Milliardenspielchen lassen. Bittar von der Deutschen Bank und Philippe Moryoussef von Barclays achteten dabei penibel darauf, dass sie den Markt auch wirklich manipulieren konnten. Selbst die Urlaubsvertretungen und sogar die Back-up-Trader wurden eingeweiht, die bis dahin gar nicht gewusst hatten, wie bei der Deutschen Bank und bei Barclays das Geld wirklich verdient wurde. Moryoussef prahlte damals vor einem Kollegen, dass er fünf Banken beeinflussen und mit ihnen gemeinsam den Fix in die gewünschte Richtung bringen könnte.

Am 19. März 2007 hatte wieder einmal ein entscheidender Handelstag angestanden – ein sogenanntes *Reset Date*, an dem Derivate mit gigantischem Volumen fällig wurden. Über Wochen hatten Bittar und Moryoussef den Drei-Monats-Euribor, der an diesem Tag fällig wurde, nach unten gedrückt. Der Markt strebte nach oben, und niemand würde mit einem tiefen Euribor rechnen. Als der große Tag da war, waren Bittar und Moryoussef übermütig wie kleine Jungs. Sie hatten es fast geschafft.

BITTAR »Vergiss nicht Druck auf die Euribor März-Futures zu machen.«

MORYOUSSEF »Der Drei-Monats-Euribor ist im Himmel. Du bist verrückt. Ich mache aber [trotzdem] Druck. Ich muss ja auch ein bisschen Geld verdienen. Bei 89.5 sollte gefixt werden.«

BITTAR »Oder 89.«

MORYOUSSEF »89 wäre wie ein Blowjob. Ok, wir machen ernsthaft Druck ...«

Auch seinen deutschen Kollegen Jörg Vogt in Frankfurt band Bittar regelmäßig mit in seine Pläne ein. Die Frankfurter hatten die Maßnahmen Bittars flankiert, minimal verbilligtes Geld angeboten, um den Zinssatz zu drücken. Als Vogt erklärte, dass er wieder aggressiv Geld über einen niedrigen Zinssatz in den Markt gedrückt habe, schrieb Bittar: »O mein Gott! Wir wollen doch nicht, dass euch das am Ende Geld kostet, macht das nur, wenn es für euch auch sinnvoll ist, ich will nicht nerven.« Kein Sorge, antwortete der nette Kollege, alles halb so wild, er habe den Cashkurs nur um einen Basispunkt gedrückt, das bedeute umgerechnet einen Verlust von »6k« – 6000 Euro –, nichts worüber man sich ernsthaft Sorgen machen müsse. Viel wichtiger sei, schrieb Vogt, dass man es wirklich geschafft hatte, das Drei-Monats-Fixing nach unten zu bekommen.

Wieder einmal hatte Bittar also unter anderem mit Hilfe der Deutschen Bank den Zinssatz bekommen, den er für seine Handelsposition brauchte. Artig bedankte er sich bei Vogt: »Great Job. Wir können noch mehr solcher Dinger durchziehen.« Der antwortete: »Das können wir mein Freund, das können wir « – »we can my friend we can.« Je besser es lief, desto mehr wuchs bei Bittar die Versuchung, noch ein bisschen dicker aufzutragen und noch ein bisschen mehr Risiko einzugehen. Nach seinem nächsten großen Triumph meldete sich sogar die Konkurrenz bei ihm, darunter der Händler einer Brokerfirma:

HÄNDLER »Schönes Fixing!!!«

BITTAR »In der Tat.«

HÄNDLER »Warum so tief?«

BITTAR »Warum nicht!«

HÄNDLER »Wer wird mit diesem Kurs gefickt? Ich nehme mal an, ihr Jungs mit der Short-Handelsposition nehmt die Endverbraucher aus.«

Genau das hatte Bittar mit Hilfe seiner Komplizen getan. Mit seinem großen Euribor-Derivate-Deal vom 19. März, als er und wenige große Banken ausgerechnet auf einen tiefen Euribor gesetzt hatten, während das Geld tatsächlich immer teurer wurde, war er jedoch zu weit gegangen. Die großen Spieler registrierten, dass die Deutsche Bank und Barclays sich ungewöhnlich verhielten. Ein Hedgefondsmanager schrieb an Moryoussef: »Es wird gefährlich, Derivate zu handeln, die mit dem Drei-Monats-Euribor verknüpft sind, (…) vor allem wenn Barclays den Fix so tief ansetzt (…). Ihr zieht Aufmerksamkeit auf euch. Das sieht nicht besonders professionell aus.«

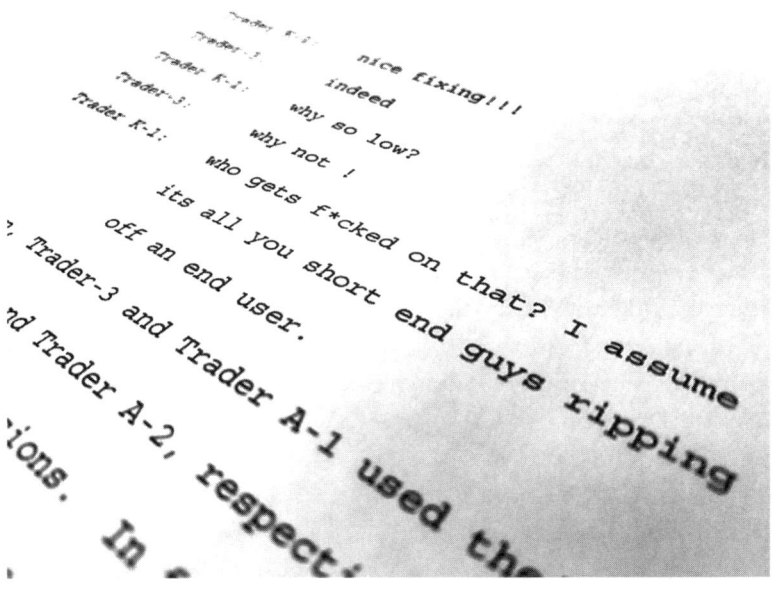

Trader K-1:
Trader-1:
Trader K-1:	nice fixing!!!
Trader-3:	indeed
Trader K-1:	why so low?
	why not !
	who gets f*cked on that? I assume
	its all you short end guys ripping
	off an end user.

Trader-3 and Trader A-1 used th
nd Trader A-2, respect
ions.	In

Dass Deutsch-Banker den Markt manipulierten, konnte das
Management nicht wissen, hieß es lange. Dabei gaben die
beteiligten Händler – wie der Franzose **Christian Bittar** –
gegenüber anderen Kollegen und Marktteilnehmern offen mit
der Möglichkeit an, den Markt zu manipulieren. Dass sie den
Endverbraucher betrogen, wussten sie. Fast alle E-Mails und
Telefonate müssen von den Banken selber aufgezeichnet
werden. Diese Aufzeichnungen waren später die Hauptquelle
für Staatsanwaltschaften und Regulatoren, die gegen die Deutsche Bank ermittelten.

Das zeigte Wirkung. Am nächsten Tag meldete sich Moryoussef bei Bittar. Sie müssten dafür sorgen, dass der Drei-Monats-Fix ab jetzt langsam ansteige, erklärte er, sonst könnten noch mehr Konkurrenten am Markt Verdacht schöpfen.

Es war das erste Mal, dass es Moryoussef kümmerte, ob er auffiel oder nicht. Offenbar hatte er bis dahin verdrängt, dass seine Gespräche, Chats und E-Mails aufgezeichnet wurden. Als ihm das bewusst wurde, hatte er sich längst gefährlich verquasselt. So hatte er dem Händler einer anderen Bank im Februar entwaffnend offen geschrieben: »Wenn du ein Geheimnis für dich behalten kannst, dann weihe ich dich jetzt ein.« Und dann hielt er wie der Bösewicht in einem James-Bond-Film einen langen Vortrag, anstatt den Geheimagenten einfach zu töten: »Wir drücken den Cashkurs nach unten (...), wenn du irgendjemand davon erzählst, verrate ich dir nie wieder etwas. Ich kenne die Feuerkraft von unserer ›Treasury‹ [der Finanzabteilung], damit drücken sie den Cashpreis. Bitte behalte das für dich, sonst funktioniert es nicht.«

Als das große Ding im März 2007 tatsächlich klappte, hatte kaum jemand seine Freude für sich behalten, auch der deutsche Chefhändler Jörg Vogt in Frankfurt nicht. Am Tag nach dem Fixing schrieb er dem Kanadier David Nicholls, neuer Londoner Chef der Abteilung Global Finance and FX Forwards: »Hast du den heute festgesetzten Zinssatz gesehen? Das war eine exzellente konzertierte Aktion von FFT/LDN [Frankfurt und London].« Und dann fügte er noch hinzu: »Cheers« – »Danke«. Doch Anfang April wurden Bittar und Moryoussef vorsichtiger. Sie trieben die Zinssätze sogar künstlich nach oben, um ihre Spuren zu verwischen. Im Ergebnis blieb es das Gleiche: Mitten in der Krise bildeten Euribor und Libor oft nicht mehr ab, was auf den Märkten wirklich geschah.

Am 26. Juli, als die Deutsche Bank der IKB die Kreditlinie schloss und alles zusammenzubrechen drohte, waren Händler wie Bittar noch immer ganz in ihre eigene Welt versunken. Bittar scherzte mit Kollegen, flötete süße Botschaften in die Welt und drehte an den Kursen. Man brauche Zinssätze nach oben, schrieb er einem Submitter in Frankfurt. Der war überrascht. Er hatte automatisch tiefe Sätze angegeben und entschuldigte sich schuldbewusst: »Tut mir leid, ich sollte wissen, was eure Seite braucht.« Dann gab der Frankfurter Kollege einen hohen Libor über alle Perioden an – einen Monat, drei und sechs Monate. Kurz darauf meldete sich Bittar wieder. »Mom«, schrieb er scherzhaft, »sorry, sorry, nur den Sechs-Monats-Fix hoch.« Vor allem den Ein-Monats-Fix brauche man so tief wie möglich. »Ach so«, antwortete der Frankfurter Kollege, das ergebe schon mehr Sinn: »Ich hatte mich gestern schon sehr gewundert, dass du alle hoch wolltest. Also jetzt ist alles in Ordnung, ich hab's geändert.«

Man ließ also vom Drei-Monats-Fixing ab und beschränkte sich vorerst auf die Manipulation des Ein-Monats-Fixing. Bittar und seine Kollegen waren noch lange nicht fertig.

A nshu Jain und viele andere Manager der Deutschen Bank hatten all die Jahre über ein großes Vorbild: Goldman Sachs, der umtriebigste Wall-Street-Rivale. Als die Deutsche Bank Edson Mitchell einkaufte und Anstalten machte, den Markt aufzurollen, war man auch bei Goldman durchaus besorgt, dass die Konkurrenz aus Deutschland zu nahe kommen könne. Aber diese Sorge stellte sich bald als unbegründet heraus. Nicht nur in das CDO-Geschäft war das deutsche Institut zu spät eingestiegen und dann zu grobschlächtig vorgegangen. So glaubte Goldman diesen Rivalen genauso wenig fürchten zu müssen wie den Großteil der weiteren Konkurrenten. Im Gegensatz zu den anderen großen Instituten – Citigroup, Merrill Lynch, Deutsche Bank – war Goldman Sachs eine lupenreine Investmentbank und gab sich mit dem Massenkundengeschäft erst gar nicht ab. Obwohl man mehr als genug Geld für Übernahmen hatte, machte man keinerlei Anstalten, einen breiter aufgestellten Konkurrenten aufzukaufen. Goldman, 1848 von dem mittellos aus einem kleinen Ort in Unterfranken nach Amerika eingewanderten Marcus Goldman gegründet, wurde über die Jahre zu einer der mächtigsten Institutionen der Welt. Der Durchbruch kam spätestens 1999, als die Partner nicht mehr nur eigenes Kapital einsetzten, sondern Goldman als Aktiengesellschaft Geld am Markt einsammeln konnte. Auch den Goldman-Managern fiel es leichter, mit fremdem Kapital größere Risiken einzugehen.[78]

In der Folge wurde es im neuen Jahrtausend für die Goldman-Partner und Manager immer lukrativer, dieser besonderen Institution anzugehören. Als US-Präsident George W. Bush den Goldman-Sachs-Chef Henry Paulson im Mai 2006 zum Finanzminister ernannte, erfuhr die Öffentlichkeit, dass dieser nach sieben Jahren auf dem Chefsessel der Bank allein Goldman-Aktien im Wert von mindestens 500 Millionen Dollar besaß, eine Familienstiftung mit einem Vermögen von 100 Millionen Dollar ins Leben rufen konnte und für das Jahr 2006 noch einmal knapp 38 Millionen erhalten würde, weil Goldman im ersten Quartal 40 Prozent an Eigenkapitalrendite erwirtschaftet hatte. Der Wert war auch deswegen so hoch, weil Goldman die Investitionen extrem hebelte, also Geschäfte mit Krediten finanzierte und kaum mit eigenem Kapital unterlegte. Paulsons Frau kaufte von dem Geld ihres Mannes unter anderem Anteile an einer einsamen Insel vor der Küste des US-Bundesstaates Georgia, die nur mit dem Boot zu erreichen ist. Josef Ackermann hatte bis 2007 zwar weit mehr als 100 Millionen Euro bei der Deutschen Bank verdient, mit den Goldman-Partnern konnte er aber ganz offensichtlich nicht mithalten.

Doch es gab einen viel entscheidenderen Unterschied zwischen Goldman Sachs und der Deutschen Bank: Goldman war um Längen besser organisiert. Das führende Management bestimmte die Handelsstrategie mit, begleitete die Entwicklung des Marktes und traf Entscheidungen, die dann das Unternehmen insgesamt umsetzte. Die daraus resultierenden Geschäfte waren allerdings oft nicht weniger fragwürdig als mancher Deal der Deutschen Bank. Nicht zuletzt die CDO-Krise hatten die Goldman-Vertreter mit angeheizt. Und sie waren Anfang 2005 dabei, als Greg Lippmann die CDS-Richtlinien verhandelte, damit man noch mehr Geld mit den Hypothekenbündeln verdienen konnte. Wie Lippmann schloss Goldman Deals mit Hedgefonds ab, die gegen CDO-Tranchen und auf den Absturz des Immobilienmarktes setzten. Goldman war sogar noch skrupelloser als die Deutsche Bank. Das eigene CDO-Team gestattete es einem Hedgefondsmanager nicht nur, auf den Absturz einer CDO zu wetten, sondern man ließ zu, dass derselbe Manager die CDO selber manipulierte, indem er dafür sorgte, dass besonders miese Hypothekenbündel in die

CDO aufgenommen wurden, was wiederum den Absturz wahrscheinlicher werden ließ.

Auch mit den IKB-Zweckgesellschaften hatte Goldman zu tun. Als es im Frühjahr 2007 darum ging, die letzten CDO-Schrotttranchen loszuwerden, dachte man bei Goldman – genau wie bei der Deutschen Bank – sofort an die IKB, da kritische Fragen dort die Ausnahme waren. Zu diesem Zeitpunkt hatte die Goldman-Führung schon lange den geordneten Rückzug aus dem Geschäft vorbereitet und überlegte bereits, wie man mit der Krise Geld verdienen könne. Dass das Ende nahte, wusste man bei Goldman seit vielen Monaten. Einer der Goldman-Händler, der Franzose Fabrice Tourre, schrieb einer Freundin ganz offen von den Zweifeln, die ihn seit dem Frühjahr beschlichen, wenn er gründlich über die CDO nachdachte: »Was, wenn wir ein Ding erschaffen haben, das eigentlich keinen Zweck erfüllt, das einfach nur als theoretisches Konzept funktioniert? Was, wenn niemand den wahren Wert dieses Instruments kennt?« Tourre, der sich auch der »fabelhafte Fab« nannte, gab an anderer Stelle zu, dass er Tranchen – im übertragenen Sinn – »selbst an Witwen und Waisen« verkauft hatte. Nun halfen aber noch so fragwürdige Geschäfte nicht mehr: »Es ist fast so, als würde sich Frankenstein gegen seine Erschaffer wenden«, schrieb Tourre. Ende Juni erklärte ein anderer Goldman-Händler unverblümt, dass man sich mitten in einer »Marktschmelze« befinde und entsprechend handeln müsse.[79]

Wie Lippmann bei der Deutschen Bank war vielen Händlern bei Goldman klar, dass der CDO-Markt am Ende war. Das Goldman-Management reagierte nur ganz anders darauf. Man steckte nicht nur den kleinen Zeh ins Wasser, wie die Deutsche Bank es Lippmann erlaubt hatte, der dezent gegen den Markt wetten durfte, sondern setzte voll auf eine *Short Strategie*. Während der erweiterte Vorstand der Deutschen Bank sich für ein »Weiter so!« entschied, wurde bei Goldman nach einem Treffen Ende 2006 in einer internen E-Mail festgehalten, dass man die Wende einleiten werde. Es gab klare Anweisungen: Das Risiko reduzieren. Die Handelspositionen ausmisten. Den tatsächlichen Wert der CDO regelmäßig schätzen. Den Markt im Auge behalten und insbesondere auf die Kreditfinanzierer achten.

Schließlich schrieb der führende Kopf der Hypothekenabteilung an seine Händler: »Seid bereit für die guten Gelegenheiten, die jetzt kommen werden (haltet das Pulver trocken und beobachtet den Markt ganz genau).«

Die Strategie, die Goldman seit Ende 2006 verfolgte, war simpel: Wenn man nicht zu tief in die falschen Geschäfte verwickelt war und genügend Liquidität zur Verfügung hatte, konnte man in der Krise sehr viel Geld verdienen. Man baute daher CDO-Positionen ab – zwar mit Verlust, aber immerhin fand man noch Käufer. Als die Verwerfungen Ende Juni nicht mehr zu übersehen waren, schrieb ein Goldman-Manager, dass die Konkurrenz nun auf den Risiken sitzen bleiben und nur noch »im Leichensack« aus der Situation herauskommen würde. Goldman hatte da bereits eine massive *Short Position* aufgebaut, die weitaus größer war als die Wette der Deutschen Bank auf den abstürzenden Markt. Anfang Juli hielt Goldman 13 Milliarden Dollar an Shorts – diese Summe konnte die Investmentbank also bei einem Absturz des CDO-Markts verdienen. In E-Mails nannten führende Goldman-Manager die Wette »the Big Short«.[80]

Dass der CDO-Markt weiter erodierte, konnte Goldman nun nichts mehr anhaben. Deshalb beschloss das Management, jetzt erst recht Druck auf die Konkurrenz zu machen.

Das konnte man am besten über die Bewertung der CDO. Da der Wert der Inhalte der CDO mit jedem Tag mehr verfiel, musste der Verkaufswert einer jeden CDO eigentlich angeglichen werden. Der Wert wurde jedoch nicht durch die Nachfrage am Markt bestimmt, sondern konnte von den Investmentbanken selber festgelegt werden – nach dem Fair-Value-Buchhaltungsprinzip. Viele Banken hielten gemeinsam CDO und hatten die Instrumente wie die IKB zumeist als Sicherheit für weitere Deals hinterlegt. So wurde die alles beherrschende Frage: Wer bestimmt jetzt, was eine CDO wert ist?

Im Mai entschied man sich im New Yorker Hauptquartier von Goldman, Fakten zu schaffen. Das CDO-Team wertete die CDO-Tranchen ab, die man selber noch hielt – zum Teil um mehrere 100 Millionen Dollar pro Tranche. Damit zog Goldman den anderen großen wie kleinen Spielern den Teppich unter den Füßen weg. Allein im Juli wertete man dort innerhalb weniger Tage die CDO um drei Milliarden Dollar ab. Damit geriet das Vermögen der Konkurrenz unter erheblichen Druck, und Goldman verdiente auf der anderen Seite durch die Wetten auf den fallenden Markt viel Geld. An einem einzigen Tag, dem 25. Juli, brachte die Short Position 373 Millionen Dollar ein. Man hatte auf den Absturz des Subprime Index gewettet, und diese Wette ging jetzt auf. Die Hedgefonds und Banken mussten zahlen. Dass man am selben Tag den Wert der CDO und der Hypothekenbündel um 322 Millionen Dollar abgeschrieben hatte, konnte Goldman Sachs daher verkraften, denn die Bank verdiente an jenem Tag noch mehr als 51 Millionen Dollar.

Mit Gewinn die Bilanz aufräumen – davon konnten fast alle anderen Banken nur träumen, das wusste man bei Goldman. Der Finanzchef schrieb damals an Gary Cohn, später eine Zeitlang der Wirtschaftsberater von Präsident Trump, einen Partner der Bank: »Das zeigt dir, was mit Leuten passiert, die keinen ›Big Short‹ haben.«[81] Goldman könne dank der Wette viele CDO-Positionen getrost abschreiben. »Alle anderen konnten sich diesen Luxus halt nicht leisten«, schrieb ein anderer Goldman-Manager, »weil sie so viel von der Scheiße haben, das können die gar nicht alles abwerten (…). Sie lebten halt in einer Wahnvorstellung (…) und kaufen sich jetzt Zeit. Was nun mal jeder Händler machen würde, der gerade viel Geld verliert.«

G oldman war in einer ungleich besseren Position als die Konkurrenz. Das wollte das Management gründlich ausnutzen, und deshalb erhöhte man den Druck. Am Freitag, dem 27. Juli, kurz bevor die Märkte und Banken für die Woche schließen würden, setzte Goldman einen Margin Call ab. Empfänger war in diesem Fall die Tochter des Versicherers AIG, die AIG Financial Products Corporation AIGFP. Die hatte CDO im Wert von 500 Milliarden gegen Kursverluste versichert, vor allem die Super-Senior-Tranchen, das Element der CDO also, das niemand haben wollte, weil es nicht genug einbrachte. Das Management von AIG hatte sich wohl gar nicht vorstellen können, dass die vermeintlich sicherste Tranche in den CDO-Konstrukten jemals unter Druck geraten würde, und das Instrument nur deshalb überhaupt versichert. Der Preis wurde zuvor künstlich bestimmt. Da die Tranchen vor der Krise aber kaum gehandelt worden waren, wusste niemand, was der Verkauf eines solchen Produkts überhaupt einbringen würde.

Am Tag vor dem Margin Call hatte ein Mitarbeiter AIGFP gewarnt. Dort wurde die zuständige Abteilung intern in einer nüchternen E-Mail in Kenntnis gesetzt: »Du bekommst bald einen Margin Call.«

»Für was?«

»20 Milliarden Super Seniors.«

Goldman hatte den Großteil seiner Super-Senior-Tranchen nicht nur für den Fall versichert, dass das Papier am Ende der Laufzeit an Wert verloren hatte, sondern sich mit dem Versicherer auch auf das Pay-As-You-Go-Prinzip (PAYG) verständigt, was bedeutete: Der Versicherte konnte, wenn sich ein Verlust abzeichnete, einen Margin Call absetzen – also vorzeitig Geld vom Versicherer verlangen.

Intern hatte man bei der AIG-Tochter deshalb einen drastischen Schritt bereits befürchtet. Ein führender Manager von AIGFP hatte einem Kollegen bereits Mitte Juli am Telefon gesagt: »Jede verfickte Ratingagentur kommt mit Abwertungen raus. Vor einem Monat war ich schon dem Selbstmord nahe. Das Problem ist: Wir werden es jetzt mit weiteren enormen Abwertungen zu tun bekommen. Und wenn wir unser Buch neu bewerten müssen, dann sind wir im Prinzip (…) gefickt.«[82] Und genau das drohte der AIG-Tochter nun durch Goldman. Dort wusste man sich in der besseren Position und trumpfte ordentlich auf: Alle Preisen stehen unter Druck, auch die der Super Seniors. Daher wollen wir zum Zeichen, dass die Versicherung den immer wahrscheinlicher werdenden Schaden auch wirklich begleichen kann, zusätzlichen »Collateral«, also eine Sicherheit ausgezahlt bekommen. Ein Margin Call war in diesem Fall nichts anderes als eine Rechnung – allerdings über einen sehr hohen Betrag.

Am 27. Juli ging eine solche Rechnung bei AIGFP ein, gerade eine Seite lang, darauf eine kurze Aufrechnung, am Ende stand die Forderung der Goldman-Kreditmanager: 1 810 630 000 00 $ – man wollte 1,81 Milliarden Dollar von der AIG-Tochter. Und das teilte man lapidar an einem späten Freitagnachmittag mit.

Im New Yorker Hauptquartier der AIGFP rechneten die Risikomanager über das Wochenende die verschiedenen Szenarien durch.
Die AIG und ihre Töchter besaßen zwar Derivate, Anleihen und andere Instrumente im Wert von mehreren 100 Milliarden Dollar, aber
man hatte gerade einmal zwei Milliarden Dollar sofort zur Verfügung.
Und genau das war das Problem: Ein Berg von Papiervermögen wurde
plötzlich zu einem realen Verlust, doch in der Kasse waren im Grunde
nur Krümel echten Geldes. Auf dem Markt wollte jetzt aber jeder
Akteur echtes Geld sehen und sich nicht auf ein weiteres virtuelles
Versprechen einlassen, das etwa an ein Derivat gebunden war. AIG
blieb nur eine Möglichkeit: Man versuchte Goldman hinzuhalten und
bat um Zahlungsaufschub.

Am Ende dieser langen Woche, am späten Freitagabend um 21 Uhr
New Yorker Zeit, schrieb der Goldman-Manager Lorin Radtke in
einer internen Rundmail, dass die Situation ihn an die Krisen von 1994,
1998 und 2003 erinnere. Der Markt sei auf der Suche nach Liquidität,
die Konkurrenz müsse bereits Positionen verkaufen, um Geld zu organisieren, und andere Posten ganz liquidieren: »Jetzt gibt es drei Lager«,
fasste Radtke zusammen, »die Gelähmten, darunter die Geldmarktma-
nager, die kaufen wollen, aber es nicht können, weil sie zu viele Feuer
austreten müssen; die Verwundeten (einige davon lebensbedrohlich
verletzt) wie einige Hedgefonds, die auf der falschen Seite des Deals
gelandet sind und denen jetzt die Margin Calls hart zusetzen; schließlich die Opportunisten, die noch trockenes Pulver haben und jetzt auf
den Subprime-Markt zurückkommen, um sich dort umzusehen.« Mit
anderen Worten: Neben dem größten Geier, Goldman, kreisten bereits
viele andere kleinere Konkurrenten über dem Finanzmarkt, wo ein
unerbittlicher Überlebenskampf begonnen hatte.

»Was ist die IKB?«

Jochen Sanio, ein ausgesprochen hagerer Mann mit akkurat gestutz-
tem weißen Oberlippenbart, hatte ein legendär loses Mundwerk, das
nicht zu seinem Beruf passte. Der Jurist aus Niedersachsen war seit

1974 Bankenaufseher. Damals herrschte Hermann Josef Abs noch im Aufsichtsrat der Deutschen Bank, so lange war Sanio schon dabei. Er hatte im Laufe seiner Karriere schon viel erlebt, er hatte Banken geprüft, ermahnt, zeitweise geschlossen. Erst leitete er das Bundesaufsichtsamt für das Kreditwesen und anschließend, von 2002 an, auch die Nachfolgeorganisation BaFin. Bei seinem Einstand dort lehnte er sich, wie so oft, weit aus dem Fenster: »Solange ich hier Präsident bin, wird diese Institution beißen«, und: »Schlappschwänze sind hier fehl am Platz«, er wolle »Aufsichts-Junkies«.[83] Als einige Jahre später herauskam, dass ein falscher Doktor und enger Mitarbeiter von Sanio mit fingierten IT-Rechnungen Millionen von der BaFin erschwindelt hatte, gönnten etliche Banker dem Hardliner Sanio diesen peinlichen Skandal. Wenn es um die Banken selber ging, war er allerdings nicht so leicht hinters Licht zu führen. Im Mai hatte er sich zu der Hypothekenkrise in den USA geäußert und zumindest den richtigen Instinkt bewiesen: »Leider ist die Lage undurchsichtig: Wer am Ende alles von dieser Krise betroffen sein wird, liegt noch im Dunkeln. Man sollte sich unbedingt mit den Bilanzierungsmethoden beschäftigen, die für das ungesunde Wachstum dieses Marktes mitverantwortlich sind und die es heute vielleicht ermöglichen, Verluste vor sich herzuschieben.«[84]

Sanio ahnte also, dass die Probleme außerhalb der Bilanzen – etwa in Zweckgesellschaften – liegen könnten, aber erst an einem Freitag im Juli erfuhr er, welche Bank es unter anderem mit dem Verschleiern zu weit getrieben hatte. Kurz vor dem Wochenende erreichten ihn mehrere aufgeregte Anrufe. Josef Ackermann meldete sich, der inzwischen darüber informiert worden war, dass seine Leute der IKB schon am Tag zuvor den Geldhahn zugedreht hatten. Zudem hatte die Chefin der bundeseigenen KfW-Bank, Ingrid Matthäus-Maier, den BaFin-Chef angerufen und ihn über die IKB-Klemme in Kenntnis gesetzt. Der IKB-Boss Ortseifen hatte Matthäus-Maier zuvor im Ausland erreicht und ihr mitgeteilt, dass die Deutsche Bank die Kreditlinie gesperrt hatte. Fassungslos rief Matthäus-Maier bei Ackermann an und fragte, ob das stimme. Der bestätigte das nicht nur, sondern kontaktierte Sanio. Ackermann verklärte das Telefonat später zu einer staatsmännischen Handlung, und tat so, als hätte allein sein Institut die Aufsicht vor einer Bank in Schieflage gewarnt. Tatsächlich wussten viele Akteure am Markt längst, was los war, und auch Matthäus-Maier hätte Sanio noch am selben Tag angerufen. Die BaFin hätte von der Notlage der Düsseldorfer Bank also auch ohne Ackermann erfahren, aber es ging schließlich um sein Image und das seiner Bank, und so hielt er später an der Legende fest, dass er das Krisenmanagement erst möglich gemacht hatte. Jochen Sanio, dem BaFin-Chef, hatte Ackermanns Anruf zweierlei klargemacht: Die Deutsche Bank hatte die IKB zum Abschuss freigegeben und danach sofort nach dem Staat gerufen.

Der BaFin-Chef machte sich am Abend auf den Weg nach Düsseldorf und traf gegen 20 Uhr in der Zentrale der IKB im Norden der Stadt ein. Dort hatten sich der Vorstand und der Aufsichtsrat sowie diverse Anwälte bereits versammelt.[85] Der IKB-Chef Stefan Ortseifen behauptete zunächst, dass seine Bank noch genügend Liquidität beschaffen könne. Das sah Sanio anders. Obwohl er erst Stunden zuvor von der drohenden Katastrophe erfahren hatte, war er überraschend gut informiert und erklärte der Runde, was der Bank drohte: Die IKB müsse für ihre Schattenbank, die Rhineland Funding, geradestehen. Das Risiko übertrage sich also auf die IKB. Damit werde eine Negativspirale in Gang gesetzt und die IKB ihr positives Kreditrating verlieren, folglich am Markt kein Geld mehr bekommen. »Die IKB hat ihre Bonitätsvermutung verloren«, lautete sein Fazit. Um 22 Uhr ging Sanio, nachdem er dem Vorstand den Ernst der Lage unmissverständlich klargemacht hatte. Kaum hatte er den Raum verlassen, legten die Banker ihre vornehme Zurückhaltung ab und machten sich gegenseitig für die Krise verantwortlich. Stefan Ortseifen wurde besonders scharf kritisiert. Schon in diesen Stunden war klar: Das Ganze hatte eine strafrechtliche Dimension, und so versuchte jeder, sich abzusichern. Der Risikomanager Frank Braunsfeld, gerade erst Vorstandsmitglied geworden, versuchte noch zu beschwichtigen, der Markt reagiere über, die Situation sei auf ein psychologisches Problem zurückzuführen, die Sicherheiten der IKB-Conduits, der Rhineland Funding und Co., seien einwandfrei. Doch er konnte niemanden mehr überzeugen. Gegen 23 Uhr war die Krisensitzung beendet. Am folgenden Tag wollte man die Bücher der Bank von Wirtschaftsprüfern durchsehen lassen.

Jochen Sanio wusste sofort, welche Dimension diese Krise hatte. Die Bundesregierung würde am Ende entscheiden müssen, was nun zu tun war – das musste Sanio ihren Vertretern nur noch klarmachen. Am Samstagmorgen rief er Jörg Asmussen an, Abteilungsleiter für nationale und internationale Finanzmarkt- und Währungspolitik im Finanzministerium und ein ausgesprochener Fan von Kreditinstrumenten. Asmussen war sogar im Gesellschaftsbeirat einer Lobbyorganisation – True Sale International –, die sich für den Ausbau des Verbriefungsgeschäfts einsetzte. Und er war seit April 2003 Mitglied des Aufsichtsrats der IKB, saß also an der Quelle. Sanio schien sich im Klaren zu sein, dass er schwere Geschütze auffahren musste, um Asmussen aufzurütteln. Also drohte er, die IKB unter ein Moratorium zu stellen, wenn die Bank nicht neues Kapital vom Staat bekomme.[86]

Das zeigte Wirkung. Asmussen informierte seinen Chef Steinbrück, der gerade in seinem Bad Godesberger Haus Urlaub machte und nach dem Telefonat umgehend nach Berlin reiste. Sein enger Mitarbeiter Asmussen war jedoch nicht erst durch den Anruf von Sanio über die drohende Katastrophe ins Bild gesetzt worden. Obwohl Asmussen damals bereits seit vier Jahren im Aufsichtsrat der IKB war, konnte er sein eigenes Haus nicht vorwarnen, so behauptete er später. Der Chef der IKB habe ihn fortgesetzt belogen.

Es dauerte bis zum Samstagabend, ehe auch die Spitze der Regierung alarmiert wurde. Angela Merkel hatte gerade ihren Urlaub angetreten. Die Kanzlerin besuchte die Salzburger Festspiele, wo an diesem Abend die Oper *Armida* aufgeführt wurde, ein Stück von Haydn über die Liebe in Zeiten des Krieges. Noch bevor der erste Akt begonnen hatte, erhielt Merkel eine SMS von Jens Weidmann, dem Leiter der Abteilung Wirtschafts- und Finanzpolitik im Bundeskanzleramt: »Die IKB ist in Schwierigkeiten«, schrieb Weidmann. Merkel antwortete, wie sie später selber erzählte: »Was ist die IKB?«[87]

Die Bundesregierung war auf die Situation nicht vorbereitet. Merkel hatte wie ihre Kollegen in den USA und Großbritannien fest daran geglaubt, dass der Markt sich am Ende am besten selber regulieren kann. Seit Jahren wurde daher die Finanzbranche systematisch dereguliert, neue Instrumente wurden nicht überwacht, die Aufsicht

nicht gestärkt. Merkel gab später zu, dass ihr Wissen um die Mechanismen der Finanzmärkte gegen null ging, als die SMS von Jens Weidmann eintraf. Für die Kanzlerin brach damit eine neue Zeit an: »Die
IKB war nie auffällig geworden. Sie hatte gut funktioniert. Und das
war sozusagen mein Einstieg in eine völlig neuartige Beschäftigung«,
so Merkel. Den Mitgliedern ihres Kabinetts ging es nicht anders. Bundesfinanzminister Peer Steinbrück von der SPD war zwar schon in
zwei verschiedenen Bundesländern Wirtschaftsminister gewesen und
hatte in Nordrhein-Westfalen das Finanzministerium geführt, doch
mit den Details der neuen Finanzindustrie hatte er sich bis dahin
nicht beschäftigt. Im Februar hatte er auf einem G7-Gipfel strenge
Regeln für Hedgefonds durchsetzen wollen – eine Aufgabe, die er der
Polemik seines Parteigenossen Müntefering verdankte –, doch die angelsächsischen Regierungen ließen die deutsche Delegation höflich ins
Leere laufen. Im März war Steinbrück dann nach New York gereist
und hatte dort durchaus mitbekommen, dass der US-Häusermarkt
Probleme bereiten könnte, aber keiner seiner Gesprächspartner von der
Citigroup, Merrill Lynch oder Blackstone klärte den deutschen Finanz-
minister auf, wie schlecht es wirklich stand.[88]
Im Berliner Finanzministerium schauten die federführenden Be-
amten vor allem auf Deutschland und Europa. Die Warnsignale ent-
gingen ihnen aber auch, weil sie eine zu romantische Vorstellung vom
Markt hatten. Das galt ganz besonders für den Abteilungsleiter Jörg
Asmussen von der SPD mit seinem Faible für Investmentbanken.
Ende Juli standen Asmussen und seine Kollegen im Bundesfinanzministerium in der Wilhelmstraße vor einem Scherbenhaufen. Steinbrück trommelte die mächtigsten Vertreter der Branche zusammen.
Sein Ministerium schickte eine SMS an die Chefs der Sparkassen,
Verbände, der Bundesbank, der Bankenaufsicht – »Bitte um 18 Uhr
bereithalten, Telefonkonferenz mit Bundesminister Steinbrück«. Vertreter aus allen Bereichen der Finanzbranche wurden am Sonntag
dann zu einem Gespräch zusammengeschaltet, nur ein Bankenchef
hatte sein Handy nicht an und war unerreichbar. Nach diesem Faux-
pas mussten sich in der Krise alle Schlüsselakteure verpflichten, immer über zwei Handy erreichbar zu sein. Als Steinbrück seinen ersten

Vorschlag unterbreitete, hörten auch Josef Ackermann und Jürgen Fitschen geschockt zu.

Warum, fragte der Minister, lasse man die IKB nicht einfach pleitegehen? So verstand er die freie Marktwirtschaft. Eine private Bank hatte sich verspekuliert und musste dafür bezahlen – lieber ein Ende mit Schrecken als ein Schrecken ohne Ende. Die Bosse der Banken, die Funktionäre und Aufseher am anderen Ende der Telefonleitungen, die nach Frankfurt, Berlin, Hamburg, München führten, waren perplex. Die IKB pleitegehen lassen? Das gehe auf keinen Fall. Einige der Banker erklärten Steinbrück, dem Vollblutbeamten, der sein ganzes Berufsleben lang in Ministerien und als Politiker gearbeitet hatte: Das Problem sei nicht die Bank an sich, sondern die Ansteckungsgefahr. Andere Banken könnten in den Abwärtsstrudel geraten. Übersprungsrisiken, Dominoeffekt – das seien die wahren Probleme.

Aber es war am Ende der BaFin-Chef Jochen Sanio, der Steinbrück am meisten Angst machte, da er eine historische Parallele zog: »Wenn die IKB nicht gerettet würde, dann droht die größte Finanzkrise Deutschlands seit dem Jahr 1931.« Damals hatten deutsche Banken reihenweise ihren Bankrott erklären müssen, weil sie unter anderem zu stark im Ausland verschuldet waren. Es folgten die große Wirtschaftskrise, Massenarbeitslosigkeit, der Siegeszug der Nationalsozialisten. Wenn eine deutsche Bank, die am Freitag noch ein Top-Rating hatte, am Montag ihre Türen nicht mehr öffnete, erklärte Sanio, dann könnten sich ebenjene Ereignisse von 1931 wiederholen. Das überzeugte Steinbrück. Und noch ein Argument brachte die geballte Bankenprominenz vor: Man dürfe den ausländischen Finanzmärkten nicht signalisieren, dass ausgerechnet Deutschland in dieser Situation die erste Bank pleitegehen lässt. Da war sie wieder, die Sorge um den Finanzplatz Deutschland.

Steinbrück hielt Rücksprache mit der Kanzlerin. Nachdem sie erst am Tag zuvor von der Existenz der IKB erfahren hatte, fällte sie nun die Entscheidung: Die IKB muss gerettet werden. Daraufhin wurde heftig gefeilscht, wer sich mit welchem Betrag an der Rettung zu beteiligen hatte. Auch die privaten Banken sollten die Konkurrenz aus Düsseldorf unterstützen. Ihr Beitrag – 500 Millionen Euro – war eher symbolischer Art. Die gleiche Summe versprachen auch die Sparkassen. Dass die Sparkassen mit der Deutschen Bank in einen Topf geworfen wurden, als es um die Verantwortung für die heraufziehende Krise ging, sollte der Präsident des Sparkassenverbands, Heinrich Haasis, nicht so schnell vergessen. Schließlich hatte Ackermanns Deutsche Bank seiner Meinung nach die Krise erst ausgelöst, weil sie der IKB die Kreditlinie gestrichen hatte. »Das war verwerflich«, so Haasis später. Bei der Rettung stemmte den weitaus größten Betrag – 2,5 Milliarden Euro – die KfW und damit mittelbar der Staat.

Jochen Sanio reiste an diesem Abend wieder nach Düsseldorf, wo der Aufsichtsrat um 20 Uhr 10 noch einmal zusammentrat. Der IKB-Chef Ortseifen fehlte, er war bereits suspendiert worden, da er seine Kollegen im Vorstand und die Aufsichtsratsmitglieder in den letzten Wochen immer wieder angelogen hatte, als es um die Risiken ging, die sich in der Schattenbank Rhineland verbargen. Ulrich Hartmann, der Aufsichtsratsvorsitzende der IKB, leitete die Runde. Sanio kannte ihn auch in einer anderen Funktion: Hartmann war zugleich Aufsichtsratsmitglied der Deutschen Bank. Das IKB-Vorstandsmitglied Markus Guthoff ergriff das Wort und erklärte dem BaFin-Chef, wie man in die bedrohliche Lage geraten sei. Schuld seien die Ratingagenturen gewesen, die hätten der Bank lange nur ein schwaches Rating gegeben, weil man das Risiko nicht weit genug gestreut hatte. Also habe man das Risiko in der Welt verteilt. Jetzt sei es einfach Pech, dass das Portfolio der Rhineland Funding von den CDO-Abwertungen der Agenturen überproportional betroffen sei. Die Marktteilnehmer hätten die IKB in der vergangenen Woche schlicht »pauschal« und »undifferenziert« eingeschätzt.

Schuld an der Lage waren also die Anleger, nicht die Bank. Nachdem das geklärt war, ging es ums Geld: Man brauche ab Montag eine Milliarde Euro, sagte Guthoff, um die nächste Woche zu überstehen. Weil andere Banken die Kreditlinien gekündigt hatten, sei aus »der Vertrauenskrise eine Bonitätskrise geworden.« Nun drohe »eine Liquiditätskrise«. Jochen Sanio sah das anders. »Die IKB ist klinisch tot«, sagte er, »ohne eine Rettungsaktion müsste am morgigen Montag mit großer Wahrscheinlichkeit wegen drohender Zahlungsunfähigkeit ein Moratorium verhängt werden.«

Klinisch tot, das war ein Schock für die Anwesenden. Einer fragte, ob die IKB die einzige Bank mit Problemen sei. Sanio wusste inzwischen, warum gerade die IKB in diese Krise geraten war, und erläuterte die Gründe dafür: Die Bank unterhalte in Relation zu ihrer Größe die größten Portfolien und sei darüber hinaus besonders anfällig, weil andere Banken ihre Zweckgesellschaft mit aufgebaut hätten. Für diese Banken sei die IKB leicht zu durchschauen und daher angreifbar. Mit »diesen Banken« meinte Sanio die Deutsche Bank und Goldman Sachs, die den Conduits der IKB erst die CDO-Tranchen verkauft hatten.

Bei der IKB wehrte sich niemand mehr gegen die Stützung von außen. Der Staat übernahm indirekt – über die staatliche KfW – zu wesentlichen Teilen die Finanzierung einer privaten Bank, der die Mittel ausgegangen waren. Obwohl Ackermann in Düsseldorf nicht anwesend war, war damit durch die Hintertür eine Forderung erfüllt worden, die er schon Jahre zuvor erhoben hatte: Aus der IKB wurde eine deutsche Bad Bank. Der internationale Finanzmarkt – die Konkurrenz, die Hedgefonds – würden am nächsten Tag sehen: Der deutsche Staat lässt keine lokale Bank pleitegehen, selbst ein kleineres Institut wie die IKB wird gerettet. Und das würde die Regierung erst recht tun, wenn die Deutsche Bank in Schwierigkeiten geriet. Damit war der Beweis erbracht, dass die Deutsche Bank ultimativ abgesichert war. *Too big to fail.* An einem verregneten, kühlen Wochenende, das zum bisherigen Verlauf des Sommers passte, schrieb die Bundesregierung Geschichte – sie hatte begonnen, den Finanzsektor massiv zu stützen, und sie würde so bald nicht von dieser Linie abweichen. Die Öffentlichkeit merkte davon zunächst nichts.

A m Montag nach dem denkwürdigen Wochenende erschien bei der Nachrichtenagentur Bloomberg eine für die Deutsche Bank äußerst peinliche Geschichte, die auf den ersten Blick gar nicht als peinlich zu erkennen war. Bloomberg feierte in einem Feature zwei Mitarbeiter der Deutschen Bank: Eugene Hu und Greg Lippmann.

Hu habe schon 2005 den Zusammenbruch des CDO-Marktes vorhergesagt, und Lippmann habe diese Analyse genutzt, um erfolgreich auf diese Entwicklung zu wetten. Das sei der Grund, warum die Deutsche Bank gut dastehe und bereits jetzt über 500 Millionen Euro mit der Krise verdient habe. Die Deutsche Bank als Krisengewinnler – was für eine Story.[89] In Deutschland wurde die Geschichte allerdings größtenteils gar nicht wahrgenommen, weil kaum jemand schon begriffen hatte, dass man in einer Krise steckte. Die Situation bei der IKB kroch erst langsam in das Bewusstsein der Öffentlichkeit. Am Montag gab die IKB eine Pressemitteilung heraus, in der die letzten Tage zusammengefasst wurden. »KfW stärkt IKB«, hieß es dort und: »Bonität wurde vor dem letzten Wochenende in Frage gestellt.« Der Jahresgewinn müsse nach unten korrigiert werden, erklärte man, Stefan Ortseifen sei abgelöst worden, die KfW würde die IKB von Risiken abschirmen, so bliebe die IKB »ein bonitätsstarkes Institut«, vor allem für den deutschen Mittelstand. Wie viel Geld die KfW aufgebracht hatte, wurde nicht mitgeteilt. Erst als die KfW tags darauf der US-Börsenaufsicht SEC meldete, dass sie der Rhineland Funding eine Kreditlinie von 8,1 Milliarden Euro zur Verfügung gestellt hatte, und Moody's berichtete, dass die KfW die Kontrolle über die Conduits der IKB übernommen habe und für deren Risiko eintrete, registrierten die Wirtschaftsredakteure, dass etwas nicht stimmte. Die Probleme der IKB wurden noch in den Wirtschaftsteilen abgehandelt.

Bei der Deutschen Bank wusste man, was zu tun war, bevor jemand unangenehme Fragen stellte. An die Journalisten wurden Informationshäppchen zu den Ereignissen um die IKB verteilt, kleine Geschichten, die vor allem die Deutsche Bank gut aussehen ließen. In Hintergrundgesprächen wurde die Mär von einer kleinen Bank verbreitet, die sich ganz allein verzockt hatte. Die Deutsche Bank habe das gemeldet und dadurch Schlimmeres verhütet, und sie habe sichergestellt, dass die Bank nicht kollabiert. Niemand wies in diesen Hintergrundgesprächen darauf hin, dass die Deutsche Bank die Krise mit ausgelöst und an ihr auch noch Geld verdient hatte. So schrieben die Reporter: »Banken bewahren Märkte vor Crash« oder: »Das war haarscharf: Die gesamte Bankenbranche ist eingesprungen, nachdem sich die deutsche Bank IKB in den USA verspekuliert hat.«[90] Eine Nachrichtenagentur zitierte einen »Insider«, man müsse der Deutschen Bank dankbar sein, dass sie auf die IKB aufmerksam gemacht habe. Drei Tage später war es mit der trügerischen Ruhe vorbei, als durchsickerte, dass Jochen Sanio die Situation als die größte Finanzkrise Deutschlands seit 1931 bezeichnet hatte. Aufgeschreckt berichtete nun auch die *Tagesschau* über den Fall IKB.[91] Die Aktienkurse der Finanzinstitute fielen, unter anderen verlor die Hypo Real Estate aus München stark an Wert. Sie sollte im folgenden Jahr in den Mittelpunkt der Krise rücken.

Axel Weber, dem Chef der Bundesbank, schmeckte die Eskalation überhaupt nicht. Der schwere Mann mit den wenigen streng zurückgekämmten Haaren widersprach Jochen Sanio am Donnerstag vor laufender Nachrichtenkamera: »Es handelt sich in Deutschland um institutsspezifische Probleme. Die IKB ist durch eine Auffanglösung (...) effektiv aufgefangen worden. Insofern kann man nicht von einer Bankenkrise reden.« In einer Pressemitteilung wurde er noch deutlicher: Die Ängste seien unbegründet, ein Vergleich mit 1931 sei absurd, die deutschen Banken seien der Entwicklung auf dem US-Häusermarkt nur begrenzt ausgesetzt, das könne man managen, und außerdem besäßen die entsprechenden Institute eine hohe Kreditqualität.

Das hatte mit der Wahrheit wenig zu tun, sollte die Lage aber beruhigen. Während sich eine Gruppe von Journalisten über Sanio lustig machte und dem Bundesbankchef glaubte, sagte Jürgen Seitz, der erstaunlich gut informierte Redakteur des Bayerischen Rundfunks, in einem Kommentar der *Tagesthemen*, dass das Zitat von Sanio niemals an die Öffentlichkeit hätte gelangen dürfen. Er sei aber trotzdem für die deutlichen Worte dankbar, weil die Warnung begründet sei und die Beteiligten wachgerüttelt werden müssten: »Vielleicht stoppen die Banken diesmal noch den Flächenbrand.« Denn es drohten weitere milliardenschwere Rettungsaktionen. Als Schuldigen machte Seitz vor allem die US-Banken aus. Die US-Amerikaner würden in einem »gigantischen Schuldenimperium« leben. »Was uns das angeht? Viel. (...) Jeder faule Kredit, der jetzt platzt, behindert künftig die Kapitalversorgung wettbewerbsfähiger Unternehmen«, so Seitz.

Man solle besser heute als morgen darüber nachdenken, wie man sein Vermögen anlege. Das kam der Wahrheit schon näher.

Die EZB meldete sich ebenfalls an diesem Donnerstag. Die Journalisten wurden zu einer außerordentlichen Pressekonferenz eingeladen. Das hatte es in der Geschichte der Zentralbank bis dahin nicht gegeben. Der EZB-Präsident Jean-Claude Trichet war um Gelassenheit bemüht. Doch einige Reporter machte es stutzig, wie ausdrücklich er betonte, dass die Lage unter Kontrolle sei. Er sprach von »normalen Prozessen an den Finanzmärkten« und »einer Neueinschätzung von Risiken«, wie ein TV-Reporter berichtete.[92] Vielleicht auch um zu demonstrieren, dass das Leben nun geregelt weitergehen würde, fuhr Trichet anschließend in die Bretagne, um dort Urlaub zu machen.

Tatsächlich normalisierten sich die Geschehnisse am Markt nicht. Die Banken liehen sich untereinander kaum noch Geld, Goldman traktierte die Konkurrenz mit Margin Calls und wertete seine CDO um insgesamt sieben Milliarden Dollar ab. Mit der AIG-Tochter feilschte man weiter über die ausstehenden Beträge. Das Vertrauen untereinander bröckelte mit jedem Tag mehr, und Jean-Claude Trichet hatte in der Bretagne nicht lange Ruhe. Der EZB-Präsident erzählte später, er habe vorgehabt, Gedichtbände zu lesen und mit seinem Motorboot einen Törn durch den Ärmelkanal zu unternehmen.[93] Doch nach einer Woche klingelte am frühen Morgen das Telefon. Die französische Großbank BNP Paribas hatte – wie Bear Stearns im Monat zuvor – mehrere Hedgefonds geschlossen. Die Bank untersagte den Anlegern, Geld abzuziehen. Die Begründung war brutal ehrlich: Es sei momentan unmöglich, den Wert der CDO-Tranchen, mit denen die Hedgefonds unter der Aufsicht von BNP Paribas spekuliert hatten, zu bestimmen. Niemand kaufe die Papiere noch, es gebe keinerlei Liquidität, so könne der »wahre Preis« der Instrumente sich am Markt nicht bilden. Damit reagierte die Bank auch auf Goldman. Die Banken sprachen sich untereinander auf unterschiedlichste Art und Weise das Misstrauen aus. Das System kam immer mehr ins Rutschen.

Trichet wurde von seinem engen Mitarbeiter Francesco Papadia unterrichtet, dass der Finanzmarkt austrockne.[94] Die gigantische

Menge an Liquidität, die das System zur Umschuldung der vielen kurzfristigen Kredite benötige, werde von den Banken nicht mehr in den Markt gepumpt. Trichet vereinbarte nach diesen Ausführungen für 10 Uhr eine Telefonkonferenz mit den anderen Mitgliedern des Direktoriums der EZB, die gerade über ganz Europa verstreut Urlaub machten. Es sei jetzt dringend erforderlich, so Trichet in dem Telefonat, Liquidität zur Verfügung zu stellen. Niemand hatte eine bessere Idee. Also setzte man eine Erklärung auf, dass die Banken sich zu einem Diskontzinssatz so viel Geld von der EZB leihen dürften, wie sie brauchten. Ein Limit gebe es nicht. Trichet entschloss sich dazu aus ähnlichen Gründen wie Angela Merkel: Für eine gründliche Analyse schien keine Zeit zu sein. Von den Banken unter Druck gesetzt, entschied er, den Finanzmarkt bedingungslos zu unterstützen – noch ehe die EZB einen Überblick über die Lage gewonnen hatte.

Die EZB sprach den folgenreichen Schritt nicht zuvor mit anderen Notenbanken ab. Trichets Kollegen, die Chefs der anderen wichtigen Zentralbanken auf der Welt, waren sowieso uneins, was die Strategie anging. Der US-Notenbankchef Ben Bernanke hatte die große Depression der 1930er Jahre gründlich studiert und war zu dem Urteil gekommen, dass es damals der größte Fehler gewesen sei, die Banken nicht mit ausreichend Liquidität zu versorgen. Ein anderer wichtiger Notenbankchef war strikt dagegen, dass man den Banken zu schnell half. Mervyn King, Englands oberster Banker, hatte erst am Tag zuvor auf einer Pressekonferenz erklärt, dass es zu begrüßen sei, wenn die Kredite knapper und teurer würden. Die Risiken müssten wieder realistischer eingeschätzt und kostspieliger werden. Als die EZB sich anders entschied, war King gerade bei einem Cricket Match und wollte nicht gestört werden, so dass er von der historischen Entscheidung der Kollegen erst mit Verzögerung erfuhr.[95] Also ging die Geschichte über ihn hinweg. Allerdings musste die EZB sich sowieso nicht mit ihm abstimmen.

49 Banken nahmen das Angebot der Europäischen Zentralbank an und liehen sich bereits am ersten Tag 95 Milliarden Euro. Die US-Notenbank zog nach und stellte über ihren New Yorker Ableger 24 Milliarden Dollar an Liquidität zur Verfügung. Die großen und

kleineren Banken der Welt waren wieder für ein paar Stunden flüssig. Sie wurden nicht wie die IKB öffentlich an den Pranger gestellt und konnten sich zunächst so viel Geld borgen, wie sie wollten, ohne dass dies publik wurde. Niemand erfuhr, wer sich wie viel von der EZB oder der Fed lieh. Auch die Deutsche Bank nahm das Angebot dankend an.

An jenem 9. August 2007 vollzog die EZB einen radikalen Kurswechsel. Es war eine Zäsur, private Banken wurden massiv gestützt, indem die Geldmenge insgesamt vergrößert wurde, doch der *Tagesschau* war das keine Meldung wert. Warum so viele Politiker, Journalisten und Anleger die Krise bewusst oder unbewusst verdrängten, lag auf der Hand: Man wollte die Entwicklung nicht wahrhaben. Gerade erst war die Wirtschaft in Deutschland wieder angesprungen, die Konjunktur angezogen, und die Agenda 2010, so schien es, bewirkte endlich etwas: 670 000 Menschen weniger als im Jahr zuvor waren offiziell arbeitslos gemeldet. Allerdings musste die Regierung tricksen, um auf diesen Wert zu kommen, denn die Zahl der Menschen, die auf Hartz IV – vormals Sozialhilfe – angewiesen waren, hatte sich gleichzeitig auf 7,4 Millionen erhöht. Man hatte aus vielen Arbeitslosen Sozialhilfeempfänger gemacht und sich auf diese Weise den statistischen Aufschwung im Grunde politisch teuer erkauft. Verständlich, dass man diese zarte Entwicklung nicht im Keim ersticken wollte. Erst am folgenden Tag machte die 20-Uhr-Sendung der *Tagesschau* mit der Meldung auf: »Die Krise am US-Hypothekenmarkt schlägt jetzt voll auf die weltweiten Finanzmärkte durch. Die EZB und andere Zentralbanken pumpten erneut Milliardenbeträge in das Bankensystem und den Geldmarkt, um die Liquidität zu sichern.« Die Banken hatten sich am zweiten Tag der EZB-Aktion 61 Milliarden Euro geliehen.

Die professionellen Beobachter taten sich schwer, die Situation einzuschätzen. Die Neigung, die Augen vor der Realität zu verschließen, sollte der Deutschen Bank in den nächsten Wochen helfen, ihren wahren Zustand zu verbergen. Und die EZB deckte mit der Entscheidung, den Markt mit Geld zu überschwemmen, viele Probleme zu. Nun ließ sich nicht mehr so leicht ausmachen, wer nackt baden gegangen war.

Die Rückkehr von Bill Broeksmit

Den Händlern bei der Deutschen Bank in London, New York und Frankfurt waren auch deswegen ihre Boni sofort angerechnet worden, weil ihre Deals ja angeblich abgesichert, gehedged waren. Also: Selbst wenn mal etwas schiefging, konnte die Bank nie in eine ernste Lage geraten. In New York war ein Franzose dafür verantwortlich, dass das komplizierte System aus Hedges, Swaps, Swaptions, Futures, CDS und wie die Instrumente alle hießen, funktionierte: Alex Bernand. Er war ein Risk Taker, ein Money Maker, der wie sein Landsmann Christian Bittar in der Deutschen Bank zu den Stars gehörte. Das Management war stolz, dass es 2006 gelungen war, Bernand von der Bank of America abzuwerben. Damals hatte die Deutsche Bank einige Abgänge in der Kreditabteilung zu verkraften. Der Chef der Abteilung war zu einem Hedgefonds gewechselt, und einem jungen indischen Trader mit dem Spitznamen »Rusty« drohte eine Gefängnisstrafe. Er war des Betrugs überführt worden – Rusty hatte seine Positionen manipuliert und ihren Wert künstlich erhöht. Ein Fachblatt hatte damals gefragt: »Ist das CDO-Geschäft der Deutschen Bank außer Kontrolle?« Der Wechsel war für Bernand nicht nur wegen der vielen Fragen, die das Geschäft der Deutschen Bank schon damals aufwarf, riskant, sondern auch weil der Markt bereits erste Risse zeigte. Sichere Geschäfte gab es kaum noch, aber Hedges – Absicherungen – waren gefragter denn je. Und genau darauf spezialisierte sich Bernands Abteilung. Die Deutsche Bank wollte diese Versicherungen weiterverkaufen, sie brauchte sie aber auch, weil sie selber, was die CDO-Position anging, nicht gut genug abgesichert war.

Zunächst hatte die Deutsche Bank versucht, wie Goldman Sachs die vermeintlich sicherste Tranche der CDO, die Super Seniors, über die AIG-Tochter Financial Products versichern zu lassen, also jene Tochter, die im Juli 2007 von Goldman unter Druck gesetzt wurde. Als das Limit der AIG erreicht war, hatte die Deutsche Bank aber noch längst nicht alle Super-Senior-Tranchen abgesichert. Man suchte dringend nach einer Alternative. Die fanden die Credit Boys von Alex Bernand in Kanada. Mit seiner Bankenaufsicht und den im Land herrschenden Regeln galt es als langweiliger, aber stabiler Standort im Schatten der Finanzmacht USA. Stabil, so sollte sich zeigen, war das kanadische System aber keineswegs.

Das nutzten Mathieu Lafleur-Ayotte und Alain Pelchat, zwei ehemalige Mitarbeiter der Deutschen Bank, aus. Sie hatten 2005 eine eigene Firma gegründet, die Quanto Financial Corporation in Montreal.[96] Die Stadt liegt in gerader Linie 600 Kilometer nördlich von New York City in der kanadischen Provinz Quebec und ist neben Toronto der wichtigste Finanzknotenpunkt in Kanada. Lafleur-Ayotte und Pelchat hatten dort zwei phänomenal erfolgreiche Jahre hinter sich. Im Prinzip folgten die beiden einer ähnlichen Idee wie der rundliche IKB-Anwalt Dirk Röthig. Sie hatten einige Tochterfirmen gegründet und die wiederum Zweckgesellschaften, also Conduits. Und wie bei der IKB war deren einziger Zweck, CDO-Tranchen aufzukaufen. Den laufenden Betrieb finanzierten die Conduits wie die Rhineland Funding der IKB mit der Vergabe von Kurzfristanleihen, den Asset Backed Commercial Papers.

Als Lafleur-Ayotte und Pelchat die Firma Quanto gründeten, war das Geschäft mit den ABCP bereits seit Jahren in Kanada etabliert. Diese Papiere machten ein Drittel des Geldmarktes aus, der über 300 Milliarden Dollar schwer war und damit größer als der jeder anderen Industrienation. Wie überall hatten auch die Anleger in Kanada seit 2001 mit den niedrigen Zinsen zu kämpfen, waren also dankbar für die Kurzfristanleihen, die ein paar Basispunkte mehr boten und trotzdem bombensicher schienen. Da sie alle sechs oder neun Wochen fällig wurden, musste Quanto in diesem Rhythmus neue Abnehmer für die Papiere finden. Die Chefs von Quanto hatten für den Start des Geschäfts mit den ABCP einen günstigen Zeitpunkt gewählt, denn 2005 wuchs der Markt extrem. Quanto und andere zum Teil bereits etablierte Anbieter gründeten reihenweise Conduits und warfen anschließend Kurzfristanleihen auf den Markt.

Immer mehr Spieler tummelten sich auf dem kanadischen Markt. Vor allem die europäischen Banken UBS und Barclays engagierten sich bei den ABCP, allerdings war kein Institut auch nur annähernd so aktiv wie die Deutsche Bank. Sie machte mit allen sechs großen kanadischen Conduit-Anbietern Geschäfte. Innerhalb von wenigen Monaten wurde sie der mit Abstand größte Spieler auf diesem – von London oder New York aus gesehen – provinziellen Markt. Spätestens 2006 dominierte sie das Geschäft. Dabei konzentrierte sie sich nur auf den Teil des ABCP-Segments, der von Conduits bestückt wurde und etwa zehn Prozent des gesamten Geldmarkts ausmachte. Die Kreditabteilung der Deutschen Bank hatte in der kanadischen Provinz etwas gefunden, nach dem sie lange gesucht hatte: Anleger und Banken, die gutgläubig eine gefährliche Wette mit der Deutschen Bank auf die Entwicklung des Kreditmarkts eingingen.

Der kanadische ABCP-Markt zeichnete sich vor allem dadurch aus, dass für ein Top-Rating nur eine lokale Ratingagentur ein Produkt als solide einschätzen musste, während man in den USA zwei positive Ratingberichte brauchte. Die Strukturierer mussten nur die kanadische Ratingagentur DBRS überzeugen und waren im Geschäft. Das war für Alex Bernand und sein New Yorker Team kein Problem. So konnten sie bald besonders riskante Produkte in Kanada verkaufen. Darunter war ein Instrument, das die New Yorker Credit Boys Leveraged Super Seniors – LSS – nannten. Diese Papiere waren keine Tranchen der Hypothekenbündel, sie waren ein komplett synthetisches Produkt, ein Credit Default Swap, eine riskante Wette auf die Entwicklung von CDO-Tranchen. Doch: Wer würde dieses Instrument kaufen?

Wie sich zeigen sollte, die kanadischen Conduits, also etwa die Firma der Herren Lafleur-Ayotte und Pelchat. Die hatten allerdings nur deshalb Interesse an LSS, weil die Deutsche Bank zuließ, dass sie mit einem vergleichsweise kleinen Einsatz ein großes Volumen an Papieren kaufen und damit die Conduits auffüllen konnten. Sie gaben etwa 250 Millionen Dollar aus und bekamen Leveraged Super Seniors, die auf dem Papier nominell 2,5 Milliarden Dollar wert waren. Deswegen hieß das Instrument *Leveraged* Super Seniors, eben weil die Papiere extrem gehebelt waren, man sie also auf Pump kaufen konnte. Diese bereits gehebelten Papiere nutzen Lafleur-Ayotte und Pelchat als Sicherheit für ihre Conduits und bezahlten der Deutschen Bank dafür eine Prämie. Schon diese Sicherheit wirkte bei Licht besehen nicht gerade beruhigend. Aber nun kam die zweite kanadische Besonderheit ins Spiel: Für Leveraged Super Seniors musste der Anbieter dem Anleger keinen detaillierten Prospekt präsentieren, aus dem hervorging, was genau da eigentlich verkauft wurde.[97] Die LSS durften also vertrieben werden, ohne dass gegenüber dem Anleger offengelegt werden musste, wie die Papiere strukturiert waren.

Lafleur-Ayotte, Pelchat und all die anderen Bankmanager, die den Markt für dieses exotische Produkt beherrschten, gaben den Conduits fantasievolle Namen: Area, Encore, Symphony, Whitehall, Aurora. Auf dem Papier hatten diese Produkte einen fantastischen Wert: 1,904 Milliarden US-Dollar war etwa das komplette Conduit Symphony wert. Und diese 1,904 Milliarden Dollar benutzten Manager wie Lafleur-Ayotte und Pelchat als Sicherheit für weitere Kredite, Geld, mit dem sie den laufenden Betrieb finanzierten. Große kanadischen Banken verkauften diese Papiere als Asset Backed Commercial Papers an Anleger, so wie Goldman Sachs die Rhineland-Anleihen vertrieben hatte. Die National Bank of Canada – ein privates Institut – bot etwa in einer Zehn-Millionen-Dollar-Stückelung ein ABCP an, das neunzig Tage lief und seinen Wert etwa aus dem Conduit Symphony zog, ein Top-Rating hatte und mehr Zinsen als eine Staatsanleihe abwarf. Was genau sich in dem Conduit Symphony verbarg, das wollten die Käufer gar nicht wissen. Hätten sie gefragt, dann hätten die Verkäufer – die Banken – antworten dürfen: Es geht Sie nichts an, was genau Sie da gerade gekauft haben. Ich muss hier gar nichts erklären, und der kanadische Gesetzgeber sieht das genauso.

In der schönen Schachtel Symphony, Nennwert 1,904 Milliarden US-Dollar, wäre der Blick auf viele kleine Schachteln gefallen, in denen Tranchen gebündelter Kredite – Schrotthypotheken, Autokredite, was gerade zur Hand war – verwahrt wurden. Aber diese kleinen Boxen fielen sehr viel weniger auf als die große, zugeklebte schwarze Schachtel, die bei Weitem den meisten Platz einnahm, zugeklebt und mit einer kryptischen Aufschrift versehen: Leveraged Super Seniors. Darin lag nichts von Wert, keine gebündelten Hypotheken aus den USA, kein Schuldschein, mit dem der Anleger direkten Zugriff auf die Sicherheit gehabt hätte. In der Schachtel lag nichts weiter als ein

Wettschein, ein Kreditausfallswap, der auf die Entwicklung einer bestimmten Tranche – eben der Super Seniors – wettete. Die Strukturierer nannten ihr Produkt nicht ohne Grund synthetisch, denn die Anleihe selber wurde gar nicht verkauft und vom Anleger auch nicht gekauft. Aber am Ende hing der Wert der Wette in der Schachtel eben vom Wert der Super Seniors ab.

Und hier lag das Problem. Greg Lippmann und andere hatten errechnet, dass die angeblich solide Super-Senior-Tranche wertlos wurde, wenn der Wert des gesamten Hypothekenbündels, zu dem die Super-Senior-Tranche gehörte, um lediglich 16 Prozent fiel. Dann war die Sicherheit des gesamten Conduits ausradiert. Davor wurde auf der Schachtel nicht gewarnt – Achtung! Riskant! –, und es gab auch keinen Beipackzettel, auf dem stand: Sie können mit dieser Anlage Ihren gesamten Einsatz verlieren! Die kanadischen Conduits, die diese schwarzen Schachteln für einen Stückpreis von 500 Millionen Dollar wie verrückt aufkauften, ahnten nicht einmal, dass sie eine Wette eingingen. Eine Wette, die das Team von Alex Bernand strukturiert hatte.

Im Juli 2007 war die Deutsche Bank in 16 der 23 kanadischen Conduits involviert, sie hatte 37 LSS-Tranchen für knapp 13 Milliarden Dollar verkauft, die nominell einen Wert von 130 Milliarden Dollar hatten – weil sie eben Super-Senior-Tranchen im Wert von 130 Milliarden Dollar versicherten.[98]

Davon hatten die kanadischen Anleger – Kommunen, Gewerkschaften, Pensionsfonds –, die den Banken die ABCP abkauften, keine Ahnung. Erst im Juli 2007 erkannten sie, dass es ein Problem gab. Jeder halbwegs professionelle Finanzmanager merkte nun, dass die großen Banken in den USA Hypothekenbündel verkauft hatten, die nichts als Schrott waren, und dass die Ratings – AAA, Prime 1 – nicht stimmten. In den USA waren offenbar viele Schachteln falsch ausgezeichnet worden. Und in Kanada? War die Schachtel mit der Aufschrift Symphony tatsächlich 1,904 Milliarden Dollar wert? Auf dem Markt regten sich Zweifel. Wenn es gut lief, liege der Wert eher bei 900 Millionen, vermutete man. Das bedeutete für die Anleger: Sie hatten den Conduits Papiere abgekauft, die nicht nur viel zu hoch bewertet, sondern auch noch miserabel abgesichert waren. Aber was war überhaupt noch ein realistischer Wert? An der Antwort auf diese Frage hingen die Pensionen von Millionen Kanadiern. Denn allein der große Pensionsfonds Caisse hielt ABCP-Anleihen im Wert von 14 Milliarden Dollar.

Die Lage wurde immer dramatischer. Der Markt für die Papiere trocknete aus, die Banken wurden sie nicht los. Jetzt gerieten auch die Conduits in Gefahr, da sie sich nicht mehr refinanzieren konnten. Den Strukturierern der Deutschen Bank, dem Team von Alex Bernand, war das egal. Sie hatten ihren Bonus in den Vorjahren, als die Papiere nach Kanada verkauft worden waren, bereits bekommen.

A m Freitag, dem 10. August 2007, trafen sich die wichtigsten Akteure auf dem ABCP-Markt mit dem Chef des Pensionsfonds Caisse in Montreal zu einer Krisensitzung.[99] Viele der großen europäischen Banken waren dabei, auch die Deutsche Bank. Wie konnte man den Markt wieder in Gang bringen? Das kanadische Finanzsystem stand vor dem Kollaps. Die Deutsche Bank war dabei in der gleichen Situation wie die IKB, der sie selber den Geldhahn zugedreht hatte: Sie hatte vertraglich zugesichert, dass die Conduits liquide bleiben würden, falls nicht, musste sie die Leveraged Super Seniors zurücknehmen und in der eigenen Bilanz verbuchen. Das wollte die Deutsche Bank auf gar keinen Fall. Denn dann hätte man sich, unter dem Strich, selber gegen den Ausfall der Super Seniors versichert.

Aber auch der Chef des Pensionsfonds Caisse hatte kein Interesse an einer Eskalation. Würde der Markt jetzt sofort und für alle sichtbar in eine dauerhafte Krise geraten, waren die Rücklagen vieler kanadischer Rentner erst recht in Gefahr. Also einigten die Käufer der ABCP – angeführt von der Caisse –, die Chefs der Conduits und die großen Banken sich darauf, am Montag zu einer »sanften Ladung« anzusetzen. Die Anleger sollten die Papiere weiter kaufen, damit der Markt nicht völlig zusammenbrach. Man würde Zeit gewinnen und könnte im Hintergrund an einem Kompromiss arbeiten.

Am Montag, dem 13. August 2007, ging Richard Pascoe, Vizepräsident der Abteilung Investmentbanking bei der National Bank in Montreal, kurz nachdem der Markt eröffnet worden war, zu seinen Händlern aufs Parkett. Verkauften sie noch Papiere? Er sah in blasse

Gesichter. Nicht ein einziges. Der Markt war eingefroren. Die Sitzung am Freitag hatte nichts gebracht. Die National Bank betrieb selber über Töchter Conduits und hatte der Deutschen Bank einige Leveraged Super Seniors abgenommen. Vertraglich gab es für Notfälle ein Protokoll: Man kontaktierte die Bank, die das Papier verkauft hatte, und forderte zusätzliche Liquidität ein. Das tat Pascoe nun. Sein Ansprechpartner bei der Deutschen Bank erbat sich Bedenkzeit bis zum Marktschluss. Den Tag über änderte sich nichts an der Lage, die Händler hatten nicht ein ABCP verkauft. Erst rief Pascoe erneut bei der Deutschen Bank an, schließlich Louis Vachon, Chef der Nationalbank. Beide erhielten dieselbe Antwort: Von uns kriegt ihr nichts. Vertrag hin, Vertrag her. »Holy Shit«, dachte Vachon, wenn die Deutsche Bank einen Rechtsstreit riskiert, dann hat man es mit einem größeren, einem globalen Problem zu tun.[100] Das Institut berief sich darauf, dass man nur bei einem »Marktdesaster« zahlen müsse. Erlebte man nicht gerade ein Marktdesaster? Das sah die Bank anders. Der Vertrag sei an der Stelle nicht genau definiert. Bis ein Gericht geklärt hatte, ob man gerade ein Desaster erlebte oder nicht, würde die Krise auf die eine oder andere Art vorbei sein. Die Bank hielte ihre Bilanz sauber und würde nicht einen Dollar zu viel zahlen. Die Deutsche Bank weigerte sich also im Verbund mit anderen europäischen Großbanken, Geld in den kanadischen ABCP-Markt zu pumpen. So war sie mit dafür verantwortlich, dass innerhalb von 17 Tagen eine weitere Industrienation vor dem Kollaps stand.

E ine Woche später erinnerte sich Anshu Jain an seinen alten Freund Bill Broeksmit, der mit ihm bei Merrill Lynch gearbeitet hatte und ebenfalls von Edson Mitchell zur Deutschen Bank geholt worden war. Broeksmit war im April 2000 in die USA zurückgegangen und hatte sich dort seither als freier Berater durchgeschlagen. Er pflegte engen Kontakt zu ehemaligen Kollegen, mit denen er schon in den 1990er Jahren Schlachten geschlagen hatte. Die alten Freunde schrieben sich E-Mails, diskutierten Börsentipps, trafen sich auf einen Drink und tauschten regelmäßig Neuigkeiten aus. »Die wichtigsten News«, schrieb Broeksmit einem Freund einmal, »Mark ist tot,

Darmkrebs. Luther tot, Herzinfarkt, Dick, Char, die Hure aus Wausau [eine Stadt in Wisconsin], alle tot. Allan ist auch gestorben.«

Mit seiner Tochter half Broeksmit hin und wieder in einer Suppenküche aus, und er unterstützte seine Frau, die eine Kunstsammlung aufbaute und versuchte, als Malerin bekannt zu werden. Manchmal fuhr er von der Park Avenue am Central Park, wo er wohnte, zur Wall Street, um dort in einigen der großen Banken auszuhelfen, wo seit Anfang des Jahres Not am Mann war. Die Zahlen waren verheerend, die Lage wurde immer düsterer, und so waren Experten für Derivate gefragt. Im Krisenjahr 2007 erhielt Broeksmit Aufträge von der J. P. Morgan Chase, und auch seine alte Firma Merrill Lynch nahm Kontakt zu ihm auf. Bei Merrill suchte man sogar schon nach Broeksmits altem Computer, seinem Hausausweis und den Personaldaten, damit er wieder einsteigen konnte. Broeksmit selber glaubte noch im März, dass die Situation besser werden würde, und kaufte Merrill-Aktien für 81 Dollar das Stück.

Noch bevor Broeksmit bei Merrill wieder einsteigen konnte, meldete sich Mitte August sein alter Kollege Anshu Jain und machte ihm ein Angebot, das Broeksmit nicht ausschlagen konnte: Er sollte als Jains spezieller Berater das Geschäft der Deutschen Bank durchleuchten, im Hintergrund, ohne große Aufmerksamkeit zu erregen. Jain schien zu glauben, dass er sich auf seine eigene Bank und die eigenen Mitarbeiter nicht mehr verlassen konnte. Er brauchte einen Mann von außen, der in erster Linie ihm selber berichtete. Broeksmit war ein herausragender Strukturierer bei Merrill gewesen, einer, so hoffte Jain wohl, der jeden Trick durchschaute. Jain wollte zudem einen persönlichen Risikomanager an seiner Seite haben, da er Hugo Bänziger nicht traute und ihn auch nicht in jedes Problem einweihen wollte. Der ehrgeizige und jähzornige Schweizer hatte zudem bisher vor keiner substanziellen Verwerfung angemessen gewarnt, sondern wie viele andere auch auf seine Risikomodelle und Computerberechnungen vertraut. Die konnten aber nicht berechnen, was die Zukunft bringen würde, weil die Situation 2007 so außergewöhnlich mies und verfahren war, dass es gar keine Vorbilder gab, auf deren Grundlage man Berechnungen hätte anstellen können.

Wie die Händler, die manches Mal an Jain verzweifelten, hatte auch das nominelle Risikomanagement Grund zur Klage. Computer langweilten Anshu Jain, und weil das so war, wurde die Logistik bei der Deutschen Bank sträflich vernachlässigt. Kollegen beobachteten, wie seine Augen leer wurden, wenn es um neue Technik, Software, um die digitale Zukunft ging. Das alles schien ihn so anzuöden wie Diskussionen über die hohen Kosten in der Bank oder solide, aber fade Geschäfte. Er wollte komplexe Deals, ohne zu begreifen, dass die Bank dafür eine Logistik aufbauen musste, die diese Komplexität auch abbilden und lenken konnte. So versank die IT-Struktur der Bank in einem einzigen, geradezu legendären Chaos – längst veraltet, zu kompliziert, jede Abteilung mit einer anderen Software und niemand mit Übersicht.

Auf die größte Finanzkrise seit den 1930er Jahren, die sie selber mit heraufbeschworen hatte, war die Deutsche Bank also auch technisch nicht vorbereitet. Bill Broeksmit sollte helfen, das Chaos erst einmal zu überblicken und die Fehler zu analysieren. Noch bevor Broeksmit sich nach London aufmachte, hörte er sich in New York bei Kollegen um, schrieb E-Mails, nahm alte Kontakte wieder auf. Auch mit Michele Faissola, dem Chef der Abteilung Zinssätze, war er lose in Kontakt geblieben. Faissolas Assistentin hatte Broeksmit geholfen, eine seiner Töchter auf einer Universität in Italien unterzubringen, und Broeksmit hatte gefragt, ob er sich mit einer Flasche Champagner bedanken könne. Klar, witzelte Faissola, Nikki sei Engländerin, die trinke natürlich hin und wieder, die Flasche könne er aber selber besorgen. Man schrieb sich auch danach eine Weile belanglose E-Mails und blieb im Kontakt.

Die Mail vom August 2007 hatte es allerdings in sich. Es ging um die Manipulation des Zinssatzes Libor. Die Gerüchte am Markt waren nicht mehr zu ignorieren. Broeksmit sprach diese in der E-Mail an Michele Faissola an. Dem scheinen die Informationen so wichtig gewesen zu sein, dass er sie am 21. August an Anshu Jain weiterleitete. Drei Tage später flog Anshu Jain in die USA und traf sich mit Bill Broeksmit in New York. Über den Inhalt dieses Gesprächs schweigt Anshu Jain.[101] Broeksmit schrieb nach dem Treffen eine Mail an Mark

Ferron, den Chief Operational Manager der Deutschen Bank in London: »Habe heute Anshu getroffen, er will, dass ich mich zuerst mit den Hypothekenpositionen beschäftige. Ich nehme am Montag einen Nachtflug. Anshu möchte, dass ich dann die notwenigen Informationen von Ihrem Team bekomme, nicht direkt von den Handelstischen. Wo ich sitzen werde, weiß ich noch nicht. Den Beratervertrag habe ich heute unterschrieben.« Selbst führende Manager konnten sich später nicht erinnern, wann genau Broeksmit aufgetaucht war. Man nahm ihn in London kaum wahr. Er befolgte die Instruktionen von Anshu Jain und arbeitete sich im Verborgenen allmählich ein.

Während seiner letzten Monate in den USA traf sich Broeksmit einige Male mit Miles Draycott, einem alten Kollegen, den er von Merrill Lynch kannte und der ebenfalls bei der Deutschen Bank gearbeitet hatte. Draycott hatte im Frühjahr mit Broeksmit Kontakt aufgenommen. Er suche einen Job, ob Broeksmit ihm helfen könne. Draycott hatte eine Präsentation zur Strukturierung von Credit Default Swaps vorbereitet, denn er wollte in das CDO- und CDS-Geschäft einsteigen. »Ich habe gerade ein paar Gedanken dazu aufgeschrieben«, sagte er. Broeksmit versprach, sich die Unterlagen anzusehen, doch als sie sich Ende August trafen, war der CDO-Markt bereits zusammengebrochen. Jetzt ging es nur noch um das Management der Krise. Broeksmit ahnte, dass Draycott besser in die Details des größten Geschäfts der letzten Jahre – die CDO – eingearbeitet war als er selbst. Er sollte recht behalten. Draycott machte seinen alten Kollegen auf eine Studie von UBS vom Juli 2007 aufmerksam, in der eine unabwendbare Katastrophe vorausgesagt wurde. Über 2000 Hypothekenbündel seien schon abgewertet worden, betroffen seien mindesten 300 CDO. Das sei allerdings erst der Anfang. Broeksmit antwortete, so düster sehe er die Lage nicht. Noch hatte er sich mit der Dramatik der Situation nicht genügend vertraut gemacht, und viele Einzelheiten des Geschäfts waren ihm gar nicht präsent. Draycott wollte seinen neuen wertvollen Kontakt offenbar nicht verschrecken und pflichtete Broeksmit zunächst bei. UBS könnte in der Tat zu schwarzgemalt haben, räumte er ein. Ende August lud er Broeksmit dann zu sich ein: Er solle doch auf ein Bier bei ihm vorbeikommen, seine Frau müsse noch überzeugt werden, dass es einen Weg gibt, mit dem ganzen Chaos Geld zu verdienen. Da war Broeksmit schon in London, was er Draycott zunächst nicht verraten hatte.

Der erfahrene Trader Draycott wurde im September immer skeptischer. Er hatte mit Broeksmit darüber gesprochen, dass die »Street« – also die Wall-Street-Banken – recht viele Super-Senior-Tranchen in ihren Büchern halten würde. Die Positionen waren größtenteils nicht abgesichert, und die wenigen Hedges, die man installiert hatte, waren extrem schlecht strukturiert. Ohne es zu ahnen, hatte Draycott damit die größte Schwäche der Deutschen Bank benannt. Anfang September meldete er sich wieder per E-Mail bei Broeksmit: Seine Befürchtungen hätten sich bestätigt. Die PAYG – Pay-As-You-Go-Versicherungen, die sich unter anderem Greg Lippmann ausgedacht hatte – würden auch nicht wirklich ziehen. Viele dieser Swaps liefen nur fünf, manche zehn Jahre, während die CDO eine Laufzeit von 35 Jahren hätten. Bildlich gesprochen war die Decke viel zu kurz. Und die vertraglichen Bedingungen waren längst nicht so glasklar formuliert, wie es nötig gewesen wäre. Ernste Sorgen machte sich der alte Kollege von Broeksmit auch wegen der Leveraged Super Seniors, auf die sich vor allem die Deutsche Bank verließ. Das Problem sei hier die Mark-to-market-Bewertung, also wie und wann die Positionen überhaupt bewertet werden. Die Bewertung der Positionen im Buch einer Bank konnte schon im Keller sein, bevor die Versicherung überhaupt griff, und das hieß, dass der Versicherungsbetrag nicht ausreichte, um den Verlust auszugleichen. Im Ernstfall würden die Banken ohne Sicherheitsnetz dastehen und müssten unter Umständen einen Großteil der Positionen abschreiben. Miles Draycott, der alte Hase, hatte also nicht lange gebraucht, um das Geschäft zu durchschauen, und den Finger in die Wunde gelegt: Die Deutsche Bank hatte – wie viele andere große Wall-Street-Banken mit Ausnahme von Goldman Sachs und J.P. Morgan – ihre riskante CDO-Position nicht nur schlecht abgesichert, sondern diese Versicherung auch noch weiterverkauft. Bald würde es nur noch darum gehen, vor der Konkurrenz und der Öffentlichkeit zu verbergen, wie es um die Deutsche Bank wirklich stand. Bill Broeksmit hatte sich auf einen Höllenjob eingelassen.

N achdem der Markt für ABCP eingefroren war, wurde im kanadischen Montreal zäh verhandelt. Die Situation war verfahren. Nicht zuletzt an der Deutschen Bank würde eine Lösung hängen, das jedoch ahnten die Teilnehmer nicht. Viele kanadische Pensionsfonds, Unternehmen und andere Anleger hatten die Kurzfristanleihen ABCP in zu großen Mengen gekauft und wurden sie nicht mehr los. Nun mussten die Conduits, die Zweckgesellschaften, die diese Papiere aufgelegt hatten, dringend mehr Liquidität auftreiben, um zu beweisen, dass die ABCP doch sicher waren, und so den Markt wieder zum Laufen bringen. Die Manager der Zweckgesellschaften glaubten, dass die Banken, auch die aus Deutschland, diese Liquidität zur Verfügung stellen müssten, schließlich hatten sie die Sicherheiten für dieses ganze Konstrukt geliefert. An dem Wert dieser Sicherheiten, vor allem an den Leveraged Super Seniors, gab es allerdings ernste Zweifel. In der Krisensituation wurde deutlich, welcher Irrsinn in dem System steckte, denn es standen sich – abgesehen von den machtlosen kanadischen Anlegern – letztlich zwei Partner gegenüber, die sich gegenseitig versichert hatten. Die Zweckgesellschaften, die etwa von Mathieu Lafleur-Ayotte und Alain Pelchat betreut wurden, konnten im Fall einer Marktkrise mehr Liquidität von den Banken fordern. So sah es der Vertrag vor. Die Banken wiederum konnten von den Conduits verlangen, dass sie die Versicherungssumme für die Super Seniors auszahlten, weshalb ja vor allem die Deutsche Bank sich an dem ganzen Konstrukt überhaupt beteiligt hatte. Beide Seiten standen sich gegenüber wie die Parteien im Kalten Krieg. Sie konnten ihre Vermögenspositionen gegenseitig auslöschen, wie ein Beobachter später schrieb.[102]

In den Verhandlungen in Montreal war den Beteiligten zunächst nicht klar, dass die Deutsche Bank mit Abstand am aktivsten auf dem Markt gewesen war und nicht nur deshalb am meisten zu verlieren hatte. Sie konnte also gar kein Interesse am Zusammenbruch des Systems haben. Wenn die großen Banken – UBS, Barclays, Deutsche Bank – sämtliche Mittel und Rücklagen der Zweckgesellschaften als Versicherungszahlung eingefordert hätten, wäre aber genau das geschehen. Doch dann hätte die Deutsche Bank Papiere zurückbekommen, die sie gar nicht gebrauchen konnte: die Leveraged Super Seniors, die Wetten auf die Entwicklung der Super-Senior-Tranche der CDO, die die Bank in Massen hielt. Der Deutschen Bank ging es nicht um einen konkreten Betrag – zwei, drei oder vier Milliarden kanadische oder US-amerikanische Dollar –, sondern um etwas viel Wertvolleres: um den schönen Schein. In den Büchern der Bank musste es unbedingt so aussehen, als habe man die extrem riskanten Super Seniors gründlich abgesichert. Ob die Versicherung tatsächlich etwas taugte, war nicht entscheidend, wichtig war, dass man das auf dem Markt glaubte.

Die Deutsche Bank hatte wie eine Spedition gehandelt, die Waren von A nach B transportiert und mit einer Flotte von Schrottlastwagen auf den Straßen unterwegs ist. Unfälle nimmt sie in Kauf, denn ohne den Einsatz der Flotte kann das Unternehmen die laufenden Kosten nicht decken und wäre schnell bankrott. Da man die nächsten Monate irgendwie überstehen muss, stattet man die Lkw mit Versicherungspapieren aus, die zwar wertlos sind, aber verhindern, dass man bei einer oberflächlichen Kontrolle durch die Polizei auffliegt. Die Bank musste gleichsam wie die Spedition hoffen, dass ihre Fahrzeuge nicht einen tödlichen Unfall nach dem anderen bauten.

Den Verhandlungspartnern, den Anlegern, der kanadischen Finanzpresse, war das nicht klar, als sich die Krisensitzungen in Montreal hinzogen. Einige Reporter vermuteten, dass es den großen Banken Barclays und Deutsche Bank nur darum ging, keine zusätzliche Liquidität in den Markt pumpen zu müssen. Allerdings gab es auch einige, die direkt an den Verhandlungen teilnahmen und ahnten, dass die Lage komplexer war, als es schien. Zu ihnen zählte der führende kanadische Zentralbanker Mark Carney, ein ehemaliger Goldman-Sachs-Manager, der die Motive der großen Banken besser durchschaute als andere.[103] Carney geriet nicht in Panik. Er stellte sich – anders als die Verantwortlichen in der Fed, in der EZB oder in der Bundesbank in Deutschland – stur, als die Marktteilnehmer die Kanadische Zentralbank baten, den Markt mit Steuergeldern wieder flottzumachen. Die Bank kaufte kein einziges ABCP auf und akzeptierte diese Papiere auch nicht als Sicherheit. Es gab in der Kanadischen Zentralbank nicht

wenige Stimmen, die es vorzogen, die privaten Banken die Suppe aus-
löffeln zu lassen, die sie sich eingebrockt hatten.

Doch Carney und andere in der Zentralbank setzten auch nicht
auf die ganz harte Linie: Die Zentralbank unterließ es, offiziell zu
erklären, dass es zu einer massiven Störung des Marktes gekommen
war, denn dann wären die europäischen Banken rechtlich verpflichtet
gewesen, den Zweckgesellschaften zu helfen und Liquidität zuzuschießen. Einige kanadische Investoren kritisierten das vehement: Die
Zentralbank hätte mehr Rückgrat zeigen, mit den Banken härter umspringen und die kanadischen Anleger, nicht die ausländischen Institute schützen müssen.[104] Aber auch die Kanadische Zentralbank
wollte offenbar nicht riskieren, dass weltweit operierende Banken ausgerechnet durch kanadische Geschäfte in existenzielle Gefahr gerieten. So hatte auch die Zentralbank nichts dagegen, als die Beteiligten
in Montreal nach mehreren Tagen ein Kompromisspapier unterschrieben, das im Wesentlichen vorsah, die Lösung des Problems erst einmal
zu vertagen. Die Conduits und die Banken einigten sich auf einen Waf-
fenstillstand. Keine Partei würde in den nächsten 60 Tagen weitere
Liquidität oder Sicherheiten fordern, niemand würde klagen und die
Stimmung weiter vergiften. Eine große Privatbank aus Kanada verpflichtete sich unter anderem, einige der ABCP-Papiere aufzukaufen,
damit Bewegung in den Markt kam. Man gewann ein bisschen Zeit
und hoffte, im Hintergrund in Ruhe weiterverhandeln zu können.

Die Verschleppung des Problems war vor allem im Sinne der
Deutschen Bank, denn so wurden der Status quo und der Wert der
Super Seniors, die das Institut hielt, nicht in Frage gestellt. Und nur
darum ging es.

In Europa wurde die Krise in Kanada unterdessen kaum wahrgenommen. Bald wurde deutlich, warum schon der Anschein, solide
abgesichert zu sein, für die Deutsche Bank überlebensnotwendig war:
Wurden erst einmal die Werte in der Bilanz einer Investmentbank
öffentlich in Frage gestellt, dann war eine Diskussion über die Solvenz
des Instituts kaum noch zu verhindern. Und dann ging es rasend
schnell bergab. Egal wie groß eine Bank war.

»Kapital ohne Gewissen – wie sicher ist unser Geld, Herr Ackermann?«

Am 13. August, während man in Kanada ums finanzielle Überleben kämpfte, verkündete ein stolzer Josef Ackermann, dass die Deutsche Bank einen neuen Top-Berater gefunden habe: Alan Greenspan. Die 81-jährige Legende hatte von 1987 bis 2006 der US-Zentralbank Fed vorgestanden. Er galt viele Jahre als unantastbar, und die verschiedenen US-Präsidenten rechneten ihm hoch an, dass während seiner Amtszeit die Aktienkurse in der Tendenz immer nur nach oben gingen. Doch mit Beginn der Krise wurde auch er hart kritisiert. Greenspan hatte die hohen Häuserpreise wiederholt heruntergespielt. Man habe es mit keiner Blase zu tun, hatte er erklärt, Häuser eigneten sich nicht zum Spekulieren. Wenn man sich mit einem Hauskauf verhoben habe, müsse man schließlich ausziehen. Eine Fehleinschätzung. Käufer ohne große Rücklagen und Sicherheiten konnten gleich mehrere Häuser auf einmal kaufen, weil die Banken ihnen die Kredite geradezu nachschmissen. Viele Kritiker warfen Greenspan zudem vor, dass der Absturz 2007 nicht zuletzt aufgrund der dauerhaft niedrigen Zinsen unvermeidlich war, und die hatte der ewige US-Notenbankchef zu verantworten. Ein Händler sagte einer britischen Zeitung, dass die Probleme noch weiter zurückreichten: »Ich kann nicht der Einzige sein, der ihn im Wesentlichen dafür verantwortlich machte, dass er schon zwischen 1998 und 2000 den Banken erlaubt hat, sich [bei der Zentralbank] Geld zu leihen, die dann mit dem Geld Aktien, Anteile und Grundstücke kaufen konnte, ohne dass man diese Kredite für die Banken genau kontrolliert hätte.«[105]

Doch in Deutschland war Greenspans Ruf noch makellos. Ein Teil der Presse war begeistert, die Bank habe einen Coup gelandet, schrieb der *Tagesspiegel,* und viele Analysten sekundierten und schrieben, mit der Anwerbung Greenspans sei die Bank »als Global Player angekommen«. Andere wie der Ökonom Wolfgang Gerke erklärten, dass der Vertrag mit Greenspan eine gelungene Marketingmaßnahme sei, »die vor allem bei den US-Kunden Vertrauen wecken wird«.[106] Ackermann ließ sich mit dem Satz zitieren, dass Greenspan einer der

Architekten des modernen Finanzsystems sei, deshalb habe er eine einzigartige Perspektive, was den Kunden der Bank helfen werde, die richtigen Entscheidungen im Kreditrisiko zu treffen.[107] Es war eine für die Deutsche Bank typische Entscheidung: Mitten in der Krise stellte man einen der dafür Verantwortlichen als Berater an. Und so offenbarte die Personalie Greenspan, dass man mit der Analyse, was gerade falsch lief bei der Deutschen Bank, noch nicht sehr weit gekommen war.

Zwei Wochen später, Anfang September, kamen die Vertreter fast aller Banken in Frankfurt zu einer Tagung zusammen. Vor allem der Auftritt von Josef Ackermann wurde dort mit Spannung erwartet. Der gab sich zunächst ungewohnt selbstkritisch: Die internen Risikomodelle seien nicht genau genug, das müsse er zugeben. Dann verwies er aber darauf, dass die Deutsche Bank vor dem entscheidenden Wochenende die BaFin auf die Probleme bei der IKB aufmerksam gemacht habe. In Hintergrundgesprächen hatten seine Leute sogar gestreut, die IKB habe der Deutschen Bank in den USA Konkurrenz machen wollen, was nicht einmal im Ansatz der Wahrheit entsprach. Seinen Kollegen erklärte Ackermann, dass die IKB nun einmal unverantwortlich hohe Risiken eingegangen sei. »Beim Versuch, die Profitabilität zu erhöhen, haben manche eine ganz einfache Regel vergessen: dass höhere Rendite auch höhere Risiken birgt.« Diese Belehrung kam nicht gut an. Denn gerade die Deutsche Bank war große Risiken eingegangen und hatte dann geholfen, das Risiko im ganzen System zu verteilen. Der Sparkassen-Präsident Heinrich Haasis kritisierte Ackermann scharf: Sein Institut habe doch viele der problematischen Anleihen überhaupt erst an die IKB verkauft. Er, Haasis, wundere sich, dass man »Ratgeber für Brandschutzvorschriften wird, wenn man vorher zwar nicht das Feuer ausgelöst, aber doch ordentlich Brennholz gesammelt und gut daran verdient hat«.[108] Ein leicht schiefer Vergleich, der aber die Stimmung unter den deutschen Bankern sehr gut wiedergab. Dabei wusste Anfang September in Frankfurt nicht einmal Ackermann, wie hemmungslos die Deutsche Bank tatsächlich gezündelt hatte.

Die Lage in Deutschland war vor der Frankfurter Tagung noch dramatischer geworden und hatte vor allem die Stimmung des Sparkassen-Präsidenten Heinrich Haasis gedrückt. Denn es waren vor allem die Sparkassen, die enorme Mittel einsetzen mussten, um eine Landesbank zu retten. Im Laufe des August war deutlich geworden, dass nicht nur die IKB in ernsten Schwierigkeiten steckte. Auch die Sachsen LB hatte sich verspekuliert. Die Fälle IKB und Sachsen LB ähnelten sich stark. Das Institut aus Leipzig hatte sich ebenfalls in ein Geschäftsfeld verirrt, in dem es nichts zu suchen hatte. Die Bank war nach der Wende gegründet worden, um Unternehmer vor Ort durch die schweren Zeiten zu lotsen. Doch wie die IKB gründete die Bank in der Phase niedriger Zinsen und mauer Profite eine Tochterfirma in Dublin, Irland. Die Tochter legte ein Conduit auf, Ormond Quay, und das wiederum finanzierte sich durch den Verkauf von Kurzfristanleihen, den ABCP, die unter anderen Barclays, Lehman Brothers und die Deutsche Bank an Investoren verkauften.[109] Im Gegenzug vertrieb die Deutsche Bank der Landesbank Tranchen ihrer CDO als Sicherheit für die Conduits.

Genau wie bei der IKB und genau wie in Kanada brach dieses Geschäft im Sommer 2007 zusammen. Niemand wollte noch Kurzfristanleihen, das Conduit der Sachsen LB, das über eine Kreditlinie mit dem Mutterhaus verbunden war, bekam Liquiditätsprobleme. Dann lief es wie bei den anderen Instituten: Nach einem Margin Call von Barclays hatte die Sachsen LB sofort ein ernstes Problem. Die Lage eskalierte noch schneller als bei der IKB. Mehrere Sparkassen und eine Landesbank mussten der Tochter der Sachsen LB 17,3 Milliarden Euro an Liquidität zur Verfügung stellen. Nur gut sieben Tage nach der ersten Krisennachricht erklärte sich die staatliche Landesbank Baden-Württemberg bereit, die Sachsen LB aufzukaufen, allerdings ohne die Risiken zu übernehmen. Um die Zweckgesellschaft aus der Krise zu holen, wandte die Sachsen LB sich im Juli 2007 an die Investmentbank Lehman Brothers, die das leckgeschlagene Conduit für die Sachsen LB aufgelegt hatte. Zu diesem Zeitpunkt ahnte noch niemand, was aus Lehman werden würde. Eine Frage wurde immer drängender: Wer hatte sich noch auf diese unsicheren Geschäfte eingelassen, die von heute auf morgen nicht mehr zu funktionieren schienen?

Zu diesem Thema wurde Josef Ackermann in die ZDF-Talkshow von Maybrit Illner am 20. September eingeladen. Wo sonst meist mehrere Politiker um Sendeminuten und Aufmerksamkeit kämpfen, war er der einzige Gast der Sendung unter dem Titel: »Kapital ohne Gewissen – wie sicher ist unser Geld, Herr Ackermann?« Kurz zuvor war es in Großbritannien zum ersten Bankensturm seit 150 Jahren gekommen. Das Institut Northern Rock hatte Probleme, Kurzfristkredite am Geldmarkt zu refinanzieren. Als das publik wurde, versuchten Kunden panisch ihr Erspartes abzuheben. Die Bank von England musste einspringen, obwohl deren Chef Mervyn King erklärt hatte, er halte nichts von Bail-outs. Vielmehr sollten die Banken, die »den Tanz nicht mitgemacht hatten«, belohnt werden. Aber King wurde schließlich weich, denn es stand auch das Vermögen der Anleger auf dem Spiel. Jetzt endlich wurde auch der europäischen Öffentlichkeit bewusst: Die Krise ging alle an.

Im ZDF war der Chef der Deutschen Bank ganz er selbst. Er provozierte, schoss übers Ziel hinaus und verriet so einiges über seine eigene Bank, was er vielleicht besser nicht verraten hätte. Er versuchte zunächst die Zuschauer zu beruhigen und zeigte sich optimistisch, dass nach der Sachsen LB und der IKB keine weiteren Krisenfälle auftreten würden. Alle größeren Risiken seien mittlerweile transparent gemacht worden. »Ich gehe davon aus, dass hier keine größeren Zeitbomben ticken«, sagte er. Noch weiter von der Wahrheit entfernt konnte eine Aussage kaum sein. Ackermann gab sich zerknirscht, ein bisschen jedenfalls, und räumte ein, »auch die Deutsche Bank hat Fehler gemacht, auch in dieser Krise«, aber man sei weltweit ja nur die Nummer fünf im CDO-Handel gewesen, also nur am Rande für die Probleme der IKB verantwortlich. Bei dieser Gelegenheit gab er auch zu, dass seine Bank im dritten Quartal weniger Gewinn als erwartet vorweisen könne, denn es müssten 29 Milliarden Euro an Krediten neu bewertet werden. Welche Kredite oder Kreditpapiere das waren, verriet er nicht, sondern fügte lediglich hinzu, dass er das »Volumen der eingegangenen Finanzierungen für große Übernahmen« meine. Am Tag nach der Sendung verlor die Bank zwischenzeitlich über drei Prozent ihres Wertes an der Frankfurter Börse, so dass sogar Finanzminister Peer Steinbrück sich genötigt sah, der Bank zu helfen, indem er behauptete: »Die Deutsche Bank ist völlig stabil aufgestellt.« Dann fügte er noch hinzu: »Die Kreditwirtschaft ist stark genug, um solche Unwetter zu überstehen.« Dieser Satz hätte nicht falscher sein können.

Merrill Lynch, der alte Arbeitgeber von Jain, Mitchell, Broeksmit und all den anderen, die nun bei der Deutschen Bank das Sagen hatten, steckte mittlerweile tief im Schlamassel. Das US-Institut war ebenfalls spät auf der CDO-Party erschienen, hatte auch erst 2005 begonnen, CDO zu bündeln, zu verkaufen und zu versichern, und genau wie die Deutsche Bank fand Merrill am Ende für viele Super-Senior-Tranchen keine Abnehmer. Die Bank galt noch bis Anfang 2007 als Vorzeigeunternehmen. Seit 2002 wurde das US-Institut – als erstes überhaupt – von einem Afroamerikaner geführt. Stan O'Neal war die Verkörperung des amerikanischen Traums. Sein Großvater war noch Sklave auf einer Baumwollplantage in Alabama gewesen, er selber hatte auf dem Feld und später in einer Autofabrik gearbeitet, eine spezielle Förderschule von General Motors besucht und sich anschließend Schritt für Schritt hochgearbeitet.[110] Vor allem nach den Anschlägen vom 11. September 2001 hatte er sich als mutiger Manager erwiesen und die Bank zusammengehalten. Seine Berufung zum Chef von Merrill war eine Sensation. Doch im Laufe der Jahre war ihm die Macht zu Kopf gestiegen. Ein Fahrstuhl im Merrill-Hauptquartier gegenüber Ground Zero war allein ihm vorbehalten. Er galt zunehmend als autokratischer Anführer, der – das stellte sich spätestens im September 2007 heraus – seinen Laden nicht im Griff hatte.

Ähnlich wie sein Kollege Ackermann in Frankfurt bekam O'Neal nicht oder viel zu spät mit, wie seine Manager mit der Existenz der Bank spielten. 2005 hatte er sein eigenes Risikomanagement noch gerühmt, 2006 wie die Deutsche Bank Rekordgewinne eingefahren und im ersten Quartal 2007 erstmals mehr Gewinn gemacht als Lehman und Goldman. Als die Marktlage immer dramatischer wurde, veranlasste O'Neal, dass das Merrill-Management die CDO-Deals im eigenen Haus überprüfte. Die Kontrolleure stießen dabei auf einen aberwitzigen Plot: Den CDO-Händlern des Hauses war es gelungen, die eigentlich unverkäuflichen Super Seniors loszuwerden, allerdings hatten sie die Papiere intern an eine eigens gegründete Abteilung verkauft. Ein Kollege, der lange in Asien gearbeitet hatte, und mehrere Berufsanfänger arbeiteten in dieser Einheit. Sie kauften Super Seniors in immer größerem Umfang auf, wofür die CDO-Manager sie mit einer Prämie belohnten – bis zu 50 Prozent des eigenen Bonus gaben sie an die Kollegen ab.[111] Nur so konnte die CDO-Maschine am Laufen gehalten werden. Der junge Chef der Abteilung, der das Geld lange dankend angenommen hatte, warnte schließlich selbst vor den Super-Senior-Geschäften: Man bürde der Bank ein Risiko auf, das am Ende das ganze Finanzsystem gefährden könne. Doch niemand hörte auf ihn, und nach außen wandte er sich nicht.

Ende September dämmerte Stan O'Neal allmählich, dass die Lage heikel war, denn Merrill wertete die ersten CDO-Tranchen in Milliardenhöhe ab. Der Merrill-Chef kämpfte um seinen Job, entwarf Konzepte für einen Neustart, flog sogar nach London, wie der Autor Greg Farrell schreibt, um sich dort heimlich mit Anshu Jain zu treffen. Mehrere Stunden diskutierten die beiden miteinander.[112] O'Neals Plan war, dass Jain, der doch – wie die *Financial Times* geschrieben hatte – übers Wasser gehen konnte, bei Merrill aufräumen und Manager ablösen sollte, die schon zu jener Zeit bei Merrill waren, als Mitchell, Broeksmit und Jain dort noch gearbeitet hatten. Danach, so O'Neals Angebot, sollte Jain der Chef von Merrill werden. Ausgerechnet Jain. Der stieg schon durch seine eigene Bank nicht durch und hatte sich gerade mit Broeksmit einen freien Mitarbeiter von Merrill zu Hilfe geholt. Jetzt sollte Jain Merrill retten, wo es die CDO-Manager mindestens genauso schlimm getrieben hatten wie ihre Kollegen bei der Deutschen Bank in London. Jain nahm das Angebot nicht an, so weit konnte er die Lage immerhin einschätzen.

Gut drei Wochen später schockte Stan O'Neal die Wall Street mit der Nachricht, dass man bei Merrill im dritten Quartal 7,9 Milliarden Dollar Verlust gemacht habe – mehr Geld hatte man in einem einzigen Quartal in den vergangenen 93 Jahren nicht verloren. CDO im Wert von 8,4 Milliarden Dollar waren abgewertet worden. Obwohl man in Europa zur Tagesordnung überzugehen versuchte – »Es gibt nichts zu sehen, gehen Sie weiter!« –, war damit klar: Das CDO-Geschäft war am Ende. CDO im Wert von mehr als 1,5 Billionen Dollar hatten die großen Banken seit 2004 verkauft. Der Fall Merrill zeigte nun, dass der Wert aller CDO überprüft werden musste und man von einem Wertverlust ausgehen konnte, der am Ende bei 75 Prozent liegen konnte. Die Banken hatten ihr Imperium auf Sand gebaut und hatten damit die Weltwirtschaft zu ihrer Geisel gemacht.

Bei der Deutschen Bank dachte man noch immer nicht daran, aufzuräumen und neu anzufangen. Der Aufsichtsrat von Merrill Lynch sah das anders. Eine Woche nachdem er die verheerenden Zahlen verkündet hatte – »Ich will nicht drum herumreden: Fehler wurden gemacht« –, musste Stan O'Neal gehen. Er wurde mit 160 Millionen Dollar abgefunden. Sein Nachfolger John Thain, der ursprünglich von Goldman kam und anschließend die New Yorker Börse geleitet hatte, sollte 2018 in den Aufsichtsrat der Deutschen Bank geholt werden, damit er dort aufräumte. 2007, als man schon hätte absehen können, was das Management der Deutschen Bank angerichtet hatte, tat der Aufsichtsrat unter Dr. Clemens Börsig allerdings nichts. Auch Merrill blieb – trotz des neuen Chefs – eine *dead firm walking*, eine dem Tode geweihte Firma.

S eit mindestens drei Jahren wurde in London an den Geldmarkt-Handelstischen unter Christian Bittar nun der Markt manipuliert. Sollte das so weitergehen? Je deutlicher wurde, dass die Bankenaufsicht sich mit dem Geschäftsgebaren der Institute beschäftigen würde – die Vorgänge bei Merrill, BNP, Bear Stearns, das konnten die Aufseher nicht einfach unter den Tisch fallen lassen –, desto mehr wuchs die Gefahr, dass man aufflog, dass der Staat zurückschlug. Im Herbst 2007 musste man also wählen: Weiter so oder alles überdenken? In Absprache mit Anshu Jain hatte Michele Faissola Ende August entschieden, dass man auf die Marktsituation mit einer klaren Handelsstrategie reagieren müsse, wollte man weiter Geld verdienen. Der neue Chef der Einheit GFFX, der Südafrikaner Alan Cloete, hatte Jain die neue konkrete Strategie vorgestellt und dabei vor allem betont, wie überaus wichtig Christian Bittar bei diesem Umstellungsprozess sei. Der Plan war, den Libor und den Euribor minimal zu drücken – in einer Zeit, in der alle Akteure mit hohen Zinssätzen rechneten. Gleichzeitig würde man auf die niedrigeren Zinssätze wetten und die Derivate entsprechend positionieren. Ein todsicheres Geschäft. Bittar sollte es ankurbeln. Bittars Chef, David Nicholls, wies seine Abteilung im Oktober an: »Stellt sicher, dass die Libors alle tief angesetzt werden, das gilt für alle Zyklen.« Bittar hauchte der Strategie mit den altbekannten Mitteln und Komplizen Leben ein und schrieb Philippe Moryoussef zu Beginn des neuen Jahres: »Du hilfst mir, versprichst du mir das?????«

Bittar, Faissola und auch Jain hatten offenbar eines aus dem Fall Merrill gelernt: Aufräumen bringt nichts, Ehrlichkeit bringt nichts – weder der Bank noch einem selber. Der Rest war egal. Es ging in der Deutschen Bank inmitten der schwelenden Krise nicht um die große Linie, es ging noch immer vor allem um den eigenen Bonus. Viele Handelstische führten ihr eigenes »Buch«, in dem sie Gewinne und Verluste auflisteten, damit die Boni individuell berechnet werden konnten. Das machte die Gesamtlage extrem unübersichtlich. Zudem war die Bank nicht ausreichend abgesichert, und so versuchten die einzelnen Handelstische, die Short-Positionen von Greg Lippmann für sich zu nutzen und den eigenen Verlust zu minimieren. Es brach Streit aus, wer als Erster Lippmanns Shorts kaufen dürfe. Faissola versuchte zu vermitteln und schlug Anfang September in einer E-Mail an Anshu Jain vor, Greg solle ein zentrales Handelsbuch führen und die Short-Positionen innerhalb der Bank gerecht verkaufen. Jain antwortete darauf nichtssagend, das sei eine »interessante Idee, klingt fair«. Dann schweifte er gleich wieder ab und behauptete, der Markt sei in die richtige Richtung unterwegs. Faissola musste nachfassen: »Also sollen wir es so umsetzen?« Am Ende machte man es so. Zudem wurde Greg Lippmann befördert, einer der wenigen in der Bank, der das ganze Chaos vorhergesehen hatte und dem nun am Jahresende ein Bonus von 50 Millionen Dollar zustehen würde. Doch Lippmanns Wetten gingen eben längst nicht so weit wie die von Goldman Sachs. Die möglichen Verluste waren durch sie nicht annähernd abgedeckt.

Nestbeschmutzer, die die falschen Fragen stellten, konnte man in dieser heiklen Lage nicht gebrauchen, Leute wie den New Yorker Analysten Ajit Jain etwa – nicht verwandt mit Anshu Jain –, der zu einem internen Whistleblower wurde.[113] Ein Manager des mittleren Managements hatte auf Jain zuvor Druck ausgeübt: Er solle die Kalkulationen für die CDO fälschen und unter anderem den Zeitpunkt für fällige Hypothekenzahlungen in den Exceltabellen ändern, damit es so aussah, als werfe das Instrument viel Geld ab, zumindest mehr, als es tatsächlich der Fall war. Die Ratingagenturen würden die CDO also auf der Grundlage gefälschter Kalkulationen bewerten, und zwar besser, als es angemessen gewesen wäre. In der bedrohlichen Situation Ende 2007 konnte das entscheidend sein. Bevor Jain zur Bank kam, hatte man seine Arbeit in einem Ableger der Deutschen Bank in Indien erledigt. Ende 2007 pflegte man die Spreadsheets, die Kalkulationen, wieder selber. So konnte man offenbar besser an ihnen herumdoktern.[114] Doch Ajit Jain schlug intern Alarm. Eine Anwaltskanzlei wurde beauftragt, den Vorfall zu untersuchen, ließ sich jedoch Zeit. Viel Zeit. Ajit Jain sollte nicht der letzte Whistleblower sein, der genug gesehen hatte und die Vorgänge in der Bank kritisierte.

Die Mutter aller Krisen

Am Dienstag, den 22. April 2008, lud Angela Merkel für den Abend ins Kanzleramt. Dreißig Gäste versammelten sich in einem großen, hellen Raum im achten Stock, in dessen Mitte ein Tisch festlich gedeckt war. Der sogenannte kleine Speisesaal war bis 2005 das Apartment von Gerhard Schröder gewesen, der direkt über seinem Büro im Kanzleramt wohnen wollte. Viele Sozialdemokraten waren an dem Abend im April nicht unter den Geladenen, obwohl eine Große Koalition das Land regierte. Die überwiegend konservative Runde feierte nachträglich den 60. Geburtstag von Josef Ackermann. Der Chef der Deutschen Bank hatte zwar schon am 1. März eine große Party in der Münchner Residenz am Odeonsplatz ausgerichtet, Merkel hatte sie aber verpasst. 200 Gäste waren damals gekommen – Empfang im

Antiquarium, Abendessen im Kaisersaal, Konzert in der Hofkirche. Udo Jürgens sang, obwohl er erkältet war. Der ehemalige Bundespräsident Roman Herzog war da, ebenso der bayerische Ministerpräsident Günther Beckstein, Roland Koch, der in Hessen regierte und für einen deutlichen Rechtsruck verantwortlich war, Paul Achleitner, damals noch bei der Allianz, und Daimler-Chef Dieter Zetsche. Sie alle feierten den Boss der Deutschen Bank. Bis sechs Uhr morgens saß man in München beieinander.[115]

Auch an dem Abend im April kamen einige der reichsten und einflussreichsten Deutschen zusammen – und feierten eine Premiere. Dass eine Kanzlerin – oder ein Kanzler – der Bundesrepublik eine Feier für den Konzernchef eines deutschen Unternehmens veranstaltete, hatte es noch nie gegeben. Das Kanzleramt richtete den Abend hochoffiziell aus, somit zahlte der Steuerzahler für Steaks, Gambas, Trüffelleberwurst, für den Spargel und den Feigensenf. Aber mit einer Party, wie sie Ackermann in München und die Deutsche Bank in Barcelona gefeiert hatten, ließ sich der Abend im Kanzleramt dennoch nicht vergleichen. Das Fleisch hatten die Köche in der Metro gekauft, einige der Soßen waren schon vorgekocht.

Josef Ackermann war zwischen dem Chef der BASF und Maria-Elisabeth Schaufler, einer der reichsten Frauen Deutschlands, platziert. Ihm gegenüber saßen die Bundeskanzlerin, daneben Ackermanns finnische Ehefrau Pirkko und Gerhard Cromme, Vorsitzender des Aufsichtsrats von Thyssen-Krupp und Chef der Kommission »Deutscher Corporate Governance Kodex«, die versuchte, Benimmregeln für deutsche Unternehmer zu entwickeln. Am Tisch hatte überdies Dr. Tessen von Heydebreck Platz genommen, der im Jahr zuvor aus dem Vorstand der Deutschen Bank ausgeschieden war, und nicht weit von ihm entfernt der Chef der Firma Trumpf, der sein Geld einst der IKB anvertraut hatte. Der Vorstandsvorsitzende der Springer AG, Matthias Döpfner, der *Bild*-Chefredakteur Kai Diekmann, Friede Springer, die Erbin selber, ein Redakteur des Magazins *Focus* und Frank Schirrmacher, Herausgeber der *Frankfurter Allgemeinen Zeitung*, waren ebenfalls eingeladen. Schirrmacher schrieb später, nachdem es viel Aufregung um den Abend gegeben hatte: »Mir gegenüber saß Wolfgang Schürer,

Vorsitzender der Stiftung des Lindauer Nobelpreisträgertreffens, der interessant von der Begegnung von Studenten mit Nobelpreisträgern erzählte. Rechts davon, wenn ich mich recht erinnere, sogar mir direkt gegenüber, saß Klaus-Dieter Lehmann, der Chef des Goethe-Instituts, in seiner Nähe (was ich daraus folgere, dass ich mit ihm über Genetik sprach, er also nicht sehr weit weg gewesen sein kann) Jürgen Hambrecht, der Chef der BASF. Simon Rattle, für den, glaube ich, noch ein Stuhl freigehalten worden war, musste offenbar in letzter Minute absagen. Auch ausländische Gäste waren da. Der Direktor der London School of Economics und natürlich auch Unternehmer, viele von ihnen kannte ich leider nicht. Frau Merkel moderierte das Gespräch. Auch hier versagt mein Gedächtnis für alle Details.« Und weiter: »Niemand schien betrunken. Es wurde nicht getanzt. Petra Roth erwähnte Goethe.«[116] Schließlich schrieb Schirrmacher, dass viel über Bildung gesprochen worden sei, nicht über Wirtschaft und Finanzen: »Wir befanden uns vor der Krise.« So empfanden es viele damals. Aber genau das stimmte schon lange nicht mehr und sagt viel über die Fähigkeit mancher Beobachter aus, große Krisen auszublenden. Und schon lange ging es nicht mehr nur um die Hypothekenbündel und die CDO. Allein im Januar war der Dax an einem Tag um sieben Prozent abgestürzt. Northern Rock, die Bank in England, musste verstaatlicht werden, die Kosten für die Stützung der deutschen Banken beliefen sich bereits auf 20 Milliarden Euro, so viele wie die Mehrwertsteuererhöhung um drei Prozent 2007 eingebracht hatte.

Merkel und ihr Team machten sich fast ein Jahr nach Ausbruch der Krise wohl immer noch keine Vorstellung davon, was auf sie zukommen würde. Irgendwann musste der Sturm doch vorbei sein. In einem Redeentwurf vom 17. April ist zu lesen, was Merkel an jenem Abend sagen wollte: Schon am 7. Februar habe Ackermann sein 60. Lebensjahr vollendet, »ein Datum, an das Sie sich, dessen bin ich mir sicher, nicht nur wegen Ihres Geburtstags gerne zurückerinnern. An jenem Tag haben Sie den Jahresabschluss der Deutschen Bank für das Geschäftsjahr 2007 vorgestellt, der für Sie durchaus zufriedenstellend ausgefallen sein dürfte. Gute Nachrichten konnte Ihre Branche in den letzten Jahren besonders gut gebrauchen.«[117]

Tatsächlich hatte die Deutsche Bank 2007 mit diversen Trickserein 6,5 Milliarden Euro Gewinn nach Steuern gemacht. Doch das erste Quartal 2008 wies bereits einen Verlust von einer Milliarde Euro aus, allein der Handelsbereich hatte fast sechs Milliarden Euro verloren. Auch deshalb hielt Merkel die Rede nicht wie vorgesehen, in der sie auch hatte sagen wollen: »Bei Gelegenheiten wie dieser ist es üblich, den Jubilar zu würdigen und seine Leistungen und Erfolge herauszustellen. Eine Aufgabe, die mir in diesem Jahr besonders leicht fällt. Sie haben im erheblichen Maße zur erfolgreichen Positionierung der Deutschen Bank auf den internationalen Märkten beigetragen, insbesondere was das Investmentbanking angeht. Ihr persönlicher Beitrag zur Entwicklung des Finanzstandortes Deutschland ist daher kaum zu überschätzen.«

Aus einem Vermerk geht hervor, dass man im Kanzleramt intern durchaus diskutiert hatte, ob man Ackermann und seine Bank überhaupt feiern dürfe. Allerdings wurde das Thema nicht aus freien Stücken angesprochen, sondern war durch den Bundestagsabgeordneten, Anwalt und ehemaligen CSU-Staatsminister Peter Gauweiler provoziert worden, der in einem Schreiben an die Bundeskanzlerin schwere Vorwürfe gegen die Deutsche Bank erhoben hatte: Die Bank habe vorzeitig von dem Wertverfall der CDO gewusst, Händler hätten sogar vor dem Zusammenbruch der IKB deren Aktien im großen Umfang verkauft, bei der BaFin liege ein interner Untersuchungsbericht über diesen Vorgang vor. Das Kanzleramt und das Bundesfinanzministerium gingen der Sache nach: »Ende Juli habe unmittelbar vor Bekanntwerden der IKB-Krise ›ein (einzelner) Portfoliomanager/Kundenbetreuer der Deutschen Bank in Frankfurt auf niedriger Hierarchiestufe‹ IKB-Aktien verkauft. Näheres konnte das BMF noch nicht mitteilen. Die BaFin habe ihre Erkenntnisse bereits der zuständigen Staatsanwaltschaft übersandt.« Der Vorwurf Gauweilers stimmte also: Es gab rund um die IKB einen Fall von Insiderhandel, und Ackermanns Institut war wieder einmal involviert.[118]

Dass man bei der Deutschen Bank dank Greg Lippmann tatsächlich frühzeitig vom Wertverfall der CDO wusste, war dem Kanzleramt entgangen, obwohl im November nach Bloomberg auch die *New York*

Times über die Strategie des Händlers der Deutschen Bank berichtet hatte. Trotzdem schrieb das Bundeskanzleramt, die *New York Times* und die Weltlage ignorierend: »Angesichts der Milliarden-Abschreibungen der Deutschen Bank selbst ist auch nicht zu erkennen, dass sie so frühzeitig von der sich anbahnenden Wertentwicklung unterrichtet war, dass sie ihre eigenen betroffenen Wertpapiere noch hätte verkaufen können.« Das war jedoch falsch – einige Papiere hatte man ja abgesichert. Der Wunsch war also hier der Vater des Gedankens: Die Beamten träumten sich wohl zurück in eine kleine, provinzielle deutsche Welt, in der man die internationale Presse, die Entwicklung an der Wall Street oder an den Märkten in Asien ignorieren konnte.

Die Strömung – die Krise ist gar nicht so schlimm, das ist alles von der Presse aufgebauscht – gab es auch in den USA. Dort verwies der Ökonom Larry Kudrow Ende 2007 in einer Kolumne auf die glänzenden Zahlen, die Löhne würden steigen, die Produktivität, das Wirtschaftswachstum, alles sehe toll aus. Der »Bush-Boom« gehe weiter: »Obwohl es die Mainstream-Medien niemals zugeben werden, Präsident Bush hat dafür gesorgt, dass Amerika sicher und reich bleibt. Das Urteil der Geschichte über ihn wird daher milde ausfallen.«[119] Larry Kudrow, der Autor dieser Zeilen, wurde 2018 der wichtigste ökonomische Berater des US-Präsidenten Donald Trump.

Auch die Beamten im Kanzleramt erklärten 2007 offensichtlich erleichtert: »Ein Fehlverhalten, das Dr. Ackermann zugerechnet werden könnte, ist bisher nicht erkennbar.« Dass inzwischen das FBI gegen einige Finanzkonzerne, darunter die Deutsche Bank, ermittelte, hielt man in den – erhalten gebliebenen und offengelegten – Akten des Bundeskanzleramtes nicht fest. Tatsächlich kamen die Einschläge für den Schweizer immer näher. Der Ministerpräsident des Landes Sachsen, der CDU-Mann Georg Milbradt, war wegen der Schulden der Landesbank nach knapp sechs Jahren zurückgetreten. Viele Manager anderer großer Banken waren gefeuert worden, etwa der UBS-Chef Marcel Ospel oder der Boss der Citibank, Charles »Chuck« Prince. Vor allem die Citibank hatte mit den Super Seniors Milliarden von Dollar verloren. Prince hatte noch im Juli 2007 gesagt: »As long as the music is playing you've got to get up and dance. We're still dancing« – »Solange die Musik spielt, müssen wir aufstehen und tanzen. Wir tanzen noch.« Der Satz wurde so verstanden, dass die Banken bis zum bitteren Ende einen Markt auspressen, wenn sie niemand aufhält, und genau das stimmte ja auch. Im März war schließlich die erste Investmentbank als eigenständiges Institut von der Bildfläche verschwunden: Bear Stearns, 85 Jahre lang unabhängig, wurde von J. P. Morgan unter dem vorsichtigen Chef Jamie Dimon übernommen – für zwei Dollar die Aktie. Im Hintergrund sicherte die US-Bundesbank den Deal ab und würde im Notfall für einen Großteil der CDO-Schulden geradestehen. Zwei Dollar die Aktie, das hieß, Dimon konnte die Bank für 236 Millionen Dollar kaufen. Noch vier Tage zuvor war die Aktie mit 61 Dollar an der Wall Street gehandelt worden, doch dann tauchten Gerüchte auf, dass die Bank Liquiditätsprobleme habe, und das Spiel war innerhalb weniger Tage aus. Um Ackermann fielen die großen und mittelgroßen Banken wie die Dominosteine.

Der New Yorker Ökonom Nouriel Roubini veröffentlichte in jenen Tagen eine Liste, die zeigte, welche Banken noch gefährdet waren. Dafür stellte er einfach das Eigenkapital den sogenannten Level-III-Assets gegenüber, ebenjenen Anlagen, deren Wert die Banken quasi selber festlegen durften. Dazu gehörten die CDO und damit die Papiere, die gerade ins Bodenlose fielen. Zwei Banken waren nach der Liste am meisten gefährdet: Morgan Stanley mit 88 Milliarden Level-III-Assets bei 35 Milliarden Dollar Eigenkapital. Das Volumen der im Wert stark gefallenen Assets war um 259 Prozent größer als das des Eigenkapitals. Bei der Bank Lehman Brothers wurde das Eigenkapital um 159 Prozent überstrapaziert.[120] Doch eine Bank hatte Roubini nicht aufgeführt: die Deutsche Bank. Sie hatte ein Eigenkapital von 37 Milliarden Euro und offiziell 92 Milliarden Euro an Level-III-Assets. Die Schulden lagen also um 248 Prozent über dem Eigenkapital. Diese Relation war schlimmer als bei Lehman und 100 Prozent gefährlicher als bei Bear Stearns.

Ackermann feierte indessen ungerührt mit den Gästen der Kanzlerin auf Kosten der Steuerzahler seinen Geburtstag und freute sich später über den »wunderschönen Abend«, den man ihm spendiert hatte. Aber diese Ausgabe war nichts im Vergleich zu den staatlichen

Maßnahmen, von denen seine Bank profitierte. Die Notenbanken in Europa und in den USA waren dazu übergegangen, den Banken sogenannte Diskontfenster zu öffnen. Dort konnten sie sich sehr günstig Geld leihen, wobei als Sicherheit ausgerechnet etwa Tranchen von CDO ausreichten. Dieses Geld erhielten aber nur die Universalbanken, die auch im Massenkundengeschäft tätig waren. Insbesondere die Deutsche Bank profitierte von der Großzügigkeit der US-amerikanischen Notenbank. Drei Tage nach der Feier im Kanzleramt erhielt die Deutsche Bank über ihren Ableger in New York knapp 4,4 Milliarden Dollar vom US-Staat. Zu diesem Zeitpunkt hatte sich das Institut schon knapp 13 Milliarden Dollar geliehen. Bis in den Juli kamen weitere 26 Milliarden Dollar hinzu. Nur dank der US-Notenbank blieb die Deutsche Bank flüssig und zappelte nicht nackt auf dem Trockenen. Und auch das kommentierte der Chef der Deutschen Bank auf seine Art: Er glaube nicht mehr an die Selbstheilungskräfte des Marktes, hatte er schon im März gesagt, der Staat und die Notenbanken müssten helfen. Die staatlichen Mittel flossen aber, gesetzlich bedingt, noch sehr beschränkt.

Finanzminister Peer Steinbrück hatte im Februar im Bundestag erklärt, dass die Einlagensicherung in Deutschland bei gerade 4,6 Milliarden Euro liege. In der Bundesrepublik gab es also kein Sicherheitsnetz, das tragfähig genug war, den Sturz der Deutschen Bank aufzufangen. Dennoch brach keine Panik aus, und das lag auch an Josef Ackermann, der eine Charmeoffensive gestartet hatte. Stefan Baron, ehemaliger Chefredakteur der *Weltwoche* und Ackermanns neuer Pressesprecher, hatte ihn nicht nur in die Talkshows geschickt, sondern auch auf die Sommerfeste der Zeitungen in Berlin, zu *Bild* und *Focus*.[121] Da saß er mit den Journalisten auf Bierbänken, aß mit ihnen Bratwurst und plauderte angeregt mit den Stammgästen, die sich in der Berliner Blase gegenseitig von der eigenen Wichtigkeit überzeugten. Ackermann erweckte den Anschein, dass er mit den Deutschen – jedenfalls mit jenen, die er und die sich selber für wichtig hielten – in einem Boot saß. Kein Victory-Zeichen mehr, keine arroganten Gesten. Zugleich las er der Branche in seiner Rolle als Präsident des internationalen Bankenverbands die Leviten. Ackermann gab den Chef einer Bank, der verstanden hatte und den nichts aus der Ruhe brachte. Das konnte er, weil er sich mit den Untiefen seiner eigenen Bank nie allzu lange und schon gar nicht gründlich beschäftigte.

Wenige Tage nach Ackermanns Abend im Kanzleramt schickten die New Yorker Notenbank und die Bankenaufsicht Mitarbeiter nach London. Sie sollten dort mit Händlern sprechen, die für die Libor-Angaben verantwortlich waren. Es hielten sich hartnäckige Gerüchte, dass die wichtigste Zahl der Welt manipuliert wurde. Den Anstoß hatte ein Artikel im *Wall Street Journal* gegeben, der die Finanzbranche im April erschüttert hatte, weil ihm zu entnehmen war, dass der Libor offenbar willkürlich zu tief angesetzt wurde. Ein Reporter des Journals, Carrick Mollenkamp, berichtete aus London: »Der immer größere werdende Verdacht, dass etwas mit dem Libor nicht stimmt, könnte bedeuten, dass die Probleme vieler Banken sehr viel größer sind, als sie zugeben. Die Sorge: Manche Banken wollen die hohen Zinsen, die sie tatsächlich für frisches Geld zahlen, nicht angeben, damit sie nicht andere Marktteilnehmer mit der Nase darauf stoßen, wie verzweifelt sie tatsächlich Cash brauchen.«[122] Banken, die nicht zum Libor-Panel gehörten, hätten sich über den Zinssatz bei der zuständigen British Bankers' Association (BBA) beschwert, schrieb Mollenkamp. Schon im März war ein kritischer Bericht der Bank for International Settlements – eine Art internationaler Bankenverband – erschienen, dessen Kernsatz Mollenkamp im letzten Absatz seines Artikels zitierte: »In dem Bericht heißt es, dass die Banken eventuell falsche Libor-Sätze angeben, da davon ihre Derivatepositionen profitieren könnten.« Der Libor, der Fixpunkt im finanziellen Universum, der Libor, der den Preis des Geldes bestimmt, sollte nicht akkurat sein, damit einige Banken in dieser Krise mit ihren Derivaten Geld verdienten? Diese Nachricht fehlte im Frühjahr 2008 gerade noch.

Der brisante Artikel überraschte die führenden Manager der Deutschen Bank keineswegs. Schon im März hatte David Nicholls, der neue Chef von Christian Bittar, in einer E-Mai an Anshu Jain, Alan Cloete und Michele Faissola darauf hingewiesen, dass viele Banken absichtlich einen zu tiefen Libor angeben würden. Das *Wall Street*

Journal war also auf der richtigen Spur. Cloete, der Boss der GXFX-Abteilung, informierte daraufhin einen seiner Starhändler, Boaz Weinstein in New York, dass der Libor nichts mehr mit der Realität zu tun habe. Nun, am Tag nachdem die Geschichte im *Wall Street Journal* erschienen war, meldete sich die British Bankers' Association bei den Händlern der Deutschen Bank in London, die für gewöhnlich den Libor angaben. David Nicholls nahm an dem Gespräch teil. Er mache es kurz. An der Geschichte im *Journal* sei nichts dran, ein Journalist habe den Mechanismus nicht richtig verstanden. Nicholls log, denn er selber hatte ja von Oktober an seine Händler aufgefordert, besonders tiefe Libor-Werte anzugeben. Mit der einen Lüge war die Sache allerdings nicht ausgestanden, denn wenig später bestand die BBA darauf, dass die Institute, die den Libor angaben, Vertreter zu einem Krisentreffen entsandten. Nicholls und Curtler vertraten die Deutsche Bank. Im Vorfeld wurden sie unter anderem von Michele Faissola angewiesen, so wenige Änderungen wie möglich am Zinssystem zuzulassen. Doch die Sorge, dass die BBA etwas an der Libor-Struktur ändern könnte, erwies sich als unbegründet. Der Verband vertrat die Interessen der großen Banken und wollte nur eines: den Skandal klein halten.

Die US-Behörden gaben sich dagegen nicht zufrieden. Vor allem der Notenbank fiel auf, dass einige Banken nach dem Bericht im *Wall Street Journal* plötzlich für kurze Zeit höhere Libor-Sätze angegeben hatten. Das war verdächtig – und gefährlich. Wegen der vielen falschen und willkürlichen Libor-Angaben konnten sich die Notenbanken kein klares Bild machen, wie schlimm es um die Finanzkonzerne tatsächlich stand. Mitten in einer der größten Finanzkrisen der Geschichte schien jeder den anderen etwas vorzumachen. Der Ärger wurde immer größer. Am 1. Juni schickte der Chef des New Yorker Ablegers der Fed, Timothy Geithner, einen Brief an seinen Kollegen Mervyn King bei der Bank von England mit Vorschlägen, wie man die Probleme mit dem Libor in den Griff bekommen könne. Unter anderem regte er an, dass die Banken, die den Libor-Satz angeben dürfen, zufällig ausgewählt werden sollten, so dass Absprachen nicht mehr möglich waren. King signalisierte, dass er die Vorschläge befürworte, aber ganz so einfach sei es nicht, denn die Bank von England war nicht für den Libor zuständig, sondern die BBA. Trotzdem hörten sich die Mitarbeiter der Bank von England um.

Seit November 2007 gab es innerhalb der britischen Notenbank Diskussionen darüber, ob etwas mit dem Libor nicht stimmte. Die Krise war ja vor allem darauf zurückzuführen, dass die Banken sich gegenseitig nicht trauten und untereinander kein Geld mehr liehen. Folglich schauten alle Teilnehmer beim Thema »Wie viel muss ich bei wem zahlen, damit ich Geld bekomme?« ganz genau hin. Schnell fiel auf, dass einige Banken aus dem Kreis der Libor-Institute einen tiefen Zinssatz angaben, den anderen Banken für genau diesen Satz aber dennoch kein Geld verliehen, sondern viel mehr verlangten. Die Konkurrenz fragte sich, auf welcher Grundlage diese Banken denn überhaupt den Libor angaben. Im Laufe des Winters war immer offensichtlicher geworden, dass etwas nicht stimmte konnte.

Auch die Aufsichtsbehörden registrierten, dass am Markt über den Libor diskutiert wurde. »Ist der Libor kaputt?«, fragte ein Mitarbeiter der britischen Finanzaufsicht FSA in einer E-Mail einen Kollegen, der lakonisch antwortete, so kaputt wie nun mal schon seit Monaten.[123] In der FSA gingen immer mehr E-Mails und Anrufe von besorgten Bankern ein. Der Compliance-Mitarbeiter einer Bank beschwerte sich Anfang April, allem Anschein nach würden die Libor-Banken den Zinssatz um 25 bis 30 Basispunkte künstlich drücken. Man solle die Libor-Banken daher zwingen, zu dem Satz Geld zu verleihen, den sie angegeben hatten. Ein Risikoexperte der britischen Finanzbehörden schrieb einem Kollegen am 9. April, dass die Auktion der US-Notenbank, bei der die Diskontkredite vergeben werden, am Tag zuvor merkwürdig verlaufen sei. Die Banken hatten um 90 Milliarden Dollar geboten und etwa die Hälfte ersteigert, für das Geld am Ende aber mehr gezahlt, als der Libor vorgesehen hatte. Das ergab gar keinen Sinn, denn bei der Fed mussten sie Sicherheiten hinterlegen, während sie das Geld auf dem freien Markt ohne Sicherheiten und billiger bekommen hätten – sofern der Libor akkurat angeben worden war. Aber genau das schien nicht der Fall zu sein.

Der Libor war eine Fiktion, und die Banken, die dafür die Berechnungsgrundlagen lieferten, hatten sich bei der Ersteigerung des Geldes der Fed verraten. Die Vorwürfe, die bei der FSA etwa von Seiten der Banken eingingen, die den Libor nicht beeinflussen konnten, wurden immer schwerwiegender. Eine Bank wurde beschuldigt, für einen Credit Default Swap einen Wert angegeben zu haben, der am Ende etliche Basispunkte über dem Libor lag, den dieselbe Bank als »Libor-Panel-Bank« angegeben hatte. Die Konkurrenten vermuteten deshalb, dass die Libor-Banken versuchten, Geschäfte zu machen, die auf der Differenz zwischen den verschiedenen Zinssatzangaben beruhten, und man es im Prinzip mit illegalen Arbitrage-Deals zu tun hatte, also Deals, bei denen man die Differenz zwischen zwei Zinssätzen ausnutzt. Genau das war im Kern der Ansatz der Handelsstrategie der Deutschen Bank, wie sie unter anderen Alan Cloete entwickelt hatte.

Nach dem *Wall Street Journal* berichtete auch Bloomberg über den Libor. Der Druck wuchs. Der britische Bankenverband bereitete schließlich ein Papier vor, das eine Reform des Libors umreißen sollte. Der Vorschlag ging auch an die britische Finanzaufsicht FSA, wo man wenig begeistert war. »Arm«, so das Urteil, die eigentlichen Probleme würden ausgeklammert, hieß es da.[124] Zu kritisch wollten sich die britischen Behörden in offiziellen Dokumenten allerdings nicht äußern, um den Markt nicht noch größerem Stress auszusetzen, schließlich ging es am Ende auch darum, welcher Finanzplatz am stärksten unter der Krise zu leiden hatte: New York oder London. Bislang hatte es vor allem New York getroffen. Doch im Gegensatz zum Bankenverband war die Bank von England eine staatliche Einrichtung und musste die Warnungen und den Ärger aus New York ernst nehmen. Also bat die Führung der Bank mehrere Manager der großen Banken zu einem Gespräch über den Libor. Dabei gab man sich nicht mit nachgeordneten Händlern ab, sondern verlangte die führenden Manager zu sprechen. Bei der Deutschen Bank war das Anshu Jain. Dieser war in den letzten Monaten vom Chef der Abteilung GXFX auf dem Laufenden gehalten worden. Cloete informierte Jain auch darüber, was die Händler der Deutschen Bank bislang mit der BBA in Sachen Libor besprochen hatten. Jetzt musste Jain selber ran. Ein Kollege warnte ihn zuvor explizit, dass er zum Libor befragt werden würde.

Das Treffen am Dienstag, 10. Juni 2008, einem warmen Früh-
sommertag, war ein heikler Moment in der Karriere Anshu Jains. Für
kaum eine Bank war die Situation brisanter als für die Deutsche Bank.
Das Institut lieh sich inzwischen regelmäßig Geld von der Fed in New
York, am 5. Juni waren es 2,5 Milliarden Dollar gewesen, und in wenigen Tagen würde man weitere fünf Milliarden benötigen. Und nun tat
sich der Chef der Notenbank, Timothy Geithner, mit seinem Kollegen
in England wegen des Libor-Verdachts zusammen. Zwei der wichtigsten Notenbanker der Welt diskutierten dieses Thema, und die Deutsche Bank stand unter Verdacht, bei der Manipulation mitzumachen.
Es drohte also Ärger. Jain konnte die Bank von England von seinem
Büro an der Great Winchester Street aus zu Fuß in fünf Minuten erreichen. Dann stand er vor dem kleinen Eingang, durch den man ins
Innere der Bank trat und dabei den Eindruck hatte, als würde das
mächtige Gebäude mit den wenigen Fenstern einen verschlucken.

Wenn sich Jain Sorgen gemacht hatte, dann waren sie unbegründet. Der Bank von England ging es offenbar nicht darum, ein großes
Institut bloßzustellen. Als Jain Jahre später von Wirtschaftsprüfern
und Anwälten im Auftrag der Deutschen Bank zu diesem Treffen befragt wurde, erklärte er, er könne sich nicht erinnern, ob das Thema
Libor zur Sprache gekommen sei. Die Bank von England äußert sich
bis heute nicht zu dem Thema und deckt Anshu Jain damit. Wie sich
zeigen sollte, hatte die Notenbank in der Finanzkrise in Sachen Libor
selber nicht immer sauber gespielt. An dem Tag, als Jain die Bank von
England besuchte, stellte der Bankenverband BBA seine lasche Libor-
Reform vor, die im Prinzip keine war. Im Sommer 2008 hatte sich eine
merkwürdige Allianz gebildet, in der man sich zum Teil unausgespro-
chen einig war, dass man am Status quo nicht rütteln und die Situation nicht noch schlimmer machen wollte. Dieser Allianz gehörten die
BBA, die Bank von England und einige Mitglieder der britischen Financial Services Authority – FSA – an, zu deren Aufgaben es eigentlich gehörte, die Banken zu überwachen.

Peinlich war die Aufregung um den Libor für die Beteiligten dennoch. Nach dem Ärger mit der US-Notenbank musste Jain im Juni
mit seinem Boss Josef Ackermann telefonieren. Es sind in der Öffent-

lichkeit nicht viele Fälle bekannt, in denen sich Ackermann Jain gegenüber wie ein Vorgesetzter benahm. Das Telefonat im Sommer 2008
gehört dazu. Das Gespräch wurde mitgeschnitten und später in einem
internen Prüfbericht erwähnt, den die BaFin in Auftrag gegeben hatte.
Ackermann war wütend über die »kulturellen Defizite« in Jains Abteilung Global Markets, der Investmentbank. Jain versuchte Ackermann zu beschwichtigen, verteidigte seine Abteilung und verwies auf
die Erfolge, die man gefeiert, und all das Geld, das man verdient habe.
Doch Ackermann beharrte auf seinem Standpunkt. Er werde die Defizite der Händler nicht länger tolerieren, weil deren Verhalten ohne
Not die Reputation der Bank gefährde. Griff Jain nun durch? Änderte
er die Sitzordnung im Handelssaal, damit nicht jeder wusste, welchen
Zinssatz Christian Bittar gerade brauchte? Und kontrollierte Ackermann, ob Jain die Situation unter Kontrolle hatte? Wurde die Compliance-Abteilung, die Innenrevision, alarmiert? Oder würde auch
dieser Ausbruch wieder ohne Folgen bleiben?

C hristian Bittar, der nach wie vor den Euribor manipulierte, legte
inmitten der Krise erst richtig los, und das Frankfurter Büro half
ihm wie gehabt. Am 3. Juli wandte er sich an einen Euribor-Submitter
in Frankfurt. Bittar war Bittar, charmant, gnadenlos, überzeugend:
»Ich habe eine wirklich große Bitte.« – »Sag's mir.« – »Tu mir einen
großen, großen, großen Gefallen.« – »Ok.« – »Bon. Im März …« –
»Ja?« – »… da haben wir 20 Yards eines Sechs-Monats-Fixing. Also
wirklich viel im März. Also, wir brauchen, wir brauchen einen hohen
Sechs-Monats-Fix.« – »Du brauchst sechs Monate hoch, ok. Machen
wir, keine Sorge.« Yards, das bedeutete eine Milliarde in der Währung,
in der das Derivat gehandelt wurde. Bittar ging es um einen Derivatedeal mit einem Volumen von 20 Milliarden Euro. Auch angesichts der
Finanzkrise machte er nicht halblang. »Vor allem am IMM [dem
Stichtag], am 19. [Juli], da habe ich sieben Yards.«
    Bittar bekam sogar noch Verstärkung. Die Deutsche Bank stellte
einen weiteren Franzosen ein, der kurz zuvor bei Merrill hatte gehen
müssen, weil er als Zinshändler mehrere Millionen Dollar in wenigen
Tagen verloren hatte – und das kurz vor seiner Hochzeit. Guillaume

Adolph, der neue Händler aus der Nähe von Bordeaux, 29 Jahre alt, Raucher, manchmal übellaunig und bei einigen ehemaligen Kollegen nicht besonders beliebt, manipulierte mit Hilfe anderer Händler in anderen Banken vom Sommer 2008 an den Yen-Libor.[125] Er kontaktierte Kollegen und fragte: »Kannst du den Sechs-Monats-Libor ein bisschen hochbringen?« – »Kann ich machen.« Es war überall das Gleiche.

An vielen Standorten der Deutschen Bank wusste man, dass und wie man die Zinssätze manipulieren konnte, auch in Asien. Im Büro in Singapur saß mit Mark Wong ein Händler, der schon im August 2007 eine Chatnachricht von Kollegen der Royal Bank of Scotland bekommen hatte: »Es ist verrückt, wie viel Geld man mit dem Libor-Fixing verlieren oder gewinnen kann. Das ist wirklich ein Kartell in London.« Wong hatte geantwortet: »Muss wirklich verdammt hart sein zu traden, vor allem wenn man nicht regelmäßig über [die zukünftige Zinssatzentwicklung] informiert wird.« Im Frühjahr 2008 hatte Wong einem Kollegen geschrieben: »Schöner Libor (…) unsere Angabe zum Sechs-Monats-Libor beeinflusste das ganze Fixing hahahah.«[126]

Ackermanns Drohungen gegenüber Jain waren also nur leeres Gerede. In der Bank änderte sich nichts. Dabei hatte Ackermann im Mai 2007, als publik wurde, dass das größte deutsche Industrieunternehmen Siemens mehrere Milliarden an Schmiergeldern in aller Welt bezahlt hatte und korrupt bis ins Mark war, in einem Zeitungsinterview keine Zweifel an seiner moralischen Überlegenheit gelassen: »Ich kann auf mich bezogen sagen: Wenn in der Deutschen Bank systematisch solche Dinge aufbrechen würden, würde ich morgen zurücktreten. Denn entweder war ich Teil davon, dann gehöre ich sowieso weg, oder ich habe es nicht gewusst, dann habe ich nicht geführt.«[127] Es gebe »kein Geschäft, das es wert ist, den eigenen Ruf zu ruinieren. Da gibt es überhaupt keine Grauzone, da gilt: null Toleranz.« Die Wirtschaft sei »viel moralischer, als sie dargestellt wird«. Und weiter: »Der Vorwurf, dass ich nicht ehrbar oder nicht moralisch bin, würde mich viel mehr treffen als der Vorwurf, ich hätte das Unternehmen nicht erfolgreich geführt.« In der Bank nahm kaum jemand diese Worte ernst. Und Ackermann bekam gar nicht mit, dass Mitarbeiter seiner Bank sich seit Jahren an kriminellen Handlungen beteiligten und sogar in der Krise unbeirrt weitermachten – mit der Rückendeckung des höchsten Managements.

Die Deutsche Bank manipulierte den Euribor und die verschiedenen Libors auch noch, als es in der Bankenwelt längst ums Überleben ging. Jeder wartete darauf, wann das erste wirklich große Institut zusammenbrechen würde. Im Sommer blies Goldman Sachs mit Margin Calls zum Angriff und suchte Geld einzutreiben, solange es noch ging. Paradoxerweise sollte das am Ende Jain und die Deutsche Bank retten, denn die Notenbanken und Bankenaufseher hatten bald mit Problemen zu kämpfen, die weitaus schlimmer waren als die offensichtliche Manipulation des Libors.

N otenbanken geben keine Steuergelder an Banken weiter, sie haben aber die Autorität, aus dem Nichts Geld zu schaffen. Sie müssen es nicht erst verdienen, sie können es einfach auflegen. Das können viele große Banken allerdings auch, und das hatte überhaupt erst zu den Schwierigkeiten geführt, in denen man nun steckte. Die Banken hatten mit jeder gehebelten CDO und mit jedem CDS Geld geschaffen, das im Grunde nur eine Zahl in einer Exceltabelle war, aber genau wie Bargeld behandelt werden musste. Und sie hatten dafür nicht einmal die Erlaubnis der Zentralbank einholen müssen. Nahm man dieses Geld nicht ernst, warum sollte man dann die Mittel der Notenbanken für bare Münze nehmen? Der US-Staat mit seiner mächtigen Notenbank und seinen gewaltigen Steuereinnahmen verhedderte sich angesichts dieser Verhältnisse selbst in der Krise. Und fast ein Jahr nachdem der Markt mit der Abwertung der CDO durch die Ratingagenturen ins Rutschen gekommen war, stand der ultimative Showdown immer noch aus. Die Banken zierten sich, ihre Positionen zu bewerten, obwohl sie durchaus eine Vorstellung davon hatten, wie sehr der Wert der CDO gefallen war. Die Zahlen sprachen für sich. Fast jede CDO enthielt minderwertige oder bereits ausgefallene Hypotheken. 2007 wurden mehr als zwei Millionen Häuser zwangsversteigert, und 2008 ging das so weiter. Es war offensichtlich, dass es zu massiven Betrügereien gekommen war, weil man die CDO-Maschine mit Hypotheken gefüttert hatte, koste es, was es wolle. Im Juni hatte das

FBI im Zuge der Operation *Malicious Mortgage* mehr als 400 Verdächtige an verschiedenen Orten der USA verhaftet, die unter anderem Hypotheken auf der Grundlage von gefälschten Unterlagen vergeben hatten – der FBI-Chef Robert Mueller hatte den Fang stolz der Presse vorgestellt.[128] Die CDO mussten also abgewertet werden, das war klar, aber wann und um wie viel? Und, vor allem, wie sollte das geordnet vonstattengehen? Die Zentralbanken hatten sich bisher darauf beschränkt, den kurzfristigen Geldmarkt mit weiteren Krediten am Leben zu halten, indem die Kurzfristanleihen wie die ABCP durch Kredite der Notenbanken ersetzt wurden. Das änderte aber nichts an der Tatsache, dass die Bilanzen der Banken nicht stimmten. Die CDO wurden noch immer zu hoch bewertet, und das wollte man auch nicht ändern, weil dann der Umsatz weiter einbrechen würde.

Weil sich nichts bewegte, entschloss man sich bei Goldman Sachs, die guten Karten, die man auf der Hand hatte, ohne Rücksicht auf die Verluste anderer zu Geld zu machen – solange das noch möglich war. Goldman hatte ja nicht nur die eigene Super-Senior-Position bei AIG versichert, sondern auch auf den Absturz der Aktie des größten Versicherers der Welt gewettet. Man konnte also nur profitieren. So präsentierte Goldman AIG die Rechnung, indem man einen Margin Call nach dem anderen absetzte. Im April forderte die Bank insgesamt 4,8 Milliarden Dollar, weil der Wert der Super Seniors nach Berechnung von Goldman entsprechend stark gefallen war, im Mai dann 4,9, Ende Juni knapp 7,5, im Juli sogar 8,254 Milliarden Dollar. So viel Eigenkapital hatte AIG nicht. Da nun auch andere Banken, darunter die Deutsche Bank und Merrill, Margin Calls in Richtung AIG absetzten – wenn auch bei Weitem nicht in der Höhe wie Goldman –, geriet AIG ins Wanken. Die Banken sahen sich daraufhin nicht zu Solidarität oder Zurückhaltung verpflichtet – im Gegenteil: Ende August verlangte Goldman knapp 9 Milliarden Dollar von AIG. Insgesamt musste der Versicherer 23 Milliarden aufbringen, um die angefallenen Margin Calls zu bedienen. Es wurde immer enger. Nicht nur für AIG.

Das Kartenhaus brach über Monate in Zeitlupe zusammen – Merrill, Bear Stearns, die IKB, die LB Sachsen. Von September an lief der Absturz dann in Echtzeit ab. Nachdem im März Bear Stearns hatte gerettet werden müssen, glaubten Anleger, Geldfonds, die Bankenaufsicht und die Fed, dass als Nächstes eine Investmentbank Probleme bereiten würde. Fast alle Konkurrenten rechneten damit, dass es Lehman Brothers treffen würde. Lehman, 1850 in Alabama von deutschen Einwanderern gegründet, eine der größten US-Investmentbanken, war äußerst aktiv auf dem CDO-Markt gewesen und hatte dabei einen Großteil des Geschäfts gehebelt. Das Verhältnis war atemberaubend: 1 zu 40. Für einen Dollar Eigenkapital hatte Lehman also 40 Dollar Schulden aufgenommen und das Geld wieder eingesetzt. Was die Conduits der IKB im Kleinen und nur auf einem Geschäftsfeld machten, das zog Lehman im großen Stil durch: kurzfristig Geld leihen, damit Schulden bezahlen oder neue Derivate anstoßen, für die als Sicherheiten wiederum andere Derivate hinterlegt wurden. Problematisch war dabei, dass ein Großteil der Vermögenswerte von Lehman unter die Fair-Value-Regel fiel und kein Mensch wusste, was die Sicherheiten – oft an Immobilien gekoppelt – wirklich wert waren. Lehman war ein Abbild des ganzes Systems. Die Investmentbank war seit sieben Jahren auf Pump gewachsen und extrem abhängig von dem Anleihegeschäft, das seit zwölf Monaten unter Dauerfeuer stand.

Am 9. Juni musste Lehman zum ersten Mal überhaupt einen Quartalsverlust bekannt gegeben, und das gleich in Höhe von 2,8 Milliarden Dollar. Kritiker, die der Buchhaltung der Bank schon lange nicht mehr trauten, hatten das erwartet und sagten weitere unangenehme Überraschungen voraus.[129] Im Juni hatte die New Yorker Fed einen Stresstest angeordnet, bei dem festgestellt worden war, dass die 54 Milliarden Dollar an Rücklagen nicht reichten, sondern weitere 15 Milliarden erforderlich seien.[130] Doch Lehman hatte sich schon so viel Kapital am Markt besorgt, wie irgend möglich war, und zudem einige Posten abgewertet. So blieben dem Management kaum noch Möglichkeiten, die Risiken der Bank herunterzufahren. Der Aktienkurs fiel und fiel, Anfang September auf unter acht Dollar. Im Sommer finanzierte sich die Bank immer stärker über kurzfristige Anleihen – das ultimative Anzeichen für Schwäche. 62 Prozent dieser Kredite erhielt Lehman, weil die Gegenseite noch akzeptierte, dass die Bank illiquide Sicherheiten – wie Tranchen von CDO – hinterlegte. Doch das

Misstrauen wuchs. Die Bank J.P. Morgan, die für Lehman viele Geschäfte abwickelte und dafür in Vorkasse ging, verlangte immer größere Sicherheiten, wenn sie im Namen von Lehman handelte.[131]

Im August war der US-Notenbank klar, dass es im Grunde nur noch zwei Möglichkeiten gab: Entweder meldet Lehman geordnet Bankrott an, oder die Bank wird von einem Konkurrenten aufgekauft. Bei der Abwägung dieser beiden Alternativen rückte bald ein Produkt in den Mittelpunkt: die Over-the-Counter-Derivate von Lehman. Die Bank hielt 900 000 OTC-Verträge, die für die Aufsicht völlig undurchsichtig waren. Und es war nicht einmal geregelt, wann ein Vertragspartner mehr Collateral für einen Deal fordern konnte. Im Endeffekt war es wie auf dem Geldmarkt: Wenn man sich viel Geld leiht, liegt das eigene Schicksal irgendwann in der Hand der Gläubiger. Wie man den Schuldschein nennt – Kredit, Darlehen, ABCP –, ist letztlich egal. Viele Derivate – wie eben die CDS – sahen vor, dass der Vertragspartner von Lehman nachträglich Sicherheiten fordern konnte – wie Goldman von AIG. Aber wer konnte bei diesen 900 000 Verträgen was und wann fordern? Welche Positionen konnte Lehman wann und wie zu Geld machen? Das konnte niemand auf die Schnelle beantworten.

Am 4. September gab Lehman bekannt, dass man erneut 3,9 Milliarden Dollar Verlust gemacht habe und viele Posten in der Bilanz weiter abwerten müsse. Die Aufseher bei der Fed errechneten zudem, dass Lehman immer abhängiger von den sogenannten Repos wurde. Repos – kurz für Repurchase Operation (Rückkaufvereinbarung) – sind meist Über-Nacht-Kredite. Um an Barmittel zu kommen, verkauft eine Bank für wenige Stunden Staatsanleihen an ein anderes Institut. Lehman brauchte insgesamt 200 Milliarden von diesen Repos, um flüssig zu bleiben, 120 Milliarden mehr, als Bear Stearns gebraucht hatte.[132] Diese große Summe bekam Lehman nur mit äußerster Anstrengung zusammen. Zehn große Fonds und Banken beschafften Lehman 90 Prozent der benötigten Liquidität, darunter auch die Deutsche Bank. Noch.

Als das Lehman-Management am 9. September zugeben musste, dass aus dem geplanten Einstieg einer koreanischen Bank nichts werden würde, brach der Aktienkurs endgültig ein. Mehrere Geldgeber weigerten sich, weiter Geschäfte mit Lehman zu machen. Nun war der Augenblick gekommen, in dem jemand für die Schulden von Lehman geradestehen musste: entweder der Staat, die Notenbank, oder andere private Banken, die Teil des Systems waren und lange gut an Kunden wie Lehman verdient hatten. Doch Lehman war eine ganz andere Größenordnung als die Continental Illinois und selbst Enron, nicht weil Lehman so groß war, sondern weil die Bank diese 900 000 Derivate hielt. Noch dazu hatte sie – wie sich später herausstellte – über 800 Milliarden Dollar an Außenständen, die zwar nicht alle auf einmal fällig wurden und mit Anleihen verrechnet waren, aber den Partnern irgendwo auf der Welt fehlen würden, wenn Lehman in Konkurs ging. Weil das so war, kamen die Chefs der großen Banken gar nicht auf die Idee, dass die US-Regierung Lehman vielleicht gar nicht retten würde. Dann würde ja niemand mehr dem anderen trauen können, und das schöne Spiel – wir pumpen uns gegenseitig in rauen Mengen Geld, und am Ende springt der Staat ein, es gibt also kein Risiko – wäre vorbei. Es ging letztlich also gar nicht mehr nur um die CDO, es ging um alle Anleiheformen, um alle Derivate, um das Kreditwesen an sich. Allein die OTC-Derivate waren nominell 516 400 Milliarden Dollar wert. Also 516 Billionen Dollar – das 10,75-Fache des weltweiten Bruttosozialprodukts. Die CDS-Kreditderivate hatten ein Volumen von 45 500 Milliarden Dollar erreicht. Und wie wurde das finanziert? Mit Schulden. Die US-Verschuldung war von gut 22 Billionen im Jahr 2000 auf rund 48 Billionen Dollar gestiegen. Das waren – in der Theorie – Papierverluste und Papierwerte. Aber wer legte in einer epischen Krise unter dem Druck von Panikverkäufen fest, welches Papier wie viel wert war? Wer wollte die Luft aus dieser Blase lassen und sich so in einer panischen Marktsituation einen Überblick verschaffen?

A m Freitag, den 13. September 2008, lud die New Yorker Fed die Köpfe der Familien – wie man dort intern die Chefs der großen Banken in Anspielung auf die Mafia nennt – ins Hauptquartier der Notenbank ein.[133] Es sollte eine Lösung gefunden werden, wie 1998, als es im selben Gebäude um das Schicksal des Hedgefonds LTCM ging, den die Banken damals mit eigenen Mitteln gerettet hatten. Man hätte aus diesem Fiasko Lehren ziehen können, aber genau das hatte man versäumt. Die Köpfe der Familien trafen in dem bunkerartigen Gebäude der Notenbank zusammen und schauten auf die Bilanz von Lehman. Die Deutsche Bank bekam die Aufgabe, den Immobilienbesitz inklusive der Hypotheken zu durchleuchten, andere Banken analysierten andere Bereiche in den Büchern, so gut das bei der komplizierten Buchhaltung einer Investmentbank auf die Schnelle eben geht. Alle kamen zu dem Ergebnis, dass Lehman das eigene Vermögen viel zu hoch bewertete. Schlimmstenfalls um bis zu 70 Milliarden Dollar. Die Bank war technisch gesehen insolvent, was sie für Käufer nicht gerade attraktiv machte. Zwei standen trotzdem bereit: die Bank of America und Barclays aus England. Die Vertreter der Fed stellten sich stur: Es gebe diesmal keinen Penny vom Staat. Die Branche solle den Müll, den sie fabriziert hatte, selbst wegräumen. Schließlich stieg die Bank of America aus den Verhandlungen aus und übernahm stattdessen Merrill Lynch. Und auch das Management von Barclays aus England wurde zurückgepfiffen. Sonnabend schien man ins Geschäft gekommen zu sein, doch am Sonntag intervenierte die britische Regierung samt Notenbank: So eine Übernahme sei nur möglich, erklärte die Bank von England, wenn die US-Regierung für alle Schulden und Kosten, die Lehman noch irgendwo versteckt haben könnte, geradestehen würde. Das wollte sie aber nicht. In wenigen Monaten würde ein neuer US-Präsident gewählt werden, da konnte man – zumal als republikanisch geführte Regierung – nicht die nächste Wall-Street-Bank herausboxen. Aber auch der britische Schatzkanzler Alistair Darling hatte einen klaren Standpunkt: Er wolle nicht, dass »der Krebs« aus den USA nach England streut. Was, wenn Barclays die Aufgabe unterschätzt? Es dürfe nicht sein, dass am Ende britische Steuerzahler für die Schulden einer US-Bank zahlten.

In der Nacht – gegen acht Uhr deutscher Zeit am Montagmorgen –, nachdem die US-Regierung und die Notenbank in diese Richtung Druck gemacht hatten, meldete die Bank Lehman Brothers offiziell Insolvenz an. Der Aufsichtsrat hatte ebenfalls zu dieser Entscheidung gedrängt, ein Aufsichtsrat, dem – wie ein Beobachter später fassungslos feststellte – unter anderen ein Admiral, ein Theaterproduzent und eine Schauspielerin angehörten, aber niemand, der Ahnung von Derivaten hatte. Josef Ackermann, den die Nachricht auf dem Weg von Zürich nach Frankfurt erreichte, hatte wieder einmal mit seiner Einschätzung danebengelegen. Er war immer davon ausgegangen, dass der Staat Lehman rettet.[134]

Das Ende des Kapitalismus

Am Morgen des 15. September 2008 wurde das ungeschriebene Gesetz – einige Banken sind zu groß, um sie scheitern zu lassen, *too big to fail* –, das seit dem Zusammenbruch der Continental 1984 gegolten hatte, ausgerechnet von einer republikanischen Regierung, angeführt von einem Finanzminister, der für Goldman gearbeitet hatte, gebrochen. Der Staat hatte eine Investmentbank bankrottgehen lassen. Es würde Jahre dauern, bis die Insolvenzverwalter sich durch alle Ansprüche, Verträge und Deals durchgearbeitet hatten. Klagen und Prozesse waren mit Sicherheit die Folge. Der sogenannte Interbankenmarkt würde zum Erliegen kommen und – schlimmer noch – ein Großteil des Geschäftsmodells in Frage gestellt werden. Dieses Modell beruhte wesentlich darauf, dass die Teilnehmer einander trauten. Denn keiner der Spieler, die alle bis über beide Ohren verschuldet waren, konnte auch nur einen Bruchteil seiner Außenstände sofort bedienen, sondern meist nur die laufenden Kosten. Seit einiger Zeit beglichen zu viele Banken diese Kosten mit kurzfristigen Papieren – ABCP, Repos und wie sie alle hießen. Das ganze System, das über die Jahre ungebremst gewachsen und an manchen Stellen wild gewuchert hatte, drohte nun zusammenzubrechen.

Während das Management von Lehman am Wochenende im Hauptquartier der New Yorker Fed vergeblich um Gnade und Hilfe nachgesucht hatte, kämpften die Manager des US-Versicherers AIG noch um die Existenz des Finanzkonzerns. Die Tochter AIGFP hatte den Mutterkonzern an den Abgrund geführt. Die Margin Calls von Goldman Sachs und anderen Banken konnten nicht mehr bedient werden. Knapp 19 Milliarden Dollar hatte der Versicherer bereits überwiesen, über 12 Milliarden allein an Goldman Sachs. In fünf bis zehn Tagen, so rechneten die Manager den Notenbankern vor, würde das Bargeld ausgehen. Dabei hielt das Mutterhaus Assets, die auf dem Papier eine Billion Dollar wert waren. Das Problem war wieder einmal die mangelnde Liquidität. Die AIGFP hatte darüber hinaus Super Seniors im Wert von 500 Milliarden Dollar versichert. Wenn die Versicherung ausfiel, dann waren in erster Linie Banken in Gefahr, die sich auf diese Versicherung verließen, darunter die Citigroup – eine der größten Banken der Welt.

Finanzminister aus anderen Ländern, die Chefin des Internationalen Währungsfonds, Hedgefondsmanager, jeder, der etwas in dem System zu sagen hatte, um dessen Existenz es nun ging, schien auf den US-Finanzminister Hank Paulson einzureden.[135] Er hatte sich am Wochenende dagegen ausgesprochen, Lehman zu helfen. Am Montag hörte er in unzähligen Telefonaten immer wieder dieselbe Botschaft: Jetzt nicht auch noch AIG. Am Ende des Tages gaben Paulson und die Notenbank nach: AIG wurde zunächst einmal mit 85 Milliarden Dollar gestützt. Der Grundsatz – Große gehen nicht pleite – galt also wieder, nachdem dieses ungeschriebene Gesetz für turbulente 24 Stunden ausgehebelt worden war. Das war vor allem für Goldman Sachs und für die Deutsche Bank eine gute Nachricht. Hätte AIGFP nicht gezahlt, wären die Hedges, die Versicherungen, nichts mehr wert gewesen. Dann wäre es nicht mehr darum gegangen, wie viel Geld man von AIGFP bekam, sondern allein darum, dass die CDS, die Kreditausfallversicherungen, nichts wert waren. Waren aber die Kredite gegen Ausfälle nicht versichert, warf das unweigerlich Fragen über den Wert der Kreditausfallversicherungen und damit über die Bilanzen der Banken auf. Für Institute, die jeden Dollar Eigenkapital um den Faktor 30 oder 40 hebelten, wäre das eine katastrophale Entwicklung gewesen.

Nach der Rettung der AIG waren viele Banken mehr denn je vom US-Staat abhängig, auch die Deutsche Bank. Von August bis November lieh sich das Institut aus Deutschland von der Notenbank 21 Milliarden Dollar zu Diskontzinsen. Das war fast so viel, wie sie an Eigenkapital vorweisen konnte. Die Entscheidung des US-Regierung, den Giganten AIG zu retten, beruhigte den Markt zwar nicht sofort, ließ aber die Linie erkennen: Man hatte als Staat keine Wahl. Für Diskussionen, wie es nur so weit hatte kommen können, war keine Zeit. Einige US-Notenbanker, die hart dafür kritisiert wurden, dass sie es mit Lehman überhaupt so weit hatten kommen lassen, verteidigten sich später, sie hätten geglaubt, der Markt habe sich bereits auf den Lehman-Kollaps eingestellt und die Folgen antizipiert. Schützenhilfe erhielten sie von Jamie Dimon, dem Chef von J. P. Morgan, der als Einziger seine Bank nicht mit CDO vollgestopft hatte: »So schlecht war der Schritt gar nicht. Ich traue mich fast gar nicht, das zu sagen: Am Montagmorgen war es fast egal, ob die Regierung nun Lehman half oder eben nicht. Es wären so oder so schreckliche Dinge passiert. Es hätte immer noch den Ansturm auf den globalen Finanzmarkt gegeben, genau wie die ›runs‹ auf andere Banken, und so oder so hätte absolute Angst und Panik um sich gegriffen. Selbst wenn Lehman gerettet worden wäre, die Krise wäre wahrscheinlich trotzdem ausgebrochen, vielleicht anders, aber sie wäre ausgebrochen.«[136] Denn so oder so, das wollte Dimon wohl sagen, war das System zu instabil, um noch länger weiter funktionieren zu können.

Vier Tage nach dem Kollaps von Lehman zeigte sich, dass selbst der scheinbar so solide Repo-Markt, wo sich Banken kurzfristig Geld liehen und im Gegenzug Staatsanleihen überschrieben, nicht mehr funktionierte. Es wollte einfach niemand Geld verleihen, egal welche Sicherheit geboten wurde. Das spürte man auch in Europa. Einige Banken in Belgien und Frankreich, die sich vor allem über diesen Markt finanzierten, gerieten nach dem Lehman-Kollaps in Bedrängnis. Aber auch eine deutsche Bank hatte eine Woche später bereits Probleme, sich zu refinanzieren: die Hypo Real Estate Group – HRE – aus München. Am Freitag meldete sich der Chef der HRE, Georg Funke, bei der BaFin. Seine Bank stecke in ernsten Schwierigkeiten.

G eorg Funke, 53 Jahre alt, leitete die Hypo Real Estate seit ihrer Gründung. Er hatte für den Vorläufer, die HypoVereinsbank, lange in London gearbeitet und dort das Geschäft der Bank geführt. Im Jahr 2003 hatte die HypoVereinsbank fast alle ihre Immobilienbeteiligungen gebündelt, ausgelagert und der Hypo-Real-Estate-Gruppe überschrieben, darunter auch die eine oder andere Gewerbehypothek, die man nie hätte genehmigen dürfen. Aber das war nicht das Problem. Anfang 2007 hatten sich die Ratingagenturen unzufrieden gezeigt, dass die HRE – immerhin mit einer Bilanzsumme von 400 Milliarden Euro die drittgrößte Bank Deutschlands – sich ausschließlich auf das Geschäft mit den Immobilien konzentrierte.[137] Um stabiler zu wirken, kaufte die HRE im Juli 2007 die Depfa, die Deutsche Pfandbriefbank, die unter anderem einen Ableger in Dublin hatte.

Die Depfa war ursprünglich eine staatliche Bank gewesen, Anfang der 1990er Jahre dann privatisiert und an die Börse gebracht worden. Der Depfa-Ableger in Irland finanzierte zunächst vor allem kommunale Großprojekte, etwa eine Autobahnbrücke in Frankreich. Dafür sammelte die Bank Geld bei Anlegern ein, die im Gegenzug Pfandbriefe erhielten. Ein sicheres Konzept, weil am Ende der Staat steht, der die Brücke bauen und bezahlen will. Doch die Tochter der HRE verlegte sich bald auf eine Geschäftsidee, die im Kern an das Konzept der IKB erinnerte. Arbitrage hieß das Zauberwort, und es bedeutete, dass man aus den minimalen Unterschieden zwischen verschiedenen Zinssätzen Gewinne erzielen wollte, indem man günstiges Geld kurzfristig aufnahm und es langfristig teurer verlieh. Dabei wandte der Depfa-Chef Gerhard Bruckermann, der einst bei der Deutschen Bank gearbeitet hatte, einen simplen Trick an: Er nutzte das gute Rating seiner Bank, um den Notenbanken in Südeuropa billiger Geld am Kapitalmarkt zu besorgen.[138] Das funktioniert aber nur, wenn der Geldmarkt in Bewegung ist und die Zinssätze durch die Notenbanken nicht zu drastisch erhöht werden, wenn sich die großen Anleger, Banken und Fonds, also ständig neu mit Kurzfristkrediten eindecken können.

Als die HRE die Depfa im Juli 2007 sozusagen als zweites Standbein kaufte, ging man wohl davon aus, dass die Krise bereits ausgestanden war, und ließ sich auch nicht dadurch entmutigen, dass der Bank Northern Rock in England genau wegen des Ansatzes, auf Kurzfristanleihen zu setzen, gerade die Mittel ausgegangen waren. Die BaFin und die Bundesbank kannten das Modell der Depfa, Jochen Sanio hielt es für riskant – noch dazu im Krisensommer 2007. Der BaFin-Chef mit dem lockeren Mundwerk sagte dazu später, die HRE habe nach dem Kauf der Depfa wie ein Elefant in der Falle gesessen, sei nur noch vor sich hin gekrebst und nicht mehr weit von der Todeszone entfernt gewesen.[139] Aber das Banken- und Aufsichtssystem in Deutschland war nicht so angelegt, dass man diese Analyse in konkrete Handlung umsetzen konnte. So ließ man die HRE gewähren.

Nach dem IKB-Schock im Juli 2007 funktionierte der Geldmarkt durchaus noch. Es war für viele Banken zwar teurer geworden, sich zu refinanzieren, aber es war möglich. Vor allem Zentralbanken stellten Liquidität zur Verfügung – etwa der Deutschen Bank, die das Geld mit Aufschlag weiterverlieh. Aber in den Tagen nach Lehman borgte niemand irgendjemandem noch irgendetwas. Die privaten Banken horteten das Geld der Zentralbanken. Die HRE, ihre Tochter Depfa und der Chef Funke gerieten umgehend in arge Bedrängnis. Wie die Conduits der IKB, Northern Rock oder andere brauchte die Depfa unablässig neues Geld und musste dafür unter anderem Repos verkaufen und wieder zurückkaufen. Dann machte die Bayerische Landesbank, die bis dahin die Anleihen für die HRE ohne Probleme verkauft hatte, am 19. September einen schweren Fehler: Sie bot die Papiere mit einem Sonderaufschlag an. 300 Basispunkte, doppelt so viele wie in der Woche zuvor. Hier war jemand verzweifelt. Sofort kappten einige Kunden die Linien. Und Funke musste die Bankenaufsicht anrufen.

Die BaFin hatte jedoch keine finanziellen Mittel und auch nicht die Befugnis, mit den notwendigen Milliarden auszuhelfen. So musste sich Funke an eine andere, vermeintlich höhere Stelle wenden. Am 22. September rief er bei der Deutschen Bank an und bat darum, Josef Ackermann zu sprechen. Tags darauf saß er mit seinem Team im Büro des Chefs der Deutschen Bank im 34. Stock. Mit dabei war Axel Wieandt, der als eine Art Wunderkind und Liebling von Ackermann galt. Der erfolgreiche Superstudent stammte aus einer Bankerfamilie, hatte zunächst bei der Beratungsfirma McKinsey, dann bei Morgan Stanley gearbeitet und war 1998 zur Deutschen Bank gekommen. Ein Schnelldenker, hieß es. Gemeinsam rechnete man durch, wie viel Geld der HRE fehlte. Die Delegation aus München kam auf 42 Milliarden Euro, minus der 15 Milliarden, die man schon umfinanziert, und minus der 12 Milliarden, die man am Markt bereits aufgetrieben hatte. Machte unter dem Strich 15 Milliarden. Ob die Deutsche Bank helfen könne, das Geld aufzutreiben.

Funke lebte noch in einer Welt, in der die Deutsche Bank allmächtig war. Er ahnte nicht, was in dem Institut wirklich los war. Selbst wenn Ackermann gewollt hätte: 15 Milliarden Euro konnte seine Bank nicht einmal gegen einen hohen Zinssatz verleihen und aktuell auch gar nicht organisieren. Das sagte er Funke nicht. Vielmehr nahm er das Mandat an, für die HRE Geldgeber aufzutreiben. Dafür durfte die Deutsche Bank im Gegenzug die Bücher der Depfa prüfen. Ein Team, angeführt von dem Wunderjungen Wieandt, flog nach Dublin und durchforstete die Buchhaltung. Es konnte nie schaden, eine andere Bank in- und auswendig zu kennen.

A m folgenden Wochenende, es war Ende September, kam eine große Gruppe im Berliner Finanzministerium zu einem Krisentreffen zusammen, das zunächst an die Ereignisse zwei Wochen zuvor in der New Yorker Fed erinnerte, als sich kein Retter für Lehman gefunden hatte. Im Gebäude des ehemaligen Reichsluftfahrtministeriums an der Wilhelmstraße versammelten sich nach diversen Vorgesprächen wichtige private Banker und hochrangige Beamte. Es wurde gefeilscht. Es wurde gelogen. Legenden wurden geboren. Ackermann führte das Wochenende später als Beispiel dafür an, dass er in der Krise den Durchblick gewahrt habe, weil er unter Druck am besten funktioniere. Er habe die Banker angeführt. Er habe die Lage durchschaut. Das Finanzministerium habe viel zu spät Leute geschickt, und die hätten gar nicht kapiert, was auf dem Spiel stand. Am Sonntag war das Armageddon kaum noch abzuwenden, so Ackermanns Einschätzung.[140] Der Staat wollte die HRE nicht stützen, die privaten Banken sollten das selber unter sich regeln. Es ging aber um viel Geld, plötzlich war von 35 Milliarden Euro die Rede, und diese Summe konnten die Banken nicht stemmen. Ackermann suchte Steinbrück davon zu überzeugen, dass der Staat einspringen müsse. 35 Milliarden, wie er das durchs Parlament bringen solle, habe Steinbrück daraufhin gefragt. Ackermann schloss daraus, dass der Minister nicht verstand, um was es ging. Es wurde hin und her verhandelt, und am Ende einigte man sich auf einen Beitrag der privaten Banken, der bei 8,5 Milliarden Euro lag. Das sei die Schmerzgrenze, hatte Ackermann erklärt. Warum genau da die Schmerzgrenze lag, musste er nie aufschlüsseln oder belegen. Am Ende rief Ackermann die Bundeskanzlerin an, und die sagte: »Dann Deal.« Kurz bevor die Börsen in Japan öffneten, konnte ein Kompromiss vermeldet werden. Die HRE musste nicht ihren Bankrott verkünden. BaFin-Chef Sanio sagte später, was andernfalls seiner Meinung nach passiert wäre: »Es wäre alles untergegangen. Erstens wäre das deutsche Kreditwesen untergegangen. Das hätte die Insolvenz der HRE am Montagmorgen nicht überlebt. Davon bin ich fest überzeugt. In dieser Situation hätte es den Untergang des Weltfinanzsystems gegeben. Am Montagmorgen wären Sie aufgewacht, und Sie hätten sich in dem Film *Apocalypse Now* befunden.«[141]

Dass es anders kam, sei ihm zu verdanken, behauptete Ackermann später gern. Die Regierungsvertreter sahen das naturgemäß anders. Tatsächlich machte die Situation eher den Eindruck, als wüssten Steinbrück, sein Abteilungsleiter Jörg Asmussen und andere inzwischen, wie man Ackermann und sein großes Ego behandeln musste. Wenn man noch ein paar Milliarden bei ihm herausholen wollte, musste man ihm das Gefühl geben, er sei der Boss und trage entscheidend zur Lösung bei. Ganz genau so machten es seine Mitarbeiter fast jeden Tag mit ihm.

A ls die erste Rettung der Hypo Real Estate erfolgte, war das kleine Team der Deutschen Bank, das nach Dublin gereist war, um die HRE-Tochter Depfa zu durchleuchten, noch nicht mit Ergebnissen zurückgekehrt. Doch wenige Tage später übermittelten Wieandt und die anderen eine Hiobsbotschaft: Die HRE brauche noch mehr Geld, mindestens 15 Milliarden – eher mehr. Peer Steinbrück schilderte später, wie ihm zumute war, als er die Nachricht von der Deutschen Bank erhielt: »Ein weiterer Liquiditätsbedarf von 15 Milliarden Euro! Innerhalb von vier Tagen! Das war einer jener Momente, in denen ich – Erinnerungen an den Ort sind gelöscht – dringend einen Stuhl brauchte, um innezuhalten und alle Gedanken abzuwehren, die mich in einen Schlund der Vergeblichkeit und Ausweglosigkeit ziehen wollten.«[142]

Das Team der Deutschen Bank berichtete, dass es in Dublin auf ein erschütterndes Detail gestoßen war: Die Sicherheiten der Depfa beliefen sich nicht auf 41, sondern lediglich auf 15 Milliarden Euro. Ein »Commercial-Paper-Programm«, das allein 20 Milliarden fraß, war einfach übersehen worden.[143] Damit war klar: Die Bank würde sehr viel mehr Geld brauchen als gedacht, und die Privatwirtschaft – die anderen Banken – würde das nicht auch noch stemmen können. Der Staat musste einspringen. Auch moralische Werte sind immer relativ, das zeigte sich nun wieder einmal. Der HRE-Chef Funke dachte, die Deutsche Bank würde in Dublin im Auftrag seines Instituts handeln und über die Ergebnisse Stillschweigen bewahren. Aber Ackermann hatte offenbar gar nicht vorgehabt, die Information für sich zu behalten, sondern entschieden, das Ministerium und damit die Bundesbank zu alarmieren. Vor allem die Mitglieder des Finanzministeriums waren geschockt. Sie hatten nicht die Instrumente und kaum genug Mitarbeiter, um den Finanzmarkt zu analysieren und dazu noch eine – wie es schien – sehr kranke Bank zu stützen.

Wieder musste man sich am Wochenende zusammensetzen, um die nächsten Schritte zu besprechen. Als die Banker und die Beamten die Kundenliste der Depfa durchsahen, sank die Stimmung auf den Tiefpunkt, denn erst jetzt wurde das ganze Ausmaß des Dilemmas offenbar: Auf der Liste standen Hunderte Kunden, darunter große Banken aus den USA, England, Japan und der Schweiz – Merrill, UBS, Lehman –, dazu Landesbanken aus Deutschland, Sparkassen, Pensionsfonds, Kommunen in England, in Deutschland, die Bundesländer, südamerikanische Staatsbanken, Universitäten, Colleges, Gewerkschaften – alles und jeder schien vertreten. Alle diese Institutionen hatten der Depfa zwischen einer Million und drei Milliarden Euro geborgt. Wie eng die Banken und andere Einrichtungen über den Kapitalmarkt miteinander verbunden waren, machte diese Gläubigerliste deutlich. Wenn dieses Institut pleiteging, würden die Schockwellen fast überall zu spüren sein. Ein ehemaliger hoher Beamter des Finanzministeriums, der an dem Treffen teilnahm, erinnerte sich, wie verstört alle Mitarbeiter des Ministeriums an dem Tag waren. Sie glaubten, das System sei am Ende. Wenn die HRE pleiteging, so schien es, dann war es aus mit der freien Marktwirtschaft, aus mit dem Kapitalismus. Der Schaden für das Gesamtsystem wäre irreparabel. Ein unmenschlicher Druck. Einer der Beamten erlitt in jenen Tagen einen Herzinfarkt.

Erschwerend kam hinzu, dass sich Ackermann in den Augen der Beamten immer mehr entzauberte. Sie erkannten, dass er die konkreten Mechanismen des Marktes offenbar genauso wenig verstand wie sie selber und dass er schon gar nicht voraussehen konnte, was als Nächstes passierte. Als die Beamten erkannten, dass der vermeintlich unfehlbare Chef Ackermann der vermeintlich stabilen Deutschen Bank bestimmte Aspekte der Krise gar nicht durchschaute, befiel einige Führungsleute im Finanzministerium ein Gefühl grenzenloser Panik. Wer konnte die Lage überhaupt noch einschätzen?

Dass erneut über eine Bankenrettung diskutiert wurde, machte auch die Bundesbürger nervös. Sie hoben Bargeld in großen Mengen ab, die 500-Euro-Scheine wurden knapp. Am Sonntagnachmittag, es war der 4. Oktober und die HRE noch nicht gerettet, trat Angela Merkel schließlich mit Peer Steinbrück vor die Presse. Der Finanzminister hatte darauf bestanden, gemeinsam mit ihr der Nation die Lage zu erklären.[144] Das Geld der Deutschen auf den Bankkonten sei sicher, sagten die beiden, der Staat würde für jeden etwaigen Verlust aufkommen. Was für ein Versprechen! Der Staat hatte alles eingesetzt, was er an Ansehen, Geld und Autorität zu bieten hatte. Auch die HRE, das wurde bald klar, würde man retten, egal wie. Wieder schien man nicht genug Zeit zu haben, um die Fakten in Ruhe zu analysieren.

Ackermann durchschaute nicht alle Details seines eigenen Geschäfts, war aber ein gewiefter Politiker. So nutzte er das Krisenwochenende weiter aus. Nachdem die Finanzierung der HRE vorläufig sichergestellt war und Steinbrück und Merkel die Bundesbürger beruhigt hatten, saß der Chef der Deutschen Bank mit Jörg Asmussen, Axel Weber von der Bundesbank, dem Chef der schwer angeschlagenen Commerzbank Martin Blessing und Peer Steinbrück noch bis zwei Uhr morgens bei mehreren Gläsern Rotwein im Finanzministerium zusammen.[145] Ackermann erklärte in der Runde, dass man nicht eine Bank nach der anderen retten könne, es müsse eine große Lösung

her – wie in den USA, wo die Regierung einen gigantischen Rettungs-
schirm angekündigt hatte. Nach kurzer Diskussion stimmten die anderen zu. Damit hatte Ackermann erreicht, dass die vielen Schuldner
der Deutschen Bank, die kleinen Institute, die Landesbanken und andere große Akteure flüssig blieben und die eigene Bank nicht auf dem
Trockenen saß. Die Kleinen konnten weiterhin die Kredite, die Swaps,
die Derivate, die Verträge mit der Deutschen Bank bedienen. Im Finanzministerium zerriss man sich in den nächsten Tagen förmlich, um
in Windeseile die notwendigen Gesetze zu formulieren, auf deren
Grundlage der Staat Banken im Notfall mit bis zu 500 Milliarden
Euro stützen durfte. Der Staat verschuldete sich also in einem nie da
gewesenen Umfang, um private Banken und das System dahinter zu
retten. Ließen die Banker nun ein wenig Demut erkennen? Ackermann jedenfalls nicht.

Am 16. Oktober, vierzehn Tage nach dem nervenaufreibenden
Wochenende im Bundesfinanzministerium, wandte Ackermann sich
im Rahmen einer Video- und Telefonkonferenz an die 200 Führungs-
kräfte seines Instituts. Eigentlich hatte man sich in Washington zu
einem jährlichen Gipfel treffen wollen, aber diese Extravaganz war
angesichts der Krise gestrichen worden.[146] Ackermann sprach zu einer
Mannschaft, die zum überwiegenden Teil noch immer darauf aus war,
für sich selbst möglichst viel herauszuholen. Sie war aufgespalten in
Gruppen, Grüppchen und Tribes, jene Stämme, die Edson Mitchell
einst gegründet hatte, und wurde angeführt von einem Vorstands-
vorsitzenden, dem jedes Gespür für die Lage fehlte, auch weil seine
Mannschaft ihm vieles gar nicht sagte oder erklären konnte. Eine Woche nachdem die Deutsche Bank sechs Milliarden Dollar von der New
Yorker Fed bekommen hatte, sagte Josef Ackermann: »Es wäre eine
Schande, wenn wir einräumen müssten, dass wir Geld vom Steuerzahler brauchen« – er sagte das auf Englisch: »It would be a shame if
we would have to concede that we need taxpayer's money.« *Spiegel
Online* wurde der Satz noch am selben Nachmittag gesteckt.[147] Die
Doppelbödigkeit der Aussage ging in der folgenden Aufregung unter – der Satz konnte auch bedeuten, man hatte Geld genommen, was
jedoch nicht publik werden durfte. Aber die Arroganz blieb hängen:

Alle brauchen Geld, nur wir nicht. Wir haben das nicht nötig. Ackermann hatte damit – bewusst oder unbewusst – wie einst Hilmar Kopper mit seinen »Peanuts« eines erreicht: Er hatte einen Mythos geschaffen. Die Deutsche Bank hat kein Geld genommen. Die Deutsche Bank hat das nicht nötig, sie war schlauer als alle anderen. Ungeprüft wurde diese Behauptung wieder und wieder und wieder in die Welt getragen. Eine *Spiegel*-Reporterin schrieb noch 2010 über Ackermann: »Die Deutsche Bank kam unter seiner Ägide ohne Staatshilfe durch die Turbulenzen und verdient schon wieder sattes Geld.«

Es war wie ein Mantra. Mit der Realität hatte das nichts zu tun. Im Finanzministerium war man fassungslos, erst recht als sich Mitte Oktober zeigte, dass die Deutsche Bank Steinbrück und die Beamten bei einem entscheidenden Punkt in den Wald geführt hatte. Die von diesen beauftragten Wirtschaftsprüfer waren zu dem Ergebnis gekommen, dass die Deutsche Bank die Sicherheiten der Depfa um 15 Milliarden Euro zu tief angesetzt hatte. Den Rechenfehler der HRE über 20 Milliarden Euro hatte es also gar nicht gegeben.[148] Die Profis von der Deutschen Bank hatten, so der Verdacht im Ministerium, die Lage schlimmer dargestellt, als sie tatsächlich war. Denn bei einer geringeren Summe hätte sich vielleicht die Auffassung durchgesetzt, dass die privaten Banken den Absturz der HRE selber auffangen könnten. Es ging also darum, dass der Staat die Haftung übernahm, denn das war das Grundprinzip, auf dem alles basierte.

Dass Ackermann und seine Bank nicht in den Mittelpunkt der Kritik rückten, hatte vor allem mit dem störrischen Georg Funke von der HRE zu tun. Funke weigerte sich, auf die Knie zu fallen. Seine Bank hatte ein fragwürdiges Geschäftsmodell, sicher, aber es war abgesegnet worden von der BaFin und der Bundesbank. Funke stritt sich mit Journalisten, belehrte sie, verzweifelte an den ganzen Idioten – wie er es wohl empfinden musste – und sah nicht ein, dass er irgendetwas falsch oder falscher als die anderen gemacht hatte. Das Geschäftsmodell darauf aufzubauen, dass man vor allem die Zinsdifferenz nutzte, der ganze Schuldenzirkus, das mochte falsch sein, gehört aber zum Kern des Bankgeschäfts. Warum soll ich das jetzt kritisieren, dachte Funke wohl. Dieser Funke, dem jede Diplomatie abging, der nicht einsehen wollte, dass das ganze System der Fehler war, dieser Funke war der ideale Sündenbock.

In dem einzigen Untersuchungsausschuss des Bundestags zur Finanzkrise, der 2009 ganze sechs Monate Zeit für seine Arbeit hatte, ging es dann nur noch um die HRE. Es wurde festgestellt, dass die HRE-Krise im Wesentlichen auf den Lehman-Crash zurückzuführen war. Dennoch ermittelte die Staatsanwaltschaft über Jahre gegen Funke. Das Verfahren wurde erst 2017 gegen Zahlung von 18 000 Euro vorläufig eingestellt. Der Aufschrei in den Hauptnachrichtensendungen im Fernsehen war groß: Eine vermeintliche Schlüsselfigur der Finanzkrise, der gierige Manager schlechthin, kam ungeschoren davon. Dabei hatte Funke, ungewollt und ohne es zu ahnen, mit seiner HRE den Ruf der Deutschen Bank gerettet. Niemand sprach über die Verantwortung, die das Institut von Jain, Ackermann und Broeksmit für die Finanzkrise trug, und darüber, dass es schon damals in den Mittelpunkt von Ermittlungen der SEC und des FBI rückte. Ein Sündenbock reichte den deutschen Medien. In seiner unnachahmlichen Art über die Wahrheit hinweggehend, um dann über sie in einem Nebensatz zu stolpern, erklärte Ackermann vor dem HRE-Ausschuss im Bundestag: »Aber was ich gerade versucht habe zu sagen, ist: Dadurch, dass man die Hypo Real Estate als Problemfall isoliert hat – und das hat man eigentlich mit diesem Programm dank der Regierungsunterstützung erreicht –, war nicht mehr die Commerzbank im Gerede oder die Deutsche Bank oder eine andere Bank, es war dann fokussiert auf die Hypo Real Estate.«[149]

Im Oktober hatte Guillaume Adolph, der neue Mitarbeiter der Deutschen Bank, sich bereits gut eingearbeitet und erklärte einem der Submitter, wie man den Libor, der an den Schweizer Franken gekoppelt war, so optimal bewegte, dass die eigene Position maximal profitierte. Wie sein französischer Landsmann Christian Bittar machte Adolph klare Ansagen, auch wenn er sie nüchterner und ohne Drama vortrug, etwa Ende September 2008, als er einen Kollegen bat: »Kannst du bitte einen besonders tiefen Ein-Monats-Fix angeben?« – »Sicher, was immer dir am besten in den Kram passt.« In dem Chaos nach dem Kollaps von Lehman Brothers und der Beinahepleite der Hypo Real Estate drückte Adolph also den Libor-Kurs ungerührt nach unten. Er sagte, es ginge nur darum, dass der Beitrag der Deutschen Bank aus der Kalkulation fliege. Man solle einfach so tiefe Sätze angeben, dass am Ende die Angabe der Deutschen Bank nicht berücksichtigt würde, sondern der Satz der Komplizen in anderen Banken. Gemeinsam könne man so den jeweiligen Libor tatsächlich bewegen. Adolph erklärte dem Submitter auch, dass diese Strategie auf Bittar zurückgehe, der sicher sei, den Schlüssel zur erfolgreichen Manipulation der Zinssätze gefunden zu haben. Der Submitter, der an anderer Stelle kumpelhaft schrieb: »Diese verrückten Märkte, ich hoffe, deinen Abschlüssen geht es gut«, wollte es so genau wohl gar nicht wissen. Aber er machte mit, denn so verlangte es der Arbeitgeber.

Bittar hatte seinen Freund bei Barclays, mit dem er den Euribor manipulierte. Adolphs Komplize hieß Tom Hayes und arbeitete in Tokio für die Schweizer Bank UBS. Der blonde, jungenhaft wirkende Trader Tom konnte sich Adolphs Namen zunächst nicht merken und nannte ihn daher »Gollum« nach dem verzweifelten Fabelwesen im *Herrn der Ringe*: Eine Kreatur, die dem goldenen Ring hinterherjagte und darüber verrückt wurde. Hayes stammte aus Manchester. Sein Vater lebte zeitweise als Hippie und trug noch immer die Haare lang. Er arbeitete als Finanzjournalist für die BBC. Bei Hayes war das Asperger-Syndrom festgestellt worden, eine Autismusvariante, die es ihm schwer machte, mit anderen Menschen zu kommunizieren. Andererseits war er, was mathematische Berechnungen betraf, hochbegabt. Hayes wurde von manchen Kollegen »Rain Man« genannt, weil er extrem gut mit Zahlen umgehen konnte, auf den großen Partys aber lieber für sich blieb. Rain Man und Gollum sprachen sich also ab, welcher Yen-Libor ihnen half. Man stützte sich gegenseitig, genau wie Bittar und sein Freund es machten.[150] Als sei nichts geschehen, hatte Rain Man Gollum drei Tage nach dem Lehman-Kollaps gefragt: »Hast du heute Nacht irgendeine Aktie in dem Sechs-Monats-Fix?« Darauf Adolph: »Absolut keine. Aber ich kann helfen.« – »Kannst du ihn tief ansetzen, tu mir den Gefallen.« – »Schon erledigt.« – »Ich mache das wieder gut, wenn ich kann. Frag einfach.«

Zwölf Tage später, am 30. September, hatte Hayes erneut eine Bitte an Adolph. Er war der Bittar in der Beziehung, er drängte, bettelte und hatte nie genug. Er flehte sogar am Telefon, Gollum solle einen tiefen Sechs-Monats-Yen-Libor angeben. Das Gespräch wurde von der Deutschen Bank aufgezeichnet. Während überall die Zinsen durch die Decke schossen und man sich in der größten Finanzkrise seit den 1930er Jahren befand, bat Adolph seinen Submitter um einen tiefen Libor. Der reagierte in seiner Antwort an Adolph entsprechend aufgebracht: »Willst du mich verarschen?????? Das ist nicht besonders koscher!« Worauf Adolph antwortete: »Nein, nicht wirklich.« Nicht koscher, aber profitabel.

Niemand verhielt sich in der Krise von 2008 besonders koscher. Das galt auch für die Aufsichtsbehörden und manche Zentralbank. Natürlich hatten die Notenbank oder das Finanzministerium irgendeines Industriestaates kein Interesse daran, dass die Banken in Panik verharrten, das Geld immer teurer wurde und damit erst recht keine Liquidität mehr vorhanden war. So kam es zu einem seltsamen Telefonat in der britischen Bank Barclays, die selber in die Manipulation der Zinssätze verwickelt war. Ein führender Manager rief einen seiner Submitter an: »Du wirst hassen, was ich dir jetzt sage, aber die britische Regierung und die Bank von England haben extremen Druck auf uns gemacht, damit wir einen möglichst tiefen Libor angeben.« Diesem Telefonat war ein Gespräch des Barclay-Chefs Bob Diamond mit Paul Tucker vorausgegangen, dem stellvertretenden Chef der Bank von England. Beide leugneten später, dass irgendwer auf irgendwen Druck ausgeübt hatte.[151] War das möglich? Eine Notenbank weiß oder fördert sogar Manipulationen?

Dass man bei der Bank von England über klare Betrugshinweise einfach hinwegging, ist aktenkundig. Schon im Juli 2006 hatte sich eine Steuerungsgruppe, die sich mit dem Währungshandel beschäftigte, in der Kneipe *Smiths* am Rande der City of London zu einem offiziellen Meeting getroffen, darunter auch Vertreter der Bank von England. Ausweislich des Protokolls sprach man über die Manipulation des Währungsmarktes: »Gemeinsam hat man festgestellt, dass es Beweise gibt, die belegen, dass es rund um beliebte Fixing-Zeiten von bestimmten Spielern zu Versuchen gekommen ist, das Fixing zu beeinflussen, obwohl sie [vom Handelsvolumen her] gar kein Interesse an dem Fixing hatten. Dass der Markt sich künstlich von dem Fixing wegbewegt hat, wo der Kurs eigentlich stehen sollte, war nicht im Interesse des Kunden. Es wurde weiter festgestellt, dass das ›Fixing-Geschäft‹ eben wegen dieses Verhaltens zunehmend angespannt ist.«[152]

Der Vertreter der Bank von England ermahnte die Banker nur sehr sanft – und so änderte sich nichts. Die Deutsche Bank hatte in dieser Runde einen ständigen Vertreter, der jedoch an dem fraglichen Tag im Pub nicht dabei war. Dennoch wurde später auch gegen die Deutsche Bank intensiv ermittelt, als viele der großen Banken unter Verdacht gerieten, den Währungsmarkt manipuliert zu haben. Nichts war noch sicher, nicht einmal der größte Finanzmarkt der Welt, der Handel mit Devisen.

Donald J. Trump for President

Der US-Immobilienmarkt, künstlich angekurbelt von den Investmentbanken und ihrem Hunger nach immer mehr Hypotheken, stand 2008 unter großem Druck. Die Preise verfielen, die Investoren blieben aus, für Luxusprojekte etwa in New York oder Chicago fanden sich kaum noch Abnehmer. Selbst potenzielle Käufer mit sehr viel Geld warteten erst einmal ab, ob sie sich wirklich das nächste überdimensionierte Apartment als Geldanlage zulegen sollten. Sie hofften darauf, bald das eine oder andere Schnäppchen auf den sonst weltweit umkämpften Immobilienmärkten zu machen. Das bekam auch der TV-Reality-Star Donald J. Trump zu spüren. Er hatte 640 Millionen Dollar Schulden aufgenommen, um mit einer eigens zu diesem Zweck gegründeten Firma das zweitgrößte Gebäude in Chicago bauen zu lassen mit Hunderten von Luxuseigentumswohnungen. Die Verkäufe liefen jedoch schleppend, und im Mai war laut Vertrag mit der Deutschen Bank eine Zahlung von 334 Millionen Dollar fällig geworden. Trump zahlte nicht und bat um einen sechsmonatigen Aufschub, der nach den getroffenen Vereinbarungen möglich war. Im November, als die sechs Monate um waren, machte Trump allerdings immer noch keine Anstalten, die Forderung der Bank zu begleichen.

Die Bauarbeiten liefen jedoch weiter, Rechnungen in Millionenhöhe mussten bezahlt werden. Trumps Firmen brauchten das Geld der Bank. Also ersuchte er um eine weitere Fristverlängerung und erklärte zudem, die Apartments billiger verkaufen zu wollen. Beides gestand die Bank ihm nicht zu. Trump machte daraufhin das, was er immer tat, wenn er sich nicht durchsetzen konnte: Er ging vor Gericht. Am 6. November 2008, einen Tag bevor die Zahlung fällig wurde, verklagte er die Deutsche Bank auf drei Milliarden Dollar Schadensersatz. Trumps Anwalt berief sich dabei auf den Vertrag mit der Bank. Darin war festgehalten, dass eine Partei aus dem Geschäft aussteigen könne, wenn unvorhergesehene Umstände eintreten würden, eine *force majeure*, so der technische Begriff. Damit waren aber nicht Trumps Cashflow-Probleme gemeint, sondern Volksaufstände, Naturkatastrophen oder ein anderer »Akt Gottes«.[153] Die Immobilienkrise, schrieben Trumps Anwälte, sei ein solcher unvorhergesehener Umstand, zudem habe die Deutsche Bank an der katastrophalen wirtschaftlichen Gesamtlage mit Schuld, schließlich habe sie das gerade kollabierte System wesentlich mit aufgebaut. Zum krönenden Abschluss warf er der Deutschen Bank schließlich vor, sie sei in betrügerischer Absicht vorgegangen. Sie wolle ihn aus dem Projekt drängen und die Kunden, die Apartments und das Hotel handstreichartig übernehmen. Trump ließ seinen Anwalt vorpreschen, um von einem simplen Fakt abzulenken: Er hatte 2005 im Vertrag mit der Deutschen Bank zugestanden, das Geschäft mit 40 Millionen Dollar seines eigenen Geldes abzusichern. Das war die Bedingung der Bank gewesen, und Trump hatte einwilligen müssen, weil sich in New York sonst niemand bereitfand, ihm Geld zu leihen. Die 40 Millionen Dollar wurden fällig, wenn Trumps Firmen den Kredit nicht mehr bedienten. Der Fall war jetzt eingetreten.

Die Deutsche Bank setzte nun ihre Anwälte in Bewegung, Spezialisten der Kanzlei Shearman & Sterling, die sich – für Juristen eher ungewöhnlich – süffisant mit den Argumenten des Baulöwen auseinandersetzten. Die Klage sei Trump in Reinkultur. Einfach vor Gericht zu ziehen, um von den eigenen Fehlern abzulenken. Trump sei fürwahr mit Schulden und Bankrotten vertraut, schrieben die Anwälte in der Gegenklage, er rühme sich sogar, die Banken in den 1990er Jahren über den Tisch gezogen zu haben. Die Anwälte zitierten dafür aus Trumps Buch *Think Big and Kick Ass in Business and Life*, in dem er beschreibt, wie er die Banken dazu gebracht hatte, ihm einen Großteil seiner Schulden zu erlassen, so dass die Institute selber viel Geld abschreiben mussten: »Ich dachte mir, dass ist das Problem der Banken und nicht meines. Was zur Hölle sollte mich das kümmern? Ich habe sogar einer Bank ausdrücklich gesagt: ›Ich hab euch gewarnt, ihr hättet mir kein Geld leihen dürfen. Ich habe euch gesagt, dass der gottverdammte Deal nicht gut ist.‹« Trump, so schrieben die Anwälte der Deutschen Bank, müsse sich schon entscheiden, ob die Krise ihn unvorbereitet und daher schwer getroffen habe oder ob er als Einziger unbeschadet den Zusammenbruch überstanden habe. Genau das hatte Trump behauptet, um sein jüngstes Projekt, einen Golfplatz in Schottland, in der Krise als Erfolg zu verkaufen, und zwar wenige Tage bevor er die Klage gegen die Deutsche Bank eingereicht hatte. Geld, Kapital, alles kein Problem: »Die Banken sind alle in so großen Schwierigkeiten, aber die gute Nachricht ist, unserer Firma geht es großartig, und wir sind in einer sehr, sehr starken Cash-Position.«[154] Der *Financial Times* erklärte er: »Mein ganzer Kram [all meine Projekte] waren großartige Erfolge, wenn jemand sagt: ›Wie läuft das Geschäft‹, dann sage ich: ›Nicht gut, außer für Trump.‹«[155]

Er habe viel Geld, behauptete Trump also. Doch die Wahrheit war viel komplizierter. Er hatte nicht nur Probleme in Chicago. In Atlantic City standen wieder einmal seine Kasinos auf der Kippe. Seine Behauptungen waren daher mit Vorsicht zu genießen. Außerdem hatte Trumps Sohn Don Jr. auf einer Immobilienkonferenz in New York – ausgerechnet an dem Montag, an dem Lehman Bankrott anmelden musste – als Vizepräsident einen tiefen Einblick in das Familienunternehmen gewährt, der ebenfalls Fragen aufwarf. Was die High-End-Produkte, also die teuren Apartments, angehe, da seien die russischen Kunden als Investoren überproportional vertreten. Das gelte für das Familienprojekt in Dubai, aber vor allem auch für den SoHo Tower –

ein neues Projekt – und all die anderen Bauten in New York. »Wir beobachten«, sagte Don Jr., »dass viel Geld aus Russland hierher strömt.« Der Markt in Russland fasziniere ihn, viele große Städte, Moskau würde er allen anderen Metropolen auf der Welt vorziehen. Auf seinen sechs Reisen nach Russland habe er festgestellt, dass es kein Problem sei, dort Deals abzuschließen, die entscheidende Frage sei vielmehr: »Werde ich jemals mein Geld sehen? Kann ich der Person, mit der ich da gerade verhandle, überhaupt vertrauen?« Angesichts des Geschäftsgebarens der Trump Organization ein fast schon absurdes Statement. Hier schloss der Junior offenbar auch von sich auf andere.

Wem kann man überhaupt trauen? Diese Fragen stellte sich auch das Immobilienteam der Deutschen Bank in New York. Dass er die Bank verklagt hatte, machte Trump mit großer Geste öffentlich. Er gab Interviews, in denen er seinen Ansatz erklärte. Die *New York Times* berichtete über die »faszinierende Klage«.[156] Das Prozedere vor Gericht legte in der Tat wieder einmal Trumps Geschäftsgebaren bloß. Was Donald Trump anging, so hätte der Führung der Deutschen Bank längst klar sein müssen, mit wem sie es hier zu tun hatte. Doch die Bank stellte ihre Geschäftsbeziehungen mit Trump nicht ein. Und der Trump Tower in Chicago war nicht das einzige Problem, das sich die Immobilieneinheit der Deutschen Bank bei den vielen Geschäften mit dem New Yorker Baulöwen eingehandelt hatte: Das halb fertige Kasino *The Cosmopolitan*, direkt neben dem *Bellagio* mit seinen Wasserspielen am Strip in Las Vegas gelegen, steckte ebenfalls in einer Finanzierungskrise. Der Bauträger Ian Bruce Eichner hatte Anfang des Jahres Bankrott angemeldet. Die Deutsche Bank bekam ihr Geld nicht zurück und übernahm – wie passend in der Finanzkrise – nach Zahlung einer weiteren Milliarde Dollar unter anderem an die Baufirmen ein halb fertiges Kasino, in das die Bank in der nächsten Zeit weitere Milliarden stecken musste. Immerhin: Das Spiel ging weiter.

B ill Broeksmit, der Undercover-Risikomanager von Anshu Jain, wurde immer mehr in die Untiefen hineingezogen, die sich seit seinem ersten Abschied überall in der Bank auftaten. Hedgefonds und vermögende Großanleger gehörten zu den wichtigsten Kunden, sie allein hatten die Mittel – und den Willen – aktiv am Markt zu handeln, strukturierte Produkte zu kaufen und riesige Geldsummen zu bewegen. Gerade in der Krise mussten diese Kunden betreut werden, sie mussten glücklich sein, durften nicht abspringen. Die meisten Kunden waren sich einig, so erklärte später John Butler, ein ehemaliger Manager der Deutschen Bank, dass in vielen westlichen Industriestaaten zu hohe Steuern gezahlt werden müssten. Viele Derivate, so meinte Butler, wurden von der Bank überhaupt nur erfunden, damit reiche Kunden Steuern sparten.

Seit den späten 1990er Jahren waren die US-Behörden unter anderem deswegen hinter dem US-Ableger der Deutschen Bank her. Die Bank hatte mit der Übernahme von Bankers Trust auch das Geschäftsmodell dieser Gesellschaft übernommen – komplizierte Derivate machten zum Schein Verluste, die vermögende Kunden dann von der Steuer absetzten, ohne jemals wirklich Geld verloren zu haben. Seit Jahren wurde in dieser Sache ermittelt, doch die US-Behörden schafften es einfach nicht, den Fall abzuschließen. Trotz der Ermittlungen und obwohl sich sogar der US-Senat eingeschaltet hatte, stellte die Deutsche Bank diese Geschäfte nie vollständig ein. Sie nutzte weiter Derivate und Buchungstricks, damit vor allem Hedgefonds Geld sparen konnten. In diese Praktik wurde nun auch Bill Broeksmit eingeweiht, weil Teile des Managements plötzlich Bedenken hatten, ob man solche Geschäfte weiterhin machen sollte. Wenn sich die Lage nach der Finanzkrise beruhigt hatte, diese Gefahr wurde inzwischen erkannt, könnte der Staat doch Ärger machen. Einige der Delikte – Beihilfe zur Steuerhinterziehung, Untreue – waren Straftaten, und für die konnte man ins Gefängnis kommen. Dass die US-Staatsanwaltschaften seit den Zeiten von James Comey nicht mehr wirklich hart durchgegriffen hatten, dürfte sich bald ändern, so die Befürchtung in der Branche.

Broeksmit arbeitete sich in Geschäfte ein, die seine Bank mit dem erfolgreichsten Hedgefonds der Welt, Renaissance Technologie, kurz RenTec, abgeschlossen hatte. RenTec, das war ungewöhnlich, hatte dafür vollen Zugriff auf die Handelscomputer der Deutschen Bank. Über seine eigene Software konnte der Hedgefonds das System der

Deutschen Bank ansteuern und die Plattform der Bank dazu nutzen, Aktien, Derivate und andere Instrumente zu kaufen oder zu verkaufen. Von außen sah es so aus, als habe die Bank selber diese Abschlüsse getätigt, doch tatsächlich war es die Software des Hedgefonds, die automatisiert gehandelt hatte. RenTec führte bei Barclays und bei der Deutschen Bank diverse Unterkonten, über die der Hedgefonds zum Teil über 100 000 Transaktionen pro Tag abwickelte. In einem Jahr wurden über ein einziges Konto einmal 129 Millionen Käufe, Verkäufe und Bewegungen getätigt.[157] In manchen Fällen hielt das Computerprogramm ein bestimmtes Finanzinstrument nur wenige Sekunden und verkaufte es dann wieder. Angeblich ging es dabei nur darum, den optimalen Preis zu jeder Sekunde auszunutzen. Aber die Finanzaufsicht, darunter die Börsenaufsicht SEC, hatte an dieser Erklärung Zweifel. Denn natürlich war es bei der Masse an Kontobewegungen extrem schwer, den Hintergrund der vielen Transaktionen zu überprüfen und freizulegen. Und die konkrete Herkunft des Geldes wurde durch die blitzschnellen und zigfachen Buchungen verschleiert.

Die Firma hinter dem Fonds war von dem Mathematiker James Simons gegründet worden, der für die NSA und private Firmen Codes der Russen geknackt hatte, bis er entlassen wurde, weil er in einem Zeitungskommentar den Vietnamkrieg kritisiert hatte. In den 1970er Jahren hatte Simons dann eine Investmentfirma gegründet, die ihren Sitz in einem Einkaufszentrum in Long Island hatte. Nach einem längeren Anlauf wurde er allmählich erfolgreich. Dabei achtete Simons konsequent darauf, der Wall Street räumlich fernzubleiben – RenTec hat sein Hauptquartier noch heute in Long Island bei New York – und keine Banker, sondern Mathematiker, Statistiker und Physiker anzustellen. Der geschlossene Fonds Medallion, benannt nach einem Mathematikpreis, den Simons gewonnen hatte, hat seit 1982 sagenhafte Gewinne eingefahren. Manchmal über 100 Prozent in einem Jahr, im Schnitt seit den 1980er Jahren über 35 Prozent. Nach 28 Jahren waren dabei 55 Milliarden Dollar Profit hängen geblieben. Hätte man in den 1990er Jahren 1000 Dollar in Simons' Fonds investiert, wäre 2017 ein Gewinn von 800 000 Dollar herausgekommen.[158] Wie genau RenTec das angestellt hatte, hielt Simons' Firma immer geheim.

Der Erfolg warf – und wirft noch immer – Fragen auf. Zudem ist auffällig, dass nur der geschlossene Fonds Medallion so erfolgreich war. In den dürfen nur wenige Hundert Mitarbeiter von RenTec selber investieren. Der offene Fonds der Firma – RIEF – machte weitaus weniger Gewinn.

RenTec verwaltete beständig über 40 Milliarden Dollar. Ihren Aufstieg hatten RenTec und Simons auch einem Mann zu verdanken, der von IBM zu dem jungen Unternehmen gewechselt war. Robert Mercer, ein Informatiker, war im Bundesstaat New Mexico aufgewachsen und bekannt dafür, dass er so wenig wie möglich redete. Er gab zu, dass er seine Katzen mehr mochte als die meisten Menschen um sich herum. Mercer und Simons machten RenTec zu dem, was es war, und traten dabei möglichst wenig in der Öffentlichkeit auf.

Damit war im Jahr 2016 Schluss. Nach und nach tauchten in den US-Medien Berichte auf, die sich mit Mercers Hobby beschäftigten: Er finanzierte – gemeinsam mit seiner umtriebigen Tochter Rebekah – den Aufbau einer ultrarechten Bewegung in die USA, die den Staat und die beiden großen Parteien ablehnte. Obwohl die Mercers über ein milliardenschweres Vermögen verfügten, sahen sie sich umzingelt von einer korrupten Elite, die ihr Land zerstört hatte. Robert Mercer hasste Hillary Clinton, so erzählten Angestellte seiner Firma später, er bezweifelte den Klimawandel und trauerte der Rassentrennung nach.[159]

Mercer und seine Tochter bauten mit mehreren Millionen Dollar ultrarechte Medienunternehmen auf, darunter die Internetseite Breitbart, auf der für das Elend in den USA vor allem zwei Gruppen von Menschen verantwortlich gemacht werden: Demokraten und Migranten. Die Mercers setzten den ehemaligen Goldman-Sachs-Banker Stephen Bannon als Chef bei Breitbart ein. Im Vorwahlkampf der Republikaner zur Präsidentschaftswahl 2016 unterstützte Breitbart vor allem einen Kandidaten: Donald J. Trump, den New Yorker Pleitier, der sich im Jahr zuvor entschieden hatte, um die Präsidentschaftskandidatur bei den Republikanern zu kämpfen. Vater und Tochter Mercer überwiesen zudem 15 Millionen Dollar an die Firma Cambridge Analytica, die seit 2013 mit den vielen US-Wahlkämpfen auf lokaler und nationaler Ebene Geld verdiente. Mit der Firma ging es richtig voran, als Cambridge Analytica ein Jahr später mit einem Trick die Daten von über 80 Millionen Facebook-Anwendern illegal absaugte und so über Rohinformationen verfügte. Mit den Daten erstellten die Programmierer psychologische Profile der Facebook-Nutzer, um für sie Wahlwerbung maßzuschneidern. Die Mercers unterstützten auch Kandidaten der Tea-Party-Bewegung, die der etablierten Parteiführung der Republikaner schwer zusetzten. Kein Kandidat profitierte jedoch mehr von dem Geld des Hedgefondsmilliardärs als Donald J. Trump, der vor allem von Stephen Bannon und Breitbart als Gegner des Establishments verkauft wurde. Nachdem Trump seinen Konkurrenten Ted Cruz in den Vorwahlen besiegt hatte, setzten die Mercers voll auf ihn. Insgesamt unterstützten sie die nationalistische Bewegung, das Umfeld von Trump und den Kandidaten selbst allein im Wahljahr mit mindestens 30 Millionen Dollar.

Robert Mercer standen solche enormen Mittel nicht zuletzt zur Verfügung, weil seine Firma RenTec seit Jahren so wenig Steuern wie möglich zahlte. Das gelang dem Unternehmen auch deshalb, weil man sich die Hilfe der Deutschen Bank gesichert hatte. Diese hatte schon in den 1990er Jahren für mehrere Hedgefonds ein System entwickelt, das sich Maps nannte und über die Handelsplattform der Bank abgewickelt wurde. Die alten Steuertricks hatte man Blips genannt, die Konkurrenz von Barclays hatte ihr System Colts getauft. Die Maps bei der Deutschen Bank waren im Prinzip Unterkonten, die an 13 Hedgefonds verkauft wurden. Die Deutsche Bank legte ingesamt 156 Maps auf, die zusammen ein Volumen von 60 Milliarden Dollar hatten. Ein Drittel der Summe ging allein auf die 37 Maps von RenTec.[160]

Diese Unterkonten – die Maps – hatten nur einen Zweck: die Natur der Gewinne von RenTec zu verschleiern. Gewinne hatte der Hedgefonds – und das war allgemein bekannt – mit dem ultraschnellen Hochfrequenztrading gemacht, für das man spezielle Software entwickelte und damit der Konkurrenz weit voraus war. Für diese Gewinne, die kurzfristig erwirtschaftet wurden, wäre ein sehr hoher Steuersatz fällig gewesen – bis zu 39 Prozent. Doch mit Hilfe der Deutschen Bank umging RenTec dieses Problem. Man ließ es einfach so aussehen, als habe die ganze Zeit die Deutsche Bank – von RenTec beraten – gehandelt. Der Hedgefonds hatte technisch nur eine Option auf den Jahresgewinn des Unterkontos, das man dafür angelegt hatte. So wurden die vielen kleinen Beträge, die man in jeder Sekunde des Tages verdiente, in einen langfristig erwirtschafteten Gewinn umgewandelt – und für den musste RenTec anfangs 20, später sogar nur 15 Prozent Steuern zahlen.

Erst als die Ermittler einer Untersuchungskommission des US-Senats die Struktur und das Kleingedruckte ganz genau analysierten, erkannten sie den Trick. Der Hedgefonds hatte vollen Zugriff auf die Konten, und die Deutsche Bank musste nie für Handelsverluste einstehen, selbst in der Finanzkrise nicht. Immer sprang RenTec ein, als hätte der Fonds selber gehandelt und nicht die Bank mit ihrem Kapital. Die Struktur hatte noch einen erfreulichen Nebeneffekt: Hätte die Bank offiziell im Namen von RenTec gehandelt, dann hätte der Fonds seinen Einsatz nur verdoppeln können, mehr erlaubten die Gesetze nicht. Mit Hilfe der RenTec-Software konnte die Bank den Einsatz jedoch mit dem Faktor 1 zu 20 hebeln. Der Hedgefonds musste also nur einen Dollar aufbringen, um am Markt 20 Dollar einzusetzen.

RenTec hatte nach dem Bericht der Untersuchungskommission des US-Senats über die Jahre mehr als 36 Milliarden Dollar an Steuern gespart, allein durch das Unterkonto bei der Deutschen Bank 3,6 Milliarden Dollar. Dafür hatte die Bank RenTec 570 Millionen Dollar an Gebühren in Rechnung gestellt. Auf dieses Geld wollte die Deutsche Bank nicht verzichten. In dem heiklen Jahr 2008 ging es sogar darum, das Programm zu modifizieren, damit das Ganze nicht zu illegal aussah.

Bill Broeksmit, der sich weiterhin in die Geschäfte der Deutschen Bank einarbeitete, telefonierte am 7. November mit dem »Global Head of Risk Management«, wie es bei der Bank hieß, also einem der obersten Risikomanager. Der Mann – der Inder Satish Ramakrishna – war lange Zeit selber Händler in London gewesen und hatte dort die exotischsten Derivate entwickelt. Nun hatte der gelernte Physiker innerhalb der Bank die Seiten gewechselt und kontrollierte das Risiko, das die Händler eingingen. Dabei ging es vor allem darum, zu berechnen, wie stabil die Anlagen der Kunden waren. Wie wahrscheinlich war es also, dass der Gegenpart bei einem Deal ausfiel? In einer Zeit, in der Marktschmelzen zur Regel wurden, waren diese Berechnungen äußerst kompliziert.[161]

Ramakrishna gehörte nicht zu den Bankern, die sich in dem Geschäft verloren hatten. Er vermisste das Leben an der Universität, zu der es ihn immer wieder hinzog. Offen und wohl völlig vergessend, dass die Telefonate in der Bank aufgezeichnet wurden, sprachen Ramakrishna und Broeksmit über die Struktur der Deals, die die Deutsche Bank bislang mit RenTec durchgezogen hatte. Einen wirtschaftlichen Sinn hatte das Konstrukt offenbar nicht. »Das Ganze ist also als Option strukturiert, um ...«, murmelte der Inder, »... aus steuerlichen Gründen« ergänzte Broeksmit, »aus steuerlichen Gründen ...«, wiederholte Ramakrishna. »Yeah«, bestätigte Broeksmit. Sieben Jahre später, als sich der Senatsausschuss mit diesem Teil des Geschäfts der Deutschen Bank beschäftigte, wurde das Gespräch eines der wichtigsten Beweismittel gegen die Deutsche Bank. Ramakrishna wurde deshalb intensiv von Senator Carl Levin aus Michigan befragt, der schon viele Untersuchungsausschüsse geleitet hatte. Der Risikomanager der Deutschen Bank war zunächst störrisch.[162]

LEVIN »Mr. Ramakrishna, als die Maps 2008 restrukturiert wurden, machte man sich da bei der Deutschen Bank Sorgen, dass die alte Struktur nicht mehr als Derivat und damit als steuermildernd anerkannt würde?«

RAMAKRISHNA »Meine ursprüngliche Sorge drehte sich nur um das Risiko, um sonst nichts. Parallel gab es eine Diskussion zwischen den Anwälten und den Steuerleuten, von der ich aber nichts mitbekommen habe.«

LEVIN »Aber kam diese Frage auf, mit den Steuerleuten, dass die alte Struktur von Maps nicht mehr als Derivat anerkannt werden könnte, also nicht als Option angesehen werden würde, was Auswirkungen auf den Steuersatz hatte? Gab es diese Sorge?«

RAMAKRISHNA »Ich habe keine Ahnung.«

Levin setzte Ramakrishna daraufhin noch einmal auseinander, dass es bei der Struktur um Steuerersparnisse ging. Der Inder bestand darauf, nur mit dem Risikoaspekt beschäftigt gewesen zu sein. Levin wusste, dass das eine Lüge war – ihm lagen die Transkripte vieler aufgezeichneter Telefonate vor.

LEVIN »Haben Sie jemals mit einem Mann namens Broeksmit gesprochen?«

RAMAKRISHNA »Ja, Sir.«

LEVIN »Haben Sie ihm dabei gesagt, dass die Steuerersparnisse einer der Gründe für die Art der Struktur sind?«

RAMAKRISHNA »In einem der Gespräche erwähnte er das.«

LEVIN »Das ist schön. Stimmten Sie da mit ihm überein?«

RAMAKRISHNA »Ja, Sir. Es war Teil eines langen Gesprächs.«

LEVIN »Vor einer Minute sagten Sie noch, Sie hätten davon noch nie gehört.«

RAMAKRISHNA »Sie haben mich doch gefragt, ob irgendjemand von den Juristen oder Steuerleuten darüber gesprochen hat.«

LEVIN »Ok, wer ist Mr. Broeksmit?«

RAMAKRISHNA »Er war der ›Head of Risk and Optimization‹.«

LEVIN »Also hörten Sie von jemanden aus Ihrer eigenen Abteilung, dass man sich Sorgen machte, ob der Steuervorteil wirklich durch die neue Struktur garantiert wurde.«

RAMAKRISHNA »Er war nicht verantwortlich.«

LEVIN »Er war nicht verantwortlich. In welcher Division hat er gearbeitet?«

RAMAKRISHNA »Er saß an führender Stelle, wenn es um das Risiko in der ganzen Bank ging.«

LEVIN »Gut.«

RAMAKRISHNA »In der ganzen Bank.«

LEVIN »Gut. Haben Sie gehört, wie er gesagt hat, dass die Steuererleichterung in der alten Struktur eine Rolle gespielt hat?«

Nach weiteren ausweichenden Antworten hatte sich Ramakrishnas Loyalität gegenüber der Bank erschöpft. Er gab zu, um was es Broeksmit wirklich gegangen war: »Er sagte, die Steuerersparnis war ein Vorteil, ja. Er wusste das so gut wie ich.« Mehr brauchte Senator Levin nicht zu hören. Ein sowieso bereits phänomenal erfolgreicher Hedgefonds spart Steuern mit der Hilfe einer Wall-Street-Bank. Der Republikaner John McCain, der ebenfalls in dem Ausschuss saß, sagte dazu: »Eine Sache ist klar: Amerikaner sind es müde, mitzubekommen, dass Wall-Street-Firmen nach anderen Regeln spielen als die ganz normalen Bürger.« Was McCain und der Demokrat Levin zum Zeitpunkt der Anhörung noch nicht wussten: Einer der Gründer des Hedgefonds hatte damals gerade damit begonnen, mit seinen Reichtümern ultrarechte und nationalistische Kandidaten aufzubauen, unter ihnen Donald Trump, den späteren US-Präsidenten.

Welche Art Geschäfte hatte die Deutsche Bank in der Zeit, als Broeksmit weg war, nur gemacht? Broeksmit musste sie erst einmal verstehen, um Jain darüber informieren zu können, was in seiner Abteilung Global Markets wirklich geschah. Der Fall RenTec war für Broeksmit nur der Anfang. Es gab viele schräge Deals, die er sich angucken musste. Der Währungshändler Kevin Rodgers sagte einmal: Die Anshu Jains und Joe Ackermanns, die konnten gut schlafen, die setzten sich mit den Zahlen, der Komplexität, den Details, dem ganzen Wahnsinn nie wirklich auseinander. Broeksmit jedoch wurde genau dafür bezahlt. Jain hatte ihn geholt, damit er sich alles genau anschaute. Er starrte in einen Abgrund, damit dieser Blick seinen Chefs erspart blieb und sie mit stoischer Miene der Welt eine simple Botschaft verkaufen konnten: Es ist alles in Ordnung.

Nichts war in Ordnung. Vor allem an der Libor- und Euribor-Manipulationsfront wurde die Lage immer brisanter. Dafür war vor allem eine resolute Wissenschaftlerin aus New York verantwortlich: Rosa Abrantes-Metz. Ihr Ökonomiestudium an der Universität von Chicago hatte sie geprägt. Dort glaubte man mehr als beinahe an jedem anderen Ort der Welt an den freien Markt. Aber ein freier Markt durfte nicht wild und unreguliert sein. Märkte waren nach Ansicht von Abrantes-Metz nicht mehr frei, sobald einige wenige große Konzerne den Markt missbrauchten, indem sie sich absprachen oder das Geschäft manipulierten.

Abrantes-Metz war eine Überzeugungstäterin, ihr machte es Spaß, Kartellen mit wissenschaftlicher Akribie, mit der umfassenden Analyse von Daten auf die Spur zu kommen. Wie viele andere Beobachter hatte auch sie bereits Ende 2007 registriert, dass mit dem Libor etwas nicht stimmen konnte, war der Sache aber nicht weiter nachgegangen, da sie sich noch nie mit dem Zinssatz beschäftigt hatte. Das änderte sich im April 2008, als sie das *Wall Street Journal* las. Der Libor, die wichtigste Zahl der Welt, basierte nicht auf tatsächlichen Transaktionen, las sie da, sondern auf subjektiven Angaben der Banken. Hier kamen zwei Faktoren zusammen, das zeigte ihre Erfahrung, die Manipulationen wahrscheinlich werden ließen. Sie erklärte mir später: »Ich habe große Erfahrung darin, Daten zu analysieren und illegales Vorgehen aufzuspüren. Und ich erkannte schnell: Der Libor ist sehr anfällig. Es gab das klare Motiv und die Möglichkeit, den Libor zu manipulieren – ohne großen Aufwand, und ohne dass jemand aufpasste.«[163] Die beteiligten Banken hatten also das Motiv und die Möglichkeit, den Kurs zu manipulieren, zudem wurde der ganze Prozess nicht adäquat kontrolliert. 2008 begann Abrantes-Metz, sich die Zinssätze genau anzusehen. Zunächst trug sie einige Daten zusammen, die sie analysierte, und bereits im August veröffentlichte sie – unter anderem mit ihrem Ehemann Albert, der für die Ratingagentur Moody's arbeitete – in einem Aufsatz erste Ergebnisse. Schon der Titel hatte es in sich: »Libor-Manipulationen?«. Die Autoren hielten es für erwiesen, dass es Unregelmäßigkeiten gegeben hatte, schlossen eine systematischen Manipulation aber noch aus. Abrantes-Metz wartete erst einmal das Feedback ab. Die Akademikerin war gut vernetzt in der Welt jener Ökonomen, die für die Zentralbanken, die Weltbank und die Währungsfonds arbeiteten und den wissenschaftlichen Diskurs bestimmten. Die Reaktion einiger einflussreicher Kollegen überraschte sie dann aber doch einigermaßen. Der Libor werde auf keinen Fall manipuliert, alles laufe normal, schrieben etwa die Ökonomen des Internationalen Währungsfonds im Oktober 2008 kategorisch. Die

Zweifel von Abrantes-Metz wurden gar nicht erst aufgegriffen. Das machte die Wissenschaftlerin misstrauisch. Gerade die Zinssätze vom Juni und Juli 2007, als die Krise ausgebrochen war, spiegelten sich überhaupt nicht im Libor wider. Wie war das möglich? Also forschte sie weiter. Schritt für Schritt kam sie einer Marktmanipulation auf die Spur, die sie sich nie hatte vorstellen können. Als sie wenige Monate später zur Professorin an der New Yorker Universität ernannt wurde, hoffte sie, dass ihre Kollegen ihre Warnung beim nächsten Mal nicht einfach beiseite wischen würden.

Die Gnade der Märkte

Global Markets, die Investmentbank unter Führung von Anshu Jain, konnte sich lange auf drei Abteilungen verlassen, wenn es um den Umsatz ging: Global Finanz & FX – GFFX – von Alan Cloete, Global Rates von Michele Faissola und Core GCT, so nannte man die Abteilung der Wunderjungs, die Derivate strukturierten und komplizierte Anleihen auflegten. Nach der Lehman-Pleite standen alle drei Abteilungen mit dem Rücken zur Wand. In der Abteilung von Alan Cloete ging es drunter und drüber. In der Krise rächte sich, dass die Bank nie ein IT-System aufgebaut hatte, das den Finanzmärkten gewachsen war. Man hatte immer in Menschen investiert, sie abgeworben und ihnen viel Geld gezahlt. Dann hatte man einen Kunden nach dem anderen eingewickelt, je mehr und je größer, desto besser. Im Grunde genommen machte man einfach nur, was die Kunden verlangten, und zwar alles – solange sie zahlten.

Seit einigen Jahren hatte der Investor Alexander Vik ein Brokerkonto bei der Deutschen Bank, über das er mit großem Erfolg exotische Währungsderivate kaufte und damit oft viel Geld verdiente. Vik war in Norwegen geboren, besaß einen schwedischen Pass und galt als mysteriöse Figur in der Finanzszene. Nach dem Studium in Harvard hatte er das Vermögen seines Vaters während des Internethypes durch den Börsengang eines wenig erfolgreichen Unternehmens um ein Vielfaches vermehrt. Er schlug sich einige Zeit mit Klagen herum, einige

Anleger fühlten sich nach dem Absturz der Aktie betrogen, aber an dem smartem Vik, der exzellent Golf spielte und so tat, als wisse keiner so gut wie er, wie man viel Geld auf elegante Art und Weise ausgibt, perlte das alles ab.[164] Den nächsten Hype – Derivate! – nahm er auch mit und gründete dafür eine Zweckgesellschaft, die Sebastian Holdings, die wie ein Hedgefonds operierte. Zudem hatte er eigens einen Währungshändler von der Credit Suisse angestellt, der in seinem Namen handelte und die Abschlüsse über die Deutsche Bank abwickelte.

Vik und sein Händler wetteten auf Währungskurse. Sie hatten dafür eigentlich ein Limit von 35 Millionen Dollar mit der Deutschen Bank vereinbart, aber unter bestimmten Umständen konnte Vik einen sehr viel höheren Verlust machen, das ging aus dem Kleingedruckten hervor. Als sein Händler mitten in der Krise immer riskantere Wetten abschloss – wer konnte schon voraussehen, wo die Norwegische Krone nächste Woche oder nächsten Monat stehen würde? –, fiel das dem GFFX-Chef Alan Cloete auf. Er legte sich diesbezüglich mit dem Abteilungsleiter Mel Gunewardena an, der 2006 zur Deutschen Bank gewechselt war und diese Deals absegnen musste: »Fühlt ihr euch wohl, so Geschäfte zu machen? Eure Jungs buchen Deals in den Computer ein, von denen sie nicht einmal wissen, was das alles eigentlich genau ist«, sagte er. Kleinlaut gestand Gunewardena, dass man »diese sexy und verrückten Abschlüsse« – »these sexy crazy trades« – niemals hätte akzeptieren dürfen. Hatte man aber, obwohl der Händler, der am Ende auf den Knopf drücken musste, um den Deal auszulösen, das Geschäft für extrem riskant hielt – nicht für sich oder die Bank, sondern für den Kunden. Das sei so, sagte er, als kaufe man 19 Nuklearsprengköpfe, deren Sicherungen durchzuknallen drohten.[165]

Erst als der Konkurrent Morgan Stanley, der ebenfalls Geschäfte mit Vik machte, mehr Collateral von dem Schweden verlangte, fiel den Händlern an der Great Winchester Street auf, dass auch der Deutschen Bank zusätzliche Sicherheiten zustanden. Sie kontaktierten Vik, der das Geld sofort bereitstellte. Weil der Collateral Call nicht automatisch ausgelöst worden war, schauten sich IT-Techniker der Deutschen Bank das Konto von Vik genau an und erlebten eine Überraschung. Sie entdeckten, dass viele Trades von Vik gar nicht berechnet und abgebucht worden waren. Das Computersystem, das GFFX benutzte, konnte die riskanten und – finanziell – gefährlichen Deals gar nicht berechnen und auf der entscheidenden Plattform abbuchen. Mit anderen Worten: Der Händler wusste gar nicht, wie es um die Nuklearsprengköpfe stand und wann der Big Bang zu erwarten war. Eine Revision erbrachte, dass auf Viks Konten bei der Bank 430 Millionen Dollar weniger als gedacht waren. Im Laufe des Herbstes stellte sich dann bei den neu kalibrierten Konten heraus, dass Vik, nachdem er mit seinem Handel im Juni noch mit weniger als 35 Millionen hinten gelegen hatte, im Oktober plötzlich 900 Millionen Dollar Verluste angesammelt hatte. Fast eine Milliarde Dollar. Also räumte die Bank alles Geld, das Vik auf seinen Konten bei dem Institut hatte, ab und forderte eine Nachzahlung. Der smarte Milliardär war geschockt. Er klagte – und verlor. Wer ins Kasino geht, müsse wissen, was er tue, urteilte der Richter in London sinngemäß.[166] Aber die Deutsche Bank musste zugeben, dass es zu einem schweren Organversagen in Sachen IT gekommen war – mitten in der größten Finanzkrise seit siebzig Jahren. Ein Mitarbeiter der Deutschen Bank hatte vor Gericht zugegeben, dass man auch die diversen Stresstests nicht korrekt berechnen konnte, die während der Finanzkrise durchgeführt wurden. In der Bank wusste also niemand, wie schlimm es wirklich aussah.

Im Herbst begriffen die Mitarbeiter in Alan Cloetes Abteilung GFFX allmählich, dass es an der Zeit war, sich abzusichern, falls man den ganzen Wahnsinn irgendwann erklären musste – intern oder vor einem Gericht. Nachdem seine Abteilung Global Rates in den letzten Jahren ordentlich von den Zinssatzmanipulationen profitiert hatte, ließ auch Michele Faissola mehr Vorsicht walten und sprach Ende Oktober einige Händler direkt an. Sie sollten ihn ab sofort über jede Zinssatzabgabe persönlich informieren. Er spürte offenbar, dass es bald Ärger geben würde. Die Aufforderung von Faissola verstand eine seiner Händlerinnen als Signal. Shivani Mathur, die ursprünglich aus Kalkutta stammt, hatte im Krisenjahr 2008 sehr viel Geld verdient, was sie zu einem Star in Christian Bittars Team gemacht hatte. In einem Interview sagte sie einmal, sie fühle sich als Hobbykünstlerin, nur am Tag sei sie Händlerin, in der Nacht arbeite sie als Malerin. Mathur meldete die neuen Zinssatzangaben an Faissola und analysierte darüber hinaus auf eigene Faust die Euribor-Angaben der letzten Wochen von der Deutschen Bank und anderen Instituten. Das Ergebnis ihrer Untersuchungen: Ihr Arbeitgeber und einige französische Banken hatten über Monate die Zahlen für den Euribor willkürlich zu tief angesetzt, so ihre Erklärung, erst um fünf, später sogar um 25 Basispunkte.

Mathur schickte das Ergebnis, das sie Anfang November ermittelt hatte, an Faissola.[167] Damit war nun innerhalb der Bank aktenkundig, dass etwas mit dem Euribor nicht stimmte, und das war ein Problem. Im Prinzip hätte man jetzt die Aufsicht alarmieren müssen.[168] Dann wäre es aber zwangsläufig vorbei gewesen mit den profitablen Geschäften von Christian Bittar, einem der Letzten, der in London überhaupt noch viel Geld verdiente. Faissola brauchte aber mehr denn je Umsatz. Er machte keine Anstalten, die Gepflogenheiten in London jetzt, mitten im Orkan, zu ändern. Überdies stand seine Abteilung unter Druck, nachdem in der Bank im Zuge der Krise ein offener Machtkampf ausgebrochen war. Vor allem der Risikovorstand Hugo Bänziger wollte die Investmentbanker stärker kontrollieren, ihre Mittel und Eigenständigkeit einschränken. Ackermann mochte nach außen, in den Talkshows, so tun, als gehe es seiner Bank gut. Tatsächlich wurde er von Mitarbeitern wie Bänziger gewarnt. Wenn die Bankenaufsicht sich nun alles genau anschaute? Der Zorn in den Aufsichtsbehörden und im Bundesfinanzministerium musste doch riesengroß sein auf eine Bank, die so tat, als sei sie solide aufgestellt, die andere runtermachte, aber tatsächlich von dem Geld der Notenbanken mehr als je zuvor abhing. Also legte der Vorstand der Deutschen Bank intern ein Programm auf, das Besserung erhoffen ließ – »Change the Bank«. Das klang gut, doch solange das Personal dasselbe blieb, konnte sich gar nichts ändern.

In der Finanzkrise war eines entscheidend: Bloß nicht krank aussehen. Aus dieser Notwendigkeit machte die Deutsche Bank ein Geschäftsmodell. Eine italienische Bank rückte dabei im Spätherbst 2008 in den Mittelpunkt: die Monte dei Paschi aus Siena. Das Institut, das am Markt oft nur MPS genannt wurde, war 1497 gegründet worden und damit die älteste Bank der Welt. Anfangs hatte das Institut vor allem den Armen der Stadt Geld geliehen, dabei nur minimale Zinsen verlangt. Doch über die Jahrhunderte war aus MPS eine normale Bank geworden, die sehr eng mit der Region und dem Staat verbunden war. Das historische Hauptquartier ähnelte einer Burg und lag auch im Jahr 2008 noch immer in der Toskana. Die Bank war inzwischen durch Zukäufe zur Nummer drei im Land geworden, spielte nicht mehr nur in der Toskana eine Rolle, sondern unterhielt auch in den großen Metropolen Italiens Filialen. Als die Finanzkrise ausbrach, hatte MPS bereits seit mehreren Jahren auf komplizierte Derivatedeals gesetzt und dabei mit japanischen, US-amerikanischen und deutschen Investmentbanken kooperiert, darunter die Dresdner Bank.

2002 hatte auch die Deutsche Bank ein Geschäft für das italienische Institut strukturiert. Monte dei Paschi verlangte damals zwei Dinge, die sich eigentlich ausschlossen: MPS wollte seinen Anteil an der zweitgrößten Bank Italiens, Sanpaolo, verkaufen und gleichzeitig profitieren, wenn der Aktienkurs von Sanpaolo stieg. Wie sollte das gehen, wenn man gar keine Anteile mehr an dem Institut hielt? Die aufstrebenden Strukturierer der Deutschen Bank hatten eine verblüffende Lösung, und wie so oft stand dabei eine Zweckgesellschaft im Mittelpunkt. In diesem Fall hieß das Conduit Santorini und war in Schottland gemeldet. Die Zweckgesellschaft hatte auf dem Papier ein Vermögen von über 1,4 Milliarden Euro – dieser Wert war an Aktien der Bank Sanpaolo gekoppelt. Nun schlug die Deutsche Bank einen weiteren Trick vor: MPS sollte seine Anteile an Sanpaolo – weit unter Wert – für 329 Millionen Euro an die Deutsche Bank verkaufen. MPS hatte damit mehr als 350 Millionen Euro zu wenig für den Verkauf der Aktien bekommen. Das war kein Fehler, sondern genau so gewollt. Im zweiten Schritt sollte MPS mit dem gerade eingenommenen Geld 49 Prozent der Zweckgesellschaft Santorini in Schottland übernehmen. Der Trick: Der nominelle Wert des Anteils an dem Conduit Santorini lag bei über 700 Millionen, so viel hätte der Verkauf der Sanpaolo-Aktien eigentlich am Markt gebracht. MPS war also nicht über den Tisch gezogen worden, im Gegenteil: Man wollte eine künstliche Deckungslücke schaffen, denn das erlaubte es dem MPS-Management, intern die stille Reserve anzufordern. Ein Teil dieser Reserve diente dann als Sicherheit für das Geschäft mit der Deutschen Bank, die das Ganze als sogenannten Equity Swap strukturiert hatte. Mit dem Rest polsterte die MPS ihr Eigenkapital auf.[169] Das war wieder diese Mischung von Tricks, die schon Enron angewendet hatte, um die eigene Buchhaltung so komplex und undurchschaubar wie möglich zu gestalten, und von Geschäften, wie sie in Kanada gemacht wurden: Eine Zweckgesellschaft wird aufgelegt, und der Wert – 500 Millionen oder eine Milliarde Dollar – hängt an einem Faktor, der ständig seinen Wert verändert und möglicherweise viel zu hoch angesetzt ist.

MPS hatte also allerhand erreicht – stille Reserven angezapft, die eigenen Bücher undurchschaubar gemacht, den tatsächlichen eigenen Wert verschleiert. Aber ohne Risiko war der Deal nicht: Sollte der Börsenwert von Sanpaolo fallen, konnte MPS mehrere 100 Millionen Euro verlieren, eben die Summe, die man in das Conduit investiert hatte. So sahen es die Rahmenvereinbarungen des Swaps vor. Das Geschäft lief aber zunächst so gut, dass MPS den Vertrag 2004 bis zum Jahr 2009 verlängerte und sogar alle Anteile der Zweckgesellschaft übernahm. Dann kam die Bankenkrise. Der Aktienkurs der Bank Sanpaolo, von dem der Wert des Conduits abhing, brach ein. Was die IKB, viele Landesbanken und einige kanadische Unternehmen erleben mussten, widerfuhr nun auch der Monte dei Paschi: Ihre Grundlage brach weg.

MPS drohte ein hoher Verlust, bis zu 500 Millionen Euro. Die Bank war aber bereits ziemlich ausgeblutet, da man noch 2008 einen Konkurrenten für neun Milliarden Euro übernommen hatte – ohne zu wissen, dass der Kaufkandidat das Geld nicht wert war. Die italienische Bank unter Führung von Mario Draghi hatte das zwar gewusst, das MPS-Management jedoch nicht gewarnt. Als die Krise 2008 immer schlimmer wurde, wandte MPS sich an die Deutsche Bank, mit der man gemeinsam das Projekt Santorini strukturiert hatte. Die Manager von MPS wollten kein Geld vom Staat nehmen müssen, denn Stützung durch den Staat bedeutete auch: Die falschen

Menschen schauten in die Bücher der Bank. Das wollte das Management der italienischen Bank genauso wenig wie die Führung des deutschen Instituts. Allerhand Pläne wurden von den Mitarbeitern der Deutschen Bank entwickelt. Im November lagen erste Vorschläge auf dem Tisch. Im Prinzip ging es um die Neustrukturierung eines Kredits, um eine schnöde Umschuldung, aber genau so sollte es nicht aussehen. Schulden war ein zu hässliches Wort.

Am 1. Dezember 2008 lud Michele Faissolas Abteilung eine Delegation der Bank Monte dei Paschi nach Frankfurt ein, um letzte Feinheiten zu besprechen.[170] Ein Team der Gruppe Global Rates Unit präsentierte dem Kunden den fertigen Deal im Rahmen eines Treffens des Global Markets Risk Assessment Committee, also des internen Risikomanagements von Jains Investmentbank. Der Deal versprach, dass alle Seiten das bekommen würden, was sie wollten: Geld, eine saubere Bilanz und Ruhe vor der Bankenaufsicht.

Wie sollte das legal möglich sein? Die Deutsche Bank glaubte eine Lösung zu haben und präsentierte einen ausgetüftelten Plan, der sich am Prinzip der Repos orientierte, jenen Papieren, die mit Staatsanleihen gesichert waren, für die eine Bank einer anderen die Anleihen abkaufte und sich verpflichtete, sie nach kurzer Zeit zurückzukaufen. Völlig normal, völlig legal. Aber der Deutschen Bank schwebte ein *enhanced* Repo, ein erweiterter Repo vor. Dafür musste MPS italienische Staatsanleihen mit dem Kürzel BTP kaufen, die mit bis zu zwanzig Jahren eine sehr lange Laufzeit haben, und diese sofort als Sicherheit an die Deutsche Bank abgeben. Die Deutsche Bank sollte dann die Anleihen an eine dritte Bank verkaufen und die wiederum das Geld an MPS weiterreichen. Mit dem dritten Institut sollte die Bank aus Siena am Ende einen Repo-Deal abschließen, allerdings einen, bei dem die Anleihen nicht nur kurzfristig, also für wenige Tage, sondern für mehrere Jahre überschrieben wurden. MPS würde also sofort Geld bekommen und einer anderen Bank italienische Staatsanleihen für mehrere Jahre überschreiben.

Bis dahin war das Geschäft ein simpler Kredit – oder ein Buchhaltungstrick. Aber genau das wollten weder die Deutsche Bank noch das Management von MPS. Vielmehr musste das Ganze so aussehen, als handle es sich um Derivategeschäfte. Es musste bei dem Deal also die Möglichkeit bestehen, dass MPS Verluste machte. Die Deutsche Bank strukturierte dafür einen Swap, bei dem sie die gerade gekauften Anleihen wiederum als Wetteinsatz benutzte. Der Swap sah im Kern vor, dass die italienische Bank auf die Entwicklung eines Index wettete.[171] Die erste Wette würde MPS sicher gewinnen und – so das Konzept – sofort Geld bekommen, um die Löcher in den Büchern zu stopfen, die der alte Deal – der durch die anstehenden Prüfungen auffliegen konnte – gerissen hatte. Eine zweite Wette, die erst Jahre später fällig werden würde, sollte die Bank aus Italien dagegen sicher verlieren. Gewinn und Verlust würden sich am Ende aufheben, aber das Geld hätte das Institut aus Italien sofort. Die Deutsche Bank würde diesen Deal nicht einmal in die Bilanz aufnehmen, so der Plan, denn am Jahresende hatte die Führung gemahnt, die Bilanzsumme nicht weiter aufzublähen.

Aber wie wollte man sicherstellen, dass die Wetten wie gewünscht liefen? Indem man betrog. Die Swaps waren an Indizes gekoppelt, die die Deutsche Bank selber herausgab: ein sogenannter Proprietary Index, ein Papier, von dem die Deutsche Bank 3500 Stück aufgelegt hatte. Darin wurde der Wert von Derivaten – Swaps, CDO, CDS –, aber auch Weizen oder anderen Rohstoffen abgebildet. Hedgefonds, Investoren oder Kleinanleger konnten auf den Verlauf des Index wie etwa auf den Verlauf des Dax wetten. Die Indizes waren noch sehr neu, die Kunden nicht misstrauisch, und die Deutsche Bank sorgte sich kein bisschen, dass die eigenen Händler Einfluss auf die Entwicklung des Index nehmen könnten, wie sie es beim Euribor bereits taten. Sinngemäß gab die Deutsche Bank den Italienern zu verstehen: Ihr spielt zum Schein in unserem Kasino, zahlt dafür eine Gebühr, und wir stellen sicher, dass ihr gewinnt. Ein paar Jahre später kommt ihr wieder und verzockt den Einsatz.

Einer der Teilnehmer an der Risikorunde in Frankfurt sagte damals sarkastisch über den Deal: »Das ist fantastisch: Man verbucht einen Profit vorweg und schiebt die Verluste in die Zukunft. Das sollten wir auch bei der Deutschen Bank machen.«[172] Ivor Dunbar, Chef der Abteilung Global Capital Markets Europe und Leiter der Sitzung, fand den Kommentar wenig hilfreich. Es gehe bei dem Treffen nicht darum, die Bilanz der Deutschen Bank zu diskutieren, stellte er klar. Die sah tatsächlich, das sollte sich zeigen, ziemlich finster aus. Bill Broeksmit bekam noch während der Präsentation Wind von dem Deal und schrieb sofort eine E-Mail an einen der Teilnehmer: Sie sollten an die Risiken und an die Reputation der Bank denken! Hier werde ein lupenreiner Kredit an eine kriselnde Bank vergeben, aber als Derivat getarnt. Kein Wunder, dass Broeksmit sich aufregte. Dass man die Swaps – die Wetten – offenbar fingieren wollte, war Broeksmit dabei noch gar nicht klar.

Am nächsten Tag erhielt Broeksmit eine E-Mail von Michele Foresti, einem von Faissolas Managern, der um ein kurzes Gespräch bat. Er meinte, das finanzielle Risiko bei dem Deal sei doch überschaubar. Warum könne man nicht einfach loslegen? Broeksmit entgegnete: »Ich finde, der Fall sollte Anshu vorgestellt werden.« Am nächsten Tag schrieb Foresti: »Wir warten immer noch auf die Genehmigung, Faissola ist jetzt in Anshus Büro.« Beide – Jain und Faissola – sagten später aus, sie erinnerten sich nicht, ob sie bei diesem Treffen über den Kunden aus Italien gesprochen hatten. Doch noch am selben Tag wurde entschieden, dass der Deal durchgewunken werden sollte, sofern Monte dei Paschi belegen konnte, dass die eigenen Prüfer nichts gegen das Geschäft einzuwenden hatten. Genau das konnte die italienische Bank. Also legte man los. Faissolas Team hatte also nicht auf Broeksmit gehört, so wie man in den letzten Jahren auch nicht auf Bänziger und andere Risikomanager gehört hatte. Nach der Pleite von Lehman galt offenbar mehr denn je das Gesetz des Dschungels – *anything goes.*

Noch in der Nacht wurde das Geschäft per Telefon verbindlich verabredet. Wie geplant wettete Monte dei Paschi auf die Entwicklung jenes Index, den die Deutsche Bank selber aufgelegt hatte. Man zog das Ganze an einem Tag durch, an dem sehr viele Abschlüsse auf den Index fällig wurden, aber das Volumen der Wette bewegte den Index trotzdem. Das fiel zwar auf, doch man gelangte ans Ziel. Die Deutsche Bank hatte sichergestellt, so später der Vorwurf der italienischen Staatsanwälte, dass Monte dei Paschi die Wette gewann, indem sie den Index entsprechend manipulierte. Damit das Ganze auch klappte, hatte das Management Christian Bittar, den Experten für solche Dinge, um Hilfe gebeten. Der atemberaubende Deal der Gruppe Global Ratings brachte der Bank 60 Millionen Euro an Gebühren ein. Die schwer angeschlagene Deutsche Bank hatte einem Konkurrenten geholfen, Schulden und Bilanzlöcher zu vertuschen. Damit kannte man sich aus. Jetzt war es sogar ein Geschäftsmodell.

D rei Tage nachdem die Deutsche Bank der italienischen Bank Monte dei Paschi auf ihre ganz eigene Art geholfen hatte, stand Anshu Jain ein wichtiges Telefonat bevor. Er musste mit Hugo Bänziger und Stefan Krause, dem Finanzchef, über die Zukunft der Bank sprechen. Es ging um die Sparmaßnahmen und um den klaren Auftrag, den die Global Markets knapp zehn Tage zuvor von Josef Ackermann erhalten hatten: Die Bilanzsumme musste dringend kleiner werden. Langsam wurde es der Führung der Bank zu mulmig. 17 Milliarden Dollar hatte man sich allein in den Monaten seit der Lehman-Pleite von der New Yorker Fed leihen müssen. Die Bank war einfach zu groß und benötigte zu viele Mittel, so der Eindruck derjenigen, die nicht in London unter Anshu Jain arbeiteten. Und überdies waren die Quartalsergebnisse niederschmetternd. Fast alle Bereiche verloren Geld. Ein großer Jahresverlust drohte. Es musste etwas geschehen.

Doch der Markt spielte nicht mit. Im November hatte sich der Dollar gegenüber dem Euro nach einem historischen Tiefstand im September schneller als erwartet erholt, da die US-Regierung in gigantischem Ausmaß Liquidität zur Verfügung stellte. Das hatte unmittelbar zur Folge, dass die Derivate, die an die Währungsentwicklung gekoppelt waren, nominell teurer wurden. Die Bilanzsumme der Deutschen Bank blähte sich wie ein Airbag auf, seit Oktober um sagenhafte 700 Milliarden Euro. Allein die Derivateposition, die Global Markets zu verantworten hatte, stieg in den Büchern von 718 Milliarden auf über eine Billion Euro. Diese Entwicklung war mit dem Versprechen an Ackermann, die Risiken zu drosseln, kaum in Einklang zu bringen. Jain musste Ackermann und die anderen Frankfurter also davon überzeugen, dass eine Billion Euro im Risiko gar nicht so tragisch war. Aber da war noch mehr. In den USA stand der Autohersteller General Motors vor der Pleite, ein Unternehmen, das sich stark auf dem Anleihenmarkt verschuldet hatte – auch bei der Deutschen Bank, und das machte es für Global Markets zusätzlich brenzlig. Jain musste auf der Hut sein.

Am 15. Dezember stand die Sitzung des erweiterten Vorstands – des Group Executive Committee – in Frankfurt an. Einer von Jains Offizieren, der US-Amerikaner Henry Ritchotte, besorgte sich zuvor eine Präsentation, die Hugo Bänziger für die Sitzung vorbereitet hatte. Ritchotte, ein hagerer Amerikaner mit großen Ohren, spitzer Nase, kleinen Augen und ungewöhnlich dichtem schwarzen Haar, das er kurz trug, so dass er aussah wie ein Playmobil-Männchen, war 1995 von der Credit Suisse zur Deutschen Bank gekommen. Das neue Jahrtausend hatte er hauptsächlich in Asien verbracht, erst Anfang des Jahres war Ritchotte aus Tokio zurückgekehrt und arbeitete seither Jain direkt zu. Das Papier von Bänziger gefiel Ritchotte überhaupt nicht. Der Risikochef wollte den Investmentbankern das Wichtigste überhaupt wegnehmen: die Möglichkeit, immer mehr Risiken in der Bilanz zu parken. Global Markets musste viel Geld bewegen, um Geld zu verdienen, und dabei großvolumige Derivate in der Bilanz verbuchen, wenn ein Deal das erforderte. Ritchotte hatte durchgerechnet, dass die Bilanzrisiken – Risk-Weighted Assets, kurz RWA – jedes Jahr um zehn Prozent wachsen mussten, damit Umsatz und Gewinn der Global Markets wieder ansteigen konnten. Genau diesem Mechanismus wollte Bänziger einen Riegel vorschieben.

Ritchotte verfasste ein ausführliches Papier, mit dem er Jain – streng vertraulich – auf das Frankfurter Treffen vorbereitete. Am Sonntag vor der Sitzung schickte er seine Überlegungen auch an Bill Broeksmit. Er solle doch einen Blick auf die Unterlagen werfen. Jain vertraute Broeksmit fast blind, das hatte sich bei den Managern in London inzwischen herumgesprochen. Wann immer ein Risiko oder ein Geschäft berechnet werden mussten, fragte Jain: »Did you ask Bill?« Also fragte Ritchotte Broeksmit um seine Meinung. Ob man sich an Broeksmits Meinung hielt, stand, wie der Fall Monte dei Paschi gezeigt hatte, auf einem ganz anderen Blatt.

In dem Papier von Ritchotte ging es um die innere Struktur und die Zukunft der Bank. Es offenbarte, dass das Institut, wie Jochen Sanio von der BaFin es im Fall der HRE formuliert hatte, wie ein Elefant in der Falle saß. Es ging weder vor noch zurück, und das sollte sich in den nächsten zehn Jahren nicht ändern, was Ritchotte jedoch nicht ahnen konnte. Sein Papier für Jain machte das Dilemma aber bereits deutlich. Ritchotte sah voraus, dass vor allem die Seite 44 in Bänzigers Papier Aufsehen erregen würde, auf der eine Art Kassensturz zusammengefasst wurde. Die Analysten hatten berechnet, welche Einheiten seit 2004 nach Steuern und Kosten das meiste Geld verdient hatten. Einige Global-Market-Einheiten sahen dabei nicht gut aus, vor allem das Ergebnis der Gruppe, die ausschließlich RMBS, also Hypothekenbündel, verkauft hatte, war miserabel: knapp 2,5 Milliarden Euro Verlust. Nach dem Zusammenbruch des Marktes war von den Profiten also nichts geblieben. Das Positive dabei sei, so schrieb Ritchotte an Jain, dass trotz dieser Verluste kaum jemand an die Global Markets heranreiche. Seit 2004, in fünf Jahren also, hatte diese Abteilung über 14 Milliarden Euro verdient. Absoluter Spitzenreiter war die Abteilung von Alan Cloete und Christian Bittar mit einem Umsatz von sechseinhalb Milliarden Euro allein im letzten Jahr, gefolgt von Faissolas Einheit mit dreieinhalb Milliarden. Dass beide Segmente vor allem von Marktmanipulationen profitiert hatten, wusste Ritchotte damals noch nicht. Zwischen den Zeilen machte Ritchottes Briefing unmissverständlich klar: Dieser Erfolg war das Mindeste, was die Einheit Global Markets erreichen musste.

Jains Investmentbank war teuer, die laufenden Kosten pro Jahr waren auf über fünf Milliarden Euro angestiegen. Und dennoch reichten die Investitionen vor allem in die Computertechnik bei Weitem nicht, mahnte Ritchotte. Man schaffe es nicht, das Management aktuell über Risiken zu informieren. Viele Abläufe erfolgten noch per Hand, etwa der Eintrag in Exceltabellen. Die Computerleistung, die alle Derivatepositionen auf einen Schlag durchrechnen konnte, war in der Bank nicht vorhanden. Die veraltete Computertechnik hatte bereits zu Buchungsfehlern geführt und einen Verlust von 166 Millionen Euro verursacht. Auch auf die höheren Ebenen drang nun allmählich durch, was nicht zuletzt der Fall Alexander Vik offenbart hatte: Die Bord-elektronik, der Radar, das Navigationssystem des Tankers Deutsche Bank war veraltet, man fuhr fast blind durch ein Meer voller Eisberge.

Doch die fünf Milliarden Euro an laufenden Kosten, die Global Markets verursachte, waren längst nicht alles. Dazu kamen in den guten Jahren bis zu sechs Milliarden Euro an Boni. Seit 2004 hatte man den Investmentbankern bereits weit über 20 Milliarden an Sonderzahlungen überwiesen. Damit hatten sie mehr als das Unternehmen selbst verdient. Die Investmentbank war also im Unterhalt extrem teuer und ihre Existenz nur mit immerwährendem erheblichen Erfolg zu rechtfertigen.

Global Markets würde noch aus einem weiteren Grund im Mittelpunkt der Diskussion stehen, warnte Ritchotte: Die Derivate, die in den nächsten Jahren fällig werden würden, hatten allein ein Volumen von 242 Milliarden Euro, und von diesen gingen 222 Milliarden auf das Konto von Global Markets. Davon würden allein 45 Milliarden innerhalb der nächsten zwei Jahre fällig werden. Das bedeutete, dass auslaufende CDO-Tranchen oder Hypothekenbündel unter extrem schwierigen Marktbedingungen endgültig bewertet werden müssten. Bänziger wolle daher, dass das Volumen der kurzfristig fällig werdenden Derivate auf keinen Fall weiter aufgeblasen wurde. Doch dieses Limit müsse unbedingt abgewendet werden, mahnte Ritchotte. Live-Trading funktioniere nur, wenn die Händler frei, ohne zu viele Einschränkungen entscheiden können, ob sie ein Geschäft abschließen oder nicht – Risiko hin, Bilanzsumme her. Aber gerade diese Abläufe wollten die internen Kritiker ändern, und das unterstreiche das Paradox der Deutschen Bank, schrieb Ritchotte: Einige Manager im erweiterten Vorstand wollten das Investmentbankgeschäft stark schrumpfen, sie wollten, dass die Bank wieder als europäische Universalbank auftrat, aber Geld verdiene trotz aller Kosten, Probleme und Rückschläge nach wie vor fast nur die Abteilung Global Markets.

Ritchotte bereitete Jain auf das *blame game*, das Schwarze-Peter-Spiel vor, das er spielen sollte, wenn die anderen Abteilungen – Privatkunden, Corporate Finance – zu forsch wurden. Jain sollte dann darauf verweisen, wie viel Geld diese Bereiche seit 2004 verloren hatten.

Niemand habe da Geld verdient, und die Vorstände aus diesen Bereichen – Fitschen etwa – hätten nichts zu melden. Die Botschaft müsse sein, dass die anderen das Problem seien und nicht Global Markets. Ritchottes Dokument offenbart eine Mischung aus dem unerschütterlichen Selbstvertrauen der Investmentbanker – ohne uns geht gar nichts – und der Erkenntnis, dass die Lage überaus heikel war. Deswegen musste Jain die Zahlen genau kennen, und die rechnete Ritchotte für ihn immer wieder durch.

Die Bank hielt 2,712 Billionen Euro an sogenannten Assets inklusive aller Derivate. Klingt viel, meinte auch Ritchotte, aber das sei nur der nominelle, nicht der Nettowert der Assets. Wichtiger waren die Risk-Weighted Assets. Deren Wert war in den letzten Monaten von 319 auf 367 Milliarden Euro gestiegen. Nach dem Wert der RWA richtete sich das Eigenkapital, das die Bank nach der damals geltenden Regelung zur Verfügung haben musste, in diesem Fall 8,5 Prozent von 367 Milliarden, also gut 31 Milliarden Euro. Dieser Betrag spielte intern aber ebenfalls nur eine kleine Rolle, wie das Schreiben von Ritchotte zeigt. Da war ein anderer Wert viel wichtiger, der kurz TCD hieß – Total Capital Demand – und das Kapital bezeichnet, das die Bank wirklich braucht, um ein Jahr zu überstehen. Ritchotte errechnete, dass die Bank an TCD mindestens 170 Milliarden Euro zur Verfügung haben müsse. Doch das Problem war, so Ritchotte verärgert, dass man in Frankfurt plötzlich forderte, diesen Betrag um 24 Prozent auf 139 Milliarden zu senken. »Das schaffen wir nicht«, erklärte Ritchotte, denn dann funktioniere das Modell Global Markets nicht mehr. Man solle daher die Computer aufräumen und die internen Modelle neu auflegen. Ritchotte glaubte, dass der Kapitalbedarf so rechnerisch um acht Milliarden Euro gedrückt werden könne – allein durch die Bereinigung von Daten.

Aber es gab noch ein Mittel, um die Angriffe auf die Investmentbank abzuwehren: Man musste die Entrücktheit der Frankfurter Führung ausnutzen. Ackermann schien vor allem zu interessieren, dass man in den Ranglisten nicht zu sehr abrutschte und den Kontakt zur Spitze nicht verlor. Dabei hatte etwa J. P. Morgan, wo man besonnener vorgegangen war, 23 Prozent mehr Gewinn als im Vorjahr erwirt-

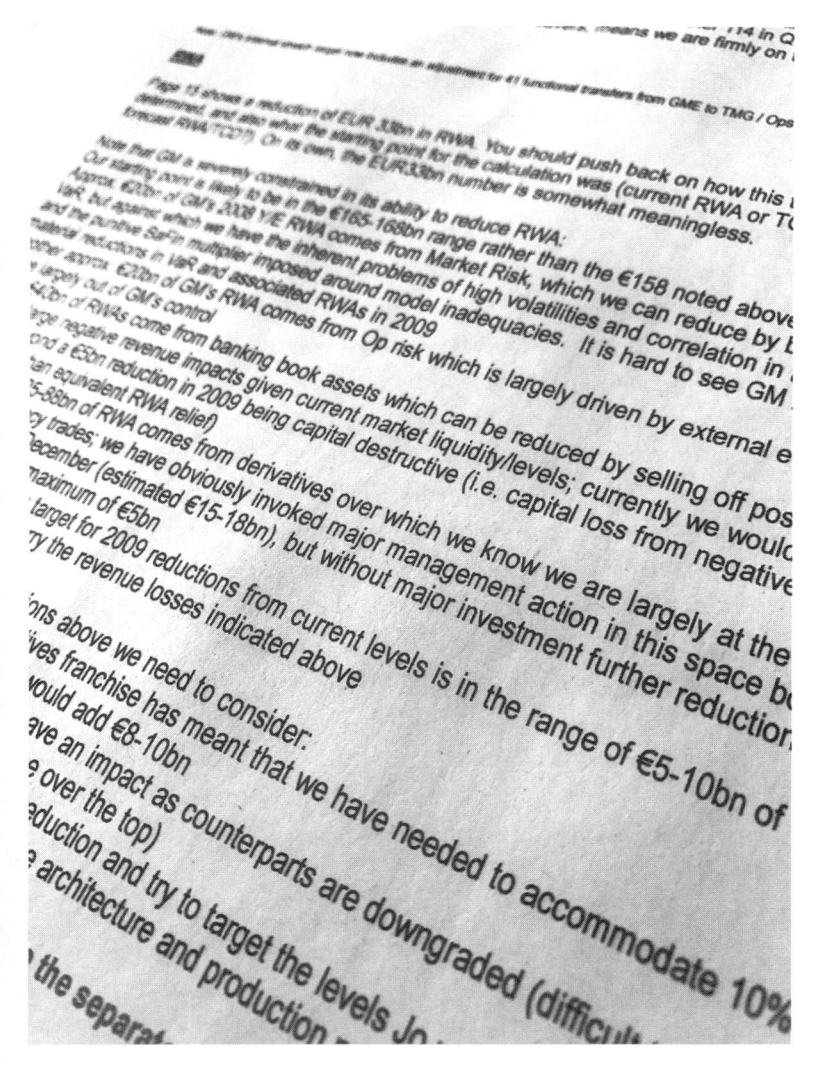

Die Deutsche Bank ist als einzige große Bank gut durch die Krise gekommen – so lautet eine weitverbreitete Legende. Tatsächlich stand die Bank Ende 2008 – wie alle Konkurrenten – am Abgrund, da sie einen unverändert gewaltigen Kapitalbedarf hatte, während das Geschäft zusammengebrochen war. 88 Milliarden Euro waren allein an Derivate gebunden – und bei der Wertentwicklung dieses Postens, schrieb ein Manager der Bank, war man auf die Gnade der Märkte angewiesen: »We are largely at the mercy of the markets.«

schaftet, die Deutsche Bank dagegen 24 Prozent verloren. Trotzdem wurde intern die Parole ausgegeben: »We are the winners of the crises« – wir sind die Krisengewinnler und übernehmen sogar noch Marktanteile von gestrauchelten Konkurrenten. Doch wie sollte man ohne die Global-Markets-Profis die Spitze wieder erreichen? Das war im Kern Ritchottes Frage und gleichzeitig sein wichtigstes Argument. 2008 hatte man, das zeigte Bänzigers Präsentation, über 12 Milliarden Euro an Kapital verloren – durch Abschreibungen, den Betriebsverlust und andere »ungewöhnliche Verluste«. Trotzdem waren 2,7 Milliarden Euro an Boni gezahlt worden. 15 Milliarden Euro vom erwirtschafteten Profit waren im Grunde schon weg, bevor auch nur ein einziger Euro Gewinn übrig blieb. Man brauchte also dringender denn je eine Abteilung, die schnell wieder Geld verdiente. Das konnte nach Lage der Dinge doch nur die Investmentbank sein. Vorschläge wie die von Bänziger, der auf massive Kostenkürzungen vor allem bei Global Markets setzte, würden in die falsche Richtung gehen. Sparen ja, aber die Investmentbank dürfe auf keinen Fall mehr sparen müssen als die »Dienstleister« Londons – so bezeichnete Ritchotte die regionalen Abteilungen der Bank abschätzig.

Jain müsse auf der Sitzung vor allem klarmachen, dass Global Markets kaum Einfluss auf die 170 Milliarden Euro des Total Capital Demand habe. Es gebe nichts zu drücken, die Rechnung sei ganz einfach:

- 20 Milliarden Euro benötige man, um die Marktschwankungen, die es immer gab, abzufangen
- Weitere 20 Milliarden seien für das »operationelle Risiko« einzuplanen, das immer vorhanden sei. Diese Mittel brauchte man, wenn ein Kunde klagte, weil mit einem Deal etwas schiefgegangen war, wenn man von einem Baulöwen wie Jürgen Schneider oder wem auch immer betrogen worden war, wenn es Ärger mit einer Aufsichtsbehörde gab, die mit einer hohen Geldstrafe drohte, oder wenn man wieder einmal Kunden über den Tisch gezogen hatte.
- 40 Milliarden Euro waren durch Positionen im Handelsbuch gebunden, die man in die Bilanz aufgenommen hatte, etwa die

berüchtigten Super Seniors. Die könne man zwar verkaufen, aber momentan nur mit Verlust, und das sei, schrieb Ritchotte, als würde man Kapital »zerstören«.

– Die restliche Summe in Höhe von 80 bis 85 Milliarden Euro, die könne man nicht beeinflussen, denn die hänge von der Entwicklung der Derivate ab. Da sei man, so Ritchotte lakonisch, auf die Gnade der Märkte angewiesen – »we are largely at the mercy of the markets«.

Die Abteilung von Bänziger hatte sogar ausgerechnet, dass die Derivate allein im Oktober ein Kreditrisiko – also die Summe, die bei einem Ausfall im schlimmsten Fall im Feuer stand – von 114 Milliarden Euro aufwiesen. Dass der schlimmste Fall durchaus eintreten konnte, hatte man im laufenden Jahr sehen können. Ritchotte fand den Wert viel zu hoch, aber egal ob 85 oder 114 Milliarden Euro, man steckte in ernsten Schwierigkeiten – das jedoch schrieb Ritchotte nicht ausdrücklich. Diese Wahrheit, obwohl sie auf der Hand lag, ersparte er dem Chef.

Die Bank war an der Börse nur noch 15,9 Milliarden Euro wert, ein Drittel des Wertes, den man 2007 noch erreicht hatte. 2008 hatte man auch sehr viel weniger Umsatz gemacht, hatte nicht mehr 30, sondern nur 13,5 Milliarden Euro an Erträgen erzielt. Dem stand jenes Kreditrisiko von bis zu 114 Milliarden Euro gegenüber, das sich aus den Derivaten des Global Markets ergab, und der Total Capital Demand von mindestens 170 Milliarden. Was die vielen Assets in der Bilanz der Bank wert waren und wie schnell man die zu Geld machen konnte, das wollte man intern lieber gar nicht so genau wissen.

Die Fed in New York hatte mit der Pleite von Lehman gezeigt, dass es in einer Krise eine politische Entscheidung ist, ob eine Bank am Ende ist oder noch einmal gerettet werden kann und soll. Letztlich geht es nicht um die Werte in der Bilanz, die sich ohnehin ständig ändern. Ob es zu einer Insolvenz kommt oder nicht, ist reine Verhandlungssache, da am Ende eine politische Entscheidung zur Zukunft der Bank gefällt wird.[173] Wie frei die politische Ebene entscheiden kann, wenn eine Bank so vernetzt ist wie die Deutsche Bank, das steht auf einem anderen Blatt. So ließen die US-Regierung und die Bundesregierung zu, dass sich die Deutsche Bank allein 2008 stolze 60 Milliarden Dollar von der Fed in New York lieh. Hinzu kamen Kredite von der EZB und anderen Notenbanken. Intern wurde gern verbreitet, man habe das Geld gar nicht gebraucht, sondern es nur mitgenommen, weil es so billig war und man es gegen Aufschlag weiterverleihen konnte. Aber ganz so war es nicht. Die Deutsche Bank sparte vor allem enorme Kosten, weil der Zinsdienst für aufgenommenes Geld sich extrem reduzierte, nun da ihr das Geld von den Zentralbanken nachgeworfen wurde. Nach den vielen Krisensitzungen in Frankfurt war manches Mal nach außen auf die Flure gedrungen, wie eng die Lage wirklich war – nur weil sie die Liquidität so billig haben konnten, waren die Deutsche Bank und andere Institute nicht untergegangen. Auch Ritchotte wusste, dass man sich auf die Hilfe der Notenbanken verlassen konnte. Das war die ganze Logik: Man konnte – mit dem Segen der politischen Ebene – weitermachen wie bisher. Denn das Kartenhaus durfte nicht einstürzen, und die Öffentlichkeit durfte auf keinen Fall erfahren, wie es im Innern der Bank zuging, damit die Stimmung nicht doch noch kippte und die Frage plötzlich wieder akut wurde, wem denn da eigentlich geholfen wurde. Wie dramatisch die Lage wirklich war, erklärte ausgerechnet Michele Faissola später öffentlich, als er 2018 in Mailand vor Gericht stand: »Wir haben aufgehört zu schlafen. Die Märkte kollabierten, nicht nur komplexe, auch einfache Dinge funktionierten nicht mehr. Wir glaubten, dass die Welt enden und dass sogar die Deutsche Bank scheitern könnte.«

Ende 2008 durfte davon nichts nach außen dringen, nichts über windige Geschäfte mit italienischen Banken und Terrorregimen, nichts über die Manipulation von Zinssätzen und nichts über zähe Verhandlungen in Kanada, wo Milliarden im Feuer standen. Interne Kritiker musste man mundtot machen, bevor sie sich an die Öffentlichkeit wenden konnten, wie man das in all den Jahren zuvor auch getan hatte. Das schlechte Image der Zunft und das eigene schlechte Gewissen lasteten immer schwerer auf einigen Mitarbeitern der Deutschen Bank. Viele wollten nicht mehr schweigen. Und das machte den Überlebenskampf der Deutschen Bank noch komplizierter.

TEIL III

DEAD BANK WALKING

*Wir sehen es als unsere Verpflichtung an, zu den Besten
zu gehören, weil wir nur so die langfristige Existenz des
Unternehmens sicherstellen können. Nur so können wir
vor Übernahmen gefeit sein und vor allem vermeiden,
beim Staat und bei Ihnen, das heißt den Steuerpflichtigen,
anklopfen zu müssen.*

JOSEF ACKERMANN, 2009

Überleben

Während die großen Banken an der Wall Street im Sommer 2008 ums Überleben kämpften, konnte Anshu Jain einen ganz persönlichen Triumph erringen. Indische Zeitungen berichteten im Dezember, dass Jain einen zehnprozentigen Anteil an dem Cricketteam »Mumbai Indians« erworben habe. Die Anteile waren heiß begehrt. Jain musste für sein Stück vom Kuchen mehr als zehn Millionen Dollar lockermachen. Erst im April 2008 war die indische Profiliga gegründet worden, in der international besetzte Mannschaften eine Kurzvariante des Cricketspiels vorführen, um jüngere Fans anzulocken. Ein Match geht nun über drei Stunden und nicht mehr über fünf Tage. Die Spieler werden mit bis zu zwei Millionen Dollar pro Jahr so fürstlich bezahlt wie die Profis in der US-amerikanischen Basketballliga. Jain kaufte sich in ein Team ein, das mehrheitlich Indiens reichstem Mann Mukesh Ambani, Besitzer des Erdölkonzerns Reliance, gehörte.[1] Das war Jains Welt, der Schönwettersport Cricket, der nur ausgeübt wird, wenn es nicht regnet.

Und Anfang 2009 schien die Sonne wieder über Anshu Jain. Er hatte, instruiert und beraten von Henry Ritchotte, einen wichtigen Machtkampf innerhalb der Bank gewonnen. Seine Investmentbanker hatten sich im erweiterten Vorstand durchgesetzt: Sie mussten keine Kosten einsparen, die Bilanzsumme wurde nicht radikal gesenkt, man durfte im Prinzip weitermachen wie bisher. Dennoch gab es – abgesehen von der augenblicklichen Finanzkrise – weiterhin Probleme. Jain hatte seinem Boss Ackermann am 7. Januar 2009 eine besonders auffällige Position zu erklären: Dem französischen Geldmarkthändler Christian Bittar stand mit einem Kollegen zusammen für das Jahr 2008 ein Bonus von 130 Millionen Euro zu, da sein Handelstisch über 500 Millionen Euro Profit gemacht hatte. Im Jahr zuvor hatte der CDO-Experte Greg Lippmann 50 Millionen Euro bekommen, aber das war abzusehen gewesen. Christian Bittar dagegen kannte Ackermann nicht einmal. Und der Mann sollte nun 80 Millionen Euro bekommen? Das war weit mehr, als die Bank Ackermann, dem Chef, überweisen würde. In wenigen Wochen würde er den ersten Jahresverlust der

Deutschen Bank seit 50 Jahren bekannt geben müssen, da machte ein derart hoher Bonus schon stutzig. So außergewöhnlich hohe Gewinne konnten auch der Innenrevision auffallen. Als Bittars Chef musste Jain eine Entscheidung treffen: Weitermachen wie bisher oder beidrehen. Er entschied sich, Bittar und dessen Kollegen Carl Maine, der keine dreißig Jahre alt war, gegenüber Ackermann zu verteidigen, und er tat es mit dem Schwung eines verzweifelten Verkäufers. Das seien gute Jungs, die besten Leute der Straße, also der Wall Street, auch wenn sie in London arbeiteten. »Das sind die besten Leute, die wir haben«, setzte Jain noch einmal nach, »Berge von Geld« würden sie verdienen. Dieser Bittar sei ein garantierter Geldmacher – »a guaranteed money maker«. Ackermann gab nach. Bittar und Maine bekamen ihren Bonus, die Hälfte sofort, den Rest in den nächsten Jahren. Und der »guaranteed money maker« Bittar, das war noch wichtiger für Jain, durfte weitermachen. Er wurde sogar befördert – zum Global Head des Money Market Desk. Er war nun der wichtigste Geldmarkthändler der Bank.

Aber damit hatten sich die Probleme nicht in Luft aufgelöst. Jains eigenem Mann, Henry Ritchotte, waren die exorbitanten Gewinne auch aufgefallen. Er regte eine Untersuchung durch die »Business Integrative Review Group« – BIRG – an, die Bänziger eingerichtet hatte. Sie überprüfte Geschäfte, bei denen sich der Verdacht aufdrängte, dass sie nicht sauber gelaufen sein könnten. Die BIRG sollte nun untersuchen, ob es unter den Marktgegebenheiten überhaupt möglich war, so viel Geld zu verdienen wie Bittar. Jain brauchte gute Argumente, falls die angeordnete Untersuchung unangenehme Fragen aufwarf. Also gab er selbst eine Untersuchung in Auftrag, so dass schlimmstenfalls Gutachten gegen Gutachten stand. Jain betraute seinen ehemaligen Undercover-Risikomanager Bill Broeksmit damit, sich die Geschäfte von Christian Bittar anzusehen. Broeksmit war längst offiziell angestellt. Nun sollte er lediglich herausfinden, ob der Markt diese Gewinne hatte hergeben können – also nicht jeden Stein umdrehen und Bittars Geschäfte zu gründlich analysieren. Broeksmit, der schon 2007 auf Unregelmäßigkeiten im Markt gestoßen war, wurde so in die Euribor- und Libor-Problematik hineingezogen.

Sieben Jahre später, als Broeksmit schon Monate tot war, fragte ich Jain kurz vor seiner letzten Pressekonferenz als Vorstandsvorsitzender der Deutschen Bank, was es mit Bittar und dem vielen Geld auf sich gehabt habe. Er gab zu, dass ihm der hohe Gewinn aufgefallen war und dass er persönlich eine Untersuchung angeordnet hatte. Dass er offenbar gar nicht genau wissen wollte, wie Bittar das Geld verdient hatte, sagte er nicht. Und er erwähnte auch nicht, dass er sich bei Ackermann vehement für Bittar eingesetzt hatte, den er, so behauptete er nun, kaum kannte. Darüber hinaus bekräftigte er mir gegenüber, nicht gewusst zu haben, dass Bittar den Markt manipuliert hatte. Allerdings war ihm bekannt, dass Bittar auf den Euribor wettete und dabei mitten in der Krise enorme Gewinne machte. Und die Gerüchte am Markt, dass mehrere Zinssätze von den großen Banken manipuliert wurden, kannte er ebenfalls. Und da konnte der Co-Chef der Investmentbank nicht eins und eins zusammenzählen? Nein, lautet Anshu Jains Antwort bis heute.

D ie Finanzkrise war ein Erdbeben, das die Deutsche Bank erschütterte, wie sie noch nie erschüttert worden war. Fassaden und Kulissen brachen zusammen, so dass der Blick auf das Innere der Bank freigegeben wurde. Plötzlich konnte man erkennen, wie die Bank ihr Geld verdient hatte, dass sie dabei auf Starhändler gesetzt hatte – Bittar, Bernand –, die fast alle wegen ihrer Methoden – zwangsläufig – Probleme mit dem Gesetz, der Bankenaufsicht oder dem Vorstand bekommen hatten. Auch der an der Wall Street legendäre Boaz Weinstein, der in der Nummer 60 für die Deutsche Bank arbeitete und ihr viel Geld verdient hatte, war entzaubert, seine Magie war verflogen.

Weinsteins Gruppe steckte tief im Minus. Seit September hatte sie 1,8 Milliarden Dollar verloren. Weinstein, gerade 34 Jahre alt, hatte eine eigene Handelseinheit in New York aufbauen dürfen, die er Saba nannte, hebräisch für Großvater. Er verdiente vor allem mit Credit Default Swaps Geld. Außerdem wettete er auf Anleihenkurse, an die er manchmal Wetten auf Aktienwerte koppelte – 2006 und 2007 machte er so jeweils 1,5 Milliarden Dollar Gewinn für die Bank.[2] Weinstein verkaufte sich selbstbewusst als einer der besten Credit-

Trader an der Wall Street, und auch sonst erfüllte er jedes denkbare Klischee. Er wurde mit 16 Jahren Schachmeister und spielte einmal mit verbundenen Augen gegen einen russischen Kollegen, um zu beweisen, wie gut er war. Angeblich schauten 100 Kollegen dabei zu. Weinstein veranstaltete Pokerrunden in der Bank und fuhr mit Kollegen zum Black-Jack-Spielen nach Las Vegas. Schon 2005 war er durch Wetten auf General-Motors-Anleihen kurzfristig böse in die Falle gelaufen, aber das Management ließ ihn gewähren, und er drehte das Geschäft wieder ins Plus. Erst Anfang 2009 begriffen Anshu Jain und Josef Ackermann wirklich, was das Geheimnis von Weinsteins Erfolg war: Er setzte extrem viel Kapital der Bank aufs Spiel, ging also hohe Risiken ein und verdiente – wenn alles gutging – riesige Summen. Allerdings war das Risiko, extrem viel Geld zu verlieren, ebenfalls sehr hoch. 2009 hielt Weinsteins Gruppe Saba Positionen, die einen nominellen Wert von 30 Milliarden Euro hatten. Dafür musste die Bank zehn Milliarden Euro an Kapital einsetzen. Das war den Risikomanagern um Bänziger zu heiß, und so drangen sie darauf, dass Weinstein die Positionen komplett abwickelte. Seine Vorgesetzten machten dem jungen Mann seinen internen Hedgefonds zu. Weinstein verstand den Wink. Er verließ die Bank Anfang 2009 und gründete eine eigene Firma.

Der Abgang Weinsteins kam Ackermann sehr gelegen. Der Vorstandsvorsitzende musste Anfang Februar auf einer Pressekonferenz einen Verlust von mehr als acht Milliarden Euro vor Steuern bekannt geben. Mitten in der Finanzkrise überraschte das nicht. Der Geschäftsbericht warf trotzdem noch viele Fragen auf – was hat es mit den Level-III-Assets auf sich? Wie viel sind sie tatsächlich wert? Könnte man sie am Markt überhaupt verkaufen? –, aber Ackermann beließ es bei allgemeinen Erklärungen. Die Marktlage sei schwierig, man erlebe gerade eine Serie von Erdbeben, deren Epizentren sich dauernd verschieben. Als Ackermanns Trumpf erwies sich die Geschichte von Boaz Weinstein und seiner Saba-Gruppe. Der perfekte Sündenbock, ein Wall-Street-Klischee, als Problem erkannt, peinlich, aber umgehend aus der Bank entfernt.

Einen Tag nach Ackermanns Pressekonferenz erschien im *Wall Street Journal* eine verblüffend detaillierte Geschichte über Weinstein, die mit Insider-Informationen gespickt war. Weinstein wurde als ein Händler beschrieben, der sich überschätzt hatte, der beim Poker einen Maserati gewonnen und einen semiprofessionellen Pokerspieler in seinem Team beschäftigt hatte. Was konnte man von einem solchen Zocker schon erwarten. Der Sündenbock war gefunden und hatte sich bereits getrollt. Über Jain und sein Londoner Büro wurde so weitaus weniger geschrieben. Die verheerenden Zahlen der Bank analysierte dagegen kaum einer der Reporter genau. Weinstein hatte der Bank mit seinem Abgang einen letzten großen Dienst erwiesen. Das war die wahre Kunst der Führungsriege: in der Krise partiell Fehler eingestehen und Einzelne für die Probleme verantwortlich machen.

Wie anstrengend diese Show wirklich war – uns geht es gut, es gibt nichts zu sehen, wir sind anders als die Verlierer von Citibank, Lehman und Merrill –, zeigte sich beim Neujahrsempfang der Bank in der Hauptstadt. 200 Gäste waren zu der Feier im überdachten Innenhof der Berliner Dependance in der Friedrichstraße geladen. Gegen 21 Uhr musste Ackermann den Empfang verlassen. Er schaffte es gerade noch in einen Nebenraum, setzte sich auf einen Klavierhocker und brach zusammen. Der Notarzt musste gerufen werden und diagnostizierte einen Schwächeanfall. Die *Bild*-Zeitung berichtete über den Einsatz, der Aktienkurs fiel. Die Lage beruhigte sich erst, als Ackermann Nikolaus Blome anrief, den Chef des *Bild*-Hauptstadtbüros, und diesem versicherte, dass alles in Ordnung sei und er sich seinen Aufgaben weiterhin gewachsen fühle.[3]

Dabei hatte Ackermann nicht nur mit den schlechten Zahlen von 2008 zu kämpfen, sondern vor allem mit der Wende, die sein Management im Hintergrund einleitete. Man hatte sich entschlossen, mit aller Gewalt die Erzählung in die alten Bahnen zurückzuzwingen und wieder die Geschichte von der unfehlbaren Bank zu verbreiten, cleverer als alle anderen. Dafür mussten bessere Zahlen her, egal wie. Das aber schien bei Lichte besehen unmöglich. Betrachtete man den sogenannten Netto-Cashflow – also das, was wirklich an Geld hereinkam, abzüglich der konkreten Ausgaben –, dann lief es, wie man es in einer heftigen Rezession für eine Bank erwarten kann: entsetzlich. Der Cashflow war eingebrochen. In den letzten guten Jahren nahm die

Bank pro Quartal konkret etwa vier Milliarden mehr ein, als sie ausgab, es wurden also in der Spalte Netto-Cashflow vier Milliarden Euro im Plus ausgewiesen. Für das erste Quartal stand da nun die Zahl minus 23,535 Milliarden Euro. Es gab schon zuvor schlechte Jahre, aber nie waren sie so schlecht. Die Führung der Deutschen Bank entschied sich angesichts der miserablen Zahlen zu einem abenteuerlichen Schritt: Man koppelte sich ab von jeder Realität. Die Bank erfand sich in den nächsten Wochen neu – als ein Unternehmen, dem nicht einmal ein negativer Cashflow oder die größte Wirtschaftskrise seit Jahrzehnten etwas anhaben konnten.

Wenige Tage vor Ackermanns Pressekonferenz war der neue US-Präsident Barack Obama vereidigt worden. Was er von seinem Vorgänger Bush erbte, war niederschmetternd. Die Finanzkrise hatte sich längst zu einer globalen Wirtschaftskrise ausgewachsen, die Lage in den USA war besonders bedrohlich. Die Häuserpreise waren 2008 um 16,2 Prozent gefallen, 2,5 Millionen Menschen hatten ihren Job verloren, mehr als 500 000 allein im Dezember.[4] Nachdem er den Amtseid abgelegt hatte, sprach Obama in der anschließenden Rede vor dem Capitol daher auch über die Finanzkrise: »Unsere Wirtschaft ist schwer geschwächt – als Folge von Habgier und Unverantwortlichkeit auf Seiten einiger, aber auch wegen unseres kollektiven Versagens, schwere Entscheidungen zu treffen und die Nation auf eine neue Ära vorzubereiten. (…) diese Krise hat uns daran erinnert, dass der Markt ohne ein wachsames Auge außer Kontrolle geraten kann und dass eine Nation nicht länger gedeihen kann, wenn sie nur die Wohlhabenden begünstigt (…). Der Zustand der Wirtschaft verlangt Taten, kühn und schnell. Und wir werden handeln, nicht nur um neue Jobs zu schaffen, sondern um eine neue Grundlage für Wachstum zu legen.«[5]

Und in der Tat, die Obama-Regierung handelte schnell. Die US-Notenbank und das Finanzministerium, das seit Januar von Timothy Geithner geleitet wurde, legten ein Programm nach dem anderen auf, um die Banken zu stützen. Der Staat übernahm Teile von großen Banken, kaufte Bankaktien auf, stellte Liquidität zur Verfügung. Obama kündigte an, dass die Regierung darüber hinaus ein großes Hilfspaket für die Wirtschaft vorbereiten würde. Der Staat musste sich zügellos verschulden, um private Unternehmen zu retten. Allerdings war das Haushaltsdefizit schon jetzt auf über eine Billion Dollar angestiegen, und Obama hatte noch nicht einmal damit begonnen, die Wirtschaft kräftig zu subventionieren. Gleichzeitig hatten neun Millionen Amerikaner ihr Haus verloren. Auch um die werde sich seine Regierung kümmern, versprach der neue US-Präsident. Die Welt befinde sich, so sagte der Notenbankchef Ben Bernanke schließlich im März, in der schlimmsten Wirtschaftskrise seit 1930. Die Finanzkonzerne hatten ein gigantisches Desaster angerichtet.

Ebenfalls im März musste der vom US-Staat gerettete Versicherungskonzern AIG zugeben, dass er 2008 ingesamt 99,8 Milliarden Dollar Verlust gemacht hatte. In der US-Geschichte hatte noch niemals ein Unternehmen mehr Geld verloren.[6] AIG war am Ende auch – rein technisch – bankrott, weil die Tochterfirma AIGFP ohne Rücksicht auf die konkreten Risiken große Wall-Street-Banken gegen den Ausfall der Super-Senior-Tranche der CDO versichert hatte. Allein die Citibank, die einen großen Bestand an Super Seniors in ihren Büchern hatte, musste deswegen gleich dreimal durch den Staat gerettet werden: Die Abdeckung durch die Versicherung der AIG hatte nicht gereicht, den Verlust mit den maroden CDO wettzumachen. Trotzdem zahlten sich die Manager von AIG 160 Millionen Dollar an Boni, was bei den Mitgliedern der neuen US-Regierung nicht gut ankam, die seit drei Monaten – die sich anfühlten wie drei Jahre – zu verhindern versuchten, dass die Weltwirtschaft zusammenbrach.

Über anderthalb Jahre hatten Anwälte, Banker und Anleger zäh in Montreal verhandelt. Die Asset Backed Commercial Papers sollten gerecht bewertet und ein totaler Wertverlust vermieden werden. Daher strukturierte man das ganze Geschäft rund um die Leveraged Super Seniors schließlich neu, Stück für Stück. Im Laufe des Jahres hatte man einen Kompromiss gefunden, diverse Gerichte wurden dazu gehört, im Frühjahr 2009 konnte der »Montreal Accord« in Kraft treten. Damit hatte man in Kanada geschafft, was in den USA und Europa ausgeblieben war: Die ABCP wurden wie ein geplatzter Kredit behandelt, der umgeschuldet und neu strukturiert werden musste, ein Prozess, bei dem auch die Banken in die Verantwortung genommen wurden. Sie schossen wie die kanadische Regierung Geld in den ABCP-Markt, um den Kahn wieder flottzukriegen.[7] Die kanadischen Bürger hatten dabei über Monate perplex beobachtet, wie um die Milliarden gerungen wurde, an denen auch ihre Pensionen hingen. Zu leichtfertig, das wurde vielen Kanadiern klar, hatte man den Banken Produkte abgekauft und nie hinterfragt, was genau eigentlich dahintersteckte.

Aus Sicht des Deutsche-Bank-Managements hatte es sich trotzdem ausgezahlt, das Problem einfach auszusitzen, zumal während der Verhandlungen in Kanada nie klar wurde, wie genau die Deutsche Bank die Leveraged Super Seniors strukturiert hatte. Und das war nach Ansicht des Managements auch besser so. Die Instrumente sollten wie eine Versicherung funktionieren und die Versicherungsdeckung zum Großteil von kanadischen Zweckgesellschaften aufgebracht werden, die allerdings nicht einmal annähernd über genügend Kapital verfügten, um im Ernstfall wirklich helfen zu können. Wenn die Verluste zu hoch waren, konnten sie daher eine Pflichtsumme zahlen und sich so aus dem Vertrag freikaufen. Das war's dann. Die Differenz zwischen dem Verlust und dieser Pflichtsumme war das sogenannte *Gap Risk* – das »Lückenrisiko«. Es gab noch immer viele Käufer der Papiere, die glaubten, sie seien durch die Leveraged Super Seniors abgesichert. Wenn plötzlich viele dieser Kunden Geld fordern würden, dann konnte das Gap Risk sehr schnell substanziell werden – und dieses Risiko hätte laut Vertrag die Deutsche Bank glattstellen müssen. Es ging dabei potenziell um mehrere Milliarden Dollar. In der heiklen Phase um die Jahreswende 2008/09 hatte sich der Vorstand aber entschieden, die Realität auszublenden und das Gap-Risiko auf null zu setzen, als könne es gar keinen Verlustausfall geben.[8] Von außen konnte niemand das Risiko überblicken, also verschob die Deutsche Bank das Problem einfach in die Zukunft.

Auch die Risikomanager der Bank hielten es für die sauberste Lösung, das Risiko des Postens in dieser kritischen Phase gar nicht zu bewerten. Als die Verhandlungen in Kanada abgeschlossen waren, glaubte man, dieses Problem ein für alle Mal gelöst zu haben, zumal die

Anwälte der Bank von vornherein darauf bestanden hatten: Eine Einigung werde es nur geben, wenn die kanadischen Anleger offiziell von ihrem Recht zurücktraten, in der Sache Klage gegen die Bank zu erheben. Das sorgte für Ärger. Am Ende einigte man sich auf einen Kompromiss. Das Klagerecht wurde zumindest eingeschränkt.[9] Auch die kanadischen Gerichte trugen den – außergewöhnlichen – Kompromiss mit. Ein entscheidendes Detail ging jedoch unter: Die Position der Deutschen Bank hatte sich durch den Kompromiss von Montreal sogar verschlechtert, da sich das Gap Risk vergrößert hatte. Das Management akzeptierte das jedoch, weil es ausreichte, den Anschein zu wahren, dass mit dem Instrument ein Risiko abgesichert wurde. Niemand durfte das Geschäft allerdings zu genau analysieren, weil sonst der Vorstand möglicherweise die brisante Frage beantworten musste, wie kreativ die Deutsche Bank bei der Buchhaltung in der Krise wirklich gewesen ist. Denn das Risiko nahm sie nicht in die Bilanz auf, den nominellen Wert der verkauften Versicherungen – knapp zehn Milliarden Dollar – dagegen schon. Als Aktivposten, der die Bank über den Strich hob.

An einem Sonntag im März war Josef Ackermann auf der Frühjahrstagung des Politischen Clubs der Evangelischen Akademie in Tutzing zu Gast. Der Chef der Deutschen Bank sollte dort mit Professor Udo Di Fabio, Richter beim Bundesverfassungsgericht, über das Thema »Profit und Moral, die Werte des Marktes und des Staates« diskutieren. Ausgerechnet Ackermann, der nach wie vor eisern darauf beharrte, dass seine Bank nie Geld vom Staat gebraucht habe. Dabei hatte sich sein Institut erst drei Tage zuvor noch einmal drei Milliarden Dollar von der Fed in New York geliehen. Damit waren es insgesamt allein 76,882 Milliarden Dollar an kurzfristigen Krediten, die man sich bei der Fed besorgt hatte. Das behielt Ackermann natürlich für sich. Stattdessen zeichnete er wieder das Bild einer Bank, der niemand etwas kann. Die Rede, die er an jenem Sonntagmorgen in Tutzing hielt, stand unter der Überschrift »Profit und Moral – ein Zielkonflikt?«.

Ackermann zitierte zunächst Joseph Ratzinger: »Eine Moral, die die Sachkenntnis der Wirtschaftsgesetze überspringen zu können meint, ist nicht Moral, sondern Moralismus, also das Gegenteil von Moral.« Das war der Leitgedanke seines Vortrags, in dem er die Hauptschuld für die Finanzkrise keineswegs bei den Banken sah. Auch bestimmte Produkte seien nicht verantwortlich: »Kern des Problems ist auch nicht die Verbriefung von Schulden und ihre globale Verteilung. Diese ist im Gegenteil grundsätzlich positiv zu bewerten.« Das Problem sei vielmehr der Mangel an Transparenz bei den Mitbewerbern: »Entscheidende Faktoren wie Kapitalausstattung, Liquiditätssteuerung und Risikomanagement passten bei manchen Instituten nicht zu dem Risikoappetit, mit dem sie an den Märkten auftraten.« Auch wenn das auf sein Institut zutraf, meinte Ackermann damit doch keineswegs die Deutsche Bank. Alle Akteure hätten Fehler gemacht, nicht zuletzt die Politik, auch die US-Regierung, die zu lange bei Fehlentwicklungen nur zugesehen habe. Zudem seien die Finanzaufsicht und die Regulierung der Finanzmärkte viel zu schwach gewesen. Passend dazu zitierte er einen deutschen Wirtschaftsethiker, der vor Kurzem gesagt habe, dass es von »Blindheit und Selbstgerechtigkeit« zeuge, »wenn ausgerechnet Politiker von den Banken verlangen, die Versäumnisse der Politik durch individuelle Tugenden wie Mäßigung zu kompensieren«. Die Banker, so Ackermann weiter, »immer noch an den Pranger zu stellen, ist (…) nicht nur einseitig, es erschwert auch, das notwendige Vertrauen in diesen Schlüsselbereich der Wirtschaft zurückzugewinnen und verlängert die Probleme für die Menschen. Wir sitzen letztlich in einem Boot.«

Aus Ackermanns Argumentation ließ sich nur ein Schluss ziehen: An der Krise war im Grunde der Staat schuld, und er erklärte auch, warum: »›Gier‹ kann am Markt nur zum Tragen kommen, wenn die Rahmenbedingungen nicht stimmen. Das gilt etwa, wenn der Wettbewerb eingeschränkt (…) oder die Geldversorgung zu großzügig bemessen ist.« Die Mitglieder der Deutschen Bank seien sich dagegen ihrer Aufgabe bewusst. Als guter »Unternehmensbürger«, so Ackermann, sehe er eine Priorität darin, »unser Geld in sozial möglichst verantwortlicher Weise zu verdienen«. Das sagte er wirklich. Und dann machte er eine Bemerkung, die tief blicken ließ: »Wir sehen es als unsere Verpflichtung an, zu den Besten zu gehören, weil wir nur so die langfristige Existenz des Unternehmens sicherstellen können. Nur so können wir vor Übernahmen gefeit sein und vor allem vermeiden, beim Staat und bei Ihnen, das heißt den Steuerpflichtigen, anklopfen zu müssen.« Die Verpflichtung, zu den Besten zu gehören, um überleben zu können, also den puren Überlebenskampf, verklärte Ackermann in der anschließenden Diskussionsrunde zu einem Wettbewerb, an dem sich seine Bank mit sportlichem Ehrgeiz beteilige. Er gönne dem Saarländer Armin Hary doch auch, dass er 100 Meter in zehn Sekunden gelaufen sei, während er selbst zu seinen besten Zeiten dafür 11,2 Sekunden gebraucht habe.»Man muss doch die unterstützen, die vorne mit dabei sind«, sagte Ackermann. Zart ließ er anklingen, dass viele Banken wieder eine Eigenkapitalrendite von deutlich über 20 Prozent im ersten Quartal erzielen würden. Aber eine hohe Eigenkapitalrendite sei die einzige Lösung:»Hätten wir in den vergangenen Jahren nicht durchschnittlich 25 Prozent Eigenkapitalrendite erreicht, müssten wir jetzt, wie andere auch, dem Steuerzahler auf der Tasche liegen.«[10]

Nur einen Tag nach Ackermanns Auftritt in Tutzing musste der Versicherer AIG auf Druck des US-Kongresses offenlegen, wo all das Geld geblieben war, das er vom Staat bekommen hatte – insgesamt 173 Milliarden Dollar. Nun stellte sich heraus, dass AIG vor allem Gläubiger ausbezahlt hatte, also jene Banken, die ihre Super Seniors bei der AIG-Tochter versichert hatten. Goldman hatte 12,9 Milliarden, BNP Paribas 11,9 Milliarden und die Deutsche Bank 11,8 Milliarden Dollar bekommen – in gewisser Weise direkt vom US-Staat. Anders als das Geld von der Fed konnte die Deutsche Bank diese Mittel behalten. Der US-Staat – und damit die US-Steuerzahler – hatten die Rechnung des privaten AIG-Unternehmens bezahlt, damit die Kunden in aller Welt, auch in Europa, nicht im Regen standen. Der Staat überschritt jede Grenze, um das System zu retten. Er übernahm Schulden eines Privatunternehmens, um die Marktwirtschaft zu retten. Bundesfinanzminister Steinbrück rechnete später zusammen: »Ich vermute, dass die nationalen Stützungsmaßnahmen für IKB und HRE, die US-Rettung der AIG, die Stützung des Einlagensicherungsfonds der deutschen privaten Banken durch die Angebote des Finanzmarktstabilisierungsgesetzes und die Gewährleistungen der EU-Staaten (...) der Deutschen Bank AG einen Abschreibungsbedarf von 25 bis 30 Milliarden Euro erspart haben. Wären all diese Maßnahmen nicht erfolgt, hätte darüber sogar die Eigenkapitalausstattung der Deutschen Bank zum Problem werden können. Mit anderen Worten: Angesichts der vielen indirekten Vorteile aus diversen staatlichen Rettungspaketen sollte der Verzicht auf eine Inanspruchnahme direkter staatlicher Unterstützungsmaßnahmen nicht so lustvoll überbetont werden.«[11] Einige Staatshilfen hatte Steinbrück dabei noch gar nicht genannt. So hatte etwa der russische Staat Ende 2008 große Firmen von Oligarchen in der Krise gestützt, darunter die Alfa-Bank von Mikhail Friedman. Der Bankier bekam allein zwei Milliarden Dollar, die er an die Deutsche Bank weiterleitete. Dort hatte er Schulden, weil die Bank Friedman die teilweise Übernahme eines Mobilfunkunternehmens finanziert hatte.

Die Erkenntnis, dass die Deutsche Bank durch staatliche Mittel, durch Geld, das die Steuerzahler aufbrachten, gerettet worden war – mehrfach in den USA, in Kanada, in Europa –, die drang in der Öffentlichkeit allerdings nicht durch. Ackermanns ungenierte Arroganz, die er auch in Tutzing zeigte, überlagerte alles. Dabei half ihm, dass ein SPD-Politiker aus der zweiten Reihe reflexartig den Umstand zu skandalisieren versuchte, dass Ackermann 25 Prozent Eigenkapitalrendite gefordert hatte. Das hatte zur Folge, dass in der Öffentlichkeit wieder einmal heftig über die Gier und die Arroganz der Banker diskutiert wurde, aber nicht darüber, wie krank die Deutsche Bank wirklich war und wie viel Hilfe sie gebraucht hatte. Wie immer in den vergangenen Jahrzehnten nahmen die Deutschen – von wenigen Ausnahmen abgesehen – der Deutschen Bank ihre Unverwundbarkeit ab.

Das Lügner-Paradoxon

Nach nur drei Monaten war die neue US-Regierung mit ihrer Widerstandskraft am Ende. US-Präsident Obama hatte im Wahlkampf versprochen, mit der Wall Street aufzuräumen und die Megabanken an die Kette zu legen. Doch angesichts der immer schlechteren Wirtschaftsdaten lenkte er schon nach kurzer Zeit in einem zentralen Punkt ein und gab den Banken, was sie verlangten: Die US-Notenbank ließ Anfang April verlauten, dass sie und andere US-Instanzen Banken und Konzernen Geld leihen würden, wenn sie bereit waren, die unter Druck geratenen Hypotheken und Hypothekenbündel aufzukaufen. Doch die würde unter normalen Umständen niemand wollen – das Verlustrisiko war viel zu groß. In vielen Bündeln steckten zwar noch Hypotheken von Wert, weil sie regelmäßig bedient wurden, aber wie viele das jeweils waren, wusste niemand. Also erklärte die Regierung Obama: Der Staat steuert bis zu 92 Prozent des Kaufpreises durch Kredite bei und steht für etwaige Verluste gerade. Sollte das Ganze wider Erwarten ein erfolgreiches Geschäft werden, würde dem Staat nur ein Bruchteil des Gewinns zustehen.

Das waren die Grundbedingungen des ungewöhnlichen Geschäfts. Der Nobelpreisträger Joseph E. Stiglitz schrieb daraufhin einen entsetzten Kommentar in der *New York Times*. »Ersatz-Capitalism« nannte er das neue System und verknüpfte bewusst ein englisches und ein deutsches Wort.[12] Der wahre Wert der Hypothekenbündel werde so immer noch nicht ermittelt, denn keine Bank trage dabei irgendein Risiko. Man könne jetzt die CDO aufkaufen, so Stiglitz, die Teile, die etwas wert waren, mit Gewinn verkaufen, und sollte man eine Niete erwischt haben, übernahm der Staat den Verlust. Stiglitz rechnete vor, wenn die Chance 50 zu 50 war, dass ein Produkt 0 oder 200 Dollar wert ist, dann sei der durchschnittliche Wert 100 Dollar. Der Plan von Obama sah vor, dass der Käufer 12 Dollar investierte und der Staat ebenfalls, der aber darüber hinaus einen Kredit über 126 Dollar garantierte. Der Staat hebelte also den Kauf mit Schulden. Wenn das Bündel sich als Niete erwies, verlor der private Investor 12, der Staat 138 Dollar. War das Bündel ein Erfolg, dann verdreifachte sich die Investition des Investors, während der Staat nur 37 Dollar mehr verdiente, also im besten Fall ein Drittel des Investments. Greg Lippmann hätte diese Quoten gemocht. Hinzu kam noch, dass die Banken jetzt ihre schlechtesten Papiere verkaufen konnten, die Verluste würde ja im Zweifel der Staat tragen. Der Anreiz in diesem System sei also noch perverser als die vielen falschen Anreize, die das ganze Schlamassel angerichtet hatten, schrieb Stiglitz.

Obamas Regierung schreckte offenbar davor zurück, die Banken zu verstaatlichen oder den Kongress direkt um noch mehr Geld zu bitten. Die Kosten würden nach dem neuen System erst sehr viel später offenbar werden. Die Banken hatten sich wieder einmal durchgesetzt. Die Börsenkurse an der Wall Street stiegen am Tag der Verkündung dieses ganz speziellen Rettungspakets um über sechs Prozent.

Man stelle sich vor, eine Gruppe unbedarfter Unmündiger stürmt in ein schlecht geführtes Kasino und verspielt dort das Vermögen der Familie. Und die Eltern sagen nur: Wir belasten eben Haus und Hof mit einer Hypothek und zahlen die Schulden. Sie bestehen nicht einmal darauf, dass das Kasino geschlossen wird, sondern nehmen noch einen Kredit auf, damit die Kinder weiterzocken können. Genau das war im Prinzip Ende März 2009 passiert. Die Regierung Obama hatte keinen anderen Ausweg mehr gesehen. Mit der Entscheidung wurden nicht nur einzelne Banken gerettet, sondern das System und das Geschäftsmodell an sich – genau wie damals, als die Reagan-Regierung garantiert hatte, dass die Continental Illinois nur sehr langsam sterben würde, damit die anderen größeren Banken sich in Sicherheit bringen konnten. Der Nobelpreisträger Stiglitz fand die aktuelle Situation sogar noch schlimmer: »Das eigentliche Problem ist, dass die Banken in einer Blase schlechte, extreme gehebelte Kredite vergeben haben. Sie haben ihr Kapital verspielt, und das muss jetzt ersetzt werden. Für diese Assets« – die Hypothekenbündel etwa – »den wirklichen Marktpreis zu zahlen reicht nicht. Nur wenn man zu viel für diese Assets bezahlt, dann können sich die Banken wieder adäquat rekapitalisieren. Aber wenn man zu viel für die Assets bezahlt, dann werden die Verluste Richtung Regierung verschoben. Mit anderen Worten: Der Geithner-Plan funktioniert nur, wenn der Steuerzahler verliert.«

J osef Ackermann präsentierte wenige Tage später kaltblütig eine Sensation. Im ersten Quartal 2009 habe die Bank einen Gewinn von mehr als einer Milliarde Euro nach Steuern verdient, erklärte er der verblüfften Presse. Warum sich jetzt noch als kranke Bank outen, wo die US-Banken massiv gestützt wurden und ein neuer, künstlicher, subventionierter Markt für die Hypotheken, die RMBS und die CDO-Tranchen, entstand? Auf die Frage, wie die Deutsche Bank inmitten einer Weltwirtschaftskrise einen Gewinn erzielen konnte, erklärte das Institut, die Investmentbank habe wieder mehr Geld verdient, allein 3,8 Milliarden mehr durch Verkäufe von Kreditpapieren und anderen Positionen. Dass man die Posten nach Belieben hin und her rechnen konnte, wie der Fall Alexander Vik intern gezeigt hatte, sagte man nicht. Entscheidend war, dass die Deutsche Bank alle Tricks genutzt hatte, die das Bilanzrecht zuließ. Darüber hinaus hatte sie einige Kniffe angewandt, die mehr als anrüchig waren, etwa dass sie die Gap Risks der Leveraged Super Seniors verschwieg.

Nicht zuletzt hatte das viele billige Geld der Notenbanken die Bank gerettet. Um Zinsen zu erwirtschaften, musste die Deutsche Bank bis dahin immer sehr hohe Zinsaufwendungen leisten – das war die Summe, die man zahlen musste, um die kurzfristige Liquidität am Markt zu sichern. Während sich die Zinserträge halbiert hatten, waren nun durch das billige Geld der Notenbanken die Kosten, also die Zinsaufwendungen, noch sehr viel stärker gesunken. Das ersparte der Bank mehrere Milliarden an Zinszahlungen. Nur deswegen konnte das Management einen Gewinn ausweisen und sich selbst – wie man am Rande anmerkte – wieder höhere Boni zahlen. Klar wurde in dem Bericht aber auch, warum der Netto-Cashflow derartig zusammengebrochen war: Man hatte sich – wie die HRE, über die sich Ackermann immer so mokierte – für teures Geld zusätzlich über den Repo-Markt finanziert. Das viele Geld der Notenbanken hatte nicht gereicht. Hätte man sich aber noch mehr Geld vom Staat gepumpt, wäre das aufgefallen. Statt 26 Milliarden in diesem Segment zu verdienen, gab man auf dem Repo-Markt 28 Milliarden Euro mehr aus, als man einnahm.

Diese Mogelei fiel den meisten Beobachtern gar nicht auf und auch nicht die vielen anderen verräterischen Stellen im Geschäftsbericht. 28 Milliarden Euro standen bei diversen Derivateversicherern im Feuer, 5,7 Milliarden gab es an sogenannten Problemkrediten, die Verbindlichkeiten waren ingesamt auf 182 Milliarden gestiegen. Vor allem aber war das Risiko nicht zurückgefahren worden. Allein im ersten Quartal handelte die Deutsche Bank mit Derivaten im Wert von über 400 Milliarden Euro. Das alles stand in dem Bericht, sah düster und gewagt aus, aber der Deutschen Bank gelang dennoch das Unmögliche: Sie rechnete so lange herum, bis die Bilanz einen Gewinn auswies. Darin zeigte sich die wirkliche Kunst der Bank: Man deutete die Realität einfach um. Um die Bilanz irgendwie zu retten, hatten die Buchhalter zudem einige toxische Anlagen einfach höher bewertet oder – wenn das besser passte – gar nicht. Fast unglaublich sei der Gewinn, kommentierte ein Reporter des *Handelsblatts*. Die Zeitung wies nüchtern darauf hin, dass es verborgene Risiken in der Bilanz der Deutschen Bank gebe.[13] Doch diese Meinung fand keine Mehrheit. Der Großteil der Presse vermeldete erleichtert die überraschende Spontanheilung der Bank und hinterfragte das Wunder nicht. Der *Tagesspiegel* titelte sogar: »Eine sichere Bank«.

Mit der Ausweisung eines Gewinns im ersten Quartal 2009 hatte die Deutsche Bank eines offenbart: Ihr Geschäft war von der Realwirtschaft abgekoppelt. Sie diente weniger denn je der Industrie oder den Kunden, denn dann hätte sie in der tiefen Rezession keinen Gewinn machen können. Im April rechnete die Bundesregierung mit einem Einbruch der deutschen Wirtschaft um sechs Prozent. Das hatte es seit Jahrzehnten nicht gegeben. Die Deutsche Bank hatte damit vorgeblich nichts zu tun. In Wahrheit begann mit den aufgehübschten Zahlen des ersten Quartals 2009 der Untergang der Bank in Raten, was sich in den nächsten Jahre zeigen sollte. Es gab kein Zurück mehr. Doch Aufräumen, neues Personal einstellen, eine neue Strategie entwickeln, das überkommene Geschäftsmodell überwinden, die toxischen Anlagen schnell als Verlust abbuchen – wie sollte das gehen, nachdem man die Wende angeblich so blitzartig geschafft hatte? Wer sollte den Mut und die Energie aufbringen, die Führung zu stürzen?

So setzte die Deutsche Bank selbst Zeichen. Noch bevor die Zahlen für das Quartal offiziell verkündet wurden, verlängerte der Aufsichtsrat Ackermanns Vertrag bis 2013, der noch kurz zuvor erklärt hatte, 2010 sei Schluss. Der Verlängerung war ein kurzes Ränkespiel vorausgegangen. Anshu Jain, der sich Hoffnungen gemacht hatte, Ackermann endlich zu beerben, durfte zum Trost in den Vorstand aufsteigen. Die Investmentbanker würden also den nützlichen, aber eitlen Sonnenkönig Ackermann, der sich brüstete, keine Versager in seinem Unternehmen zu dulden, noch ein bisschen bei Laune halten müssen. Sie hatten den letzten Euro noch lange nicht aus der Bank geholt. Und auch sonst blieb alles, wie es war, zumal die US-Regierung zu erkennen gegeben hatte, dass das System nicht grundsätzlich reformiert werden würde. Man dokterte allenfalls an den Symptomen herum, Staatsschulden hin oder her. Und die Bundesregierung? Die Verantwortlichen auf der politischen Ebene? Im Finanzministerium unter Peer Steinbrück träumte mancher davon, in der nächsten Legislaturperiode mit der Deutschen Bank abzurechnen. Dazu musste man aber die Bundestagswahl im September gewinnen. Und was sollte dann mit SPD-Mitgliedern wie Jörg Asmussen geschehen, dem mächtigen Strippenzieher im Bundesfinanzministerium, der Teil des Problems war und nur schwer Teil der Lösung werden konnte? Auch Steinbrück selber hatte kein Interesse daran, dass die Finanzkrise und die Rolle seines Ministeriums im Zusammenspiel mit der Deutschen Bank jemals aufgeklärt werden würden. Zu dilettantisch hatte nicht zuletzt er selbst sich verhalten. Eine Zeit lang kokettierte er damit, dass er quasi aus der Hüfte geschossen und in der Krise viel darüber gelernt habe, wie das internationale Finanzgeschäft funktionierte. Aber allmählich erkannte der eine oder andere doch: Dass er überhaupt so viel lernen musste, war das eigentliche Problem. Nie beantwortete Steinbrück die Frage, ob er die vielen Prüfberichte der BaFin und der Bundesbank, in denen die Deutsche Bank kritisiert worden war, jemals zur Kenntnis genommen hatte.[14] Kurz vor der Bundestagswahl 2009 brachte Steinbrück zum Abschied noch ein letztes Geschenk durch das Bundeskabinett: Man gestattete den Finanzkonzernen, ihre eigenen Bad Banks zu gründen. Sie durften fortan Papiere, die sie nicht loswurden, auslagern, so dass die Bilanz nicht mehr über Gebühr belastet wurde. Eine weitere staatlich sanktionierte Bank im Schatten.

D er Staat schaute weg – also konnte innerhalb der Deutschen Bank alles weiterlaufen wie bisher. Christian Bittar blieb ehrgeizig und geschmeidig. Er hatte 40 Millionen Euro, die Anzahlung auf seinen Bonus, verbuchen können und hätte nie wieder auch nur einen einzigen Tag in seinem Leben arbeiten müssen. Aber er hatte noch nicht genug. Anfang Juni warteten die europäischen Händler auf neue Einschätzungen von Jean-Claude Trichet, dem Präsidenten der Europäischen Zentralbank. Auf die Märkte würde die neue Stellungnahme keinen Einfluss haben, vermutete ein Euribor-Submitter, bis ihn Christian Bittar eines Besseren belehrte, wobei er wie immer seinen Wunsch zuckersüß verpackte:»Außer, dass der Ein-Monats-Fix tiefer ist und der Sechs-Monats-Fix steigt, biiiiiiiiiiiitttte.« Der Submitter hatte den Wink verstanden:»Es ist wahrscheinlich, dass viele [Banken] ihre Zinslasten unverändert lassen :-), außer den Ein-Monats- und Sechs-Monats-Fix natürlich :-).« Wenige Tage später sinnierte Bittar mit einem Kollegen über die Qualität des Libors und des Euribors und darüber, wie stark die Werte von der Logik des Marktes abzuweichen schienen. Wie sehr konnte man den anderen Banken überhaupt trauen? Bittar hatte eine klare Meinung, was die Konkurrenz anging: »Die lügen sowieso alle.« Der Kollege antwortete.»Es gibt diese philosophische Parabel: Ein Grieche sagt: ›Alle Griechen lügen.‹ Wem traust du dann?« Der Banker spielte auf das Lügner-Paradox an, das auf Epimenides zurückgeht. Epimenides, der Kreter war, sagte:»Alle Kreter lügen.« Wenn tatsächlich alle Kreter logen, dann log Epimenides mit seiner Aussage gerade nicht, aber dann stimmte die Aussage eben nicht mehr. An diesem Paradoxon haben sich Mathematiker und Philosophen über Jahrhunderte abgearbeitet. Der Gesprächspartner von Bittar wollte aber wohl nur auf das Problem hinweisen, dass man im Bankgeschäft besser niemandem irgendetwas glaubte.

Das galt auch für Bittars französischen Kollegen Guillaume Adolph, der sich inzwischen tief in die Manipulation des Schweizer-Franken-Libor – CHF-Libor – verstrickt hatte. Händler in der Deutschen Bank hatten Exceltabellen angelegt, in die sie eintrugen, welcher Wert der Handelsposition der Deutschen Bank am besten dienen würde. Darüber hinaus stand Adolph im regelmäßigen Kontakt zu Rain Man, dem UBS-Händler Tom Hayes in Tokio, von dem er Gollum genannt wurde. Im Juli planten die beiden einen ganz besonderen Coup: Sie wollten einen Monat lang den Sechs-Monats-

Yen-Libor in die Höhe treiben und ihn dann in einer konzertierten Aktion abstürzen lassen. Und auf diesen Absturz wollten sie massiv wetten. Hayes tat das im großen Umfang. Er meldete sich sogar bei Adolph und bat diesen, einen Teil des Risikos mit einem Nebendeal abzusichern. »Klingt fair«, antwortete der Franzose.

Anfang August, kurz vor dem entscheidenden Tag, an dem man den Zinssatz abschießen wollte, machte Adolph das, was auch Bittars Freund Moryoussef getan hatte: Er erzählte einem ihm bekannten Trader am Telefon von dem Plan. »Unter uns: Der Sechs-Monats-Libor wird im September abstürzen (…). Wenn die aus dem Urlaub zurück sind«, verriet Adolph, dann würden Tom Hayes und andere ihre Zinssatzangaben extrem tief ansetzen. Schon im Jahr zuvor hatte Adolph sich verquatscht, was seinem Geschäftspartner Hayes Jahre später vor Gericht extreme Probleme bereiten sollte. Adolph hatte einem unbekannten Kollegen am Telefon erklärt: »UBS manipuliert [den Markt], um den Satz extrem zu drücken.« Der Gesprächspartner glaubte, sich verhört zu haben: »Du erzählst mir also gerade, dass UBS den Markt manipuliert, ja?« – »Yeah. Ich meine, [Tom Hayes] hat mich kontaktiert, ok, und er sagt: ›Hallo Kumpel.‹ – ›Hallo.‹ – ›Ich habe ein großes Fixing, von gestern, es geht um 750, hm, 75 Millionen Yen, kannst du die [Zinseingabe] tief ansetzen?‹ Und ich antwortete: ›Ja, ok.‹ Und am Ende des Tages«, Adolph musste lachen, »am Ende des Tages ist der Zinssatz wirklich runtergegangen.« Der Mann am anderen Ende der Leitung war konsterniert: »Fucking hell.« Adolph musste wieder lachen: »Und das hat er mit 16 Banken gemacht.« – »Das bedeutet, UBS bittet 16 Banken, den Zinssatz zu drücken?« – »Vielleicht nicht 16, aber, weißt du, wenn er acht gut kennt, dann reicht das. Yeah, das ist der Grund, warum gestern der Libor abgestürzt ist, einen anderen Grund gibt es nicht, einzig, weil er von Hayes manipuliert wurde.« Der Mann am anderen Ende der Leitung kam aus den Staunen nicht heraus: »Fucking hell, Manipulation, wow!« Eine Frage drängte sich ihm auf: »Ist das, ist das legal oder illegal?« – »Nein, das ist illegal«, erwiderte Adolph, und dann wiederholte er den Satz wie zur Bekräftigung: »Nein, das ist illegal.« Er wusste, dass es verboten war, aber er machte dennoch mit.

Im August trieben Hayes und Adolph den Libor wie verabredet nach oben, um ihn dann abstürzen zu lassen. Der Plan ging aber nicht auf. Hayes, der so oft für seine Bank Geld verdient hatte, verlor für die Schweizer UBS Millionen. Rain Man war von einem Mann vorgeführt worden, den er für einen Freund gehalten hatte. Hayes hatte Komplizen bei der HSBC und bei der Rabobank, Broker, die ihm halfen, den Yen-Libor zu bewegen, darunter Noel Cryan, der für die kleine Brokerfirma Tullett Prebon arbeitete. Cryan nahm gern die Unterstützung von Hayes an, der ihm hin und wieder lukrative Aufträge von UBS zuschob. Wenn man es aber gemeinsam nicht geschafft hatte, den Zinssatz zu bewegen, dann ließ der ausgebuffte Broker Cryan sich am Telefon schon mal verleugnen.

Tatsächlich hatte er nicht ein einziges Mal versucht, intern auf Kollegen Druck auszuüben, damit die den richtigen Libor-Satz angaben. Vor Gericht sagte Cryan später: »Das nennt man Brokering.«[15] Mit anderen Worten: Man versucht herauszuholen, was geht, ohne Rücksicht auf Verluste. Wenn das bedeutete, einen wichtigen Kunden anzulügen, um ihn bei Laune zu halten, war das auch in Ordnung. Dass Cryan die Junggesellenparty für Hayes organisiert hatte – so what, eine echte Freundschaft war das dennoch nicht. Auch dass Hayes vor dem großen Ding gepoltert hatte: »Hier geht es verfickt noch mal um reale Gewinne und Verluste. Ich gewinne, du gewinnst, so funktioniert das, ok?«, hatte Cryan nicht beeindruckt.[16] Der Rain Man war am Ende längst nicht so erfolgreich wie Christian Bittar, weil er drohte, schrie und zu selten freundlich um Hilfe bat.

Im September nahm Hayes ein Angebot der Konkurrenz an und wechselte zur Citibank. Sein direkter Chef bei der UBS wusste durchaus, warum Hayes so viel Erfolg hatte. Er wollte ihn schon lange loswerden. So schrieb er an Hayes' direkten Vorgesetzten noch vor dessen Abgang: »Ich finde es peinlich, wenn er seine Kumpel anruft, um sie um den Gefallen zu bitten, das Fixing hoch oder tief anzusetzen. Das sieht doch so aus, als manipuliere UBS andere, um das eigene Fixing zu bewegen. Welches juristische Risiko geht UBS eigentlich dabei ein?«[17] In der UBS-Führung wusste man also, was los war. Die entscheidenden Manager schauten aber tatenlos zu – wie einige ihrer Kollegen bei der

Deutschen Bank auch. Das sollte für alle Beteiligten teure Konsequenzen haben.

Die Professorin Rosa Abrantes-Metz hatte inzwischen ihre Meinung geändert. Konnte sie sich im Vorjahr noch nicht vorstellen, dass der Libor – der wichtige Dollar-Libor – systematisch manipuliert wurde, musste sie sich bei der Analyse der Daten eines Besseren belehren lassen. Die Daten ergaben ein eindeutiges Bild: Der Libor wurde vorsätzlich und abgesprochen manipuliert. Abrantes-Metz hatte nun Beweise. Der Libor bewegte sich nicht mit dem Markt mit, er spiegelte das höhere Risiko nicht wider, selbst als Lehman Brothers Bankrott anmeldeten, führte er ein Eigenleben. Etwas stimmte definitiv nicht. Das Problem war weitverbreitet. Es stand in der Macht der Banken, die verschiedenen Libors und den Euribor zu bewegen, so Abrantes-Metz' Einschätzung. Sie veröffentlichte auch diese Erkenntnis in einem Aufsatz. Diesmal blieb die Reaktion nicht aus. Das US-Justizministerium und das FBI kontaktierten die Ökonomin. Die Agenten des FBI fragten, wie sie zu diesen Ergebnissen gekommen sei. Abrantes-Metz war mulmig zumute. Was war nur auf den Finanzmärkten der Welt los? Auf was würde sie als Nächstes stoßen? Offenbar lief etwas so gewaltig schief, dass sich sogar das FBI für einen Zinssatz interessierte.

D ie Führung der Deutschen Bank, die nicht ahnte, dass sich das FBI längst eingeschaltet hatte, versuchte derweil, die Untersuchungen in Sachen Christian Bittar zu verschleppen. Der Mann sollte schließlich weiter Geld verdienen. Obwohl über ein halbes Jahr vergangen war, hatte Bänzigers »Business Integrative Review Group« noch immer keinen Bericht vorgelegt. Allerdings arbeitete auch nur ein einziger interner Ermittler an dem Projekt, noch dazu ein Mann, der kein Französisch sprach. Da Bittar in Chats, am Telefon und in E-Mails mit seinen Komplizen hauptsächlich in seiner Muttersprache kommunizierte, hatte das erhebliche Auswirkungen auf die Qualität der Untersuchung. Aber dass etwas nicht stimmte, war auf den ersten Blick zu erkennen. Auch Bill Broeksmit konnte das sehen, schrieb es aber nicht so deutlich in seinen Bericht an Anshu Jain. Er hatte gerade in der kritischen Zeit 2008 eine Übersicht über die Gewinne und Verluste an den Handelstischen in London gewonnen. Alle Segmente – Drei-Monats-Libor, Drei-Monats-Euribor – machten fette Verluste, nur in einer Kategorie war das anders: Verschiedene Sechs-Monats-Euribor- und Sechs-Monats-Libor-Varianten, Segmente also, die unter anderem Bittar manipuliert hatte, hatten enorme Gewinne eingefahren.

Während die Öffentlichkeit annahm, für die Deutsche Bank sei die Finanzkrise schon wieder Geschichte – die Gewinne blieben über das Jahr 2009 hinweg auf dem Papier stabil –, hegte die Bankenaufsicht Zweifel, dass innerhalb des Instituts alles mit rechten Dingen zuging. Die Bundesbank durchleuchtete Teile der Bank und bemängelte, dass Marktrisiken nicht genau genug eingeschätzt wurden. Und dass das Volumen an Derivaten, mit dem die Deutsche Bank handelte, in den ersten drei Quartalen 2009 explodiert war, gefiel ihr ebenfalls nicht. Die Bank hatte in neun Monaten über 600 Milliarden an Derivaten neu als Aktiva verbucht, und auf der Passivseite stand nur ein unwesentlich kleinerer Betrag. Innerhalb von drei Jahren hatte sich das Volumen der gehandelten Derivate damit verdreifacht. Der Plan von Bänziger, das Risiko zurückzufahren, war also grandios gescheitert.

Dass die Bundesbank und die BaFin die Bank untersuchten, war nicht ungewöhnlich, solche Checks fanden schon vor der Finanzkrise regelmäßig statt. Was die Kontrolleure dabei entdeckten, was sie gegebenenfalls übersahen und warum, das wird bis heute geheim gehalten und von beiden Stellen nicht kommentiert, nicht von der Bundesbank und auch nicht von der BaFin. Unternehmensberater von McKinsey waren 2009 ebenfalls im Haus und bemängelten in ihrem Bericht, dass vor allem Alan Cloetes Abteilung – GFFX – nicht genau genug kontrolliert werde. Offenbar, so stellten die externen Berater fest, wurden Abteilungen immer dann nicht gründlich überprüft, wenn sie besonders erfolgreich waren. In der Tat. Außerdem kritisierten sie Cloete und Jain, weil diese zuließen, dass Bittar sein Handelslimit – das automatisch auch das Risiko begrenzen sollte – immer wieder bewusst überschritt. Cloete unterstützte Bittar sogar dabei: »Mach weiter, du machst das toll!«, schrieb er ihm einmal.

Bittar, der noch einmal befördert worden war, reagierte auf die Unterstützung durch Cloete und die laschen internen Untersuchungen, wie man es erwarten konnte: Er wurde noch unvorsichtiger. Im Herbst kontaktierte er wieder einmal seinen Freund Moryoussef bei Barclays. Die beiden stellten fest, dass auch eine weitere wichtige Benchmark manipuliert werden konnte – der ISDAfix. Für beide Händler war diese Marke extrem wichtig, denn das Derivat mit dem größten Marktanteil überhaupt hing an diesem Wert – die Interest Rate Swaps und Optionen auf diese Swaps, die den griffigen Namen »Swaptions« hatten. Es ging wie beim Euribor um einen riesigen Derivatemarkt. Dass auch der ISDAfix manipuliert wurde, war nur konsequent.

The new normal

Für Händler, die für sich selber und für ihre Bank Geld mit Derivaten verdienten, mit Swaps etwa, war 2009 eine Informationsquelle entscheidend: der sogenannte Screen 19901. Dieser Screen war eine Seite voller Daten, die ein externer Anbieter für die Banken zusammenstellte. Als lebte man noch im Jahr 1985, waren diese Zahlen in erstaunlich schlechter Auflösung, eckig, pixelig und in altmodischen, flachen Farben dargestellt. Auf diesen Schirm starrten die Händler den ganzen Tag, um stets darüber im Bild zu sein, wie teuer es war, ein bestimmtes Produkt zu kaufen oder zu verkaufen. Im ersten Schritt sind dabei nur wenige Eckdaten entscheidend. Wo steht der Euribor, wo der Libor? Was kosten US-Staatsanleihen, die Treasuries, mit den verschiedenen Laufzeiten, und vor allem: Was sind die Spreads zwischen verschiedenen Interest Rate Swaps, also wie groß ist der Unterschied zwischen Verkaufs- und Kaufpreis. Dieser Spread war eine der wichtigsten Informationen überhaupt, denn die Interest Rate Swaps machten den Großteil des Derivatemarkts aus. Diese Swaps funktionierten im Kern noch immer wie jene Instrumente, die Bill Broeksmit in den 1990er Jahren mitentwickelt hatte. Ein Kunde tauschte dabei einen festgeschriebenen Zins gegen einen flexiblen Satz oder umgekehrt.

Die Firma ISDA aus New Jersey stellte die Daten auf dem Screen 19901 zusammen und spielte sie in Echtzeit auf die Computer in den Banken. Auf das Unternehmen ging auch das ISDA-Agreement zurück, also Verträge, die im Derivategeschäft von allen Akteuren als Standard anerkannt werden. Aber das war nicht alles. Wie die British Bankers' Association, so veröffentlichte ISDA auch einen Referenzzinssatz, den ISDAfix, einen Wert, nach dem sich zentrale Finanzinstrumente richteten. Das war ein Ergebnis der schier endlosen Deregulierungskampagne, die Lobbyisten im Auftrag der Finanzbranche immer wieder aufs Neue initiierten: Private Unternehmen, die daran interessiert waren, Profite zu erwirtschaften, organisierten den rechtlichen Rahmen für eines der wichtigsten Segmente des Finanzmarktes. Nach außen wurde der Anschein erweckt, als reguliere eine neutrale Stelle die entscheidenden Aspekte des Derivatemarkts, und zwar professioneller und kompetenter als der Staat. Wie die Ratingagenturen betrieb aber auch ISDA das Geschäft nicht aus altruistischen Gründen, sondern wollte Geld verdienen. Das hatte Auswirkungen darauf, wie man bestimmte Daten – die Grundlage für den ISDAfix – erhob. Man setzte nicht darauf, möglichst unabhängig von den Banken zu sein, sondern kooperierte vielmehr eng mit den großen Instituten, die der ISDA gewaltige Summen für ihren Service zahlten.

ISDA gab seit 1998 den ISDAfix heraus, weil der Wunsch nach einem Referenzzinssatz aufgekommen war, der den Wert der Interest Rate Swaps verbindlich abbildete. So viele exotische Derivate die Banken inzwischen auch entwickelt hatten, der Interest Rate Swap war mit Abstand am weitesten verbreitet. Der Markt war 2009 nominell 450 Billionen Dollar schwer. Nominell bedeutet, dass die Swaps an Zinsflüsse gekoppelt waren, die bei Krediten oder Anleihen anfielen und zusammengenommen dieses gigantische Volumen erreichten. Am Ende eines Swap Deals blieb meist sehr viel weniger hängen, denn es wurden nur die Unterschiede bei den Zinsraten gehandelt, nicht der ganze Kredit und die ganze Anleihe dahinter. Ein Institut wie die Deutsche Bank übernahm etwa in einem Swapgeschäft die fixe Zinsrate für einen Kredit, den eine andere Bank vergeben hatte. Diese musste im Gegenzug eine flexible Rate bezahlen. Nach einem festgelegten Zeitraum – ein, fünf, zehn Jahre – wurde ausgerechnet, welche Differenz sich zwischen der fixen und der flexiblen Rate ergeben hatte. Der Swap wurde »gesettled«. Hatte sich die flexible Rate als günstiger herausgestellt, dann musste in diesem Fall die Deutsche Bank die Differenz zahlen. Wenn die Vertragspartner ein Barsettlement vereinbart hatten, musste die entsprechende Summe überwiesen werden. Hatte man etwa einen Swap über einen Vier-Milliarden-Dollar-Kredit und die dazugehörigen Zinsen abgeschlossen, was keine Seltenheit war, dann konnten drei Basispunkte, die eine Bank für einen Kredit und den daran hängenden Swap bezahlte, über eine Million Dollar an Gewinn ausmachen.

Wurde ein Swap abgerechnet, dann richteten sich die Vertragsparteien ausschließlich nach dem ISDAfix. Alle Akteure orientierten sich am ISDAfix, der festlegte, wer was zu zahlen hatte. Kontrollierte ein Händler mit seinem Team – und seinen Komplizen – den ISDAfix, dann konnte ein Handelstisch den Verlust oder Gewinn, den er mit einem Swap machte, bis zu einem gewissen Grad steuern. Denn ein Swap-Broker der Bank war an dem Handelstisch dafür zuständig, den lokalen Screen 19901 – also den Bildschirm innerhalb des Handelsbereichs der Deutschen Bank – mit Daten zu füttern. Diese Daten und die Eingabe des Brokers nahmen Mitarbeiter von ISDA in New Jersey auf, ebenso die Daten der anderen vierzehn großen Banken, die beim ISDAfix mitmachten.[18] Aus diesen Daten errechneten sie den durchschnittlichen Zinssatz für einen bestimmten Interest Rate Swap. Der wiederum erschien dann auf den Bildschirmen der Händler.

Um den ISDAfix überhaupt bewegen zu können, mussten die Banker also die Broker, die bei ISDA den Fix betreuten, unter Kontrolle bringen. Die mussten dafür sorgen, dass nicht zu viele Fragen gestellt wurden, wenn sich etwa der New Yorker Handelstisch der Deutschen Bank auffällig verhielt. Und das tat er seit 2007 regelmäßig. Anders als beim Libor konnten die Banken, die an der Festsetzung des ISDAfix mitwirkten, durch eigene Transaktionen erreichen, dass der Zinssatz in die gewünschte Richtung ging. Fanden die Transaktionen kurz vor der Festlegung des ISDAfix gegen 11 Uhr am Vormittag statt, flossen sie in die Berechnung mit ein. Also musste man an dem großen Handelstisch entsprechende Aufträge absetzen. Wenn die Endabrechnung eines Zehn-Jahres-Swaps in US-Dollar anstand, musste der

Zehn-Jahres-ISDAfix für US-Dollar-Swaps bewegt werden. Also schrieb ein Händler etwa Minuten vor der Festlegung des ISDAfix: »10y höher.« Und der Kollege antwortete »K« für ok. »Banging the close« nannte man das prägnant. »The close«, das war der Zeitpunkt, an dem der ISDAfix festgelegt wurde. Man nagelte den Abschluss fest, um den Zinssatz in die gewünschte Richtung zu lenken – und das ging, weil bei den anderen Banken genügend Händler mitmachten und der Deutschen Bank den Kurs nicht versauten, an dem deren Händler kurz vor dem Fix gedreht hatte. Wie beim Libor und Euribor auch hatte sich ein Kartell gebildet. Für den ISDAfix galt also dasselbe, was die Professorin Rosa Abrantes-Metz beim Libor festgestellt hatte: Die großen Banken hatten das Motiv und die Möglichkeit zur Manipulation. Beim ISDAfix passte niemand auf, dass alles mit rechten Dingen zuging, da die private Firma ISDA gar kein Interesse daran hatte, sich mit den Banken anzulegen. Also steuerten die Banken den ISDAfix dorthin, wo sie ihn brauchten, und niemand störte sie – zunächst – dabei.

Seit 2007 manipulierte das New Yorker Team der Deutschen Bank den ISDAfix systematisch, das zeigte später eine Untersuchung der US-Wertpapieraufsicht CFTC.[19] Es machte damit während der Finanzkrise weiter und hörte auch danach nicht auf, denn nur so machte man sicher Profite. Wie Guillaume Adolph und all die anderen wussten auch die New Yorker Trader, dass ihr Verhalten illegal war. Ein Swap Trader der Deutschen Bank sagte einmal zu dem Broker einer anderen Firma, er habe keine Lust, mit Aktien zu handeln, weil sich das FBI zu sehr für Unregelmäßigkeiten dort interessiere. Na ja, entgegnete der, die ISDAfix-Nummer sei wohl auch bald vorbei. Wenn sie – die Ermittler – jemals herausfinden würden, wie die Preise wirklich bestimmt werden, dann würden einige Leute in den Knast wandern – »a lot of people would actually do jail time«. Wie ihre Kollegen in London und Frankfurt hinterließen also auch die Händler in New York unbekümmert elektronische Spuren, die ihren Arbeitgeber eines Tages teuer zu stehen kommen sollten.

A ls Bill Broeksmit in den 1990er Jahren mit seinen Kollegen die Interest Rate Swaps austüftelte, hätte er sich wohl kaum vorstellen können, wie gigantisch das Geschäft mit diesem Instrument einmal werden und wie massiv sich die Manipulation auf den Markt auswirken würde, die einige Akteure an der vierten Stelle hinter dem Komma vornahmen. Broeksmit hatte unweit von Anshu Jains Büro in London einen Schreibtisch und ein eigenes Zimmer bekommen. Er war inzwischen etabliert, nahm an den Telefonkonferenzen teil, den Risk Calls, bei denen die Risikopositionen durchgesprochen wurden. Erfahrenen Kollegen, die auf dem höchsten Niveau exotische Produkte strukturierten, verkauften und sogar auch hin und wieder prüften, fiel auf, dass Broeksmit nicht alles auf Anhieb verstand. Er war lange nicht im Geschäft gewesen, und so musste man ihm die neueste Generation der Derivate erklären. Broeksmit selber hatte, seitdem er von Anshu Jain reaktiviert worden war, auch immer wieder Freunde um Rat und Einschätzungen gebeten. Wie Jain, der ihn geholt hatte, war er zunächst von einigen Aspekten überfordert. Er musste in einem dynamischen Geschäft mithalten, das mit der Finanzkrise noch einmal komplexer geworden war. Aber einige Kollegen bemerkten, dass er aufholte.

Broeksmit war vollkommen davon in Anspruch genommen, sich über die Altlasten der Bank einen Überblick zu verschaffen. Nachdem er sich unter anderem mehr als ein Jahr mit den merkwürdigen Geschäften befasst hatte, die man bei der Deutschen Bank mit dem Hedgefonds RenTec veranstaltete, schrieb er Jain eine E-Mail, in der er ihm die Kernidee erklärte.[20] 2009 setzte er ihm auch auseinander, was es mit einem weiteren Geschäft auf sich hatte, das allenfalls auf den ersten Blick sauber aussah. Broeksmit war darauf gestoßen, dass die Deutsche Bank andere Banken – wie etwa die Monte dei Paschi aus Siena – bei der kreativen Buchhaltung unterstützte. Fast überall auf der Welt hatten sich Institute verhoben, ihnen fehlte Kapital, sie hatten Löcher in den Büchern. Also, stellte Broeksmit fest, hatte die Deutsche Bank sich die übersichtlichen Repos vorgenommen und ausgebaut. Die Repos liefen bald so lange wie die *enhanced Repos* bei Monte dei Paschi. Man koppelte sie an Derivate, um ihren wahren Zweck zu vertuschen. In den Büchern der Deutschen Bank tauchten sie gar nicht auf, weil das Ganze – betrachtete man es locker – ja ein Nullsummenspiel war. Tatsächlich half man Banken dabei, in einer kritischen Phase Verluste zu verschleiern – gegenüber der Aufsicht, den Anlegern, der Öffentlichkeit. Das eigene Risiko wurde dabei auch kleingerechnet. Broeksmit schrieb in der E-Mail an Jain, noch sei das Ganze nicht so schlimm, der Effekt in den Büchern wachse aber sehr schnell.[21] Wie schon in den 1990er Jahren bei Merrill äußerte er seine Kritik leise, ohne die Pferde scheu zu machen und ohne die Probleme nach außen zu tragen. Er wurde schließlich auch dafür bezahlt, dass er nichts herumquatschte. Jain änderte aber erkennbar nichts an dem Geschäftsgebaren seiner Investmentbank, auch weil er inzwischen Mitglied des Vorstands war und noch misstrauischer von seinen Feinden in der Bank beobachtet wurde. Jede Änderung hätte jetzt Fragen über die Geschäftspraktiken der letzten Jahre aufgeworfen. Obwohl er von Broeksmit wusste, dass man die Bank besser gestern als heute aufräumen sollte, machte Jain nichts. Er spielte lieber auf Zeit.

T *he new normal* – so bezeichnete man die Zeit, als in der Finanzbranche Gesetzmäßigkeiten nicht mehr zu gelten schienen und viele Banken ein Vielfaches von dem verdienten, was etwa Industriekonzerne erwirtschafteten, denen sie angeblich dienten. Spätestens nach dem Lehman-Crash, aber eigentlich schon seit 2007 stellten sich auch viele Insider die Frage, ob die goldene Zeit – *the new normal* – nicht auf einem gigantischen Betrug gründete. Investmentbanker verbuchten im großen Stil Gewinne, die vielleicht irgendwann in der Zukunft fällig werden würden, schon bei Vertragsabschluss als Profit und ließen sich unverzüglich einen Bonus auszahlen. War der Wert eines Derivats hoch, feierte man sich für diesen Gewinn, der zunächst nur auf dem Papier bestand, stürzte der Wert ab wie bei den CDO, dann wischte man Kritik beiseite: Alles nur Verluste auf dem Papier, das können wir irgendwie, irgendwo anders verbuchen, da steht ja gar kein echtes Kapital im Feuer.

Dafür, dass kein echtes Kapital auf dem Spiel stand, war die Panik, die 2007 ausbrach, allerdings ziemlich groß. Arbeitete man in einer der großen Banken, war das ganze System leicht zu durchschauen, man musste nicht lange nach Widersprüchen suchen. Der Euribor soll neutral sein? Warum weiß dann fast jeder Submitter und jeder Händler der Deutschen Bank in Singapur, New York, Frankfurt oder London, welcher Zinssatz gerade optimal für die Positionen der Bank wäre? Der ISDAfix soll ein neutraler Wert sein? Warum wird er dann nicht von einer neutralen, unabhängigen Stelle erhoben, die man nicht beeinflussen kann, indem man ihr mehr Geld zahlt? Schauten sie auf das Gesamtszenario, dann musste Schlüsselmitgliedern der Bank unweigerlich klar werden, dass sie zumindest mittelbar bei einem Betrug mitmachten. Noch war der nicht entdeckt und geahndet worden. Sollte man also nicht schleunigst zur alten Normalität zurückkehren? Musste es nicht wieder Regeln geben, die für alle galten?

Diese Frage stellte sich auch Matthew Simpson, ein junger Amerikaner, der ganz neue Einblicke gewann, nachdem er innerhalb der Deutschen Bank befördert worden war. Simpson war seit 2003 bei der Bank an der Wall Street. 2009 wurde er zu einem der führenden Manager der Einheit, die sich in New York um das »Credit Correlation Portfolio« kümmerte.[22] Dazu gehörten vor allem Credit Default Swaps – CDS. Boaz Weinstein hatte einst eng mit der Einheit zusammengearbeitet, aber als Simpson seine Stelle antrat, war Weinstein schon Geschichte. Nun war der Franzose Alex Bernand der wichtigste Strippenzieher. Seine Abteilung hatte die LSS nach Kanada verkauft und hatte sie dabei als Sicherheit für Versicherungsinstrumente benutzt, die wiederum über den CDS-Index an US-Investoren verkauft wurden. In dieses Geschäft arbeitete sich Matthew Simpson 2009 ein, und er merkte bald, dass etwas in der Einheit von Bernand nicht stimmte. Die Risiken und der Wert von Positionen wie den Leveraged Super Seniors schienen nicht sauber berechnet worden zu sein. Gewaltige Risiken, so ergaben Simpsons Beobachtungen, erschienen einfach nicht in den internen Büchern.[23]

Simpson wollte dabei nicht mitmachen. Er entschied sich zu einem Schritt, der intern verpönt war: Er meldete Bernand bei der Compliance-Abteilung. Die veranlasste eine interne Prüfung, die Simpsons Anschuldigungen im Kern bestätigte. Ohne dies öffentlich bekannt zu machen, ohne dass auch nur Details an die Presse gelangten, entließ die

Deutsche Bank Alex Bernand im Oktober 2009. Der Mann war nicht aufgeflogen, weil die internen Kontrollen funktioniert hatten, sondern weil er von einem Kollegen verpfiffen worden war. Auf solche Hilfe war die Bank im Grunde angewiesen, wollte man irgendwann wieder sauber Geld verdienen. Doch Matthew Simpson hatte in den Augen seiner Kollegen – egal ob sie in New York oder London arbeiteten – ein ungeschriebenes Gesetz gebrochen: Er hatte einen Kollegen verraten. Die Trader verglichen sich gern mit Soldaten: Was immer im Schützengraben der Handelstische passierte, man behielt es für sich. Dass Simpson sich daran nicht wie ein braver Soldat gehalten hatte, kam nicht gut an.

Die Kollegen ließen ihn das spüren. Simpson durfte keine Trades mehr abschließen und erhielt keinen Zugang mehr zu entscheidenden Computerdaten. Als er im Februar 2010 bei einer Beförderung übergangen wurde – seiner Meinung nach zu Unrecht –, entschied er sich zu einem drastischen Schritt: Er wandte sich an die Börsenaufsicht SEC. Sie arbeitete seit Jahrzehnten mit Informanten und bekam jährlich Tausende von Tipps. Aber die Whistleblower hatten es nicht leicht. Sie handelten sich viel Ärger ein und wurden für ihre Zivilcourage kaum belohnt. Daher überlegten viele hochrangige Mitarbeiter ganz genau, ob sie mit der SEC zusammenarbeiten wollten. Erst nachdem sich Simpson an die SEC gewandt hatte, unterzeichnete Präsident Obama unabhängig von dem Schritt des Traders von der Deutschen Bank ein Gesetz, das den Status von Whistleblowern gehörig aufwertete. Ihnen standen vom Sommer 2010 an 20 bis 30 Prozent der Summe zu, die eine Bank als Strafe an die SEC zahlen musste. Dabei konnte es um viel Geld gehen.

Simpson wurde zum Whistleblower, bevor er sich dieser Belohnung sicher sein konnte. Er entschied sich dennoch, den Ermittlern der SEC von seinen Entdeckungen in der Deutschen Bank zu berichten. Es ging um die Berechnung von Risiken, die direkte Auswirkungen auf die Buchhaltung und die Kapitalausstattung der Bank hatten. Dass er der zweite Whistleblower war, der sich bei der SEC in genau dieser Sache meldete, ahnte er nicht. Der erste Whistleblower hatte den Zustand der Bank sogar noch schärfer kritisiert.

Die Börsenaufsicht SEC war nach der Finanzkrise demoralisiert. Warum hatte sie die Exzesse nicht unterbunden? Außerdem wurde ihr vorgeworfen, dass sie den Betrüger Bernard Madoff trotz vieler Warnungen nicht gestoppt hatte. Madoff hatte vor allem vermögenden New Yorkern Anlagen angedreht, deren Zinsen er mit dem Kapital anderer Anleger beglich. Nun sollte Robert Khuzami, ein ehemaliger Staatsanwalt aus New York, der als Sohn christlicher Libanesen in Brooklyn geboren worden war, die Behörde wieder auf Vordermann bringen. Mit Wall-Street-Banken kannte Khuzami sich besser aus als die meisten Juristen in New York. Bevor er 2009 zur Börsenaufsicht SEC wechselte, hatte er sieben Jahre für die Deutsche Bank gearbeitet. Er war am Ende der Top-Anwalt der Bank und übersah alle Verfahren, die in den USA auf die Bank zugekommen waren. Er war von Richard »Dick« Walker empfohlen worden, dem weltweit obersten Anwalt der Bank, der 2001 in einer heiklen Phase eben von jener SEC abgeworben worden war. Eine kleine, komplizierte Welt, in der man nicht einfach mal aufräumen konnte, da auch viele der vermeintlich Guten – die Aufklärer und Ermittler – irgendwann einmal ein Stück vom Kuchen wollten.

Die anderen Finanzbehörden in den USA mussten sich in den Monaten nach dem Krisenhöhepunkt ebenfalls erst einmal wieder zurechtfinden. Sie alle waren scharf kritisiert worden: Warum hatten sie die Katastrophe eigentlich nicht verhindert? Zudem war die Führung der wichtigsten Institutionen ausgetauscht worden, was üblich ist, wenn in Washington eine neue Regierung ihre Arbeit aufnimmt. Nicht nur die SEC, auch die CFTC bekam mit dem ehemaligen Goldman-Sachs-Banker Gary Gensler einen neuen Chef. Gensler hatte eigentlich die bekanntere Börsenaufsicht übernehmen wollen, musste sich aber damit abfinden, dass die Obama-Regierung ihn bat, die Wertpapieraufsicht CFTC zu leiten, die oft im Schatten der SEC stand.[24] Genslers neue Behörde beschäftigte sich seit April 2008 mit dem Libor, nachdem man im *Wall Street Journal* einen ersten Artikel über mögliche Manipulationen des Zinssatzes genau studiert hatte. Aber die Arbeit war nicht recht vorangegangen. Erst als Gensler die Behörde übernahm, wurden die Ermittlungen intensiviert.

Die CFTC ist keine große Behörde, jeder Fall, den man zusätzlich betreuen musste, verlangsamte die Arbeit. Erst als die *Financial Times* Mitte 2009 über einen möglichen Libor-Skandal berichtete, kam richtig Bewegung in die Untersuchung. Vor allem die britische Barclays Bank geriet unter Druck, da ein Manager des Instituts schon im Januar 2008 im Fernsehen zugegeben hatte, dass man den Libor zu tief angab, um nicht zu schwach am Markt zu wirken. Für Barclays hatte es also wenig Sinn, die Beeinflussung des Libors abzustreiten, zumal intern immer mehr belastende Hinweise auftauchten, die den Anfangsverdacht der Manipulation erhärteten. Kurz vor Weihnachten 2009 entschied sich das Management von Barclays schließlich, reinen Tisch zu machen und das relevante Material – E-Mails, mitgeschnittene Telefonate, Chatprotokolle – an die CFTC von Gensler zu übergeben, die bei der Bank bereits mehrmals um Informationen nachgesucht hatte. Dieser Schritt sollte vor allem für die Deutsche Bank Folgen haben. Denn bei Barclays hatte Philippe Moryoussef gearbeitet, der enge Partner Christian Bittars. Moryoussefs E-Mails, die Chatprotokolle und anderes mehr lagen jetzt bei US-Ermittlern, die dringend einen Erfolg brauchten. Als den Ermittlern der CFTC bei der ersten Sichtung des Materials von Barclays klar wurde, welche Kreise der Fall ziehen würde, informierte die Behörde das US-Justizministerium, das wiederum das FBI hinzuzog. Auch die SEC bekam von den Ermittlungen Wind und schaltete sich ein, nicht zuletzt weil der Fall viel Prestige versprach.

Doch noch bevor die Unterlagen überhaupt komplett ausgewertet und abgeglichen werden konnten, passierte etwa höchst Seltsames. Ein unbekanntes Mitglied der SEC, bei der ebenjener Robert Khuzami, ehemaliger Mitarbeiter der Deutschen Bank, arbeitete, rief am 13. Januar 2010 bei der Deutschen Bank an. Sein Gesprächspartner dort war Stuart Lewis. Der Schotte war seit Jahresanfang der stellvertretende Chef des Risikomanagements und seit 14 Jahren bei der Bank. Der Anrufer erklärte Lewis, dass die SEC sich demnächst intensiver mit der Rolle der Deutschen Bank in Sachen Libor beschäftigen werde. Eine formelle Anfrage war das nicht. Erst sieben Monate später verschickte die SEC einen offiziellen Beschluss, in dem sie die Bank aufforderte, internes Material zur Verfügung zu stellen. Es schien fast so, als habe der SEC-Mitarbeiter den Risikomanager der Deutschen Bank im Januar warnen wollen.

In der Deutschen Bank orchestrierte Anshu Jain derweil noch immer die Abwehrschlacht, die sich bereits seit einem Jahr hinzog. Der interne Bericht der BIRG war im Herbst 2009 zwar fertig geworden, aber verschiedenen Stellen und Akteuren – darunter dem GFFX-Chef Alan Cloete – wurden zahlreiche Änderungen an dem Bericht gestattet. Jain hatte ihn im November gesehen, aber an die Autoren zurückgeschickt, da ihm offenbar nicht gefiel, was er gelesen hatte. Erst am 19. Januar 2010 wurde das Papier dem gesamten Vorstand vorgelegt. Doch inzwischen fehlte dem Bericht der richtige Biss, und das mochte auch daran liegen, dass die SEC einen Risikomanager konkret gewarnt hatte. Wie viele Politiker, die sich mit einem heraufziehenden Skandal konfrontiert sehen, erkannte Anshu Jain nicht, dass es an der Zeit war, mit den Tricksereien aufzuhören und den eigenen Laden gründlich aufzuräumen. Eine Konsequenz hatten dieser erste interne Bericht und möglicherweise auch die Warnung der SEC dennoch: Christian Bittar wurde aus Europa weggelobt. Von Januar an arbeitete er für die Bank in Singapur, weit weg vom Tatort London.

I n den Jahren 2007 und 2008 hatte sich die Deutsche Bank ganz klein gemacht, um sich hinter der HRE und der IKB verstecken zu können. 2010, als die Strafverfolgungsbehörden und die Bankenaufsicht dem Konzern immer näher kamen, musste das Institut wieder einmal hoffen, dass irgendetwas anderes die Nachrichten überlagern würde. Und wieder einmal hatte man Glück. Die großen Schlagzeilen machte nicht der Finanzkonzern aus Deutschland, sondern ein Staat in Südeuropa: Griechenland. Am 20. Oktober 2009 schockte der griechische Regierungschef Giorgos A. Papandreou von der sozialistischen Pasok-Partei, der bei der Wahl gerade die Macht von einer konservativen Regierung übernommen hatte, seine EU-Amtskollegen mit dem Eingeständnis, dass das Haushaltsdefizit Griechenlands nicht 3,7, sondern 12 Prozent betrug. Das bedeutete, dass der griechische Staat im laufenden Jahr mehr Geld ausgab, als er einnahm – insgesamt 39,6 Milliarden Euro, und damit mehr als 12 Prozent des Bruttoinlandsprodukts. Nach den Verträgen zur Währungsunion waren aber nur drei Prozent gestattet. Während der Finanzkrise 2008 war die griechische Wirtschaft zudem geschrumpft. Der Staat musste sich also noch weiter verschulden.[25]

Schon im Vorjahr war Griechenland am Finanzmarkt unter Druck geraten, die CDS-Spreads, also der Aufschlag für die Papiere, mit denen sich Banken gegen den Ausfall von griechischen Staatsanleihen versicherten, waren extrem angestiegen. Die europäischen Banken hatten Griechenland über die Jahre viel Geld geliehen, über 270 Milliarden Euro, obwohl es kein Geheimnis war, dass die verschiedenen griechischen Regierungen bei der Buchhaltung so kreativ waren wie manche Bank und die strengen Kriterien für den Euro im Grunde nur auf dem Papier einhalten konnten.

Das Fachblatt *Risk* hatte bereits 2003 berichtet, dass Goldman Sachs für die griechische Regierung einen Währungsswap strukturiert hatte, der es dem Staat ermöglichte, zehn Milliarden Euro Schulden außerhalb des Haushalts zu verbuchen. Das Derivat war zudem so strukturiert, dass der Staat sofort Zugriff auf mehr als zwei Milliarden Euro erhielt. Das Geschäft sicherte Goldman bei der Depfa in Dublin mit einem CDS ab, der eine Laufzeit von 20 Jahren hatte. Das war noch bevor die Depfa von der HRE gekauft wurde. 2005 strukturierte Goldman den Deal um, der Swap gehörte ab sofort einer Zweckgesellschaft in London, die sogar – wie andere Conduits auch – Anleihen herausgab. Es war zudem allgemein bekannt, dass Griechenland spätestens seit 2004, als in Athen die völlig überteuerten Olympischen Spiele stattgefunden hatten, klamm war. Seit 2005 beaufsichtigte sogar die EU die Finanzen des Landes. Viele Banken ignorierten diese Warnung jedoch und liehen Griechenland weiterhin munter Geld. Sie kauften selbst dann noch große Mengen an Staatsanleihen, als schon absehbar war, dass die Regierung die Schulden nicht würde bezahlen können. Auch die europäischen Rüstungskonzerne hatten ein Interesse daran, dass der griechische Staat auf Pump Fregatten und Panzer – viele mit der Herkunftsbezeichnung made in Germany – kaufen konnte. Kommunen, Krankenhäuser und andere staatliche Betriebe Griechenlands nahmen ebenfalls reichlich Kredite am Finanzmarkt auf.

Als im Herbst 2009 offenbar wurde, dass die griechischen Regierungen ihre Statistiken gefälscht hatten, dürfte das keinen Akteur am Finanzmarkt gewundert haben. Einige waren so abgebrüht, dass sie sogar in dieser heiklen Situation noch versuchten, Geschäfte mit Griechenland zu machen. Im November 2009 reiste eine Delegation von Goldman Sachs nach Athen, um der Regierung einen weiteren Derivatedeal zu unterbreiten, der die Schulden der griechischen Krankenhäuser in die Zukunft verlagert hätte.[26] Die Regierung Papandreou lehnte dankend ab. Wie in Asien und in Russland in den 1990er Jahren drohten die Banken auch diesmal auf den Krediten und verbrieften Schulden sitzen zu bleiben, weil sie nicht erkannt hatten, dass die Party vorbei war. Doch das wurde nun sehr schnell deutlich. Als die Banken nach der Finanzkrise die Risiken neu einschätzten und mehr Geld für neue Risiken verlangten, bekam Griechenland sofort Probleme. Obwohl das Land wie Deutschland, Frankreich und andere größere Volkswirtschaften zum Euro-Raum gehörte, wurde es für Griechenland immer teurer, sich Geld zu leihen. Exotische Quellen wie die Depfa oder belgische Banken, die ihr Top-Rating genutzt hatten, um den südeuropäischen Staaten Geld zu günstigeren Konditionen am Markt zu besorgen, waren versiegt. Die Situation war vertrackt, unübersichtlich und kompliziert. Das hieß aber nicht, dass man die Geschichte auch vertrackt und unübersichtlich abbilden musste. Wieder wurde in den Medien eine sehr simple Geschichte erzählt: Dreister Staat gefährdet Euro. Die Verantwortung der Banken, die abermals ein Risiko falsch eingeschätzt und zu viel Geld an einen unsicheren Kunden verliehen hatten, rückte in den Hintergrund. Vor allem die Finanzkonzerne zweier Länder waren involviert: die französischen Großbanken mit 9,3 Milliarden Euro, gefolgt von den Instituten aus Deutschland mit knapp acht Milliarden Euro, wobei sich die Deutsche Bank rühmte, nur 400 Millionen an Krediten vergeben zu haben. Allerdings hatten die griechischen Banken selbst über 50 Milliarden Euro an den eigenen Staat verliehen und spielten so die größte Rolle.

Die neue Krise bot Josef Ackermann die Chance, wieder einmal den Politiker zu geben. Als sich die Krise in Griechenland im Februar 2010 zuspitzte, wurden Sparprogramme angekündigt. Proteste und erbitterte Streiks waren die Folge. Ackermann will sich daraufhin bei der Kanzlerin gemeldet haben, die bei der Wahl im Jahr zuvor knapp an der absoluten Mehrheit vorbeigeschrammt war und nun mit der FDP regierte. Er habe ein 30-Milliarden-Rettungspaket vorgeschlagen, um das Problem Griechenland vom Tisch zu kriegen. Den Hauptteil der Last sollte natürlich der Staat tragen. Merkel lehnte ab. Im Mai standen Wahlen in Nordrhein-Westfalen an, diese Schlagzeilen brauchte ihre Partei nicht. Vor einem EU-Krisengipfel in Brüssel sagte sie stattdessen in einem Interview: »Griechenland ist nicht zahlungsunfähig, und deshalb ist die Frage der Hilfen auch nicht die, die wir jetzt diskutieren müssen.«[27] Damit gab sie dem Finanzmarkt zu verstehen, dass Griechenland allein stand. Sich Geld zu leihen wurde für die griechische Regierung nun noch teurer. Nach der Wahl in NRW knickte Merkel ein. Ein Rettungspaket wurde geschnürt, der nächste Bail-out, und wieder zahlte der Staat den größten Teil der Rechnung. Die materielle Hilfe der Banken fiel äußerst zurückhaltend aus, obwohl sie auch diese Krise mit zu verantworten hatten. Trotzdem saß Ackermann auf einer Pressekonferenz im Mai 2010 neben dem neuen Finanzminister Wolfgang Schäuble, um die Rettung zu erläutern. Die große Jo-Show, schrieb ein Reporter.[28] Dass mit dem Geld der Steuerzahler vor allem die Kredite der Banken ausgelöst wurden, stand nicht im Zentrum der Debatte. Es wurde vielmehr der Anschein erweckt, als finanziere die griechische Regierung ihren laufenden Haushalt nun mit dem Geld anderer Staaten.

Die Panik kehrte trotz der Rettungsaktion zurück. Die *Bild*-Zeitung titelte »Angst um unser Geld«. So mancher Journalist schien anzunehmen, dass man in dieser neuen Finanzkrise die Banken brauchte und ohne sie das Schlamassel nicht überstehen würde. Einige Medien entwickelten sogar eine Art Beißhemmung gegen die großen Banken. Vor allem aber waren es die mangelnde Aufmerksamkeit und das schlechte Gedächtnis der Öffentlichkeit, die den Banken wieder einmal halfen. Die Finanzkrise war plötzlich Geschichte, die Staatsschuldenkrise überlagerte alles und wurde zu einer Krise des Euro. Dass diese Krisen untrennbar miteinander verbunden waren, wurde selten im Zusammenhang dargestellt. Die vielen verheerenden Details, die 2010 über die Deutsche Bank publik wurden – etwa durch die Sonderanhörungen im US-Senat, wo erstmals ausführlich über die Rolle von Goldman Sachs, aber auch über die Geschäftspraktiken von Greg Lippmann und über seine CDS und die CDO gesprochen wurde –, erzeugten kaum Wirkung. Stattdessen rückten apokalyptische Fragen in den Mittelpunkt wie »Ist der Euro am Ende?« oder »Geht die EU unter?«. Griechenland rückte komplett in den Fokus, während die Finanzkrise, halb verdaut und halb verstanden, in Vergessenheit geriet. Dass die Banken bis Ende 2009 weltweit fünf Billionen Euro – *fünf* Billionen Euro – von den verschiedenen Regierungen erhalten hatten, um überleben zu können, das interessierte plötzlich nicht mehr.

Jahre später wurde auch die Endabrechnung der drei großen Rettungspakete für die griechische Regierung 2016 mehr oder weniger beiläufig von der Öffentlichkeit zur Kenntnis genommen. Die Berliner European School of Management and Technology hatte es exakt ausgerechnet: Von den 300 Milliarden Euro flossen nur 17 Milliarden in den griechischen Haushalt, 200 Milliarden gingen an die Banken, 122,8 direkt, der Rest zur Rekapitalisierung der griechischen Institute.[29] Und dabei blieb es nicht. Die EU-Regierungen und der IWF verhinderten nicht, dass sich die Banken Zinsen für Kredite auszahlen ließen, die sie nie hätten vergeben dürfen. Insgesamt verdienten die Banken 70,1 Milliarden Euro an Zinsen, und ihren Einsatz hatten sie mit 200 Milliarden größtenteils auch zurückbekommen.

Die Banken hatten wieder einmal in einer Krise, die sie mit zu verantworten hatten, als Einzige kaum Geld verloren, und so manches Institut hatte sogar einen guten Schnitt gemacht.

I m Juni 2010 erschien in der *Financial Times* eine in dem ganzen Tumult kaum beachtete Reportage über Probleme mit einer Handelssoftware.[30] In den vorangegangenen Monaten hatte es Ärger mit dem sogenannten Screen 19901 gegeben. Großanleger hatten sich beschwert, dass etwas mit dem ISDAfix nicht stimme. Während es über Stunden ungewöhnlich ruhig war, kam es mit schöner Regelmäßigkeit kurz vor 11 Uhr, wenn der ISDAfix festgelegt wurde, zu einem Feuerwerk an Transaktionen, das den Kurs zu beeinflussen schien. Vor allem an Tagen, an denen die Endabrechnung großer Swaps und Anleihen anstand, war das auffällig. Es schien, also würde der Markt manipuliert, vermutete der Reporter. Und genauso war es. Auch andere Marktteilnehmer beobachteten das 2010. So beschwerte sich etwa der große Investmentfonds Pimco, die Allianz-Tochter, über einen Deal bei der Deutschen Bank in New York. Der Händler Yang Hai, der am Geldmarkttisch im Hauptquartier der Bank an der Wall Street arbeitete, hatte mit dem Wert, den er bei ISDA angab, den ISDAfix so zu steuern versucht, dass die Deutsche Bank bei der anstehenden Endabrechnung eines Swaps mit Pimco profitieren würde. Weil Hai zu plump vorgegangen war, rochen die Trader bei den großen Fonds den Braten. Es gab Ärger. Pimco alarmierte allerdings nicht die Börsen- oder Bankenaufsicht, sondern wandte sich direkt an die Deutsche Bank. Die Vorgesetzten von Yang Hai wurden eingeschaltet, angeblich wurde der Trader verwarnt, sonst passierte nichts. Anshu Jain und Michele Faissola, die beide auch für diesen Bereich zuständig waren, behaupteten wie immer, nichts gewusst zu haben.

Tatsächlich war der Vorfall mit Pimco nur die Spitze des Eisbergs. Auch in anderen Marktsegmenten gab es Gerüchte. Bill Broeksmit erhielt per E-Mail einen Artikel von einem Freund, in dem – zu Recht– der Verdacht geäußert wurde, dass der Goldpreis manipuliert werde. Die Deutsche Bank legte diesen Preis wesentlich mit fest – und manipulierte tatsächlich auch diesen Index. Doch inmitten der nächsten Krise blieb das alles ohne Folgen. Der Staat musste gerade am anderen Ende der Welt Banken und einen Staat retten und war abgelenkt.

Ausgerechnet ein Mann mit Prinzipien

Das Letzte, was die Deutsche Bank im Sommer 2010 gebrauchen konnte, war ein Mann in den eigenen Reihen, der Prinzipien hatte und zu viele Fragen stellte. Aber genau so einen Mann hatte man in New York gerade eingestellt: den Mathematiker Eric Ben-Artzi, der aus einer prominenten israelischen Familie stammte. Sein Vater, seine Mutter und sein jüngerer Bruder Jonathan, den alle nur Yoni nannten,

waren im ganzen Land dafür bekannt, dass sie eisern zu ihren Über-
zeugungen standen. Eric, der eigentlich Achikam hieß, hatte wie sein
Vater Mathematik studiert. Bevor er an die Wall Street kam, war der
Name seines Bruders in aller Munde: Yoni war einer der bekanntesten
Kriegsdienstverweigerer in Israel, den auch 200 Tage im Militär-
gefängnis nicht hatten umstimmen können. Sogar der *Guardian* berichtete über seinen Fall.

Der Krieg spielt bei den Ben-Artzis wie in fast jeder israelischen
Familie eine große Rolle. Yonis und Erics Eltern hatten sich in der
Armee kennengelernt. Der eine Großvater Erics war im Sechstage-
krieg gefallen, der andere hatte im Unabhängigkeitskrieg in der Ter-
rorgruppe Irgun gekämpft. Die nächste Generation – Erics Vater –
hatte irgendwann genug vom Krieg und verweigerte den Reservedienst.
Später reiste er mit seinen Kindern nach Frankreich, wo sie die
Schlachtfelder von Verdun besuchten. Dort sind 150 000 Soldaten begraben, die ihr Leben ließen im Kampf um wenige Quadratmeter
Land.[31] Das beeindruckte vor allem Yoni, gerade 14 Jahre alt, der zu
einem überzeugten Pazifisten wurde. Doch während sein Vater noch
ungeschoren davongekommen war, wurde er als Kriegsdienstverweigerer vor ein Militärgericht gestellt, das seine Argumente mit einer
merkwürdigen Begründung zurückwies: Wie er sich für den Pazifis-
mus einsetze, das zeige doch, dass er ein geborener Kämpfer sei. Eine
Kämpferin war auch Ofra, die Mutter von Eric und Yoni. Sie war gegen die Besetzung des Westjordanlandes und brachte ein Magazin
heraus, das die jüdischen Siedlungen in den besetzten Gebieten kritisierte. 2009 wurde Ofra verhaftet, weil sie gegen die Vertreibung
palästinensischer Familien aus ihren Häusern in Ost-Jerusalem de-
monstriert hatte. Die aufmüpfigen Ben-Artzis fanden nicht zuletzt
deshalb so viel Aufmerksamkeit in Israel, weil die Schwester von Erics
Vater mit dem aufstrebenden Politiker Benjamin Netanjahu verheira-
tet war. Netanjahu selber hatte Yoni davon zu überzeugen versucht,
dass es seine Pflicht sei, in der Armee zu dienen.

Nachdem er seinen Abschluss in Mathematik an der Universität
in Jerusalem gemacht hatte, ließ Eric Ben-Artzi Israel, die Politik und
die Konflikte zurück und zog nach New York, um dort seine Doktor-

arbeit zu schreiben. Kurz vor Ausbruch der Finanzkrise arbeitete er einige Zeit als Händler für Kreditderivate bei der Citigroup, strukturierte dort CDS- und CDO-Tranchen und lernte so die neue Finanzwelt kennen. Während dieser Zeit heiratete er die 25-jährige Gillian, eine Frau aus der Mitte Amerikas, die als Grundschullehrerin in der Bronx arbeitete. Gillians Eltern waren Akademiker, ihr Vater gab eine kleine Zeitung in Wisconsin heraus. Wenig später wechselte Ben-Artzi zu Goldman Sachs, wo er mehr verdiente und nicht mehr als Trader, sondern als Risikoanalyst arbeitete. Diese waren inzwischen sehr gefragt, weil den Banken an der Wall Street inmitten der Finanzkrise allmählich klar wurde, dass man anders mit den gigantischen Risiken umgehen musste. Mathematiker – die sogenannten Quants – wie Ben-Artzi sollten die neuen Derivate nicht mehr nur strukturieren, sondern die damit verbundenen Risiken auch gründlicher berechnen. Im Juni 2010 nahm Ben-Artzi ein Angebot der Deutschen Bank an, weil er dort akademischer arbeiten konnte, was ihm zusagte.

Ben-Artzi saß fortan in dem Wolkenkratzer an der Wall Street Nummer 60 und wurde Vice President, was mächtiger klang, als es war. Tatsächlich gehörte er zu der kleinen Gruppe, die sich mit dem Portfolio einer bestimmten Handelsgruppe beschäftigte: dem Credit Correlation Desk, den Boaz Weinstein und Alex Bernand zu einem Schlachtfeld gemacht hatten. Das wusste Ben-Artzi aber nicht, und er kannte auch nicht die Geschichte von Matthew Simpson, der gerade erst die Bank verlassen hatte und inzwischen 900 000 Dollar Abfindung ausgehandelt hatte. Ben-Artzi dachte, er komme in eine hochprofessionelle Bank, ein Konzern mit deutschen Wurzeln, betulich zwar, aber solide und gründlich, die daher besser als alle anderen durch die Krise gekommen war und inzwischen wieder Gewinne erwirtschaftete. Man wollte aber wohl trotzdem auf alles vorbereitet sein, so schien es ihm, weshalb er mit seinem Team einen von zwei Stresstests entwickeln und ein Segment des Portfolios – die Super Seniors – auf die Probe stellen sollte. Wieviel Geld konnte die Bank unter welchen Umständen mit dieser Position verlieren?, das war die Frage.

Ben-Artzi wusste wenig über die Bank. Den Bericht über die Anhörungen im Senat zur CDO-Mechanik nahm er nur am Rande wahr.

Er war also nicht grundsätzlich misstrauisch. Auch nicht, als der Stresstest, den er mitentwickelt hatte, beunruhigende Ergebnisse hervorbrachte. Er vermutete, dass die ungewöhnliche Härte der Prüfung daran schuld war – unter anderem testete das Team, was mit dem Portfolio passieren würde, wenn man von Marktverlusten ausging, die rechnerisch nur in einem von 5000 Jahren vorkommen konnten. Ben-Artzi war trotzdem mit den ersten Ergebnissen unzufrieden. Zwar wurden die Modelle und die Köpfe dahinter immer intelligenter, das änderte aber nichts daran, dass es noch immer nicht genügend Vergleichsdaten gab, die man in die Modelle einspeisen konnte. Daran konnten auch die Top-Mathematiker nichts ändern.

Ben-Artzi war ein gründlicher Mann. Es machte ihm Spaß, einer Sache nachzugehen, und er gab sich nicht mit der erstbesten, unbefriedigenden Antwort zufrieden. Daher grub er sich tief in das Portfolio ein, um zu testen, ob die Posten wirklich gefährdet waren. Bald begann er an der Buchhaltung der Deutschen Bank zu verzweifeln. Jeder Handelstisch hatte ein eigenes Buch, eine Ansammlung von Spreadsheets. Es war dadurch nicht zu erkennen, wie ein Deal hinter einer Kennzahl strukturiert war, nicht einmal – und das war entscheidend bei dem Portfolio, das Ben-Artzi bearbeitete –, ob ein Deal *leveraged* – gehebelt –, also mit Schulden unterlegt, oder *unleveraged* – ungehebelt – war. Graue Bereiche gab es für ihn nicht. Das galt auch bei der Gewinn- und Verlustrechnung. Entweder stand ein Minus oder ein Plus vor dem Ergebnis, alles andere war Augenwischerei. Die Bank müsse es doch interessieren, wie die Positionen abgesichert waren, glaubte Ben-Artzi, schließlich ging es in dem Portfolio der Super Seniors nominell um insgesamt 60 Milliarden Dollar. Er fragte seine Vorgesetzten, er schrieb Mails, telefonierte den Kollegen hinterher, nahm an diversen Telefonkonferenzen teil und suchte zu erfahren: Wie war das Portfolio abgesichert? Wie groß ist der Hebelfaktor? Er fand allmählich heraus, dass die Position tatsächlich gehebelt war und die Papiere – die Leveraged Super Seniors – eine Art Versicherung darstellten. Aber kein Kollege konnte Ben-Artzi befriedigend erklären, wie die genau funktionierten. Also wollte der Israeli Anfang 2011 eine Dienstreise nach Europa nutzen, um der Sache auf den Grund zu gehen.

A m 11. November 2010 trafen sich die Staats- und Regierungs-chefs der G20-Staaten in Korea. Zum ersten Mal richtete ein Schwellenland den Gipfel aus. Die koreanische Regierung nahm das Treffen außerordentlich ernst, sie hatte angeordnet, dass die ganze Stadt mit dem Logo des Gipfels zugepflastert wurde, überall hingen Fahnen, als stünden die Olympischen Spiele vor der Tür.[32] Geschützt von 50 000 Polizisten, diskutierten Angela Merkel, Barack Obama, David Cameron und Nicolas Sarkozy in Seoul unter anderem, wie man das Finanzsystem nach der Krise besser organisieren könnte. Mitten-drin Josef Ackermann und diverse andere Chefs der globalen Mega-banken. Endlich, so schien es, war der oberste Politiker der Deutschen Bank auf dem Gipfel seiner politischen Karriere angekommen, auf Augenhöhe mit den mächtigsten Politikern der Welt. Ackermann warnte die Gipfelteilnehmer davor, den Banken zu strenge Regeln auf-zuerlegen:»Es steht viel auf dem Spiel.« Den G20-Führern müsse be-wusst sein, so sagte er, wie viel die Reformen und Vorschriften schon jetzt kosten würden, das sei eine »ziemliche Herausforderung«. Und wie schon so oft drängte er wieder einmal darauf, dass kranke Banken vom Markt verschwinden müssten. Es könne nicht angehen, dass Ban-ken gerettet werden und nach der Krise mit besseren Büchern dastehen als zuvor, sagte Ackermann:»Das ist die falsche Botschaft für das Management.«

Aber nicht wegen dieser für ihn typischen Doppelmoral erlebte Ackermann in Seoul den Tiefpunkt seiner Karriere. Am Ende des ersten Gipfeltages hatten Obama, Merkel und Ackermann gerade zum Dinner Platz genommen, als eine Nachricht die Runde in Un-ruhe versetzte: Die koreanische Börse war kurz vor Handelsschluss abgestürzt. Ausgerechnet während des G20-Gipfels. Schuld daran waren Händler der Deutschen Bank in Seoul, auch diese Information verbreitete sich rasch. Ein Team von koreanischen und ausländischen Händlern, die für die Deutsche Bank in Seoul, New York und Hong-kong arbeiteten, hatte, so stellte sich später heraus, einen »Bittar« hin-gelegt. Sie hatten darauf gewettet, dass ein spezieller koreanischer Index abstürzen würde. Um sicherzustellen, dass es auch wirklich zu diesem Absturz kam, verkauften die Händler am 11. November in den letzten Minuten vor Börsenschluss koreanische Titel im Wert von über 2,2 Billionen Won (umgerechnet fast zwei Milliarden Euro). Der massive Verkauf bewegte wie gewünscht den Index, fiel aber selbstredend auf. Die Bank war blamiert, Ackermann erneut bloßgestellt.

Schon im April hatte seine Bank, die er doch nach außen als so solide verkaufte, Schlagzeilen gemacht: Dutzende Beamte waren angerückt, um die Zwillingstürme in Frankfurt zu durchsuchen. An 230 weiteren Orten in der Bundesrepublik versuchten die Ermittler Beweise zu sichern. Händler der Bank in London und Frankfurt hatten einem Netzwerk von internationalen Gangstern dabei geholfen, Umsatzsteuernachzahlungen zu erschwindeln, indem sie den Verkauf von CO_2-Emissionsrechten fingierten. Mehrere Staatsanwaltschaften weltweit ermittelten gegen die Gruppe. Kurz vor der Durchsuchung war ein Händler der Deutschen Bank in Frankfurt allerdings von der Durchsuchung informiert worden und konnte eine Kollegin warnen. Es gab offenbar ein Leck bei der Staatsanwaltschaft in Frankfurt. Die Korruption, die es an so vielen Stellen innerhalb der Bank gab, griff also auf Teile der Gesellschaft über.

I n London konnte man Anfang 2011 ein merkwürdiges Schauspiel verfolgen, eine Art Balztanz. Führende Bankmanager, die sich sonst ungern auf den unteren Ebenen zeigten, warben um die Sympathie der Truppen. Josef Ackermanns Versuch, seinen Vertrag bis 2013 zu erfüllen, war gescheitert – trotz eines Gewinns von fünf Milliarden Euro im Jahr 2010. Inzwischen wurden die Libor-Ermittlungen des FBI, der CFTC, der SEC auch auf der Vorstands- und Aufsichtsratsebene zum Thema. Dass man ohne Sanktionen aus der Sache herauskommen würde, war unwahrscheinlich. Diskussionen um Ackermanns Nachfolge begannen. Der konnte sich vorstellen, dass der Bundesbankchef Axel Weber ihn beerben würde, jener Axel Weber, der 2009 eine interne Untersuchung der Deutschen Bank mit zu verantworten hatte. Im Haus brachten sich unterdessen Anshu Jain und Hugo Bänziger in Stellung. Die Händler in London reagierten verblüfft, als sie eines Tages eine Einladung zu einer Wohltätigkeitsveranstaltung auf ihren Schreibtischen fanden, unterschrieben von Hugo

Bänziger. Der Risikochef erwartete offenbar, dass sie daran teilnahmen und Geld für einen guten Zweck spendeten. Bänziger, dessen Temperament in der Bank noch immer gefürchtet war, versuchte sich auf Abendveranstaltungen wie diesen, zu denen oft auch die Ehefrauen der Kollegen geladen waren, in einem günstigen Licht zu präsentieren. Die Adressaten dieser Charmeoffensive fragten sich allerdings verdutzt: Was zum Teufel will der Typ auf einmal? Das lag auf der Hand: Bänziger versuchte in guter alter Deutsche-Bank-Manier die Macht zu erringen.

Dass die Bank auf der höheren Ebene wieder einmal mit sich selbst beschäftigt war, dass um Posten und Pöstchen gerangelt wurde, das bekam Eric Ben-Artzi bei seinem Besuch Ende Februar in London nicht mit. Er besuchte einen Kollegen, der im Team von Bänziger arbeitete, um mit ihm über das kritische Portfolio und die Leveraged Super Seniors zu sprechen. Wie groß war das Risiko? Der Kollege, der in der Hierarchie über ihm angesiedelt war, hatte kein große Lust, im Büro ins Detail zu gehen. Erst in der Mittagspause wurde er gesprächiger. Während die beiden in der City of London zu einem Sushi-Take-out unterwegs waren, wo der Kollege rohen Fisch auf die Hand bestellt hatte, begann er zu reden. Ja, es gebe da ein Risiko mit den Leveraged Super Seniors, dieses Risiko hatte er auch einmal zu berechnen versucht. Das war gar nicht so einfach. Der Posten war stark gehebelt, zudem war unklar, ob die Grundidee – die Papiere versicherten die eigentlichen Super Seniors – mögliche Verluste überhaupt komplett abdecken konnte.[33] Er habe daher ein Modell entworfen, erzählte der Kollege, doch die Ergebnisse hatten dem Management nicht gefallen. Also wurde sein Modell gar nicht genutzt. Nicht genutzt? Warum? Das hatte politische Gründe, murmelte der Mann, als sie wieder an einem der Fahrstühle im Bürohaus angelangt waren. Politische Gründe? Buchhaltung, das glaubte Ben-Artzi immer noch, hatte nichts mit Politik zu tun. Wenn man hartnäckig genug war, konnte man sich jedem Risiko exakt annähern. Der Mann wollte aber nicht mehr darüber sprechen, schon gar nicht, als sie wieder in seinem Büro waren. Ben-Artzi dämmerte langsam, dass etwas grundsätzlich nicht stimmte.

Wenig später flog er weiter nach Rom, wo sich die führenden Risikomanager seiner Abteilung zu einer Offsite trafen. Ben-Artzi ließ die Reaktion seines Kollegen in London keine Ruhe. Am Abend, als alle zusammensaßen, die berechnen sollten, wie groß das Risiko war, auf das sich die Deutsche Bank wieder einmal einließ, wandte er sich an einen Vorgesetzten und versuchte, von ihm mehr zu erfahren. Doch er kam nicht sehr weit. Einer seiner Chefs, der Italiener Davide Meneguzzo, gab vor, keine Details zu kennen, und wandte sich so schnell wie möglich von Ben-Artzi ab. Der konnte diese Reaktion kaum fassen. Wenn es kein Problem mit dem Posten gab, warum wollte dann niemand seine Fragen beantworten? Zurück in New York, schrieb er seinem direkten Vorgesetzten eine E-Mail, die alle seine Fragen enthielt. Auch der wimmelte ihn ab. Zum ersten Mal kam Ben-Artzi nun der Gedanke, dass er sich mit seinem Verdacht vielleicht an eine externe Stelle wenden müsse. Ihn beschlich ein ungutes Gefühl, obwohl – oder weil – er gar nicht wirklich wusste, was los war. Er ging inzwischen davon aus, dass das Portfolio ein nicht dargestelltes Verlustrisiko von mehreren 100 Millionen Dollar beinhalten könnte, aber das allein rechtfertigte die merkwürdige Reaktion seiner Kollegen nicht. Mit deren dünnen Auskünften, die eher schlecht kaschierte Ausflüchte waren, wollte er sich nicht mehr zufriedengeben. Er musste sich Gehör verschaffen.

Der Job des neuen Chefermittlers der SEC, Robert Khuzami, war nicht leicht. Seine Behörde war wieder einmal in den Schlagzeilen. Mitarbeiter, die es versäumt hatten, dem Anlagebetrüger Bernard Madoff das Handwerk zu legen, arbeiteten zwar nicht mehr für die SEC, aber sie waren inzwischen zu einer Anwaltskanzlei gestoßen, wo sie – sozusagen als Belohnung für ihr Versagen – fette, gut bezahlte Jobs bekommen hatten. Die SEC konnte im März zwar verkünden, dass man zwei Hedgefondsmanager des Betrugs überführt hatte, aber dicke Fische waren das nicht. Ein solcher, das wurde immer deutlicher, schien schon eher Khuzamis ehemaliger Arbeitergeber, die Deutsche Bank, zu sein, die im Mittelpunkt mehrerer großer SEC-Untersuchungen stand. Die Börsenaufsicht untersuchte einen CDO-Deal der Bank und hatte im letzten Jahr umfangreiches Material aus Deutschland angefordert, um zu prüfen, ob die Bank den Libor manipuliert hatte. Dann hatten sich noch zwei Whistleblower gemeldet, die für die Bank an der Wall Street arbeiteten, und über versteckte Risiken großen Ausmaßes berichtet. Khuzami musste sich von diesen spektakulären Untersuchungen offiziell zurückziehen, da ein offensichtlicher Interessenkonflikt vorlag. Am 7. März 2011 wurde die Situation für ihn dann noch verfahrener, denn es meldete sich ein weiterer Whistleblower bei der SEC. Er alarmierte die Ermittler mit der Behauptung, dass die Deutsche Bank in einem Derivateportfolio große Risiken verschleiere. Der Hinweisgeber war ein junger Mathematiker aus Israel, der seit knapp einem Jahr bei der Bank arbeitete.

Eric Ben-Artzi hatte sich also entschieden, seinen Verdacht nicht für sich zu behalten, und sich an die SEC gewandt. Er hatte sich zuvor in London durchgefragt und endlich denjenigen erreicht, der letztlich entschied, wie man die LSS-Position bewertete. Als völlig risikolos, bekam er zur Antwort. Das konnte Ben-Artzi nicht mitmachen. Er befürchtete inzwischen auch, dass er rechtlichen Ärger bekommen könnte. Sollte sich herausstellen, dass die Bank die Bilanzen genau in jenem Bereich gefälscht hatte, in dem er für die Risikoberechnung zuständig war, dann musste er sich unweigerlich unangenehmen Fragen stellen. Niemand würde ihm glauben, dass er – Doktor der Mathematik, ein Quant, ein Experte – das Problem nicht erkannt hatte. Zudem existierten einige E-Mails, in denen er auf das Problem hingewiesen hatte. Er beriet sich mit seinen Eltern, doch am Ende entschied Ben-Artzi selbst: Er meldete sich bei der SEC.

Um sich zusätzlich abzusichern und der Bank eine Chance zu geben, die Sache von sich aus zu klären, schnappte er sich wenige Tage später sein Handy, verließ mitten am Tag sein Büro, nahm den Fahrstuhl nach unten, ging ein paar Schritte die Wall Street hinunter, bog in die Pearl Street ein und rief eine Hotline der Deutschen Bank an, unter der Angestellte auf Probleme hinweisen konnten. Eine Frau am anderen Ende der Leitung nahm seine Meldung auf. Ben-Artzi erklärte seinen Fall. Es sprudelte nur so aus ihm heraus. Die Art der Buchhaltung der Bank erinnere ihn an Enron, Derivate würden eingesetzt, um die Bücher besser aussehen zu lassen, Gewinne, Verluste, alles gerate durcheinander. Um ihn herum war es laut, Baulärm, Autos, Sirenen, er stellte sich in den Eingang eines Hauses, wo es ruhiger war, borgte sich einen Stift und ein Stück Papier von einem Concierge, um sich die Nummer seines Vorgangs zu notieren, die ihm die Frau durchgeben wollte. Er fühlte sich erleichtert, für kurze Zeit von einer Last befreit. Doch bald erlebte Eric Ben-Artzi, wie das Management der Deutschen Bank mit denen umsprang, die man für Feinde hielt. Derweil wurde es für die Bank immer aussichtsloser, an einer anderen Front noch etwas zu retten. Die US-Wertpapieraufsichtsbehörde CFTC brachte – mit Hilfe der SEC – Licht in den Libor-Komplott. Ende März konnte man einen Kollegen von Tom Hayes überzeugen, ein verstecktes Mikrofon zu tragen und Schlüsselgespräche aufzunehmen.[34] Der Rain Man saß in der Falle und mit ihm Guillaume Adolph, der Händler der Deutschen Bank, die mit dem Libor-Skandal direkt in Verbindung gebracht werden konnte.

E inige Tage nachdem Eric Ben-Artzi sich an die Compliance Hotline der Deutschen Bank gewandt hatte, machte der Israeli Bekanntschaft mit Robert Rice, der von seinen Freunden Bob genannt wurde. Rice war seit sieben Jahren einer der führenden internen Anwälte der Deutschen Bank in New York, nachdem er zuvor unter anderem Staatsanwalt im Southern District of New York gewesen war. Seine Chefin war die von Präsident Clinton berufene Mary Jo White. Unter ihrer Führung klagten Rice und seine Kollegen vor allem Terroristen und Mafiabosse an. Rice war also ein mit allen Wassern gewaschener Profi, der Ben-Artzi mit seinem Anruf allerdings indirekt einen wichtigen Hinweis gegeben hatte: Wenn ein hochrangiger Anwalt der Bank sich meldete, dann musste die Beschwerde ins Schwarze getroffen haben. Rice bestand zudem darauf, Ben-Artzi persönlich zu sprechen. Er gab sich in dem Gespräch freundlich und beantwortete auch Fragen, die niemand gestellt hatte. Einmal deutete Rice zur Bank – das alles sei nicht wichtig, nur die Familie zähle. Und obwohl Ben-Artzi nicht danach gefragt hatte, sagt er: »Ich habe keine Ahnung, was das alles für Ihre Karriere bedeutet.« Bei einem anderen

Treffen erklärte er, dass man dieselben Vorwürfe bereits vor einem Jahr von einem anderen Hinweisgeber gehört habe, man sei also an den Leveraged Super Seniors bereits dran. Eine externe Kanzlei aus Washington gehe der Sache nach und durchforste zurzeit – gefühlt – Millionen von E-Mails. Ben-Artzi könne den Anwalt treffen, der den Fall bearbeitet, und man könne ihn auch nach London fliegen, um ihm vor Ort das ganze Paket anhand der Spreadsheets und Daten zu erklären. Allerdings fand nur das Treffen mit dem externen Anwalt William Johnson statt. Der hatte mit Rice ebenfalls bei der New Yorker Staatsanwaltschaft zusammengearbeitet. Sie seien alte Freunde, erklärte Rice. Alle waren eine glückliche Familie, so schien es. Johnson kannte sich in dem Fall bereits gut aus, hörte Ben-Artzi zu, der nicht sofort merkte, dass er abgeschöpft wurde und der Anwalt nur herausfinden wollte, was er wusste, und vor allem, was nicht.

Ben-Artzi hatte zumindest eine gewisse Dankbarkeit für seinen Einsatz erwartet, doch er spürte, dass man an seiner Mitarbeit bei der Lösung des Problems gar nicht interessiert war. Das passte ihm nicht. Also schrieb er Wochen später an einem frühen Abend eine E-Mail an seinen Boss in London, wo es schon mitten in der Nacht war: Er glaube, dass das Portfolio ein Fall für die Regulatoren sei, und habe deshalb die SEC kontaktiert. Das wirkte. Nach wenigen Minuten rief Robert Rice an, der offenbar von Ben-Artzis Chef alarmiert worden war. Wieder machte er Ben-Artzi zunächst Versprechungen, in London würde er eine Antwort erhalten. Aber dann hieß es plötzlich, zwei Männer, die ihm alles erklären könnten, würden nach New York kommen.[35]

Wenige Tage später, es war Anfang Mai, trafen die Männer in der Wall Street Nummer 60 ein. Man setzte sich in einen Konferenzraum. Der direkte Vorgesetzte Ben-Artzis war ebenfalls dabei, sprach allerdings nicht, sondern machte sich nur stumm Notizen. Die Männer, die vermeintlich die Antworten hatten – Stefan Schäfer und Andreas Kodell –, arbeiteten für die Finanzabteilung, die ultimativ die Bilanz der Bank absegnen musste. Sie waren gut vorbereitet und nahmen Ben-Artzi gründlich in die Mangel: Ob er denn nicht wisse, dass die Wirtschaftsprüfer von KPMG den Deal geprüft und abgezeichnet hatten. Es gebe Unterlagen darüber. Man habe doch einen Abschlag von der Position genommen, einen 15-prozentigen Haircut, was sei denn damit? Ben-Artzi war beeindruckt. Er musste sich erst einmal sammeln, schrieb aber noch am selben Tag eine E-Mail, in der er naheliegende Fragen stellte: Wenn es diese KPMG-Unterlagen gab, warum bekam er sie nicht? Dann wäre die Sache doch schnell vom Tisch. Wo war also das Problem?

Am nächsten Tag traf man sich erneut. Diesmal standen die Männer aus Deutschland und London, alle einen Kopf größer als Ben-Artzi, die meiste Zeit. Es war eine Atmosphäre wie in einem Hinterhof der Bronx. Sie wurden immer lauter, redeten alle zugleich auf ihn ein. Schließlich dämmerte es Ben-Artzi, und er fragte: Ging es am Ende darum, dass man in der Krise riesige Verluste verschleiert hatte? Nun brüllten die Männer: Wie komme er dazu, die Arbeit seiner Kollegen in Frage zu stellen? Wisse er überhaupt, wie Gewinne und Verluste errechnet werden? Hatte er noch nie von dem Deal mit der kanadischen Regierung gehört? Was war denn los mit ihm? Ben-Artzi wandte sich zu seinem Chef, der weiter stumm mitschrieb. Wenn der Fall so klar war, warum hatte man ihm das nicht schon Anfang des Jahres gesagt? Darauf erhielt er keine Antwort. Das Meeting war beendet. Ben-Artzi versuchte, die Situation kühl zu analysieren. Wenn man angeblich alles sauber belegen konnte, mit der SEC und der Bankenaufsicht im Reinen war, ihm die Daten aber nicht zur Verfügung stellte, dann konnte das nur eines bedeuten: Die Bank hatte etwas zu vertuschen, etwas, das ihr wirklich gefährlich werden konnte. Er unterrichtete die SEC, deren Ermittler jedoch seltsam desinteressiert blieben.

Er schrieb auch eine E-Mail an den externen Anwalt in Washington, berichtete von dem Treffen mit den Männern aus London. Ein paar Tage später wurde er zur Personalabteilung einbestellt, wo ihm erklärt wurde, dass er ab sofort keine Informationen mehr bekommen würde. Ben-Artzi hatte genug. Fürs Erste hielt er still. Er konnte sich sogar vorstellen, einen anderen Posten innerhalb der Bank anzunehmen. Es war nicht leicht, immer weiterzukämpfen. Es gab schließlich noch andere Dinge auf der Welt. Seine Frau war mit dem zweiten Kind hochschwanger. Eric Ben-Artzi beantragte Erziehungsurlaub. Er bot an, von zu Hause aus zu arbeiten, um zu demonstrieren, dass er sich nach wie vor mit seinem Arbeitgeber identifizierte. Bei einem weiteren Treffen mit seinem Chef und einem Vertreter der Personalabteilung wurde ihm versichert, dass die Bank ihn für seine Aussage bei der SEC nicht zur Rechenschaft ziehen werde. Er müsse sich keine Sorgen machen. Wenige Tage später erschien die Reuters-Geschichte über den Whistleblower Matthew Simpson.[36] Sie bestätigte im Grunde genau das, was Ben-Artzi befürchtet hatte. Aber das war ihm im Augenblick egal. Im Juni brachte seine Frau das Baby zur Welt. Eric Ben-Artzi freute sich auf den ersten Sommer mit seinem neugeborenen Sohn.

A nfang Juli hatte sich wieder einmal ein Plan von Josef Ackermann in Luft ausgelöst. Er hatte seine Spielchen gespielt, den ehemaliger Bundesbanker Axel Weber als seinen Nachfolger ins Gespräch gebracht, doch der hatte es vorgezogen, in den Aufsichtsrat der UBS in der Schweiz zu wechseln. Weber kannte die Zustände in der Deutschen Bank vermutlich besser als Ackermann, da er Zugriff auf die Prüfberichte hatte. Auch vor diesem Hintergrund ergibt seine Entscheidung einen Sinn. Der Aufsichtsrat der Deutschen Bank war bloßgestellt und brauchte umgehend einen neuen Kandidaten für den Chefposten, um seine Handlungsfähigkeit zu beweisen. Bänziger hatte es, wenig überraschend, nicht schnell genug geschafft, neue Freunde zu finden, also blieb nur Anshu Jain. Aber einen Inder mit britischem Pass, der noch dazu kaum Deutsch sprach, an die Spitze der Bank zu befördern, das traute sich der Aufsichtsrat nicht. Also stellte man dem Inder Jürgen Fitschen zu Seite, der seit den 1990er Jahren immer wieder gefragt war, wenn ein Deutscher gebraucht wurde und der Anschein widerlegt werden sollte, dass inzwischen vor allem Angelsachsen die Bank kontrollierten. Von Mai 2012 an, so hieß es in einer Verlautbarung des Instituts, sollten Jain und Fitschen die Bank führen und Ackermann dem Aufsichtsrat vorstehen.

Die Entscheidung bewies, dass die Bank einfach nicht aus der Falle herauskam, in der sie seit zwanzig Jahren steckte. Der Aufsichtsrat, der Jain zum Co-Chef ernannte, hatte offenbar die Informationen über den Handel mit den CDO, die der US-Senat veröffentlicht hatte, nicht gründlich gelesen. In dem Bericht waren reichlich Hinweise dafür zu finden, dass Jain vor allem eines nicht war: ein wirklich fähiger Manager und unfehlbarer Trader. Doch die Deutsche Bank schickte ihre Spindoktoren, die dafür sorgten, dass Jain angemessen empfangen wurde und einen guten Start hinlegen konnte. Der *Spiegel* wusste zu berichten, dass Anshu Jain vor zwanzig Jahren bei einer Fotosafari mit seinem Cousin lange vergeblich auf einen Tiger gewartet hatte, und als nach drei Tagen endlich einer auftauchte, angstfrei mit der Videokamera Richtung Tiger gerannt war. »Der Mann, der Tiger liebt, wird (…) einer der mächtigsten Männer dieses Landes sein«, schrieb das Magazin folgerichtig.[37]

Die Autoren der *Süddeutschen Zeitung* berichteten zwar, dass selbst bei *town hall meetings*, also wenn Jain mit seinen Mitarbeitern zusammentraf, alle Fragen abgesprochen sein mussten, da er so nervös war. Dennoch erlagen sie Jain und seiner Geschichte: Er gehöre der indischen Glaubensgemeinschaft der Jaina an und werde zukünftig die »Kathedrale des Geldes beherrschen«, er werde »zum Allmächtigen des einzigen international bedeutenden deutschen Geldinstituts«. Und weiter: »Zwar gibt es so Hässliches wie die Euro-Krise und Staatsschulden, doch die Deutsche Bank hat sich unabhängig gemacht von solchen Turbulenzen. Das Geldhaus schwebt wie ein großer Zeppelin über den Wolken der Weltwirtschaft. Und Jain, der neue Zeppelinführer, der sich persönlich in Askese übt, schwelgt im Rausch der Milliarden.«[38]

Das mit dem Zeppelin stimmte schon, die Deutsche Bank sollte wie die *Hindenburg* bald in Flammen aufgehen. Aber im Sommer 2011 schienen einige Autoren dem Inder Anshu Jain förmlich zu verfallen. Immerhin war seine Bank gerade erst als beste Investmentbank der Welt ausgezeichnet worden. Der Mann, der über das Wasser gehen konnte, war wieder da. Jain, der seit 17 Jahren für die Entwicklung, die Probleme, den Wildwuchs, den Zustand der New Yorker und Londoner Dependance verantwortlich war, wurde einer der Chefs der ehemals größten Bank der Welt. Wie Schlafwandler hatten die ultimativ Verantwortlichen im Aufsichtsrat auch die nächste Chance zum überlebensnotwendigen Neustart verpasst.

E ric Ben-Artzi nahm von Oktober an wieder Tag für Tag den Zug von Hoboken nach Manhattan, um dort an der Wall Street Risiken für die Deutsche Bank zu analysieren. Er war immer noch im Kontakt mit der SEC, die in dem Fall weiter ermittelte. Die neue Stelle innerhalb seiner Abteilung hatte er nicht bekommen, stattdessen schien wieder einmal alles um ihn herum in Bewegung zu sein.

An einem Montag, Anfang November, klingelte Ben-Artzis Telefon. Die Nummer kannte er nicht. Es war sein Chef aus London. Er rief von einem Videotelefon aus an und sagte, Ben-Artzi solle in einen Konferenzraum im 30. Stock kommen. Nachdem Ben-Artzi den Raum mit einiger Mühe gefunden und auch die letzte Sicherheitssperre passiert hatte, saß er dort einer Mitarbeiterin der Personalabteilung gegenüber. Sein Chef war per Videoleitung zugeschaltet. Man habe keine Zweifel daran, dass Ben-Artzi voll hinter der Bank stehe, sagte der, aber seine Stelle in New York sei abgeschafft, die Arbeit werde ab sofort im neuen Risikozentrum in Berlin erledigt. Er sei entlassen.

Ben-Artzi war geschockt. Die Frau von der Personalabteilung legte ihm einen Aufhebungsvertrag auf den Tisch. Sie hatte zudem einige Papiere für ihn vorbereitet, Informationen über die Abfindung, ein paar Hinweise, was jetzt zu tun sei. Ben-Artzi sammelte sich und fragte: »Ist das nur die Ankündigung der Terminierung, oder gilt das sofort?« – »Sofort«, bekam er zur Antwort. »Sobald wir hier fertig sind, sind Sie nicht länger ein Angestellter der Deutschen Bank.« Seine persönlichen Sachen musste er in der Bank zurücklassen, er durfte nicht zurück an seinen Arbeitsplatz. Die Frau aus der Personalabteilung begleitete ihn bis zum Ausgang. Sie fragte noch, wie er sich fühle, um herauszufinden, ob Suizidgefahr bestand. Dazu war sie verpflichtet. Als die Frau von dem Mathematiker gehört hatte, was sie hören wollte, drehte sie sich um und ging.

Ben-Artzi trat hinaus auf die Wall Street. Am späten Vormittag waren dort fast nur Touristen unterwegs und wunderten sich wohl, wie klein die Straße ist. Die Banker und Broker drehten noch das große Rad in ihren Büros, bevor sie sich nach 12 Uhr irgendwo in einer

Seitengasse einen Lunch besorgten. Ben-Artzi lief einige Zeit ziellos durch die Straßen von Manhattan, rief sein Frau an und nahm dann den Zug, der ihn Richtung Norden nach Hause brachte.

Russische Spiegel

Ein Mega-Institut wie die Deutsche Bank ist ein Machtinstrument, mit dem man – Christian Bittar oder die ISDAfix-Händler hatten es bewiesen – viel Geld verdienen kann, indem man die Macht nutzt, um Preise, Indizes oder Zinssätze zu bewegen. Die Bank kann aber auch von anderen Akteuren benutzt und missbraucht werden, indem diese etwa mit Hilfe korrupter Bankangestellter Geld waschen. Je lascher die internen Kontrollen und je schlechter die technische Infrastruktur, desto leichter fallen externen Gangstern diese Betrügereien. Mit Anshu Jain sollte 2012 ein Mann Chef bei der Deutschen Bank werden, der nicht nur besonders knappe Vorstandssitzungen abhielt, weil er sich allem Anschein nach 90 Minuten langweilte, er interessierte sich auch nicht sonderlich für Kosten, Computer, Compliance oder Controlling. Aber genau diese Bereiche lagen bei der Bank im Argen. Schon 2011 hatten russische Geldwäscher diese Schwächen der Deutschen Bank erkannt.[39] Seit der politischen Wende in Russland und dem unheilvollen Auftritt der westlichen Banken dort, der die Überschuldung des Staates und mittelbar das Entstehen der Kaste der Oligarchen zur Folge hatte, standen reiche und mächtige Unternehmer, Politiker und Gangster immer wieder vor dem Problem, Geld aus Russland in die – vermeintlich – legalen Kreisläufe des internationalen Bankensystems einzuspeisen und somit zu waschen. Es ging vielen reichen Russen also nicht anders als der Cosa Nostra, der Camorra oder den kolumbianischen Drogenkartellen. Entweder wollten sie das Geld außer Landes schaffen, weil sie es nicht legal verdient hatten, oder sie wollten es in Russland nicht versteuern. Außerdem verschob sich die Macht in Russland in mehr oder weniger regelmäßigen Abständen, Unternehmer fielen in Ungnade und brachten daher so schnell wie möglich ihr Geld in Sicherheit.

Für den Fluss des Geldes spielten die beiden größten Finanz-knotenpunkte im Westen – New York und London – eine große Rolle. Ende der 1990er Jahre war unter anderem die Bank of New York eine der Hauptschleusen, von 2011 an übernahmen ihre Nach-barn, die Deutsche Bank in der Wall Street Nummer 60 und ihre Tochter Deutsche Bank Trust Company Americas, diese Aufgabe und pumpten gewaschenes, russisches Geld in den internationalen Finanz-kreislauf. Die Deutsche Bank hatte alles zu bieten, was Geldwäschern die Arbeit leicht machte: miese interne Kontrollen, eine Geschäfts-kultur, in der alles erlaubt zu sein schien, skrupellose Mitarbeiter und genügend Gelegenheit, trotz vieler Warnungen an umstrittenen Orten in aller Welt Geschäfte zu machen.[40]

Obwohl die Verhältnisse in Russland als besonders tückisch gal-ten und man von vielen Geschäftspartnern nicht wusste, wie und wo-mit sie ihr Geld eigentlich verdienten, war die Deutsche Bank in Mos-kau vertreten, denn es gehörte zu ihrem Image, überall präsent zu sein. Josef Ackermann war gerne wie ein Staatsoberhaupt durch die Welt gereist und hatte sich wie ein solches empfangen lassen, so im Juni 2008 vom damaligen Ministerpräsidenten Wladimir Putin, der das Engagement der Bank in Russland lobte und offiziell erklärte, dass das Institut dort 22 Milliarden Rubel allein mit Beratungstätigkeiten ver-dient habe. Die Deutsche Bank sei zudem, so Putin, eine wichtige finanzielle Brücke zwischen Russland und Deutschland. Ackermann zeigte sich betont unterwürfig und dankbar. Dass man trotz der Fi-nanzkrise immer noch eng mit Russland zusammenarbeite, beweise, wie stark das Land ist. Worauf Putin antwortete: »Wir haben hier keine Krise.«[41] Doch natürlich spürte man die Verwerfungen auch in Russland. Gerade 2008 waren die minimalen Profite, die der Standort Moskau der Deutschen Bank einbrachte, das große Risiko nicht wert, das der Vorstand dort einging. Hatte die Bank 2006 und 2007 noch gut verdient, sah es 2008 finster aus.

Für das erfolgsverwöhnte Team vor Ort wurde die Lage noch komplizierter, als ein russischer Konkurrent einen Großteil der Mann-schaft abwarb und das Management die Abgänge nicht ersetzte. Über-all musste gespart werden. In diesen Zeiten des Umbruchs wurde ein junger Amerikaner, gerade 29 Jahre alt, zum Chef des Aktienhandelstisches: Tim Wiswell, genannt Wiz. Nachdem sich Moskau nach der Kreditkrise 1998 lange nicht berappelt hatte, gehörte Wiz zu jener neuen Generation von ausländischen Händlern, die es in der russischen Hauptstadt krachen ließen, die feierten und soffen, mit Models ausgingen und Millionen verdienten. Die Händler lebten wie die Rockstars – so hat es jedenfalls ein Kollege von Wiswell beschrieben.[42] Das Geschäft lief in den Jahren 2010 und 2011 jedoch immer schleppender, Partystimmung wollte nicht mehr aufkommen. Doch dann organisierte ein ehemaliger Angestellter der Bank ein Treffen von Wiswell und einem Kandidaten für das russische Parlament: Andrey Gorbatov. Gorbatov ging es gar nicht um Politik, sondern um Geld. Eine Gruppe russischer Geschäftsleute, mit denen er zu tun hatte, wollte Deals mit der Deutschen Bank abschließen, die in Russland unter dem Namen *Konvert* – Umschlag – bekannt waren.[43] Da die russische Regierung gerade begonnen hatte, härter gegen Geldwäscher durchzugreifen und gegen gewöhnliche Offshore-Konten vorzugehen, mussten dringend neue Transferwege gefunden werden, wurde Wiswell erklärt. Der Ablauf dieser Geschäfte habe sich über die Jahre bewährt und sei eingespielt. Wiz war sofort dabei und hatte offenbar keine Angst, erwischt zu werden. Einer von Wiswells Aktienhändlern kaufte nun eine solide russische Aktie – der Firma Lukoil etwa – in großer Stückzahl. Der Broker musste dabei mindestens umgerechnet zehn Millionen Dollar auf einen Schlag ausgeben. Unmittelbar danach verkaufte derselbe Broker in London Lukoil-Aktien, die genauso viel wert waren, einzig um im Gegenzug Dollar, Euro oder Pfund einzunehmen. Ein Spiegelgeschäft. Rubel wurden so in eine ausländische Währung transferiert – und zwar unversteuert an den russische Behörden vorbei. Bei dem Vorgang griff der Broker auf das Geld von zwei Firmen zu, die in Steuerparadiesen angesiedelt waren und mittelbar den Männern gehörten, die ihr Geld aus Russland herausschaffen wollten. Die neuen Kunden nutzten den Wertpapierhandel und das Computersystem der Deutschen Bank aus, um Geld von Moskau über London nach New York zu schleusen. Im letzten Schritt überwies die Deutsche Bank Trust Company Americas, die DBTCA, das Geld auf Offshore-Konten.

Im Prinzip, wenn etwa Währungsschwankungen ausgeglichen werden sollten, waren die Geschäfte nicht illegal, sofern sie einen wirtschaftlichen Zweck erfüllten und die Kunden einen einwandfreien Leumund besaßen. Doch die Herren, die auf Tim Wiswell zugegangen waren, machten bei jeder Transaktion einen kleinen Verlust, da sie für die Aktienkäufe und -verkäufe eine Gebühr an die Bank zahlen mussten. Das Geschäft ergab also wirtschaftlich gar keinen Sinn. Außerdem entsprachen die Neukunden ganz und gar nicht dem, was sich eine Bank gemeinhin unter einem soliden Geschäftspartner vorstellt. Wiswell hatte in der Moskauer Dependance die Aufgabe, die Aktiengeschäfte der ungewöhnlichen Kunden zu beaufsichtigen, seine Vorgesetzten bei Laune zu halten und sicherzustellen, dass es auf dem Papier so aussah, als habe man die russischen Neukunden gründlich überprüft. Dafür erhielt er ein Jahresgehalt von 1,5 Millionen Dollar. Aber das reichte Wiz offenbar nicht.[44] Seine Frau, eine russische Kunsthistorikerin, und Wiswell selber wurden von den Geldwäschern pro Jahr mit über vier Millionen Dollar geschmiert. Das Geld bekamen die beiden bar oder per Banküberweisung auf Konten in Zypern und auf den British Virgin Islands.

Wiswells Arbeitgeber, die Deutsche Bank, hätte die Geschäfte im Keim ersticken können. Schon im November 2011 gab es die ersten beiden deutlichen Warnungen. Eine der Firmen, für die das Aktienvolumen gekauft werden sollte, war von der russischen Finanzaufsicht vom Handel ausgeschlossen worden – der Aktientransfer konnte nicht abgeschlossen worden. Danach berichtete eine russische Zeitung über den dubiosen Hintergrund einer anderen Firma, Financial Bridge, über die ausgerechnet die Spiegelgeschäfte der Deutschen Bank abgewickelt wurden. Und der Broker der neuen Kunden, der in der Moskauer Dependance der Deutschen Bank die Aktien kaufte und verkaufte, war schon in Israel aufgefallen, weil er auch dort für einen Geldwäscher gearbeitet hatte. Das alles bekam das Controlling der Deutschen Bank aber nicht mit. Die Moskauer Gruppe war kurz und klein gespart worden. Um irgendwie den Job zu erfüllen, hatte man »betteln, borgen und stehlen« müssen, entschuldigte sich später einer der Compliance-Offiziere.[45] Zu allem Überfluss verstand der einzige Aufpasser, der in

Moskau eingesetzt war, nichts von der Materie. So konnten die Auftraggeber aus Moskau vier Jahre lang Rubel im Wert von insgesamt zehn Milliarden Dollar mit Hilfe der Deutschen Bank waschen. Über den Hintergrund der Männer, die Quellen des Geldes, das Motiv für die Geldschleusung erfuhren ihre Gehilfen im Moskauer Büro der Deutschen Bank angeblich nichts.

Während die Deutsche Bank im Süden von Manhattan über ihre Computer russisches Geld durch die Welt schleuste, gewann das Deutsche Bank Private Wealth Management, das seinen Geschäften in einem Hochhaus an der Park Avenue nachging, einen neuen Kunden hinzu. Die verhältnismäßig kleine Abteilung war auf die Verwaltung des Vermögens der Superreichen spezialisiert und seit 2005 aggressiv gewachsen. Das Management hatte damals ein Team der Citibank abgeworben. Die neuen Banker hatten ihre Kunden gleich mitgebracht, was böses Blut und Klagen zur Folge hatte. Das Deutsche Bank Private Wealth Management in New York war also nicht als zimperlich bekannt. Der Kunde, den man 2011 an Land zog, stand ebenfalls nicht im Ruf, subtil und besonders höflich zu sein: Donald J. Trump. Dem neuen Kunden ging es nicht darum, sein großes Vermögen effektiver anzulegen, er brauchte vielmehr dringend eine frische Geldquelle.

Dass – auf dem Papier – vermögende Kunden nicht flüssig waren, überraschte die Mitarbeiter des Private Wealth Management keineswegs. Wie jede Bank können auch Reiche, das wusste man dort, in ernste Liquiditätsprobleme geraten. Also gehörte es zum gängigen Geschäft, Kunden bei Liquiditätsengpässen Geld zu besorgen. Die Frage war nur: Wie weit ging man dabei? 2007 hatte der Chef des Private Wealth Management dem Konkurrenten HSBC eine bekannte Privatbankerin abgejagt. Die Frau hatte eine Bedingung: Um erfolgreich zu sein, müsse sie ihren Kunden hin und wieder auf ungewöhnlichen Wegen Kredite besorgen. Manchen Kredit, erklärte sie, würden die Kunden mit unorthodoxen Sicherheiten, etwa einem Anteil an einem künftigen Geschäftsabschluss, mit Derivaten oder eventuell auch gar nicht absichern. Ob das in Ordnung sei? Ja, erklärten die Chefs der

Deutsche Bank Private Wealth Management, das sei kein Problem. Doch dann musste die neue Kollegin schnell feststellen, dass ihre neuen Bosse maßlos übertrieben hatten. Sie konnte keine Kredite ohne Sicherheiten durchwinken, das Credit Risk Management der Bank musste immer eingeschaltet werden und hatte das letzte Wort. Auf unorthodoxen Wegen bekam also niemand einen Kredit. Die Frau kündigte und klagte, weil man sie belogen hatte und ihre reichen Kunden nun sauer auf sie waren.

Es gab also durchaus Sicherheitsmechanismen, auch vermögende Kunden bekamen einen Kredit bei der Deutschen Bank nicht einfach so. Umso überraschender war es, dass Donald Trump hoffte, ausgerechnet Geld von der Deutschen Bank zu bekommen, nachdem er das Institut – wie fast jede andere Bank in New York – schon einmal mit einem beachtlichen Kreditvolumen hatte im Regen stehen lassen. Aber er hatte Erfolg. Mit dem beim Private Wealth Management der Deutschen Bank geborgten Geld, das war das Verblüffende, bediente er unter anderem die Kredite, die er von der Immobiliengruppe der Deutschen Bank für sein Projekt in Chicago bekommen hatte. Die wollte er eigentlich nicht zahlen, doch er war mit seiner Klage krachend gescheitert. Nun hatte er immerhin erreicht, dass die Vermögensverwaltung der Deutschen Bank ihm einen neuen Kredit organisierte – gespeist aus Mitteln der Deutschen Bank –, mit dem er seine Schulden bei ebendieser Bank tilgte.

Die treibende Kraft hinter dem Geschäft war Rosemary Vrablic. Sie war Trumps Beraterin beim Private Wealth Management der Deutschen Bank an der Park Avenue, nur ein paar Blocks vom Trump Tower entfernt.[46] Vrablic, eine kleine, dünne Frau mit kurzen, früh ergrauten Haaren, lebte schon immer in New York und wuchs sozusagen mit dem in den New Yorker Medien allgegenwärtigen Donald Trump auf. Sie war ebenfalls von einer anderen Bank abgeworben worden und sollte sich in ihrem Büro an der Park Avenue um die »ultrareichen Kunden« kümmern, wie es damals in einer Pressemeldung hieß.[47] Vrablic hatte die Finanzierung von Immobilienprojekten zu organisieren und sollte dabei auch die strukturierte Finanzierung im Blick haben, mit anderen Worten: Sie musste wissen, wie man komplizierte Derivate entwickelte, damit die Kunden ihre ehrgeizigen Projekte finanziert bekamen, ohne zu viel ihres eigenen Kapitals einsetzen zu müssen. Ihr neuer Chef empfing Vrablic beim Eintritt in die Bank begeistert und erklärte, sie gehöre zu den besten Privatbankerinnen in den USA, und auch das Vorstandsmitglied Pierre De Weck, ein besonders glückloser Mann, begrüßte sie mit warmen Worten.

Rosemary Vrablic hatte vor allem bei den »Ultrareichen« einen guten Ruf, und sie wusste, welche Probleme ihre hauptsächlich männlichen Kunden trotz all ihrem Reichtum – oder gerade deswegen – hatten: »Viele Häuser, viele Ex-Frauen, viele Kinder«, sagte sie einmal in einem Interview.[48] Dass ihre vermögenden Kunden deswegen durchaus auch finanzielle Engpässe kannten, war ihr nicht neu. Da passte Trump ins Bild. Vrablic sorgte dafür, dass das Private Wealth Management die Kredite, die Trump bei der Immobilienabteilung der Deutschen Bank hatte, ablöste. Ob das Credit Risk Management seinen Fall geprüft hat, ist unklar. Ob und gegebenenfalls wie also die Risikomanager nach einer Prüfung des Vorgangs zu der Entscheidung gelangt waren, den Kredit für Trump zu genehmigen, kommentiert die Bank auf Anfrage nicht.

Trump war, so viel steht fest, keineswegs pleite, trotz seiner ernsten finanziellen Sorgen, die ihm die Kasinos, der Turm in Chicago und andere Projekte bereiteten. 2006 begann er, vornehmlich Golfanlagen aufzukaufen.[49] Der selbst ernannte König der Schulden zahlte dabei auf einen Schlag, in bar und sofort. Zunächst kaufte er eine Anlage in Schottland für 12,6 Millionen Dollar – ohne Kredit. 2009 erwarb er zwei Golfclubs bei New York und Philadelphia und zahlte per Barüberweisung. 2011, als er mit Vrablic ins Geschäft kam, gab seine Firma 46 Millionen bei Barkäufen aus. 2018 erklärte Donald Trumps Sohn Eric gegenüber der *Washington Post*, dass das laufende Geschäft der Firma so viel Geld abgeworfen habe, dass man es einfach reinvestieren konnte. An diesem Punkt sind zwei Dinge entscheidend: Trump hat seine Steuerunterlagen nie offengelegt, also lässt sich unmöglich überprüfen, ob die Aussage seines Sohnes stimmt. Zudem hatte Eric 2014 etwas ganz anderes gesagt. Auf die Frage eines Golfjournalisten, wie die Trumps es schafften, nach der Rezession noch neue Golfkurse zu bauen und zu eröffnen, obwohl kaum ein Investor in dieses Geschäftsfeld einsteigen wolle, hatte Eric geantwortet: »Wir hängen nicht von amerikanischen Banken ab. Wir bekommen alle Mittel, die wir brauchen, aus Russland.«[50]

Trump hatte seit 2011 noch eine zweite Geldquelle: die Deutsche Bank. Als er wieder in größere Projekte Geld investieren wollte, brauchte er dafür Hilfe. Dreistellige Millionenbeträge gaben seine Barquellen offenbar nicht her. Nun organisierte Rosemary Vrablic ihm das Geld. 2011 konnte Trump so mitbieten, als eine große Golfanlage in Miami versteigert wurde, die in der Krise pleitegegangen war. Mit seiner Firma, der Trump Organization, und den Krediten der Bank im Rücken konnte er bei der Auktion das höchste Gebot abgeben. Die Deutsche Bank stellte ihm allein für dieses Projekt 125 Millionen Dollar an Krediten zur Verfügung.

Warum war sich das Credit Risk Management der Deutschen Bank sicher, dass Trump seine Kredite zurückzahlen würde? Hatte jemand für ihn gebürgt, oder konnten die Kreditrisikomanager Geldquellen ausmachen, die von außen nicht so leicht zu erkennen waren? Diese Fragen stellten Kongressabgeordnete der Demokraten 2017 dem damaligen Chef der Deutschen Bank, John Cryan. Eine Antwort erhielten sie nicht.

D ie Flitterwochen von Anshu Jain und der deutschen Presse dauerten nicht lange. Anfang 2012 schlug die Stimmung um. Der *Spiegel* berichtete in der Titelgeschichte »Die Zocker AG« über Klagen, die gegen die Deutsche Bank in den USA anhängig waren. Alle Skandale, die nun allmählich zum Vorschein kamen, gingen auf die Investmentbank zurück. Auch wohlmeinende Zeitungen sahen Anshu Jain nun kritischer. Innerhalb der Bank stieg die Anspannung. Jains Verbündete versuchten fast schon verzweifelt einige potenzielle Brandherde im Keim zu ersticken. Die Bank wurde zudem gesäubert. Guillaume Adolph war bereits gefeuert worden, im Dezember hatte es Christian Bittar erwischt. Alan Cloete hatte sich daraufhin mit ihm in einem Londoner Hotel getroffen und seinem ehemals besten Mann erklärt, dass er nichts falsch gemacht habe, allein aus politischen Gründen habe er gehen müssen. Doch Cloetes konnte so viel Süßholz raspeln, wie er wollte, Bittar hatte verstanden: Er, der Money Maker, war Geschichte. Die Bank hatte ihn fallen gelassen. Immerhin hatte er sich länger als Weinstein, Bernand und die anderen Stars gehalten. Auch um die Frankfurter Komplizen von Bittar musste Cloete sich kümmern. In einer Videokonferenz machte der GFFX-Chef den Händlern, die Christian Bittar über Jahre von Frankfurt aus so beflissentlich geholfen hatten, den Euribor in die gewünschte Richtung zu lenken, klar, dass man sich nach außen nun betont unauffällig verhalten müsse. Dass bedeutete, dass die Händler auf ihren Bonus verzichten mussten, damit die Abteilung nicht noch mehr ins Gerede komme. Jeder habe sein Kreuz zu tragen, erklärte er lapidar. Wenn sich die Lage beruhigt habe, würden sie ihr Geld erhalten. Cloete hatte aber noch ein zweites Anliegen, das bei den verärgerten Tradern ebenfalls nicht gut ankam: Sie sollten dichthalten, es dürfe nicht noch mehr Staub aufgewirbelt werden. Er wolle den Fall – gemeint waren die Euribor-Manipulationen – begraben. Es müsse unbedingt Ruhe einkehren, denn Anshu Jain werde der neue Chef. Auf Englisch sagte Cloete: »I will close this Box, I don't want any noise. Anshu is going to be CEO.« Die Frankfurter Spitzenhändler schlossen daraus, dass der neue Chef der Deutschen Bank von der Manipulation gewusst habane könnte und durch ihre Aussagen in Gefahr geraten könnte. Zähneknirschend stimmten sie aber zunächst überein, auf den Bonus zu verzichten – und die Klappe zu halten.[51]

Jain konnte sich also vor allem auf seine Getreuen, auf Mitarbeiter wie Cloete verlassen. Daher versuchte er die Reihen eng um sich zu schließen und beförderte einen seiner Offiziere, den jungen Kanadier Colin Fan, zum Co-Chef der Investmentbank. Fan war vor allem eines: Politiker. Als an einem der schlechteren Tage deutlich wurde, wie mies die eine oder andere Zahl in der Bilanz der Deutschen Bank tatsächlich war, sagte ein Kollege zum Währungsmann Kevin Rodgers:»Jetzt schau genau in Colins Augen. Gleich siehst du, wie die Panik langsam von ihm Besitz ergreift.« Colin Fan war kein Händler, sondern ein Verkäufer, der die Mechanik der Bank im Prinzip gar nicht verstand und insofern als einer der Chefs der Investmentbank auf dem falschen Posten saß.

Auch mit Bill Broeksmit, seinem ehemaligen Undercover-Risikomanager, hatte Anshu Jain etwas ganz Besonderes vor. Schon Weihnachten hatte er entschieden, dass Broeksmit im Mai Hugo Bänziger ersetzen und als Vorstandsmitglied für das Risikomanagement der gesamten Bank zuständig sein sollte. Als diese Rochade im März publik wurde, dachten viele Händler und Manager in London, sie hätten sich verhört. Der nette Bill, dem man schon einmal die komplizierteren, exotischen Deals erklären musste, der nette Bill, der zurückgezogen in einem Zimmer neben Anshu saß, oft nach New York flog, um nach seiner Familie zu sehen, der sollte den feuerspeienden Drachen Bänziger ersetzen, der es mit seiner ruppigen Art nicht geschafft hatte, den Laden auf Linie zu bringen? Machte Anshu Witze?

Bill Broeksmit traute sich die Aufgabe jedoch zu. Stolz schrieb er E-Mails an seine Familie, informierte seine Mutter. Seine beiden Brüder meldeten sich bei ihm, einer gratulierte knapp: »Mum told me, congratulations!« Von seinem ehemaligen Kollegen Miles Draycott, der ihm 2007 erklärt hatte, wie gefährlich Leveraged Super Seniors eigentlich sind, erhielt er eine nachdenkliche E-Mail, die zwischen Überraschung und Neid schwankte. Er habe die *Financial Times* gelesen, so Draycott, »klingt, als seist du All-Inn« – All Inn bedeutet beim Poker, dass jemand all seine Chips auf seine Hand setzt. »Nicht schlecht für einen, der nur unter der Bedingung aus der Rente gekommen ist, dass er nie Vorgesetzter von vielen Menschen sein muss«, schrieb Draycott spitz.

Broeksmits Stiefsohn Val las im Internet alles über die angekündigte Beförderung. Er ließ sich sogar die deutschen Artikel von Google übersetzen und schickte sie seinem Vater. In Frankfurt hatte man den Namen Broeksmit noch nie gehört, die lokalen Zeitungen berichteten aber dennoch wohlwollend. In der überregionalen *Frankfurter Allgemeinen Zeitung* konnte man lesen: »Es ist auch nicht so, dass der bislang zweite Mann in der Risikosteuerung der Bank, William Broeksmit, blind für Marktgefahren gewesen wäre. Seit Jahren steuert der künftige Risikovorstand erfolgreich das Marktrisiko, auch durch die

Untiefen von Finanz-, Banken- und Schuldenkrise.« In der Bank sei Broeksmit als »Dr. No« bekannt, weil er als streng gelte und riskante Geschäfte häufig ablehne – das sorgte in der Bank für große Heiterkeit. Ausgerechnet der nette Bill, der nie so wirklich Nein sagen konnte, sollte Dr. No heißen. Was für ein Spin.

Die Bankenaufsicht, die Bundesbank, die BaFin und manche US-Behörde hatten dagegen schon eine sehr viel bessere Vorstellung davon, was in der Bank tatsächlich vor sich ging. Jain als Chef wollten sie wohl nicht verhindern, allerdings bot sich mit Broeksmit die Gelegenheit, Jain zu zeigen, dass sich die Zeiten geändert hatten und ein hundertprozentiger Jain-Anhänger wie Broeksmit nicht der wichtigste Risikomanager werden konnte. Eine BaFin-Delegation hatte Jain bereits im Februar erklärt, dass man mit Broeksmit als Nachfolger von Bänziger nicht glücklich sei. Doch Jain suchte offenbar eine erste Machtprobe mit der Bankenaufsicht und nominierte Broeksmit trotzdem für den Vorstand. Diese Entscheidung war dann Anfang März öffentlich geworden. Gut eine Woche später entschied sich die BaFin zu einem ungewöhnlichen Schritt. Drei Tage bevor der Aufsichtsrat Broeksmit bestätigen sollte, nutzte sie ein scharfes Instrument, das sie selten einsetzte: Sie lehnte es ab, Broeksmit für den Vorstand zuzulassen, und legte ein Veto gegen diese Personalie ein. Dazu hatte sie das Recht. Ohne die Zustimmung der BaFin kein Vorstandsjob. Auch dem Wunderjungen Alex Wieandt, der in Dublin den Depfa-Job so spektakulär vermasselt hatte, war die BaFin auf diese Weise in die Parade gefahren.

Jain hatte die Machtprobe verloren, und Broeksmit war am Boden zerstört. Nach außen musste rasch eine Version der Geschichte verbreitet werden, die beide das Gesicht wahren ließ. Bei der BaFin habe man Bedenken geäußert, da Broeksmit noch nie mehrere 100 Menschen geführt habe, hieß es. Das stimmte. In Wahrheit wollte die BaFin aber vor allem der Jain-Clique ein Signal senden, wie ein hochrangiger Mitarbeiter der Deutschen Bank später in einem Hintergrundgespräch einräumte. Offenbar wollte man dort verhindern, dass Jain seine Macht mit Hilfe von Freunden konsolidieren und noch Schlimmeres anrichten konnte. Und so nahm die BaFin in Kauf, dass Broeksmit in der deutschen Presse bloßgestellt wurde und Zweifel an seiner Zuverlässigkeit kolportiert wurden, ohne dass dafür Belege vorlagen. Aber dass Jain der Chef der Deutschen Bank wurde, das konnte oder wollte man nicht verhindern.

A n einem schwülen Tag Ende Mai 2012 musste Josef Ackermann bei der Hauptversammlung der Bank seine Macht an Anshu Jain und Jürgen Fitschen abgeben. Unter vereinzelten Buhrufen und Schmähungen trat Ackermann ans Rednerpult in der Frankfurter Festhalle und bekräftige in seiner letzten Rede als Vorstandsvorsitzender vor 7000 Aktionären noch einmal, dass er sich keiner persönlichen Schuld bewusst sei. Über Fitschen und Jain verlor er nur einen einzigen Satz: Sie könnten darauf aufbauen, was man gemeinsam erreicht habe. Dagegen lobte er den »lieben« Hugo Bänziger in den höchsten Tönen, der die Bank verlassen und nun nicht von Bill Broeksmit, sondern von dem jungen Schotten Scott Lewis abgelöst werden würde. »In den schweren Zeiten haben wir außerordentliche Widerstandsfähigkeit bewiesen«, erklärte Ackermann und behauptete dann: »Die Deutsche Bank ist (…) noch stärker und stabiler geworden, als sie es ohnedies schon war. Und wir wissen, dass wir als eine führende Bank hier besondere Verantwortung tragen. Dieser Verantwortung stellen wir uns: Zuallererst dadurch, dass wir alles daran setzen, international wettbewerbsfähig zu sein.«[52]

Und die Fehler? Die Untersuchungen der Behörden? Dazu sagte Ackermann: »Ich habe es seit Jahren immer wieder klar und deutlich gesagt: Kein Geschäft darf es uns wert sein, den Ruf und die Glaubwürdigkeit der Bank aufs Spiel zu setzen. Diesem Grundsatz sind wir aus heutiger Sicht, und ich unterstreiche aus heutiger Sicht, in den Jahren des allgemeinen Überschwangs vor der Finanzkrise nicht immer voll gerecht geworden.« Dann folgte eine interessante Feststellung: »Die öffentliche Einschätzung von bestimmten Geschäften und auch die Anforderungen an deren Dokumentation haben sich in den vergangenen Jahren dramatisch geändert. Das dürfen wir nicht außer Acht lassen!«[53]

Man hatte also nichts falsch gemacht, sondern war ein Opfer der Tatsache geworden, dass einige Entscheidungen von damals inzwi-

schen geächtet waren. Man verabschiedete den scheidenden Vorstands-
vorsitzenden Ackermann mit stehenden Ovationen, obwohl der Wert
der Bankaktie unter seiner Ägide extrem gefallen war – der Spitzen-
wert, 119 Euro, war inzwischen unerreichbar. Man krebste bei 30 Euro
herum. Der Kurs hing bei 30 Euro fest. Die Rekordkurse von 2006
und 2007 waren Strohfeuer, mehr nicht. Nur wenige Wochen später
wurde aus einer kleinen Runde in die Presse getragen, dass Ackermann seine Nachfolger als »Loser« bezeichnet habe, da sie unter anderem für das Problem mit dem Libor verantwortlich seien – was für
Jain zutraf, nicht jedoch für Fitschen. Ackermann kündigte rechtliche
Schritte gegen die Berichterstattung an, die dann aber unterblieben.[54]

D as Bundesfinanzministerium wurde im Mai 2012 bereits seit drei
Jahren von Wolfgang Schäuble geführt, der sich gegen überschul-
dete südeuropäische Länder tough und gnadenlos gab. Die ihm unter-
stehende Bankenaufsicht agierte weniger strikt. Obwohl man inzwischen viel über die verdächtigen Vorgänge bei der Deutschen Bank
herausgefunden hatte, blieben Konsequenzen aus. So entschloss sich
die BaFin erst spät und nur weil es anscheinend nicht mehr anders
ging zur Untersuchung der Vorwürfe im Zusammenhang mit dem
Libor. Barclays hatte sich zuvor öffentlichkeitswirksam mit den britischen Behörden verglichen, einen Großteil der Schuld eingeräumt
und 470 Millionen Euro Strafe gezahlt. Die deutschen Behörden, die
sich die Aufsicht über die Deutsche Bank teilten, die BaFin und die
Bundesbank, konnten nun nicht länger wegschauen und mussten sich
notgedrungen für den Libor interessieren. Die Bundesbank lud daher
Anshu Jain, den neuen Co-Chef der Bank, für Anfang Oktober zu
einem Gespräch ein. Wann habe er von den Problemen mit dem Zinssatz erfahren? So um 2011. Nicht schon 2008? Nein, daran habe er
keine Erinnerung, antwortete Jain. Keine Erinnerung an zig E-Mails,
keine Erinnerung an ein Treffen in dieser Sache mit der Bank von
England, keine Erinnerung an eine E-Mail von Bill Broeksmit aus
dem Jahr 2007? Nein, keine einzige Erinnerung. Beweist ihr mir erst
einmal das Gegenteil, beweist ihr mir, was ich wann genau wusste,
schien Jain sagen zu wollen. Es war eine Fortsetzung des Machtkampfs

und der Spielchen der letzten Jahre, die sich die Bundesbank nun nicht mehr von Ackermann, sondern von Jain gefallen ließ. Und das Bundesfinanzministerium schaute tatenlos zu.

Auf der öffentlichen Bühne gab sich Jain dagegen geschmeidig und machte das, was er am besten konnte: Er verkaufte – sich und die Bank. Ein *Spiegel-Online*-Reporter attestierte ihm, dass er während einer Veranstaltung des Auswärtigen Amtes in Berlin, die kurz vor Jains Gespräch bei der Bundesbank stattgefunden hatte, höchst charmant aufgetreten sei. Jain fiel dabei mit einer überraschenden Äußerung auf: »Wir haben Fehler gemacht. Wir müssen zeigen, dass wir die Kultur in unseren Instituten ernsthaft verändern wollen.«[55]

Damit hatte Jain, der wenig später die Bundesbank vorführen sollte, den Kulturwandel angekündigt, den er und Fitschen einleiten wollten. Doch das Mantra von dem angeblichen Wandel der eigenen Kultur war nichts weiter als eine hohle Phrase. Das zeigte sich insbesondere daran, wie man mit internen Kritikern umging. Als die Fälle der Whistleblower Matthew Simpson und vor allem Eric Ben-Artzi Anfang Dezember 2012 in der *Financial Times* ausführlich beschrieben wurden, schlug die Deutsche Bank zurück. Die beiden hätten keine Ahnung, insbesondere Ben-Artzi nicht. Es erschienen lange Kolumnen bei Reuters und in dem einflussreichen Finanzblog *dealbreaker*, in denen man sich über Ben-Artzi lustig machte.[56] Erstaunlich exakt folgten die beiden Wirtschaftsjournalisten dabei der Linie, die man in der Deutschen Bank intern ausgegeben hatte: Irgendwelche ängstlichen Mathematiker verstünden nicht, wie man Geschäfte macht. Es war doch nichts passiert. Man hatte eine Position etwas später bewertet und nicht zur Hochzeit der Krise, was soll's. Man hatte dadurch wahrscheinlich ein zweites Lehman verhindert. War das so schlecht?, fragte etwa der *dealbreaker*-Kolumnist Matt Levine rotzig und setzte das Wort »losses« – Verluste – konsequent in Anführungszeichen, als er erklärte, dass ja gar nicht reales Geld verloren worden sei. Maximal ginge es um potenzielle Papierverluste.

Ben-Artzi war verblüfft, dass auf einmal er das Problem war und nicht die Bank. Schon nach der gründlich recherchierten Geschichte in der *Financial Times* hatte es keinen Aufschrei gegeben, nirgends.[57]

Doch Ben-Artzi hatte durchaus das, was man Verbündete nennen könnte: die Anleger auf den Finanzmärkten. Sie vertrauten der Deutschen Bank weniger denn je, der Aktienkurs erholte sich nicht. Professionelle Investoren, die etwas auf sich hielten, glaubten die Geschichte von der Wunderbank nicht mehr, im Gegenteil: Hier schien eine Bank Altlasten zu verschleiern.

Tod eines Risikomanagers

Bill Broeksmit, der als Risikovorstand von der BaFin abgelehnt worden war, sollte 2013 eine andere heikle Aufgabe übernehmen und sich um die Non-Core Operations Unit (NCOU) kümmern, so nannte man die interne Bad Bank. Dort sammelte man einen großen Teil der illiquiden Positionen, um die Bilanz zu bereinigen. Diese – inzwischen landläufig faul oder toxisch genannten – Posten, die der Vorstand in die Bad Bank abschob, hatten ein Volumen von 130 Milliarden Euro. Am Ende seiner Karriere sollte sich Broeksmit also endgültig mit dem großen Müllberg herumschlagen, den die Credit Boys, die Strukturierer, die Trader und andere in den letzten 14 Jahren angehäuft hatten. Doch wieder legte die BaFin ihr Veto ein. Auch für diesen Job wollte man Broeksmit nicht. Die Entscheidung wurde zwar nicht öffentlich, aber Broeksmit hatte genug.

Turnusmäßig wird Managern, die ein bestimmtes Alter erreicht und eine bestimmte Dienstzeit bei der Bank hinter sich haben, ein kurzer Fragebogen zugesandt: Will der Adressat in Rente gehen und sich bei dieser Gelegenheit alle Aktienpakete auszahlen lassen? Broeksmit wollte und kreuzte das entsprechende Kästchen an. Mit 57 Jahren entschied er sich zum dritten Mal, aus dem Geschäft auszusteigen. Bei guter Gesundheit und mit einem gewissen Vermögen raus aus dem Wahnsinn, das streben viele Investmentbanker an. Bevor Broeksmit das rettende Ufer erreichte, stiegen jedoch im Frühjahr die Altlasten der Bank an die Oberfläche. Es schien so, als würden sich auf einmal Behörden in aller Welt unkoordiniert aber flächendeckend mit den Finanzskandalen von 2008 beschäftigen. Im Februar 2013 hatte auch schon die Europäische Kommission in Sachen Euribor und Libor eine offizielle Kartelluntersuchung gestartet. Sie konnte sich dabei auf die Unterlagen von Behörden wie der britischen FCA stützen, zudem hatten inzwischen die UBS und Barclays volle Kooperation zugesagt. Broeksmit wurde von Kollegen als möglicher Zeuge genannt, weil er die Geschäfte von Christian Bittar untersucht und schon früh auf die Möglichkeit der Manipulation hingewiesen hatte. Dass er namentlich in den Untersuchungsunterlagen genannt wurde, machte Broeksmit zu schaffen. Im Februar suchte er einen Allgemeinmediziner auf und klagte über Herzrhythmusstörungen. Broeksmit sagte dem Arzt, dass er regelmäßig Bupropion einnehme. Damit werden Depressionen bekämpft, aber Broeksmit nahm es seit Jahren, um den Nikotinentzug erträglicher zu machen. Ohne Medikamente kam er nicht vom Rauchen weg. Er hatte fünf Jahre auf Zigaretten verzichtet, aber inzwischen paffte er wieder schwere Zigarren. Broeksmits Arzt stellte nach mehreren Langzeitmessungen fest, dass der Herzrhythmus tatsächlich leicht gestört war. Stress, Krankheiten, ein angeborener Herzfehler, Gründe dafür gebe es viele, erklärte der Arzt dem Patienten, aber das könne man mit den richtigen Medikamenten und der richtigen Dosierung in den Griff bekommen. Aber etwas lastete auf Broeksmits Herzen.

Die vielen Jäger, die Staatsanwälte und Bankenaufseher kamen immer näher, vor allem die Ermittler der EU machten Fortschritte, da sie letztlich nur das Material auswerten mussten, das etwa die CFTC in den USA über Jahre angesammelt hatte. Die Rolle von Christian Bittar war in dem Konvolut glasklar auszumachen. Die Manager der Deutschen Bank konnten sich entscheiden, wie sie mit der Situation umgehen wollten: Entweder benahm man sich, als stehe man über dem Gesetz, oder man nahm sich die Fragen und den tiefen Argwohn zu Herzen. Jürgen Fitschen, der Co-Chef der Bank, hatte sich bereits entschieden. Er schien zu glauben, dass sein Arbeitgeber über dem Gesetz stand. Als im Dezember 2012 erneut die Staatsanwaltschaft mit diversen Polizisten anrückte, um in der Bank Spuren sicherzustellen, die belegen könnten, dass Händler bei dem Betrug im CO_2-Emissionshandel mitgemacht hatten, griff Fitschen zum Telefon, um sich beim hessischen Ministerpräsidenten zu beschweren. Dass die Justiz unabhängig sein soll und muss, war ihm offenbar entfallen.

Fitschens Kollege Anshu Jain gab währenddessen die Order aus, in Sachen Libor und Euribor so lange wie möglich zu mauern. Schon im Vorjahr hatte man in der Bank im großen Umfang digitale Mitschnitte von Telefonaten aus den kritischen Jahren 2008 und 2009 zerstört. Einen Brief der BaFin von 2013 beantwortete Jain erst gar nicht. Im Frühjahr 2013 erklärte der Vorstand der Deutschen Bank gegenüber der britischen Finanzaufsicht – der FCA –, man könne bei der Libor-Untersuchung nicht so kooperieren, wie man eigentlich möchte, weil die deutsche BaFin das untersagt habe. Eine dreiste Lüge. Wer so etwas schriftlich gegenüber einer Aufsichtsbehörde behauptete, der musste entweder Nerven wie Drahtseile haben oder zu dem Entschluss gekommen sein, dass Normen, Gesetze und Vorlagen für ihn selber nicht galten und sich auch niemand finden würde, der derartige Regelbrüche sanktionierte.

Bill Broeksmit zog diesen Schluss nicht, er glaubte an die Macht der Behörden, er glaubte, dass sie sein Leben auch dann noch zur Hölle machen könnten, wenn er die Bank längst verlassen hatte. Allein im April musste er mehrmals externe Anwälte der Bank treffen, um die verschiedenen Geschäfte zu besprechen, die er in der Vergangenheit selber untersucht hatte. Noch geriet er nicht in Panik. Eine Reise mit seiner Frau an den Gardasee brachte ihn auf andere Gedanken. Sie hatten eine Villa gemietet und fuhren durchs Land, besuchten unter anderem Mailand, um dort das *Abendmahl* von Leonardo da Vinci im Original zu betrachten. Doch kaum war Broeksmit zurück in London, schockierte ihn eine Warnung, die er aufschnappte. In der Führung der Deutschen Bank machte die Nachricht die Runde, dass auch das US-Justizministerium nun intensiver in den Libor-Fall eingestiegen sei. Das Department of Justice, kurz DOJ, untersuchte bereits das Geschäft der Bank mit den Hypothekenbündeln RMBS sowie die diversen möglichen Steuervergehen des Instituts. Und Broeksmit erfuhr, dass er im Libor-Verfahren sogar namentlich genannt werde. Nach Ansicht der Ermittler sei er zumindest ein wichtiger Zeuge. Das US-Justizministerium interessierte sich also für ihn. Das bedeutete am

Ende FBI, Verhöre, jeder Flug nach Hause eine ungeheure Nerven-belastung: Wird man auf dem Flughafen in New York festgenommen? Droht eine Gefängnisstrafe?

Lange hörte Broeksmit nichts von den Ermittlern, was nicht ungewöhnlich war. Die Warterei zerrte an seinen Nerven. Betont beiläufig schrieb er schließlich am 11. Juli 2013 einem externen Anwalt in New York, der den Fall für die Deutsche Bank bearbeitete, eine E-Mail: »Irgendwelche neuen Entwicklungen in der DOJ-Sache? Rufen Sie mich an.« Doch es war Nacht in New York, er bekam nicht sofort eine Antwort. Broeksmit konnte nicht mehr warten. Er war so kurz vor dem Ziel, so kurz vor der Rente. Er glaubte, seine Welt würde einstürzen, es fühlte sich an, als lägen die Trümmer dieser Welt auf seiner Brust. Broeksmit bekam eine Panikattacke. Bei einer Panik-attacke verengt sich der Blick und verschwimmt. Die nackte Panik erfüllt alles, zehrt jedwede Energie auf, nimmt voll und ganz Besitz von der Seele und lähmt den Körper. Auf der ganzen Welt scheint es nicht so viel Sauerstoff zu geben, dass man wieder frei atmen kann.

Broeksmit riss sich zusammen, rief seinen Arzt an und fuhr unver-züglich in dessen Praxis. Der Arzt notierte gewissenhaft, dass Broek-smit in Panik und extrem ängstlich sei. Er habe gerade herausgefunden, teilte Broeksmit dem Arzt mit, dass man gegen ihn in dem Libor-Ver-fahren ermittle, US- und europäische Behörden würden sich für ihn interessieren. Der Arzt verstand die Details kaum, schrieb aber eifrig mit. Alles sei in Ordnung gewesen, erzählte Broeksmit, er wollte im September in Rente gehen – und nun das. Die Libor-Untersuchungen könnten sich über Jahre hinziehen, der Fall würde ihn, da war er sicher, immer wieder einholen. Broeksmit fürchtete, dass er ins Gefängnis kommen und bankrottgehen könnte. Dabei treffe ihn selber gar keine Schuld. Ständig müsse er an die unzähligen E-Mails denken, die er in den Jahren bei der Bank geschrieben und gelesen habe. All diese kom-plexen Geschäfte, die vielen Zahlen, die schnellen Antworten. Er kenne die Anwälte, die könnten Sätze und Aussagen verdrehen. Broeksmit machte sich große Sorgen, dass sie nur Ausschnitte aus den E-Mails benutzen würden.[58] Schließlich fragte der Arzt ausführlich nach psy-chischen Erkrankungen in der Familie. Einer seiner Brüder, seine

Schwester und seine Mutter seien bipolar, antwortete Broeksmit. Sie litten also unter anderem an Stimmungsschwankungen, die in schwere Depressionen übergehen können. Und wie tief gingen seine Ängste?, wollte der Arzt wissen. Er denke zwar über den Tod nach, sagte Broeksmit, würde sich aber niemals selber etwas antun.

Der Arzt nahm das so hin und beschloss, dem Patienten zu glauben. Er verschrieb Broeksmit ein paar Xanax und schickte ihn zu einem klinischen Psychologen, der sich auf die Behandlung von Bankern spezialisiert hatte. Dort bekam Broeksmit vier Tage später einen Termin. Der Anwalt in New York hatte sich inzwischen gemeldet. Er könne nichts Neues berichten, was aber nicht unbedingt schlecht sei. Seit Monaten wusste Broeksmit, dass das US-Justizministerium sich immer intensiver mit den Libor-Manipulationen beschäftigte. Die *New York Times* hatte schon im Vorjahr berichtet, dass die Ermittler einige Personen im Zentrum des Skandals ausgemacht hätten. Die Leser kommentierten den Text im Internet seitdem bissig und wütend. Endlich, nach vier Jahren! Wir wollen ihre Namen und Gesichter! Was ist mit den anderen Sachen, die sie angestellt haben? Schickt die Banker ins Gefängnis, aber in die richtigen, harten in den Südstaaten, wo tagsüber die Zellen vor Hitze kochen! Seit Monaten hatte es keine Entwarnung gegeben, die Ermittlungen schienen immer weiterzulaufen. Und noch wurden die USA von einer Regierung geführt, die sich zum Ziel gesetzt hatte, mit der Wall Street aufzuräumen. Stand jetzt doch die Abrechnung an?[59]

Am nächsten Vormittag saß Broeksmit in einem kleinen weißen Gebäude in einem Hinterhof, das einmal eine Werkstatt gewesen sein mochte. Hier hatte der Psychologe Dr. Bill Mitchell seine Praxis. Er kannte sich aus mit den Schwierigkeiten, die eine Anstellung im Finanzsektor mit sich bringen konnte, er hielt darüber sogar Vorträge an der London Business School, in denen er erläuterte, wie es zu Überlastungen und Burn-outs im Bankgeschäft kam. Mitchell hörte auch seinem neuen Patienten aufmerksam zu. Broeksmit erzählte, dass er eine lange und erfolgreiche Karriere hinter sich habe und schon einmal in Rente gegangen sei. 2007 sei er zurückgekommen, um der Führung der Deutschen Bank durch die Krise zu helfen. Besonders belaste ihn, dass auch die EU die Libor-Manipulation untersuche. Er habe extreme Angst um sein Vermögen und seine Reputation. Wie genau man ihm denn schaden könne, fragte der Psychologe. Darauf wusste Broeksmit keine Antwort. Er konnte – oder wollte – es nicht genauer erklären. Da war diese diffuse Angst vor einem falschen Wort in irgendeiner E-Mail. Dr. Mitchell versuchte ihm klarzumachen, dass er zu viele Probleme nur auf sich beziehe. Mit ziemlicher Wahrscheinlichkeit würden nicht alle diese Katastrophen wirklich eintreten, er male einfach zu schwarz. Die beiden sprachen darüber, wie solche Ängste entstehen, und Mitchell erklärte Broeksmit, dass er realistischere Szenarien in seinem Kopf entwerfen müsse.

Er würde jetzt erst einmal mit seiner Frau Alla in Urlaub fahren, sagte Broeksmit schließlich, in seine Heimat. Sie würden dort mehrere Wochen in ihrem Haus in Maine verbringen. Dr. Mitchell schlug vor, dass man sich anschließend wieder treffen solle. Für den Notfall gab er dem Patienten seine Handynummer. Doch Broeksmit rief nicht an. Und Mitchell sah ihn nie wieder.

Dr. Bill Mitchell, der sich im Finanzgeschäft auskannte, hatte eine Wahrheit gelassen angesprochen: Als Manager hatte man durchaus gute Gründe, erst einmal Ruhe zu bewahren. Die Chance, dass man persönlich haftete, war sehr gering. Die Behörden in den USA, in Europa und andernorts gingen selten gegen einzelne Personen vor, und wenn, dann nie gegen die Manager, die den Betrug und die Manipulationen begangen hatten, immer nur gegen die unmittelbaren Täter. Das System, das diesen Manipulationen Raum gegeben hatte, das wurde als solches nicht untersucht. Auf der ganze Welt ermittelten die Behörden nicht koordiniert und abgestimmt, sondern nebeneinanderher, so dass selbst erfahrene Anwälte den Überblick verloren. Zum Teil lag das daran, dass eine Koordination nicht vorgesehen war, weil die Behörden – die CFTC, die SEC, die FCAA, die BaFin und andere – immer nur für einen Teil der global tätigen Banken verantwortlich waren. Eine einzige globale Aufsichtsbehörde gab es nicht. So war der Verlauf, den die Untersuchung eines komplizierten Finanzverbrechens nehmen konnte, für alle Seiten gleichermaßen unberechenbar – für die Banken, die Aufsicht und die Staatsanwaltschaften.

Der Israeli Eric Ben-Artzi musste nach seiner Entlassung sein teures Zuhause in Hoboken aufgeben. Er bekam an der Wall Street keinen Job mehr, und so fehlte ihm das Geld für die Miete. Im Sommer 2013 wartete er noch immer darauf, dass die SEC mit der Untersuchung der Deutschen Bank endlich vorankam. Seine Frau konnte nicht verstehen, wie sie in eine solche Situation geraten konnten. Sie hatte sich an den komfortablen Lebensstandard gewöhnt – und jetzt das.

Und dann erfuhr Ben-Artzi von einer Personalentscheidung, die ihn fassungslos machte: Der Mann, der ihn die ganze Zeit so bedrängt, ihn abgeschöpft und unter Druck gesetzt hatte, der ehemalige Staatsanwalt Bob Rice, hatte die Deutsche Bank verlassen und arbeitete jetzt für den Staat. Seit Juni 2013 war er der oberste Anwalt der Börsenaufsicht SEC, jener SEC, bei der Ben-Artzi als Whistleblower registriert war.

Ben-Artzi hörte von anderen Whistleblowern, dass Derartiges keine Seltenheit sei. Das System werde häufig manipuliert oder korrumpiert. Wie war das in einem Rechtsstaat überhaupt möglich?, fragte Ben-Artzi sich. Damit war doch alles auf den Kopf gestellt, war oben plötzlich unten und richtig auf einmal falsch. Das Ergebnis war eine kriminelle Kultur. Den Anwalt Richard Walker, der früher bei der SEC gearbeitet hatte, machte Ben-Artzi später in einem Interview für das Entstehen dieser Kultur mit verantwortlich.[60] Er hatte es anderen ermöglicht, Whistleblower unter Druck zu setzen und einzuschüchtern, bis sie schließlich schwiegen. Walker und seine Gefolgsleute, Rice und Khuzami, verdienten Millionen, was Ben-Artzi grenzenlos wütend machte: »Sie haben sich auf Kosten aller anderen bereichert, auch auf Kosten der Aktionäre. Die Deutsche Bank hat selber nichts gemacht, sie ist als Institution nicht schuldig, die Manager und Männer wie Rice und Walker tragen vielmehr die Schuld. Obwohl sie nicht mal das perfekte Verbrechen begangen haben, kamen sie trotzdem davon.«

Robert Rice konnte nie ein direkter Einfluss auf die Untersuchung nachgewiesen werden. Fakt ist aber, dass Walker zwei Jahre lange einer der ranghöchsten Mitarbeiter bei der SEC war. Während dieser Zeit legte die Börsenaufsicht im Fall der Leveraged Super Seniors kein

Ergebnis vor. Der Fall ruhte bis zum Jahr 2015, obwohl sich mit Matthew Simpson der erste Whistleblower schon fünf Jahre zuvor gemeldet hatte.

Die Vergangenheit holte Broeksmit auch im Urlaub ein. In seinem Haus in Maine hatte er mehrere Wochen mit seiner Familie verbracht, auch seine Töchter waren zu Besuch gekommen. In in dem kleinen Bundesstaat hatte er sich früher oft mit Edson Mitchell getroffen, der dort an der kanadischen Grenze geboren worden war. Die Erholung war spätestens in dem Moment wie weggeblasen, als Bill Broeksmit eine E-Mail erreichte mit der Nachricht, dass eine weitere Altlast Probleme mache. Ein Anwalt aus New York, der für die Deutsche Bank an einem Fall arbeitete, schrieb ihm, dass sich die US-Behörden für ein ganz bestimmtes Projekt interessierten. Kunden wurde offenbar dabei geholfen, Steuerzahlungen in großer Höhe zu umgehen. Mehr verriet der Anwalt nicht. Er bat Broeksmit am Montag, den 2. September, in das Londoner Büro seiner Kanzlei zu kommen. Kein Problem, antworte Broeksmit noch aus dem Urlaub. Der 2. September war offiziell Broeksmits erster Tag als Pensionär, der erste Tag in Freiheit. Was für ein Start in ein neues Leben. Ende August verbrachte er noch einige Tage bei der Deutschen Bank. Dann machte das Treffen mit dem Anwalt Broeksmit endgültig klar, dass es sehr, sehr lang dauern würde, bis die letzten verrückten Jahre bei der Bank aufgearbeitet sein würden.

Broeksmit bekam im September viele E-Mails von Kollegen, weil er sich Ende August mit dem Betreff: »Ich gehe wieder in Rente« verabschiedet hatte, und das hieß: »Mein E-Mail-Account wird morgen abgeschaltet.« Was für ein toller Kollege er gewesen sei, man habe so viel von ihm gelernt, er habe es geschafft, gutes Timing, wir sollten uns mal auf einen Drink treffen, über neue Projekte sprechen oder über die Bank herziehen – so oder ähnlich lauteten die Antworten, die im Herbst auf Broeksmits neue E-Mail-Adresse umgeleitet wurden. Ein Kollege schrieb, er habe da einen Pensionärs-Gig für ihn, Investmentchef in einem New Yorker Pensionsfonds, extrem nervig, aber immerhin öffentlich-rechtlich organisiert. Broeksmit antwortete, extrem nervig klinge nicht gut, außerdem gebe es da dieses Altlastenrisiko, das ihn mit der Deutschen Bank noch immer verbinde. Daher sei er für die Aufgabe ungeeignet. Ein anderer Kollege schrieb fröhlich, er solle drei Kreuze machen, dass er aus dem Laden, der Deutschen Bank, raus sei, es habe allein in den letzten zwei Wochen vier Prüfungen gegeben. Die Behörden würden sich die Klinke in die Hand geben, er habe langsam genug von der ganzen deutschen Bürokratie. Er bewahre bereits einen Vorrat an Beruhigungsmitteln in seinem Schreibtisch auf, falls ein Kollege im Angesicht der Kontrolleure durchdrehe und man anschließend wirklich Probleme bekomme. Die Bankenaufsicht verschonte auch Broeksmit nicht, Pension hin oder her. Die BaFin fragte nach ihm und seinem Bericht über Christian Bittar. Die Anwälte der Deutschen Bank zogen daraufhin von Broeksmit Unterlagen ein, vor allem die Notizen aus der Zeit, als er den Handelstisch von Bittar untersucht hatte. In seinen Mails gab Broeksmit sich locker, was die BaFin anging: »Ich glaube nicht, dass mein Material noch von großem Interesse sein wird, wenn die es erst mal gesichtet haben.« Mit seinen engsten Freunden, die alle in der Finanzbranche arbeiteten, tauschte Broeksmit sich über seine Probleme und Ängste nicht aus. Sie diskutierten aber angeregt jede neue Wendung in der Aufarbeitung der Finanzkrise und machten sich Gedanken, welcher Republikaner als Präsident auf Obama folgen könnte.

Im September schickte ein Freund Broeksmit einen Artikel aus dem *Wall Street Journal*, in dem es um Josef Ackermann ging, der vom Amt des Verwaltungsratspräsidenten der Zürich-Versicherungen zurückgetreten war.[61] Ein führendes Mitglied des Vorstands hatte sich in seinem Haus erhängt und in einem Abschiedsbrief geschrieben, dass Ackermann und seine Methoden ihn zu diesem Schritt getrieben hätten. Die Arbeitsatmosphäre, der Druck seien unerträglich gewesen. Wörtlich heiß es in dem Brief: »Josef Ackermann ist der schlimmste Verwaltungsratspräsident, den ich je getroffen habe.« Ackermann hatte den Abschiedsbrief vor den obersten Managern der Versicherung verlesen und dann sein Amt zur Verfügung gestellt. Für die Familie des Opfers kam der Suizid völlig überraschend. Ackermann wurde später in einer internen Untersuchung von jeder Schuld freigesprochen.

I n den letzten Jahren hatte Broeksmit in viele Abgründe geblickt, und nun, im Winter seiner Karriere, kam ein weiterer dazu. 2012 hatte er ein Aufsichtsratsmandat bei der DBTCA in New York übernommen, der Nachfolgerin von Bankers Trust. Von 2013 an sollte er die Bank auch noch in Sachen Risikomanagement beraten. Ein lukrativer Job, den Anshu Jain ihm besorgt hatte, ein Zubrot für die Rente, so schien es. Tatsächlich war es ein Himmelfahrtskommando, von denen es in der Bank viele gab. Von allen dysfunktionalen Einheiten der Deutschen Bank war die DBTCA die schlimmste. Hier wurde Geld aus Moskau unbekümmert und unkontrolliert in alle Himmelsrichtungen überwiesen. Die DBTCA hatte zudem auf Anweisung des Private Wealth Management einem unsicheren Kandidaten wie Donald J. Trump mehrere 100 Millionen Dollar geliehen. Und Ende des Jahres stand auch noch ein Stresstest an, den die neuen Regelungen der Obama-Regierung vorsahen. Die Ausgangslage für den Test war verheerend. Anfang September 2013 schickten die Kollegen Broeksmit zur Vorbereitung einen geheimen Bericht zu, aus dem hervorging, wie sehr der New Yorker Ableger der US-Notenbank, der Fed also, von der DBTCA genervt war. Die letzte große Untersuchung der Bank im Jahr 2003 sei bereits ein Desaster gewesen, aber seither habe sich nichts geändert, klagten die Prüfer der Fed. In beinahe jedem zentralen Bereich der Bank gebe es Defizite, insgesamt 50 in neun Schlüsselbereichen. Datensicherheit, Schutz gegen Betrug, das alles war so schlecht organisiert, dass die Fed sich fragte, wie die Mutter Deutsche Bank diese Tochter überhaupt führte.

Dem Risikomanager Broeksmit wurde schnell klar, dass er einen Saustall kontrollieren sollte. Zunächst wurde er jedoch kaum aktiv. Er schrieb keine E-Mails, mischte sich nicht ein. Doch dann musste er Mitte Oktober bei der New Yorker Fed erscheinen. Die US-Notenbank hatte ihn also auf dem Schirm, er flog nicht mehr unter dem Radar, sondern musste persönlich Verantwortung für Machenschaften in einem Teil der Deutschen Bank übernehmen, für die er nichts konnte. Nach dem ersten Termin bei der Fed schrieb Broeksmit eine zaghafte E-Mail an das Management der DBTCA, in der er um Auskunft bat, wie bestimmte Posten in der Bilanz entstanden waren. Am Tag zuvor

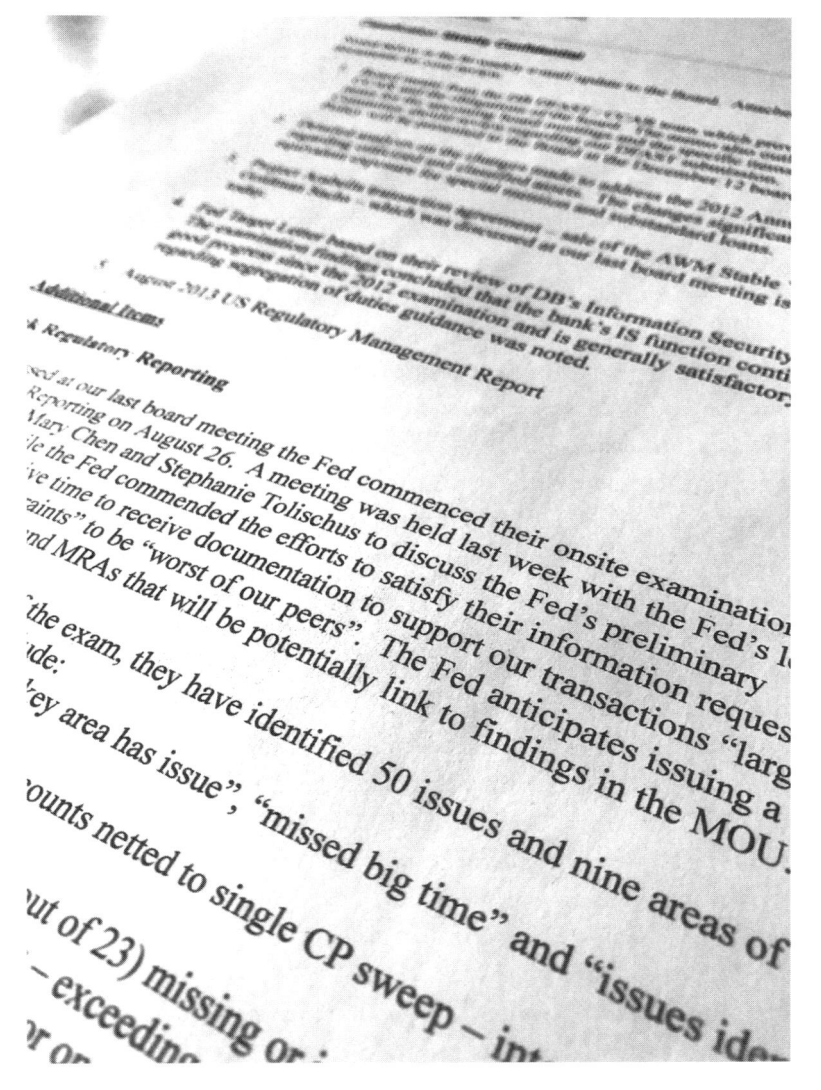

Zu den größten Schwachstellen der Deutschen Bank wurden die Töchter in den USA. Immer wieder beschwerte sich der New Yorker Ableger der US-Notenbank etwa über den Zustand der DBTCA, der Nachfolgerin von Bankers Trust, die 1999 offiziell von der Deutschen Bank übernommen wurde. Risikokontrollen, IT-System – alles lag im Argen. Vor seinem Tod sollte auch der Risikomanager Bill Broeksmit mit dort aufräumen. Dazu kam es nicht mehr.

hatte er eine E-Mail von einem DBTCA-Manager mit der Nachricht erhalten, dass ein Kontrollsystem Alarm ausgelöst habe. Aus der DBTCA sei Geld in zu großen Mengen abgezogen worden. Es handle sich ungefähr um eine Milliarde Dollar. Kein Problem, meinte ein anderer Manager, der die E-Mail ebenfalls bekommen hatte, die Mutter der DBTCA – also mittelbar die Deutsche Bank selber – hatte sich das Geld genommen. Das war höchst ungewöhnlich. Ein paar Tage später erfuhr Broeksmit, dass die Fed einem DBTCA-Vertreter eröffnet hatte, man werde das Kreditrating der Bank abwerten. Die Bank würde also nicht mehr so leicht Kurzfristkredite von der Fed bekommen, maximal nur noch zehn und nicht mehr 16 Milliarden Dollar pro Tag. Auch kein Problem, beschwichtigte ein Manager die Kollegen, das Geld brauche man ohnehin nicht, nur im August 2008 habe man mehr als 15 Milliarden pro Tag von der Fed bekommen. Das sei doch lange her.

Broeksmit war wie in einer Zeitschleife gefangen. Alles wurde schöngeredet und gesundgebetet. Anfang November schrieb er eine ausführliche Mail an eine Kollegin im Aufsichtsrat. Er schlug darin einen *deep dive* vor: Sie sollten einen tiefen Blick in die Bücher der Bank werfen, alles auf den Kopf stellen und gründlich prüfen. Die Reaktion der Kollegin darauf fiel kühl aus: Man solle den Kollegen nicht zu viel Arbeit zumuten und sich lieber flexibel zeigen. Bei der DBTCA schaute man schließlich seit Jahren nicht zu genau hin, das würde man jetzt nicht ändern, nur weil ein Pensionär nervige E-Mails schrieb. Broeksmit munterte es in jenen Tagen auf, wenn er ehemalige Kollegen wie Rajeev Misra traf, das einstige Gehirn des Kredithandels der Deutschen Bank. Misra hielt sehr viel von Broeksmit. Er erinnerte ihn daran, dass sie gemeinsam immerhin mehrere »Touren« durchgestanden hatten. Touren, so nennen Soldaten Einsätze im Ausland. Merrill, schrieb Misra, das war ihr Korea-Krieg, und die Deutsche Bank war ihr Vietnam.

Was in New York vor sich hin brodelte, behielt Broeksmit für sich. Er ließ sich auch nichts anmerken, als Anshu Jain Anfang November ihm zu Ehren ein Abschiedsessen im sogenannten Garden House der Londoner Zentrale an der Great Winchester Street gab. Broeksmit hatte sich für diese Mittagsrunde ein leichtes Dreigängemenü – Salat,

Lamm, Früchte – gewünscht, das von den Privatkochs der Bank zubereitet werden sollte. Eingeladen waren zunächst nur die Manager, die mit ihm schon in den 1990er Jahren bei der Deutschen Bank zusammengearbeitet hatten. Als die Liste aber sehr kurz wurde, weil viele der Kandidaten auf Reisen waren – unter anderem Michele Faissola und Alan Cloete –, wurde sie erweitert, so dass auch Kollegen teilnahmen, die Broeksmit von den fixen Treffen am Mittwochmorgen kannte, auf denen die aktuellen Risikothemen der Bank besprochen wurden. Unter den Teilnehmern waren der junge deutsche Risikomanager Christian Sewing und der Händler Pius Sprenger, ein ehemaliger CDO-Trader, der Greg Lippmann 2010 als Chef der CDO-Gruppe abgelöst hatte, als der zu einem Hedgefonds gewechselt war. Sprenger kündigte an, dass er vorzeitig aufbrechen müsse, weil er mit seinen Leuten ein wichtiges Treffen vereinbart habe und ihnen dringend erklären müsse, was es mit der sogenannten Non-Core Unit auf sich habe – der internen Bad Bank. Sprenger war Ende 2013 gerade dabei, das Kasino in Las Vegas loszuwerden.

Bei der Mittagsrunde erzählte Anshu Jain, dass auch Bill Broeksmit nicht immer richtiggelegen habe und ihm einmal empfohlen hatte, an einer bestimmten CDO-Tranche mit dem Wert »Alt A« festzuhalten, die dann wie alle anderen Teile des Instruments ins Bodenlose gestürzt sei. Jetzt konnte man darüber lachen. Ein paar Tage nach dem Lunch schrieb Broeksmit an Jain, er hatte gehofft, dass die Erinnerung an diese Empfehlung durch die magischen Kräfte der Mythenbildung längst ausradiert worden sei. Er fügte ein »:-)« hinter den Satz und schloss: »Danke, dass ich die letzten sechs Jahre im Zentrum der Action sein durfte.« Jain antwortete: »Du hast für die Institution und viele Leben hier einen wichtigen Beitrag geleistet. Let's stay in touch. Vor mir und meinem Team liegt noch ein langer Weg voller Schlaglöcher. Deine Perspektive auf die Situation wird unbezahlbar für uns bleiben.«

Die große Distanz zwischen den beiden – trotz der vielen gemeinsamen Jahre – war mit Händen zu greifen, und genau für diese Distanz war Broeksmit fürstlich bezahlt worden. Sein Gehalts- und Bonuskonto bei der Bank war allein in den letzten drei Jahren auf ein

Volumen von über zehn Millionen Euro angewachsen. Broeksmit musste kein Geld mehr verdienen. Aber er war ein Mann, der nicht nein sagen konnte – zu seinen Kindern nicht, zu seiner Frau, seinen Freunden und seinen Verwandten nicht, die immer wieder Geld von ihm wollten. Und wenn Jain ihn bat, sich um eine Bank in New York zu kümmern, dann sagte er auch dazu ja. Dort lag noch ein schwerer Weg vor ihm, aber auszusteigen, das ließ sein Pflichtbewusstsein nicht zu – und vielleicht auch seine Angst vor Langeweile nicht.

Im November musste Broeksmit erneut bei der Fed vorsprechen, wieder ging es um die DBTCA. Die US-Behörden hatten, dieser Eindruck musste sich ihm aufdrängen, die Deutsche Bank ganz genau im Blick. Ein Freund schickte ihm wenige Tage später einen Artikel: Die EU hatte die Deutsche Bank wegen des Libor- und Euribor-Kartells – denn nichts anderes war es – zu einer Strafzahlung von 725 Millionen Euro verdonnert.[62] Einzelne Personen wurden öffentlich nicht genannt, aber in dem vertraulichen Bericht tauchte Broeksmits Name wieder auf. Als wollte er sich einen Extrabonus bei der Bankenaufsicht verdienen, gab sich dieser nun bei der Kontrolle der DBTCA noch mehr Mühe. Er bohrte nach, forderte konkrete Zahlen, hinterfragte den internen Stresstest und schrieb am 4. Dezember an die Führung der DBTCA, dass er immer noch nicht verstehe, warum zehn Milliarden Dollar von der DBTCA zur Mutterbank verschoben worden seien. Überhaupt gebe es viele komplexe Posten in der Bank. Habe man auch einen Plan, wie man die abwickeln wolle? Keinen, den man im Jahr 2013 noch umsetzen könne, bekam er zur Antwort. Broeksmit nahm sich daraufhin den internen Stresstest vor, den man der Fed bald würde präsentieren müssen. Waren die durchgespielten Szenarien nicht viel zu lasch? Wie können bei drei unterschiedlich scharfen Stressszenarios drei exakt gleiche Ergebnisse herauskommen? »Das klingt nicht richtig.« Kamen in einigen Teilen der Tests nicht viel zu geringe Verluste heraus? »I think we should stress harder«, schrieb er. Man müsse auch die Daten aus besonders schlechten Jahren in den Test einbeziehen, als die Bank viel Geld verloren hatte. Denn was würde geschehen, wenn sich diese Geschichte wiederholte? Den Dezember über arbeitete er sich an der Bank ab.

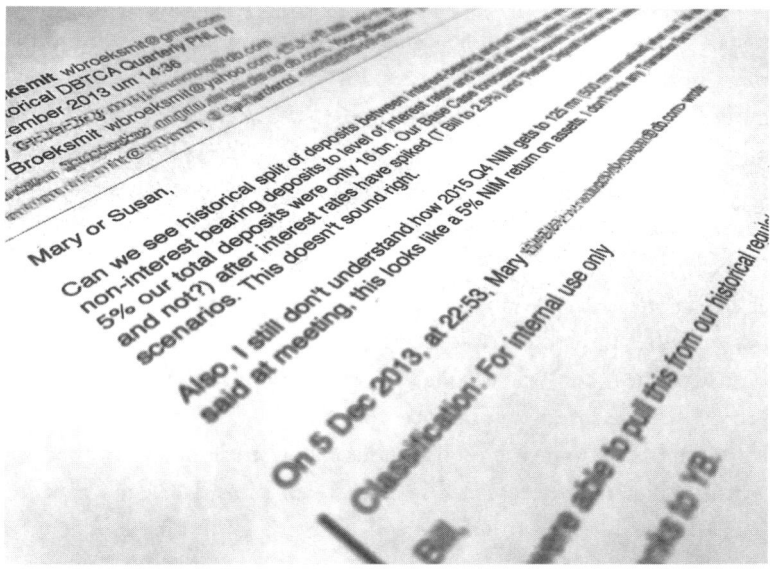

Der Risikomanager Bill Broeksmit († 2014) kümmerte sich, nachdem er offiziell in Pension gegangen war, freiberuflich um die DBTCA. Er wollte die Bank möglichst gründlich auf die anstehenden Stresstests der Notenbank vorbereiten. Broeksmit stieß aber bei den Kollegen in New York auf taube Ohren. Noch 2018 machte die New Yorker Tochter der Deutschen Bank Ärger und riss einen wichtigen Stresstest – als einzige von 35 getesteten Banken. Am Ende gewannen immer nur die Banker, nicht die Bank. Die Endabrechnung ist eindeutig.

Gewinn und Verlust nach Steuern
1995–2017*   40,36 Milliarden Euro
Straf- und Vergleichszahlungen
seit 1995   ca. 20 Milliarden Euro
Dividenden u. Sonderzahlungen für Aktionäre
1995–2016   17 Milliarden Euro
Bonuszahlungen für die Investmentbanker
1995–2016**   71 Milliarden Euro**

* Inklusive der Vergleichszahlungen bei Zivilklagen
** »How Deutsche Bank's high-stakes gamble went wrong?«,
   Financial Times vom 9. November 2017

Kurz vor Weihnachten schreckte eine Nachricht die Finanzwelt auf: Drei Männer waren verhaftet worden, darunter ein Mann namens Tom Hayes, genannt Rain Man. Der junge Mann wurde in seinem neuen Haus vor den Augen seiner Frau festgenommen, während ihr neugeborenes Baby schlief. Er stehe im Verdacht, den Libor manipuliert zu haben, hieß es in Medienberichten. Als wolle er zeigen, dass er zu den Guten und nicht ins Gefängnis gehörte, nervte Broeksmit seine Kollegen in New York jetzt erst recht. Man müsse von einem Szenario ausgehen, das so schlechte Ergebnisse zur Folge haben könne, wie die Bank sie 2001 bis 2004 bereits erlebt hatte, oder die Fed wird die Frage stellen, warum man genau das nicht gemacht habe. Sie sollten die Bank besser selber hart testen und zeigen, dass man das Problem erkannt hatte. Als die New Yorker Kollegen ihn baten, den Stresstest, den er so sehr kritisierte, intern zu präsentieren und zu verkaufen, flippte er aus: »Wessen Idee war das? Ich soll ein unabhängiger Berater sein, aber das würde es so aussehen lassen, als wäre ich auf Linie des Managements. (…) Ich mache es, wenn man es will, aber nur wenn meine Bedenken [in dem Test] widergespiegelt werden.« Am Ende erklärten seine Kollegen in einer von allen unterschriebenen Mail, dass man dieser Forderung nicht nachkommen werde – der Stresstest bleibe unverändert. Wenn er damit nicht einverstanden sei, dann müsse man eine Notfallsitzung des Aufsichtsrats einberufen. Das jedoch wollte Broeksmit auch nicht. Auch diese letzte Schlacht verlor er, weil er die ultimative Konfrontation scheute. Man hatte wieder nicht auf ihn gehört. Mitte Januar würde er gemeinsam mit dem Kollegen des Aufsichtsrats das Ergebnis des Stresstests der Fed präsentieren müssen. Ohne die eine oder andere Notlüge würde das nicht über die Bühne gehen.

Seit dem Sommer hatte Broeksmit den Psychologen in London nicht mehr aufgesucht. Er hatte stattdessen eine Assistentin angestellt, die große Reisen für ihn und seine Frau plante. Im nächsten Jahr sollte es im Frühjahr in den Iran und nach Südafrika gehen, zuvor stand noch ein Abstecher auf dem Boot seines besten Freundes zu den British Virgin Islands an. Anfang Januar wollte seine Frau erst nach Indien und dann in den Oman reisen, wo Broeksmit dazustoßen sollte. Fast hatte es den Anschein, als organisiere Broeksmit eine fortwährende Flucht vor dem Alltag, den Gedanken, dem Stress. Doch als seine Frau im Januar nach Indien reiste, war Broeksmit eine Woche allein in London. Viel Zeit zum Nachdenken. Über das, was war, über das, was kommen würde, und über das, was man so alles aushalten kann im Leben.

W enn ein Mensch sich das Leben nimmt, dann suchen die Hinterbliebenen oft nach dem einen Grund, dem einen Auslöser, der das Unerklärliche, das Schreckliche doch erklären kann, versuchen den Zeitpunkt auszumachen, an dem der Verzweifelte entschieden hat, sich das Leben zu nehmen. Oftmals können die Hinterbliebenen sich nicht damit abfinden, dass es diese Hinweise nicht gibt, denn die Abwesenheit eines Motivs lässt das Ende noch brutaler, unerklärlicher und unnötiger erscheinen. Hatte der Vater, der Bruder oder die Schwester vor dem selbst gewählten Tod nicht wie immer gewirkt? Hatte dieser Mensch nicht noch Termine abgemacht, die weit in der Zukunft lagen?

Es gibt viele Arten von Suizid, die alle ihre eigenen Fragen aufwerfen. Es gibt Menschen, die die Entscheidung, das eigene Leben zu beenden, nach reiflicher Überlegung treffen und dann ruhiger und glücklicher wirken. Sie starten eine Art Selbstzerstörungsprogramm, das im Hintergrund abläuft und nicht mehr aufzuhalten ist. Zu diesem Programm gehört, dass man sich von dem Entschluss nicht mehr abbringen lassen will und daher betont so weiterlebt, als sei alles wie immer. Termine werden gemacht, Verabredungen getroffen und Pläne geschmiedet. Bill Broeksmit hatte bereits die Reisen in den Iran und nach Südafrika gebucht. Zuvor würde er mit einem Kollegen der Deutschen Bank in den Ski-Urlaub fahren. Er war im Kontakt mit der DBTCA in New York, unterrichtete das Management dort, dass er bei der übernächsten Aufsichtsratssitzung in Südafrika sein werde, sich aber von Johannesburg aus per Videotelefon zuschalten könne. Broeksmit fragte auch nach dem ersten Termin im neuen Jahr: Wie war noch einmal der genaue Ablauf für das Treffen mit der Fed am 29. Januar 2014?

Doch zwei Wochen vor diesem wichtigen Termin, am 15. Januar, meldete er sich nach längerer Pause mit einem Anliegen bei seiner

Notarin in New York. Man müsse die Arbeit an seinem und dem Testament seiner Frau wieder aufnehmen. In den frühen Morgenstunden, bevor er sich auf den Weg zum Flughafen in Heathrow machte, um in den Oman zu seiner Frau zu fliegen, schickte er die E-Mail ab. Im Flugzeug tüftelte er weiter an seinem Testament und schickte der Notarin von Bord aus weitere Anweisungen. Fünf Tage später kehrte er mit seiner Frau aus Maskat nach London zurück. Noch am selben Tag buchte er ein teures Ticket für den Flug nach New York, so dass er rechtzeitig zum Treffen des Aufsichtsrats mit der Fed am Mittwoch, den 29. Januar, dort sein würde. Der lasche interne Stresstest sollte um 12 Uhr mittags vorgestellt werden. Ebenfalls für diesen Mittwoch machte Broeksmit einen Termin mit seiner Notarin ab, die ihr Büro neben Ground Zero hatte, um dort sein Testament zu unterschreiben.

Am Sonntag, drei Tage vor dem Treffen bei der Fed, legte Broeksmit eine Handvoll Briefe in den Korb seines kleinen Hundes. Dann nahm er die Hundeleine und erhängte sich an der Tür zum Flur, wo ihn seine Frau, die joggen war, wenig später fand. Um ihn herum lagen interne Dokumente der Bank. Bevor sie den Notarzt alarmierte, rief Broeksmits Frau Alla Anshu Jain an, das jedenfalls behaupten interne Quellen der Bank. Nach den Sanitätern traf Allas Sohn Val ein, mit dem sie und Bill verabredet waren, um seinen Geburtstag nachzufeiern. Er war von der Haushälterin alarmiert worden, die inzwischen ebenfalls anwesend war. Auf Bitten seiner Mutter rief Valentin Broeksmit Michele Faissola an, der in der Nähe lebte und wenig später erschien.[63]

In einem Interview erzählte Val Broeksmit später, dass er gemeinsam mit Faissola Unterlagen seines Vaters durchgesehen habe. Sie hätten nach Hinweisen gesucht, die erklären konnten, warum sich Broeksmit das Leben genommen hatte – denn in den Abschiedsbriefen war er sehr allgemein geblieben. Seinem Sohn hatte Bill Broeksmit geschrieben: »Es tut mir so leid, dass ich ein so kalter Vater war. Du bist ein warmherziger, geistreicher junger Mann und ein liebender Bruder für deine Schwestern und ein liebender Sohn. Alle meine Freunde mochten deine Gesellschaft, und du hattest immer reizende Freundinnen. Du hast dem Namen, den ich dir gegeben und nun entehrt habe, selber Ehre gemacht.«»Und an Anshu Jain, den Mann, dem er oft so viel zugetraut und den er manches Mal überfordert hatte, schrieb der treue Bill Broeksmit:»Anshu, es tut mir leid, dass ich dich enttäuscht und meine dunkle Natur vor dir geheim gehalten habe.«Die Briefe ließen also noch Fragen offen. Die Wohnung nach weiteren Notizen zu durchsuchen wäre naheliegend gewesen und durchaus nicht anrüchig. Trotzdem legte Michele Faissola Wert auf die Feststellung, dass er dies nicht getan habe, drohte Val Broeksmit später mit seinen Anwälten und bedrängte ihn, öffentlich zu erklären, er, Michele Faissola, habe die Wohnung der Broeksmits nie nach irgendwelchen Unterlagen durchsucht. Seine Beziehung zu Broeksmit war bis zum Ende nicht greifbar gewesen. Seit Broeksmit in Rente gegangen war, hatte Faissola immer wieder auf ein Treffen gedrungen. Die beiden waren Bekannte, aber keine engen Freunde. Auch für Faissola stand wegen der Untersuchung des US-Justizministeriums in Sachen Libor viel auf dem Spiel. Er war inzwischen von Jain befördert worden, weg von den Zinssätzen. Nun war er zuständig für die weltweiten Vermögensanlagen der ultrareichen Kunden. Doch Broeksmit hatte ihm 2007 in Sachen Libor eine E-Mail geschickt.[64] Sie war der Ausgangspunkt des ganzen Dramas und enthielt die Frage: Wer wusste was wann? Darauf konnte Bill Broeksmit nun keine Antwort mehr geben.

Die Unterlagen, die Broeksmit in der Wohnung verteilt hatte, bevor er sich erhängte, gehörten zu einem Datensatz der DBTCA, dem Fass ohne Boden, der dunklen Ecke der Deutschen Bank. Die Polizei, die am Tatort auftauchte, stellte diese Dokumente nicht sicher, was die nachgeordneten britischen Behörden später scharf kritisierten. Irgendjemand hatte die Papiere an sich genommen und die Deutsche Bank über deren Natur unterrichtet, denn in einem internen Bericht des Instituts ist vermerkt, dass es sich bei den Dokumenten zu Füßen von Broeksmits Leiche um DBTCA-Unterlagen gehandelt habe. Auf Nachfrage erklärte die Bank, dass sich die Unterlagen im Besitz des Instituts befinden und es sich dabei unter anderem um Exceltabellen handle, die mit dem anstehenden Stresstest der DBTCA zusammenhingen, den die Fed organisiert hatte.

Bei der Deutschen Bank reagierte man geschockt auf den Tod des ehemaligen Kollegen. In einer E-Mail an die Belegschaft würdigten Anshu Jain und Jürgen Fitschen den »engen Freund (...), von dessen Intellekt und Klugheit viele profitiert haben«. Er sei einer der Gründer der Investmentbank gewesen: »Viele seiner Kollegen hielten ihn für einen der klügsten Köpfe auf dem Gebiet des Risiko- und Kapital-Managements.«[65] Doch schon am Tag nach Broeksmits Tod hatte der Alltag die Bank wieder im Griff. Erneut hatte sich die BaFin angesagt. Es ging um den Deal mit der italienischen Bank Monte dei Paschi, vor dem Broeksmit vergebens gewarnt hatte und in den vor allem Faissolas ehemalige Einheit involviert war.

K napp zwei Wochen nach seinem Tod wurde Bill Broeksmit in seiner Heimat bestattet. In der New Yorker Brick Presbyterian Church nahe dem Central Park wurde ein Gottesdienst für den Mann aus Chicago abgehalten. Bei der Trauerfeier erzählte eine der Töchter, wie Bill ihr zwei Jahre lang jeden Tag aus *Peter und der Wolf* vorgelesen und sie ihrem Vater dafür die Krawatten herausgesucht hatte. Broeksmits Frau Alla trug das Gedicht »Funeral Blues« vor: »Stop all the clocks, cut off the telephone /(...)/He was my North, my South, my East and West,/My working week and my Sunday rest/My noon, my midnight, my talk, my song;/I thought that love would last forever, I was wrong.« Val Broeksmit fragte die Anwesenden – Freunde, Kollegen, Verwandte –, ob sie eine Erklärung für den Suizid seines Vaters hätten. Niemand hatte eine Antwort. Zur Verblüffung seines Sohnes hinterließ Bill Broeksmit über 60 Millionen Dollar. Das neue Testament hatte der Vater jedoch nicht mehr unterschrieben. Der Streit um das Erbe begann deshalb schon kurz nach der Beerdigung. Die Mutter wandte sich gegen ihren Sohn Val, der ihrer Ansicht nach das eine oder andere Mal vom rechten Weg abgekommen und leichtfertig mit Geld umgegangen war. Sie brachte ihn so schnell wie möglich in einer Entzugsklinik unter. Val war erst einmal aus dem Spiel.

Zu diesem Zeitpunkt war der Tod Bill Broeksmits noch nicht restlos aufgeklärt. Erst für Ende März war eine Anhörung in London angesetzt. Wie es das britische Gesetz vorsieht, musste das Büro der

Gerichtsmedizin – der Coroner – öffentlich feststellen, ob der Tod Broeksmits tatsächlich als Suizid zu werten sei. Die Deutsche Bank bezahlte die Anwaltskanzlei Turnstone, die sich offiziell um die Belange der Familie kümmern sollte und schon im Vorfeld der Anhörung besondere Aktivität entfaltete. Dass ein Vertrauter von Anshu Jain sich erhängt hatte, diese Meldung hatte sofort hohe Wellen geschlagen. Einige Finanzreporter versuchten, die Motive des Suizids aufzuklären, und genau das sollte die Anwaltskanzlei Turnstone verhindern.

Eine junge Anwältin der Kanzlei wurde zur Chefin der Gerichtsmedizin Westminster, Dr. Fiona Wilcox, geschickt. Die Anwältin hatte viele Jahre in Russland gelebt, sprach fließend Russisch, war Drucksituationen gewöhnt und sehr durchsetzungsfähig, wie sich zeigen sollte. Sie fing Dr. Wilcox kurz vor der öffentlichen Anhörung ab und fragte, was sie vorhabe. Wilcox erklärte, dass sie über Nacht neue Dokumente gesichtet habe und sich nun sicher sei, dass die Untersuchung der US- und der EU-Behörden zu den Libor-Manipulationen ein relevanter Faktor bei diesem Selbstmord gewesen sei. Das sei die einzige logische Erklärung, die man in diesem Fall abgeben könne. Das Gesetz verpflichte sie, jeden Todesfall ohne Angst und ohne Ansehen der Person aufzuklären. Dass die Galerie bereits voller Reporter sei, zeige ihr zudem, dass es ein großes öffentliches Interesse an dem Fall gebe. Das schon, erwiderte die Anwältin, aber was sei mit der Familie? War sie sicher, dass gegen Broeksmit zum Zeitpunkt seines Todes noch immer ermittelt wurde? Seit seinen Arztbesuchen seien doch sieben Monate vergangen. In Ordnung, sagte die Gerichtsmedizinerin, dann verschiebe ich die Anhörung und lade die Ärzte als Zeugen. Genau das wollte die Anwältin auch nicht. Das würde noch größeren Schaden anrichten, sagte sie schnell.

Schließlich legte die Gerichtsmedizinerin einen Brief von Dr. Mitchell vor, den die Anwältin noch nicht kannte. Darin erklärte der Psychologe, dass Broeksmit Angst vor den Untersuchungen der Behörden hatte. Die Anwältin bemühte sich um Schadensbegrenzung. Sie feilschte mit der Gerichtsmedizinerin um jedes Wort, strich Passagen mit pinkfarbenem Textmarker an, die ihrer Meinung nach unbedenklich waren. Darauf ließ Wilcox sich ein. Sie erklärte sich einverstanden damit, dass Details wie die Hundeleine unerwähnt blieben und einige wichtige Fakten nur abstrakt umschrieben wurden. Dass die Anwältin von der Bank bezahlt wurde und nicht von der Familie, das wusste sie offenbar nicht. Und das Spezialgebiet der Kanzlei war ihr auch nicht klar: Die Anwälte von Turnstone regelten Auseinandersetzungen mit der Bankenaufsicht.

Bei der Anhörung sagte Wilcox kein Wort über die konkreten Libor-Untersuchungen, kein Wort davon, dass Broeksmit so große Angst vor den US-Behörden gehabt hatte. Die Anwältin hatte ganze Arbeit geleistet. Diese Untersuchung war ja noch anhängig, was hätte das Justizministerium aus der Meldung gemacht, dass der Jain-Vertraute Broeksmit sich wegen der Libor-Ermittlungen erhängt hatte? So stellte Dr. Wilcox öffentlich nur eine sehr abstrakte Zusammenfassung der Aussagen der Ärzte vor und wies auf einen Umstand hin, den die Anwältin bewusst nicht hatte streichen lassen: dass Broeksmits Familie mit bipolaren Erkrankungen zu kämpfen hatte. Dadurch stand die Vermutung im Raum, dass der Suizid am Ende einzig auf eine psychische Erkrankung zurückzuführen sei. Die Reporter trugen die kryptische Zusammenfassung in die Welt. Die Nachrichtenagentur Reuters berichtete sogar von einer angeblichen Aussage des Psychologen, Broeksmit habe erkannt, dass seine Sorgen nichts mit der Realität zu tun hätten.[66] Dieser Satz stand so auch nicht in dem Brief von Bill Mitchell, dem fraglichen Psychologen, auf den die Untersuchung zurückging.

Die Kanzlei, die im Auftrag der Deutschen Bank handelte, hatte erfolgreich in eine öffentliche Anhörung eingegriffen, die Gerichtsmedizinerin und die Reporter verwirrt, somit für den Klienten das Schlimmste verhindert und Anshu Jain aus der Schusslinie gebracht. Dass darüber einem Mann, der für den Konzern alles gegeben hatte, die letzte Würde genommen und sein Tod gleichsam aus dem Zusammenhang gerissen wurde, ließ das verantwortliche Management der Deutschen Bank einfach so geschehen.

Der härteste Job der Welt
für den jüngsten Chef aller Zeiten

An einem bitterkalten, verschneiten Donnerstag im Januar 2015 stand Christian Sewing ein unangenehmer Termin an der Wall Street bevor. Die neuen Anwälte der Familie Broeksmit hatten einen Besuch bei der Deutschen Bank in New York angekündigt. Sewing war seit wenigen Tagen offiziell der Rechtsvorstand der Bank, obwohl er gerade einmal 44 Jahre alt war und niemals Jura studiert hatte. Die Wahl war auf ihn gefallen, weil er zur Familie gehörte und vertrauliche Informationen für sich behalten konnte. Er hatte zu jener Zeit bereits über zwei Jahrzehnte mit nur einer kurzen Unterbrechung für die Deutsche Bank gearbeitet. Der Konzern war sein Leben.

Als neuer Chef der Rechtsabteilung musste Sewing fast ein Jahr nach dem Tod seines Kollegen Broeksmit mit einer dramatischen Situation fertigwerden: Im Herbst hatte sich ein weiterer Kollege – Calogero, genannt Charles, Gambino – das Leben genommen. Der Jurist hatte zunächst bei der Börsenaufsicht SEC gearbeitet, war 2003 zur Deutschen Bank nach New York gekommen und dort zu einem der wichtigsten Anwälte des Instituts geworden. Gambino hatte vor seinem Tod lange mit US-Behörden verhandelt, die gegen die Deutsche Bank wegen Manipulationen beim Libor und im Währungshandel ermittelten.[67] Immer wieder hatte er sich auch mit Anwälten der Kanzlei Quinn Emanuel getroffen, die eine große Zivilklage gegen die Bank wegen der Libor-Manipulation vorbereiteten. Dann, plötzlich, an einem Sonntag Ende Oktober, hatte Gambino sich auf dem Balkon seiner Wohnung in Brooklyn erhängt.

Die Suizide der Schlüsselmanager ließen eine unangenehme Frage hochkommen, auf die auch Sewing schon seit Längerem eine Antwort suchte: Wie extrem war die Bank aus dem Ruder gelaufen?

Seit zwei Jahren gehörte Sewing zu einer kleinen Gruppe innerhalb des Unternehmens, die versuchte, die vielen Probleme der Bank zu verstehen und diskret in den Griff zu bekommen, ohne dass die Öffentlichkeit davon etwas mitbekam. Dass die Witwe Alla Broeksmit mit Victor J. Rocco einen Anwalt engagiert hatte, der sich mit

Wirtschaftskriminalität auskannte und nun Druck auf die Bank ausübte, war ein weiteres unangenehmes Problem.

Rocco, ein ehemaliger Staatsanwalt aus dem Eastern District, hatte wie jeder New Yorker Ankläger, der etwas auf sich hält, auch schon gegen die Mafia ermittelt, aber bald die Seiten gewechselt und fortan wie Hunderte von Anwälten in Manhattan vor allem Kunden aus der Finanzbranche vertreten. Um zwölf Uhr mittags war er an jenem Donnerstag in dem Wolkenkratzer an der Wall Street Nummer 60 mit Christian Sewing verabredet, dort, wo in den vergangenen Jahren so viel schiefgelaufen war. Rocco trug einen altmodischen gezwirbelten Schnurrbart und wirkte deshalb, als sei er aus der Zeit gefallen. Er kam in Begleitung von Thomas Thornhill, einem ebenfalls auf Wirtschaftsverbrechen spezialisierten Anwalt, der mit seinem starren linken Auge sein Gegenüber leicht durcheinanderbringen konnte. Auch Sewing fiel in der New Yorker Führungsetage der Deutschen Bank auf, da nichts an ihm an einen gelackten Anwalt oder Banker erinnerte. Er wäre – von der Erscheinung her – bei Anshu Jain glatt durchgefallen. Seine dunkelblonden Haare saßen nicht immer perfekt, und er trug Anzüge, die nicht so aussahen, als seien sie ihm auf den Leib geschneidert worden. Sein Gesicht wirkte an stressigen Tagen zerknautscht, seine Lider lasteten dann schwer auf seinen Augen – er war der Gegenentwurf zu Michele Faissola, der meist so entspannt auftrat, als sei er gerade von einem Törn mit seiner Yacht zurückgekehrt. Sewing hatte auch nicht wie Faissola einen einflussreichen Banker zum Onkel, sondern hatte sich ohne Hilfe nach oben gekämpft. Er stammte aus Westfalen, wo sein Vater eine kleine Druckerei besaß. Die Gegend ist für ihre gradlinigen, bodenständigen und starrköpfigen Menschen bekannt. Sewing junior hatte einen weiten Weg zurückgelegt vom ländlichen Westfalen bis zu dem Wolkenkratzer in Manhattan, wo er sich an diesem Januartag mit Rocco und dessen Begleiter Thornhill auseinandersetzen musste.

1989, nach dem Abitur – unter anderem mit dem Leistungskurs Geschichte –, hatte Sewing seine Ausbildung bei der Deutschen Bank in Bielefeld begonnen. Keine Lehre – kein Studium, so die Ansage seines Vaters. Der Sohn, ein begabter Tennisspieler, der eigentlich

Sportjournalist werden wollte – Steffi Graf und Boris Becker waren gerade auf dem Höhepunkt ihrer Karrieren –, gehorchte und suchte sich einen Ausbildungsplatz. Er war erst kurze Zeit Banklehrling, als eine Zeitenwende für die Bank anbrach: Nur wenige Wochen nach dem Mauerfall fiel Alfred Herrhausen einem Attentat zum Opfer. In Sewings Wahrnehmung waren das jedoch keine Brüche, die seinen Arbeitgeber lange aufhalten würden; es schien trotzdem immer nur nach oben zu gehen. Der Baulöwe Schneider, die verlorenen Milliarden, die Kreditkrisen in Asien und Russland – alles Probleme, die nach einem bescheidenen Quartal wieder vergessen waren. Sewing gewöhnte sich an den Erfolg und die Widerstandsfähigkeit der Bank, sagten Weggefährten später.

Sewings rasante Karriere spiegelte den Aufstieg der Bank zur Weltspitze in den 1990er Jahren wider. Die Idee, doch noch zu studieren, hatte er auch deshalb schnell verworfen. 1995 wurde er zum ersten Mal ins Ausland geschickt, nach Tokio, wo er Firmenkunden betreute. In Japan war gerade eine gigantische Spekulationsblase geplatzt. In den 1980er Jahren hatte die japanische Wirtschaft noch einen Rekord nach dem anderen aufgestellt und weltweit fast alle Konkurrenten abgehängt. Die Notenbank Japans hatte den Boom eifrig mit niedrigen Zinsen angeheizt. Doch dann brachen die Preise für japanische Aktien und Immobilien abrupt ein, Grundstücke verloren im Schnitt siebzig Prozent ihres Wertes.[68] Die Notenbank reagierte zu langsam, die Japaner horteten ihr Geld, die Banken räumten ihre Bilanzen nicht auf, verschleppten Verluste, um nicht zu schwach zu wirken, vergaben aber kaum noch Kredite. Am Ende war Japan in einer Deflationsspirale gefangen, und die Wirtschaft erholte sich nur ganz allmählich.[69] In der maladen Wirtschaftssituation musste Sewing lernen, Kunden zu durchschauen und zu erkennen, wer einen Kredit zurückzahlen können würde und wer nicht. Das gelang ihm so gut, dass sein Stern bald aufging: Mit gerade dreißig Jahren wurde er *Chief Credit Officer* in Japan. Nicht schlecht für den Mann aus Westfalen, der keine Elite-Universitäten in den USA oder England besucht hatte, sondern auf den Bankakademien in Hamburg und Bielefeld zum Fachwirt ausgebildet worden war.

Da er in Japan so erfolgreich Kredite und Risiko gemanagt hatte, übertrug die Zentrale Sewing 2004 die Aufgabe, eine neue Einheit in London mit aufzubauen: das *Operational Risk Management*. Die nächste große Chance, sich innerhalb der Bank einen Namen zu machen. In der neuen Einheit ging es nicht darum, zu berechnen, wann ein Kunde einen Kredit möglicherweise nicht mehr bedienen würde, sondern darum, den Kollegen – den Tradern, den Strukturierern und ihren Managern – auf die Finger zu schauen. Damals zeichnete sich gerade ab, dass Anshu Jain die Investmentbank in Zukunft prägen würde, was den Vorstand in Frankfurt veranlasste, die Leute in London besser zu kontrollieren – am besten mit in Deutschland aufgewachsenen und ausgebildeten Managern, die nicht originär in einer Investmentbank sozialisiert worden waren und für zu viele Tricks zu schnell Verständnis aufbrachten. Misstrauen war die wichtigste Waffe in diesem neuen Job. Genau das wurde Sewings Problem. Es gefiel ihm nicht, erzählten Weggefährten später, die eigenen Kollegen ständig zu kontrollieren und zu hinterfragen. So entschied er sich zu einem drastischen Schritt: Das Wunderkind der Deutschen Bank, gerade 33 Jahre alt, der jüngste *Managing Direktor*, den der Konzern bis dahin jemals gehabt hatte, kündigte.

Freunde hielten ihn für verrückt. Doch das Risiko zahlte sich aus. Er fand schnell eine bessere Stelle bei der kleinen DG HYP, der Deutschen Genossenschafts-Hypothekenbank AG in Hamburg. Obwohl er noch sehr jung war, wurde er dort einer von drei Vorständen und trug die Verantwortung für das Risikomangement. Noch vor dem Höhepunkt der Finanzkrise war er als Vorstand daran beteiligt, faule Hypotheken innerhalb der Bank zu erkennen und abzuwickeln. Man musste damit also nicht mehr als ein Jahrzehnt warten wie später die Deutsche Bank. Die DG HYP geriet dennoch in Schieflage, und Sewing musste sich 2007 auf die Suche nach einem neuen Job machen. Er erinnerte sich daran, dass seine Förderer bei der Deutschen Bank ihm eine große Zukunft vorausgesagt hatten, und so kehrte er zu ihnen nach London zurück, gerade als der große Sturm aufzog und die CDO-Maschine schlappmachte. Das Operational Risk Management, seine alte Abteilung, hatte während seiner Abwesenheit kaum

Durchschlagskraft entwickelt, den besseren Ruf hatte noch immer der klassische Bereich, das Kreditrisiko, und auf den war vor allem der Risikochef Hugo Bänziger stolz. Dort, einige Ebenen unter seinem Vorstandsposten bei der Bank in Hamburg, sortierte sich Sewing wieder ein. Anstatt die eigenen Händler zu kontrollieren und sich intern Feinde zu machen, konnte er weiter unsichere Kunden aussieben. Dass er es deshalb nicht zu früh mit Anshu Jains Global Markets zu tun bekam, stellte sich für ihn als Glücksfall heraus. Die Abteilung hatte mit ihren waghalsigen und lang laufenden Deals ein regelrechtes Risikomonster geschaffen. Als dieses Monster nach dem Crash gebändigt werden musste, galt Sewing intern als der ideale Kandidat für diese höhere Aufgabe, da man annahm, er sei unbelastet.

Sewing wurde Leiter der Abteilung Kreditrisiko in London und lernte nun die Investmentbanker besser kennen. Jeden Mittwoch traf er sich mit engen Kollegen von Anshu Jain zu einer Risikorunde, darunter Colin Fan, Michele Faissola und Bill Broeksmit. Man diskutierte miteinander über die aktuellen Positionen, die Probleme, mögliche Lösungen. Einige Mitglieder der Runde wie Broeksmit und Faissola kannten sich seit mehr als einem Dutzend Jahren, weshalb nicht jedes Thema offen vor Sewing besprochen wurde. Sewing mochte Broeksmit, mit dem er die folgenden drei Jahre zusammenarbeitete, trotzdem. Der war interessiert und unter den herrschenden Umständen ein ehrlicher Typ. Deswegen war Sewing auch gern der Einladung zu dem Abschiedsessen gefolgt, das Jain für Broeksmit organisierte, nachdem dieser die Bank verlassen hatte.

Der Deutsche unterhielt sich während des Empfangs kurz mit Broeksmit. Die beiden Männer standen damals an völlig unterschiedlichen Punkten ihrer Karriere: Broeksmit war – endlich – raus aus dem Geschäft, Sewing dagegen übernahm immer mehr Verantwortung in der Bank, die ihre Probleme mittlerweile nur noch schwer vor der Öffentlichkeit geheim halten konnte. Schon im Herbst 2013 war er zu einem der wichtigsten Risikomanager befördert worden – dem *Deputy Chief Risk Officer*. Aber wie einst Broeksmit von Jain hatte auch Sewing einen weiteren Auftrag bekommen, den er möglichst diskret erledigen musste. Seit Juni leitete er die *Group Audit*, eine Einheit, die jeden Bereich der Bank intern auf den Prüfstand stellte, um Probleme mit Regulierern – der Aufsicht also – oder Staatsanwaltschaften frühzeitig auszumachen. Damit war Sewing also wieder bei der internen Polizei angekommen, was ihm einst so zuwider war. Aber die Zeiten hatten sich geändert, irgendjemand musste jetzt die Drecksarbeit machen, sonst hatte die Bank keine Überlebenschance – zu existenziell waren die Probleme. Sewing überprüfte in dieser Zeit unter anderem den Monte-dei-Paschi-Deal, da mit Michele Faissola ein aktuelles Vorstandsmitglied involviert war und sich auch die italienische Staatsanwaltschaft für den Fall interessierte. Für Sewing war die Arbeit ein Balanceakt – durchgreifen, aber nicht so entschieden, dass die eigene Bank und Mitglieder des mächtigen Vorstands sich gegen ihn, den Aufklärer, wendeten. Sewing meisterte die komplizierte Situation und kam auf dem Weg nach oben schnell voran; Bill Broeksmit, dem die Bankenaufsicht die Krönung seiner Karriere versagt hatte, war dagegen auf dem Weg nach draußen. Als die beiden das letzte Mal sprachen, am Rande des Abschiedsessen, schien der Amerikaner bester Laune zu sein – so Sewings Eindruck, der in einem internen Bericht festgehalten wurde. Zwei Monate später war Broeksmit tot.

Schon wenige Stunden nachdem Bill Broeksmit in seiner Wohnung in Chelsea von seiner Frau leblos aufgefunden worden war, hatte Anshu Jain bei Sewing angerufen und ihn über die brisante Lage informiert. Ein ehemaliger Manager der Deutschen Bank erhängt, zu seinen Füßen interne Dokumente, darunter eine Exceltabelle mit Daten der DBTCA. Ein heikler Fall, das erkannten alle Beteiligten sofort, zumal bereits umfangreiche Ermittlungen gegen die Deutsche Bank liefen. Als Chef der Group Audit musste sich Sewing nun persönlich kümmern. Da er Broeksmit gekannt hatte und sich selber nicht für neutral genug hielt, beauftragte er die Kanzlei Freshfields mit der Untersuchung. Dass er die Eigensicherung nicht vernachlässigen durfte, war Sewing offenbar längst in Fleisch und Blut übergegangen.

Nun, ein Jahr später, wollten Victor Rocco und sein Kollege im Namen der Familie Broeksmit wissen, was die Bank über die Hintergründe des Todes von Bill Broeksmit herausgefunden hatte. Nüchtern versuchte Sewing Rocco und seinem Begleiter darzulegen, dass die beauftragten Freshfields-Ermittler vor allem die E-Mails von Broeksmit analysiert, mit dessen Kollegen gesprochen und zu den Anwälten Kontakt aufgenommen hatten, von denen Broeksmit zu seiner Sicht auf die Libor-Manipulationen befragt worden war. Anfang Juni hatte ein Zwischenergebnis vorgelegen, mit dem er jedoch nicht zufrieden war, erklärte Sewing seinen Besuchern. Er verlangte daher einen »deep dive« – eine Untersuchung, die noch gründlicher war und tiefer ging. Diesen Schritt stimmte er mit dem Aufsichtsratsvorsitzenden Paul Achleitner ab. Als der finale Broeksmit-Report im September schließlich vorlag, sah Achleitner ihn als so heikel an, dass er nur ausgewählten Mitgliedern des Aufsichtsrats vorgelegt werden durfte, damit nichts nach außen drang. Mit den Anwälten der Familie Broeksmit als Rechtsvorstand direkt zu sprechen war also ein großes Risiko für Sewing. Aber für ihn ging es darum, die volle Kontrolle über den Fall zu behalten. Bill Broeksmits Suizid hatte schließlich viele Fragen aufgeworfen, da er sich, nur wenige Tage bevor er mit der New Yorker Fed über die Missstände bei der DBTCA sprechen musste, das Leben genommen hatte.

Sewing saß den Anwälten nicht allein gegenüber. Er war in Begleitung seines Kollegen Simon Dodds. Dodds hatte wie der Währungsmann Kevin Rodgers bereits bei Bankers Trust gearbeitet, war übernommen worden und langsam innerhalb der Deutschen Bank aufgestiegen. So wurde er zwangsläufig Teil des Gesamtproblems: Er hatte von 2010 an die Compliance-Abteilung geleitet, die den Schlamassel nicht in den Griff bekommen hatte. Zwischenzeitlich war Dodds sogar Stellvertreter von Richard »Dick« Walker gewesen, dem Ex-Ermittler der SEC, dessen offizieller Chef Sewing als Rechtsvorstand war. Dass Sewing kein Jurist war, spürten Rocco und sein Begleiter, denn er legte sich an manchen Stellen zu kategorisch fest. Dodds musste entscheidende Details im Gespräch relativieren, etwa die Antwort auf die Kernfrage: Gab es eine Verbindung zwischen dem Tod Broeksmits und seiner Arbeit für die Bank? Keine, sagte Sewing. Keine direkte, sagte Dodds. Dass der Termin für die beiden Vertreter der Deutschen Bank äußerst heikel war, das konnten die Besucher leicht erkennen.

Victor J. Rocco war das egal, er hatte seine Hausaufgaben gemacht, stellte viele Fragen. Bei einem Punkt hakte er besonders nach: Dodds hatte eine »delikate Steuerangelegenheit« erwähnt, mit der Broeksmit betraut war und die 2012 wieder ein Problem darstellte. Waren damit die Basket Options für RenTec, den Hedgefonds von Robert Mercer, dem Trump-Förderer, gemeint? Nein, es sei um eine andere Sache gegangen, aber um welche, das erklärten weder Dodds noch Sewing. Rocco fiel auf, dass man den zeitlichen Fokus sehr eng gesetzt hatte: Die Kanzlei Freshfields sollte sich nur E-Mails aus den Jahren 2013 und 2014 sowie 2008 und 2009 ansehen. Nichts dazwischen und nichts aus dem Jahr 2007, als Jain zu Broeksmit Kontakt aufgenommen hatte und es bereits um die Manipulation des Libor gegangen war. Auch die Informationen, die Sewing und Dodds über Broeksmits Zeit bei der DBTCA lieferten, waren eher spärlich: Er sei nicht direkt für diese Tochter verantwortlich gewesen, nur am Rande habe er mit der DBTCA überhaupt zu tun gehabt. Und was war mit dem Treffen bei der New Yorker Fed in der Woche nach Broeksmits Tod?, fragte Rocco. Ja, das hätte angestanden, gaben Sewing und Dodds zu, aber sie redeten Broeksmits Rolle bei der DBTCA dennoch klein. Ob er überhaupt Geld für den Job erhalten habe, wusste Sewing angeblich nicht.

An dieser Stelle, das spürten Rocco und sein Kollege, mauerten die Banker. Sie wollten offenbar nicht ausführlich über die DBTCA sprechen. Sewing erklärte, dass Broeksmit für kein Projekt direkt verantwortlich gewesen sei, immer nur am Rande, er habe sich eher um die Metaebene gekümmert. Das klang merkwürdig in Roccos Ohren, aber er kannte die Bank eben auch nicht so gut wie Sewing. Dass sich ein Mann wie Anshu Jain in dem Haus, das zerrüttet war von Intrigen und Machtkämpfen, einen persönlichen Risikomanager mit erfundenem Jobtitel hielt, der für ihn persönlich Risiken analysieren sollte, konnte niemanden überraschen, der einige Zeit an verantwortlicher Stelle in der Bank gearbeitet hatte. Sicher, erklärten Sewing und Dodds, Broeksmit sei sehr enttäuscht gewesen, dass er den Vorstandsposten nicht bekommen hatte und dann noch nicht einmal Chef der internen Bad Bank – der Non-Core Unit – hatte werden dürfen, weil die BaFin interveniert hatte. Aber Broeksmit habe sich durch dieses Tief durchgearbeitet.

Und was sei mit dem Bericht der Gerichtsmedizinerin, der stelle doch einen Bezug zwischen der Arbeit von Broeksmit und dessen Tod her?, fragte Rocco. Ja, das stimme schon, gaben die beiden zu, ohne allerdings Anstalten zu machen, diesen Widerspruch aufzuklären. Sie ließen das Problem einfach im Raum stehen. Rocco unternahm noch einen Versuch: Hatte jemand von der Bank in Broeksmits Wohnung Festplatten kopiert oder diese mitgenommen? Nein, auch das nicht, war die Antwort. Val, Bill Broeksmits Sohn, hatte etwas anderes beobachtet. Ein Mann sei gekommen, hatte sich als Mitarbeiter der Bank vorgestellt und in der Tat einige Festplatten kopiert. Davon wisse er nichts, sagte Sewing. Man kam nicht weiter.

Rocco und sein Kollege Thornhill verließen die Bank nach neunzig Minuten wieder. Als sie auf die verschneite, kalte Wall Street hinaustraten, hatten sie mehr Fragen als Antworten. Die Bank wollte bestimmte Geheimnisse offenbar für sich behalten. Nun war es an der Klientin, der Witwe Broeksmit, zu entscheiden, was weiter geschehen sollte. Alla Broeksmit zog einen Schlussstrich. Sie entschloss sich, mit den offenen Fragen zu leben und nicht weiter auf Antworten zu drängen bei der Bank, die ihren verstorbenen Mann so fürstlich bezahlt hatte. Sewing hatte ein Problem weniger, so schien es.

C hristian Sewing gehörte zu einer kleinen Gruppe in der Bank, die jene Feuer löschen musste, die in den Jahren zuvor von anderen gelegt worden waren. Letztlich war aber der Aufsichtsrat, angeführt von Paul Achleitner, für die Kontrolle der Bank zuständig. Dort gab es inzwischen ebenfalls eine Untersuchungsgruppe zu den vielen Problemen, die von dem Briten John Cryan geleitet wurde. Cryan hatte lange für die Schweizer Bank UBS gearbeitet, die durch die Finanzkrise schwer angeschlagen war. 2011 hatte er die UBS verlassen, zwei Jahre später war er in den Aufsichtsrat der Deutschen Bank geholt worden. Er galt als kühler Rechner, der das Bankgeschäft wirklich verstand. Doch Cryan und Sewing waren immer wieder mit demselben, enervierenden Problem konfrontiert. Kaum hatten sie einen Schwelbrand isoliert, wie etwa die Affäre Broeksmit, brach an anderer Stelle ein neues Feuer aus.

Anfang 2015 mussten die beiden die nächste Hiobsbotschaft verkraften. Ein Institut auf Zypern hatte sich an die Deutsche Bank in London gewandt: Auf zypriotischen Konten waren ungewöhnlich hohe Überweisungen von der DBTCA in New York eingegangen. Wenig später warnten russische Behörden die Bank, Geschäfte mit einer bestimmten Brokerfirma in Moskau zu machen. Es handelte sich dabei um ebenjenes Unternehmen, das mit Hilfe von Tim »Wiz« Wiswell Geld wusch, indem es die Spiegelverkäufe russischer Aktien durch die Deutsche Bank abwickeln ließ. Das wusste die Führung der Deutschen Bank noch nicht, aber sie hatte wohl eine Ahnung, denn Sewing, Cryan und weitere Verantwortliche reagierten anders als ihre Vorgänger. Sie ignorierten das Problem nicht, sondern richteten eine interne Task Force ein – Codename *Project Square* –, die sich die Vorgänge in Moskau genau ansehen sollte. Dieser Verdacht auf Geldwäsche hatte schließlich das Zeug dazu, sich zu einer Katastrophe auszuwachsen, denn die Gelder waren von der DBTCA in New York überwiesen worden, und das bedeutete, dass die US-Behörden zuständig waren. Ausgerechnet mit diesen verhandelte das Aufräumkommando der Bank gerade intensiv, um zumindest die Einstellung der Untersuchungen zur Libor-Manipulation durch Zahlung einer Geldstrafe zu erreichen. Und nun hatte die Deutsche Bank möglicherweise in den letzten Jahren für russische Kunden Geld gewaschen – ein besonders mieses Timing. Russland hatte im Vorjahr die Krim annektiert und stand in der Weltgemeinschaft so isoliert da wie lange nicht mehr, die USA und die EU hatten als Reaktion auf die Annexion harte Sanktionen gegen das Land verhängt.

Trotz all dieser Skandale und Probleme hatte immer noch längst nicht jeder Verantwortliche in der Deutschen Bank verstanden, wie ernst die Lage war. Viele machten weiter wie bisher. Jain hielt immer noch möglichst kurze Vorstandssitzungen ab, und der Italiener Michele Faissola, inzwischen seit über zwei Jahren im Vorstand zuständig für die Verwaltung des Vermögens der ultrareichen Kunden, änderte ebenfalls nichts an seiner Einstellung. Auch als er im März zur BaFin nach

Bonn zitiert und dort von Frauke Menke befragt wurde, die seit über 20 Jahren in dem Geschäft war und in der Behörde die Abteilung für Großbanken leitete, gab er sich störrisch.[70] Faissola galt als schwer belastet, nicht zuletzt weil er schon 2007 von Bill Broeksmit auf das Libor-Problem hingewiesen worden sein soll. Doch der Italiener wich in dem Gespräch mit Menke nicht eine Handbreit von der Linie ab, die Anshu Jain und all die anderen jahrelang vorgelebt hatten: bei Ärger mit den Behörden nichts zugeben, sich im Zweifel an nichts erinnern. Man hatte viel zu tun, habe viel gelesen, viel geschrieben, man sei zu wichtig, um sich um jedes Detail kümmern zu können, und so weiter, und so fort. Wie Anshu Jain bei der Bundesbank gab Michele Faissola bei der BaFin einen Mann mit erstaunlich schwachem Erinnerungsvermögen. Als er auf den internen Bericht von Shivani Mathur – Händlerin bei Tag, Künstlerin bei Nacht – angesprochen wurde, in dem eindeutig belegt war, dass die Bank die Euribor-Angaben künstlich gedrückt hatte, tat Faissola so, als verstehe er das Problem nicht. Es sei doch nur um den *Hedge*, die Absicherung, gegangen. Manipulation, Betrug – davon habe er nichts gewusst. Diese Aussage war schon äußerst verblüffend, doch es kam noch besser: Faissola war lange für die Angabe des ISDAfix-Satzes zuständig gewesen, der ebenfalls manipuliert worden war. Im Vorjahr war die Bank aus dem Verfahren ausgestiegen, hatte sich nicht mehr am ISDAfix beteiligt, da die Betrugsbelege zu erdrückend geworden waren. Doch Faissola erklärte gegenüber der Bankenaufseherin ungeniert: *Ich wusste auch davon nichts.*

In der Bank wunderte sich kaum jemand über Faissolas dürftige Kooperation, den Kollegen war schließlich klar, mit wem sie es zu tun hatten. Hier fragte man sich vielmehr: Warum sollten Männer wie Faissola Respekt vor einer Behörde wie der BaFin haben und mit ihr kooperieren, nachdem diese fünfzehn lange Jahre immer nur zugeschaut und nie eingegriffen hatte?

Im Februar 2015 luden der Aufsichtsratsvorsitzende Paul Achleitner und der stellvertretende Vorstandsvorsitzende Jürgen Fitschen mich nach Frankfurt ein – ich drehte damals gerade für das ZDF meinen ersten Film über die Bank. Kurz zuvor, im Januar, hatten Jain und Fitschen einen hohen Gewinn für das vierte Quartal – über 440 Millionen Euro – präsentiert, das machte für das Jahr 1,4 Milliarden Euro an Profit. Die Presse schrieb zunächst brav: »Überraschender Gewinn 2014: Investmentbanker retten Deutscher Bank die Bilanz«.[71] Aber dieses Mal zog der Trick nicht lange. Irgendetwas stimmte nicht, die Jahrespressekonferenz, die sonst im Februar stattfand, wurde auf Ende April verschoben. Immer neue rechtliche Probleme wurden öffentlich, einflussreiche Investoren verklagten die Bank. Ich hatte mit mehreren Anwälten in den USA gesprochen, die bereits große Schadensersatzklagen gegen die Deutsche Bank gewonnen und viel Geld für ihre Kunden herausgeholt hatten.[72] Ich wusste daher, dass genau jene erfolgreichen Kanzleien weitere Klagen planten. Sie hatten einen gewaltigen Vorteil: Wird in den USA eine Zivilklage von einem Gericht zugelassen, dann muss die beklagte Seite – in diesem Fall die Deutsche Bank – die relevanten Beweismittel freiwillig vorlegen, was bedeutet, dass die Anwälte ein Anrecht darauf haben, alles Material einzusehen, das den Aufsichtsbehörden vorliegt. Tausende von E-Mails und mitgeschnittene Telefonate der redseligen Trader in den Händen von Anwälten – eine Katastrophe für die Bank.[73]

Die Stimmung im 32. Stock der Frankfurter Zentrale, wo ich Achleitner und Fitschen traf, war entsprechend nervös. Man solle das große Ganze nicht aus dem Blick verlieren, meinte Achleitner. Niemand wolle doch, dass am Ende dieser ganzen Krise nur die US-Banken übrig blieben. Hätten die Europäer nicht ein Interesse daran, dass es auch starke europäische Banken gab? Die beiden erinnerten mich an eine Art patriotische Pflicht: Brauchten wir nicht alle eine starke deutsche Bank?

Für den 27. April kündigten Jain und Fitschen schließlich die Jahrespressekonferenz an. Die US-Behörden waren jedoch schneller. Zwei Tage vor dem Termin in Frankfurt veröffentlichten sie in einer konzertierten Aktion Pressemitteilungen und umfangreiche Unterlagen. Die New Yorker Finanzbehörde DFS, die SEC und die britische FCA hatten sich mit der Bank geeinigt. Für die Manipulation des Libors und des Euribors musste das Institut insgesamt 2,5 Milliarden

Dollar Strafe zahlen und Abläufe eingestehen, die äußerst peinlich für die Bank waren. In den Unterlagen wimmelte es von eindeutigen Zitaten aus den Chats von Bittar, Vogt, Adolph und anderen, aber – ein Lichtblick für die Bank – die Händler waren anonymisiert, ihre Zitate wild durcheinander aufgeführt und nicht chronologisch geordnet. Wer wann was gewusst und gemacht hatte, wurde so nicht klar. Zudem behandelten die US-Aufsichtsbehörden die Betrugsfälle – Libor, Euribor, ISDAfix, die Silber-, Goldpreis- und CDS-Manipulation – alle separat, als sei den Ermittlern nie aufgefallen, dass Anshu Jains Abteilung für die meisten Fälle verantwortlich war. Am wichtigsten für die Führung der Deutschen Bank war jedoch, dass die neuen Libor-Dokumente eine Mitwisserschaft von Vorstandsmitgliedern wie Anshu Jain und Michele Faissola, was die Vorfälle rund um den Libor anging, nicht ausdrücklich belasteten.

Die Reporter hatten natürlich trotzdem viele Fragen auf der großen Pressekonferenz, die wie immer im Bauch der Banktürme an der Frankfurter Taunusanlage stattfand. Jain hatte mir noch am Vortag mitteilen lassen, dass ich auf der Veranstaltung nicht erwünscht sei. Nach einigen intensiven Diskussionen mit der Presseabteilung durfte ich dennoch teilnehmen und das Geschehen beobachten. Jürgen Fitschen wirkte extrem angespannt. Als er sein Gesicht für einige Sekunden in den Händen vergrub, ging ein Blitzlichtgewitter über ihn nieder. Die Fotografen schossen ein Foto nach dem anderen von seiner erschöpften Geste. Jain dagegen sah man den Druck nicht an. Entspannt hörte er zu, als ich ihm eine Frage stellte: »Wir wissen aus den neuen Dokumenten, dass ein Großteil der Manipulationen an den Trading Desks in London stattgefunden hat. Fühlen Sie sich persönlich mitverantwortlich für das, was da über beinahe zehn Jahre passiert ist?« Jain antwortete: »Libor hat bei der Deutschen Bank großen Schaden angerichtet. Wir haben eine enorm hohe Strafe bezahlt, unser Ansehen hat sehr gelitten. Drei Jahre lang mussten wir Millionen von Telefonaten und Dokumenten durchforsten. Der Stress für diese Organisation war enorm. Das Vorgehen dieser Leute war verwerflich, und ich war ihr Anführer.«[74] Diesem Fakt könne man nicht entkommen, sagte er weiter, er werde nun klären, wer genau für die Vorgänge verantwortlich war, und sicherstellen, dass so etwas nie wieder vorkomme: »Vielleicht reicht Ihnen das, vielleicht auch nicht, aber mehr kann ich nicht machen.«

Gut eine Stunde später kam es dann in einem Nebenzimmer unter aufmerksamer Beobachtung seines Pressesprechers zu dem Gespräch mit Jain, in dem er sein Mantra herunter betete: Alles Einzelfälle, »a few bad apples«. Er behielt weiterhin einen Großteil der Wahrheit über Bittar für sich – ohne mit der Wimper zu zucken. Auch zuvor, auf der Pressekonferenz, hatte er sich keine Blöße gegeben. Jain saß nach dem offiziellen Schluss noch eine Weile allein auf dem Podium, umringt von Fotografen und Kamerateams, band sich schließlich in aller Seelenruhe seine Armbanduhr wieder um, stand auf, nahm seinen Rucksack und schlenderte zum Ausgang. Dabei wirkte er nicht so, als wüsste er, dass sein Endspiel begonnen hatte.

Zwei Wochen nach der Pressekonferenz, die er so gut gemeistert hatte, erhielt Jain von Frauke Menke, der Abteilungsleiterin für Großbanken bei der BaFin, einen bitterbösen Brief, in dem alle seine Verfehlungen und die seines Teams – insbesondere die von Alan Cloete und Michele Faissola in Sachen Libor, Euribor und ISDAfix – aufgelistet waren. Menke machte ihm ernste Vorwürfe. Jain habe seine Einheit falsch organisiert und so die Manipulationen erst ermöglicht. Besonders erbost hatte es sie, dass das Ergebnis des Berichts der Wirtschaftsprüfer von Ernst & Young, den die BaFin in Auftrag geben hatte, verfälscht an die Presse durchgesteckt worden war. Man hatte dabei suggeriert, die Untersuchungen seien abgeschlossen und das Management der Bank von der BaFin entlastet worden.[75] Das war ein typischer Schachzug der Deutschen Bank: die Erzählung in den Medien bestimmen, egal wie die Wahrheit wirklich aussieht.

Nach all den Jahren war Jain nun doch zu weit gegangen. Im Mai war er noch im Amt, durfte noch einmal auf der Hauptversammlung der Aktionäre in der Frankfurter Jahrhunderthalle auftreten, allerdings sah man ihm den enormen Druck nun deutlich an. Er wirkte unsicher, wollte nicht auf Deutsch sprechen, trug die Rede lieber auf Englisch vor, die dann um einige Sekunden versetzt auf Deutsch in den Saal übertragen wurde. So klatschten die Aktionäre – wenn sie denn überhaupt klatschten – verspätet oder an der falschen Stelle. Fremder war Jain den Aktionären der Bank noch nie gewesen.

Anshu Jains Zeit ging schließlich zu Ende, weil man auch in den USA genug von ihm hatte. Zwei Tage nach seiner verunglückten Rede entzog ihm die US-Börsenaufsicht SEC das Vertrauen. Sie hatte der Bank nach den Libor-Ermittlungen eine wichtige Lizenz belassen, ohne die das Institut nur noch schwer Bankgeschäfte in den USA hätte abwickeln können.[76] Dass die Bank verschont worden war, hatte innerhalb der Behörde jedoch heftige Proteste ausgelöst. Kara M. Stein, eine der SEC-Aufseherinnen, verfasste mit dem Segen des Aufsichtsgremiums eine vernichtende abweichende Stellungnahme, in der sie dafür plädierte, der Bank doch die Lizenz zu entziehen. Gleichzeitig räumte Stein mit der Legende auf, dass der Vorstand und die Manager all die Jahre von den Manipulationen nichts gewusst hätten: Es habe in der Deutschen Bank vielmehr eine Kultur gegeben, die diese verwerflichen kriminellen Machenschaften regelrecht gefördert habe. Fast ein Jahrzehnt habe sich das hingezogen, Jahre voller Lügen, Betrügereien und Diebstähle, Dutzende von Angestellten in New York, Frankfurt, Tokio und London seien involviert gewesen. »Dieses Verhalten war abstoßend«, schrieb Stein, »der gesamte weltweite Finanzmarkt war betroffen.« Und das Management habe Bescheid gewusst. Der Plan, den Libor zu manipulieren, hatte einzig den Zweck, den eigenen Profit auf Kosten anderer zu vergrößern – mit Erfolg, wie Stein feststellte. Außerdem habe die Deutsche Bank dank der Manipulationen den Eindruck erweckt, kreditwürdiger zu sein, als sie in der Krise tatsächlich war. Sie habe keinerlei Hinweise gefunden, schrieb Stein schließlich, dass man sich auf die »Compliance-Kultur« der Deutschen Bank in Zukunft verlassen und den Verlautbarungen der Bank trauen könne.[77]

Spätestens jetzt musste der Aufsichtsrat der Deutchen Bank handeln. Es schlug die Stunde der Gruppe, die seit zwei Jahren innerhalb des Hauses aufräumte oder es zumindest versuchte. Nun konnten Cryan, Sewing und andere das Netzwerk, das sich seit 1995 in der Bank ausgebildet hatte, zerschlagen, ohne wie Putschisten oder

Verräter zu wirken. Anshu Jain musste gehen. Fitschen, der glücklose Sidekick, durfte noch für eine Übergangszeit bleiben. Die Aufräumer, die mittlerweile wussten, wo in der Bank die meisten Leichen vergraben waren, übernahmen die Kontrolle. John Cryan aus dem Aufsichtsrat wurde der Chef des Vorstands – der CEO –, Christian Sewing blieb im Vorstand, nun zuständig für das Privatkundengeschäft, Karl von Rohr erbte den Rechtsbereich von Sewing. Von Rohr gehörte wie Sewing zur Familie und war ebenfalls an der internen Untersuchung der Bank beteiligt gewesen. Dass der Jurist sich in der Vergangenheit vor allem um die Personalführung gekümmert hatte und kein Experte für Wirtschaftsverbrechen war, trat in den Hintergrund. Wichtiger war, dass er zum neuen Netzwerk der Reformer gehörte. Von außen kamen zudem neue Leute hinzu, die offensichtlich auch die Machtbasis des Ex-Goldman-Bankers und Chef des Aufsichtsrats, Paul Achleitner, stärken sollten, unter ihnen Marcus Schenck, der ebenfalls bei Goldman geschliffen worden zwar. Zwei Frauen im Vorstand – das gab es noch nie – sollten darüber hinaus für eine neue Kultur sorgen: Sylvie Matherat von der französischen Notenbank und Nadine Faruque, eine Compliance-Spezialistin aus der Schweiz.

Alan Cloete, Colin Fan und viele andere mussten die Bank im Laufe der nächsten Wochen und Monate verlassen. Siebzig Prozent des führenden und mittleren Managements tauschte der neue Vorstand aus. Die alten Manager wurden entweder versetzt oder entlassen, die meisten mit üppigen Abfindungen. Gleichzeitig räumte man die Bilanz auf, was Jain und Ackermann seit 2008 versäumt hatten. So gab man für die letzten beiden Quartale des Jahres 2015 einen Rekordverlust bekannt, da über acht Milliarden Euro als Altlasten abgeschrieben werden mussten – das brachte der Bank insgesamt einen höheren Verlust als im Krisenjahr 2008 ein. Die Sanierung hatte, mit sieben Jahren Verspätung, doch noch begonnen. Für die neue Mannschaft begann ein Wettlauf mit der Zeit. Die Kultur von Anshu Jain und Josef Ackermann war bereits in fast jede Fuge, jede Abteilung und Niederlassung der Bank eingesickert. Geschäfte, Derivate, Kundenbeziehungen, alles war durchdrungen von diesem Gift. Und manch einer, der die Bank Ende 2015 verlassen musste, sollte wie Michele

Faissola umgehend durch die Hintertür wieder zurückkommen. Denn eines hatte der neue Vorstand nicht, obwohl er es mehr als alles andere gebraucht hätte: Glück.

Gut eine Woche nachdem die neue Führung der Deutschen Bank am 7. Juni 2015 offiziell die Arbeit aufgenommen hatte, fuhr an der Park Avenue in New York ein übergewichtiger, etwas plumper, in die Jahre gekommener Mann mit schlecht gefärbten Haaren auf der Rolltreppe ins Foyer des Wolkenkratzers hinunter, auf dessen Fassade sein Name in großen goldenen Lettern prangte. Donald J. Trump baute sich vor der Presse auf, neben ihm seine dritte Ehefrau und einige seiner Kinder. Vor einem Spalier aus US-Flaggen verkündete der Reality-TV-Star:»Unser Land steckt in ernsten Schwierigkeiten. Früher hatten wir Siege« – das sagte er tatsächlich so –,»jetzt haben wir sie nicht. Wenn Mexiko seine Leute schickt, dann schicken sie nicht ihre besten. Sie schicken Leute, die viele Probleme haben, und diese Probleme bringen sie mit. Sie bringen Drogen. Sie bringen das Verbrechen. Sie sind Vergewaltiger. Unser Land braucht einen wirklich großartigen Führer, wir brauchen jetzt einen wirklich großartigen Führer. Wir brauchen einen Führer, der *The Art of the Deal* geschrieben hat. Also, Ladys und Gentlemen, ich trete offiziell an, um Präsident der Vereinigten Staaten zu werden, und wir werden unser Land wieder großartig machen. Das kann passieren. Unser Land hat ein herausragendes Potenzial.«[78]

Die Bewerbung um die Kandidatur sei sicher als Scherz gemeint, der Clown Trump wolle doch gar nicht wirklich US-Präsident werden, kommentierten später einige der Reporter die Szene.

Für Christian Sewing begann mit diesem Tag ein weiterer PR-Alptraum, denn kurz bevor Trump seine Kandidatur erklärte, hatte die DBTCA unter Vermittlung des Private Wealth Management dem chronisch klammen Bauunternehmer erneut einen Kredit organisiert. Da Sewing inzwischen für das gesamte Privatkundengeschäft zuständig war, fiel auch das New Yorker Private Wealth Management in seine Verantwortung. Der Italiener Fabrizio Campelli leitete den Bereich für ihn. Die beiden hatten – ohne es zu ahnen, wie es später intern hieß – gerade eine Altlast geerbt, die der Bank noch schwer zu schaffen machen sollte. Der neue Kredit für Donald J. Trump hatte ein stolzes Volumen von über 170 Millionen Dollar und war an eine von Trumps vielen Tochterfirmen überwiesen worden. Mit dem Geld wollte der Präsidentschaftskandidat in spe ein ehemaliges Postgebäude in Washington, D.C., zu einem Luxushotel umbauen. Die US-Post hatte keine Verwendung mehr für den wuchtigen Bau mit dem mächtigen Turm, der zentral zwischen dem Kapitol und dem Weißen Haus an der Pennsylvania Avenue liegt. Das Schmuckstück wurde zur Pacht ausgeschrieben, Trump bekam den Zuschlag. Rosemary Vrablic vom Private Wealth Management hatte ihrem speziellen Kunden das Geld für das Geschäft besorgt. Trumps Firmen schuldeten der Bank damit insgesamt knapp 300 Millionen Dollar. Ein Großteil der Kredite lief bis in das Jahr 2023. Im Juli 2015 legte Trump diese Rahmendaten in einem offiziellen Dokument dem Office for Government Ethics offen – dazu war er verpflichtet, andernfalls hätte er nicht für die Präsidentschaft kandidieren können.[79] Details – hatte jemand für den Kredit gebürgt, was genau waren die Bedingungen und Sicherheiten? – mussten Trump und die Deutsche Bank bis 2018 nicht angeben. Die New Yorker Filiale kannte allerdings die Hintergründe des Geschäfts. Trump hatte als Sicherheit das Hotel in Washington verpfändet, was sollte also passieren. Schlimmstenfalls übernahm die Bank das Hotel und verpachtete es weiter. An den Ruf der Bank hatte offensichtlich – wie so oft zuvor – wieder einmal niemand in der New Yorker Dependance gedacht.

Im August 2016 wandte sich der Whistleblower Eric Ben-Artzi an die Öffentlichkeit. In einem Kommentar für die *Financial Times* erklärte er, warum er auf eine Belohnung über acht Millionen Dollar verzichtet hatte. Die Börsenaufsicht hatte im Mai 2015 anerkannt, dass er und die anderen Whistleblower recht gehabt hatten – die Deutsche Bank hatte 2008 und 2009 die Bilanz gefälscht, um irgendwie durch die Krise zu kommen. Zur Strafe musste das Unternehmen sechs Jahre später 55 Millionen Dollar zahlen. Ben-Artzi stand ein großer Teil dieses Betrags zu. In der entscheidenden Frage, um welchen

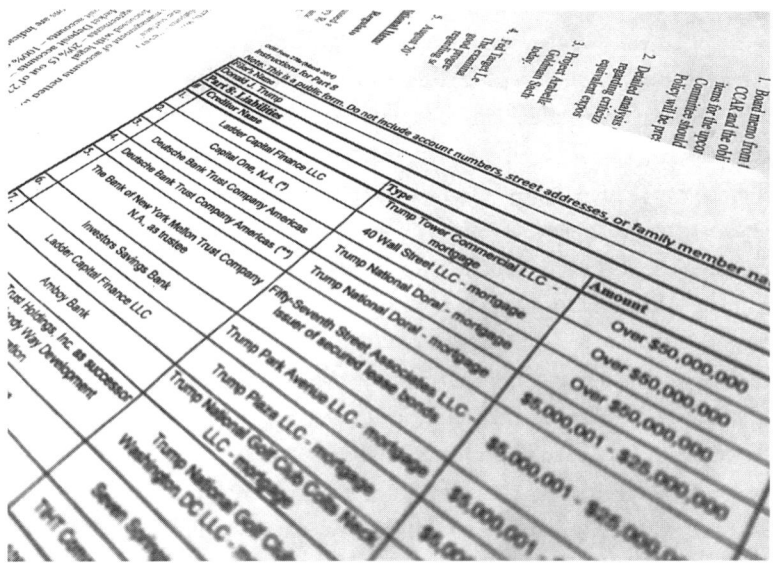

Donald J. Trump lieh sich seit den 1990er Jahren über eine Milliarde Dollar bei der Deutschen Bank. Obwohl man sich wegen eines Kredites gegenseitig verklagte, bekam Trump weiter Geld von der New Yorker Tochter der Bank, der DBTCA. Aus Unterlagen des Office for Government Ethics geht hervor, dass das Private Wealth Management der Deutschen Bank Trumps Firmen im Jahr 2015 Kredite von mehr als 100 Millionen Dollar organisierte, damit Trump ein Hotel in Washington ausbauen konnte. Die Sicherheit war das von Trumps Firma gepachtete Hotel selber. Außer der Deutschen Bank machte kein großes Wall-Street-Institut noch Geschäfte mit Trump, dessen Firmen mehrmals Bankrott anmelden mussten. Fast alle großen US-Banken wurden von Trump so um größere Summen gebracht.

Betrag die Bilanz von der Deutschen Bank eigentlich geschönt worden war, hatte die SEC sich allerdings auf die internen Zahlen des Instituts verlassen und war nicht den Berechnungen der Whistleblower gefolgt, weswegen die Strafe vergleichsweise milde ausfallen konnte. Ben-Artzi war verzweifelt, er glaubte, dass sein Kampf umsonst gewesen war, all die Opfer, die Scheidung, die Trennung von seinen Söhnen, der Neuanfang in Israel. Er erklärte in dem Artikel der *Financial Times*, dass die Täter – die Manager und Anwälte der Bank, seine ehemaligen Kollegen – profitiert hätten. Und die Börsenaufsicht sanktioniere die Verantwortlichen noch immer nicht. Am Ende würden nur die Aktionäre die Strafe zahlen:

Als ich mich entschlossen hatte, der SEC zu helfen, war die Belohnung ein starker Anreiz. Ein Anteil dieser Belohnung steht meinen Anwälten und meiner Ex-Frau zu, den kann ich nicht in ihrem Namen ablehnen. Obwohl ich das Geld mehr denn je brauche, werde ich nicht dabei mitmachen, dass man die Leute ausplündert, die ich beschützen sollte. Ich wollte niemals, dass mein Job als Risikomanager zu einem Kreuzzug wird, aber nachdem ich unter dem Management der Deutschen Bank so gelitten habe, werde ich mich nicht wie sie benehmen, nur weil ich sie nicht besiegen kann.[80]

Bei einem Gespräch in Israel fragte ich Ben-Artzi, ob es ihm etwas ausmache, dass sein direkter Vorgesetzter noch immer für das Institut arbeitete. Er antwortete: »Ich kann nicht erkennen, wie man einen wirklichen Wandel herbeiführt, ohne dass man die verantwortlichen Individuen bestraft. Der Aufsichtsratsvorsitzende [Paul Achleitner] ist noch immer derselbe Mann. Es gibt noch immer zu viele Leute in der Bank, die etwas zu verlieren haben, wenn die ganze Wahrheit herauskommt.«

A ls sich der Wahlkampf in den USA zuspitzte – Trump hatte sich bei den Republikanern und Hillary Clinton bei den Demokraten durchgesetzt, womit die beiden offiziell Präsidentschaftskandidaten ihrer Parteien geworden waren –, mussten Christian Sewing, John Cryan und Karl von Rohr erneut schlechte Nachrichten verarbeiten.

Das Revisionsprojekt *Square* hatte eindeutige Ergebnisse geliefert: Mitarbeiter der Deutschen Bank in Moskau hatten russischen Kunden geholfen, über London und die DBTCA in New York Geld auf Offshore-Konten zu schleusen, die unter anderem in Zypern registriert waren. Insgesamt waren in drei Jahren zehn Milliarden Dollar aus Russland abgeflossen. Den Vorgang meldete das Management der Deutschen Bank diesmal umgehend freiwillig bei den US-Behörden. Wieder mussten Vorstandsmitglieder mit den Aufsehern an einem Kompromiss arbeiten – eine Strafzahlung war unumgänglich. Aber auch das US-Justizministerium und das FBI schalteten sich ein und eröffneten ein Ermittlungsverfahren.

Im US-Justizministerium leitete Bill Baer als stellvertretender Generalstaatsanwalt die Ermittlungen. Baer war ein ausgewiesener und zäher Fachmann. Er hatte jahrzehntelang erfolgreich als Anwalt gearbeitet. Präsident Barack Obama hatte ihn 2012 aus der Rente geholt, damit er den Banken mehr Druck machte. Bei den Libor-Ermittlungen hatte sich das Justizministerium noch mit einem Kompromiss zufriedengegeben, ganz anders, als es Bill Broeksmit befürchtet hatte. Ein großes Verfahren hatte Baer allerdings offen gehalten – Ermittlungen, die in das Herz der Finanzkrise führten. Eine Sonderkommission, angeführt von Staatsanwältinnen, die schon gegen Enron vorgegangen waren, hatte umfangreiches Material gesammelt. Telefonate, E-Mails und interne Memos bewiesen, dass viele Manager der Deutschen Bank – insbesondere in New York – die CDO-Maschine am Laufen gehalten hatten, wohl wissend, dass man die Käufer bei diesem Geschäften dreist belügen musste. Andere großen Banken hatten sich in diesem Komplex längst verglichen – die Citigroup hatte schon 2014 sieben Milliarden Dollar gezahlt. Wie an fast allen anderen Fronten hatte das alte Management der Deutschen Bank die Ermittler dagegen immer wieder hingehalten. Dafür büßte jetzt die neue Führung.

Am 16. September 2016 berichtete das *Wall Street Journal* unter Berufung auf eingeweihte Kreise, dass man in der Abteilung von Bill Baer erwäge, von der Deutschen Bank eine Zahlung von 14 Milliarden

Dollar für Beteiligung an der Strukturierung der Hypothekenbündel RMBS zu verlangen.[81] Erst jetzt schienen viele deutsche Medien zu begreifen, wie ernst es wirklich um das Institut stand. Offen wurde diskutiert, was passieren würde, wenn die Bank pleiteging. Die Bundesregierung bereite Notfallpläne für die Deutsche Bank vor, schrieb ein Blatt, und ein anderes fürchtete: »Scheitert die Deutsche Bank, wäre die Lehman-Pleite ein Kindergeburtstag dagegen.«[82] Großkunden meldeten sich bei den Mitarbeitern der Bank und fragten, ob sie sich Sorgen um ihre Anlagen machen müssten, erinnerte sich das neue Vorstandsmitglied Marcus Schenck später. In den ersten Minuten eines Telefonats sei es oft nur noch um die miese Presse gegangen.

Tatsächlich war die Lage noch viel dramatischer, als Schenck den Anrufern eingestehen konnte. Einige Hedgefonds und Anleger hatten sich bei den Brokern der Bank gemeldet. Ob sie bestimmte Derivate frühzeitig terminieren könnten, notfalls auch mit Verlust? Offenbar wollte man testen, ob die Bank noch liquide war. Ein Teil des Vorstands votierte dafür, die Verträge frühzeitig aufzulösen und die Kunden auszuzahlen, um Zahlungsfähigkeit zu zeigen. Ein junger Händler, der seit über zehn Jahren dabei war und die Grundregeln des Marktes verinnerlicht hatte, kämpfte für eine andere Lösung: Um jeden Preis hart bleiben und auf gar keinen Fall Schwäche zeigen, denn dann würden noch sehr viel mehr Spieler kommen und ihr Geld zurückverlangen, und einen solchen Run könnte selbst eine Bank in besserer Verfassung nicht lange durchstehen. Man folgte schließlich ihm und anderen, die diesen Standpunkt ebenfalls vertraten, und entging damit knapp der nächsten Katastrophe.

Doch der Börsenkurs litt wie niemals zuvor. Eine Woche nachdem die Gerüchte von einer möglichen Strafzahlung in Höhe von 14 Milliarden Dollar aufgetaucht waren, rutschte der Aktienpreis der Deutschen Bank auf ein Rekordtief: 9 Euro 85 Cent. In dieser für die Deutsche Bank schicksalhaften Woche hielt Bill Baer, der Mann, von dem alles abhing, eine Rede in Chicago. Fast schien es, als appelliere er nun, da der Druck maximal war, an das Gewissen der Deutschen Bank und biete ihr eine letzte Chance. Endlich müsse sie – im übertragenen Sinn – die Hosen herunterlassen, so Baer. Die Banken hätten genau gewusst, wie fehlerhaft ihre Produkte waren, trotzdem hätten sie weiter »verkauft, verkauft verkauft«, nur weil man einem Quartalsprofit nach dem anderen nachjagte. »Niemand muss die potenziellen Klagen akzeptieren und sich vergleichen. Niemand muss auf einen Prozess verzichten. Aber alle Institutionen, die ich erwähnt habe, haben sich am Ende verglichen.« Denn wenn eine Bank einen Vergleich hinauszögere, dann koste das Geld, die Anwaltsrechnungen würden immer teurer, die Strafe höher, und über der Bank hänge die ganze Zeit eine schwarze Wolke. Veralbern ließen sich die Ermittler auch nicht, so Baer: »Wir erkennen wahre Kooperation, wenn wir sie sehen.«[83] Der neue Vorstand hätte diese Warnung nicht gebraucht. Aber warum sollte eine US-Behörde dem Management der Deutschen Bank irgendetwas glauben?

D ie Deutsche Bank und ihre neue Führung hatten die Kontrolle verloren. Sie war spätestens vom Herbst 2016 an nicht mehr Herrin ihres Schicksals. Das Kapital war aufgebraucht und die Machtreserven auch. Ackermann und Jain hatten alles verspielt. Von schlechten Nachrichten, Marktbewegungen und Gerüchten wurde der Konzern wie ein Schiff in schwerer See von einer Seite auf die andere geschleudert. Es hatte lange – erstaunlich lange – gedauert. Erst die Gerüchte vom Herbst 2016 über die mögliche Rekordstrafe hatten die Bank wirklich bloßgestellt. Sie stand nun nackt da. Investoren und Kunden waren enttäuscht, man glaubte der Bank nichts mehr, schlimmer noch: Man traute ihr nun zu, für so ziemlich alles Üble in der Branche verantwortlich zu sein.

In diesem Sturm mussten Cryan, Sewing und andere Manager die Bank umbauen, neues Kapital einsammeln, sich von Ballast trennen und der Mannschaft eine neue Moral und Kultur einimpfen. Die Französin Matherat sprach von Elektroschocks, die mancher Manager nötig gehabt habe.[84] Zwar durchschaute der Brite Cryan die Investmentbanker und ließ sich keine riskanten Geschäfte aufschwatzen, aber er fand keine neue, so dringend benötigte schlüssige Geschäftsidee. Verzweifelt versuchte er, Vertrauen zurückzugewinnen, bat in einem Brief, der in den großen Zeitungen abgedruckt wurde, öffentlich um Entschuldigung: »Seit ich vor anderthalb Jahren Vorstandsvorsitzender der Deutschen Bank wurde, mussten wir insgesamt rund fünf Milliarden Euro für Rechtsfälle aufwenden, deren Ursachen zum großen Teil viele Jahre zurückliegen. Diese Altlasten haben uns nicht nur viel Geld, sondern auch Reputation und Vertrauen gekostet. (…) Das möchte ich zum Anlass nehmen, um im Namen des Vorstands der Deutschen Bank unser tiefes Bedauern auszudrücken für das, was geschehen ist. Wir möchten uns dafür entschuldigen. Es wurden schwerwiegende Fehler gemacht. Das betrifft zum Beispiel die Hypothekengeschäfte auf dem US-amerikanischen Markt in den Jahren von 2005 bis 2007. (…) Das damalige Verhalten entsprach nicht unseren Standards und war völlig inakzeptabel. Das gilt leider auch für andere Fälle.« Aber die große Abrechnung mit der alten Führung blieb aus. Und Cryan wollte nicht zugeben, wie sehr das betrügerische System sich innerhalb der Bank ausgebreitet hatte, obwohl man ja nicht ohne Grund siebzig Prozent des Managements ausgetauscht hatte: »Zur Wahrheit gehört aber auch: Die allermeisten Mitarbeiter der Deutschen Bank waren weder beteiligt noch tragen sie Schuld an den Verfahren, mit denen wir zuletzt zu tun hatten. Generell geht es um das Fehlverhalten weniger, die mit ihren kurzfristigen Interessen die Reputation – das wertvollste Gut der Deutschen Bank – aufs Spiel gesetzt haben.«[85] Das wirkte wie ein Signal an die geschassten Manager. Unsere Devise lautet: Schwamm drüber. Denn wer konnte schon wissen, welchen Schaden die ehemaligen Mitarbeiter der Bank noch zufügen konnten, wenn sie über Vergangenes auspackten?

Sosehr der neue Vorstand auch versuchte, die Vergangenheit zu begraben, der Druck ließ nicht nach. Aus den USA kamen permanent neue schlechte Nachrichten. Von dort aus hatte die Bank einst die Welt erobern wollen, jetzt wurde sie zu einem Spielball der politischen Parteien in den USA. Der lange in den Umfragen abgeschlagene Donald J. Trump hatte für die meisten Wahlforscher völlig überraschend am Ende doch die Wahl gegen Hillary Clinton gewonnen. Damit war aus einem fragwürdigen Kredit der Bank für einen chronisch zahlungsunwilligen Kunden ein politischer Sprengsatz von unvorhersehbarer Wucht geworden: Die angeschlagene Deutsche Bank war der größte Gläubiger eines umstrittenen US-Präsidenten und seines Schwiegersohns Jared Kushner.[86] Vor dem Hintergrund der engen Beziehungen, die Trump in der Vergangenheit zu russischen Oligarchen und dem organisierten Verbrechen gepflegt hatte, war das besonders brisant.[87] Nur wenige Tage nach der Vereidigung von Donald J. Trump im Januar 2017 einigten sich das US-Justizministerium und die Deutsche Bank auf eine Strafzahlung in Höhe von 7,2 Milliarden Dollar. Ein Teil davon durfte in Form von Krediten für Kleinverdiener abgegolten werden. Die Deutsche Bank war also glimpflich davongekommen. Und Washington veränderte sich. Der Chefermittler Bill Baer war zu einer privaten Kanzlei weitergezogen, wie die neue US-Regierung mit den Banken umspringen würde, war unklar. Die Ermittlungen des FBI in Sachen Geldwäsche für russische Kunden liefen zwar weiter, doch jetzt wurden die US-Regierung und damit auch das Justizministerium samt FBI von Donald J. Trump geführt. Der stellte bald klar, wo seine Prioritäten lagen: Er feuerte ohne Angabe von Gründen den Staatsanwalt des Southern District of New York, Preet Bharara, der sowohl gegen die Deutsche Bank als auch gegen russische Geldwäscher intensiv ermittelt hatte.

Die Untersuchungen des FBI gegen die Deutsche Bank rückten nun in den Mittelpunkt des Interesses, da sich die Frage bei den politischen Beobachtern aufdrängte, ob Trump die Deutsche Bank möglicherweise vor den Ermittlungen der Behörden schützen würde. Zugleich wurde immer deutlicher, dass der russische Geheimdienst versucht hatte, die Präsidentschaftswahl in den USA zu beeinflussen und das Kampagnenteam Trumps sogar erfolgreich unterwandert hatte. Don Jr., der Sohn des Präsidenten, hatte sich während des Wahlkampfs im Trump Tower mit einer Anwältin getroffen, die nicht nur enge Kontakte zum Kreml hatte, sondern ihm auch »Schmutz« über Clinton versprach.[88] Überdies hatte die Trump Organization seit Jahren Luxusapartments an russische Kunden verkauft, und so stellten Trumps politische Gegner mit Nachdruck eine ganze Reihe von Fragen: Hatte die Geldwäsche – das Projekt *Square* – etwas mit

Trump, seinen Geschäftspartnern und der russischen Beeinflussung der US-Wahl zu tun? Hatte vielleicht ein russischer Geschäftspartner für einen der Kredite der Deutschen Bank gebürgt?[89] Mit einer naheliegenden Erklärung konnte die Deutsche Bank – unter Dauerfeuer in den US-Medien – die Öffentlichkeit nicht beruhigen, da diese zu peinlich gewesen wäre: Die Bank war schlicht chaotisch organisiert, die internen Kontrollen funktionierten immer noch nicht. Der New Yorker Ableger des deutschen Instituts – die DBTCA mit der Abteilung Private Wealth Management – hatte unbeeindruckt weiter selbst hochriskante oder anrüchige Deals gemacht, alles wie gehabt, Hauptsache, Umsatz, Hauptsache, Prämie. Nicht zuletzt deshalb hatte der neue Vorstand so viel Ärger mit der US-Bankenaufsicht.[90] Das wollte und konnte das neue Management jedoch nicht öffentlich überbetonen. So prasselte weiterhin unablässig Kritik auf die Bank ein, deren Ruf immer mehr litt.

Am Ende war es dann tatsächlich Trump, der beinahe für den Untergang der Bank verantwortlich gewesen wäre – allerdings völlig anders als erwartet. Seine Regierung setzte mit der Mehrheit des Kongresses im Rücken eine Steuerreform durch, die vor allem große Konzerne bevorteilte, aber – das war die Ironie – gerade Banken viel Geld kostete, da sie Rückstellungen in der Bilanz neu bewerten mussten. Konnte man bis dahin davon ausgehen, dass ein Posten in der Zukunft mit 35 Prozent besteuert werden würde, und den Betrag entsprechend absetzen, waren es nach der Reform nur noch 21 Prozent. Also musste die Deutsche Bank diverse steuermildernde Effekte in der Bilanz abwerten. Das Steuergesetz war äußerst hastig verabschiedet worden, und so hatte die Regierung Trump diesen Effekt offenbar gar nicht vorausgesehen.[91] Die Deutsche Bank konnte aber in den USA kein Risiko mehr eingehen und wertete den Posten ab. Es ging um wenig mehr als eine Milliarde Dollar, früher wäre das ein Witz für die Bank gewesen, Ende 2017 ging der Posten sofort ans Eingemachte. Die Bank machte, nachdem es 2017 zunächst nicht so schlecht ausgesehen hatte, im vierten Quartal erneut einen satten Verlust und so den dritten Jahresverlust in Folge. Das war nur schwer zu verkraften und verdüsterte die Stimmung gefährlich. Der Aktienkurs verfiel, die

Angst aus dem Herbst 2016 kam zurück. Gerüchte und Geschichten wurden an die Presse durchgesteckt wie zu Ackermanns schlechtesten Zeiten. Ein Zitat von Kim Hammonds, im Vorstand für die IT zuständig, drang nach außen. Sie hatte auf einer internen Veranstaltung gesagt, dass die Bank die dysfunktionalste Firma sei, für die sie je gearbeitet habe. Welcher Insider hätte dem widersprechen können? Auf lange Sicht hatte der Aufsichtsrat vor, Christian Sewing, den ewigen Sohn, als Nachfolger von John Cryan aufzubauen. Deshalb wurde Sewing von seinem Umfeld behutsam aufgebaut und vor zu starker Kritik geschützt, zumal er mit Marcus Schenck einen starken Konkurrenten im Haus hatte, der das Institut ebenfalls irgendwann einmal führen wollte. Doch die große interne deutsche Hoffnung der Bank war Christian Sewing. Seit fünf Jahren räumte er im Hintergrund die Bank auf und hatte trotzdem noch Verbündete innerhalb des Hauses. Er hatte sich stets loyal verhalten und eisern geschwiegen, wo es angebracht schien. Aber der Jahresverlust 2017 löste eine Kettenreaktion aus. John Cryan war nicht mehr zu halten.

Im Frühjahr 2018 musste Sewing sehr viel früher und weit weniger geordnet als geplant die Gesamtverantwortung übernehmen. Mit 47 Jahren wurde er der jüngste Chef, den die Deutsche Bank jemals hatte. Seine Vorgänger – Ackermann, Jain, auch Breuer und Kopper – hatten ihm ein verheertes Unternehmen hinterlassen, das noch lange nicht saniert war. Niemand wusste das besser als Sewing, der so tief in die hintersten Winkel des Instituts geschaut hat. Josef Ackermann hatte zu seinem 70. Geburtstag im Februar zwar erneut versucht, die Geschichte umzubetten, und in einem Interview gesagt: »Ich habe seinerzeit eine Bank an meine Nachfolger übergeben, die für die Zukunft gut aufgestellt war.« Aber spätestens im März gab es endgültig nichts mehr schönzureden. Denn ausgerechnet Christian Bittar hatte sich bei den britischen Behörden schuldig bekannt, den Euribor manipuliert zu haben. In der Bank hatte man damit gerechnet, dass der Franzose sich in seinem Prozess gar nicht äußern würde – doch stattdessen kooperierte er sogar mit den Behörden.[92] Der neue Chef Sewing musste nun die Geheimnisse bewahren, die Vergangenheit aufarbeiten und die Zukunft bewältigen. Dafür musste er mindestens so fähig sein, wie Jain und Ackermann in der Öffentlichkeit oft gemacht worden waren, verfügte aber nur über einen Bruchteil der Macht – und des Kapitals –, mit dem seine Vorgänger agieren konnten.

Die Regulatoren sahen der Bank nun förmlich auf die Finger. Das Institut musste enorme Liquiditätsreserven für mögliche Krisen vorhalten, was sehr teuer und ausgesprochen unwirtschaftlich war. Der Internationale Währungsfonds bewertete die Bank als eines der potenziell gefährlichsten, weil höchst undurchsichtig vernetzten Institute weltweit.[93] Ein äußerst ernüchterndes Resultat der jahrelangen Krise war zudem die Tatsache, dass die Deutsche Bank nun mächtige ausländische Anteilseigner hatte, darunter den US-Großinvestor Black Rock und den sehr viele kleineren Fonds Cerberus, das Königshaus von Katar und die Firma HNA aus China, die selber immer wieder um Liquidität kämpfte. Sewing und sein Vorstand mussten zudem die bittere Pille schlucken, dass der in Ungnade gefallene Michele Faissola, dessen Arbeitsweise Sewing bei der Durchleuchtung des Monte-dei-Paschi-Deals gründlich kennengelernt hatte, die Anteilsinhaber aus Katar beriet.

Anshu Jain, Colin Fan und Rajeev Misra waren längst für immer weitergezogen. Jain wurde Chef des US-Brokers Cantor Fitzgerald. Er konnte dort unbelastet neu anfangen und musste sich nicht mit den Trümmern der Deutschen Bank oder den neuen Auflagen der Aufsichtsbehörden herumschlagen. Das Gehirn des Kredithandels, Rajeev Misra, leitete inzwischen das große japanische Unternehmen Soft-Bank, im Kern ein Hedgefonds, der mehrere 100 Milliarden Dollar Anlagekapital zur Verfügung hat. Einige ehemalige Mitarbeiter der Deutschen Bank heuerten bei ihm an. In einem Interview mit seiner alten Universität in Pennsylvania erklärte Misra, dass er ausschließlich in Informationstechnologie investiere, da man dort das meiste Geld verdienen könne. Die digitale Revolution werde zwar bald viele Jobs verschwinden lassen, gerade in der Buchhaltung und im Rechtswesen, und zu sozialen Verwerfungen führen, aber so sei nun einmal der Lauf der Dinge. Auf seine Verantwortung für diese Entwicklung angesprochen, erklärte Misra, dass eines für ihn immer an erster Stelle stehe: Die Investoren müssen mit ihrem Einsatz Geld verdienen, der Rest finde sich – Verwerfungen hin oder her. Misras Universität überschrieb den Artikel mit der Schlagzeile: »Investieren. Beschleunigen. Alles durcheinanderbringen. Wiederholen.«[94] Das war ganz genau die Strategie, der Misras alter Arbeitgeber, die Deutsche Bank, vor, während und lange nach der Krise gefolgt war.

Den Geist aus der Zeit vor der Finanzkrise haben die ehemals Verantwortlichen seither in alle Welt getragen. Er lebt in anderen Unternehmen weiter, die jederzeit die nächste Krise auslösen können, während die Deutsche Bank als Hülle zurückblieb, deren Schicksal, wie Henry Ritchotte schon 2008 an Anshu Jain geschrieben hat, mit jedem Tag mehr von der Gnade der Märkte abhing.

ANHANG

Über dieses Buch

Im Januar 2014 war ich mit einem ARD-Kollegen im Osten Deutschlands unterwegs, um einer Spur im NSU-Komplex nachzugehen. Ein späteres Mitglied dieser rechtsterroristischen Gruppe konnte überraschend oft knapp Haftstrafen vermeiden, kam nie ins Gefängnis und konnte so zum mehrfachen Mörder werden. Wir befragten eine Schöffin, die bei einem der Freisprüche dabei war, doch die Frau konnte sich kaum mehr an das Verfahren erinnern. Ein Fehlschlag, Recherchealltag. An dem Tag wurde für mich dennoch eine Weiche gestellt. Denn auf der Fahrt zu dem Termin sprach mich der Kollege auf den Fall des Deutsche-Bank-Managers Bill Broeksmit an, der kurz zuvor Suizid in London begangen hatte. Die Hintergründe waren noch ungeklärt. Eine merkwürdige Geschichte, die viele Fragen aufwarf. Kurz darauf rief mich – unabhängig von den Entwicklungen zuvor – der Fernsehproduzent Stephan Lamby an, mit dem ich schon einmal zusammengearbeitet hatte. Er fragte mich, ob ich Lust hätte, an einem Film über die Deutsche Bank mitzuarbeiten. Hatte ich, mein Interesse war längst geweckt. Die Deutsche Bank, ein noch immer mächtiger Konzern unter existenziellem Druck – ein faszinierendes Thema. Gemeinsam mit dem Kollegen Ulrich Stein aus Hamburg sollte ich an der Dokumentation arbeiten. Stein wechselte jedoch nach einiger Zeit die Redaktion, so dass ich den Film über die Bank schließlich allein drehte.

Die Arbeit zog sich über ein Jahr zog hin. Am Ende stand ich im permanenten Austausch mit der Deutschen Bank, ein harter, zäher Kampf. Man lud mich zu Gesprächen nach Frankfurt ein, doch die Verantwortlichen sprachen mit mir nicht vor der Kamera, zu groß war der juristische Druck, unter dem die Bank bereits stand. Als der Film im Mai 2015 im ZDF ausgestrahlt wurde, war mir bereits klar klar, dass die Geschichte vom Aufstieg und Fall der Deutschen Bank Stoff für ein Buch bietet, ja vielleicht sogar nur in einem Buch angemessen nachgezeichnet werden kann. Der Verlag sah das zu meiner Freude genauso.

Kurz nachdem mein Film *Der Fall Deutsche Bank* im ZDF ausgestrahlt worden war, änderte sich die Ausgangslage. Der wesentlich verantwortliche Vorstandsvorsitzende Anshu Jain wurde gefeuert, die neue Führung rief intern eine Kulturrevolution aus. Viele Mitarbeiter der Bank dachten nun anders über ihre Zeit bei dem Institut und erklärten sich bereit, mit mir zu sprechen. Die neue Führung gab sich ebenfalls offener gegenüber der Presse, so dass ich für meinen nächsten ZDF-Film – *Inside Deutsche Bank* – mehrere Mitglieder des Vorstands interviewen konnte. Entscheidend für mein Verständnis der Geschichte waren zudem die zahlreichen Gespräche, die ich mit aktiven und ehemaligen Mitarbeitern der Bank für das Buch geführt habe. Viele dieser Zeitzeugen haben ausdrücklich gewünscht, namentlich nicht zitiert zu werden. Das habe ich respektiert. Wie schon in meinen Büchern über die Treuhand – *Der deutsche Goldrausch* – und über den NSU – *Heimatschutz* – waren Gerichtsakten, Klageschriften und Dokumente von Behörden weitere zentrale Quellen. Vor allem die Manipulation des Libors und des Euribors haben verschiedene Behörden und viele Anwälte umfassend dokumentiert. Informanten haben mir zudem weitere interne Dokumente aus der Bank zur Verfügung gestellt.

Die Familie Broeksmit hat mich bei den Recherchen ebenfalls stark unterstützt, wofür ich zutiefst dankbar bin. Einen Teil der Geschichte von Bill Broeksmit habe ich bereits in der *Welt am Sonntag* veröffentlicht, deren Team mir sehr geholfen hat. Es ist mir ein Anliegen, auch jenen Kollegen zu danken, auf deren Arbeit ich zurückgegriffen habe, um die Geschichte der Deutschen Bank und der verschiedenen Finanzkrisen rekonstruieren zu können. Insbesondere die Bücher von Frank Partnoy, Gillian Tett, Jesse Eisinger und Kevin Rodgers – um nur einige zu nennen – waren dabei sehr hilfreich. Zahlreiche Artikel im *Economist*, in der *Financial Times*, bei *Bloomberg*, in *Euromoney*, *Derivates Strategy*, im *Handelsblatt*, in der *Frankfurter Allgemeinen Zeitung* und im *Spiegel* haben mir darüber hinaus sehr geholfen. Den Autoren der vielen Beiträge bin ich zu großem Dank verpflichtet.

Dies ist ein Buch über Menschen, die ihre Bank und sich selbst überschätzt haben, am Ende sogar glaubten, unfehlbar zu sein. Zu viele Menschen um die Banker herum – Aufseher, Politiker, Kunden, Journalisten – haben die angeblich beispiellose Erfolgsgeschichte zu leichtfertig geglaubt. Diese Fehleinschätzungen führten zu einer der schwersten Finanzkrisen der letzten Jahrzehnte, deren Folgen noch lange nicht überwunden sind. Oft machen Menschen Fehler, nicht weil sie zu dumm waren, sondern weil sie menschlich gehandelt haben – kurzsichtig, unüberlegt, egoistisch. Auch das macht uns alle aus.

Dieses Buch widme ich meiner Familie.
Ohne euch ist alles nichts.

Dirk Laabs
Hamburg, im Juli 2018

Anmerkungen

Prolog

1 Michele Faissolas Anwälte behaupten, nicht der Sohn, sondern die Witwe Broeksmit habe das Telefonat geführt.

Teil I

1 »The Failure of Continental Illinois«, *Federal Reserve History* vom 22. November 2013.

2 Federal Deposit Insurance Corporation, *History of the Eighties, Lessons for the Future*, Bd. 1: *An Examination of the Banking Crises of the 1980s and Early 1990s*, Washington, D.C., 1997, S. 235ff.

3 The American Presidency Project: Pressekonferenz von US-Präsident Ronald Reagan am 22. Mai 1984.

4 Ebd.

5 »Die Berliner Siegessäule würde ich sofort sprengen«, *SZ-Magazin* vom 6. Juni 2015.

6 Janet Tavakoli, *Decisions: Life and Death on Wall Street*, Chicago 2015, Position 42.

7 Satyajit Das, *Traders, Guns & Money*, London 2006, S. 36.

8 »The Master of Orange County; A Merrill Lynch Broker Survives Municipal Bankruptcy«, *The New York Times* vom 22. Juli 1998.

9 Dirk Laabs, *Der deutsche Goldrausch. Die wahre Geschichte der Treuhand*, München 2012, S. 38f.

10 »Peter Young charged with Morgan Grenfell fraud«, *The Independent* vom 22. Oktober 1998.

11 Janet Tavakoli, *Decisions: Life and Death on Wall Street*, Chicago 2015, Position 132.

12 Ebd., Position 162.

13 Frank Partnoy, *Infectious Greed: How Deceit and Risk Corrupted the Financial Markets*, New York 2003, S. 72f.

14 Ebd., S. 74.

15 »Trump's long and winding history with Deutsche Bank could now be at the center of Robert Mueller's investigation«, *Business Insider* vom 8. Dezember 2017.

16 »Trump May Have a $300 Million Conflict of Interest With Deutsche Bank«, *Bloomberg* vom 22. Dezember 2016.

17 »Trump im Netz des organisierten Verbrechens«, *Welt am Sonntag* vom 5. September 2017.

18 Kevin Rodgers, *Why Aren't They Shouting?*, London 2016, Position 209.
19 »The Two Faces of Kevin Hudson«, *Derivates Strategy* vom November 2000.
20 Der Euro war bereits Anfang 1999 als Buchgeld im Umlauf.
21 »Easy Money: For Russia und its U.S. Bankers, Match wasn't made in Heaven«, *The New York Times* vom 18. Oktober 1998.
22 Rodgers, *Why Aren't They Shouting?*, Position 1868.
23 Christopher Kobrak, *Die Deutsche Bank und die USA*, München 2008, S. 465.
24 Harold James, *Die Deutsche Bank im Dritten Reich*, München 2003, S. 34.
25 *OMGUS. Ermittlungen gegen die Deutsche Bank*, hrsg. von Hans Magnus Enzensberger, Nördlingen 1985.
26 James, *Die Deutsche Bank*, S. 154.
27 »Frank Newman Feels the Heat«, *Fortune Magazine* vom 26. Oktober 1998.
28 »The Derivatives Strategy 2001 Rankings«, *Derivates Strategy Magazine* vom April 2001.
29 »Tribal Warfare in North America«, *Euromoney* vom 1. März 2000.
30 Rodgers, *Why Aren't They Shouting?*, Position 580.
31 »Tribal Warfare in North America«, *Euromoney* vom 1. März 2000.
32 »Ackermanns Wahrheit«, *Die Zeit* vom 24. Mai 2012.
33 »Deutsche Bank Finds It Must Shed Its German Past in Order to Grow«, *The Wall Street Journal* vom 14. Februar 2002.
34 »16 years later, billions in value gets wiped away from Bankers Trust«, *Market Watch* vom 9. Oktober 2015.
35 Partnoy, *Infectious Greed*, S. 307.
36 Ebd., S. 302.
37 »Enron Traders Caught on Tape: ›He Just F---s California‹«, *CBS News* vom 1. Juni 2004.
38 The Financial Collapse of Enron – Teil 2: Anhörung vor dem Subcommittee on Oversight and Investigations des US-Repräsentantenhaus am 7. Februar 2002, Aussage John Olson, S. 24.
39 »Hall of Fame Biographies – Edson Mitchell«, *Derivatives Strategy Magazine* vom März 1998.
40 »Deutsche Bank«, *Euromoney* vom 1. Januar 2000.
41 »Wann platzt die Blase?«, *Stern* vom 7. März 2000.
42 »Das Schlachtengemälde«, *Die Zeit* vom 13. April 2000.
43 »Die Drahtzieher«, *Die Zeit* vom 13. April 2000.
44 »Herz der Deutschen Bank schlägt in London«, *Die Welt* vom 19. Mai 2000.
45 »Radikaler Umbruch bei der Deutschen Bank«, *Die Welt* vom 23. Mai 2000.
46 »Der Hai und die Nadelstreifen«, *Der Spiegel* vom 17. Juli 2000.
47 Rodgers, *Why Aren't They Shouting?*, Position 859.

48 Bush et al. *v.* Gore et al. – Certiorari to the Supreme Court of Florida No. 00-949. Argued December 11, 2000 – Decided December 12, 2000.

49 »Credit Crisis Cassandra«, *Washington Post* vom 26. Mai 2009.

50 »Over-the-Counter Derivatives Markets and the Commodity Exchange Act. Report of The President's Working Group on Financial Markets«, November 1999, S. 33.

51 Ebd., S. 1f.

52 »Das größte Geschenk aller Zeiten«, *Die Zeit* vom 8. September 2015.

53 »Plane crash City banker leaves wife and mistress«, *The Telegraph* vom 28. Dezember 2000.

54 Nils Ole Oermann, *Tod eines Investmentbankers*, Freiburg 2013, S. 31.

55 »Aufstieg eines Geldmachers«, *Handelsblatt* vom 26. Juli 2011.

56 »An Interview with Thomas Schneeweis, Editor of the Journal of Alternative Investments«, *All About Alpha* vom 10. April 2007.

57 »Deutsche Bank finds it must shed its german past in order to grow«, *The Wall Street Journal* vom 14. Februar 2002.

58 »Das Geheimnis des Geldmachers der Deutschen Bank«, *Handelsblatt* vom 10. Juli 2010.

59 »Barclays Capital's surprise attack on Deutsche«, *Euromoney* vom 1. Juni 2001.

60 Mark Newby, et al., Plaintiffs, vs. Enron Corporation, et al., Defendants, Civil Action No. H-01-3624, 11. Januar 2011.

61 »Litigation Release No. 18115 Securities and Exchange Commission v. Merrill Lynch, Pierce, Fenner & Smith Incorporated, 03 CV 2941«, SEC vom 28. April 2003.

62 »The battle of the bulge bracket«, *The Economist* vom 26. November 1998.

Teil II

1 »Trump im Netz des organisierten Verbrechens«, *Welt am Sonntag* vom 5. September 2017.

2 James B. Stewart, *Den of Thieves*, New York 1991, S. 20.

3 Ebd., S. 20.

4 Ein Wall-Street-Banker wird vor seinen Kollegen in Handschellen gelegt – diese Szene wurde in Oliver Stones Film *Wall Street* verewigt.

5 »Inquiry's Surprising Targets: Richard B. Wigton«, *The New York Times* vom 13. Februar 1987.

6 Stewart, *Den of Thieves*, S. 24.

7 »Statement by Assistant Director in Charge Pat D'Amuro at the Press Conference Concerning the Arrests Made in ›Operation Wooden Nickel‹«, Pressemitteilung des FBI vom 19. November 2003.

8 Jesse Eisinger, *The Chickenshit Club*, New York 2017, Position 93.
9 »Schritt ins Bündnis für Arbeit«, *Der Spiegel* vom 26. Oktober 1998.
10 »Is the SEC Covering Up Wall Street Crimes?«, *Rolling Stone* vom 17. August 2011.
11 New York State Department of Financial Services, In Matter of Deutsche Bank AG, 3. November 2015, S. 3.
12 Ebd., S. 10.
13 Ebd., S. 11.
14 »Alle haben Fehler gemacht«, *Der Spiegel* vom 14. Oktober 2002.
15 »Investmentbanken: Die deutsche Lehman-Lüge«, *Financial Times Deutschland* vom 11. August 2009.
16 »Deutsche Bank sichert Kredite ab«, *Frankfurter Allgemeine Zeitung* vom 23. Februar 2004.
17 »Steht Deutschland vor einer Bankenkrise?«, Deutschlandfunk vom 25. Februar 2002.
18 »Wirtschaft an der Macht: Lobbyisten entwarfen Gesetzestexte«, *Augsburger Allgemeine* vom 3. April 2008.
19 »German Banks teeter on the precipice«, *The Telegraph* vom 13. Oktober 2002.
20 Hans-Jürgen Arlt und Wolfgang Storz, *Wirtschaftsjournalismus in der Krise – Eine Studie der Otto Brenner Stiftung*, Frankfurt am Main 2010, S. 41f.
21 Rodgers, *Why Aren't They Shouting?*, Position 2373.
22 Antrag der Fraktionen SPD und Bündnis 90/Die Grünen, Deutscher Bundestag, 15. Wahlperiode, Drucksache 15/930 vom 7. Mai 2003, S. 41f.
23 Ebd.
24 »Sandy Weill and the Story Behind Citigroup«, *npr* vom 10. Oktober 2006.
25 Ebd.
26 Sandy Weill, *The Real Deal: My Life in Business and Philanthropy*, New York 2006, S. 456.
27 »Wir machen viele Dinge gemeinsam«, *Manager Magazin* vom 3. Mai 2002.
28 Partnoy, *Infectious Greed*, S. 385.
29 Anshu Jain im Gespräch mit dem Autor, 27. April 2015.
30 Rodgers, *Why Aren't They Shouting?*, Position 967.
31 John Butler am 29. März 2017 im Interview mit dem Autor für die ZDF-Dokumentation *Der Fall Deutsche Bank*.
32 Ebd.
33 »My thwarted attempt to tell of Libor shenanigans«, *Financial Times* vom 26. Juli 2012.
34 »Special Report – How gaming Libor became business as usual«, *Reuters* vom 22. November 2012.

35 »Libor or Lie-Bor?«, *Derivates Strategy* vom November 1998.

36 United States District Court, Southern District of New York, *v.* Michael Ross Curtler, 8. Oktober 2015.

37 »Statement by Assistant Director in Charge Pat D'Amuro at the Press Conference Concerning the Arrests Made in ›Operation Wooden Nickel‹«, Pressemitteilung des FBI vom 19. November 2003.

38 »Jury Finds Arthur Andersen Guilty«, ABC News vom 5. Juni 2002.

39 »BaFin-Prozess: Sechs Jahre Haft«, Westdeutscher Rundfunk vom 4. Juli 2007.

40 »Die verdrängten Sünden der Heuschrecken-Bändiger«, *Der Spiegel* vom 4. März 1999.

41 »Features: World's Best Derivatives Providers«, *Global Finance Magazine* vom 1. Dezember 2004.

42 »Kommunen verwetteten Milliarden Steuergelder«, *Manager Magazin* vom 27. August 2007.

43 »Warum eine Gemeinde die Deutsche Bank verklagt«, *Die Welt* vom 4. Januar 2010.

44 *Unheimliche Geschäfte – Die Skandale der Deutschen Bank*, Dokumentation von Ulrich Stein, ZDF, 21. Mai 2013.

45 »Das einzige Land, in dem die Erfolgreichen vor Gericht stehen«, *Frankfurter Allgemeine Zeitung* vom 21. Januar 2004.

46 »Aide to Ex-Parmalat CFO Commits Suicide Amid Probe«, *The Wall Street Journal* vom 23. Januar 2004.

47 »Sittenverfall im Bankwesen. Ungehaltene Rede«, Abdruck der Rede von Ludwig Poullain, *Frankfurter Allgemeine Zeitung* vom 15. Juli 2004.

48 Arlt und Storz, *Wirtschaftsjournalismus in der Krise*, S. 43f.

49 »Macht ohne Kontrolle«, *Der Spiegel* vom 27. September 2004.

50 »A giant hedge fund«, *The Economist* vom 26. August 2004.

51 »Viele sagen: Weiter so!«, *Der Spiegel* vom 28. Februar 2005.

52 »The Woman Who Predicted the Mortgage Crisis Goes on the Record About the Future«, *Women's Voices of Change* vom 30. April 2008.

53 »›If you had a pulse, we gave you a loan‹ – Inside the fiasco that led to the mortgage mess and Countrywide's collapse«, *NBC-Dateline* vom 22. März 2009.

54 »So sprachen sie vor der Krise«, *Frankfurter Rundschau* vom 10. Juli 2009.

55 »The glass menagerie«, *Euromoney* vom 1. September 1999.

56 »Vier Freunde, das sind wir«, *Die Zeit* vom 12. Januar 2006.

57 So die Darstellung von Michele Faissolas Anwälten in einem Schreiben an Autor und Verlag.

58 »CDO Machine? Managers, Mortgage Companies, Happy to Keep Fuel Coming«, *Asset Securitization Report* vom 23. Mai 2005.

59 Financial Crisis Inquiry Commission (FCIC): Greg Lippmann, Mortgage-Trading at Deutsche Bank. Memorandum for the Record, 20. Mai 2010.

60 »Deutsche Bank Agrees to Pay $7.2 Billion for Misleading Investors in its Sale of Residential Mortgage-Backed Securities«, Pressemitteilung des US-Justizministeriums vom 17. Januar 2017.

61 »Mensch, Ackermann«, *Die Zeit* vom 21. Dezember 2005.

62 *Wall Street and The Financial Crisis: Anatomy of a Financial Collapse*, hrsg. vom Permanent Subcommittee on Investigations, United States Senate, 13. April 2011, S. 338.

63 Arlt und Storz, *Wirtschaftsjournalismus in der Krise*, S. 45f.

64 »Bespitzelungsaffäre bei Dt. Bank droht sich auszuweiten«, *Dow Jones-Nachrichtenagentur* vom 3. August 2009.

65 »Deutsche Bank's pioneer shows his strength«, *The Financial Times* vom 8. Februar 2006.

66 Gillian Tett, *Fool's Gold*, London 2009, S. 148.

67 *The Financial Crisis Inquiry Report*, hrsg. von der Financial Crisis Inquiry Commission (FCIC), Januar 2011, S. 192.

68 »Mannesmann-Prozess eingestellt«, Deutschlandradio vom 29. November 2006.

69 Rodgers, *Why Aren't They Shouting?*, Position 1447.

70 »Bear Stearns Says Battered Hedge Funds Are Worth Little«, *The New York Times* vom 18. Juli 2007.

71 »German bank becomes first EU victim of U.S. subprime mortgage woes«, *The New York Times* vom 30. Juli 2007.

72 Dunbar, *The Devil's Derivatives*, S. 186ff.

73 IKB, Geschäftsbericht 2006/2007, S. 66f.

74 Dunbar, *The Devil's Derivatives*, S. 186.

75 »Die Unbelehrbaren«, *Manager Magazin* vom 14. Juli 2010.

76 Dr. Harald Ring, »Bericht über die Durchführung der Sonderprüfung bei der IKB Deutsche Industriebank AG, Düsseldorf, gemäß Beschluss des Landgerichts Düsseldorf vom 14.08.2009«, Teilband I, S. 33f.

77 »Indecent exposure«, *The Economist* vom 5. April 2007.

78 Zur Geschichte von Goldman Sachs vgl. William D. Cohan, *Money and Power*, New York 2011.

79 E-Mail von David A. Lehman (Goldman Sachs) vom 29. Juni 2007.

80 Unabhängig von dem gleichnamigen Buch von Michael Lewis nannten einige Goldman-Manager die Position genau so: *The Big Short*.

81 E-Mail vom 27. April 2010 von David Viniar und Gary Cohn (beide Goldman Sachs).

82 Transkript des Telefonats von Andrew Forster (AIGFP) mit einem unbekannten Anrufer, 30. Juli 2007.

83 »Der Angstgegner«, *Manager Magazin* vom 12. September 2006.
84 Dr. Harald Ring: »Bericht über die Durchführung der Sonderprüfung bei der IKB Deutsche Industriebank AG ...«, S. 258ff.
85 Ebd., S. 33f.
86 Peer Steinbrück, *Unterm Strich*, Hamburg 2010, S. 193.
87 Rede von Bundeskanzlerin Merkel anlässlich des Kongresses »Finanzmarktregulierung nach der Krise – eine Zwischenbilanz« der CDU/CSU-Bundestagsfraktion am 29. Juni 2011 in Berlin.
88 Steinbrück, *Unterm Strich*, S. 196.
89 »Deutsche Bank Payday Bourgeois on Subprime Trading Bet«, *Bloomberg* vom 30. Juli 2007.
90 So *Die Welt* vom 2. August 2007 und die *Financial Times Deutschland* vom 1. August 2007.
91 Die *Tagesthemen* berichteten über das Thema allerdings schon am Mittwoch, dem 1. August 2007.
92 Uli Meerkamm in der *Tagesschau* vom 2. August 2007, 20 Uhr.
93 Neil Irwin, *The Alchemists: Three Central Bankers and A World On Fire*, London 2013, Einführung.
94 Ebd.
95 Ebd.
96 »Collateral Damage: Deutsche Bank, Unsung Credit Risk, And The Story Behind The Ben-Artzi Claims«, *Seeking Alpha* vom 21. Dezember 2012.
97 Paul Halpern, *Back from the Brink – Lessons from the Canadian Asset-Backed Commercial Paper Crisis*, Toronto 2016, S. 22.
98 Interview des Autors mit Eric Ben-Artzi, Tel Aviv, März 2017.
99 Halpern, *Back from the Brink*, S. 41.
100 Ebd., S. 49.
101 Anshu Jain hat die Frage des Autors nicht beantwortet, wie genau er auf diese Information reagiert hat. Michele Faissola ließ durch seine Anwälte ausrichten, »kein Wissen« von dieser E-Mail zu haben.
102 »Collateral Damage: Deutsche Bank, Unsung Credit Risk, And The Story Behind The Ben-Artzi Claims«, *Seeking Alpha* vom 21. Dezember 2012.
103 »ABCP fiasco's silver lining for Canada«, *Financial Post* vom 18. März 2013.
104 Halpern, *Back from the Brink*, S. 68f.
105 »Alan Greenspan to advise Deutsche Bank«, *The Telegraph* vom 13. August 2007.
106 »Ein Greenspan fürs Investmentbanking«, ebd.
107 »Alan Greenspan to advise Deutsche Bank«, ebd.
108 »Wenn die Feuerwehr Brennholz verkauft«, *Der Tagesspiegel* vom 6. September 2007.

109 »The Dublin-Connection«, *Bloomberg* vom 9. November 2008.

110 »Merrill Lynch, the firm lost $8bn and the chief executive had to go – with $159m«, *The Guardian* vom 30. Oktober 2007.

111 »The ›Subsidy‹ – How a Handful of Merrill Lynch Bankers Helped Blow Up Their Own Firm«, *ProPublica* vom 22. Oktober 2010.

112 Greg Farrell, *Crash of the Titans: Greed, Hubris, the Fall of Merrill Lynch*, New York 2010, S. 36.

113 »Deutsche Analyst Sounded Alarm When Asked to Alter Numbers«, *ProPublica* vom 19. Januar 2012.

114 Ebd.

115 Stefan Baron, *Späte Reue*, München 2013, S. 119.

116 »Ich war auf Ackermanns Party«, *Frankfurter Allgemeine Zeitung* vom 26. August 2009.

117 Vermerk Bundeskanzleramt vom 17. April 2008, Referat 433: »Abendessen der BK'in für Dr. Josef Ackermann am 22. April 2008, 19.00 Uhr«.

118 Ebd.

119 »Bush Boom Continues«, *National Review* vom 10. Dezember 2007.

120 »Die Banken- und Verschuldungskrise im März 2008«, Analyse der Mack & Weise GmbH vom März 2008.

121 Baron, *Späte Reue*, S. 42f.

122 »Bankers Cast Doubt On Key Rate Amid Crisis«, *The Wall Street Journal* vom 16. April 2008.

123 Aus der Financial Service Authority (FSA) wurde am 1. April 2013 die Financial Conduct Authority (FCA).

124 »A review of the extent of awareness within the FSA of inappropriate LIBOR submissions«, Bericht der FCA vom 5. März 2013, S. 49.

125 David Enrich, *The Spider Network*, London 2017, Position 3020.

126 Die Originalzitate lauteten: »It's just amazing how Libor fixing can make you that much money or lose if opposite. It's a cartel now in London.« Wong hatte geantwortet: »Must be damn difficult to trade man, especially [if] you [are] not in the loop.« Im Frühjahr 2008 hatte Wong einem Kollegen geschrieben: »Nice Libor. (…) Our six-month fixing moved the entire fixing, hahahah.«

127 »Null Toleranz für Grauzonen«, *Zeit-Magazin* vom 24. Mai 2007.

128 »Malicious' Mortgage Fraud – More Than 400 Charged Nationwide«, FBI-Pressemitteilung vom 19. Juni 2008.

129 »How David Einhorn Became A Hedge Fund Legend«, *Business Insider* vom 10. Mai 2012.

130 *The Financial Crisis Inquiry Report*, hrsg. von der Financial Crisis Inquiry Commission (FCIC), Januar 2011, S. 328.

131 Ebd., S. 327ff.

132 Ebd., S. 330.

133 Ebd., S. 333.

134 Baron, *Späte Reue*, S. 150.

135 Steinbrück, *Unterm Strich*, S. 204.

136 *The Financial Crisis Inquiry Report*, S. 371.

137 »Beschlussempfehlung und Bericht des 2. Untersuchungsausschuss«, Deutscher Bundestag, 16. Wahlperiode, Drucksache 16/14000 vom 18. September 2009, S. 53.

138 »Unsere Schattenbank in Dublin«, *Cicero* vom 18. Dezember 2011.

139 »Beschlussempfehlung und Bericht des 2. Untersuchungsausschuss«, Deutscher Bundestag, 16. Wahlperiode, Drucksache 16/14000 vom 18. September 2009, S. 204.

140 Baron, *Späte Reue*, S. 145.

141 »Beschlussempfehlung und Bericht des 2. Untersuchungsausschuss«, Deutscher Bundestag, 16. Wahlperiode, Drucksache 16/14000 vom 18. September 2009, S. 116.

142 Steinbrück, *Unterm Strich*, S. 208.

143 Stellungnahme des Angeklagten Georg Funke vor dem Landgericht München, 21. März 2017.

144 Steinbrück, *Unterm Strich*, S. 209.

145 Baron, *Späte Reue*, S. 159.

146 Ebd., S. 165.

147 »Deutsche Bank rückt von Renditeziel ab«, *Spiegel Online* vom 18. Oktober 2008.

148 »Beschlussempfehlung und Bericht des 2. Untersuchungsausschuss«, Deutscher Bundestag, 16. Wahlperiode, Drucksache 16/14000 vom 18. September 2009, S. 230.

149 Protokoll der Aussage von Dr. Josef Ackermann vor dem 2. Untersuchungsausschuss des Bundestages, 16. Wahlperiode, 15. Sitzung am 28. Juli 2009, S. 116.

150 Enrich, *The Spider Network*, Position 5601.

151 »Bank of England deputy governor Paul Tucker fights Libor accusations – as it happened«, *The Guardian* vom 9. Juli 2012.

152 »The Foreign Exchange Joint Standing Committee (FXJSC) Chief Dealers Sub Group, Minutes Of The 4 July 2006 Meeting at the Smiths, EC1M«, Protokoll der Bank of England, S. 4.

153 »Trump Sees Act of God in Recession«, *The New York Times* vom 4. Dezember 2008.

154 Shearman & Sterling LLP: Klageerwiderung im Fall Donald J. Trump v. Deutsche Bank, 26. November 2008, S. 11.

155 Ebd.

156 »Trump Sees Act of God in Recession«, *The New York Times* vom 4. Dezember 2008.

157 »Abuse of Structured Financial Products: Misusing Basket Options to Avoid Taxes and Leverage Limits«, Hearing before the Permanent Subcommittee on Investigations, US-Kongress, 22. Juli 2014, S. 63.

158 »Renaissance's Medallion Made a Stunning Shift After Trump's Election«, *Bloomberg* vom 16. August 2017.

159 »The Reclusive Hedge-Fund Tycoon Behind the Trump Presidency«, *The New Yorker* vom 27. März 2017.

160 »Abuse of Structured Financial Products …«, Hearing before the Permanent Subcommittee on Investigations, 22. Juli 2014, S. 4.

161 »A Deutsche Bank MD on Wall Street quit to follow his passion«, *efinancialcareers* vom 1. März 2007.

162 »Abuse of Structured Financial Products …«, Hearing before the Permanent Subcommittee on Investigations, 22. Juli 2014, S. 51ff.

163 Rosa Abrantes-Metz im Interview mit dem Autor für die ZDF-Dokumentation am 5. Dezember 2014.

164 »Alexander Vik Is The Most Interesting Man In The World (As Long As He Doesn't Owe You Money)«, *Fortune* vom 5. März 2014.

165 »Deutsche Bank sued for $8bn over ›sexy, crazy trades‹«, *The Telegraph* vom 23. April 2013.

166 »Anyone Want to Buy Deutsche Bank?«, *Naked Capitalism* vom 18. Februar 2016.

167 Der Autor hat Faissola mehrfach die Möglichkeit gegeben, sich zu den Abläufen zu äußern. Allein seine Anwälte haben sich gemeldet, diverse konkrete Fragen aber nicht beantwortet. Ein Bericht der BaFin, der, so behaupteten die Anwälte, Faissola in dem Punkt Libor entlasten soll, wurde dem Autor trotz mehrfacher Aufforderung nicht zugeschickt.

168 Michele Faissola bestreitet die Darstellung der BaFin. Shivani Mathur habe keinen Bericht erstellt und die Deutsche Bank habe auch nicht den Libor oder Euribor manipuliert. Konkrete Nachfragen beantwortete er nicht.

169 »The Deutsche Bank, Monte Paschi Cover-Up: Tier 1 Capital and an Equity Swap«, *Zero Hedge* vom 15. Februar 2013.

170 »How Deutsche Bank Made a $462 Million Loss Disappear«, *Bloomberg* vom 17. Dezember 2017.

171 »The Deutsche Bank, Monte Paschi …, *Zero Hedge* vom 15. Februar 2013.

172 »How Deutsche Bank Made a $462 Million Loss Disappear«, *Bloomberg* vom 17. Dezember 2017.

173 »Illiquid, insolvent, what's the difference?«, *Financial Times* vom 30. September 2014.

Teil III

1 »Deutsche Bank boss Anshu Jain sells stake in IPL's Mumbai Indians«, *The Telegraph* vom 21. April 2010.

2 »Deutsche Bank Fallen Trader Left Behind $1,8 Billion Hole«, *The Wall Street Journal* vom 6. Februar 2009.

3 Baron, *Späte Reue*, S. 189f.

4 »The Global Economic & Financial Crisis: A Timeline«, The Lauder Institute, Universität von Pennsylvania, Stand: Mai 2018.

5 »Die Antrittsrede des neuen US-Präsidenten Barack Obama in deutscher Übersetzung«, Deutsche Welle vom 20. Januar 2009.

6 »AIG 2008 loss: $99bn«, *Financial Times* vom 2. März 2009.

7 »In the Matter of Deutsche Bank AG, Securities Exchange Act, Release No. 75040«, SEC vom 26. Mai 2015.

8 »Deutsche Bank: Show of strength or a fiction?«, *Financial Times* vom 5. Dezember 2012.

9 Jeffrey Carhart und Jay Hoffman, »Canada's Asset Backed Commercial Papers Restructuring: 2007–2009«, *Banking and Finance Law Review* vom 23. September 2009.

10 »Die Wahrheit über die ›Mega-Rendite‹«, *Focus* vom 15. März 2009.

11 Steinbrück, *Unterm Strich*, S. 207.

12 »Obama's Ersatz Capitalism«, *The New York Times* vom 31. März 2009.

13 »Die verborgenen Risiken in der Bilanz«, *Handelsblatt* vom 6. Februar 2009.

14 Der Autor hat Peer Steinbrück die Frage per E-Mail zukommen lassen und keine Antwort erhalten.

15 Liam Vaughan und Gavin Finch, *The Fix*, London 2017, Position 1997.

16 Ebd., Position 1998.

17 Ebd., Position 2961.

18 »CFTC Orders Deutsche Bank Securities Inc. to Pay $70 Million Penalty for Attempted Manipulation of U.S. Dollar ISDAFIX Benchmark Swap Rates, Release Number 7692-18«, CFTC vom 1. Februar 2018.

19 Ebd.

20 »Abuse of Structured Financial Products …«, Hearing before the Permanent Subcommittee on Investigations, 22. Juli 2014, S. 61.

21 »Executive Who Committed Suicide Anxious Amid Deutsche Bank Probes«, *The Wall Street Journal* vom 25. März 2014.

22 »Deutsche's firing of top trader sparks probe«, *Reuters* vom 22. Juni 2011.

23 »Deutsche Bank: Show of strength or a fiction?«, *Financial Times* vom 5. Dezember 2012.

24 Vaughan und Finch, *The Fix*, Position 1680.

25 »Greece debt crisis: timeline«, *The Guardian* vom 5. Mai 2010.

26 »The Goldman-Greece files«, *Risky Finance* vom 30. Juli 2016.

27 »Zoff zwischen Merkel und Barroso«, *Süddeutsche Zeitung* vom 22. März 2010.

28 »Banken helfen Griechen: Die Jo-Ackermann-Show«, *Wirtschaftswoche* vom 4. Mai 2010.

29 Jörg Rocholl und Axel Stahmer, »Where did the Greek bailout money go?«, *ESMT White Paper* No. WP-16-02, 2016.

30 »Markets Frozen in Time«, *Financial Times* vom 15. Juni 2010.

31 »›I realised the stupidity of it‹«, *The Guardian* vom 11. März 2003.

32 »G20-Gipfel in Seoul – Korea ist im Zeitalter der Globalisierung angekommen«, Konrad-Adenauer-Stiftung, 10. November 2010.

33 »Deutsche Bank: Explaining The $12 Billion Loss That Never Was«, *Seeking Alpha* vom 7. Dezember 2012.

34 Vaughan und Finch, *The Fix*, Position 2928.

35 Eric Ben-Artzi im Interview mit Ulrich Schmidt für die ZDF-Dokumentation *Unheimliche Geschäfte*, 17. Mai 2013.

36 »Deutsche's firing of top trader sparks probe«, *Reuters* vom 22. Juni 2011.

37 »Mehr als ein Banker«, *Der Spiegel* vom 12. September 2011.

38 »Anshu Jain – Das Monster der Geldflüsse«, *Süddeutsche Zeitung* vom 25. Juli 2011.

39 »DFS Fines Deutsche Bank $425 Million for Russian Mirror-Trading Scheme«, Presseerklärung des Department of Financial Services, New York, vom 30. Januar 2017.

40 In the Matter of Deutsche Bank AG and Deutsche Bank AG New York Branch, New York State Department of Financial Services, Concent Order vom 30. Januar 2017, S. 3f.

41 »Prime Minister Putin met with Joseph Ackermann, President of Deutsche Bank«, Pressemitteilung des Büros des russischen Premierministers vom 20. Juni 2008.

42 »A Russian Tragedy: How Deutsche Bank's ›Wiz‹ Kid Fell to Earth«, *Bloomberg* vom 3. Oktober 2016.

43 Trotz gegenteiliger Belege bestreitet Gorbatov den Vorgang.

44 »Deutsche Bank's $10-Billion Scandal«, *The New Yorker* vom 29. August 2016.

45 In the Matter of Deutsche Bank AG and Deutsche Bank AG New York Branch, New York State Department of Financial Services, Concent Order vom 30. Januar 2017, S. 15.

46 »Trump Boasts of Rapport With Wall St., but the Feeling Is Not Quite Mutual«, *The New York Times* vom 23. Mai 2016.

47 »Deutsche nabs 2 wealth bankers from B of A«, *InvestmentNews* vom 15. September 2006.

48 »Big German Bank, Key to Trump's Finances, Faces New Scrutiny«, *The New York Times* vom 19. Juli 2017.

49 »As the ›King of Debt‹ Trump borrowed to build his empire. Then he began spending hundreds of millions in cash«, *Washington Post* vom 6. Mai 2018.

50 »A Day (And A Cheeseburger) With President Trump«, *wbur* vom 5. Mai 2017.

51 Urteil des Arbeitsgerichts Frankfurt am Main vom 11. September 2013, S. 8.

52 »Hauptversammlung Deutsche Bank AG: Rede von Dr. Josef Ackermann Vorsitzender des Vorstands und des Group Executive Committee der Deutsche Bank AG, 31. Mai 2012«, Offizielles Transkript der Deutschen Bank.

53 Ebd.

54 »Ackermann soll Nachfolger ›Loser‹ genannt haben«, *Frankfurter Rundschau* vom 1. August 2012.

55 »Anshu Jain bezirzt Deutschlands Diplomaten«, *Spiegel Online* vom 29. August 2012.

56 »Deutsche Bank Ignored Some ›Losses‹ Until They Went Away«, *dealbreaker* vom 6. Dezember 2012.

57 »Deutsche Bank: Show of strength or a fiction?«, *Financial Times* vom 5. Dezember 2012.

58 Das Protokoll der Sitzung liegt dem Autor vor.

59 »U.S. Is Building Criminal Cases in Rate-Fixing«, *The New York Times* vom 14. Juli 2012.

60 Interview mit dem Autor für das ZDF am 10. März 2017.

61 »Friction at Zurich Built in Months Before Suicide«, *The Wall Street Journal* vom 4. September 2013.

62 »AMENDED – Antitrust: Commission fines banks € 1.49 billion for participating in cartels in the interest rate derivatives industry«, Pressemitteilung der EU-Kommission vom 4. Dezember 2013.

63 Michele Faissolas Anwälte behaupten, nicht der Sohn, sondern die Witwe Broeksmit habe ihn angerufen.

64 Michele Faissola behauptet in einem Schreiben an Autor und Verlag, dass er »kein Wissen« von dieser E-Mail habe. Die Nachfrage, ob er die Existenz der E-Mail bestreite, hat er nicht beantwortet.

65 »Vertrauter von Deutsche-Bank-Chef Jain tot aufgefunden«, *Reuters* vom 28. Januar 2014.

66 »Ex-Deutsche banker left notes before killing himself: London inquest«, *Reuters* vom 25. März 2014.

67 »Deutsche Bank Lawyer Found Dead in New York Suicide«, *The Wall Street Journal* vom 24. Oktober 2014.

68 »The Lost Decade: Lessons From Japan's Real Estate Crisis«, *Investopia*, abgerufen am 3. Juli 2018.

69 »Japan's Lost Decade: Brief History and Lessons«, *The Balance* vom 12. Oktober 2017.

70 Brief der BaFin an den Vorstand der Deutschen Bank vom 11. Mai 2015.

71 »Investmentbanker retten Deutscher Bank die Bilanz«, *Focus* vom 29. Januar 2014.

72 Unter anderem musste die Deutsche Bank im Juni 2014 an den Insolvenz-verwalter von Fannie Mae und Freddie Mac, die Federal Housing Finance Agency (FHFA), 1,9 Milliarden Dollar zahlen. Den Vergleich hatte die Kanzlei Quinn Emanuel ausgehandelt.

73 Tatsächlich stießen Anwälte in dem Konvolut auf etliche Hinweise, dass die Händler weitere Marktsegmente manipuliert hatten, unter anderem das Geschäft mit Staatsanleihen. Weitere Klagen waren die Folge.

74 Jains Antwort wurde u. a. in der *New York Times* vom 27. April 2015 zitiert: »Deutsche Bank Shakes Up Its Business, and Maybe Its Identity«.

75 »Bafin entlastet Deutsche-Bank-Chef Anshu Jain«, *Handelsblatt* vom 7. Dezember 2014.

76 Der sogenannte WKSI-Waiver ermöglichte es den Banken etwa, ohne separate Genehmigung der SEC und damit schneller Kapital aufzunehmen.

77 »Dissenting Statement in the Matter of Deutsche Bank AG, Stellungnahme der SEC-Kommissarin Kara M. Stein vom 4. Mai 2015.

78 »Full text: Donald Trump announces a presidential bid«, *Washington Post* vom 16. Juni 2015.

79 Das Dokument – OGE Form 278e, Donald J. Trump – ist bei dem Office for Government Ethics hinterlegt.

80 »We must protect shareholders from executive wrongdoing«, *Financial Times* vom 18. August 2016.

81 »Deutsche Bank Is Asked to Pay $14 Billion to Resolve U.S. Probe Into Mortgage Securities«, *The Wall Street Journal* vom 16. September 2016.

82 »Die Deutsche Krise« [Anmerkung d. A.: *Deutsche* absichtlich großgeschrieben], *Wirtschaftswoche* vom 29. September 2016.

83 Department of Justice, »Principal Deputy Associate Attorney General Bill Baer Delivers Remarks at Society of Corporate Compliance and Ethics Conference«, Chicago, 27. September 2016.

84 Sylvie Matherat im Interview mit dem Autor für die ZDF-Dokumentation *Inside Deutsche Bank* am 25. April 2017.

85 »Deutsche Bank-Vorstand entschuldigt sich für früheres Fehlverhalten«, Pressemitteilung der Deutschen Bank vom 3. Februar 2017.

86 Kushner hatte vor der US-Wahl Kredite in Höhe von 285 Millionen Dollar bei der Deutschen Bank aufgenommen. Kushners Mutter Seryl Stadtmauer hat bei der Deutschen Bank ebenfalls eine Kreditlinie, genau wie Kushners Frau Ivanka Trump.

87 »Trump im Netz des organisierten Verbrechens«, *Welt am Sonntag* vom 5. September 2017.

88 »The definitive Trump-Russia timeline of events«, *Politico* vom 3. März
    2017.

89 »Waters Requests Information on Status of Deutsche Bank Investigation
    from Rosenstein«, Pressemitteilung der Demokratischen Mitglieder des
    Finanzausschusses im Repräsentantenhaus vom 1. Dezember 2017.

90 Auch der neue Vorstand brachte die US-Tochter nicht unter Kontrolle. Im
    Juni 2018 fiel die Deutsche Bank – unter anderem da die IT-Probleme noch
    immer nicht gelöst waren – als einzige von 35 geprüften Banken bei einem
    Stresstest der US-Notenbank durch.

91 »How Trump's Tax Overhaul Could Hit Big Foreign Banks«, *Bloomberg* vom
    29. Dezember 2017.

92 Christian Bittar wurde im Juli 2018 in London zu einer Gefängnis-
    strafe von fünf Jahren und vier Monaten verurteilt – sein Komplize Phi-
    lippe Moryoussef blieb dem Prozess fern. Sein Urteil: acht Jahren Haft.

93 »Global Financial Stability Report – Is Growth at Risk?«, Internationaler
    Währungsfonds, Oktober 2017.

94 »Rajeev Misra: Invest. Accelerate. Disrupt. Repeat.«, *Penn Engineering* vom
    13. November 2017.

Ausgewählte Literatur

Publikationen

Baron, Stefan, *Späte Reue*, Berlin 2013.

Bernstein, Peter L., *Against The Gods*, New York 1996.

Cohan, William D., *Money And Power*, New York 2011.

Das, Satyajit, *Swap & Derivative Financing*, Sydney 1994.

Das, Satyajit, *Traders, Guns & Money*, London 2006.

Eisinger, Jesse, *The Chickenshit Club*, New York 2017.

Enrich, David: *The Spider Network*, London 2017.

Gall, Lothar, u.a., *Die Deutsche Bank 1870–1995*, München 1995.

Halpern, Paul, u.a., *Back from the Brink*, Toronto 2016.

Kendall, Robin, *Risk-Management*, Wiesbaden 1998.

Kobrak, Christopher, *Die Deutsche Bank und die USA*, München 2008.

Lewis, Michael, *The Big Short*, New York 2010.

McLean, Bethany, und Joe Nocera, *All the Devils Are Here*, New York 2010.

Meck, Georg, *The Deutsche*, Frankfurt am Main 2012.

Müller, Leo, *Ackermanns Welt*, Hamburg 2006.

Oermann, Nils Ole, *Tod eines Investmentbankers*, Freiburg im Breisgau 2013.

Partnoy, Frank, *Infectious Greed*, New York 2003.

Rodgers, Kevin, *Why Aren't They Shouting?*, London 2016.

Smith, Greg, *Why I Left Goldman Sachs*, New York 2012.

Sorkin, Andrew Ross, *Die Unfehlbaren*, München 2009.

Steinbrück, Peer, *Unterm Strich*, Hamburg 2010.

Stewart, James B., *Den of Thieves*, New York 1991.

Tavakoli, Janet M., *Decisions*, Chicago 2015.

Tett, Gillian: *Fool's Gold*, London 2009.

Vaughan, Liam, und Gavin Finch, *The Fix*, London 2017.

Ward, Vicky, *Liar's Ball*, New York 2014.

Weill, Sandy, *The Real Deal*, New York 2006.

Drucksachen

Brief von Frauke Menke (Abteilungsleiterin der BaFin) an den Vorstand der Deutschen Bank vom 11. Mai 2015, im Bezug auf den Bericht von Ernst & Young vom 31. März 2015.

Commodity Futures Trading Commission, Docket No. 15-20, Washington, D.C., April 2015.

Commodity Futures Trading Commission, Docket No. 18-09, Washington, D.C., 2018.

Department of Financial Services, Consent Order in the Matter of Deutsche Bank AG, New York 2017.

Deutscher Bundestag, 16. Wahlperiode, 2009. Drucksache 16/14000, Rettung der Hypo Real Estate.

Financial Conduct Authority, Final Notice to Deutsche Bank, 23. April 2015.

Financial Services. Upper Tribunal, Tax and Chancery Chamber, Christian Bittar and the Financial Conduct Authority, Oktober 2016.

New York Southern District Court, Sullivan v. Barclays PLC et al. 1:13-cv-02811, April 2013.

New York State Department of Financial Services, In the Matter of Deutsche Bank AG, 23. April 2015.

Report. Permanent Subcommittee on Investigations, US-Kongress. Abuse of Structured Financial Products: Misusing Basket Options to Avoid Taxes and Leverage Limits, Washington, D.C., 2014.

The Financial Crisis Inquiry Report: Final Report of the National Commission on the Causes of the Financial and Economic Crisis in the United States (FCIC), Washington, D.C., 2011.

United States of America v. DB Group Services UK Limited, United States District Court, District of Connecticut, Statement of Facts, April 2015.

United States of America v. Deutsche Bank and ACE Securities Corp, Settlement-Agreement und Annex 1, Statement of Facts, Januar 2017.

United States Senate Permanent Subcommittee On Investigations. Wall Street And The Financial Crisis: Anatomy Of A Financial Collapse, Washington, D.C., 2011.

Glossar

Die Struktur einer Investmentbank: die Rolle von »Global Markets«

Eine Investmentbank betreut etwa Fusionen oder Börsengänge. Zudem ist sie im Handelsbereich aktiv, der bei der Deutschen Bank »Global Markets« hieß. Diese Einheit verdiente vor allem auf drei Geschäftsfeldern Geld: dem Währungshandel, dem Handel mit Krediten und verbrieften Krediten sowie mit dem Handel diverser Instrumente auf eigene Rechnung.

Die Akteure in einer Investmentbank: Händler, Strukturierer, Manager

Die Händler kaufen und verkaufen für einen Kunden oder auf Rechnung der Bank am Markt Rohstoffe, Währungen oder Derivate – möglichst mit Gewinn. Die Strukturierer entwickeln für den Kunden oft spezielle Derivate, mit denen etwa das Risiko einer Währungsschwankung ausgeglichen oder der Geldfluss in einem Unternehmen verschleiert werden können.

Die Strukturierer entwerfen aber auch regelmäßig neue Derivate. Die Verkäufer vermarkten diese neuen Produkte dann aggressiv, versuchen sie in den Markt zu drücken und an die Kunden zu bringen, zu denen Unternehmen, Kommunen oder Geldmarktfonds gehören können.

Den US-Investmentbankern, die in den 1990er Jahren zu dem Londoner Team der Deutschen Bank stießen, ging es vor allem auch darum, an die großen deutschen Industriekunden heranzukommen – die sollten sich in Zukunft Geld am Kapitalmarkt besorgen und nicht mehr konservativ Standardkredite aufnehmen. Denn die Investmentbanker konnten nur am Kreditmarkt mitverdienen, wenn das Geschäft über sie lief. Für neue Abschlüsse bekamen die Strukturierer, Händler und Verkäufer einen Bonus. Auch die Manager, die der gesamten Einheit vorstehen, verdienten an dem Geschäft mit.

Die Derivate-Verwertungskette

Swaps

Zu den am weitesten verbreiteten Derivaten gehören die *Interest Rate Swaps* (Zinsswaps). Mit Hilfe dieser Swaps können Kunden einen flexiblen gegen einen festgeschriebenen Zins tauschen – *to swap* im Englischen. Im Prinzip schließen die Partner eine Wette miteinander ab und hoffen jeweils, am Ende den besseren Schnitt zu machen.Die Bank stellt die Organisation des Swaps in Rechnung, oder sie tritt selbst in das Geschäft ein. Die Branche unterscheidet zwischen *Plain Vanilla* (simplen) und *exotischen* (komplizierten) Swaps.

Over-the-Counter-Derivate (OTC)

Swaps und andere Papiere werden oft nicht offiziell oder transparent etwa an einer Börse gehandelt, sondern zwischen zwei Partnern »über den Tisch«, *over the counter* – OTC. Von außen ist schwer zu durchschauen, wie eine Investmentbank welches Instrument genau für einen Kunden strukturiert hat.

Residential Mortgage Backed Securities (RMBS)

Die Banken kaufen Hypotheken auf, bündeln sie und bringen sie dann als eigenständige verbriefte Wertpapiere auf den Markt: die RMBS. Der diesen Hypothekenbündeln zugrunde liegende Wert ist am Ende – in der Theorie – die regelmäßig eingehende Hypothekentilgung der Häuserkäufer.

Collateralized Debt Obligation (CDO)

Für eine CDO kaufen eine Bank oder ein beliebiger Investor unter anderem RMBS und bündeln sie erneut. Die CDO gehören offiziell sogenannten *Special Purpose Vehicles* – auch Conduits genannt. Diese Zweckgesellschaften werden von den Banken zumeist außerhalb der Bilanz – im Schatten – geführt. Die CDO sind in verschiedene Tranchen aufgeteilt – etwa Equity (riskant), Mezzanine (mittleres Risiko) und Super Senior (vorgeblich »supersicher«). Anteile an diesen Tranchen werden den Anlegern verkauft. Da die Super-Senior-Tranchen zu geringe Zinsen abwarfen, waren sie nur schwer verkäuflich. Viele Banken übernahmen sie daher in die eigene Bilanz.

Credit Default Swaps (CDS) –Kreditausfallversicherungen

Jede Bank versucht die eigenen Investitionen abzusichern – oft durch den Abschluss von Kreditausfallversicherungen mit anderen Banken oder Investoren. Sie wettet etwa auf den Wertverfall eines bestimmten Instruments, das sie in großen Mengen hält. In der Branche nennt man dieses Vorgehen *hedgen*. Das Portfolio wird abgesichert, indem man – scheinbar – das Risiko begrenzt (»umzäunt«).

Leveraged Super Seniors (LSS)

Im Kern waren die *Leveraged Super Seniors* ein CDS, eine Kreditausfallversicherung. Mit dem LSS wetteten Anleger auf die Entwicklung von Super-Senior-Tranchen innerhalb einer CDO. Die Deutsche Bank verkaufte die LSS mit großem Erfolg. Mehrere Whistleblower enthüllten später, dass diese LSS im Zweifel als Versicherung gar nicht hätten wirksam werden können, da sie selbst nur unzureichend abgesichert waren. Dieses Risiko bildete die Deutsche Bank in ihrer Bilanz nicht ab, erst recht nicht, als sie Ende 2008 am Abgrund stand.

Pay As You Go (PAYG)

Nach diesem Versicherungsrinzip funktionierten viele CDS, und zwar folgendermaßen: Eine Bank, die sich gegen den Wertverfall des eigenen Portfolios versichert hat, kann von dem Vertragspartner eine erste Zahlung verlangen, sobald sich der Kurs des versicherten Produkts verschlechtert. Dafür setzt die Bank die sogenannten *Collateral Calls* ab, im Kern eine Rechnung, die sie dem Versicherungsgeber vorlegt. Viele Versicherungsinstitute hatten während der Finanzkrise aber nicht genug Eigenkapital, um den vielen *Collateral Calls* nachzukommen. Vor allem Goldman Sachs trieb die Branche ab 2007 mit ständigen *Collateral Calls* tiefer in die Krise.

Mark-to-Market

Die Bewertung von Finanzinstrumenten, für die es keinen Markt gibt, da sie etwa nur für zwei bestimmte Parteien strukturiert wurden, wird zwischen der Bank und den Vertragspartnern direkt ausgehandelt. Das kann in Krisenzeiten leicht zu Konflikten führen. Die Banken haben die Pflicht, etwa Derivatsposten nach dem Mark-to-Market-Prinzip zu bilanzieren, wenn sich etwa ihr Wert verändert hat. Die zentrale Frage:

Was ist ein Swap, eine CDO-Tranche, wert, für die es keinen Käufer gibt? Da es sich bei Derivaten um immaterielle Werte handelt, also nicht etwa um Immobilien, war die genaue Bewertung der Bilanzen der größten Banken nach dem Mark-to-Market-Prinzip eines der heikelsten Probleme in der Finanzkrise.

Value at Risk – VAR
Dieser Wert gebe – so behaupteten die Banken – exakt wieder, wie viel ihres Kapitals jeweils im Risiko steht. Obwohl das Modell bereits in den 1990er Jahren spektakulär versagt hatte – etwa bei dem Hedgefonds *Long Term Capital Management* –, verließ sich die Finanzbranche noch bis zur Krise 2007 fast blind auf diesen Ansatz. Auch die Regulatoren segneten die VAR-Modelle der Banken ab und unterstellten eine Berechenbarkeit des Risikos, die es nicht geben konnte, da man gar nicht über genügend Vergleichsdaten verfügte, auf deren Grundlage man Zukunftswerte ermitteln konnte.

Zinssätze und Benchmarks

Die meisten Derivategeschäfte sind an mehrere Zinssätze und sogenannte Benchmarks gekoppelt, nach denen sich der Wert eines Instruments richtet. Die wichtigsten Benchmarks waren lange der Libor (London Interbank Offered Rate) und der Euribor (Euro Interbank Offered Rate). Sie sollten abbilden, zu welchem Zinssatz sich Banken untereinander Geld leihen. Wichtig war überdies der ISDAfix, an den viele Zinsswaps gekoppelt waren.

Diese enorm wichtigen Zinssätze und »Benchmarks« wurden von privaten Firmen und Lobbyverbänden errechnet, die wiederum kein Interesse hatten, ihre Kunden, die großen Banken, zu streng zu kontrollieren. Die Deutsche Bank und andere große Banken konnten auch deshalb den Libor, den Euribor und den ISDAfix über Jahre manipulieren. Die Zinssätze werden durch die Angaben der Banken selber ermittelt – dafür sind die sogenannten Submitter zuständig. Bei der Deutschen Bank gab es an dieser Stelle keine Trennung – die Submitter waren oft selber Händler, als sie für ihre Bank die Euribor- oder Libor-Werte einreichten.

Geldmärkte

Die meisten Banken – und großen Firmen – organisieren die eigene Liquidität permanent neu, um nie zu lange Kapital zu teuer aufnehmen zu müssen. Kurzfristkredite waren vor der Krise 2008 meist billiger als langfristige Kredite. Zu einem der wichtigsten Instrumente, mit denen vor allem Banken Geld aufnahmen, entwickelte sich das Segment der *Asset Backed Commercial Papers*. Banken verkauften diese Anleihen, die wiederum mit Hypothekenbündeln abgesichert waren. Kommunen, Gewerkschaften und andere Institutionen mit regelmäßigen Geldzuflüssen kauften die Papiere gern, weil sie mehr abwarfen als eine Staatsanleihe, aber als genauso sicher eingestuft wurden.

Als noch sicherer galt der Repo-Markt – kurz für *Repurchase Operation*: Um kurzfristig Liquidität aufzunehmen, verkauft eine Bank für kurze Zeit – etwa über Nacht – eine Staatsanleihe und nimmt die Anleihe dann wieder zurück. Beide Märkte – der für Repo, und der für ABCP – brachen in der Finanzkrise zusammen. Die Zentralbanken mussten einspringen und für Liquidität sorgen. Sie verhinderten so, dass zahlreiche Banken und Investoren pleitegingen.

Geldschöpfung

Nicht nur die Notenbanken, auch kommerzielle Banken können – aus dem Nichts – Geld schöpfen. Schließt eine Investmentbank einen Vertrag über ein Derivat, ein Zinsswap etwa, mit einem Kunden in China ab, und dieser Kunde erklärt sich bereit, auf die Entwicklung eines Zinssatzes für einen großen Kreditposten zu wetten, dann hat die Bank diesen Wert erst geschaffen. Wenn allerdings dieses Geschäft so strukturiert ist, dass es nicht nur komplett auf Pump läuft, sondern die Bank dabei auch selber ein Risiko trägt, dann kann das Institut auch aus dem Nichts riesige Verluste schaffen.

Am Ende der Fehlerkette

Ratingagenturen

Am Ende der Derivatestrukturierungen standen Ratingagenturen wie Standard & Poor's oder Moody's, die den CDO-Tranchen ein Top-Rating gaben – etwa AAA –, ohne die Instrumente genau geprüft zu haben. Erst mit dem Siegel der Agenturen galten die Papiere als genauso sicher wie Staatsanleihen. Das Ganze war ein Geschäft: Jede CDO-Prüfung konnten die Agenturen bei der verantwortlichen Bank in Rechnung stellen. Die Ratingagenturen übten zudem Druck auf einzelne Banken aus, indem sie etwa mit schlechteren Ratings drohten, wenn diese sich nicht an den neuen Instrumenten beteiligten. Viele Banken nutzten die Tranchen als Sicherheiten für Anleihen, die sie etwa auf den ABCP-Markt warfen. Nach der Theorie sollte mit den CDO das Risiko im Markt besser verteilt und das System sicherer werden. Auch viele Aufsichtsbehörden sahen das so, insbesondere jene, die für die Kontrolle der großen Finanzplätze Frankfurt, London und New York zuständig waren. Als die Agenturen dann im Sommer 2007 Hunderte von CDO abwerteten, war bei einem CDO-Pool von über 1,5 Billionen Dollar eine Finanzkrise nicht mehr abzuwenden, da in fast allen CDO-Tranchen minderwertige RMBS enthalten waren. Unter anderem hatten die Banken die CDO-Tranchen beliehen und als Sicherheiten benutzt, um Anleihen, wie etwa die Asset Backed Commercial Papers, am Markt zu verkaufen. Eine Hypothek wurde also mehrmals gebündelt, weiterverkauft und als Sicherheit für weitere Anleihen und Kredite gebraucht. So potenzierte sich das Risiko.

Die Aufsichtsbehörden

Den global tätigen Banken standen und stehen größtenteils national operierende Behörden gegenüber. Mit den an Ländergrenzen endenden Befugnissen sollen sie Konzerne kontrollieren, die längst transnational agieren. Eine internationale Kontrolle ist daher nur schwer möglich. Aber auch national war diese Kontrolle oft schlecht organisiert oder gar chaotisch, da gleich mehrere Behörden für die Kontrolle der Banken zuständig waren, was unweigerlich zu Abstimmungsproblemen führte. In den USA überschnitten sich Zuständigkeiten der Börsenaufsicht

SEC und der Wertpapieraufsicht CFTC regelmäßig. Zudem hatte die Lobby dafür gesorgt, dass die Branche in den 1990er Jahren systematisch dereguliert wurde, der Aufsicht also die Mittel und Instrumentarien fehlten, um die Banken effektiv zu kontrollieren.

Ähnlich war es in Deutschland. Für die Kontrolle der Deutschen Bank waren die Bundesbank und die BaFin zuständig. Obwohl beide Institutionen den Konzern regelmäßig prüften, konnte die Deutsche Bank sich mit gigantischen Risiken vollsaugen, ohne dass es Konsequenzen gab. Denn auch die maßgeblichen Akteure im Bundesfinanzministerium unter den SPD-Ministern Peer Steinbrück und Hans Eichel – für die Aufsicht der Aufseher zuständig – vertrauten zu lange darauf, dass die Banken schon wüssten, was sie taten. Der Markt könne und werde sich von allein regulieren, so das Mantra. Die Prüfberichte der Bundesbanken aus den Krisenjahren und der kritischen Zeit danach werden noch immer geheim gehalten.

Personenregister

Funke, Georg 364, 366f., 369, 372f.
Gahan, Thomas 105, 313
Gambino, Calogero »Charles« 496
Gauweiler, Peter 345
Geißler, Heiner 22
Geithner, Timothy 350, 353, 414, 422
Gensler, Gary 439f.
Gerke, Wolfgang 334
Giuliani, Rudolph »Rudy« 13, 144–147, 150
Goethe, Johann Wolfgang von 344
Goldman, Marcus 301
Gorbatov, Andrey 463
Gorbatschow, Michail 54
Gore, Al 125
Göring, Hermann 92
Göring-Eckardt, Katrin 168, 170
Graf, Steffi 499
Gramm, Phil 126, 128
Greenspan, Alan 45, 334f.
Gunewardena, Mel 390
Gut, Rainer E. 63
Guthoff, Markus 313
Haasis, Heinrich 313, 335f.
Hambrecht, Jürgen 344
Hammonds, Kim 523
Harbou, Joachim von 119
Hartmann, Ulrich 313
Hary, Armin 419
Häusler, Gerd 120
Haydn, Joseph 310
Hayes, Tom »Rain Man« 374f., 426ff., 455, 490
Herrhausen, Alfred 22, 24f., 499
Herzog, Roman 343
Heydebreck, Tessen von 343
Hiller, Christian von 221
Hitler, Adolf 92
Horlick, Nicola 58
Horowitz, Rob 69

Hu, Eugen 240, 242f., 315
Hudson, Kevin 76–79
Illner, Maybrit 337
Jackson, Michael 201
Jagger, Mick 285f.
Jain, Ajit 342
Jain, Anshuman »Anshu« 9, 51, 66, 107, 116f., 131–136, 138, 143, 147ff., 161, 167, 178ff., 190f., 194f., 203, 209, 221f., 231, 235, 237, 244, 258ff., 263, 266–269, 273, 276, 278, 283–286, 301, 326–329, 338–341, 349, 352ff., 379, 387, 389, 395, 397–401, 404f., 409–413, 424, 429f., 435f., 441, 446, 451, 458f., 461, 468–474, 477, 484, 486ff., 493–496, 498, 500ff., 504, 506–512, 519, 523ff.
Jain, Geetika 132
Jelzin, Boris 54, 81f.
Johnson, William 456
Jürgens, Udo 343
Kaufman, Derek 267ff., 276
Keenan, Douglas 184
Kennedy, Justin 67, 213
Khuzami, Robert 439f., 453, 481
Kim, Richard 283
King, Larry 72
King, Mervyn 318, 337, 350
Kirch, Leo 152, 257f.
Koch, Roland 343
Kodell, Andreas 456
Kohl, Helmut 22
Komansky, David 46f.
Koppenhöfer, Brigitte 210
Kopper, Hilmar 14, 24f., 37f., 49, 57, 63, 76, 199, 372, 523
Krause, Stefan 398
Kudrow, Larry 346
Kurita, Hiromi »Rocky« 243f.
Kushner, Jared 521

Die Jäger

(Staatsanwaltschaften und Aufsichtsbehörden)

▪ Manipulierte Märkte

Alle größeren Wirtschaftsregionen waren von diversen Zinssatz- und anderen Manipulationen durch die Deutsche Bank direkt oder indirekt betroffen. In den blau eingefärbten Ländern wurde gegen die Bank wegen illegaler oder fragwürdiger Geschäfte ermittelt (bis 2018). Die Bank war in über 6000 Verfahren verstrickt und musste zum Teil erhebliche Geldstrafen zahlen.

NEW YORK
WASHINGTON D.C.

DFS

Das *Department of Financial Services* hat der Deutschen Bank unter anderem Geldwäsche nachgewiesen.

Fed

Die Ableger der Deutschen Bank in New York haben mehrfach die Stresstests der US-Notenbank *Federal Reserve* gerissen.

U.S. Attorney for the Southern District of New York

Die Bundesstaatsanwaltschaft hat regelmäßig gegen die Deutsche Bank ermittelt, die von 1998 an in New York sehr aktiv war.

CFTC

Die *Commodity Futures Trading Commission* hat mehrfach gegen die Bank ermittelt und hohe Strafen verhängt, u. a. wegen der Manipulation des ISDAfix.

DOJ

Das *U.S. Department Of Justice* ist gegen die Deutsche Bank in drei großen Komplexen vorgegangen: Geldwäsche, toxische Hypothekenbündel und Zinssatzmanipulationen.

SEC

Die *U.S. Securities and Exchange Commission* hat unter anderem wegen Bilanzmanipulation und Geldwäsche gegen die Deutsche Bank durchgegriffen.